浙江省社科规划重点项目"促进数字金融平台健康发展法治保障研究(21WZQH02Z)、国家社科基金重点项目(19AFX020)资助成果

# 数字金融平台健康发展法治保障研究

李有星　张晓路　等著

ZHEJIANG UNIVERSITY PRESS
浙江大学出版社
·杭州·

图书在版编目（CIP）数据

数字金融平台健康发展法治保障研究 / 李有星等著
. —杭州：浙江大学出版社，2023.6
ISBN 978-7-308-23373-6

Ⅰ.①数… Ⅱ.①李… Ⅲ.①数字技术—应用—金融
体系—金融法—研究—中国 Ⅳ.①D922.280.4

中国版本图书馆CIP数据核字（2022）第239606号

## 数字金融平台健康发展法治保障研究

李有星　等著

| | |
|---|---|
| 责任编辑 | 曲　静 |
| 责任校对 | 杨　茜 |
| 封面设计 | 周　灵 |
| 出版发行 | 浙江大学出版社 |
| | （杭州天目山路148号　邮政编码：310007） |
| | （网址：http://www.zjupress.com） |
| 排　　版 | 浙江大千时代文化传媒有限公司 |
| 印　　刷 | 杭州宏雅印刷有限公司 |
| 开　　本 | 710mm×1000mm　1/16 |
| 印　　张 | 44 |
| 字　　数 | 604千 |
| 版 印 次 | 2023年6月第1版　2023年6月第1次印刷 |
| 书　　号 | ISBN 978-7-308-23373-6 |
| 定　　价 | 98.00元 |

# 目 录
## CONTENTS

### 第一单元　数字货币与支付规范治理体系

## 第二单元　数字证券与场外配资规范治理体系

## 第三单元　　数字借贷和资产管理规范治理体系

# 第四单元　数字金融发展与规范治理体系其他议题

# 第一单元
# 数字货币与支付规范治理体系

# 数字边疆视域下的数字货币嬗变与规制路径

温州市龙湾区人民检察院　徐　凡 *

**摘　要**

2019 年以来，中美在贸易和科技领域的激烈角逐日渐显现。美国以其在信息技术领域的先发优势，主导和推动了信息化、数字化、网络化技术的应用，并提出了"数字边疆战略"，进一步加深对世界经济和技术迭代的垄断和控制，力推数字货币，维持其既有的国际金融地位。数字货币不是简单的货币发行机制的改变，而是数字经济时代主权国家维持其独立经济地位和发展空间的必然选择。在国内，与数字经济发展同频共振的数字货币也已进入探索实践的进程，本文基于货币主权的独占性和金融稳定的可及性，探讨信息化时代数字货币创制机制的建构、规则设定和规制路径。

**关键词：** 数字货币；信息技术；网络金融

---

＊ 徐凡,温州市龙湾区人民检察院一级检察官、检委会专职委员,浙江省法学会网络法治研究会理事。

21 世纪以来，技术革命和世界格局的关联从未如此紧密，信息技术已经被普遍视为促进国家发展增强国际竞争力的有效工具。[①] 早在克林顿执政时期，为主导信息技术空间开拓和对新资源的控制，美国提出了数字边疆战略，强化了技术对资源分配所能发挥的影响。1997 年亚洲金融危机和 2007 年美国次贷危机，很大程度上动摇了信用美元作为国际货币的信心和基础。为继续维持金融霸权，仰赖其在信息技术领域的先发优势，美国开启了金融数字化和新的货币形式。

# 一、美元霸权与金融变局

## （一）布雷顿森林体系与"美元利益"

二战后，美国凭借占据全世界 1/4 的经济总量和 7 成以上的黄金储量构建了一个美元霸权的货币体系。美元获得国际主要储备货币和唯一国际货币地位始于 1944 年在美国新罕布什尔州布雷顿森林召开的国际货币金融会议，会上通过的一系列货币协议统称为"布雷顿森林协定"。布雷顿森林协定确立了美元与黄金挂钩和各国货币与美元挂钩的"双挂钩体系"，确保汇率相对稳定和美元国际中心货币的地位，并为美国带来了丰厚的经济利益。

### 1. 国际铸币税收入

主权国家通过央行发行货币，可以带来可观的铸币税收入，美元的国际货币地位为美国带来巨大收益。铸币税与货币发行制度有关，货币发行的关键是创造货币的依据，并直接影响铸币税结果。在金属货币时代，钱币面值亦大于实际金属价值，如西汉发行的五铢钱，罗马帝国颁布的拜占庭金币。合理限制数量后，减色铸币也会像具有法定重量和成色一样按照表面所标价值流通，而不按其实际含有的金属量的价值流通。[②] 减色铸币使王朝获得调

---

① 杨剑：《数字边疆的权力与财富》，上海人民出版社 2012 年版，第 157 页。

② ［德］鲁道夫·希法亭：《金融资本——资本主义最新发展的研究》，福民，等译，商务印书馆 1994 年版，第 39 页。

用社会财富和支配资源的权力，并从中获取差额收益。实行金本位制的纸币不仅与减色金属铸币的主要功能近似，还省却了储存运输的成本，"19世纪的英镑、20世纪的美元"先后成为此类货币。以英镑为例，地理大发现后，贸易活动和英国领导的工业革命铸造了英镑的地位。1750年以后的50年里，东印度公司从英属印度一共榨取了1亿~1.5亿英镑，而1750年英国一年的财政收入仅920万英镑，这还不包括垄断印度贸易带来的巨额国际贸易收益。另外，1790—1838年利用东印度公司，英国从中国获取的白银高达2.3亿两以上。①巨量的黄金白银流入英国，英镑不仅可以随时、无限制地兑换黄金，还可以借此生息，英镑遂成为关键货币。二战后，美元金本位制也是建立在庞大的黄金储备的基础上（美国拥有官方黄金储备的75%以上）。实行金本位制的英镑、美元以黄金资产为抵押发行纸币，而实际的纸币发行量与黄金储备并不对等，其间的价值差带来巨大的铸币税空间。美元作为国际储备货币被各国央行持有，美元得以在发行国领土之外广泛流通。在全球流通的现钞超过9000亿美元，大约2/3在美国之外流通，这为其带来每年250亿美元的铸币税收益。②

2. 国际通胀税收入

1971年8月15日，美国总统尼克松宣布暂时停止用美元纸币兑换黄金，美元与黄金挂钩的时代正式终结，信用货币取代金本位货币。各国发行货币采取的是部分准备金制度和债务货币发行机制，部分准备金制度必然导致货币扩张速度大于经济发展速度，造成通胀等一系列后果。债务货币发行机制意味着整个货币系统要付两次利息，一次是基础货币抵押品（国债）的利息，另一次是派生货币抵押品（银行贷款）的利息。③货币系统的通胀在信用货币时代难以避免，美元作为国际货币，美联储变相成了世界性的中央银行，

---

① 宋鸿兵：《货币战争3：金融高边疆》，中华工商联合出版社2011年版，第15页。

② 杨多贵、周志田：《霸权红利 美国不劳而获的源泉》，人民网，http://theory.people.com.cn/big5/n/2015/0226/c143844-26598275.html，访问日期：2021年9月8日。

③ 广宇：《货币原本》，上海财经大学出版社2016年版，第71页。

各国央行相当一部分的资产都是美国国债，因此，各国都难以避免美元贬值导致的资产"稀释"。如次贷危机发生后，美国利用美元的国际货币地位，开启扩张基础货币（QE）来扭转经济困境，这种"货币放水"的方式将美国国内的危机转嫁至各国，美元购买力下降意味着美国在全球收取国际通胀税。

3. 金融（汇率）套利

如果说国际铸币税和国际通胀税还是各国使用美元交纳的"佣金"，利用汇率工具套利的行为就是超级收割机。信用货币时代，因为不再"双挂钩"，各国逐渐采取不再盯紧美元的浮动汇率机制，如我国于 2005 年 7 月 21 日开始参考一篮子货币的浮动汇率制度。汇率操纵是美国对他国进行金融干预的重要手段，具有讽刺意味的是，美国又往往以指摘他国操纵汇率作为谈判筹码。中美贸易战开启后，2019 年 8 月美国财政部宣布将中国列为"汇率操纵国"，直到 2020 年 1 月 13 日美国财政部发表半年度汇率政策报告时，才取消对中国"汇率操纵国"的认定。① 美国操纵汇率的经典案例就是迫使日本签订"广场协议"，"广场协议"后，日本采取浮动汇率，日元进入长达 10 年的升值周期。1985 年签署"广场协议"时，美元日元汇率为 1 ∶ 236.5，到 1990 年底升至 1 ∶ 133.89，日元升值近一倍，直接催生了此后的日本经济泡沫。美国通过操纵汇率打击日本经济的过程已经明了，由于日元升值预期，以美国对冲基金为首的国际热钱先期大量涌入日本，为维持汇率，日本政府不得不大量投放货币进行干预，超高的流动性加之低利率，证券、地产等资产价格飙升，经济泡沫由此而生。然而操纵日元升值只是第一步，利用其套利才是目的。当日本政府意识到危险性，试图通过货币紧缩政策来延缓经济过热时，国际热钱转而做空日本经济，巨额资金回流美国本土，日本股市、楼市应声下跌，经济泡沫轰然破灭，相关的对冲基金赚得盆丰钵满（日

---

① 新华社：《美国取消对中国"汇率操纵国"的认定》，新华网，http://www.xinhuanet.com/world/2020-01/14/c_1125459551.htm，访问日期：2021 年 9 月 8 日。

元升值前以美元买入日元，升值后卖出相同金额的日元将获得数倍的美元），巨额资金回流本土支持美国90年代的信息技术革命和经济繁荣。[①]

### 4. 美元优势

美元作为国际货币，使美国获得了成本优势、机会优势和政策独立优势。成本优势是美国在购买他国商品、资源、服务或在他国进行投资时，可以直接通过印发的美元来支付，而其他国家进行国际性投资则必须先进行本币兑换才能使用美元支付，增加了时间和经济成本，这保证了美国在世界贸易和投资体系中拥有明显的成本优势。机会优势也是基于美元的国际储备货币地位，美国的金融机构在以美元为基础的货币兑换、美元跨境流动、美元信贷或投资中开展广泛的业务，赚取丰厚的佣金和投资收益。政策独立优势则是美元拥有国际货币地位的题中之义，世界各国央行的货币政策、货币发行等都要仰赖美联储的货币政策，美联储每次加息、降息、QE无不牵动着各国经济的敏感神经，并且深深影响着世界金融市场。美国获得的独立性货币政策制定权力不仅使自身免于汇率波动风险和货币政策冲击，还将之作为攫取利益的金融工具。

## （二）信用美元的建立与危机

今日的美元已不是布雷顿森林体系所确立的金本位制的美元，其实质是债务货币、信用货币。尽管美国通过操控美元供求来操纵汇率，大肆掠夺各国财富的行径屡遭诟病，但目前来看信用美元的稳定性还无法被根本性动摇，而这主要基于以下三个基础性条件。

### 1. 国际结算体系

冷战结束后，各国间的经济分工和互相依赖程度提高，经济全球化是大趋势，世界贸易的规模和水平达到前所未有的高度。贸易活动需要有相应的

---

[①] 钱橙金服：《回顾｜美国当年是怎样做空日本经经济的？》，搜狐网，https://www.sohu.com/a/226488031_335413，访问日期：2021年9月8日。

国际支付和结算体系，美国凭借二战后在军事、政治、经济等方面的优势构建了以信用美元为基础的国际结算体系。1976 年召开的"牙买加会议"不仅正式认可了浮动汇率制，还废除了黄金官价以及黄金在成员国之间的清算职能等。[①]"牙买加会议"一方面令美元与黄金脱钩，解除了美国作为国际金融霸主的唯一一项义务，意味着二战后建立的布雷顿森林体系瓦解；另一方面促使黄金非货币化。为打压黄金的储备货币属性，抬高美元地位，使美元取代黄金成为唯一的最终国际结算手段，美国操弄非实物黄金（纸黄金）交易的金融工具，如在 1974 年推出 COMEX 黄金期货。目前全世界黄金投资产品分为纸黄金和实物黄金，投入两者的资金比例至少是 50：1，这就造成了纸黄金的价格决定实物黄金的价格，98% 的纸黄金没有对应的实体黄金。[②]通过金融工具，美国制造了 50 倍的虚拟黄金供给，以美元计价的黄金价格被人为降低，客观上大大提升了信用美元的"价值"。"牙买加会议"后，在美国的极力推动下，黄金的货币职能被强行废止，信用美元成为唯一的国际结算货币，打开了美国彻底捆绑世界经济，大肆开展金融掠夺的潘多拉魔盒。

2. 石油美元体系

美元地位的巩固与石油美元体系的形成攸关，石油贸易关系到美元的命脉。美元在全球石油贸易中占据主导地位，这使得美元在与黄金脱钩以后又与石油挂钩，重新筑牢其国际货币地位。美国两次伊拉克战争，对利比亚、委内瑞拉、伊朗和叙利亚的军事行动，无不透露着美国对石油出产和交易的控制欲望。石油是现代工业的血液，从某种意义上说，拥有石油和过去拥有黄金这种硬通货并无二致，石油也被称为"黑色黄金"。美元只需要把世界石油交易绑上其战车，就可以完成华丽转身。中东是世界油库，有着最丰富的石油蕴藏量和石油产量，但中东也是政治动荡、大国博弈的主场。作为中东主要产油国，沙特在强敌环伺下危机重重，这为美国拉拢沙特建立石油

---

① 许少强：《货币一体化概论 第 3 版》，复旦大学出版社 2015 版，第 39 页。

② 董广宇：《货币原本》，上海财经大学出版社 2016 年版，第 137 页。

美元联盟提供了坚实基础，这就解释了为什么沙特等主要产油国以经济（石油）换安全的格局。美国以提供军事援助和政治支持为条件，让主要产油国在石油交易中必须以美元结算。工业国家在进口石油时，必须以美元作为支付手段，并逐渐扩大到广泛的贸易领域。从此，脱离金本位的美元，凭借挂钩石油重新巩固了其国际货币的地位。

3. 体系惯性

二战中以美国为首的盟国打败了法西斯国家，建立了雅尔塔体系和布雷顿森林体系，形成战后国际政治和经济的基本格局。冷战过程中东西方对峙，又是以美国为首建立北约组织，为西方主要工业国家提供安全保障。直到20世纪90年代，美国对西方世界军事、政治、经济上的影响和控制都毫未放松，而西方国家也需要美国提供强有力的安全保障。尽管随着冷战的结束，西方工业国家提出了独立性要求，但原有体系的惯性并不能在短期内被消除，日本、欧盟都曾经凭借自身经济的发展，试图摆脱美国的货币体系，但都先后失败。

## （三）信用美元危机

20世纪70年代，布雷顿森林体系瓦解，美元终止了与黄金的兑换，美元从之前的"美金"变成了不兑现的纸币，成为一种纯信用债务货币。美元的国际货币地位，促使美国经济由实转虚，做大了以金融为主体的虚拟经济，违背了金融的本质。金融产业的过度膨胀给世界经济带来了未知风险，从拉美金融危机到做空日本经济，再到1997年亚洲金融危机和2007年美国次贷危机，背后都有美国货币战争的影子。美国极擅长利用货币工具操纵汇率，实现对世界经济的掠夺，尤其当美国自身出现债务压力时，其转嫁债务的手法极其娴熟。先由对冲基金沽空他国货币，促使他国货币贬值并制造美元荒，美元升值后又增加货币投放填平债务鸿沟。操纵汇率形成的"估值效应"提升了美国对外资产的价值，使他国的美元储备资产缩水，以此转移和化解自身的债务压力。2003—2008 年，美国对外总负债增加，但通过债务转移，其净负债却减少了 1990 亿美元。[①]

1. 美债膨胀导致信用危机

美元与黄金脱钩后，在美国的全力推动下，建立了浮动汇率制度下的牙买加体系。该体系强制规定黄金不再是各国货币的评价基础，不能用于官方之间的国际清算，为信用美元成为国际主要清算货币扫除了障碍。这种货币安排完全违反货币本质，债务货币发行机制注定会陷入难以逾越的困境。一方面，黄金即天然的货币是颠扑不破的真理，在危机条件下，黄金仍然是整个货币体系中的最后支付手段（近年来各国央行大量购入黄金已经是牙买加体系松动的最好注脚）。在存量、增量、便于储存和分割、质量标准统一、单位价值高等方面，黄金满足作为货币的基本条件。在英文单词中，god、gold、good 的拼写和发音近似，西方有 "God say, gold is good" 一说。[②] 目前全世界黄金存量在 17 万吨左右，关键是黄金和世界经济增长速度都保持在 2%～3%，即货币和经济增幅协调一致，足以保证货币的稳定和交易需求。但因为美国的强势干预，黄金暂时走下了货币中心的位置。另一方面，美元等信用货币恶性膨胀。黄金失去货币地位后，其储备价值理应降低，但实际上 1 盎司黄金价格从布雷顿森林体系解体前的 35 美元一路飙涨，2020 年 2 月 24 日，COMEX 黄金价格在盘中一度涨至 1688.90 美元，这还是在 50 倍纸黄金的前提下。很明显，以黄金为价值对标，美元贬值趋势无法抑制，信用美元的基础正在遭到侵蚀，债务危机进一步扩大。美联储以联邦政府国债和 MBS 债券为抵押品发行美元，截至 2019 年 12 月，美国政府的总债务已经达到了 23.2 万亿美元，为 GDP 总量的约 1.1 倍。[③]

---

① 张志强等：《货币战争中的人民币》，经济日报出版社 2011 版，第 7 页。

② 董广宇：《货币原本》，上海财经大学出版社 2016 年版，第 132 页。

③ 小白读财经：《财经美国国债超 23 万亿美元，日本国债超 10 万亿美元，中国呢？》，新浪财经，https://baijiahao.baidu.com/s?id=1660767668735459445&wfr=spider&for=pc，访问日期：2021 年 9 月 8 日。

2."去美元化"趋势

套用《史记》中的一句话"天下苦秦久矣",世界各国因美国对美元信用的滥用而受"害"匪浅。美国发动金融战、货币战,在1997年亚洲金融危机中攫取了亚洲国家数十年的发展成果,而在2007年由其次贷危机引发的全球金融动荡中,美国又顺利地转嫁了危机。摆脱美元控制成为众多国家的选择,"去美元化"趋势逐渐显现,但美国绝不会坐视这样的结果发生。1999年欧元诞生之初,伊拉克总统萨达姆决定用欧元进行石油交易,迈出"去美元化"的实际步伐。如果伊拉克的做法获得成功,意味着石油美元被打开了巨大的缺口,通过印钞低价购买世界资源,增加货币供应量"稀释"债务的做法将无以为继。美国遂于2003年发动第二次伊拉克战争,推翻了萨达姆政权。

美国的威吓并没能阻断"去美元化"的进程。从以石油交易为核心的俄—欧—伊"去美元化三角"到各国之间的货币互换,再到人民币国际化、人民币石油期货等,各种博弈始终未息。时至今日,伊核问题纷繁复杂,美欧分歧严重,如果放到"去美元化"与"强势美元"的冲突背景下,也就毫无意外了。随着美元危机的加剧,单一美元作为国际主要储备货币出现重大变数,各国央行重新重视起黄金的货币化职能,通过增加黄金储备避免金融风险。另外,铜、锌、镍等大宗稀缺有色金属逐渐获得准金融属性,作为对冲美元贬值风险的保值增值手段。

## 二、美国的数字边疆战略

美国的拓疆意识极强,通过赎买、抢占、战争等手段,从最初的13个殖民地扩展到现在的50个州,可以说在美国近代崛起的过程中形成了一种独特的"拓疆精神"(frontier)。传统的有形边疆包括土地、海洋、天空等,而随着数字化信息技术空间的形成,美国政府和其技术精英、企业精英纷纷投入一场"数字边疆"的开拓事业之中。[①]

## （一）数字边疆战略的背景

美国的数字边疆战略，即基于其信息技术优势和传统政治、经济权力巩固其优先地位的战略抉择，其肇端是 20 世纪 90 年代开始的信息技术革命。数字化和网络化创造了以互联网为主的信息技术空间，美国想要在信息技术空间的建构过程中获得支配性权力，就需要通过国家战略参与信息技术空间的竞争，这亦是数字边疆战略制定的目的。

20 世纪七八十年代，日欧经济和科技快速崛起，威胁到二战后确立的美国经济霸主的地位。1980 年日本的汽车产量超过美国，成为世界最大的 DRAM 生产国，半导体行业开始领先，高附加值产业呈现出向日欧倾斜的趋势。20 世纪 80 年代后，美国极力遏制伙伴国家发展，如逼迫日元大幅升值和征收高额关税削弱日本产品的出口优势，以国家安全名义禁止日本富士通收购 Fairchild 半导体公司，以及逮捕日立 6 名高管指控他们涉嫌窃取 IBM 技术等等。美国的做法虽然暂时保住了其经济优先地位，但是无法摆脱美国产业创新乏力、技术优势逐渐丧失的困境。

在此背景下，从 20 世纪 90 年代开始，美国凭借战后在通信和计算机技术方面的先发优势，在信息技术领域发力。1993 年，美国时任总统克林顿在副总统戈尔的帮助下，提出了《国家信息基础设施：行动计划》（NII），即依托建立大容量、高速率的信息网络，为发展新科技经济创造条件。这是一个能给用户提供大量信息的，由通信网络、计算机、数据库以及日用电子产品组成的完备网络。[②]克林顿政府把摆脱产业困局寄托于技术创新，此后世界科技和经济的发展印证了这一决策的正确性。一是效率显著提高。信息技术应用使生产率提高 20%~40%，政府和企业的决策、执行效率大大提高。

---

① 杨剑：《数字边疆的权力与财富》，上海人民出版社 2012 年版，第 123 页。

② 主父笑飞、赵景芳：《美国信息战略探析》，载《现代国际关系》2006 年第 7 期。

二是获得可观的经济效益。仅 2000 年，和 NII 有关的市场就超过 3 万亿美元，到 2020 年，仅电子商务规模就达 24 万亿美元，而新冠疫情又凸显了线上交易的抗风险性。信息技术进入数字化阶段，进一步促进了信息的商品化（数据成为新的动能和资源），催生了互联网的全面发展和数字经济的产生。三是保持前端科技的继续领先。通过在互联网等信息技术领域的巨大投入，美国在基础研究、数字和工程领域继续保持世界领先地位。反观日本，由于泡沫破裂后的经济衰退和保守思维，日本延续了对信息技术初级阶段模拟技术的依赖，错失了科技发展的风口。四是推动全球化进程。信息技术使传统社会的时间和空间限制被彻底打破，跨境电商、数字贸易助力劳务、技术、资本等资源在全球范围内的流动和高效配置。

## （二）数字边疆战略的理论构建冲突

数字边疆战略在理论构建上存在对立和冲突。一方面，信息技术空间具有全球公域（global commons）的部分属性。根据维基百科的定义，全球公域指的是一些地球上无主的自然资源，没有哪个国家或个人可以拥有和控制。因为信息技术空间是超越国界的虚拟空间，传统的主权管辖理论和原则不能完全适用。如构成信息技术空间的主要部分的网络空间具有开放性、全球性与平等性三大特性，在网络空间数据流动难以被疆界阻隔，互联网的全球公域属性逐渐被各国认同。但目前来看，美国是互联网全球共治的主要阻碍，当世界希望联合起来一同接管互联网这个"全球公域"时，美国人又称互联网是美国创造的技术产品，不允许联合国染指。[①]

另一方面，信息技术空间无法摆脱传统国家主权理论的约束。一是信息技术空间形成新的资源形式，但仍体现主权国家的利益。如大数据将取代石油成为制造业最强大的能源，一个国家拥有的数据资料的规模和解释运用的

---

① 杨剑：《数字边疆的权力与财富》，上海人民出版社 2012 年版，第 145 页。

能力，已成为一个国家的核心资产和国力指标。<sup>①</sup>可见，尽管数据在数字空间以代码形式"自由"流动，但对其进行归属管辖和受益的仍然是主权国家。2017年，我国颁布的《网络安全法》第三十七条规定，个人信息和重要数据应当在境内存储，向境外提供的必须按照国家网信部门会同国务院有关部门制定的办法进行安全评估。而同时期的欧美国家对数据信息采取了更加严格的保护性立法。二是有形的基础设施是建构无形的数字空间的物质基础。无形的数字空间是一个由基础设施建构的赛博空间（cyberspace），即由全球电信基础设施建构的可供人类互动的全球数字网络环境，人们在这一空间实现信息流动、技术流动和资本流动。电信基础设施由数量庞大的计算机终端、服务器、路由器、卫星系统、光纤光缆等设备连接在一起构成一个全球性的互联网络。这些设备的生产使用必然受到所在国家的管辖和限制，因此具有主权和地理属性，与传统空间治理规制并无二致。三是信息技术构建的虚拟空间是现实世界的映射，并非法外之地，也应遵循传统有形边疆的基本治理规则。

## （三）数字边疆战略的技术条件

美国数字边疆战略的前提是其强大的数字信息技术研发和生产能力。在信息技术领域，美国垄断了关键产品的生产、资源的分配，并因此拥有制定相应标准、规则的权力。在信息技术资产中，关键性产品包括通信连接基础设施和计算机终端设备，构成以互联网为主体的电子信息网络。以网络连接设备为例，为实现不同终端的信息传递功能，需大量应用网络路由器和交换机。美国思科是这两种设备的主要供应商，不仅为美国带来丰厚的利润，也使美国长久占据关键设备生产的高地。20世纪90年代，思科一度占有网络路由器和交换机国际市场份额的85%和69%，美国有15%的人购买其股票并获利。

---

① 胡世忠：《云端时代杀手级应用：大数据分析》，人民邮电出版社2013年版，第26页。

对信息技术资源的垄断是美国开拓并巩固数字疆界的底气。美国是互联网的创建国家，利用技术先发优势，拥有对网络资源的支配权力，ICANN 一直为美国控制着互联网域名、IP 地址分配权和根服务器的管理权。[①] 以 IP 地址资源为例，互联网上的每台主机基于互联网协议都有一个唯一的 IP 地址，以实现主机之间的信息传递，这是互联网能够运行的基础。目前互联网使用的网络协议版本是 IPv4，能提供的 IP 地址仅有 40 亿个，而美、加就占有 30 亿个，其他国家分配到的 IP 地址资源非常有限。为方便记忆，又创制出了与 IP 地址建立映射关系的域名，进行网络访问时需要通过服务器对输入的域名进行解析。这种互联网访问机制促成了域名资源的稀缺性（互联网目前有 200 多个顶级域名），而域名解析服务器掌握了事实上的通路权，目前顶级的 13 台域名服务器和域名分配都由 ICANN 管理。如果将信息技术空间想象成一个现实中的陆地空间或海洋空间，美国通过 ICANN 掌握了全球信息技术空间的封疆权和路由权。[②]

### 三、数字货币的创制与嬗变

本文所讨论的是狭义性质的数字货币，即用二进制代码（0，1）的排列组合描述的货币符号。从货币创制和发行机制来看，数字货币与传统法定货币有明显区分。传统法定货币具有法偿性，即主权国家以国家强制力保证发行和流通，可以用于债务清偿和交易，是法律规定的通用货币。传统法定货币从金银等商品货币到金银本位法币，再到信用货币，都是遵循相似的货币制度。数字货币的前提是信息技术的高度发展，具有类型丰富、发行机制多元等特点。本文就数字货币的创制机制与嬗变，以及数字货币的新趋势，探讨数字货币对货币金融体系的重大影响。

---

① ICANN 是 1998 年在美国注册建立的一个非营利性的民间组织，负责互联网协议（IP）地址的空间分配。

② 杨剑：《数字边疆的权力与财富》，上海人民出版社 2012 年版，第 207 页。

### （一）虚拟资产型数字货币

#### 1. 比特币的创新价值

真正意义上的数字货币应从比特币开始，根据创制机制和价值属性，比特币代表的是虚拟资产型的数字货币。有关比特币的争议至今未息，著名经济学家鲁里埃尔·罗比尼（Nouriel Roubini）抨击比特币是"庞氏骗局和泡沫"，否认区块链技术的应用价值，认为加密数字货币取代法定货币不切实际。[①]如果仔细梳理比特币的发展路径，会发现它与美元信用危机有着千丝万缕的关系，也就不难想象比特币出现的诡谲时机。2007年次贷危机引发的金融海啸，令美国经济和美元都面临巨大的信用危机，就在次年11月，自称中本聪的日裔美国人在密码学评论组上发帖探讨一种被他称为"比特币"的电子货币及其算法。[②]与比特币有关的区块链技术以及去中心化的新货币理念对传统法定货币体系而言无疑是颠覆性的，虽然争议不断，但所体现的创新价值和理念仍然值得借鉴。

（1）比特币的创制机制是对信用货币债务膨胀的反思。牙买加体系建立后，黄金失去货币功能，实行浮动汇率机制，债务货币成为主流。在债务本位体系下，各国央行为应对经济问题，最简单易行的货币政策就是量化宽松（即债务宽松），其结果是债务总额急剧攀升。2007—2013年次贷危机后的6年里，各国央行累计实行了512次货币宽松政策。[③]比特币脱离目前由主权国家央行发行、以政府为中心的集中式货币管理，且总量限制为2100万个，87.5%的比特币将在前12年内以"挖矿"的形式产出，之后将保持缓慢增长的速度。[④]

---

① 36氪：《鲁里埃尔·罗比尼：比特币不贬值是骗局，区块链是乌托邦梦想》，搜狐网，https://www.sohu.com/a/219534105_481520，访问日期：2021年9月8日。

② "比特币"设想是构建于P2P协议及其相关软件，即比特币作为数字货币，在交易过程只在买卖双方之间完成支付结清，无需任何金融机构介入，是完全去中心化的支付系统。

③ 董广宇：《货币原本》，上海财经大学出版社2016年版，第72页。

④ 比特币的产生需要依据特定的算法，通过大量复杂的运算才能生成，俗称"挖矿"，其过程使用的高速计算机称为"矿机"。

（2）比特币采用分布式账本的方式，在跨境支付方面具有明显优势。由于各国货币金融体系不同，参与贸易的市场主体需要就交易内容进行对账、清算和结算。目前跨境银行之间最常采用的结算网络是环球同业银行金融电讯系统（SWIFT），通过这类国际资金清算系统进行结算，需要付出不菲的结算成本和时间成本。比特币强调去中心化，通过智能合约和分布式记账保证其交易过程的公开透明，所有支付交易不需要金融中介参与，即在无可信第三方参与的情况下实现点对点快速且成本低廉的价值转移，所有交易"发生即清算"，且不受时间、空间的限制。

（3）比特币在数据安全性方面提供了方案。比特币采用分布式记录、分布式储存、分布式传播的区块链数据模式，交易数据不依赖中心化的第三方机构，而是由单个节点传播给全网其他所有节点，每个节点都负责数据的记录、储存，以此确保数据信息完整、可靠、不可更改。

2. 比特币的缺陷

笔者认为，应将比特币归于虚拟资产型数字货币。财产在形制上除了有形财产，还包括无形财产，如著作权、专利权、驰名商标等。无形财产是具有价值的，凝结了人类智力劳动或经济活动的成果，可以带来物质性的收益。随着互联网的发展，在虚拟的数字空间出现了虚拟财产，如游戏装备、QQ币、微信号、淘宝店铺等。这些都是能为人所拥有并支配的，具有一定财产价值的网络虚拟物。比特币在数字货币发展史中，其创设既不属于任何国家或金融机构，也不能得到国家主权信用担保，所谓"挖矿"机制不似现实中黄金的采掘，并无任何物质性的产出，也不似知识产权等无形财产可以直接带来物质性收益，其财产形式具有虚拟性。比特币作为虚拟财产也同样具有财产属性，2019年7月18日，杭州互联网法院对首例涉比特币网络财产案进行宣判，以其具备的价值性、稀缺性和可支配性，确认了比特币的虚拟财产属性。2013年以后，德、美、日等国政府承认比特币的合法地位，并允许其作为支付手段。比特币作为数字货币的开创性探索，其意义毋庸置疑，但比特币的缺陷也同样明显。

（1）虚拟性。比特币通过相关协议及区块链技术在特定网络环境中作为价值投资符号，基于共识凝聚而并无信用担保，难以发挥价值尺度的职能。比特币极大的价格波动既有缺乏信用机制的因素，也由比特币虚拟资产属性决定，即虚拟资产的价值高度依赖外部网络环境，因此比特币无法发挥货币价值尺度的基本职能。如同盛极一时的《传奇》游戏，游戏中的虚拟装备可以极大提高游戏的体验感，虚拟装备的"价值"在网游交易平台上得到广泛认同，有的高等级装备（只是一串数字代码）曾热炒到数万元，但环境条件一旦发生改变，价格自然一落千丈。2004 年《传奇》的热度就已经降低，有玩家抱怨，一个月以前护身戒指的售价还高达 2000 元，现在只要 60 元。[①]

（2）安全性。实践证明，以比特币为代表的去中心化数字货币的安全机制并不充分。比特币等数字货币以数字代码形式存在，基于区块链分布式记账机制进行交易，交易过程需要在网络中的各个节点都得到验证并存储交易内容，这种看似安全的做法却有巨大的安全漏洞。一方面，分布式记账只增加数据存储的可靠性（各个节点的交易数据都是公开且经过加密、不可篡改），即只能记录交易过程，无法保证发布交易信息的是否是合格的权利人。目前区块链密钥应用的非对称加密并非不能破解，且私钥一旦丢失就彻底失去对数字货币的控制权，如英国《卫报》就报道了因丢失比特币硬盘损失 7500 个比特币的案例。另一方面，数字货币的交易虽然不需要清算银行，但仍然依托平台。2014 年 2 月 25 日，位于东京的最大比特币交易平台 MtGox 网站宣布关闭，该平台曾包揽全世界 80% 以上的比特币交易，而在两周前平台因软件漏洞暂停提现业务，直到 28 日才宣布存于该交易平台的 75 万个比特币被盗一空，市值 3.65 亿美元，而《读卖新闻》报道可能是平台 CEO 监守自盗。

---

① 张庆伟：《传奇物价暴跌，复制装备扰乱交易市场》，中关村在线，http://game.zol.com.cn/2004/0922/121889.shtml，访问日期：2021 年 9 月 8 日。

（3）稀缺性。比特币设计者和拥趸们将稀缺性作为比特币价值储值的卖点，而从历史经验看，货币不是越稀缺越好，供应不足将导致部分货币职能无法实现。货币的本质就是一般等价物，在商品交易中作为价值尺度，还发挥流通手段、支付手段、贮藏手段等职能，因此价值相对稳定、数量充足为商品交换充当媒介是其基本要求（中国历史上因为黄金稀缺而采取银本位制）。反观比特币，缺乏稳定性、过于稀缺恰恰是其最大软肋。比特币设计者宣称，该货币系统在 4 年内产生，只有不超过 1050 万个，之后的总数量将被永久限制在 2100 万个。商品交换需要长期、有效的等价交换物，比特币鼓吹的稀缺性只是其投机热炒的卖点，而不能发挥基础货币职能。

（4）公平性。以比特币为代表的虚拟货币违背社会财富分配的基本公平原则。比特币的创设机制是通过特定算法进行大量计算获得比特币，比特币网络要每秒完成 600 万亿次 SHA256 运算，而消耗巨量资源的计算没有任何实际价值或科学价值，唯一的功能是作为比特币产生的"依据"。比特币的产生机制是随着时间推移，产生的数量不断递减。初期参与者只需要投入极少的时间和金钱，就可以获得大量的比特币，越到后来，投入的计算资源越多，获取的比特币越少。比特币被不断炒高后，社会资源将被这种赤裸裸的方式重新洗牌，这与社会财富分配的基本公平原则完全相悖。目前现有已挖出的比特币有 1400 万个，分布在前期投资人手中，如果商品交换使用比特币作为支付手段，社会财富将人为集中到极少数人手中，且财富重新分配过程缺乏基本的公平性。如国内比特币投资人李笑来凭借初期低价入手的 10 万个比特币，套现 19.341 亿美元，比特币价格从购入时的 1 美元兑换 1300 个比特币，在短短数年内达到 2.03 万美元兑换一个比特币。

## （二）非主权信用数字货币

### 1.Libra 背景——信息技术的高端竞争

比特币出现的动因是次贷危机后美国加强信息技术对经济领域的渗透，继而掌握世界金融控制权。但这一过程并不顺利，多数国家对比特币的产生机制和美国利用比特币巩固其金融霸权保持了警惕。俄罗斯政府不承认比特币为合法货币，2016 年修改的刑法对交易比特币处以刑罚，2020 年将发布法案禁止发行和销售加密货币。2013 年 12 月 5 日，中国人民银行等五部委发布《关于防范比特币风险的通知》，明确比特币不是合法货币，禁止金融机构提供比特币交易服务，第三方支付平台不得为比特币提供清算业务。[①]

2019 年 6 月，美国社交软件巨头 Facebook 发布数字货币 Libra。Libra 标榜超主权性，显示了美国对掌握信息技术高地，通过数字金融手段掌控资源支配的迫切愿望。现实世界中，美国霸权相对衰落，表现为美国为世界提供公共产品的能力下降，全球影响力降低，尤其是在信息技术领域美国逐渐失去绝对话语权。中国信息技术发展战略是要求获得相应的国际信息技术资源的分配权，而不是继续受到不公正对待，两者存在结构性冲突。2018 年美国开始极力打压华为、中兴等中国技术公司，标志着美国对华信息技术争夺战正式拉开序幕，侧映出以信息技术为支撑的数字虚拟空间逐渐成为政治、经济新格局角逐核心的现实。而数字货币从创设之初即肇因于金融和信息科技的主导权之争，美国数字边疆战略的目标之一就是利用信息技术范畴的数字货币稳固或代替美元作为国际货币的地位，将信息技术建构的网络空间作为一个新的经济活动的工具。[②]

2.Libra 特点——私人信用与多中心化

Libra 与比特币的区别在于中心化和信用担保两方面。比特币的创制和发行没有国家或机构直接参与，因此没有实体资产支撑和机构的价值背书，比特币的价格高度依赖网络环境，欠缺价值尺度功能。[③]Libra 在设计框架上采用了比特币的区块链技术，即在加密和分布式记账方面沿用了比特币的创新应用。一方面，在信用机制上，Libra 创设了超主权货币的构想，即使用

---

①　金融支付：《从俄禁止比特币交易看各国对待比特币的态度》，搜狐网，https://www.sohu.com/a/65385830_116190，访问日期：2021 年 9 月 8 日。

②　杨剑：《数字边疆的权力与财富》，上海人民出版社 2012 年版，第 119 页。

③　张锐：《"超主权货币"Libra 的基本认知与前景判断》，《决策与信息》2019 年第 10 期。

一篮子银行存款和短期国债作为储备资产，采用 100% 储备金发行方式，因此其价格由储备池中的一篮子法币资产决定。Libra 采取的发行机制避免了汇率波动的影响，实现了价格稳定，因此也被称为稳定币。Libra 的货币基础是基于信用而非共识，且超越主权货币的限制，直接实现跨境流通。另一方面，Libra 在发行管理机制上采用多中心化的治理模式，由协会成员共同负责技术维护和资产储备管理。同时要看到，Libra 采用的抵押资产以美元为主，协会会员大都是美国企业，因此 Libra 对美元地位的巩固有较大支撑作用。[①]Libra 采取协会治理模式，与比特币开放式区块链不同，Libra 通过建立联盟链提供支持，目前包括 Facebook、PayPal 等 28 个节点，节点由协会会员（大都是美国企业）组成，涵盖了支付、电信、区块链、风投等多个领域，因此 Libra 本质上是以商业（私人）信用为基础的数字货币。正如美国"西进运动"时期，帮助美国获取土地和其他资源的主要动力来自个人和私人部门一样，在美国数字边疆的拓疆过程中，美国的技术精英和企业精英扮演了重要的角色，Libra 由美国企业推动也就顺理成章了。[②]

## （三）主权数字货币

数字货币是数字经济时代的必然选择，其流通性、交易成本和便利性、金融监管等方面具有传统货币无法比拟的优势，而央行发行主权数字货币是目前可行的方案。2016 年 1 月，中国人民银行召开数字货币研讨会，提出争取早日推出央行发行的数字货币。2020 年 1 月 20 日，中国人民银行数字货币研讨会上进一步提出数字货币可以降低传统纸币发行、流通的高昂成本，提升经济交易活动的便利性和透明度，减少洗钱、逃漏税等违法犯罪行为，

---

① 吴桐、郭建鸾：《Facebook 加密货币 Libra 的经济学分析：背景、内涵、影响与挑战》，《贵州社会科学》2019 年第 9 期。

② 杨剑：《数字边疆的权力与财富》，上海人民出版社 2012 年版，第 112 页。

提升央行对货币供给和货币流通的控制力。[①]

1. 主权数字货币的流通性

银行投放的基础货币并不等同于货币供应量，而数字货币可以解决部分难题。货币投放市场后，一部分以存款或现金的方式存储于个人或公司账户，这部分资金大量沉淀于金融机构，不能提供有效的流动性。央行每月都会报告有关货币总量的数据，它衡量的就是货币供给，央行通常会给出两种不同总额的数据，分别称为狭义货币（M1）和广义货币（M2），M2 是反映货币供应量的关键指标。[②]M2= 流通中的现金 + 企业活期存款 + 居民储蓄存款 + 企业定期存款 + 信托、公积金等存款项目，从其构成可以看出，并不是所有项目都可以成为有效货币供给，否则就可能出现 M2 超发，流动性却不足的情况。数字货币可以使流动性较差的存款类项目更容易加入货币流动的渠道，如支付宝开发的经常性融资项目（以余额宝为例），就是借助数字金融的高通透性、高收益和可赎回等特点，打通了存款项目与融资市场的隔阂，这些先行经验为数字货币发展提供了有益借鉴。

2. 主权数字货币的低成本和便利性

传统纸币的发行和交易成本虽然较之金属铸币有了极大的降低，但数字货币的成本在互联网边际效应之下优势更大。数字货币形制上是经过加密的计算机运算的一组方程式开源代码，在信息基础设施完备的情况下，数字货币发行和流通需要的物质损耗可以忽略不计。数字货币的便利性已是毋庸置疑，数字货币只需要一串代码和数字证书，就可以和手机、智能穿戴等终端设备融合，并与个人的生物体征等构成安全认证机制，而这些应用在第三方支付中已经得到有效验证。

---

① 栾雨石：《央行探索数字货币 降低纸币发行流通成本》，人民日报海外网，http://m.haiwainet.cn/middle/345416/2016/0125/content_29581264_1.html，访问日期：2021 年 9 月 8 日。
② 洪铁松：《货币金融学》，上海财经大学出版社 2016 年版，第 24 页。

### 3. 主权数字货币的监管优势

主权数字货币与比特币等去中心化的数字货币相比，采用的是不同的技术路径。央行数字货币目前来看肯定是采取非去中心化的发行模式，这样方便对交易行为进行监管，同时还加强了货币流通的透明度（交易数据可追溯性）。央行数字货币的获得也不需要像比特币那样无谓地消耗大量计算资源去获得，不会对社会财富分配机制产生影响。央行数字货币满足数字经济条件下快捷支付的需要，还将在跨境支付方向上进一步扩展，由于其不会采取去中心化的记账方式，将不会造成监管漏洞。

## 四、美国的数字货币治理策略

### （一）数字货币创制发行的技术垄断本质

美国凭借强大的信息技术先发优势实施数字边疆战略，在信息技术空间，获得了超越主权的数字空间治理权力。这种数字空间治理权力不仅作用于数字空间，还对原有空间的资源配置产生关键影响。数字货币是美国数字边疆战略在金融领域发挥作用的重要体现，而美国为垄断数字货币的主导权，在顶端（发行权）、底层（技术）和规则（法律）三方面同时发力，构建起新的数字金融秩序。

到目前为止，数字货币的创制发行一直是由美国主导。从比特币的横空出世，到 Facebook 推出 Libra，都符合美国巩固世界货币发行权和赢得信息技术竞争的战略利益。无论是比特币创始人中本聪提出的"完全通过点对点技术实现的电子现金系统，实现在线支付直接由一方发起并交付给另外一方，中间不需要通过任何金融机构"的货币设想，还是 Libra 宣称要建立一套简单的、无国界的货币和为数十亿人服务的金融基础设施的"宏愿"，都由美国机构或企业精英完全掌控。即便是"去中心化"的比特币，其技术架构和加密方式都有深刻的美国印记，且比特币一度宣扬的安全性被证明是伪命题。

数字货币不是简单的货币金融选择，其背景是信息技术领域的国家竞争。

美国要维持对数字货币和数字金融的垄断局面，必须长期保持技术优势，随着信息技术的扩散，美国企业一家独大的情况难以为继。一是网络基础设备方面。根据国际数据公司（IDC）以太网交换机季度追踪报告和路由器季度追踪报告显示，2019 年第一季度思科的以太网交换机收入同比增长 8.3%，市场份额为 53.7%。华为以太网交换机收入同比增长 18.9%，市场份额从上年同期的 8.1% 上升至 8.9%，综合服务提供商和企业路由器收入同比增长 5.7%，市场份额为 24.5%，并且 2018 年、2019 年连续两年，华为路由器产品实现市场份额领先。[1] 二是信息终端设备方面。美国一度是计算机产业的主导者，PC 是信息技术的核心终端设备。英特尔和微软公司分别是计算机核心硬件和操作系统的主要供应商，两者联手创建了让任何竞争国家都无法企及的业界技术标准"温特制"（wintelism）。[2] 随着 PC 市场的萎缩，以智能手机为代表的移动网络终端的普及也使美国实现技术垄断的"温特制"被打破。智能手机逐渐成为计算机终端的新模式（两者都具备数值计算、逻辑计算、数据存储，并通过软件程序处理数据的能力），围绕手机的软硬件系统成为竞争热点。美国一度占有优势，无论是操作系统，还是以苹果为代表的手机硬件都具有绝对竞争力，但以华为为代表的中国品牌崛起，动摇了美国在信息技术终端的垄断地位。2019 年华为手机全球市场占有率达到了 17.6%，超过了苹果的 14.5%。2020 年，为应对美国禁令，华为正式推出鸿蒙系统及 HMS 服务，在操作系统方面摆脱了美国的技术控制。华为在信息技术设备领域的突飞猛进，威胁到了美国数字边疆战略和数字货币控制权的基础，因此 2018 年以后，美国对华为采取了种种限制和打压。2019 年 5 月 17 日，美国商务部正式把华为列入"实体名单"，此后美国从标准、芯片、系统等不同领域全力封杀华为。2020 年 3 月 26 日，美国又加码对华为全球

---

[1]　云智时代：《2019 年第一季度全球以太网交换机市场强劲，华为同比增长 18.9%》，搜狐网，https://www.sohu.com/a/318539906_100159565，访问日期：2021 年 9 月 8 日。

[2]　所谓温特制，就是微软的操作系统和英特尔微处理器在个人电脑产业上搭配组合形成的结构性权力。

芯片供应采取新的限制措施，企图从最底层的物料生产环节阻断华为供应链。[①]以举国之力对付一家中国民营企业，并因此宣布进入"国家紧急状态"，堪称世界经济史未有之事件，可见美国内心的焦虑和信息技术的关键意义。

## （二）美国的法律策略与权力"规训"

法律与权力彼此交错且辩证相关，在数字边疆战略的实践中得以很好地体现。权力是法律的保障，法律也是权力的一种保障，或者按照更通常的说法，法律的确认，合法化同时也受制于权力。[②]美国精擅于利用法律工具开展国际竞争和建构权力规则，从而获得对各项资源的支配权。法律工具的优势不言而喻，一是不易落人口实，避免政治摊牌和外交冲突，占据法治的制高点。二是确立的权力结构具有更大的稳固性，将某种秩序上升为法律，前提是国家间建立一定的"共识"基础，美国借此以最经济的代价确立权力"规训"。

### 1. 法律准备

美国是个法制健全且发达的国家，有关政府、企业、个人等主体的行为都有事无巨细的规则。进入信息时代，各类新事物不断出现，仅仅就数据的收集和发布，美国国会、政府就先后通过了上百个法规。作为英美法系国家，条文法只是构成其法律体系的一部分，通过不断的诉讼，最高法院又以判例形式对法案进行查漏拾遗。[③]毫无意外地，美国针对数字货币已经通过了多个法案，对数字货币的监管和运行规则进行规范。如 2018 年 9 月 12 日，美国众议院通过《FinCEN2018 改进法案》，将虚拟货币纳入金融犯罪执法目标；2019 年 7 月 9 日，美国参议院商业、科学和运输委员会批准《区块链促进法案》，2020 年，美国立法部门还将通过《支持数字货币与区块链决议》《区块链监

---

① 外交部：《外交部回应美加码封杀华为：科技霸凌主义，中方不会坐视不理》，搜狐网，https://www.sohu.com/a/385109162_119666，访问日期：2021 年 9 月 8 日。

② ［德］托马斯·莱塞尔：《论法律与权力的关系》，《华中科技大学学报（社会科学版）》2011 年第 2 期。

③ 涂子沛：《大数据：正在到来的数据革命》，广西师范大学出版社 2012 年版，第 115 页。

管确定性法案》和《纳税人分叉资产安全港法案》明确稳定币监管，规范如 Facebook 等科技公司创建加密货币的行为等。其实，美国对数字货币的规范并不是否认数字货币在数字边疆战略中的地位，而是通过监管条件加强对数字货币的控制。

### 2. 知识产权

知识产权是信息时代产权法律制度的基础。信息时代的国家竞争，传统的军事、政治力量作用降低，更多体现在以系统、标准等形式显示的对信息技术空间的掌握能力。换言之，信息技术的发展使国家权力的衡量方法发生了根本转变，技术和知识的编码成为控制资源流动的主要工具，控制知识流动的法律也应运而生，其中以知识产权的法律化意义最为重要。技术先行国家凭借信息技术所具有的网络特性和兼容性，将一系列技术标准产权化，并在全球国家间进行知识产权的法律建构，使知识产权变成了一种规训的工具。[1] 美国通过推动标准化，并以知识产权形式确立其优势，实现对技术发展路径的控制。在以复杂产品系统和技术累积为特征的信息技术产业里，出现了"专利丛林现象"，在知识产权的名义下，先行国家控制技术资源流动方向和分配。

知识产权的出现是为保护创新和促进更多的智慧创造品，增进社会福利，但这个初衷需要更宏大的法律安排。知识产权更多地成了既有技术垄断的有利工具，甚至阻碍了技术创新，这在信息时代更为明显。过度的知识产权保护制度已经制约了信息技术的自由交流和新技术的应用，出现产权拥有者与竞争者、消费者利益冲突的情况。信息技术产品是软硬件构成的复杂系统（如温特制），使用这些系统需要相应的技能，而消费者转换系统，需要付出巨大的时间、经济成本来重新掌握、使用该技能。为攫取更大利益，产权拥有者以源代码封闭和接口标准许可等方式，使周边软件和外围配套产品必须接受强势规则，利益驱动正破坏知识产权促进智力创造的目的，并最终损害终

---

[1]　杨剑：《数字边疆的权力与财富》，上海人民出版社 2012 年版，第 97 页。

端消费者的利益。由于兼容和互补性的需要，以知识产权为基础的技术标准等问题越发陷入个人利益（知识产权私有）和公共利益的冲突之中。[①]

### 3. 长臂管辖与司法陷阱

美国利用法律实现权力扩张，长臂管辖和设计司法陷阱是常用手法。2019年，影响世界信息技术领域的事件除了美国首次将华为列入"实体名单"，还有就是法国阿尔斯通集团前高管弗雷德里克·皮耶鲁齐《美国陷阱》一书的出版，该书揭露了美国长臂管辖和司法陷阱的黑幕。美国长臂管辖源于美国各州相对独立的法律，本意是在跨州诉讼中充分保护原告的利益。在经济全球化之后，美国越来越多地使用这一原则处理跨境纠纷，即根据美国国内法，对其他国家的商业机构行使司法管辖的权力，反映出美国借助州法律延伸传统扩大其域外法权的用心。

长臂管辖也有一定的国际法渊源。国际法中有保护性管辖权和普遍性管辖权一说，不过一般适用于严重的国际犯罪行为和一国对域外发生的侵害本国国家或公民重大利益的犯罪行为。美国为利益最大化，无视域外管辖适用领域的严格限定和管辖权冲突的基本准则，以"司法独立"为借口，肆意由地方法院不断启动与他国和域外企业、个人之间的商业、民事和知识产权诉讼，甚至开启所谓的司法调查。美国司法部介入全球商业竞争绝不是个案，其目的是构建以美国法律为核心的全球治理规则体系，巩固其垄断利益。

司法陷阱则是长臂管辖的结果。借助域外管辖权，美国政府把触手伸向了很多跨国企业，这种域外管辖权本质上就是美式霸权。2013年4月14日，美国联邦调查局逮捕法国阿尔斯通集团高管弗雷德里克·皮耶鲁齐，而这只是美国针对阿尔斯通集团的系列行动之一。此次行动中"最低限度的联系"即美国长臂管辖的主要法理依据，使美国得以对他国企业或公民采取司法行动。该案的理由仅仅是弗雷德里克·皮耶鲁齐在商业贿赂行为中使用了美国分公司的账户，根据美国的《反海外腐败法》，美国司法部对阿尔斯通集团

---

[①] 毛丰付：《标准竞争与竞争政策——以 ICT 产业为例》，上海三联出版社 2007 年版，第 44 页。

启动司法调查。身陷囹圄的弗雷德里克·皮耶鲁齐根本无法对抗美国强大的司法机器，最后因辩诉交易方式落入对方精心编织的"司法陷阱"，被迫承认了商业贿赂行为。美国设置司法陷阱的目的是为展开后续的经济陷阱、政治陷阱，尽管该案没有涉及美国及相关企业的利益，但仍有 10 家公司被课以重罚，其中 8 家为外国公司，阿尔斯通集团被判罚 7.72 亿美元。在美国的一系列操作下，阿尔斯通集团的电力业务，最终被行业内的主要竞争对手——美国通用电气公司收购。[①]

## 五、中国数字货币的路径选择与法律应对

### （一）中国法定数字货币的发展与选择

保持货币金融稳定，是中国货币改革和发展必须坚定不移的方向，因此中国对数字金融持非常谨慎的态度。金融对一个人来讲是理财，对一个企业来讲是融资，而对一个国家而言就是政治，政治是金融的第一属性。中国在数字货币方面的选择，将关乎中国经济何去何从。更确切地说，金融跟实体经济必须要匹配发展，越脱离，危害越大，所以效率并不是金融的最高追求。[②]目前来看，中国的数字货币将选择由央行发行法定数字货币的发展路径，即数字人民币，本质上是对目前流通中现金（M0）的数字化替代方案。央行数字货币是目前最为稳妥又能提升金融效率的货币方案，支付宝、微信等第三方支付进行了很好的先行实践，因此有非常充分的市场准备，而国内日臻完善的通信基础设施以及高度普及的移动终端，足以应对所有的数字支付场景。

央行的数字货币选择是积极应对数字经济未来和美国数字边疆战略的重大举措，自然会受到强大的外部压力。尤其是特朗普政府在"美国优先"的思维下，越来越将政治目的注入法律外壳，侵蚀国际法基本准则。正如我们见到的阿尔斯通案，并非所有根据法律规定采取的行为都是司法行为——国

① ［法］弗雷德里克·皮耶鲁齐、马修·阿伦：《美国陷阱（下）》，《经济导刊》2019 年第 8 期。
② 陈宇：《风吹江南之互联网金融》，东方出版社 2014 年版，第 20 页。

家对外宣战通常需要按照法律规定得到国会授权，但是战争本身无法律主张的公平正义可言。美国利用国内法案强化垄断利益的做法屡见不鲜，如压制外国企业竞争的《美国贸易法》"301 条款"，扩大本国企业知识产权利益最大化的《1988 年综合贸易与竞争法》"特殊 301 条款"等。美国借用国内法案发起所谓的调查和贸易制裁，不过是在薄薄的一层法律面纱遮掩下的强权政治。[①] 老一辈革命家对战争艺术凝练出"你打你的、我打我的"战略战术，可以指导我国与美国在数字边疆视域下数字货币的竞争和法律博弈，即在"底线思维"和保护性立法等方面未雨绸缪，避免法律陷阱或强化法律对应力。

## （二）央行数字货币发展的法律环境

在信息技术构建的"虚拟空间"里，"新边疆"正在被不断开发。不同国家、政治和经济实体都设法从中获取利益、扩大影响，并企图将有利于自身的权力结构嵌入这个人造的、不断被扩大的虚拟疆域之中。数字货币对数字经济的意义不言而喻。2020 年，达沃斯论坛上与会成员对数字货币有利于促成一个自由、开放、安全且低成本的新经济及金融环境有了新的认识，也是各方力量极力推进的创新领域。"我们的法律就像是在甲板上吧嗒吧嗒挣扎的鱼一样，它们拼命地喘气，因为数字是个截然不同的地方。"[②] 正如舍恩伯格指出的，现有的法律已经难以解决数字边疆中的法律冲突，而传统的主权原则在信息技术空间"全球公域"的主张下漏洞百出。传统意义上的全球公域是指自然界的无主之地，美国以互联网基础设施的国际化为由将信息技术空间纳入全球公域，而信息技术空间的超地域性为美国惯常的长臂管辖提供了可运作的空间。

美国在长臂管辖的滥用中，为了掩饰其政治目的并为其行动披上法治外衣，美国联邦和各州纷纷出台法案，这些法案织成了一张严密法网，即使不

---

① 肖河：《美国的长臂管辖：概念、实践及其应对》，光明网，https://theory.gmw.cn/2019-06/21/content_32937145.htm，访问日期：2021 年 9 月 8 日。

② ［美］尼古拉斯尼·葛洛庞蒂：《数字化生存》，胡冰、范海燕译，海南出版社 1997 年版，第 34 页。

具备国际法的正当性，也为美国长臂管辖提供了一定的法律基础。[①]我们常常看到，美国地方法院对一国、一个跨国公司或个人恣意提起诉讼，而美国在世界范围的霸权为其司法霸凌做了背书。如美国佛罗里达州"伯曼律师团队"以中国需要为新冠疫情在全球扩散负责为由向当地法院提出针对中国政府的集体诉讼，而当地法院受理并宣布于 2020 年 5 月 1 日开庭审理。针对美国的这种司法霸凌，必须有前瞻性和预防性的立法准备，有足以让对方不敢轻衅纠纷的动机。笔者曾在 2014 年首届网络安全宣传周提出保护性立法的必要性，"保护性立法是从战略层面体现立法的宏观性，对内可规范特定领域的行为，对外可增强对应的法律手段。"[②]

### （三）央行法定数字货币的法律风险

目前来看，数字货币的潜在法律风险有三个方面。一是发行机制。央行的主权数字货币从本质看是法币的数字化，因此仍然要严格按照货币的准备金制度和债务抵押机制确定发行规模。数字货币的外在形式只是一连串的数字代码，发行成本极低，流通效率更高，但也容易导致发行冲动。为防止信用货币阶段容易发生的货币超发现象，数字货币采取与国家 GDP、财政收入、黄金储备保持适当比例的发行机制，使数字货币的增发与经济发展速度保持协调，因此需要明确数字货币发行的法理依据和限制性条件。二是交易数据安全和个人信息保护。央行的主权数字货币不会采用完全去中心化的发行机制，而是通过央行面向公众发行数字货币，即公众将在央行持有相应账户，货币支付交易过程将以数据形式被金融机构获得，并可能需要向税务、司法部门提供信息。欧美国家强调个人信息数据的隐私，如 2018 年 5 月欧盟颁布的《通用数据保护条例》（GDPR），赋予个人更多的数据控制权和更高的数据保护责任，美国加州通过的《加州消费者隐私法案》（CCPA）已于

---

① 张盼盼：《美国长臂管辖的霸权本质及应对策略》，《西部学刊》2019 年 6 月上半月刊。
② 徐凡：《加强虚拟犯罪立法研究不可或缺》，人民网，http://it.people.com.cn/n/2014/1126/c1009-26095491.html，访问日期：2021 年 9 月 8 日。

2020 年 1 月生效。随着境外对个人数据立法的加强，央行数字货币对交易信息的管理和使用将需要解决更多的法律障碍。三是数字货币跨境流通的法律衔接。央行数字货币根据不同的使用环境和条件，也可采用不同的技术路径，增加其使用的便捷性和灵活性。一类是以区块链为技术底层的匿名化的央行数字货币，这类数字货币可以用于小额度的支付交易和脱离网络环境使用，使用广度上更宽泛。一类是类意识型的记账式数字货币，与去中心化的虚拟数字货币截然不同，是通过多中心或中心化的数据管理，记录相关的支付交易，提供更高的金融安全保障。随着人民币国际化，央行数字货币的境外交易将是大势所趋，必然涉及不同国家信息安全和金融监管制度的冲突与协调，而且以美国长臂管辖的惯常做法，当央行数字货币跨境活动增加威胁美元地位时，极有可能遭遇美国援引国内《爱国者法案》（反洗钱）、《反海外腐败法》（针对商业行贿）等法案发起的法律阻击。

### （四）央行数字货币的法律应对与规制路径

央行发行数字货币时必须要有充分的法律准备，以避免因法律冲突阻碍数字货币发行而失去布局先机。数字货币关涉货币金融监管制度，也关乎国内和国家间信息技术、数据安全等方面的法律设计，因此其应对必须是多方兼顾的法律体现。

1. 货币金融法律规制路径

很显然，目前有关人民币管理的法律法规将无法继续适用于数字货币的管理，颁布专门的《数字货币法》将是必然选择。货币是金融的核心，而金融稳定是经济平稳运行的基础，《数字货币法》需要在现行的货币发行机制上创新发展。首先，央行数字货币是法定货币，具有法偿性，即有国家信用担保。其次，将数字货币发行流通纳入监管范围。可以肯定的是，央行数字货币不会采用 Libra 资产储备池的方案，更不会是比特币去中心化的方案，这两者都会导致国家货币政策的失效和监管缺失。最后，建立数字货币跨法域管辖和纠纷解决机制。通过与多国央行协议，规范不同国家数字货币的跨境流动和结算机制，如锚定一篮子主权货币，而不是一国主权货币建构新清算系统，避免美元汇率风险和国际资金清算系统 SWIFT 的法律风险。SWIFT 覆盖了大部分以美元计价的跨境贸易（美元是主要国际结算货币），是美元霸权的核心，即美国得以任意实施金融霸凌的工具。美国通过 SWIFT 控制权追溯每一笔国际收支款项的来往，或限制被制裁对象通过国际清算通道进行国际支付。如伊核问题爆发后，美国对伊朗的制裁就是切断伊朗对外石油贸易的支付结算通道。[①] 央行数字货币构建国际性清算系统必然与美国主导的 SWIFT 发生冲突，有必要预先与结算国建立跨法域管辖和纠纷解决机制，避开可能的法律陷阱。

### 2. 信息技术法律规制路径

知识产权是信息技术空间竞争的关键要素，协调知识产权保护与创新发展的关系需要周密的法律安排。一方面加大对知识产权的法律保护。信息技术属于智力、资本、知识密集型创新产业，因此具有高投入、高风险和低边际成本的经济特征。即前期需要投入巨大的时间成本、经济成本，承担很高的失败风险，但物化产品的边际成本却极低。如微软公司在 Windows 98 等系统的基础上，仍需要集中 5000 多位程序员历时 3 年开发 Windows XP 系统。该系统在中国市场的售价高达 1998 元，而软件载体光盘成本不过 9 分钱。较高的首创成本和较低的边际成本决定了发展信息技术产业必须强化知识产权的法律保护，以避免搭便车（free riding）的现象，如价格鸿沟导致的软件盗版行为。

另一方面，还需避免因知识产权过度保护而阻碍创新。技术核心国家和企业往往是信息技术空间的主导者和技术产品的首创者，主导技术标准、信息资源的支配权。如计算机是信息技术的核心设备，工作原理是数据和软件在相应系统中运行。英特尔和微软公司联手建立的"温特制"，相应的计算

---

① 　上林院：《美元霸权制裁其他国家的王牌：国际支付系统 SWIFT 到底有多强大？》，网易，http://dy.163.com/v2/article/detail/EQIHJAC505395ZTS.html，访问日期：2021 年 9 月 8 日。

机周边设备和软件应用都必须在符合其技术标准和界面协议的前提下进行开发，以获得软硬件连接的兼容性。兼容本来是一个技术术语，是技术系统协同工作的要求，但这样一个技术的规范和要求深刻改变了信息技术产业竞争的方式，技术先行者（first mover）可以通过兼容性来扩大竞争优势，成为知识产权的核心组件。[①] 目前，国际贸易规则中的知识产权保护制度是以技术核心国家和企业的利益要求制定的，如果固化成信息技术的结构性权力，反而不利于新技术的创新和竞争。知识产权制度保证了对信息知识创造的激励，但垄断形成后，知识产权体制就可能成为全社会知识创造的限制，如知识产权里基础的技术标准等问题越发陷入个人利益（知识产权私有）和公共利益的冲突之中。[②]

央行数字货币创制关键需要解决信息技术发展、知识产权等方面的法律问题，避免法律冲突，为信息技术的发展提供法治保障。尤其是在近些年美国阻碍中国信息技术发展的背景下，制定或完善《反垄断法》《知识产权法》《反商业歧视法》等，着重对知识产权制度的合理化进行必要规制。针对国外科技公司根据美国制裁决定，对华为、中信等中国通信企业实施的芯片断供、系统和标准禁用等非市场行为，目前中国主要采取外交协商、贸易谈判等策略。不仅消耗了大量的政治资源，而且在其他场合也付出了不必要的代价。诉诸 WTO 等贸易协调机构，因贸易规则主要由西方国家制定，且调解程序迁延日久，易造成不利于我方的既成事实。只有形成保护性法律屏障，通过即时启动反垄断调查和反商业歧视调查，对这类非法贸易限制做出市场准入、知识产权限制等法律应对措施，才能及时消弭影响或促成和解。另外，针对通用性技术相关的知识产权要以法律的形式加以规范，避免技术先行国家或企业以过时的技术产品和标准系统阻碍创新技术的发展。2020 年 3 月 4 日，苹果公司以其新推出的 iOS13 系统主推深色模式功能发布通告，提交至

---

① 杨剑：《数字边疆的权力与财富》，上海人民出版社 2012 年版，第 97 页。

② 毛丰付：《标准竞争与竞争政策——以 ICT 产业为例》，上海三联出版社 2007 年版，第 44 页。

App Store 的 iPhone app 都必须支持深色模式，否则将面临强制下架的处置。[①]此事件表明，央行数字货币的创制发行在技术不对等的条件下，亟须解决可能存在的技术和知识产权壁垒问题，如对相关技术标准、知识产权进行限制性规制，为后续的技术和金融谈判提供法理依据。

3. 数据信息安全法律规制路径

数字货币将随着数字经济时代的到来主导新的金融变革，金融活动将体现为数字空间的一系列二进制代码的流转，数据信息安全问题也将成为关注的重点。数据信息安全的法律规制路径可以分为三个层面。一在国家层面以数据主导权为核心。美国之所以制定数字边疆战略，就是要在全世界赢得数字空间的管理权竞争、系统竞争、编码竞争和标准竞争，并以此掌握数据的产生和运行。在数字经济时代，数据即资源，数据主导权意味着对数字经济的关键控制权，各国的竞争也体现为对数据的竞争。2017 年 6 月 1 日《网络安全法》开始实施，时隔 3 年，由国家网信办、国家发展改革委、工业和信息化部、公安部等 12 部委联合制定《网络安全审查办法》（以下简称《办法》）又将在 2020 年 6 月 1 日起实施。《办法》第六条明确在关键设备的采购活动中，要求产品和服务提供者配合网络安全审查，包括对数据获取、非法控制和操纵用户设备做出承诺，无正当理由不得中断产品供应或必要的技术支持服务等。这些规定的细化，为外国公司的信息技术设备和软件在华的使用提供了有效的监管办法，也是对美欧国家动辄以国家安全为由排斥中国公司的做法做出的有力回应。二在社会层面以金融风险控制和监管为重心。央行数字货币采用的区块链分布式记账、智能合约等创新技术，将大大改变目前金融信息发布和监管的方式。一方面是风险及信用管理模式的改变。数字货币促使传统的垂直层级管理向横向扩展的分布式信任机制方向发展，这种信任机制使金融交易各方因信息不对称（asymmetric information）导致的金融风险大大

---

① 肖漫：《妥协还是趋势，微信 iOS 版本上线暗黑模式》，新浪科技，https://tech.sina.com.cn/roll/2020-03-22/doc-iimxxsth0999082.shtml，访问日期：2021 年 9 月 8 日。

降低。在金融市场上，交易一方往往对另一方缺乏充分的了解，以至于无法做出正确的决策，这种不对等的状态即为信息不对称。[①] 交易之前因为信息不对称带来的风险称为逆向选择（inverse selection），如越急迫的融资需求意味着越大的风险，需求方在推介中会尽量淡化风险因素。交易之后，如果缺乏监管手段，需求方资金使用的不规范性会加大违约的可能性，这种不规范性为道德风险（moral hazard）。[②] 新的信任机制使信息更加透明，较大地提高了金融效率，减少冗长的征信和审批程序。为此，有关金融机构信贷的法律法规也将进行重大的修改。另一方面是金融监管的创新。区块链的记账和合约机制使数据具有不可篡改和可追溯特性，此项技术可以用来构建监管部门亟需的多样化的监管工具箱，实现对货币交易活动精准、及时和更多维度的监管，但需要通过制定相关规范在法律层面明确监管层级、手段和授权机制。三在个人层面以货币交易数据信息隐私保护和限制为重点。数字货币相对现金而言其交易轨迹可循踪、可追溯，但存在个人交易信息数据泄露的风险。为此，需要通过《数据安全法》等法律法规的不断完备，保障交易记录和资金账户的安全和隐私性，稳步推进央行数字货币。央行数字货币的加密规则是匿名可控的，即必要情况下可撤销匿名性，如司法机关、行政执法部门非明确法律授权不得获取交易数据。

---

① ［美］弗雷德里克·S·米什金：《货币金融学（第九版）》，郑艳文、荆国勇译，中国人民大学出版社 2011 年版，第 41 页。

② ［美］弗雷德里克·米什金、斯坦利·埃金斯：《金融市场与金融机构（第四版）》，王青松，等译，北京大学出版社 2006 年版，第 24 页。

# 数字货币类民商事纠纷的仲裁难点及其解决思路

中南财经政法大学法学院　何　焰　刘昌丽 *

**摘　要**

自 2009 年比特币诞生以来，数字货币的价值维度和法律属性在学界和实务界就一直饱受争议，仲裁员在处理数字货币类纠纷时通常面临以下难题：一是数字货币定性难，针对不同的法律属性，其占有、使用、担保、返还等方面的基础法律制度会存在较大差异；二是数字货币价值评估难，尤其是当数字货币客观上不能返还，且当事人双方无法就数字货币的价值达成一致意见时；三是裁决存在裁撤风险，仲裁裁决撤销是司法监督仲裁的方式之一，法院可能以数字货币与法定货币的兑换违反公共利益为由撤销裁决。基于此，仲裁员在审理这类案件时，需要综合考量个人利益与社会公共利益之间的关系，明确数字货币的虚拟财产属性，同时制定一套认定数字货币价值的可行性规则，以期有效解决数字货币纠纷。

**关键词**：仲裁裁决；数字货币；纠纷解决

★　何焰，中南财经政法大学法学院副教授；刘昌丽，中南财经政法大学法学院硕士生。本文系中南财经政法大学中央高校基本科研业务费专项资金资助（编号 202110695）的成果。

# 引言

仲裁凭借其可执行性优势，成为争议双方当事人解决纠纷的重要选择之一，实践中更是出现了一些新型纠纷提交仲裁解决的案例。自 2009 年比特币诞生以来，数字货币在全球范围内得到进一步传播，交易人群和交易范围日益扩大。数字货币有广义和狭义之分，广义上的数字货币包括法定数字货币和非法定数字货币，法定数字货币由一国中央银行发行，以国家主权信用做担保，同法定现钞或硬币具有共同的货币属性；非法定数字货币是一种去中心化的、建立在区块链及智能合约基础上的新型支付手段。狭义上的数字货币仅指非法定数字货币，由于我国法定数字货币尚未正式发行，与之相关的纠纷尚未出现，故本文仅以狭义上的数字货币为研究对象。

数字货币因其去中心化运营、高度匿名性、难以篡改等特点，加之目前欠缺规制数字货币的法律规范，使得数字货币在实际使用中会产生一些法律纠纷。如，不法分子利用数字货币进行跨境洗钱活动、投资者利用数字货币从事代币发行融资活动等，衍生出洗钱犯罪、盗窃罪、投资失败和财产受损等问题。无论何种类型的法律纠纷，法院在审理数字货币案件时，首先需要判断的是数字货币的合法性和法律属性。但数字货币的法律属性自诞生以来便存在争议，在实务中更是出现了同案不同判的情形。深圳国际仲裁院裁决的某比特币案是一个十分典型的有关比特币法律属性的案例，对该案裁决结果的梳理，有助于深度理解和认识数字货币的法律属性。本文拟通过对此类案例裁判轨迹的分析，归纳出仲裁员在裁决中可能面临的难点，有针对性地提出解决思路，以期有效解决数字货币类纠纷。

## 一、深圳某比特币案回眸

### （一）案情概况

深圳市云丝路创新发展基金企业、高哲宇、李斌曾签订一份《股权转让协议》（以下简称《协议》），约定云丝路企业将其持有的某公司5%的股权转让给高哲宇，股权转让款为55万元，高哲宇直接支付25万元，剩余的30万元，因李斌曾委托高哲宇进行数字货币投资理财，高哲宇尚欠李斌相应数额的理财款，故李斌同意以该投资收益代高哲宇支付。另外，高哲宇与李斌约定，高哲宇分三期将李斌委托其理财的20.13个比特币、50个比特币现金及12.66个比特币钻石归还李斌。《协议》签订后，就合同中涉及的数字货币返还约定，因高哲宇违约未履行，故李斌要求其返还与前述数字货币相等价值的美元和利息，共计493158.40美元并支付违约金10万元。

## （二）争议焦点

结合上述案情分析，该案的争议焦点可以作如下归纳。其一，《协议》中约定的数字货币资产的合法性以及法律属性判断。数字货币资产作为案涉合同的标的物之一，其合法性及法律属性的认定，是判断数字货币资产能否作为合同法上交易对象的关键，是解决纠纷的基础和前提。其二，《协议》中约定的数字货币资产返还条款是否有效。结合争议焦点一的分析，如果认定数字货币资产属于不合法的物，那么所涉条款归于无效；如果属于合法的物，则需进一步判断相关交易行为是否符合法律法规的规定，但本案的特殊性在于，申请人李斌与被申请人高哲宇先后存在两个约定：一是就比特币、比特币现金、比特币钻石的委托理财约定；二是约定高哲宇向李斌返还与数字货币财产等价值的美元。因数字货币的交易类型与其合同效力密切相关，故仲裁员在裁决时，对同一协议约定的不同交易事项应做区分处理。其三，能否用法定货币衡量案涉数字货币资产的价值。该案中，李斌要求高哲宇返还与数字货币资产相等价值的美元及利息，该项诉求涉及数字货币资产与法定货币的兑换问题，但因数字货币自身的特殊性，以及数字货币与法定货币在一定范围内存在竞争关系，能否直接以法定货币衡量数字货币是裁决的关键。

## （三）裁决结果

### 1. 深圳国际仲裁院的裁决

深圳国际仲裁院认为，我国禁止代币发行融资和虚拟货币交易，但未规定个人比特币交易属于违法行为。比特币虽不属于货币，但仍属于数字资产，可作为交易对象。高哲宇未依约交付双方共认具有财产意义的比特币等，构成违约，高哲宇应返还与比特币等数字货币等价值的美元并支付违约金。关于比特币等数字货币的价值认定，深圳国际仲裁院以 OKcoin（比特币交易平台）网站公开的信息为参考标准，按照履约时该网站公布的价格估算案涉数字货币的价值，认定高哲宇应向李斌赔偿财产损失 401780 美元，并裁决将401780 美元按照一定汇率兑换为人民币。

### 2. 深圳中院的裁决

上述仲裁裁决首次承认了数字货币具有财产属性，应受到法律保护，具有一定的标杆意义，但被申请人高哲宇不服该裁决而请求深圳中院对其进行撤销。深圳中院在审理查明后，认定仲裁裁决高哲宇赔偿李斌与比特币等值的美元，再将美元兑换为人民币，即变相地将数字货币与人民币进行兑付，该行为与《关于防范比特币风险的通知》和《关于防范代币发行融资风险的公告》所反映的精神不符，故以违反公共利益为由撤销该裁决。

## 二、数字货币类民商事纠纷的仲裁难点

数字货币类民商事纠纷是近年来日益增多的新型纠纷，如何在法律体系协调性不足、有关法律规定尚不健全不完备的当下，合法合规且合情合理地定分止争、平衡好公权力与私权利，对裁判者无疑是一个巨大的挑战。以仲裁实践为例，仲裁员在处理此类纠纷中，至少会面临以下三个难点。

## （一）难点一：数字货币定性难

1. 政策性文件对数字货币属性规定不明确

2013 年 12 月，中国人民银行等五部委联合发布《关于防范比特币风险的通知》（以下简称《通知》），相关条款否定了比特币的货币属性，将比特币界定为虚拟商品。2017 年 9 月，中国人民银行等七部委联合发布《关于防范代币发行融资风险的公告》（以下简称《公告》），再次强调数字货币在我国境内不具备强制法偿性和流通性等货币属性，并禁止代币融资交易平台从事法定货币与代币、"虚拟货币"之间的兑换业务。上述政策性文件将数字货币定性为虚拟商品，但虚拟商品是一个经济学用语，在法律上未对虚拟商品作出明确界定，从字面上理解过于宽泛，造成司法实践中数字货币法律定位的不一致。但无论何种类型的纠纷，数字货币自身的合法性问题是法院先行裁决的核心内容。

2. 数字货币自身特殊性质影响其属性的界定

关于数字货币的法律属性，除司法实践中认定的虚拟财产说或商品说以外，学术界还存在物权说、债权说，以及货币说等属性争议，此类属性争议可以分为非货币说和货币说两类观点。学者多结合数字货币在产生、价值、流通以及支付等方面的特征，分析数字货币的私法属性和公法属性。数字货币法律属性的论证在学界呈开放性状态，但由于我国目前对数字货币还未进行专门的立法工作，在论证过程中不可避免会遇到一定的障碍。

物权说主张虚拟货币符合物应具有排他支配性和独立经济性。[1] 数字货币属于加密货币，以比特币为例，持有者拥有一对公钥和私钥，公钥对所有人公开，私钥由用户管理，可以对特定的比特币账户保持排他的占有、使用和处分。[2] 但比特币持有者不能仅凭其个人力量任意处分或使用比特币，需

---

[1]　赵磊：《数字货币的私法意义》，《北京理工大学学报（社会科学版）》2020 年第 6 期。

[2]　赵磊：《论比特币的法律属性——从 HashFast 管理人诉 Marc Lowe 案谈起》，《法学》2018 年第 4 期。

要其他参与者的配套合作，故比特币的排他性并非绝对。我国《物权法》规定了"物必有体"和"物权法定"两项基本原则，从物理形态来看，比特币可以说是完全虚拟的，不属于有体物，故这类无体物若要纳入物权保护的范围，必须有法律的明文规定方可作为物权保护的客体。关于债权说，前文提及法定数字货币由中央银行发行，在流通使用中构成央行对货币持有人的负债，并由国家信用担保这类"债务"的履行。但数字货币基于网络节点和数字加密算法生成，没有债权可以指向的债务主体和信用保障，因此数字货币的获取和使用不产生私法上的债权债务关系。货币说主张数字货币是法定货币，有学者认为"货币认同"是决定数字货币性质的关键，在当事人双方均认同数字货币属于法律意义上的货币时，数字货币可以等同于法定货币。对于数字货币是否具备货币属性，笔者将在后文详细阐述。

## （二）难点二：数字货币价值评估难

### 1. 数字货币的价值创造机制

数字货币的价值来源于"挖矿"所需的设备成本以及"挖矿"投入的时间成本和劳动力成本，挖矿消耗的成本全部转化为数字货币的价值，用户可以在特定范围内将数字货币作为购买商品、服务的对价，或对外转让数字货币以获取一定的经济收益。但由于数字货币不具有中心化管理机构，数字货币价值的上限在很大程度上取决于交易双方的接受和信任程度以及市场供需。例如，比特币的投机套利性吸引了众多投资者，需求增加推动数字货币的价格上升，且数字货币价格的形成基本上脱离国家控制，导致数字货币的价格波动剧烈，价值不稳定，具有较强的投机性。

### 2. 数字货币的价值评估困难

数字货币类民商事纠纷发生以后，财产价值的确定是解决问题的关键。目前尚无统一的数字货币价值评估标准，导致仲裁员在评估其价值时，可能面临如下难题：其一，目前我国尚不存在经官方批准认可的数字货币交易平台，且不同交易平台公布的交易价格各有差异，能否以此确定数字货币的价格尚有争议；其二，与一般财产相比，价格波动剧烈是数字货币的突出特点，数字货币既没有锚定任何实物资产，也没有准确的实际价值量化，使得仲裁员在评估数字货币价值时没有参照的标准；其三，数字货币因其价格波动频繁，即使存在统一的评估标准，仲裁员还须判断应以哪一时间点的价格为准；其四，数字货币具有较强的专业性和技术性，处理此类纠纷的难度通常大于一般案件，尤其是近几年数字货币纠纷呈现爆炸式增长态势，这对仲裁员的综合素质提出了较高的要求，需要其掌握与数字货币相关的基础知识以准确恰当地处理纠纷。

### （三）难点三：存在裁撤风险

#### 1. 司法审查之公共利益条款的适用

我国《仲裁法》第五十八条[①]对法院撤销仲裁裁决的情形进行了罗列，法院通常仅对仲裁涉及的程序问题进行审查，但该条款对法院审查实体问题留有一定余地，即"人民法院认定该裁决违背社会公共利益的，应当裁定撤销"。究其背后的法理，与仲裁解决民间财产纠纷的自身定性密切相关。在处理财产纠纷时会涉及私权利保护与公权力介入的问题，法院基于公共利益撤销仲裁裁决，即通过司法权的外部制约与监督来保障仲裁结果的正当性。在金融市场高度发展的今天，金融安全日益成为一项重要的公共利益，《全国法院民商事审判工作会议纪要》（以下简称《九民纪要》）第三十一条规定，"违反规章一般情况下不影响合同效力，但该规章的内容涉及金融安全、市场秩序、国家宏观政策等公序良俗的，应当认定合同无效"。通说认为社

---

① 我国《仲裁法》第五十八条规定："当事人提出证据证明裁决有下列情形之一的，可以向仲裁委员会所在地的中级人民法院申请撤销裁决：（一）没有仲裁协议的；（二）裁决的事项不属于仲裁协议的范围或者仲裁委员会无权仲裁的；（三）仲裁庭的组成或者仲裁的程序违反法定程序的；（四）裁决所根据的证据是伪造的；（五）对方当事人隐瞒了足以影响公正裁决的证据的；（六）仲裁员在仲裁该案时有索贿受贿，徇私舞弊，枉法裁决行为的。人民法院经组成合议庭审查核实裁决有前款规定情形之一的，应当裁定撤销。人民法院认定该裁决违背社会公共利益的，应当裁定撤销。"

会公共利益和公序良俗二者等同，仅是立法中的不同表达，[①] 即《九民纪要》已明确规定金融安全属于公共利益的一种。在撤裁之诉中，法院在审查裁决是否违反社会公共利益时，需要判断相关交易和裁决结果对国家金融安全等公共利益的影响。

2. 数字货币民事权益与公共利益存在冲突

数字货币的返还是否可以用法定货币予以偿付，这在实践中仍然是一个存在分歧的问题。除"挖矿"取得数字货币以外，用户通常在数字货币交易平台用法定货币进行购买，此时比特币与法定货币的交换类似于购买普通商品。在普通财产案件中，对于无法返还财产的情况，负有返还义务的一方需承担无法返还财产造成的经济损失，在认定财产的价值及经济损失后，即以金钱给付替代返还原物。在数字货币纠纷中，在不能返还数字货币的情况下，如果严格禁止以法定货币偿付数字货币，即变相地否定了数字货币的财产属性，不符合一般财产的保护路径，前后存在逻辑矛盾。一方面，若对数字货币的保护在特定情形下仅止步于返还原物，既不能提供有效的保护，又可能诱发和助长社会的逆向选择和道德风险。另一方面，数字货币的交易模式受投资因素的影响较大，其价值的剧烈波动可能给使用者带来损害，同时对金融稳定造成冲击，导致金融的"脱实向虚"。如果允许用法定货币偿付数字货币，则可能引发大量资金的涌入，变相支持加密货币和法定货币之间的可兑换性，又蕴含了触发大量投机行为和破坏金融秩序的潜在风险。由于不具有专门的金融监管规范，金融风险一旦发生便可能广泛传播，相关金融业务势必受到牵连，对不特定多数人的利益和交易安全造成潜在的损害和破坏。

---

① 李双元、杨德群：《论公序良俗原则的司法适用》，《法商研究》2014 年第 3 期。

## 三、数字货币类民商事纠纷的仲裁策略

### （一）承认数字货币具有虚拟财产属性

1.数字货币虚拟财产属性的证立

我国《民法典》第一百二十七条[①]首次明确网络虚拟财产是受法律保护的财产类型，为保护虚拟财产提供了法律依据。关于数字货币的虚拟财产属性，笔者分析如下。其一，数字货币具有使用价值，数字货币的生成需要购入挖矿机、高配置的计算机以及挖矿过程中产生的电耗、人力成本，并进行复杂的数学运算以求得方程式特解，这一过程凝结了人类的抽象劳动力。[②]生成后的数字货币储存于电子设备中，成为一种价值贮藏手段。其二，数字货币在流通中具有交换价值，充当交易媒介。有些国家和地区已将数字货币作为"支付工具"运用于现实生活中，如德国柏林的克罗伊茨贝格（Kreuzberg）地区，一些商店、酒吧等场所接受比特币作为商品或服务的支付对价。其三，数字货币具有可支配性，数字货币存储于电子系统中，采用密码学原理确保存储安全。用户以其持有的公钥和私钥对数字货币进行支配，其中公钥被匿名公开，相当于收款账户或地址，通过公钥可以找到特定的比特币，私钥为特定身份信息，持有人拥有的私钥具有绝对保密性，可以通过私钥对数字货币进行占有、处分与收益。

2.数字货币不宜定性为货币

通说认为，货币需要具备交易媒介、记账单位、价值贮藏三项基本职能。近年来，数字货币被越来越多地接受为交易媒介，其优势在于数字货币的交易费用远低于传统支付方式的可比成本。但数字货币的支付媒介功能面临诸多挑战，数字货币多用于投机者之间的转移，用于购买商品和服务的比特币仅占数字货币交易的一小部分。在记账单位方面，数字货币的价格表现出极

---

① 《民法典》第一百二十七条规定："法律对数据、网络虚拟财产的保护有规定的，依照其规定。"

② 贾丽平：《比特币的理论、实践与影响》，《国际金融研究》2013年第12期。

高的短期波动性，价值的不稳定性降低了数字货币代表有效账户单位的能力，使其不能准确地代表商品或服务的相对价格。在实际交易中，用户可能因数字货币购买力的波动而遭受损失。在价值贮藏方面，数字货币因其稀缺性，被视为一种优越的价值储存方式。但比特币的价值波动频繁，本身并不具有固有价值，其价值的反映很大程度上基于其货币功能所得到的认可，市场价格暴跌暴涨，存在较大的投资风险，而投机者的投机套利行为会进一步加重比特币价值的频繁波动。综上，数字货币仅在一定范围和程度上具备货币职能，但不具备货币真实的内在价值和维护币值稳定的机制，暂不足以将其纳入法定货币的范畴。

## （二）认定数字货币财产价值的方法

### 1. 依交易双方认同的价值予以折价赔偿

当数字货币的交易双方发生纠纷时，双方可以选择搁置争议而就数字货币的价值达成一致认识以有效解决纠纷。在闫向东等与李圣艳等财产损害赔偿纠纷案中，[1] 二审法院认为"就上诉人如需向被上诉人返还比特币但返还不能的情况下，如何确定比特币的折价赔偿标准问题，上诉人向本院确认比特币按每个 42206.75 元予以赔偿，被上诉人对该折价赔偿标准亦予以接受，故本院对比特币按每个 42206.75 元的标准计算赔偿金额"。该案中，在数字货币返还不能的情况下，案涉数字货币的折价赔偿问题系由一方提出赔偿的具体数额，另一方予以认可和接受，即法院承认数字货币在交易双方之间的共识性。

实践中，当数字货币在客观上不能返还时，如果双方对数字货币有明确的定价约定，仲裁员可以据此确定数字货币的价值。在委托投资纠纷中，委托方与受托方的交易标的物通常是以主流数字货币交换代币，如果双方约定以某数字货币交易平台某一时点的价格为准，该约定亦可被视为交易双方对

---

[1] 上海市第一中级人民法院（2019）沪 01 民终 13689 号民事判决书。

数字货币价值形成的共识。若当事人对数字货币的价值没有约定，仲裁员可以运用数字货币的共识性特征，结合案情，促成当事人双方对数字货币的价值进行调解或者和解。当事人双方基于意思自治原则达成的调解协议，即为双方对数字货币价值的主观认同，在共识价值具有合理性的前提下，仲裁员可以据此确定数字货币财产损失。

2. 委托物价局价格认定中心进行认定

数字货币的价值评估方法涉及数字货币持有人享有的财产权利可以得到何种程度的保护。在当事人双方对数字货币的价值没有约定，且事后不能达成一致意见时，仲裁员可以委托电子数据司法鉴定中心对相关数字货币交易平台后台电子数据，包括数字货币交易平台的注册用户数量、层级关系等进行鉴定。在确定用户数量和层级关系后，仲裁员可以委托会计师事务所对该平台在某一特定时间段的数字货币交易数量进行鉴定。为明确数字货币损失和赔偿人需要承担的责任，仲裁员可以委托物价局价格认定中心在上述用户数量、层级关系以及交易数量的基础上，参考用户购买数字货币时支付的交易对价、交易数量、投入的时间成本以及交易平台的经营成本等因素，对已鉴定的数字货币进行价格认定，综合评估数字货币在特定时间点折合人民币的财产价值。

## （三）正确处理数字货币纠纷中涉及的公共利益问题

### 1. 违反政策性文件不等于违反公共利益

我国《仲裁法》将违反社会公共利益作为撤销仲裁裁决、不予执行仲裁裁决的理由之一，但由于公共利益概念的不确定性，到目前为止，国内外均未对公共利益给出令人信服的界定。关于公共利益的界定标准，从受益主体来看，应为全体社会成员所享有的共同利益。王利明认为，"公共利益应当考虑所涉及社会成员的数量及对其利益影响的程度；如果某种利益与多数成员相关，对社会的存续发展更加攸关，就更为重要。且无论公共利益的受益形式为何，其受益范围必须是不特定的。如果特定为某一人群，就不能称之为公共利益"。[①]此外，公共利益代表整个社会最根本的法律原则、道德标准，不同于合同当事人的个案合同利益。对某一行为是否违反公共利益，应分析该行为是否违背基本法律原则，全体社会成员普遍认可、遵循的基本道德准则等情形，以及该行为是否造成了危及社会公共秩序、生活秩序、金融秩序等严重后果。一般的法律、行政法规等强制性规定以及政策性文件，虽都是对特定利益的维护，但不能代表全体社会成员普遍享有的公共利益，故违反一般的法律法规、部门规章不必然得出违反公共利益的结论，而要分析某一规则制定的背后是否体现了对公共利益的维护。

2. 释明数字货币交易对公共利益的影响

在对数字货币的风险是否由个人风险上升到社会风险，进而从公共利益的角度进行防范时，需要对个案中的利益进行多方面的考虑。为避免仲裁裁决因违反公共利益而被裁撤，仲裁庭在裁决数字货币类纠纷时，可以参考法院的审判路径，结合个案基本事实、在案证据以及审理情况，对可能涉及公共利益的纠纷，在裁决中对裁决内容和结果是否违反公共利益加以说理论证。具体而言，仲裁庭可以从交易性质与目的、交易对象以及交易数额和频率等方面着手。关于交易性质与目的，笔者在此分为一般交易与代币融资交易，代币融资交易系《公告》明确禁止的交易行为，一旦代币融资交易不受控制，将会危及我国金融安全和市场秩序，故对该交易行为应持否定态度。《公告》规制的交易对象为代币融资交易平台、金融机构以及非银行业支付机构，不包括普通的私人主体，即未禁止数字货币在一般私主体之间的流转。在交易数额和频率方面，如果交易频率较高或数额较大，交易双方从事投机性交易的可能性更大，而投机套利的最终目的是将数字货币转化为法定货币，数额较大的数字货币与法定货币之间的兑换可能波及我国货币金融体系的稳定性等。

---

① 王利明：《民法上的利益位阶及其考量》，《法学家》2014年第1期。

3. 在不危及公共利益的情形下承认数字货币的可兑换性

数字货币的可兑换性是指数字货币能否兑换为法定货币，对这一问题的判断关系到法律对数字货币这一虚拟财产的保护程度。与我国对数字货币持相对禁止的态度相比，日本在《资金决算法》中明确允许数字货币与法定货币的兑换。[①] 近年来，持有数字货币的群体日益增多，用户通过法定货币在某些交易平台购买数字货币，在特定范围内用于商品或服务的对价或从事代币发行融资活动，但我国现行的法律法规对数字货币缺乏统一的监督管理机制，故数字货币交易存在较大的安全隐患。当数字货币类纠纷发生时，如果一味地让用户自担风险，严禁数字货币与法定货币兑换，那么将出现对数字货币提供的财产保护与其财产属性不相符的情况，致使持有人的财产权益不能得到有效保护，同时在一定程度上遏制数字货币的发展。故笔者建议区分不同交易类型，在一定范围内承认数字货币的可兑换性。

对于自然人之间的数字货币类纠纷，由于交易金额较小，且仅在当事人之间发生约束力，其交易通常情况下尚不足以危及社会公共利益，故对自然人之间的纠纷，仲裁员可以结合交易数额、交易目的、交易内容，在双方均承认数字货币可兑换性的基础上，依据一定的价值标准，在数字货币不能返还时，以法定货币偿付数字货币。对于代币融资交易活动，由于这类交易对象具有不特定性、交易数额大、风险高、交易目的合法性存疑等特征，如果承认数字货币的可兑换性，实则变相支持数字货币在市场上的流通，可能危及货币金融秩序等公共利益，进而导致裁决面临裁撤的风险。故在当事人双方就数字货币的价值无法形成一致意见时，原则上应禁止数字货币与法定货币兑换。

## 四、结语

数字货币由于其自身法律属性的不确定性，使仲裁员在裁决这类纠纷时

---

① 《资金决算法》第二条第五款第一号。

面临诸多难题。学者从不同角度对数字货币的法律属性展开分析和论证，但几乎都承认数字货币具有财产性这一基本属性。笔者认为，在现行法律未明确规定数字货币的具体财产性时，仲裁员在裁决时应以一种相对保守的态度予以认定，承认数字货币的虚拟财产属性，既顺应各国为数字货币交易提供一定保护的总体趋势，同时也符合数字货币在我国的发展现状。对于数字货币的价值认定，在双方事先未约定价值的情况下，仲裁员可以充分发挥调解作用，组织当事人双方在自愿的前提下进行协商，通过调解确定数字货币的价值。国内仲裁裁决面临司法审查和监督，而数字货币的可兑换性对公共利益的影响，在一定程度上依赖法官对公共利益的理解和自由裁量，仲裁员直接将数字货币与法定货币进行兑换可能面临撤裁风险。即使在一定条件下承认数字货币的可兑换性，仍面临兑换渠道、数量、场景以及合法性等难点。因此，我们仍需在现有裁判路径的基础上，结合数字货币可能引发的其他问题，不断深入对数字货币的研究，以期形成一套完整的纠纷解决方案，妥善处理数字货币类纠纷。

# 我国数字人民币体系构建研究

东北财经大学国际经济与贸易学院　赵健如 *

**摘　要**

随着社会信息网络技术的日新月异和数字化经济的蓬勃发展，央行发行数字货币引起了广泛的关注和讨论。我国数字人民币的研发走在世界前列，本文在梳理了数字人民币的发展动态以及现状特征的基础上，结合当前数字人民币试点实践中出现的相关法律问题，分析了人民币数字货币法定化过程中将会面临的问题和挑战。在疫情冲击的逆全球化浪潮中，本文针对如何把握数字人民币研发先机，加强数字货币和金融市场监管以及加快构建我国数字人民币体系等问题提出了新思路。

**关键词：**数字人民币；货币体系构建；监管科技

★ 赵健如，东北财经大学国际经济与贸易学院博士研究生。

# 一、引言

互联网技术和电子信息技术的飞速发展极大地改变了人们的生活方式，科学技术领域的创新驱动了金融领域的创新，大数据、云存储、云计算、区块链技术、人工智能技术等各种新兴科技孕育出金融科技这一金融与科技相结合的产物。金融科技的出现是为了完善和提高金融服务的质量和便捷性。数字货币就是金融科技的产物之一，它打破了人们对于传统货币体系的认知，其便捷性、安全性及效率性等优势也引起了全球各国央行的高度关注。[1] 随着数字技术的不断发展，无现金社会的到来已成定局，数字货币这一项新兴金融科技业务必将推动金融领域的深入变革。抢占数字货币尖端技术，加快本国数字货币体系的建立已经成为各国央行目前重点推进的项目。早在 2014 年，我国央行就成立专项团队研究数字货币发行框架等问题。2016 年，央行成立数字货币研究院并在 2017 年末开始数字人民币体系的研发。2019 年，我国基本完成了数字人民币的顶层设计、标准制定、功能研发以及联调测试等工作，开始了加速数字人民币布局的进程。2020 年 4 月，央行先行在深圳、苏州、雄安新区、成都以及冬奥会场景进行数字人民币内部封闭试点测试，同年 8 月，商务部发布了《关于印发全面深化服务贸易创新发展试点总体方案的通知》，明确数字人民币（e-CNY）进入试点阶段，在京津冀、长三角、粤港澳大湾区以及中西部等具备试点条件的地区开展数字人民币试点。[2] 2020 年，央行公布了第二批数字人民币试点城市。2021 年 7 月 16 日，央行发布《中国数字人民币的研发进程白皮书》，首次公开数字人民币的研发情况，中国作为全球首个推出主权数字货币的大国，将在数字时代引领人类货币体系进入发展新纪元。

我国数字人民币体系的核心要素为"一币两库三中心"。"一币"指的是由央行发行的法定数字货币——数字人民币，"两库"指的是"数字货币

---

[1]　黄益平、黄卓：《中国的数字金融发展：现在与未来》，《经济学（季刊）》2018 年第 4 期。

[2]　参见商务部网站：http://www.gov.cn/zhengce/zhengceku/2020-08/14/content_5534759.htm。

发行库"和"数字货币商业银行库"，"三中心"指的是认证中心、登记中心以及大数据分析中心。其设计运用密码学知识、可信计算技术、安全芯片技术以及大数据分析技术等，保证交易过程中端到端的安全。

数字人民币发行管理的运营设计采用的是双层投放体系，由中国人民银行与下属商业银行以及其他运营机构相互协调合作。数字货币的运行遵循现行"中央银行—商业银行"的二元体系，不仅可以降低投资成本，还坚持了技术中性原则。商业银行作为衔接央行与公众之间的桥梁，既可以利用其现有的设施、资源等优势，又可以完善自己的技术路径以获得更大的市场份额，激发市场活力。而人民银行作为体系的第一层，可以有效保护用户的信息，实现有限匿名功能，强化对货币的监管。[①]

相较于国内现有的电子支付业务，比如微信、支付宝等，数字人民币作为国家的法定货币，其法律效力更高；国家信用等级也远高于企业信用等级，数字人民币拥有更高的信用等级，安全性更高。另外，数字人民币可以实现双离线支付功能且无须绑定任何银行账户，技术上更加可靠，使用上也更加便捷。

## 二、加快数字人民币研发的必要性

### （一）货币支付体系面临多重冲击

自 2009 年 1 月比特币创始区块诞生以来，多种形式的虚拟货币不断兴起，私人数字货币在全球范围内的使用不断增加，其作为市场投机性的工具给全球金融系统以及货币支付系统带来了很大的风险和挑战。随着货币形态朝着数字化方向演变的进程不断加速，各国央行也展开了数字货币的研发和实践。截至 2021 年 9 月，全球 65 家主要央行中，有 56 家央行开展了数字

---

① 保建云：《主权数字货币、金融科技创新与国际货币体系改革——兼论数字人民币发行、流通及国际化》，《人民论坛·学术前沿》2020 年第 2 期。

货币的研发工作。[①] 根据国际清算银行（BIS）的统计报告显示，2019 年 6 月 Facebook 发布了数字货币计划 Libra 白皮书后，各国对于法定数字货币的关注度持续走高。BIS 在 2020 年初公布的关于各国央行法定数字货币的调查报告显示，厄瓜多尔、突尼斯、塞内加尔、马绍尔群岛、乌拉圭和委内瑞拉等六国已经率先发行了央行数字货币，全球开展数字货币研究的央行超过了 80%，近一半的央行已经从概念阶段转向实验证明阶段，另外有部分央行已经启动了试点工作。[②] 可见，全球竞相发行法定数字货币已经成为不可逆转的大趋势，尽早取得法定数字货币研发成果有助于在国际货币支付体系重新架构的今天取得更大的话语权。

随着智能手机的普及、移动支付等技术的不断成熟，移动支付近年来已经成为国内支付领域的主力军。2021 年 3 月，中国人民银行发布《2020 年支付体系运行总体情况》，数据显示，2020 年移动支付的业务总量继续保持增长态势，涉及金额高达 432.16 万亿元，同比增长 24.5%。[③] 目前，我国移动支付主要依托微信和支付宝，呈现双寡头垄断的局面，如此庞大的支付市场体量极容易造成金融市场的动荡和社会的不稳定，金融风险的防范也更加难以控制。[④]

## （二）数字人民币的优势

数字人民币的发展是数字经济蓬勃发展的必然产物，体现了数字经济时代对于货币体系更高的追求与突破，在市场中则反映为需求的客观诉求，我国庞大的金融市场体系和巨大的货币交易规模也奠定了数字人民币诞生的基础。一方面，金融科技的发展推动了金融领域的数字化转型以及现行货币体

---

① Altan A, Karasu S and Bekiros S. Digital Currency Forecasting With Chaotic Meta-heuristic Bio-inspired Signal Processing Techniques. Chaos, Solitons & Fractals, 2019(126): 325-336.

② 参见 BIS 网站：https://www.bis.org/about/bisih/topics/cbdc/mcbdc_bridge.htm。

③ 参见中国人民银行发布的《2020 年支付体系运行总体情况》。

④ 刘晓欣：《数字人民币的主要特征及影响分析》，《人民论坛》2020 年第 26 期。

系从实物货币到数字形态的必然发展趋势；另一方面，央行数字人民币体系研究工作的稳步推进也从供给方面给予了支撑。

首先，相较于传统的现金支付，数字人民币顺应了时代的潮流。随着科学技术的不断创新和发展，数字经济的规模不断扩大，无纸化支付已经成为很多人的首选支付方式。2021 年 9 月 26 日，在世界互联网大会乌镇峰会上发布的《中国互联网发展报告 2021》指出，2020 年中国数字经济规模达到 39.2 万亿元，占 2020 年 GDP 比重的 38.6%，同比增长 9.7%，继续保持近年来高速增长的态势。可见，数字经济成为稳定经济增长的关键动力，传统现金支付的使用率日渐降低。在数字经济时代，数字人民币的构建显然弥补了传统现金支付的不足，使用过程更加便捷，极大提高了人们的支付效率。

其次，相较于现有的电子支付方式，数字人民币也具有其无可比拟的优势。中国数字人民币的研发进程还在试点测试阶段，虽然很多测试人员反映数字人民币和普通网上交易几乎没有区别，但从本质和发行主体来看，数字人民币对比现行国内使用较多的微信、支付宝等移动支付方式有其特有的优势。究其本质，微信、支付宝只是一种支付方式，而数字人民币是法定货币，在使用过程中是不可以被拒绝的，且其在使用步骤上更加简单，支持支付的场景也更加全面，使用过程中也没有其他额外开支。数字人民币账户采用松耦合的通信机制，有助于降低客户端和远程服务之间的依赖性，可以实现微信、支付宝没有的离线支付技术。[1]

最后，从制度层面上看，中国特色社会主义制度从根本上决定了中国的货币与金融系统都是为广大人民群众服务的，这与美元主导的代表私人资本利益的国际货币和金融系统是有本质上的区别的。中国数字人民币顶层设计的初衷是在金融科技大数据时代提高金融领域的服务效率，更好地实现普惠金融。数字人民币由央行发行，从源头上赋予了数字人民币可追踪性的特点，货币从制造到流通等数据都可以被实时收集，这也为央行制定更符合宏观经

---

[1]　陈华、巩孝康：《我国央行数字货币问题研究》，《学术交流》2021 年第 2 期。

济形势的货币政策提供了极有价值的信息，便于增强货币政策的敏锐性，提高货币政策的传导性，有利于中央更好地把握宏观经济调控，做好数字守门人。[①]

虽然欧美等国家已经开始采纳数字守门人责任的理念并展开了相关的立法，但是其在概念界定以及应当承担的义务等问题上仍有待进一步的探索。虽然其在一些基本原则上是共通的，但显然不同国家对其理解仍各有偏差。数字守门人在欧美发达国家的一个瓶颈性问题就是对于其权力的赋予，这是在结构上短期内无法解决的。守门人的形成是有充分条件的，比如平台单一性、结构单一性，以及市场用户的单归属。在我国这个问题就相对更好界定，从结构上看，央行在数字人民币这一问题上具有绝对权力，所有平台都应对其具有归属性。由央行整体把控数字货币还可以预防洗钱、恐怖主义融资等违法犯罪行为，促进金融的普惠性与稳健发展，其守门人的位置就更加凸显，也更加有意义。

### （三）数字货币的国际经验

从数字货币的实践来看，日本、新加坡，加拿大、泰国、澳大利亚、乌拉圭、德国、瑞士和瑞典等国家对数字货币持支持和友好态度。厄瓜多尔于2018年签发了法定数字货币并于3年后撤销了央行数字货币，乌拉圭是较早开展社区发展中心试点和研究的国家，日本政府通过修订《支付服务法案》在法律上正式承认数字货币合法支付地位并在2021年3月开始了数字日元的尝试，瑞士央行2017年开始推进的e-krona项目也显示其对于数字货币的开放态度，新加坡和加拿大政府则联合开展了一项央行数字货币跨境跨币种支付的试验。不难看出，各国政府都在积极探索法定数字货币的研发，法定数字货币实质上是信息革命和数字经济背景下国际科技领域话语权的争夺。

---

[①] Lynskey O, Grappling with "Data Power": Normative Nudges From Data Protection and Privacy. Theoretical Inquiries in Law, 2019, 20(1): 189-220.

加快构建健全的数字货币体系以推动金融市场货币体系的稳定，以及解决现有货币系统的各种痛点问题是数字经济时代的关键一步。[①]

除各国央行对法定数字货币的探索之外，私人数字货币的发展态势也极其迅猛。2008 年，中本聪发明了比特币，比特币的不断风靡带动了分布式加密货币的发展。2019 年 6 月 18 日，Facebook 上线加密数字货币 Libra。除此之外，以太币和瑞波币也占据了全球数字货币市场很大的份额。[②]截至 2020 年 5 月 27 日，全球私人数字货币种类共计 5516 种，私人数字货币总市值达 2505.8 亿美元。可见，随着全球数字货币市场规模的不断扩大以及数字货币市值的不断增加，私人数字货币的种类愈发繁多，且在全球多个国家被不同程度地应用于经济生活的支付领域。私人数字货币具有去中心化和匿名化等特点，给金融稳定性造成一定程度的威胁，还会带来洗钱、恐怖主义融资等不法金融活动的风险。[③]

## 三、数字人民币面临的挑战

我国于 2019 年首次开启数字人民币试点，在深圳、苏州、雄安新区、成都等地启动试点测试。2020 年，又增加了上海、海南、长沙、西安、青岛、大连等试点测试地区。目前，数字人民币试点测试规模正在有序扩大，数字人民币的试点场景已经超过百万个，涉及多个经济生活领域。[④]深圳作为全球率先展开数字人民币推广实践的城市，于 2021 年 7 月启动了"1N"金融惠民工程。除此之外，深圳利用其与香港在地理位置上的便利优势，面向香港居民开展了数字人民币实践，验证了数字人民币匿名性、安全性、便

---

① 宋爽、刘东民：《央行数字货币的全球竞争：驱动因素、利弊权衡与发展趋势》，《经济社会体制比较》2021 年第 23 期。

② Gans J S and Halaburda H, Some Economics of Private Digital Currency (Chicago: University of Chicago Press, 2015), pp. 257−276.

③ 周雪飞：《全球疫情扩散蔓延下的央行数字货币公共金融视角新思考》，《现代金融导刊》2020 年第 6 期。

④ 张菀航：《规模化试点推进，数字人民币落地可期》，《中国发展观察》2020 年第 8 期。

捷性等特点，有效降低了跨境交易成本。2021 年 8 月，苏州也完成了无人公交与数字人民币的结合，苏州市政府与中国银行还在深入推广数字人民币实践等领域签署了战略合作协议。雄安新区于 2021 年 7 月完成了首笔数字人民币工资代发等。2021 年 10 月，中国移动联合中国工商银行共同完成基于 5G 消息的数字人民币钱包并正式上线，这是第一家在 5G 消息中应用数字人民币的运营机构，为以 5G 消息为载体构建数字人民币应用生态奠定了基础。下一步，中国移动将联合中国工商银行继续丰富 5G 消息中数字人民币的支付场景。不难看出，数字人民币已经具有了一定的先行优势，这对于落实国家"十四五"规划中提出的"稳妥推进数字货币研发"部署以及基于大数据技术，推进普惠金融具有重要意义。随着数字人民币探索的不断加深，全国多个城市也都陆续开展了数字人民币的试点实践。但金融科技向来是一把"双刃剑"，发展的道路不是一帆风顺的，新事物的发展总要经历一个由小到大、由不完善到比较完善的过程，数字人民币在便民的同时，违规行为、不正当竞争等现象也掺杂其中，面临着国内外各种挑战和制约。

### （一）国内层面面临的风险

首先在国内层面，数字人民币的发展可能会对现行金融经济体系造成一定程度的冲击。虽然数字人民币在设计构想上是兼容现有金融体系的，但其在实践过程中仍然损害了商业银行的部分利益，而且对于国内目前使用率极高的电子支付方式也会产生很大程度的冲击。对于这些利益相关方的安顿和沟通以及金融体系重构等相关问题，是需要慎重考虑和处理的。[1] 另外，虽然数字人民币对于增加货币政策的敏锐性和金融资产流动性方面起着积极的作用，但也会对银行活期存款的稳定性造成一定影响，同时货币政策敏锐性的提高对于审慎科学决策的要求也就相应提高，货币政策在执行方面也更加复杂。数字人民币作为金融科技的新型产品，在客观上加剧了金融市场和体

---

[1]  皮天雷、刘垚森、吴鸿燕：金融科技：《内涵、逻辑与风险监管》，《财经科学》2018 第 3 期。

系的风险，对于金融监管也提出了更高的要求。我国目前针对数字金融体系的法律监管体系尚不完善，监管边界的界定以及金融系统技术风险的防范等是数字人民币在深入推广过程中需要面临的挑战。[1] 数字人民币的发行离不开法律制度的监管指导，目前我国法律条款中的货币指代的仍是纸质货币，数字货币法律体系存在较大的空白地带。在数字人民币的推广试验中，货币发行依据、货币法偿性、反假币、反洗钱、个人信息保护、货币所有权转移、智能合约等方面都有待于更好地规范和加强。[2]

### （二）国际层面面临的风险

法定数字货币的研发已经成为世界各国关注的焦点，法定数字货币的竞争实际上是国际货币和国际金融体系话语权的竞争。在当前以美元为主导的国际货币体系中，人民币并没有随着中国综合国力的增强而在地位上有所上升，一直处于边缘化的地位，数字人民币的研发必将会给国际货币金融体系增加新的竞争维度和有效补充。据 BIS 2020 年 1 月发布的数据显示，占全球经济总量 90% 的 66 个国家中，有 86% 都在进行央行数字货币的研究。2020 年 8 月 24 日，BIS 发表题为《央行数字货币崛起：驱动因素、方法和技术》的工作报告。报告显示，截至 2020 年 7 月中旬，全球至少有 36 家中央银行发布了零售型或批发型央行数字货币的工作。报告认为，央行数字货币将极大地改变人类未来的支付以及生活方式。中国虽然是全球首个对央行数字货币进行实测的国家，但当前世界各国主要央行都在加快法定数字货币的研发，争夺主导权的态势明显，国际数字金融资产的竞争异常激烈。

### 四、数字人民币体系构建的完善路径

2020 年底，中国人民银行行长易纲在《〈中共中央关于制定国民经济和

---

[1] 李文红、蒋则沈：《金融科技 (FinTech) 发展与监管：一个监管者的视角》，《金融监管研究》2017 年第 3 期。

[2] 张永亮：《金融监管科技之法制化路径》，《法商研究》2019 年第 3 期。

社会发展第十四个五年规划和二〇三五年远景目标的建议〉辅导读本》发表《建设现代中央银行制度》的文章。文章强调，要稳妥推进数字货币的研发，有序开展试点工作，健全法定数字货币法律体系。在宏观管理体系上，要审慎完善，加强对金融机构、金融控股公司与金融基础设施的统筹监管，从根本上防控金融风险。

根据 IDC 预测，中国区块链市场规模有望在 2024 年突破 25 亿美元，5 年年复合增长率达到 54.6%，位列全球第一。与此同时，六大国有银行也在加快推进法定数字货币应用场景的探索和尝试。我国利用庞大的网民规模以及近年来迅速发展的电子支付技术（微信、支付宝、网银等），在央行数字货币的研发与试验上走在了世界前列，但关于数字货币方面的相关法律法规的建议则相对滞后。目前，我国针对私人数字货币的规范性文件主要有《关于防范比特币风险的通知》（以下简称《通知》）、《关于防范代币发行融资风险的公告》（以下简称《公告》）以及《关于防范境外 ICO 与"虚拟人民币"交易风险的提示》（以下简称《提示》）。[1] 在货币政策的导向趋势中，数字人民币将成为数字货币市场的主力，目前的这些规范性文件显然不足以防范数字人民币对于我国金融体系产生的影响和风险，也不足以构建数字货币法律体系，数字人民币体系构建的路径还有待进一步地探索与完善。

### （一）制定和完善数字货币领域的法律框架和制度体系

虽然数字人民币在顶层设计时，央行就本着在法律法规上要实行"均一化"管理，遵循与传统人民币一体化管理的思路，但数字人民币的法律问题是极其庞杂的，在现阶段的数字人民币研发实践中，已经显现出了一系列需要深入探索和解决的法律问题。[2] 比如在数字人民币的权属界定上，法律界普遍认为人民币是一种特殊的动产，而金融界对于数字人民币的界定是归于

---

[1] 樊云慧、栗耀鑫：《以比特币为例探讨数字货币的法律监管》，《法律适用》2014 年第 7 期。

[2] 银昕：《数字货币法律问题待解》，《法人》2020 年第 9 期。

物权法管辖保护的"物"。在我国现行的法律体系下，对于"物"的理解通常为有体物，而数字人民币为数字形式的人民币，属于无体物，因此对于这一新出现的特殊的"物"，在物权法上还需要对其权属以及使用规则作进一步地明确。①

在数字人民币法偿性方面，目前我国对于任何单位和个人在数字人民币的接收上采取的是"具有接受条件"这一附加条件，而并非《中国人民银行法》对于货币法偿性并无其他附加条件的规定，对于之后《中国人民银行法》如何界定数字人民币的法偿性，还需要进一步的完善和统一。②在数字人民币防伪方面，鉴于数字人民币与传统纸质货币在形式上的不同，数字人民币的造假和损失或来自网络黑客的攻击以及技术服务器的故障等，当前关于禁止假币的法律规定是针对纸质人民币的，针对数字人民币的造假问题等还需要进一步调整相关法律法规。

## （二）完善金融监管体系，探索数字化环境下的监管新模式

金融科技数字化信息技术的快速发展不只带来了更加便捷的金融服务，同时也带来了潜在的金融监管漏洞。数字化环境下催生的数字人民币采用的是分布式记账新技术，这种具有颠覆性的创造使新金融、新产品需要新的监管方式。区别于传统金融的法律监管方式，数字化环境下应该将法律与科技相结合，采用科技的方法来加强监管。③比如针对数字人民币的反洗钱问题，除了运用传统的法律手段进行监管之外，还需要在一定程度上结合金融科技中存在的复杂的技术性手段加以辅助监管，结合法律实践与金融发展，对数字货币、数字资产的法律政策监管进行前沿观察和理论研究。④

---

① 孟于群：《法定数字货币跨境支付的法律问题与规则构建》，《政法论丛》2021 年第 4 期。

② 参见中国人民银行发布的《中国人民银行法》。

③ 刘江涛、罗航、王蕊：《防范金融科技风险的二维逻辑——基于监管科技与科技驱动型监管视角》，《金融发展研究》2019 年第 5 期。

④ 申嫦娥、魏荣桓：《基于国际经验的金融科技监管分析》，《中国行政管理》2018 年第 5 期。

　　"监管沙盒"是由英国金融行为监管局（FCA）提出的运用新技术达成防范金融风险以及创新金融监管方式的一种先进的监管技术。相较于传统金融风险，"监管沙盒"可以防范更加隐蔽和破坏性更强的金融风险。其旨在通过创造对一个企业创新产品及其潜在风险进行可测试化的实验，来达到保护消费者、防范金融风险的目的。"监管沙盒"力争在保护机构投资者以及消费者之间找到一个平衡点，最终实现金融科技创新与金融风险防范之间的稳定平衡。[①]

　　就目前的"监管沙盒"实践来看，"监管沙盒"模式极大地提高了创新效率并给金融科技的发展提供了更大的空间，在监管模式上也不再是传统的政府与市场参与者上下垂直的监管方式，而是将投资者、消费者以及监管部门三者水平横向联结起来，达成更加有效的沟通和合作。[②] 数字人民币作为金融科技创新下的产物，也可以创造性地采纳"监管沙盒"模式以丰富和完善当前的监管方式，这也与我国现阶段数字人民币开展工作采取"试点"方式推进的理念相一致。[③] 鉴于目前数字化经济时代金融市场发展的瞬息万变，传统的金融领域法律完善的方法已经凸显出其滞后性，为保证数字人民币研发过程的有序推进，我国完全可以在数字人民币的"试点"实践中，引入"监管沙盒"的管理模式，各试点城市可以采取报备审批制，进行和现行法律相违背或者暂无相关法律规定的实践操作，监管部门对于通过审批的项目和实践采用适当放宽的监管要求并在必要时提供监管支持。在具体实践过程中，如发现潜在金融风险外溢现象也可以及时叫停，为数字人民币的推广和普及提供更大空间。

　　除了"监管沙盒"、创新指导窗口、穿透式监管和创新加速器等数字技

---

① Ashley S D, The Observer Effect: National Security Litigation, Executive Policy Changes, and Judicial Deference, Fordham Law Review 82, 833(2013): 827.

② 廖凡《论金融科技的包容审慎监管》，《中外法学》2019 年第 31 期。

③ 廖理、戚航、闫竹、张伟强：《防范金融风险保护金融创新——英国监管沙盒调研与建议之二》，《清华金融评论》2018 年第 4 期。

术环境下新的监管模式制度探索之外，数字人民币的监管体系还有赖于构建多层次、多部门的协同协作，建立不同监管部门之间的协调与信息共享机制，明确职责，避免责任主体的缺失，同时建立健全监管和问责机制，全方位加强对数字化背景下数字货币使用的监管。[①] 数字人民币体系的构建需要法律金融监管协调机制的建立，只有不断探索数字经济新环境下的新型管理模式，找到适合中国国情的监管科技道路，才能更好地推动数字人民币体系的构建。

## （三）加强技术研发和系统建设

金融是数据价值密集型行业，数字人民币是新技术手段下出现的新型金融产品。在数字人民币体系构建以及大数据信息时代的背景下，技术依然与数字人民币紧密结合在一起。除了研发过程中需要的技术手段外，在数字人民币广泛推向大众的过程中可能会出现的问题也存在潜在的技术安全风险。比如在数字人民币流通与发行的过程中，如何有效预防洗钱、恐怖主义融资，切实保障和维护数据信息安全、系统安全等，除了在法律层面加以严格的规定外，还需要在技术层面做好技术关的把控。[②] 数字化风控的理念要求我们探索建立数字人民币的长效机制，与时俱进地完善顶层设计。培育和构建数字人民币体系离不开良好的运营和生态环境，只有不断加强技术研发和系统建设，才能更好地推动数字人民币的落地。

## （四）加强跨国法律合作

纵观全球各国对于法定数字货币的监管实践，美国政府积极健全监管法律体系，针对数字货币的法律风险、洗钱、恐怖融资以及非法交易等危害金融市场稳定和交易安全的一系列风险进行了评估并颁布了相关的法律条例。[③]

---

① 焦瑾璞、孙天琦、黄亭亭、汪天都：《数字货币与普惠金融发展——理论框架、国际实践与监管体系》，《金融监管研究》2015 年第 7 期。
② 温信祥、陈曦：《如何监管数字货币》，《中国金融》2017 年第 17 期。
③ 高洪民、李刚：《金融科技、数字货币与全球金融体系重构》，《学术论坛》2020 年第 43 期。

日本在《资金结算法》的修正中也增加了数字货币一章，从法律上界定了数字货币的地位以及对其违法行为和监管方式的规定。新加坡则对数字货币进行分类监管，其对于数字货币是持积极态度的，一般产品只要遵循客户认证（KYC）、反洗钱（ALM）等法规就不会被监管部门干涉，同时新加坡还允许国内对于数字货币进行"监管沙盒"的实验以探索更为合适的数字货币监管方式。英国、芬兰等国家则是在税收制度上进行调整，同时国家央行也积极探索法定数字货币的研发。

当今世界各国已经是紧密联系、不可分割的整体，数字货币的应用也不仅仅局限于某个国家。因此在数字货币法律监管模式的探索上，各国应该积极加强合作，互相借鉴有利经验，努力实现各方利益最大化，共同促进国际金融治理体系新格局的形成。① 针对数字货币跨境交易过程中存在的犯罪和金融风险问题，各国要协同合作，各国监管部门可以联合起来，共享客户尽职调查等信息并且限制相关不法交易等。② 实践证明，跨国法律协作是数字货币国际监管的有效措施，同时也是对跨境洗钱风险防范的有效规制，各国数字货币体系的构建离不开国际数字货币体系的完善，国际数字货币治理体系框架的建设需要世界各国的共同合作。

## 五、结语

十三届全国人大四次会议批准了"十四五"规划和 2035 年远景目标纲要。③ "加快数字化发展，建设数字中国"的建设要求指出，要迎接数字时代，推进网络强国建设，加快建设数字经济、数字社会、数字政府，以数字化转型整体驱动生产方式、生活方式和治理方式的变革。促进数字技术与实体经

---

① 李有星、王琳：《金融科技监管的合作治理路径》，《浙江大学学报（人文社会科学版）》2019年第 1 期。

② 许多奇：《从监管走向治理——数字货币规制的全球格局与实践共识》，《法律科学（西北政法大学学报）》2021 年第 39 期。

③ 参见中华人民共和国中央人民政府发布的《中华人民共和国国民经济和社会发展第十四个五年规划和 2035 年远景目标纲要》。

济深度融合，赋能传统产业转型升级，催生新产业、新业态、新模式，壮大经济发展新引擎。发展数字经济，数字人民币试点成为重要突破口。推动和开展数字人民币应用试点，是"十四五"规划的重要事项之一，也是政府工作报告中 2021 年的一项重点工作。随着中国综合实力的不断提升，跨境流通数字货币的发行有了很好的生态基础。我国凭借庞大的互联网使用规模和用户数量，在移动支付领域走在世界前列。同时随着数字化时代的到来，社会对数字人民币的需求也越来越大。目前，我国央行数字货币的研发处于世界前列但仍未涉及跨境支付领域。如果能抓住当前世界经济受疫情冲击的变革动荡期，将数字人民币顶层设计深入跨境支付领域，必将进一步推动人民币的国际化进程。

虽然疫情冲击下的经济社会加快了人们对于数字人民币的接受速度，但就其本身而言，仍有从技术到推广再到监督等多方面进一步探索的空间。加快数字人民币的深入研究，抢占数字货币发行先机，需要从理论框架到实践应用等多方位、多层次、多部门协作完成。在后疫情时代，我国要加快构建数字人民币体系从而更好地助力经济复苏，在全球化背景下助力人民币国际化和国际金融体系治理格局的建设以及世界经济的恢复与发展。

针对当前试点实践中显现出来的相关法律问题，我国需要进一步加强数字人民币的宣传工作以及扩大试点应用场景范围，总结经验。构建数字人民币的监管法治路径，一方面要在数字经济时代，深入探索数字货币监管新模式；另一方面要结合国际上相关法律监管经验并根据我国实际发展情况，探索出具有中国特色的数字货币监管之路。[①] 加快建立健全数字货币体系，助力绿色普惠金融，积极参与全球数字货币体系的建设，掌握更多的话语权和主导权。数字人民币的加速推广已成定局，法定数字货币将是中国推进"数字中国"的重要一步，央行数字货币的创新发展前景值得期待。

---

① 柯达：《数字货币监管路径的反思与重构——从"货币的法律"到"作为法律的货币"》，《商业研究》2019 年第 7 期。

# 全球视野下央行数字货币的法律实践及对我国的启示

中南财经政法大学　黄浩桦　何　焰*

**摘　要**

央行数字货币的法律大幕正在徐徐拉开。综观全球数字货币的法律实践，某些发展中国家或给予数字货币以法律地位，或制定专项立法，虽然还只处在框架性、粗线条的草案阶段，但在此领域已然领先。国际组织对央行数字货币的法律问题也日益关切，如通过报告揭示央行数字货币的金融风险，研究数字货币跨境流通的特殊问题等，推动和引领央行数字货币的法律实践。在国际组织的持续努力下，不排除未来在此领域形成国际条约或国际惯例的可能。我国作为率先开展央行数字货币实践的国家，虽已积累了一些学术成果，但在制度构建等实操层面尚显保守，有必要在立足国情的基础上，汲取其他国家和国际组织的经验，重视风险研究和"软法"功能，推动央行数字人民币的法治进程。

**关键词**：央行数字货币；立法现状；法律风险；金融软法

* 黄浩桦，中南财经政法大学法学院硕士生；何焰，中南财经政法大学法学院副教授。本文系中南财经政法大学中央高校基本科研业务费专项资金资助（编号 202110695）的成果。

## 一、引言

2021 年是比特币投资者的天堂也是地狱，其单价曾一度突破 60000 美元，[①] 随后又一路狂跌。虽然比特币的价格波动如此之大难以发挥货币的职能，但其所依据的分布式账本、区块链等技术，去中心化、匿名性等特征使得各国当局对其颇为关注，并相继展开了有关央行数字货币的研究，甚至已经发行数字货币。根据国际清算银行（BIS）2021 年 1 月发布的针对央行数字货币的第三次调查显示，在代表全球人口总数 72% 和世界经济产出 91% 的 65 家中央银行中，86% 的央行正在调研或已经发行数字货币。[②] 我国在 2014 年由中国人民银行组织队伍开展数字人民币项目，于 2017 年明确了顶层设计、标准制定等，并先后在苏州、北京、上海等地进行了试点。而在世界范围内，委内瑞拉在 2018 年 2 月 21 日发布了全球首个央行数字货币——石油币，[③] 巴哈马在 2020 年 10 月 20 日也推出了"Sand Dollar"。[④] 除此之外，瑞典、乌拉圭、加拿大等国家也在该领域进行了深入的研究，可见大多数国家对央行数字货币都给予了足够的重视。

不仅如此，学者对央行数字货币的理论研究也如火如荼。就国内而言，大多数学者主要对央行数字货币的法律问题，包括法律地位、作用与监管，发行动机与设计方案等进行研究。如，刘向民探析了央行数字货币存在的发

---

① 王喆：《涨破天际！比特币突破 6 万美元再创历史新高，市值超 1.1 万亿美元》，财联社网，https://www.cls.cn/detail/703844，访问日期：2021 年 8 月 10 日。

② Boar C, Wehrli A. BIS Papers No 114 Ready, Steady, Go? —— Results of the Third BIS Survey on Central Bank Digital Currency, Bank for International Settlements, accessed August 20, 2021, https://www.bis.org/publ/bppdf/bispap114.pdf.

③ Sergio Caicedo, Momentos clave para analizar objetivamente el Petro, Nayma Consultores, accessed August 20, 2021, https://naymaconsultores.com/momentos-clave-criptomoneda-petro-venezuela/.

④ Western Hemisphere Dept, 2020 Article IV Consultation-Press Relsease; Staff Report; and Statement by the Executive Director for The Bahamas in Country Report No. 21/24, International Monetary Fund, accessed August 21, 2021, https://www.imf.org/en/Publications/CR/Issues/2021/01/27/The-Bahamas-2020-Article-IV-Consultation-Press-Release-Staff-Report-and-Statement-by-the-50044.

行依据问题、法偿性问题、个人信息保护问题、所有权转移问题、洗钱及假币问题，并就以上问题在立法体例上提出了解决办法。[①] 袁曾提出央行数字货币是以国家信用为担保，属于基础货币 M0，[②] 具有灵活传导货币政策、保持货币币值稳定等作用，并就银行信用风险敞口加大等问题提出了监管方案。[③] 刘凯副等认为央行数字货币的发行动机包括加强支付体系安全性、提高金融普惠等，并就货币政策和技术层面给出了相应的设计方案。[④] 即使许多奇梳理了数字货币监管模式，为央行数字货币的研究提供了一定借鉴，但仍没有着眼于央行数字货币的法律现状。[⑤] 而国外学者的研究也大多如此，如马克·德勒巴（Marco Dell'Erba）进行了有关监管的研究，[⑥] G. A. 沃克（G. A. Walker）等探讨了央行数字货币对货币政策等方面的影响，[⑦] 卡林·思拉舍（Karin Thrasher）分析了个人隐私问题。[⑧]

由上可知，尽管国内外学者在央行数字货币的理论和实践方面掀起了一股热潮，却忽视了其立法现状，且鲜有学者对相关法律规定进行梳理。而如果研究和实践不从现有的法律框架出发，必然会与实际需要相背离，那么又何谈学术与现实价值？所以有必要厘清现有央行数字货币法律，为其发展和完善奠定基础。基于此，本文从国家层面和国际组织层面梳理央行数字货币的法律规定，并进一步探讨由此产生的启示。

---

① 刘向民：《央行发行数字货币的法律问题》，《中国金融》2016 年第 17 期。

② M0= 流通中现金，指银行体系以外各个单位的库存现金和居民的手持现金之和。

③ 袁曾：《法定数字货币的法律地位、作用与监管》，《东方法学》2021 年第 1 期。

④ 刘凯、郭明旭：《央行数字货币的发行动机、设计方案及其对中国的启示》，《国际经济评论》2021 年第 3 期。

⑤ 许多奇：《从监管走向治理——数字货币规制的全球格局与实践共识》，《法律科学》2021 年 2 期。

⑥ Dell'Erba M, Stablecoins in Cryptoeconomics: From Inital Coin Offerings to Central Bank Digital Currencies. N.Y.U. J. Legis. & Pub. Pol'y 22, 1(2019)

⑦ Walker G A, Bigtech, Stabletech, and Libra Coin——New Dawn, New Challenges, New Solutions, Int'l Law 53, 303(2020).

⑧ Thrasher K, The Privacy Cost of Currency, Mich. J. Int'l L. 42, 403(2020).

## 二、全球央行数字货币的法律实践概览

货币作为一般等价物在经济金融领域发挥着重要作用，其形式上的革新对支付体系安全性、金融稳定性以及打击金融犯罪等都会产生影响，因此不仅国家立法部门对央行数字货币进行研讨甚至出台法律规范，而且重要的国际组织也有所行动。

### （一）各国有关央行数字货币的立法

委内瑞拉在 2018 年 2 月 21 日发布了全球首个央行数字货币——石油币；而巴哈马基于降低交易成本，提高金融包容性，减少现金带来的不利影响等方面的考虑，在 2020 年 10 月 20 日正式发行法定数字货币，并称之为"Sand Dollar"。[①] 二者作为世界上为数不多已发行央行数字货币的国家，现有的法律框架也有着相似之处。

首先，基础性法律文件赋予数字法定货币以法定地位。两个法律框架中都有着作为基石的法律文件——委内瑞拉《关于加密资产和主权加密货币的宪法法令》（以下简称《法令》）和巴哈马《2020 年巴哈马中央银行法》（以下简称《中央银行法》）。[②]《法令》明确了石油币的地位即主权加密货币，且为了适应技术的发展，《法令》第二条规定可弹性积极地解释该法。除此之外，《法令》第三条和第六条赋予了国家行政机关促进、监督和管理石油币的权力，并指定委内瑞拉密码学和相关活动监管局（SUPCACVEN）为其主管机关。《中央银行法》则规定了巴哈马中央银行发行电子货币的职能、电子货币的法定地位、假币犯罪的法律责任以及赋予了中央银行制定法定数字货币法规的权力。如针对假币犯罪，《中央银行法》第十四条规定一经定

---

① Western Hemisphere Dept, 2020 Article IV Consultation——Press Relsease; Staff Report; and Statement by the Executive Director for The Bahamas in Country Report No. 21/24, International Monetary Fund, accessed August 21, 2021, https://www.imf.org/en/Publications/CR/Issues/2021/01/27/The−Bahamas−2020−Article−IV−Consultation−Press−Release−Staff−Report−and−Statement−by−the−50044.

② 《2020 年巴哈马中央银行法》于 2020 年 9 月 1 日生效。

罪可被处以不超过 10 万美元的罚款或不超过 5 年的监禁，或两者并罚。

其次，专项法律系统规制央行数字货币。以《法令》和《中央银行法》为基础，两国进一步推出《关于加密资产综合系统的宪法法令》和《巴哈马中央银行（电子巴哈马元）条例》。前者全文一共 63 条，除第一章原则性规定以外，主要包括了组织机构及职能、注册登记制度、检查程序和监督以及违法行为和监督。如，第十一条赋予该机关确保石油币系统符合反洗钱和反恐怖主义融资要求等权力；第二十五条还要求 SUPCACVEN 编纂文件以满足国际公约如《联合国反腐败公约》的条件。在上述《中央银行法》15 条规定的基础上，巴哈马中央银行制定了《巴哈马中央银行（电子巴哈马元）条例》草案。该草案一共 29 条，虽然尚未生效，但是其着重对支付服务提供商进行了规制，进一步监管了与中央银行数字货币相关的服务，其中包括保护金融市场基础设施安全的具体义务，围绕数字货币交易的金融完整性（反洗钱 / 反恐怖主义融资）的确认义务，以及金融包容性和消费者保护。如对于金融安全以及包容性而言，草案第十八条授予中央银行暂停或限制从钱包提供商或钱包提供商集团提取存款的权力。在预防金融犯罪方面，草案第十九条根据是否进行身份认证而设置不同的钱包限额。[①] 同时，草案第七条、第九条和第十九条保证了金融普惠性，其要求钱包提供商向所有公众提供免费服务。

但巴哈马立法部门相较于委内瑞拉的行动更为迅速，除了以上法律文件外，其正在加紧出台《支付系统（修正）法案》和《计算机滥用（修正）法案》。其中，2021 年拟议的《支付系统（修正）法案》一旦颁布，将承认央行发行 "Sand Dollar" 的专属权利。同时，《计算机滥用（修正）法案》将通常与黑客行为相关的活动定为犯罪。例如，未经授权使用计算机安全访问另一台计算机中保存的任何程序或数据，修改任何计算机的内容等。2021 年《计算机滥用（修

---

① 草案第十九条规定："未进行身份验证的基本或一级钱包最高持有 500 美元，每月最高交易 1500 美元，具有身份验证的高级或二级钱包可能持有 8000 美元，每年可通过高级或二级钱包进行累计价值高达 100000 美元的交易。企业和组织或第三层钱包可能持有从 8000 美元到最多 100 万美元的无限交易。"

正）法案》颁布后，将修正"计算机"的定义，把移动电话和平板电脑也包括在内，从而确保该法案为使用"Sand Dollar"平台的关键设备提供保护。

由上可知，从已发行央行数字货币的国家的立法来看，二者现状有相似之处：其都具备发行的法律依据，对央行数字货币带来的风险的预防反复出现在法律文件中，均出台了有关央行数字货币的专项立法以及细化规定，两国已形成法律框架雏形。虽然《巴哈马中央银行（电子巴哈马元）条例》尚未生效，但相较而言，其关注的领域更为广泛，不仅考虑了对央行数字货币的规制，而且还涉及金融安全、消费者保护等。但是，两国有关央行数字货币的法律的广度和深度仍有所欠缺。在广度层面，现有法律调整的范围过于狭窄，仅仅只考虑、规定了某一方面的内容。如，委内瑞拉仅针对石油币发行依据、管理等进行规制，对于金融等可能有交叉的领域仍缺少法律规定。在深度层面，尽管委内瑞拉赋予职能机构细化立法的权力，但是从现有规定来看仍有许多模糊之处。当遇到此类问题时，应具体如何操作仍未可知，其模糊性给现实操作带来的矛盾也会影响央行数字货币的发展。

1. 中国关于央行数字货币的立法现状

我国央行数字货币称为数字人民币，自 2014 年展开研究，现已在多地进行试点。虽然在该领域我国走在世界前列，但是针对数字人民币方面的立法却十分谨慎。中国人民银行于 2020 年 10 月 23 日发布了《中国人民银行法（修订草案征求意见稿）》征求意见，[①]而时隔 10 余年再次进行修订的《中国人民银行法》仅对数字人民币的法律地位、法偿性、禁止发行数字代币及法律责任进行了规定。草案第十八条、第十九条赋予了数字人民币的法定地位，规定人民币包括实物形式和数字形式，并在此基础上明确了法偿性。草案第二十二条、第六十五条则规定了制作、发售代币票券和数字代币以替代

---

① 中国人民银行：《中国人民银行关于〈中华人民共和国中国人民银行法（修订草案征求意见稿）〉公开征求意见的通知》，中国人民银行网，http://www.pbc.gov.cn/goutongjiaoliu/113456/113469/4115077/index.html，访问日期：2021 年 8 月 30 日。

人民币在市场流通的，人民银行有权责令其停止违法行为，销毁代币并处以罚款。但草案中的规定也有模糊之处，如数字代币代替人民币在市场上流通的标准是什么，曾经盛极一时的 QQ 币是否纳入其中。此外，在试点中关注的防范洗钱、匿名性等问题也没有提及。可见，我国针对数字人民币的立法不仅涵盖范围狭窄，而且精准度不足。但是，其给予了发行数字人民币的法律基础，也是值得肯定的。

2. 加拿大关于央行数字货币的立法现状

与上述国家的情况不同的是，加拿大央行提供了一个独特的研究案例。该行自 2016 年以来便一直在积极研究央行数字货币，其所主导的四阶段研究项目——Jasper 项目对试点批发应用场景进行了测试。但加拿大央行近期得出的结论是目前没有需要发行数字货币的"迫切"理由。加拿大央行于 2020 年 2 月 25 日发布了《中央银行数字货币应急计划》，[①]其虽没有法律效力，但是代表了加拿大央行对法定数字货币的态度。该计划主要明确了法定数字货币的特征，防止央行数字货币成为便利洗钱、资助恐怖主义、犯罪活动和逃税的工具。具体来说，加拿大版央行数字货币须如现金一样可在人与人之间即时转让，保护隐私且不计息，能够保护民众资产的安全性等，并且其指出只有当加拿大处于无现金时代或私人数字货币的使用侵蚀加拿大法定货币的利益时，才有可能发行法定数字货币。

3. 其他已开展研究或试点的国家关于央行数字货币的立法现状

乌克兰、法国、巴西等国也都在该领域积极探索并取得了一定的成就。乌克兰在零售型央行数字货币方面取得了有意义的进展，提供了欧洲国家中最详细的技术规格。其提出无论集中式还是分散式发行模式都有一定的弊端。如，集中发行模式会使乌克兰央行直接为个人提供服务，央行数字货币平台等的维护加大了央行的负担。而在分散性模式下，则会出现匿名性问题、洗

---

① Bank of Canada, Contingency Planning for a Central Bank Digital Currency, accessed December 1, 2021, https://www.bankofcanada.ca/2020/02/contingency-planning-central-bank-digital-currency/.

钱与恐怖主义融资风险、缺乏法律框架以及流动性可能回流至央行等问题。法国则在近年来发布了关于批发型央行数字货币的经验，即批发型央行数字货币有助于提高跨境支付效率。尽管批发型和零售型在概念上有所区别，但二者相辅相成。[①]巴西央行提出的《央行数字货币总体指导方针》也对不计息、保护隐私和防止洗钱、恐怖主义融资等做出规定。但作为世界金融巨头的美国，在这一领域仅仅处于内部调研和测评阶段。

遗憾的是，这些国家都没有针对央行数字货币的立法。可见，尚处于研究或试点阶段的国家对央行数字货币的立法都十分保守，即便我国已进行了多次试点性实验，立法仍处于草案阶段。并且，各国对于央行数字货币带来的风险都十分关注，在多个国家的报告中反复出现反洗钱、反恐怖主义融资等字眼，因此如何解决这些风险对立法者也是极大的考验。

## （二）国际组织关于央行数字货币的立法

央行数字货币不仅引起了各国的注意，而且国际组织也对其持续关注。以东加勒比国家组织为代表的区域性国际组织侧重于央行数字货币的发行、运用和管理，而以 BIS 为代表的国际金融组织则更加注重监管与合作。

1. 区域性国际组织针对央行数字货币的立法状况

在区域性国际组织中，东加勒比央行在《2017—2021 年战略计划》中提出发行数字货币。但同时其在评估新的金融服务提供商和产品时，将洗钱、恐怖主义融资、网络和欺诈风险降至最低列为关键考虑因素。[②]对于东加勒比数字法币 DXCD，其在试点中采取的是双层运营体系。[③]为了防止洗钱和恐怖主义融资，金融机构须对客户进行尽职调查，而客户的个人数据也通过

---

① Beau D, Wholesale Central Bank Money in Digital Times, La Banque de France, accessed December 1, 2021, https://www.banque-france.fr/.

② Eastern Caribbean Central Bank, Strategic Plan 2017–2021, accessed December 3, 2021, https://www.eccb-centralbank.org/emagine-search/search?search_term=2017-2021.

③ 当金融机构请求数字法币时，东加勒比央行将金额转移给请求机构。数字法币发行给金融机构后，金融机构按需分配给客户。

加密的方式来保护。根据东加勒比央行《2019—2020 年度报告》，到目前为止的关键阶段包括：设计和部署 DXCD 造币网络，完成 DXCD 发行测试，发布所有 DXCD 应用程序的 Alpha 版本等。尽管东加勒比国家组织为推出 DXCD 做出了许多努力，但是在立法层面，仅在 2020 年 2 月通过了《东加勒比央行协议》修正案，在第二条中加入"货币"包括"数字货币"，赋予了数字货币的法定地位。而另一个在世界范围内有着重要影响的区域性政治、经济共同体——欧盟，仅仅在概念上对央行数字货币进行了验证，开展了一系列调查，仍处于理论论证阶段。

2. 国际金融组织对央行数字货币的立法状况

（1）BIS 有关央行数字货币的立法状况

BIS 作为重要的国际金融组织一直对央行数字货币保持高度关注。其近年来有关央行数字货币的研究如枝干图一般，以基本原则为基础，在技术问题、法律风险、货币政策和金融稳定以及跨境支付等层面不断发散，为相关国家提供了一定的经验。2020 年 10 月 9 日，BIS 与加拿大、日本等七国央行合作发布了《中央银行数字货币：基本原则和核心特征》。[1] 该报告确定了任何央行数字货币如要帮助实现本国公共政策目标所必须遵循的基本原则，包括在灵活创新的支付系统中与现金和其他类型的货币共存；任何央行数字货币的引进都应支持更广泛的政策目标，不损害货币和金融稳定，以及应促进创新和效率的提高。可见，基本原则着重强调央行数字货币应与既有支付体系相融合，且注重金融稳定。

而 BIS 下设的支付和市场基础设施委员会的《中央银行数字货币》报告不仅讨论了法定数字货币产生的法定依据、隐私以及网络安全等问题，而且还分析了法定数字货币对货币政策以及金融稳定的影响。[2] 在货币政策方面，

---

[1] Bank for International Settlements, Central Bank Digital Currencies: Foundational Principles and Core Features, accessed December 9, 2021, https://www.bis.org/publ/othp33.htm.

[2] CPMI, Markets Committee Papers, Central Bank Digital Currencies, accessed December 20, 2021, https://www.bis.org/cpmi/publ/d174.htm.

其认为决定法定数字货币可能发挥何种作用的关键设计特征包括：不同类型代理访问的规则、日常使用之外的可用性等。但由于各国央行可以通过利用资产负债表来控制短期利率，因此法定数字货币对于货币政策将产生有限的影响。在金融稳定方面，银行通过提高利率或寻找替代资金的方式避免法定数字货币可能导致的零售存款的外流，然而这带来了银行成本的提高，增加了金融脱媒的风险；并且基于无风险的法定数字货币，公众在面对系统性金融压力时更倾向于将存款转向数字法定货币，挤兑风险便随之产生。尽管中国人民银行原行长周小川表示数字人民币没有国际化倾向，[①]但 BIS 仍具有前瞻性地在《多个央行数字货币安排与跨境支付的未来》中讨论了法定数字货币跨境支付的可能性，其认为各国在设计法定数字货币时要加强其兼容性，通过共享技术接口或者建立一个共同的清算机制来连接多个央行数字货币系统等。[②]

然而无论 BIS 还是其下设的支付和市场基础设施委员会都明确规定该国际组织没有监督或管理的职能和责任，即其文件没有法律约束力，或者说不属于包含国际条约和国际习惯的传统国际硬法的范畴。[③]尽管如此，BIS 的研究报告仍像巴塞尔银行监管委员会制定的标准那样，通过国家自愿遵守等，作为"软法"推动央行数字货币的发展。

（2）其他国际金融组织有关央行数字货币的立法状况

金融稳定委员会（FSB）、国际证监会组织（IOSCO）、反洗钱金融行动特别工作组（FATF）虽对央行数字货币有所关注，但其文件主要针对私人数字货币、加密资产或者其底层技术，如 FSB 的《分布式记账系统：关于

---

① 张燕玲：《周小川谈数字人民币研发：不要过多和人民币国际化联系》．中新网，https://baijiahao.baidu.com/s?id=1700278259023529449&wfr=spider&for=pc，访问日期：2021 年 9 月 20 日。

② Auer R, Haene P and Holden H, Multi-CBDC Arrangements and the Future of Cross-border Payments,Bank for International Settlements, accessed June 2, 2021, https://www.bis.org/publ/bppdf/bispap115.pdf.

③ 廖凡：《国际金融法学的新发展》，中国社会科学出版社 2013 年版，第 36 页。

金融稳定、监管和治理影响的报告》，FATF 的《全球稳定比安排的监管和监督》以及 IOSCO 的《与加密资产交易平台相关的问题、风险和监管考虑》等。由于其并没有聚焦央行数字货币，故在此不作赘述。

## 三、央行数字货币法律现状的原因分析

由上可知，全球范围内针对央行数字货币的立法寥寥可数，但根据已有的法律或相关文件，我们仍可以找出一些规律。在国内法方面，发展中国家相较于发达国家更为积极，但大多数国家缺乏有关央行数字货币的立法，且现有的法律或草案主要是有关央行数字货币的基础问题。如，我国《中国人民银行法》修订草案仅仅规定了央行数字货币的发行依据、法定地位等。即便是专项立法如《巴哈马中央银行（电子巴哈马元）条例》，也未突破消费者保护、中央银行的权力等基本框架，并且其规定的内容过于宽泛——侵犯消费者个人信息后如何进行维权，中央银行执法权力的边界如何认定，以及维护金融稳定的标准是什么等并不明晰，仍须进一步细化。而相关国家的报告也不例外，大多是关于央行数字货币的特点、技术要求、存在风险等进行的讨论，如《中央银行数字货币应急计划》。在国际法方面，东加勒比央行虽然有计划继续出台法定数字货币的立法，但其目前也只修改了《东加勒比央行协议》，欧盟甚至仍处于概念试验阶段。FSB、IOSCO、FATF 则主要侧重于与央行数字货币相关的私人数字货币。BIS 虽然分析了有关央行数字货币的基础问题，并且突破性地讨论了有关跨境支付问题，但其是否具有可操作性、作为金融软法是否具有强制性还需要时间来检验。总体来说，全球范围内有关央行数字货币的立法的水平不高，其背后原因笔者认为有以下几个方面。

### （一）国情决定对央行数字货币的态度不一

对于央行数字货币，发展中国家比发达国家的积极性更高，如巴哈马、东加勒比国家组织已经发行或深入调研央行数字货币。反观发达国家如美国

等大多仅仅处于内部测评或调查阶段，这种截然不同的态度也使得有关央行数字货币的立法罕见于发达国家。究其原因，笔者认为国情的不同造成了态度上的差异。作为发展中国家的巴哈马，其由 700 多个岛屿组成，在现有的金融体系下，位于偏远岛屿的银行分行和自动取款机等实体金融设施不仅稀缺，而且极易受到自然灾害或流行病的影响。因此，为了提高金融普惠性和支付系统弹性，促进巴哈马国内经济增长，其早在 2020 年便推出了本国的央行数字货币，且在立法层面也有所建树。与之相反，美国目前仅仅处在调研以及论证采用央行数字货币可能性的阶段。美国作为世界金融霸主，美元在 2020 年第四季度全球外汇储备中占比 59.02％，[①] 美元结算体系在全球范围内仍占据主要地位，且央行数字货币的兴起在一定程度上也无法威胁美元作为国际储备货币的地位。虽然两国之间的贸易可以通过数字货币进行支付，但是卖方为了更方便地使用该笔资金，仍须转换成美元。即使交易国之间达成合意，两国货币可直接相互兑换，但世界范围内的国家众多，此种方法的可行性也是一个问号，且美国国内现有支付系统覆盖范围广、参与人数众多，也可以通过实时支付服务快速完成商业账户之间的转账，因此美国没有理由急于采用央行数字货币。由此可见，各国国情的不同决定了其对央行数字货币态度的不同，进而影响了各国有关央行数字货币的立法。如巴哈马等国基于国情，为了更好地促进央行数字货币的发展，自然加快立法进程，确保法律为其保驾护航。因此，呈现出发展中国家相较于发达国家的立法更为丰富的局面。

## （二）风险阻碍央行数字货币立法的发展

一方面，"Sand Dollar"问世，东加勒比央行持续推进 DXCD，数字人民币试点不断扩大；另一方面，加拿大央行明确表示暂不发行法定数字货币，美联储仅仅步入法定数字货币的讨论阶段，但无论积极推进央行数字货币的

---

① 邓宇：《从中长期视角观察美元地位的衰退趋势》，《中国外汇》2021 年第 9 期。

发展中国家还是踌躇不前的发达国家，从上述立法或研究报告中可知，其对于央行数字货币的风险都十分顾虑。比如，巴哈马《计算机滥用（修正）法案》中对网络安全的规制，加拿大《中央银行数字货币应急计划》中针对反洗钱和反恐怖主义融资的探究。尤其是加拿大在调研后给出暂不发行央行数字货币的结论，其主要的担忧在于个人信息方面的风险。若央行数字货币具备完全如目前纸币一样的匿名性，再结合结算支付速度快的特点，其完全成了洗钱、恐怖主义融资的便利工具。而央行数字货币中个人信息在储存、流转过程中是否会造成隐私泄露，是否会使自己的交易暴露于社会之中也是加拿大民众担心的原因。除此之外，脱离现有银行系统的金融脱媒风险、经济不稳定时争相将存款取出的挤兑风险，以及巴哈马注重的网络安全风险等都是目前各国在推行央行数字货币时的担忧。尽管各国十分注重风险防范，但在既有调研文件中仅仅指出或浅谈有关风险，对于如何防范、建立怎样的风险防范机制却没有涉及，而立法者或调研者又没有借鉴或采纳既有研究，解决央行数字货币风险的方法并不完备，从而阻碍了央行数字货币立法的出台。

### （三）法律制定过程阻碍央行数字货币立法的发展

在有关央行数字货币立法的梳理中我们可知，国内立法寥寥无几，且尚未达成国际公约。除了以上原因外，法律的制定程序也对立法的发展产生了一定的阻碍。一方面，就国内法而言，以我国为例，根据《立法法》的规定，仅全国人民代表大会立法程序的规定就有 12 条，而全国人大及其常委会的立法程序的规定更是多达 19 条，涉及提出法律草案、审理立法议案、表决通过及公布四个步骤。其中，全国人大及其常委会立法程序中法律草案的提出主体多达 9 个，审议程序多达 7 次，在审议过程中还要听取多方意见。全国人大及其常委会的立法程序中还规定根据需要召开听证会、论证会、座谈会等，且需要征求社会公众的意见。除了程序繁琐，还耗费了大量时间，以《中国人民银行法》为例，其两次修改时间间隔了近 17 年之久，而 2020 年提出的修订草案征求意见稿到目前为止仍未通过。可见，作为公正权威调整社会基本关系的法律规范其形成的过程何其漫长。另一方面，有关央行数字货币的国际公约也未见踪迹，其主要原因在于形成过程需成员国同意，具有严格的程序规定。特别是金融领域的规则纷繁复杂、发展变化迅速，传统国际法渊源很难满足其发展需要，并且在条约制定的过程中往往是大国在利益博弈中取胜，在实施过程中若与大国利益相左则会遇到执行障碍。我国商务部条约法律司公布的数据也可加以印证——其显示了在国际金融领域尚未达成相应的公约。实践中，全球范围内该领域各国关系的调整主要依靠国际组织发布的指导性文件。因此，法律自身的创设过程也对央行数字货币法律的发展产生了一定的抑制作用。

## 四、关于央行数字货币立法现状对我国的启示

### （一）基于我国国情促进有关数字人民币立法

《中国共产党第十九届中央委员会第五次全体会议公报》指出，我国要坚持创新在现代化建设中的核心地位，要建立现代财税金融体制，要实行高水平对外开放。我国目前处于改革的深水区，经济金融领域的改革要有效支持实体经济，且需要进一步提升金融科技水平，加强金融普惠性。而数字人民币能够加强货币体系的普惠性和公平性，打破支付壁垒，使更多民众参与到支付体系之中，享受现代金融体系带来的便利。数字人民币也能维护金融稳定，建立安全有序的金融市场。如，可基于数字人民币可控匿名性[1]在保护用户信息的同时，金融管理部门进行风险监控和防控，以维护良好的金融环境。除此之外，数字人民币也可以促进支付系统的创新。在现有货币体系下，只能由央行等具有存款账户的金融机构及公司提供支付服务，那些更加便捷、高效、便民的机构被拒之门外，不能进入该行业提供服务。数字人民

---

[1]　可控匿名性即交易用户之间匿名，但央行可对交易信息进行溯源。

币可直接由央行向每一个消费者发行，拓宽了行业进入渠道，刺激了竞争与创新，并且基于数字人民币的传输便捷性，可大大提高人民币在国际交往中的使用频率，促进人民币国际化和我国更深层次的改革开放。可见，数字人民币完全符合我国目前的国情，符合我国发展的需要，因此要大力推进数字人民币的发展。

法律作为一种社会关系的调整方式，其对货币关系的调整具有必要性和可行性。一方面，在必要性层面，货币与经济金融领域联系密切，经济金融领域若缺乏法律监管则会出现无序状态，从而造成大范围的难以估量的损失。如2008年美国次贷危机引发的全球金融风暴，其原因便是金融监管缺位。因此，法律有必要对货币关系进行调整和监管。另一方面，在可行性层面，我国自古以来就通过法律对货币关系进行调整。如，宋代首次出现的官方纸质货币便是在法律规定下进行兑换和流通的。除此之外，在法律的规范作用中，指引作用可引导公民在法律规定的范围内参与货币关系的社会活动，强制作用可通过法律制裁货币关系中的违法和犯罪行为，由此发生的案例可对人们具有教育作用，以避免违法乱纪的情况再次发生。因此，无论从历史角度还是法理层面，法律对货币关系的调整都具有可行性。所以，基于我国国情，在大力推动数字人民币发展的同时，应在立法层面积极跟进，加快《中国人民银行法》修订草案的通过，给予数字人民币以法定地位，同时推进相关法律的修改与制定，如修改《刑法》中有关假币犯罪的规定，为数字人民币保驾护航。

## （二）结合理论研究促进数字人民币立法

纵观相关国家法定数字货币法律或文件的编纂，虽然对央行数字货币带来的风险十分重视，但是并没有提出良好的解决办法，也没有重视理论研究的作用。实际上，理论研究对相关立法的推进发挥了不可磨灭的作用，理论研究对推动我国数字人民币立法也具有必要性和可行性。在必要性层面，目前央行数字货币的风险主要包括发行依据问题、法偿性问题、个人信息保护问题、所有权转移问题、洗钱及假币问题。[①] 除此之外，央行数字货币的发布还会导致银行信用风险敞口的提高，[②] 也有学者认为技术风险、网络安全风险会随之产生。[③] 甚至在 2021 年 3 月 19 日最高检与人民银行联合发布的惩治洗钱犯罪典型案例中就包括了比特币洗钱，[④] 虽然比特币不属于央行数字货币，但是机理与其相似，在追查过程中都涉及穿透资金链、查找个人信息等手段。可见，数字人民币推行过程风险重重，若不妥善处置可能会造成严重后果。在可行性层面，首先，我国理论研究促进相关立法已有充分经验。习近平总书记在中央全面依法治国工作会议上提出，要总结《民法典》的编纂经验。全国人大常委会法工委在认真领会贯彻总书记重要精神指示的基础上，深入研究后得出，法律编纂要加强理论研究，广泛听取学界意见，夯实编纂工作的理论基础。[⑤] 其次，我国关于防范数字人民币造成的风险的理论研究已十分完备。其中，防范洗钱尤为重要和棘手，不仅关乎金融安全，而且还与个人信息保护有着不可切断的联系。防范洗钱与个人信息保护二者的界限是一个值得深究的问题，因此以防范洗钱和保护个人信息为例，探讨理论研究促进数字人民币立法。

在法定数字货币带来的新挑战的背景下，有学者提出针对数字货币洗钱新特征，应该扩展刑事立法的基本原则。[⑥] 具体而言，要扩大洗钱犯罪主体，

---

① 刘向民：《央行发行数字货币的法律问题》，《中国金融》2016 年第 17 期。

② 袁曾：《法定数字货币的法律地位、作用与监管》，《东方法学》2021 年第 1 期。

③ Walker G A, Bigtech, Stabletech, and Libra Coin—New Dawn, New Challenges, New Solutions, Int'l Law 53, 303(202).

④ 最高人民检察院：《最高人民检察院、中国人民银行惩治洗钱犯罪典型案例》，最高人民检察院网，https://www.spp.gov.cn/spp/xwfbh/wsfbt/202103/t20210319_513155.shtml#2，访问日期：2021 年 10 月 5 日。

⑤ 最高人民检察院：《总结民法典编纂经验 推动民法典贯彻实施》，《人民日报》2021 年 4 月 16 日，第 5 页。

⑥ 巫文勇：《货币数字化场景下洗钱犯罪形态和刑法重构》，《中国刑事法杂志》2020 年第 3 期。

拓宽对洗钱行为的认定。如由于数字法币的出现，其相应的发行、监管机构和人员也应成为洗钱犯罪的主体。此外，笔者认为金融领域的技术日新月异，因此相关监管部门还要建立原则监管、功能监管、科技驱动监管等弹性监管框架。以原则监管为主干，根据平台经营业务的性质进行穿透性监管，避免机构监管的模糊不清。同时，将科技与监管部门牢牢结合，实现监管手段随科技并行发展。如何保护基于反洗钱目的进行的数据收集也是发行央行数字货币中亟须考虑的问题。姜盼盼认为个人信息保护应改革个人信息政府监管模式，要以工业化和信息部为主，其他部门相配合主要负责信息监管，且设置个人信息保护第三方服务机构。[①] 李祝用等认为，应在各行业调查的基础上出台数据共享的国家或行业标准，指引金融机构维护个人隐私。[②] 笔者认为理论研究不仅为风险规避提供参考，而且有助于立法的完善。如《个人信息保护法》第七条[③] 中采用的仍是目的限定原则，即必须在既定目的之内使用该信息。个人信息保护是在过度保护和缺乏保护之间把握平衡，但在数据时代目的原则更倾向于前者，繁琐的要求阻碍数字人民币的推进。因此，应引入"风险限定"，即如果个人信息的处理超过原有目的，但未超出原来风险水平的则仍应认定为合理使用。由上可知，仅反洗钱与信息保护两个方面的观点就已呈现百花齐放的局面，学者们研究范围之广、钻研程度之深足以提供坚实的理论基础。基于此，我国未来在针对央行数字货币立法或者对既有法律修改的过程中，理论研究应作为重要的参考意见。

## （三）利用金融软法促进数字人民币立法

通过对上述国际组织立法现状的分析，我们发现不论 BIS、IOSCO 还是

---

① 姜盼盼：《大数据时代个人信息保护的理论困境与保护路径研究》，《现代情报》2019 年第 6 期。
② 李祝用、李星：《大数据时代金融集团客户数据共享与个人信息保护的冲突与平衡》，载《中国政法大学互联网金融法律研究院 . 新时代大数据法治峰会——大数据、新增长点、新动能、新秩序论文集》第 24 页。
③ 《个人信息保护法》第七条规定："处理个人信息时应当遵循公开、透明的原则，公开个人信息处理规则，明示处理的目的、方式和范围。"

FSB、FATF 都没有形成针对央行数字货币的条约，但是我国对其发布的有关报告给予了足够的关注。主要原因在于，一方面，国际金融组织调查、研究和总结全球范围内相关国家关于央行数字货币的经验，其发布的报告的内容涵盖范围广，对问题的思考深入且角度新颖。如 BIS 诸多报告不仅总结了基本原则、技术层面的问题，甚至还考虑了我国没有计划的跨境问题。另一方面，国际硬法是成员必须遵守的具有法律约束力的规范，具体表现为国际公约、国际习惯等。[①] 而国际条约的部分更改会改变条约制定时的价值，如《国际货币基金协定》第四条规定了合作义务，在平价制度下该义务是强制的，但在汇率自由选择的情况下，合作义务及其价值发生了变化。同时，条约规定的例外性、模糊性会影响条约的执行价值，条约制定中未考虑的情况也会影响其实践价值。[②] 以巴塞尔委员会为代表的并非基于条约而设立的、不直接代表国家或政府的特殊国际组织制定的国际金融软法在国际金融秩序中发挥了重要作用。如《巴塞尔资本协议Ⅲ：国际银行监管框架》（以下简称《巴塞尔Ⅲ》），其本身不具有约束力，但因为在制定过程中主体广泛、程序科学，不仅代表了发达国家的利益，还保护了发展中国家的利益，具有强有力的实施框架和监督机制，已获得百余个国家或地区银行业的认可，并且《巴塞尔Ⅲ》相较于金融硬法更有利于监管新兴事物。其有效地维护了国际银行业的安全，保障了国际金融秩序的稳定。

基于《巴塞尔Ⅲ》在银行领域的成功经验，考虑到央行数字货币领域条约自身的缺陷，我国也应重视有关央行数字货币的国际金融软法。在进一步发展规制数字人民币时，要主动参考国际组织软法的规定。如我国法律在规制数字人民币个人隐私、网络安全及货币政策等问题时，可参考 BIS 发布的《中央银行数字货币》；若涉及数字人民币的跨境问题，也可对《多个央行数字货币安排与跨境支付的未来》中的内容进行论证、比较和转化。同时，

---

① 廖凡：《全球金融治理的合法性困局及其应对》，《法学研究》2020 年第 5 期。

② 王建雄：《论全球金融治理规则的实施及其价值嬗变》，《武大国际法评论》2020 年第 4 期。

因我国严格意义上的法律制定程序过于繁琐、时间过于漫长，因此法律应被理解为广义的包含部门规章等的法律。根据我国数字人民币的发展情况，可由行政部门制定法律层级较低的部门规章、行政法规等进行管理，待到时机成熟之时，再由全国人大及其常委会制定基本法律。这种模式符合了金融领域变化速度快的特性，部门规章等可对金融软法的变化作出迅速调整，保证了数字人民币有序安全的发展，弥补了基本法律的滞后性。基于金融领域的特殊性，传统国际法渊源难以发挥其应有的作用，而以《巴塞尔Ⅲ》为代表的国际金融软法却行之有效。在数字人民币领域，我国要重视国际金融组织根据各国现实和监管情况发布的软法，以行政法规等规范为依托，促进数字人民币的发展。

## 五、结语

2020 年 10 月 29 日，党的第十九届五中全会通过的《中共中央关于制定国民经济和社会发展第十四个五年规划和二〇三五年远景目标的建议》中提到"稳妥推进数字货币研发"。可见，数字人民币对于我国的重要意义。然而，扮演保障、促进角色的法律在该领域却寥寥可数。在国家层面，已发行央行数字货币的国家虽然拥有发行依据、专项立法，但是涉及的范围过于狭窄，没有考虑相关领域出现的问题。正在研究央行数字货币的国家，大多仅仅处于理论探索阶段，即便是我国已经多次展开试点，也未正式出台相关法律。在国际组织层面，区域性国际组织如东加勒比国家组织积极推出央行数字货币但相关立法却只有发行依据，主要的国际金融组织也只发布了相关的调查报告。究其原因主要有以下三个方面。首先，国情的不同导致各国对央行数字货币态度的不同，使得部分国家立法不积极。其次，央行数字货币带来的风险是各国所顾虑的，且各国没有寻求现有研究的帮助，缺乏良好的对策。最后，立法过程本身漫长、繁琐，国际条约因金融领域涉及各国的利益博弈也难以达成，因此无论国内法还是国际条约都罕见踪迹。但是，以上国家和国际组织的行动对我国也有一定的启示。第一，应根据我国国情决定是否推动数字人民币、推进数字人民币立法。我国现有形势需求与数字人民币的特点完美契合，所以应大力推进有关数字人民币的立法以促进其发展。第二，大多数国家都对央行数字货币带来的风险十分关注，但忽略了理论研究对立法的影响。我国在立法时应二者相结合推动法律落地。第三，国际金融软法在国际金融秩序中的作用愈发重要。我国应在吸纳域外经验时以多种形式立法。因此，我国应基于国情，重视理论研究与立法的关系，根据编纂《民法典》的经验，充分发挥理论研究的作用，夯实立法的学理基础，并且参考国际金融软法的规定，吸纳有效的、符合我国国情的监管内容，促进数字人民币的稳步发展，以期实现第十四个五年规划和二○三五远景目标。

# 论我国央行数字货币所有权的转移规则

中南财经政法大学　张　旋　何　焰*

**摘　要**

我国央行数字货币与传统货币在表现形式、表达方式、运行机理等方面存在差异，但二者的管理模式相同，现行货币所有权转移规则是否适用，以及如何解释适用于央行数字货币所有权转移还需明确。本文以我国相关机构专利为依据，探究不同参与主体之间央行数字货币的转移路径。基于此，研究我国央行数字货币的所有权转移规则，并提出所有权转移的救济方式。

**关键词**：央行数字货币；所有权转移；权利救济

* 张旋，中南财经政法大学法学院硕士生；何焰，中南财经政法大学法学院副教授。本文系中南财经政法大学中央高校基本科研业务费专项资金资助（编号 202110695）的成果。

## 一、问题的提出

央行数字货币即法定数字货币，国际上并无统一界定，鉴于各国采取的底层技术、管理方式、设计框架等存在差异，实践中的定义方式也较为广泛。广义而言，央行数字货币是指以电子形式存储的，具有支付功能或价值贮藏功能的中央银行直接负债。[①] 该定义从经济角度阐释了央行数字货币与传统货币的属性一致，但从算法与技术角度来看，央行数字货币的本质是一串经过加密的字符串，该字串由多段加密字段构成，各方只能在各自的权限内解密对应的字段。虽然央行数字货币的概念厘定、目的政策等方面尚未有定论，各国设定的央行数字货币适用场景也各异，但上述内容与所有权转移并无实质关联。因此本文并不对其进行厘清，而是基于央行数字货币的物权属性，着重强调我国央行数字货币转移的具体方式及其本质。

从我国央行数字货币研发初期到当前长期封闭试点，我国对其的研究多集中在金融、算法、技术等领域，而针对法律问题的探究较为宽泛，其中对所有权转移这一物权问题也无明确阐述。我国在构建央行数字货币体系时，致力于将其作为 M0[②] 的部分替代。我国专家在进行研究时，均认为其是具有一定法偿性的货币，在《中国人民银行法（修订草案征求意见稿）》[③] 中亦将其视为货币的一种。因此，我国对央行数字货币的定位即数字形式的货币，具有民法上的相应地位。

在传统理论中，货币"占有即所有"法则一直适用于货币的所有权问题。但随着存款货币、信托代理等产生，该规则衍生出多种例外情形。近年来也有学者对该规则提出质疑，认为基于物权法的动产变动规则可以直接分析货币的所有权问题。然而央行数字货币作为新型货币，是近年来各国纷纷研究

---

① Meaning J, Dyson B, Barker J and Clayton E, Broadening Narrow Money: Monetary Policy with a Central Bank Digital Currency, Bank of England Staff Working Paper, 2018.

② M0 是流通中的现金，央行数字货币作为 M0 的非完全部分替代，不计付利息、不收取兑换费用。

③ 《中国人民银行法（修订草案征求意见稿）》第十九条第二款："人民币包括实物形式和数字形式。"

的技术性极强的科技产物，在公法领域与私法领域发挥的作用应当与现行流通的货币一样。但显然央行数字货币的转移与当前熟知的方式存在差异，其加载的智能合约也与法律合约存在差异。央行数字货币如何转移、何时发生转移、所有权归属等问题亟待解决，这也就涉及货币"占有即所有"法则或动产变动规则如何解释适用的问题。

当前我国央行数字货币仍处于试点阶段，其运行方式和流转本质尚未公布。因此为了使本文更具有研究价值，本文以我国央行数字货币相关技术研发部门[①] 的专利为基础进行研究。

## 二、我国央行数字货币转移的运行机理

从经济角度分析货币的运行机理，可以从发行环节、流通环节、管理环节等方面进行阐述。但所有权转移的重点在于货币在不同主体之间流转，故以主体为视角进行分析。

### （一）中央银行—商业银行

当央行数字货币在中央银行与商业银行之间转移时，只涉及货币的发行与回笼。中央银行负责生产、发行央行数字货币并进行信息认证与储存，商业银行通过缴纳 100% 准备金[②] 提取一定数额的央行数字货币至本行数字货币系统。为了保证央行数字货币的发行总量，还需要有央行数字货币的回笼机制，以完成从中央银行到商业银行的闭环。[③]

---

① 相关机构分别是中国人民银行数字货币研究所、中国人民银行印制科学技术研究所、中钞信用卡产业发展有限公司杭州区块链技术研究院以及中钞信用卡产业发展有限公司北京智能卡技术研究院，其专利信息可见于国家知识产权局官方网站。
② 该比例准备金表明当人民银行把央行数字货币兑换给指定运营机构发行时，该机构需要向人民银行缴纳 100% 准备金，也就是央行数字货币与其他货币进行 1∶1 的兑换过程。
③ 姚前：《中央银行数字货币原型系统实验研究》，《软件学报》2018 年第 9 期，第 2718 页。

1.央行数字货币的发行

关于央行数字货币的发行，具体流程<sup>①</sup>如图1所示。

图1　央行数字货币的发行流程[2]

需要明确的是，央行生产的央行数字货币有其编号、金额、所有者和发行者签名，[3]以保证每单位央行数字货币的唯一性。中央银行数字货币系统增加央行数字货币的字符，进而对所有权归属进行变更，该特征与央行数字货币所有权的认定密切相关。

2.央行数字货币的回笼

央行回笼央行数字货币的具体流程如图2所示。央行数字货币系统作废央行数字货币后，会计核算数据集中系统成功核减，央行数字货币不再具有货币属性，任何人不享有对其的物权。

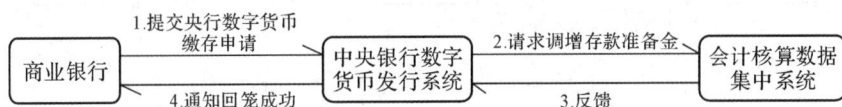

图2　央行数字货币的回笼流程

## （二）商业银行—用户

用户到商业银行存取央行数字货币是原型系统的第二层。

1.用户取央行数字货币

用户向商业银行获取央行数字货币，一般须经历两个阶段：一是用户向商

---

① 首先，商业银行向中央银行提交央行数字货币发行请求；其次，央行系统须进行业务核查，核查通过后向会计核算数据集中系统（ASR）提交扣减存款准备金的请求；再次，收到扣款成功的反馈后，数字货币发行系统开始生产央行数字货币；最后数字货币发行系统将央行数字货币发送至商业银行。

② 专利编号201710493230X：数字货币的发行方法和系统（中国人民银行数字货币研究所）。

③ 姚前：《中央银行数字货币原型系统实验研究》，《软件学报》2018年第9期，第2718页。

业银行申请央行数字货币钱包；二是用户向商业银行申请兑换央行数字货币。

（1）申请央行数字货币钱包

根据中国人民银行数字货币研究所的专利，可将我国用户申请央行数字货币钱包的方式分为两类：一类是实名申请开通央行数字货币钱包，另一类是匿名申请开通央行数字货币钱包。前者通过账户行的数字货币系统创建央行数字货币钱包，以用户开户信息为基础，将央行数字货币钱包与账户进行绑定，实现实名目标；后者则通过密钥设定央行数字货币钱包的唯一性，保证钱包仅归私钥所有者，并不对用户的个人信息作具体要求。二者在架构体系、匿名性、账户体系依存度等方面存在本质差别，但用户与商业银行、中央银行之间的实质关系并无差异。因此整体而言，央行数字货币钱包申请的流程如图 3 所示。需要明确的是，申请开通央行数字货币钱包并获得央行数字货币钱包合约地址或账户信息，并不存在央行数字货币的实质转移。

图 3　央行数字货币钱包申请流程[1]

直接通过商业银行账户申请开通央行数字货币钱包的流程可作如下分析：首先，用户提交带有本人数字签名的申请信息；其次，商业银行对其进行验证，通过后创建央行数字货币钱包并向用户分配证书；最后，商业银行需在央行数字货币钱包的钱包标志和证书中分别添加本行数字签名，并提交至中央银行进行备份与信息存储。基于我国采取"账户松耦合"模式，即在传统银行账户体系的基础上，在银行账户中引入数字货币钱包属性，使得一个银行账户同时可以管理存款货币与数字货币。[2]

匿名申请央行数字货币钱包较为复杂，在用户申请创建央行数字货币钱

---

[1]　专利编号 2017104943520：数字货币钱包的申请方法和系统（中国人民银行数字货币研究所）。

[2]　姚前：《数字货币初探》，中国金融出版社 2018 年版，第 312 页。

包前有前置程序，即通过用户钱包终端生成密钥对，用户保留私钥，将公钥发送至数字货币服务商（一般即指商业银行），服务商基于公钥生成与私钥配对的唯一的钱包标志，并向中央银行登记注册央行数字货币钱包，具体流程如图 4 所示。在该情形下，央行数字货币的转移过程起始于私钥所配对的公钥被取得。

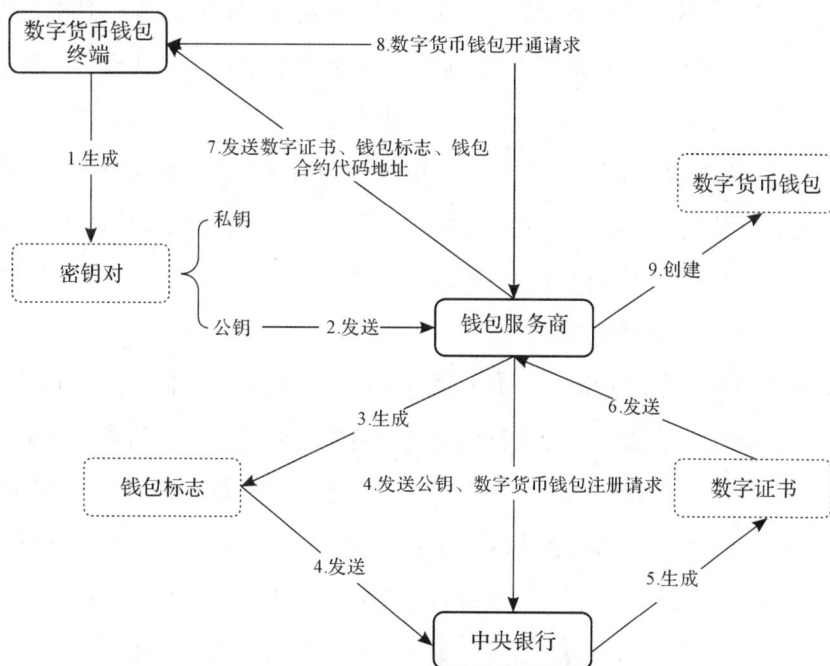

图 4　匿名申请开通央行数字货币钱包[①]

（2）申请兑换央行数字货币

根据央行相关机构的专利，可将我国用户向商业银行申请兑换央行数字货币的方式分为两类：一类是使用现金兑换央行数字货币，另一类是使用存款货币兑换央行数字货币。不排除随着科技发展出现其他可用于兑换央行数字货币的金融科技产品，但这些方式只是兑换来源存在差异，本质上并无差别。因此，对用户与商业银行之间的关系进行本质分析，央行数字货币的兑

---

① 　专利编号2017114583803：一种数字货币钱包开通的方法和系统（中国人民银行数字货币研究所）。

换流程如图 5 所示。

图 5 央行数字货币兑换流程 [①]

首先，用户通过线上或线下方式向商业银行发送取币指令；其次，商业银行根据取币指令，将钱包关联账户的对应金额的余额资金或提交的现金兑换待转移金额的央行数字货币；再次，中央银行根据商业银行的请求，将实际转移金额的央行数字货币的属主变更为取币用户，执行请求操作后再将其反馈至商业银行；最后，商业银行将实际转移金额的数字货币的币串列表存入取币用户钱包标志对应的数字货币钱包。

2. 用户存央行数字货币

用户将央行数字货币存至商业银行库以换取现金、存款等，不论匿名还是实名，均意味着账户中的央行数字货币将发生变化。考虑到现金的使用频度降低，本文以央行数字货币兑换存款货币为例进行分析，其他模式差异不大。

用户通过数字货币钱包终端确定存款金额及存款账户，将其发送至商业银行数字货币系统，商业银行核查后将其发送至中央银行数字货币系统，中央银行将央行数字货币属主信息变更为商业银行后反馈给商业银行，商业银行再根据交易成功信息在存款账户增加存款金额的记账，并通知用户存款成功。具体流程如图 6 所示。

图 6 央行数字货币兑存款货币流程 [②]

---

① 专利编号 2017114636162：一种数字货币兑换方法和系统（中国人民银行数字货币研究所）。

② 专利编号 2016101789023：将数字货币存入存款账户的方法和系统（中国人民银行数字货币研究所）。

### （三）用户—用户

央行数字货币在用户之间的流通是原型系统的第三层，该过程是央行数字货币的流通环节，中央银行与商业银行并不实质参与转移过程，而只作为信息接收方与执行方。央行数字货币最主要的特征之一——双离线交易，就是为了解决现行存款货币支付系统中尚存的问题。以占据存款货币支付的第三方支付为例，其所依据的第三方支付机构的相关应用程序对网络有所要求，因此不能满足无网络场景的面对面交易。而央行数字货币在交易双方均脱网的情况下，仅依托终端手机近场通信功能就可以实现交易的沟通、核验，待恢复联网后将信息同步至数字货币登记中心。①

根据央行相关机构的专利，我国央行数字货币的流通环节如图 7 所示。不论线上交易还是线下交易，均须由付款方提交付款请求。提交给商业银行的信息包括第一请求、付款金额、收款方终端标志等，商业银行核查后须请求中央银行数字货币系统变更属主信息，将央行数字货币所有者变更为收款方。

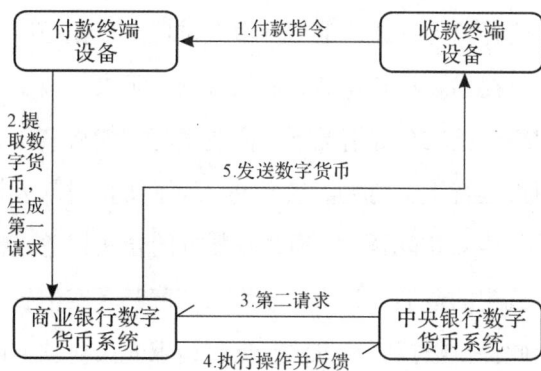

图 7 央行数字货币支付流程

然而，双离线交易中付款方不能与商业银行数字货币系统建立网络连接，

---

① 朱太辉、张皓星：《中国央行数字货币的设计机制及潜在影响研究——基于央行数字货币专利申请的分析》，《金融发展研究》2020 年第 5 期，第 5 页。

因此无法提交付款请求。为解决付款无网络支付或网络不佳的情形，我国专家提供一种离线支付方法，以此扩充支付场景。具体流程如图8所示。

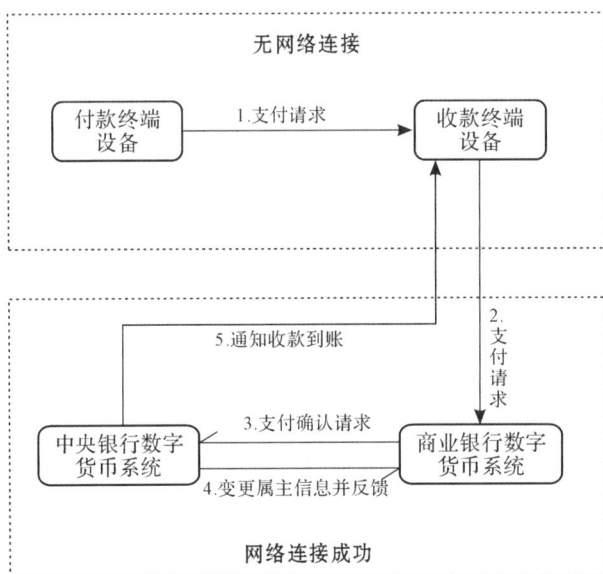

图 8　央行数字货币的离线交易流程

离线支付的情况较为特殊，也与货币支付理念存在差异，即支付请求由收款方向商业银行提出。只有在满足取款金额小于央行数字货币金额、付款方终端标志、网络连接成功等情况下，商业银行才能将其作为支付确认请求的部分提交至中央银行用于属主信息变更。为了防止付款方将相同编号的数字货币再次付款产生双花问题，[①] 损害收款方的合法权益，特别是在匿名申请央行数字货币钱包的情形下，收款方无法知晓其真实信息而不能行使追索权，我国专家为此提供数据缓存方法。支付请求先由付款方向收款方发出，此时钱包安全存储模块会暂时缓存相应的交易数据及钱包信息，直至处于联机环境中上传支付请求。因此在双离线情形下，央行数字货币的占有及所有

①　双花（double spending）即双重支付，指的是一笔钱被重复使用两次，其包含两种情形：一是同一笔钱被多次使用，二是一笔钱被复制了一份再次使用。在央行数字货币下，须从技术上加强监管，防止流通环节的可行性及防范黑客的外部攻击。

权变更与实际交易存在明显时间间隔。

## 三、我国央行数字货币所有权转移的解释路径

央行数字货币的字符随交易增加而变长，但其所指向的是交易信息和交易链条，而非央行数字货币的物权属性。需要明确的是，利用 DLT 等技术的目的是保障数据存储安全，而非改变数字产品的本质。央行数字货币之间的差异在于持有人和字符串的不同，仅能体现在数字货币系统当中。这种物理上的特定性并非由货币持有人决定，而是由加密算法等计算机技术产生，这种对货币的特定化无法向其他货币持有人展示。货币持有人仅能查询本人钱包的央行数字货币信息，不能查询他人的交易信息。对货币持有人而言，每一单位数字货币在使用过程中均可被另一单位数字货币替代，[①] 如同现行流通的纸质货币的冠号与数字编号[②] 一样，央行数字货币的字符并不会影响其价值和民法本质。涉及以央行数字货币结算的交易，债务人只须给付约定的法定货币即可，不发生货币的品质问题。[③] 因此可以认为，央行数字货币在民法上仍属于种类物。

通说认为，作为种类物的货币归属一律适用货币"占有即所有"法则，具体表述为"由货币的性质和职能所决定，货币的所有权不得与对货币的占有相分离。凡占有货币者，不分合法、非法，均取得货币所有权；凡丧失对货币的占有，不论是否自愿，均丧失货币所有权。"[④] 此后，学者总结该法则的例外情形：1. 形式特定化的货币；2. 信托财产；3. 辅助占有的货币。

但近年来，学者开始对该法则提出质疑。货币"占有即所有"法则建立

---

① 柯达：《论我国法定数字货币的法律属性》，《科技与法律》2019 年第 4 期，第 60 页。

② 冠号表示印制数量的批号，数字表示印制数量的编号。每一张纸币冠号加数字的结合都是唯一的，其作用包括：1. 防伪；2. 控制印制数量。

③ 张谷：《种类物与特定物的区别及意义》，《人民法院报》2003 年 10 月 24 日。

④ 梁慧星：《民法总论》，法律出版社 2011 年版，第 156-157 页。

在现金动产物权（实体货币）的思考模式基础之上，① 其本意是囿于货币的高度替代性和消耗性，为了维护交易秩序而对占有关系中主体的权利义务做了强制性配置。② 与一般动产所有权的占有与所有不同，存款货币可直接适用物权规则探究所有权转移及权利救济问题。

作为我国民法传统学说之一，货币"占有即所有"法则仍须明确我国央行数字货币所有权转移的适用性问题。针对该问题，可分解为以下三个问题：1. 央行数字货币占有人是否为所有权人；2. 央行数字货币的转移是登记生效还是占有生效；3. 如适用该法则，是否存在例外情形。

**（一）所有权判断依据**

就货币所有权归属问题，实际上货币"占有即所有"法则已作出直接且终局的认定，即占有货币之人为货币所有权人，不论占有原因。仅以该法则为视角，则涉及央行数字货币的占有与所有能否分离。对于现金货币而言，由于交易信息传递链不可知，第三人无法判断交易对象是否为货币所有人，仅能从表象认定其占有货币进而与其交易。若占有与所有分离，则交易安全得不到保障，善意第三人的权益易受到侵害。央行数字货币与现金货币同样具有货币属性，但存在显著区别。央行数字货币采用计算机技术，保证交易数据的安全、不可逆和可追溯。根据前述央行数字货币转移流程，对央行数字货币的占有表现在数字货币钱包中，对央行数字货币的所有表现在数字货币系统中存储的央行数字货币字符串，而二者的变更均以央行数字货币付款指令或付款请求为前提条件，以央行变更属主信息为终局。在不考虑动态交易的情况下，显然占有即所有。

即使不按照货币"占有即所有"法则，也可按照民法原理并利用解释学进行分析。货币的法律本质乃是以特定国家认可的形式发行的债权，但就其

---

① 朱晓喆：《存款货币的权利归属与返还请求权——反思民法上货币"占有即所有"法则的司法运用》，《法学研究》2018 年第 40 期，第 120 页。

② 李垚：《论货币所有权之认定与救济》，《绵阳师范学院学报》2016 年第 4 期，第 16 页。

形式而言,作为特殊动产又代表物权。①可以说货币本身是债权与物权的混合，央行数字货币虽然以数字形式为载体，没有具体的物理形态，但其存储在数字货币系统中的字符串同样可以证明其物化的存在，具有与电、气等无形物等同的性质。虽然我国的民事法律并未对货币属性、法律关系等作出明确规定，但货币以其独立性、排他性、可支配性等特征满足《民法典》物权编下的物权属性。②其仍可解释为物权编下的动产，也就是说货币包括央行数字货币在内可以适用动产的物权法规则。

理论上所有权包括占有、使用、收益和处分四项权能，占有就是对于财产的实际管领或控制。拥有一个物的一般前提就是占有，这是财产所有者直接行使所有权的表现。所有人的占有受法律保护，不得非法侵犯。对于动产，除非有相反证明，占有某物即为判定占有人享有该物所有权的标准。③即一般情形下动产的占有与所有并不分离，但存在例外，如受存在从属关系的所有人指示而管领其物④等。

对于央行数字货币的占有与所有能否分离，前文已有阐述。当付款人和收款人在交易前后分别占有央行数字货币时，占有与所有一体。但当交易流程中央行数字货币还存储在商业银行的数字货币系统中时，商业银行享有占有权，可排他性支配系统中的央行数字货币；当央行执行属主变更的操作时，商业银行须将央行数字货币发送至收款人。因此，央行数字货币的占有与所有能分离，但仅限动态交易中。针对静态的所有人推定，仍是占有即所有。动态交易过程则涉及后文所有权的转移问题。

基于央行数字货币字符串不可逆、不可篡改的特征，只能由央行对其交

① 孙宪忠：《中国物权法总论》，法律出版社 2014 年版，第 243 页。
② 《物权法》( 已失效 ) 第二条第三款规定：“权利人依法对特定的物享有直接支配和排他的权利。”
③ 胡康生：《中华人民共和国物权法释义》，法律出版社 2007 年版，第 94 页。
④ 该制度实际上是传统占有制度中的占有辅助人制度,学理上也质疑该制度的目的是保护所有人的利益，所有人不但享有本权之保护，还享有占有之保护，有双重保护；而罔顾占有辅助人作为事实支配人的利益。另外占有辅助人制度“为他人之意思”明显比一般占有意思更为明确，依客观说完全可以成立占有。因此，本文不使用“占有辅助人”进行描述。

易链条增加字符修改编码。因此，只有占有人提出请求，该操作才有可能实现。且央行数字货币存储于占有人的数字货币钱包中，该钱包具有唯一识别码，原则上难以被盗窃及被他人占有。即使以央行数字货币为信托财产，出现代理占有时，也可以从另一角度进行解释。央行数字货币之所以归属于占有人，是因为占有人持有央行数字货币的数字货币钱包。该钱包要么与占有人的账户信息绑定，要么与占有人持有的密钥对的私钥相联系，二者均表示钱包的特定性与唯一性。虽然央行等并未明确央行数字货币钱包是否可以转让，但是代理占有时为了保障资金的属主信息仍归属于自己，可以采用代理数字货币钱包进行信托。对钱包的占有与对钱包里的央行数字货币的占有存在差异，如何判断央行数字货币的占有，在外观上是判断央行数字货币钱包的占有。但内在而言还须鉴别央行数字货币本身的占有，即账户信息或私钥（一般情况不会发生私钥被他人获取）是否与钱包持有人相匹配。实质判断对交易双方来说过于困难，因此为了保障资金流通的稳定和交易安全，实践中仍考虑占有央行数字货币钱包即为所有央行数字货币以此保护善意第三人的利益。任何转让央行数字货币钱包的行为人均须承担由此产生的不利后果的风险。

综上所述，在涉及静态的央行数字货币所有人推定时，占有与所有不能分离，且不存在例外情形。

## （二）所有权转移判断依据

《民法典》第二百二十四条[①]明确动产物权变动采用债权形式主义；第二百二十五条[②]规定了特殊动产的物权登记效力。虽然我国学者将货币视为特殊动产，但《民法典》第二百二十五条的本意是为了区分船舶、飞行器、

---

① 《民法典》第二百二十四条："动产物权的设立和转让，自交付时发生效力，但法律另有规定的除外。"
② 《民法典》第二百二十五条："船舶、航空器和机动车等物权的设立、变更、转让和消灭，未经登记，不得对抗善意第三人。"

汽车等价值高昂的动产与其他动产。对该条文进行体系解释，结合《民法典》第二百二十四条的规定及物权编第二章的体例结构，针对特殊动产采用"交付生效＋登记对抗"主义。即在现行民事法律下，动产交付时发生物权变动，特殊动产物权变动未登记的不得对抗善意第三人。然而央行数字货币虽被视为特殊动产，但其性质上因字符串的特征更偏向于普通动产。

央行数字货币在不同主体之间转移都伴随登记。如央行发行央行数字货币时，先变更属主信息再发送至商业银行；用户取央行数字货币时，商业银行先提交至央行变更属主信息，再发送至用户；用户之间交易时，先提交央行数字货币至商业银行，再变更属主信息，最后发送至交易对象。即在以央行数字货币为结算手段的情况下，均须先由央行登记再进行交付。基于计算机技术高效、迅捷、特定等特征，一般情形下从商业银行请求变更属主信息到央行最终执行操作的时间非常短，央行短暂持有央行数字货币的时间可忽略不计。

与现行物权变动形式不同的是，央行数字货币的转移先登记再交付。动产一般以占有为公示手段，交付的公示效力首先通过占有实现。[①] 需要明确的是，央行数字货币的登记与《民法典》物权编的特殊动产的登记不同，船舶、飞行器和汽车因价值超过一般动产，在法律上被视为一种准不动产，其物权变动应当以登记为公示方法。但在登记的效力上不采用登记生效主义，这是考虑到船舶、飞行器和汽车等本身具有动产的属性。[②] 央行数字货币的登记在央行数字货币系统的登记中心，其目的是记录主权数字货币和用户信息，以进行权属登记，其是对主权货币的创造、流通、核算及消亡的全生命周期登记。[③] 央行数字货币的登记仅限于系统当中，非货币占有人无权查询。央行数字货币的登记不能产生对抗善意第三人的效果，系统上对其属主信息

---

① 高启耀：《论交付》，大连海事大学 2017 年博士学位论文，第 159 页。

② 胡康生：《中华人民共和国物权法释义》，法律出版社 2007 年版，第 69 页。

③ 张姝哲、韩兴国：《数字人民币运营模式、政策影响与发展建议》，《理论月刊》2020 年第 10 期，第 53 页。

的变更着重数据信息的存储，也产生民法意义上的登记对抗效果，即央行数字货币所有权转移仍以交付生效。

从逻辑上看，典型的"交付"或者说现实交付是指即时的标的物的传递过程，该过程的时间跨度无法计算，可以被认定为瞬间，否则将会出现交付方丧失占有、受付方尚未取得占有的时间空白。[①] 在央行数字货币的转移过程中，也存在时间空白，即商业银行等待央行变更属主信息的时间段。而实践中，"交付"均以某一时间点为完成与否的标志。一般而言，认定的交付是指商业银行将央行数字货币发送至收款人这一瞬间，也就是央行数字货币归属于收款人（广义上的收款人包括央行数字货币发行时的商业银行与央行数字货币回笼时的中央银行）的数字货币钱包（或数字货币系统）并得到收款成功的反馈时。

特殊情形是双离线支付下央行数字货币的占有与转移发生在交易之后，为了避免所有权转移规则的混乱适用，仍应以交付为央行数字货币所有权转移的依据，即联机后的央行数字货币发送至收款人时。一方面，若收款人的支付请求不能得到反馈，如何维护收款人的合法权益的关键问题不在于所有权是否转移，而在于请求技术进行解决。另一方面，若认定付款人未履行合同，收款人有权请求对方履行应尽的义务。

综上所述，央行数字货币所有权转移的依据仍是交付，该行为后于登记行为。交付的时间节点为央行数字货币转入收款人的数字货币钱包或系统，且央行数字货币所有人登记不产生对抗善意第三人的效果。

## 四、我国央行数字货币的所有权转移救济规则探究

虽然 DLT 技术、数字签名技术、脚本技术等一系列计算机技术都在保障数字货币的安全转移，但这并不意味着数字货币永远按照预设的方式、路

---

① 高启耀：《论交付》，大连海事大学 2017 年博士学位论文，第 159 页。

线由付款人转移至收款人。如数字货币钱包被盗、[①]区块链私钥被盗等发生在私人数字货币上的种种侵害权利人的事件，也有可能出现在央行数字货币的使用上，因此需对其救济规则进行探究。

## （一）返还原物请求权

前文已经阐述央行数字货币属于《民法典》物权编下的动产，适用动产的相关规则。货币是民法上的动产，而且作为一种特殊的价值符号，其物权特性是对价值载体的支配，价值属性则体现在其流通功能上。因此，在不涉及市场交易安全时，应注重保护货币所有之安全，赋予原权利人返还权。[②]

与其他货币最大的不同是每一单位的央行数字货币都具有唯一的编码，并且交易信息存储在系统中，因此是可以追溯的。即一旦货币被特定化，原权利人可以识别货币来源，可适用返还原物请求权。此时，须借助商业银行与中央银行的数字货币系统进行来源追溯。

我国民法体系采用债物二分原则，如果导致权利变动的法律行为无效或者被撤销时，央行数字货币为物权返还请求权的标的物。即使原权利人的货币与受款人的货币相混合，仍能通过信息查询找回原权利人的央行数字货币，原权利人依旧可以要求受款人返还原物。前述为物权返还请求权，根据《民法典》第四百六十二条[③]的规定，当央行数字货币被盗、被侵夺、被抢夺时，原权利人（享有物权之人）还可以选择基于占有请求返还原物。只是根据条文规定，占有返还请求权有取得时效，须在一年内行使。

---

① 以太币钱包 Parity 是一款多重签名钱包，2017 年 7 月因 wallet.sol 的多重签名合约出现故障导致其钱包软件 1.5 版本及之后的版本存在漏洞，致使 153，037 个以太币被盗。

② 江紫卉：《货币权利归属问题研究》，苏州大学 2019 年硕士学位论文，第 29 页。

③ 《民法典》第四百六十二条："占有的不动产或者动产被侵占的，占有人有权请求返还原物；对妨害占有的行为，占有人有权请求排除妨害或者消除危险；因侵占或者妨害造成损害的，占有人有权依法请求损害赔偿。"

### （二）善意取得制度

如果无处分权人已经将央行数字货币转移给他人，则须区分受让人是否为善意。善意取得制度是适应商品交换的需要而产生的一项法律制度，其效力是受让人取得所有权。考虑到占有央行数字货币钱包并进行使用已经给对方作出自己为所有人的表象，第三人无法确认占有人是否有权处分财产，法律也不能苛以双方查询对方信息的义务。并且在现行立法体制下，货币应当属于动产物权的规制范围，因此无须采取回避态度而忽视货币的善意取得制度。

我国也不应恪守货币"占有即所有"法则而固步自封，如果占有脱离物在占有人丧失占有的那一刻即丧失所有权，则难以体现善意取得制度的实质意义——维护商事交易安全。因此在对方请求返还原物时，受让人只要满足善意取得制度的构成要件①即可取得所有权。原权利人只能依据债权向侵权人提出赔偿救济。

针对盗赃物能否适用善意取得，我国存在不同观点。否定论：盗赃物不适用善意取得；肯定论：盗赃物适用善意取得制度；有限肯定论：有条件适用善意取得制度。如果被盗的央行数字货币经过多重交易，存在多个受让人直至央行数字货币回笼，坚持否定善意制度不利于市场经济秩序的稳定，也不符合诚信公平的价值观念。返还原物请求权倾向于保护原权利人，否定善意取得制度只会损害善意购买盗赃物的第三人，而忽视社会公平秩序的考量。原权利人与善意第三人均可向侵权人请求赔偿，但基于法律对诚信者的保护，满足条件的善意第三人可以取得央行数字货币所有权。

---

① 货币善意取得的构成要件：1.转让人无处分权；2.基于有偿法律行为而受让；3.受让人受让财产时为善意；4.已经完成交付（即已经储存在受让人的数字货币钱包中）。

# 数字人民币的法律性质及立法构想

中南财经政法大学 何 焰 刘昌丽 *

**摘 要**

自私人数字货币诞生以来,在全球范围内得到了迅速发展和运用。为应对私人数字货币的冲击并适应数字时代发展的需要,法定数字货币应运而生,包括中国在内的世界各主要经济体均积极开展针对法定数字货币的研究。我国的法定数字货币又称数字人民币,研发起步虽较早,但其发行和推广仍缺乏法律的支撑和助力。本文围绕数字人民币的发行机制、信用担保、管控方式以及物权流转规则等内容,建议适时调整法律规范,规范数字人民币的法偿性、流转规则和效力。通过"监管沙盒"探索监管限度标准,重塑我国金融监管理念和法律体系,促进风险规避、金融创新和权益保护之间的平衡。

**关键词**:数字人民币;法律属性;法定货币;监管机制

* 何焰,中南财经政法大学法学院副教授;刘昌丽,中南财经政法大学法学院硕士生。本文系中南财经政法大学中央高校基本科研业务费专项资金资助(编号 202110695)的成果。

## 一、问题的提出

近年来，新冠疫情的持续发生使国际金融稳定和货币政策传导机制面临巨大冲击，促使各金融大国货币当局加速对法定数字货币的研究和布局。2021 年 1 月，国际清算银行（BIS）对各国中央银行的一项调查显示，目前有 86% 的央行正在积极研究央行数字货币的潜力，60% 的央行正在试验这种技术，14% 的央行正在部署试点项目。中国、日本、美国等主流国家的货币当局都在积极研究和论证发行法定数字货币的必要性和可行性，但从总体研发进程来看，各国仍处于探索发展的初期，即使已有少数国家进入试点环节，但使用场景相对较窄，仍然面临不少挑战。随着试点工作的展开和深入，中国推出数字人民币是大势所趋。2021 年 7 月 16 日，中国人民银行发布的《中国数字人民币的研发进展白皮书》（以下简称《白皮书》），对数字人民币的定义、目标及愿景、设计框架、应对策略进行了详细的介绍和规划，明确了数字人民币的法定货币地位、价值性及法偿性。中国人民银行发布该《白皮书》为我国数字人民币的理论实践研究提供了参考价值和指引，但其研发和落地仍然需要法律层面的支撑和助力。

出于对国家货币主权安全、货币政策控制以及替代现金等因素的考虑，当前数字人民币发行的主要目的是作为一种新型的支付工具。为保障其在交易过程中的有效运行和顺利流通，法偿性是数字人民币作为支付工具的本质特征。数字人民币偿付债务时会发生所有权转移，数字人民币是否具备物权属性和债权属性关系到债务能否得到有效清偿，故在明确其身份证、法偿性等公法属性之外，有必要分析数字人民币的私法属性，如物权属性和财产属性。数字人民币的稳定发展离不开有效合规的金融监管，金融监管的主体、方式和范围等要素需要依据数字人民币的特性进行设计，而明确其法律属性是目前亟待解决的先决性问题。

## 二、数字人民币发展的驱动因素

我国数字人民币的快速发展，其动力既来自内部经济发展的需求，也与外部数字美元的推进、全球私人数字货币的竞争等有着密切的关系。

### （一）数字美元的加速推进

#### 1.数字美元的发展动因及性质

新冠疫情的暴发导致公众对现金传播病毒产生了前所未有的担忧，对现金使用的安全性的质疑大幅增加。疫情的暴发可能改变公众对支付方式的选择，公众倾向于采用移动支付、信用卡或其他在线支付方式，导致数字美元的使用量下降。近年来许多国家在国际交易中倾向于使用除美元以外的其他货币进行结算，以此抵抗美元的霸权地位。根据国际货币基金组织（IMF）发布的 2020 年第四季度报告，各国央行持有的美元外汇储备在全球外汇总储备的占比下降至 59%，是 25 年以来的最低水平。因数字美元可以巩固美元在全球的霸权地位，使其更方便地作为全球交换媒介，2020 年 5 月 30 日数字美元基金会与全球咨询公司埃森哲共同打造的数字美元项目发布了《数字美元白皮书》，其中介绍了数字美元的发行愿景、应用场景及逻辑架构等内容。关于数字美元的法律性质，美国国内对其持两种观点：一种观点是将数字美元视为电子现金；[①] 另一种观点是将数字美元视为一种新型货币，认为数字美元项目正在探索的是利用代币化和相关技术创建全新模式的央行数字货币，与美元具有相同的法律地位。

#### 2.数字美元对数字人民币的挑战

数字美元的研发虽然晚于中国，但凭借其先进的科学技术，在较短时间内超过中国的研发进度是完全有可能的。数字人民币与数字美元均采用双层架构发行，具有一定的匿名性，但在技术路线、基本架构与货币政策等方面存在些许差异，具体见表 1。

---

① 李仁真、关蕴珈：《新冠疫情下美国数字美元的发展及其影响》，《国际贸易》2020 年第 10 期。

表1　数字人民币与数字美元的比较

| 比较维度 | 数字人民币 | 数字美元 |
|---|---|---|
| 发行机构 | 中国人民银行 | 数字美元基金会与全球咨询公司埃森哲 |
| 运行模式 | 双层架构 | 双层架构 |
| 技术支持 | 不预设技术路线 | 强调分布式记账技术应用 |
| 匿名性 | 可控匿名 | 小额匿名 |
| 账户形式 | 账户松耦合 | 通证化 |
| | 不计息 | 未明确 |

## （二）全球私人数字货币的竞争

### 1.私人数字货币的发展情况

私人数字货币以其低交易成本、可分性、抵抗通胀等优势，自出现以来就受到了全球投资者的追捧。以比特币为例，比特币不依靠特定的机构发行，不具有中心化的管理模式，追求点对点的去中心化交易。该交易模式导致比特币缺乏稳定的内在价值，价格波动过大。2021年4月18日上午，比特币1小时内暴跌近8000美元，以太坊暴跌20%，莱特币暴跌28%。此外，比特币因广泛运用于商品交易，不法分子将其用于洗钱、避税、资本流出等违法活动，引发针对其合法性以及法律属性的争议。

2019年6月，美国互联网巨头Facebook提出了数字货币Libra，试图解决比特币面临的内在价值问题，并实现了重大突破。Libra项目将私人数字货币带到了与以往任何加密货币完全不同的层面，这是首个由多行业知名公司支持的用于跨境零售支付的"全球稳定币"。[①]2020年4月16日，Facebook发布"Libra白皮书"2.0版，增加了一系列单一货币稳定币，弥补了比特币币值波动幅度过大的缺陷。而Libra币值的稳定性、支付场景的多样性以及高结算效率，对我国法定货币将产生高度的替代效应，使人民币国

---

① Global stablecoins are those that can build on existing large, cross-border user bases to scale rapidly and achieve substantial (global) volume. See G7 Working Group (2019) and FSB (2020).

际化面临更大的压力和阻力。为尽可能减少 Libra 数字货币对我国金融市场和货币政策执行的影响，同时防止私人支付系统、私人数字货币垄断，我国应加快数字人民币的研究和发行进程，提高零售支付的弹性。

2. 私人数字货币的法律属性

自从以比特币为代表的数字货币出现以来，各国对私人数字货币的法律属性就存在不同观点。印度、日本、德国等国家认可以比特币等私人数字货币进行支付的合法性，但考虑到其币值波动剧烈以及容易被用于非法交易等缺陷，在承认其合法性的同时亦采取了审慎监管的措施。我国对比特币等私人数字货币始终持消极否定的态度，中国人民银行等五部委在 2013 年颁布了《关于防范比特币风险的通知》，将比特币界定为虚拟商品并禁止在市场上流通。2018 年，深圳国际仲裁院审理了一起股权转让合同纠纷案件，该案首次承认了比特币的财产属性，并将比特币按照美元兑换人民币的汇率进行结算。但仲裁裁决随后被深圳市中级人民法院撤销，理由是支持比特币与美元结算即变相允许私人数字货币和法定货币交换。至此，比特币的财产属性在我国司法实践中一直未得到承认，其是否具有财产属性以及如何体现财产价值等问题都处于不明晰的状态，这为实践中当事人以比特币为支付工具的交易带来了极大的不确定性，亦在一定程度上妨碍了商业交易。

## 三、数字人民币的法律性质

考察数字人民币的法律性质，可以选择货币性、物权性和证券性等不同观测点，从而更全面、立体地把握其特点，这对我国数字人民币的立法思路与法律协调具有导向意义。

### （一）数字人民币的货币性及其特点

1. 以国家主权信用为保障

在传统商品货币理论中，货币产生于"以物易物"的交易模式，这种交易模式是一种完全去中心化的安排，无法进行价值的统一衡量，也不能反映客观的社会生产关系。从货币演变史来看，其演进本质是信用背书的改变，即由央行管理的信用货币本位逐渐取代商品货币本位。信用货币因有国家信用担保而被全社会普遍接受，使全社会均对国家这同一债务人持有债务凭证。在现代信用货币体系下，只有信用价值得到充分保障，包括国家征税权、强制力和国家安全保障，货币才能顺利地发行和流通。根据现有我国央行发布的相关研究报告来看，数字人民币由中央银行发行，以国家或央行信用为担保，是中央银行的对外负债。

2. 中心化管理模式

法定货币由货币主管当局发行且置于其监管之下，通过控制货币发行数量、调节短期利率等市场操作行为来保持货币的稳定性。"去中心化"发行模式不依赖中央银行的交易机制，交易双方能够直接实现点对点支付，但该模式下的私人数字货币价值波动剧烈，无法正确衡量商品价值，增加了交易双方的风险。目前，包括我国在内的大多数国家对以比特币为代表的私人数字货币持审慎监管或防范排斥的态度，这也说明了去中心化在我国尚未得到认可。在市场经济条件下，央行根据流通中市场的货币供求变化和资金使用情况，统一管理数字人民币的发行额度，将现有的货币供给增长率更好地与货币的需求增长相匹配。在货币政策领域，我国数字人民币主要面向零售场景，故货币政策传导机制可以直接对个人和企业产生影响，传导效率和调控能力将大大提高。

3. 着重于替代现金 M0

数字人民币与现有法币的关系主要体现在其是现金 M0 的替代物，是现金以加密数字符号的形式呈现。现金因其实物为载体的特性，易被用于匿名伪造、洗钱、恐怖主义融资等非法活动，此外，现金的制作、发行、储存等环节均须支付人力物力成本。根据中国人民银行的数据显示，2020 年 3 月我国 M0 为 8.3 万亿元，按照 1% 的成本计算，M0 的发行成本约为 8000 亿元。因此央行将数字人民币定位为 M0，满足居民对支付便捷性和匿名性的需求，并促使其与活期存款灵活转化。由于数字人民币发行的目的是替代现金 M0，因此数字人民币天然具有与现金相同的货币职能，诸如支付结算、价值尺度、流通手段等。现金作为实物货币不产生利息，为避免扰乱金融秩序和金融脱媒的出现，央行对数字人民币的设计暂不计息。实际上，数字人民币一旦产生利率就可能转化为狭义货币 M1、广义货币 M2，即便央行严格监管并有效禁止其出现实际利率，随着社会公众对数字人民币的需求增加，M1、M2 不断转化为 M0，还是会影响 M1、M2 的数量，进而改变货币供给量和商业银行的运营模式。

4.与私人数字货币的区别

数字人民币与比特币、Libra 等私人数字货币相比，在发行机制、信用背书、发行范围以及运行技术等方面存在不同特征。通过表 2 的比较分析可知，由于国家主权背书，使用数字人民币进行线上交易比 Libra、比特币等交易风险更低，交易履约更有保障。与此同时，三者的匿名性都是相对的。如果大量使用数字货币，都会面临用户数据隐私保护的问题。确保数据隐私安全是用户选择支付方式的首要考虑因素，也是数字人民币发行后能否顺畅流通的关键。只有确定了数字人民币的法律属性这一基本问题，具体分析其公法属性和私法属性后，才能进一步就用户数据隐私提供有效、全面的保护。

表 2　主要类型数字货币的特征比较

| 比较维度 | 比特币 | Libra | 数字人民币 |
|---|---|---|---|
| 发行机制 | 去中心化发行 | 中心化发行 | 中国人民银行发行 |
| 发行数量 | 2100 万个 | 无上限 | 无上限 |
| 信用背书 | 无 | 不与单一货币挂钩，而采用类似于 SDR 的锚定一篮子货币，但以美元为主 | 国家主权信用 |
| 匿名性 | 强匿名 | 匿名或实名 | 可控匿名 |
| 技术路线 | 区块链技术 | 区块链技术 | 不预设技术路线 |
| 交易风险 | 较高 | 较低 | 最低 |

## （二）数字人民币的物权性及其理论困境

### 1. 数字人民币属于民法上的"物"

对"物"的认定，王利明认为物"必须是存在于人身之外，为人力所能支配而且能够满足人类某种需要的财产"。[①] 根据物权法定原则，物权的种类和内容由法律设定。《民法典》第二百六十六条[②] 列举了受法律保护的物权客体，货币未在列举的范围之内。对数字人民币物权属性的分析，要根据民法上物的特性判断其是否属于物权保护的客体。第一，数字人民币具有法律上的可支配性。数字人民币存储在数字钱包中，可以通过密钥的方式对数字人民币实施完全控制，并依据特定指令以数据传输的方式实现所有权转移，符合物权客体的可支配性、排他性的特征。第二，数字人民币原则上为特定物。根据数字人民币目前的系统结构设计，其以无形的数字化形式进行存储，不以物理实物为载体，在外观形态上表现为无形物。与传统法定货币相同的是，用户在使用数字人民币进行交易时，其交易信息会记录在系统中，使每一单位数字人民币因记载的数据信息不同而具有物理上的特殊性。但由于数字人民币的可控匿名性特征，上述交易信息只向央行等有权机构开放，交易双方无法读取和改变数字人民币的交易信息，双方对数字人民币的使用与现有法定货币具有相同的价值，数字人民币相互之间具有完全的可替代性，故数字人民币的特定性是相对的。第三，物权法定原则要求物权种类、内容、效力和公示方法都只能通过法律设定，但《民法典》物权编中并没有对货币作出明确规定，依据该原则，数字人民币虽属于无形资产，但在法律未明确其属于"物"的范畴的情况下，不宜适用物权的相关法律规定。

### 2. 数字人民币的权利流转规则

数字人民币在表现形式上不具有物理外观形态，本质上是一连串数字加

---

[①] 王利明：《民法总则研究》，中国人民大学出版社 2012 年版，第 401 页。

[②] 《民法典》第二百六十六条："私人对其合法的收入、房屋、生活用品、生产工具、原材料等不动产和动产享有所有权。"

密符号或计算机代码。数字人民币的所有权取决于用户私钥和身份信息代码，通过数据传输的方式实现数字人民币权利的转移。[①]数字人民币的具体权利流转规则如下。首先，关于所有权发生转移是登记生效还是交付生效。因一般使用者并不知晓其持有的数字人民币的信息，这类信息不会对外公示进行，不会产生对抗善意第三人的效果，故数字人民币所有权转移应当为交付生效。其次，关于货币"占有即所有"的权利流转法则。数字人民币是用来保证交易安全的支付工具，在此情况下，为实现货币的有序流通，当数字人民币被他人占有时，需要推定实际占有人为所有人，即占有与所有的完全合一性。考虑到货币"占有即所有"法则使得货币的物权请求权受到较多限制，尤其是在无法行使返还原物请求权的情况下，因此数字人民币的流转存在"占有即所有"的例外情形。例如，交易双方可以引入智能合约[②]将数字人民币予以特定化，若发现数字人民币并非用于双方约定的范围，那么货币原占有人有权要求返还特定的数字人民币。在这种情形下，占有货币不能推定为对货币拥有所有权。

### （三）数字人民币的证券性及其理论困境

1.数字人民币是否属于《证券法》的调整对象

认定数字人民币是否属于《证券法》的调整对象，关键在于判断数字人民币是否符合证券的定义。新修订的《证券法》对证券的定义仍然采取了"立法列举"与"行政认定"相结合的模式。为应对市场上不断涌现的具有证券特性的金融产品或金融工具，新《证券法》在原有基础上扩大了调整对象的范围，规定证券包括我国境内的股票、公司债券、存托凭证、政府债券、证券投资基金份额和国务院依法认定的其他证券等。但新《证券法》未规定新

---

[①]　陈燕红、于建忠：《中国央行数字货币：系统架构、影响机制与治理路径》，《浙江社会科学》2020年第10期。

[②]　智能合约是一种旨在以信息化方式传播、验证或执行合同的计算机协议。智能合约允许在没有第三方的情况下进行可信交易，这些交易可追踪且不可逆转。

型金融工具纳入其调整的要件标准，较小的弹性和宽容度不足以应对金融创新的发展。尽管在认定证券时，采取行政认定相结合的方式，但由于该方式缺乏可操作性，国务院鲜有使用这一权力。从现行法律条文来看，我国央行发行的数字货币未纳入新《证券法》的调整范围，既没有在条文列举的范围内，也没有国务院的专门认定。

2. 数字人民币是否具备证券属性的判定

对于证券的界定，美、日、德等国家采取了相对宽泛的认定标准，美国《证券法》采取"一般列举"加"兜底认定"的模式来定义证券，其兜底认定主要体现在美国 1946 年联邦最高法院在"美国证券交易委员会（SEC）诉 W. J. 豪威案"确立的豪威规则，国际社会广泛运用该规则判定数字资产是否构成证券。因新《证券法》的调整范围有限，新增证券类型未涵盖数字货币，本文试图以豪威规则为标准，判断数字人民币是否具备证券属性。其一，资金投资。我国央行发行数字人民币的初衷是替代现金 M0，公众如需获得数字人民币，需要支付一定数量的法定货币或其他资产，获取途径包括：开通数字钱包后，持现金前往央行授权的特定机构换取数字人民币，用银行账户内的钱款在线购买或直接在场外与其他用户兑换获取数字人民币等。以自有资金换取数字人民币的行为，符合"资金投资"要件。其二，共同企业。SEC 采用"严格垂直标准"判断共同企业，即投资者的财富与第三方的努力和成果相互关联。数字人民币替代现金 M0，用于支付居民、企业等小额零售业务场景，看似未限定于某一共同项目，但早期用户注入的资金必然与数字人民币的运营紧密相连。其三，预期利润。证券是投融资关系的凭证，其个性化特征表现为投资性，故一项金融产品或工具被界定为证券的前提是具有"投资性"。数字人民币本质上是央行与持有人之间的债务关系，创造的实质是央行与用户之间的债务交换。数字人民币暂不计息，用户并不寄希望于持有数字人民币以获取收益。相反，央行在经济萧条时期为鼓励消费和投资，可以突破"零利率"下限克服经济衰退，通过收取一定费用来实施负利率政策。

其四，收益依赖他人要件。他人指代"发起人"或"第三人"，与投资者无关。如前所述，数字人民币尚不满足投资性的要件，故其持有人亦不属于投资者的范畴，在不存在投资回报或收益的情况下，收益由谁创造便无从谈起。只有在同时满足四要件的情况下，豪威规则才能将所争议的产品认定为证券，而数字人民币尚未同时满足上述四要件，因此不宜将其归类为证券。

## 四、数字人民币的立法构想

数字人民币立法，无论采取怎样的立法技术和立法形式，从总体上看是一个系统工程，涉及货币法、银行法、证券法等多个法律部类，需要交易法、支付法、监管法等协同，其规范和推广呈现时空渐进性和动态发展性。数字人民币立法至少应包含法偿性等货币属性和职能的赋予，发行流通机制的设立以及合规监管制度的构建等基本内容。

### （一）确定数字人民币的货币法律属性

#### 1. 明确数字人民币的法定货币地位

《中国人民银行法（修订草案征求意见稿）》（以下简称《征求意见稿》）第十九条明确规定人民币包括实物形式和数字形式，该条款实则是对目前数字人民币日益成熟发展的回应，承认了数字人民币的合法性。我国对数字人民币的研发处于世界前列，目前多地已进入试点阶段。因此，修订中的《中国人民银行法》承认数字人民币的法定货币地位已是大势所趋。虽然上述《征求意见稿》直接针对数字人民币的修改条文较少，但已经迈出了借助法律手段推动数字人民币发展的第一步。建议《征求意见稿》明确数字人民币的法律定义，赋予其法定货币地位，授权央行发行数字人民币的权利以及明确人民币数字形式的技术路线等规定。若囿于法条篇幅限制，可以待《中国人民银行法》最终修订后，在《人民币管理条例》中进行补充解释。

#### 2. 规范数字人民币的法偿性

法偿性作为法定货币的一项重要属性，是指货币支付债务时具有的强制偿付能力。为保障一国法定货币清偿债务的最终性，通常采用立法形式赋予某一货币法定地位和法偿性，并进一步明确其法偿性的适用范围和强制接受性。《中国人民银行法》第十六条规定人民币是我国的法定货币，欧洲理事会在有关规定中明确欧元具有法偿货币地位。[1] 在明确数字人民币法定货币地位的基础上，结合《人民币管理条例》第三条[2]之规定，数字人民币具有法偿性，可作为计价单位依法履行交易媒介与价值尺度职能。货币法偿性可以分为有限法偿性和无限法偿性，传统货币具有的无限法偿性是基于社会公众的普遍认可和接受，但数字人民币作为一种新型货币形态，由于观念转变程度、公众习惯以及技术障碍等各种桎梏，其在短时间内不可能像传统货币一样在任何情况下都能实现支付。因此即便承认其法定货币地位，也不宜直接适用现行法中关于人民币无限法偿性的规定，如强制要求债务人接受数字人民币清偿债务，否则在实践中将难以得到实施。据此，我们可以根据数字人民币的市场规律和使用情况设定例外情形，规定"以数字人民币支付中华人民共和国境内的一切公共的和私人的债务，任何单位和个人不得拒收，但收款人能够证明客观上不具备收取数字人民币条件的情形除外"。除此之外，通过加强数字人民币的场景建设，逐渐扩大其法偿性范围。可以探索在交通、教育、保险、医疗等场景下率先使用数字人民币，扩大其使用范围、提高使用频率，以早日实现数字人民币替代现钞的目标。

3. 制定系统的《货币法》

央行数字货币的发行应建立在具备健全法律依据的基础之上，否则可能会使中央银行面临法律和政治方面的挑战。根据国际货币基金组织（IMF）的工作报告，目前很少有央行法律能提供足够强大的法律基础。为最大化地解决发行央行数字货币可能面临的法律问题，提高法律适用的效率和精准性，

---

[1] 张庆麟：《论欧元的货币属性》，《法学评论》2003 年第 4 期。

[2] 《人民币管理条例》第三条："中华人民共和国的法定货币是人民币，以人民币支付中华人民共和国境内的一切公共的和私人的债务，任何单位和个人不得拒收。"

我们认为，可以考虑就货币的基本问题、财产权能、归属权利规范、发行流通规范等，制定一部系统的《货币法》。

## （二）规范数字人民币的发行流通机制

### 1.明确规定数字人民币的发行机制

考虑到"中央银行—个人"的单层架构模式可能加剧"金融脱媒"的程度，不利于金融货币体系的稳定，我国仍然遵循传统的双层运营模式——由央行发行和监测数字人民币，商业银行再通过资产购买的方式将数字人民币分发至社会终端客户并投入流通使用。在该架构下，数字人民币的研发设计主要基于 D-RMB（指代密码学的数字货币）系统展开，该系统的核心要素为"一币、两库、三中心"。在中心化管理模式下，央行可以根据市场的供需变化调节数字人民币的发行数量，促进货币政策的精准实施。

### 2.确立数字人民币的权利流转规则

基于前文分析，首先，数字人民币属于民法上的"物"，且数字人民币可归为"合法的收入"而享有物权属性。其次，数字人民币因其系统架构上的特殊性，本身载有详细交易信息，尤其是用户的身份信息，在一定程度上属于特定物。可以规定数字人民币在特定情形下的"登记对抗"效力，待登记中心公开相应移转信息后，基于登记的公示效力，可以对抗善意第三人。最后，明确数字人民币适用货币"占有即所有"法则及例外规则。原则上，数字人民币的占有与所有是完全合一的，占有人被推定为所有权人。考虑到数字人民币的身份属性，建议将货币特定化的范围扩大至搭载智能合约的数字人民币，以实现利用智能合约限制资金使用范围等目的。

## （三）构建数字人民币的合规监管机制

### 1.重塑功能监管理念

机构监管是依据金融机构的类型划分来确定监管权力边界的模式，该监管模式总体上适应了过去中国金融市场的整体需要。但随着金融行业的经营壁垒逐渐被打破，很难对监管机构的权力范围进行清晰地界定和管理。美国在数字货币发行领域首次采用功能监管模式，按照金融产品的性质来划分监管对象，指定特定监管主体对某一金融功能进行监管。基于"机构监管"模式存在的缺陷，我国改变传统的监管理念和监管模式，逐渐引入以特定类型的金融业务为监管对象的功能监管方式。数字人民币发行的主要目的是替代现金M0，因此目前数字人民币发行的主要功能是用于支付结算和资产管理。前者着眼于数字人民币的转移，相应的监管职责应归属央行，由央行对反洗钱、大额支付与账户管理等方面进行监管；后者针对的是数字人民币的币值稳定，可依据稳定币与锚定资产间的内部联系进一步细分为存款机构或投资基金。此外，功能监管的顺利实施需要监管法律的支持。在制定监管规则时，要求突破部门立法的局限，实现对金融产品监管规则的有效协调。

2. 采用"监管沙盒"模式

为有效处理金融科技创新与监管之间的张力问题，英国金融行为监管局（FCA）率先推出"监管沙盒"模式。这一特殊管理机制允许金融创新产品在特定范围内享受监管豁免，并可以根据其在沙盒内的测试情况准予推广。数字人民币的发行条件趋于成熟，而相关法律法规尚未进行修改完善，因此可以在保障普通民众权益的基础上创设"监管沙盒"模式。首先，由央行作为监管沙盒的监管主体，设立实验安全场所和监管测试规则。为避免因央行同时担任发行主体和监管主体而导致的不公正现象，央行可以联合工业和信息化部、国家互联网应急中心等部门组成"监管沙盒"评估组，一同提出并解决测试中呈现的问题。发行数字人民币是出于公共利益的目的，不具有金融创新企业的盈利目的，故其双重身份实际上并不影响测试客观公正的进行。其次，根据"中央银行—商业银行"的双层结构体系，商业银行可以充当传统"监管沙盒"中的金融科技企业身份，允许符合测试规则的商业银行入盒。此外，建立事中信息交流机制，积极收集用户使用数字人民币的反馈意见，及时把握沙盒测试的进度和风险，有针对性地采取措施应对数字人民币在测试中存在的问题。最后，根据实验的整体情况，综合分析判断能否在"监管沙盒"以外的场景运用数字人民币。同时，根据其发展情况逐步完善监管模式，保证数字人民币的安全性与稳健性。

3. 平衡个人隐私权和合规监管权

出于央行数字货币自身特殊性的考虑，各国均强调对数据信息的保护。欧洲中央银行执行委员会委员法比奥·帕内塔（Fabio Panetta）在欧洲议会经济和货币事务委员会上表示，用户隐私是数字欧元最重要的特征，数字欧元原则上允许人们在不与第三人共享其数据的情况下进行支付，以确保一定程度的隐私权。央行或其他授权主体在访问个人或集体的交易数据时，可能引发侵犯用户隐私权的问题。用户信息安全关系着整个货币体系的稳定，一旦用户隐私被泄露，不仅仅对个体人身权益和财产权益造成侵害，还将造成极大的货币信用危机。基于此，以央行为主体的监管部门可以从以下几个方面加强用户信息安全监管。

首先，限制有权读取用户信息的主体。将主体限制在中央银行、中央金融监管部门、公安机关以及司法机关等国家机关或其他经过许可的个人或组织。为维护公共利益的需要，依据特定的实体和程序规则读取数字人民币货币账户、身份信息以及账户活动信息。其次，在行使监管权的同时，应注重保护数字人民币使用者的个人隐私，以期实现个人隐私权与监管权力之间的平衡。一方面，数字人民币的典型特征之一是"可控匿名性"，考虑到如果设计为完全匿名、无法追踪，会助长不法行为，不仅不符合现有法律的规定，还会逐渐削弱货币本身的价值。另一方面，数字人民币的过度透明会降低其吸引力，因此"可控匿名性"实质上考虑了平衡隐私和监管的问题。在实际操作中，我们可以细化规则，即小额交易或者支付是匿名的，但在超过一定数额时需要向有关部门报告。最后，央行应积极参与全球范围内的监管合作机制，在监管过程中防范不法分子利用用户信息从事非法交易，并通过建立的共享机制传递相关信息。

## 五、结语

本文从数字人民币的法律属性着手，在介绍数字人民币发展的内外驱动因素的基础上，通过与私人数字货币进行对比，分析数字人民币和私人数字货币的优缺点，并就目前尚存争议的数字人民币的法律属性，包括货币属性、物权属性以及证券属性进行初步探究。通过本文的讨论，我们可以看到，真正实现数字人民币法定货币的功能仍面临诸多复杂问题，既涉及国内公众对数字人民币法偿性的认可，数字人民币与传统法定货币的兑换比例和方法、发行标准、运行架构等，也面临各国政府对法定数字货币主权的考虑、经济安全的质疑等一系列问题。这不仅需要我国完善国内相关立法，制定新的法律框架，同时还应积极参与法定数字货币国际规则和治理协调机制的构建，推动主体的多元化参与和多维度合作，通过国际协作的方式促进数字人民币稳步落地。

# 制作虚拟钱包"钓鱼 App"的行为定性与应对措施
## ——以郑某盗窃案为例

杭州市拱墅区人民检察院　王晓光　杜倩楠 *

**摘　要**

随着虚拟货币在全球范围内的兴起，犯罪分子将作案目标瞄准为他人虚拟钱包 App 内的虚拟货币。当前，一些技术人员受犯罪分子委托制作仿冒的虚拟钱包 App，这些 App 被犯罪分子用于获取助记词并转移他人钱包账户内的虚拟货币。本文拟以郑某盗窃案为例，围绕利用钓鱼 App 转移虚拟货币的行为定性、技术人员的地位作用、虚拟货币的价值认定等问题展开分析，并从提高取证能力、提炼经验建议、提升宣传实效等方面系统阐述如何有效应对该类犯罪。

**关键词：** 虚拟钱包；钓鱼 App；技术人员；盗窃

---

　* 王晓光，杭州市拱墅区人民检察院检察长；杜倩楠，杭州市拱墅区人民检察院第一检察部员额检察官，法学硕士。

## 一、基本案情

福建盈某网络科技有限公司（以下简称盈某公司）是一家提供软件、应用程序设计、研发等服务的信息技术公司。2020年12月，该公司通过即时通信工具承接了一款仿冒"imToken数字钱包"移动互联网应用程序（以下简称imToken App）的业务。委托方要求仿冒App的外观与正版App相似，仿冒App后台能自动抓取用户在该App中输入的助记词（助记词相当于imToken数字钱包的账号和密码）。公司技术主管郑某负责该App的后端程序开发并提供售后技术服务。后端程序制作完成后，公司又陆续完成App前端程序开发、域名绑定（网址http://www.ytdehua.com.cn）等工作，并通过杭州基某科技有限公司实现签名分发和数据统计。

2021年1月，盈某公司将仿冒的imToken App交付给委托方使用，盈某公司因此获利人民币2万元。2021年2月28日，被害人杜某经人诱骗，为领取所谓的福利虚拟币，通过扫描二维码下载了一款所谓的新版imToken App，并依据系统提示输入用户名和助记词。在杜某输入助记词后，App显示数据异常。杜某随即发现其存放于原正版imToken App内的63个以太币被他人转走，造成约61万元人民币的经济损失。

## 二、分歧意见

本案的争议焦点有三个。第一个焦点是对他人（即实行犯）利用仿冒的虚拟钱包App诱骗被害人输入助记词，而后转走钱包内虚拟货币的行为如何定性，是构成计算机类犯罪（手段行为），还是构成侵财罪（目的行为）。如认定为侵财罪，又如何在欺盗交织案件中区分诈骗罪和盗窃罪。

第一种意见认为，实行犯的行为构成非法获取计算机信息系统数据罪。理由是：虚拟货币不具有与货币等同的法律地位，仅属于计算机数据。实行犯通过钓鱼App非法获取被害人的助记词，再通过助记词转移虚拟货币，其行为符合非法获取计算机信息系统数据罪中采用技术手段获取计算机信息系统中存储、处理或者传输的数据的构成要件特征。

第二种意见认为，实行犯的行为构成诈骗罪。理由是：随着以比特币为代表的虚拟货币在全球影响力的日益加深，虚拟货币已不仅仅是一般意义上的信息数据，更兼具了可兑换为法定货币的财产属性，因此虚拟货币能够成为侵财罪的行为对象。实行犯以领取福利虚拟币需要更新 imToken App 为由，诱骗被害人下载钓鱼 App 并基于错误认识自愿向该 App 泄露具有财产价值的助记词，其行为符合诈骗罪中行为人虚构事实使得被害人陷入错误认识，被害人基于错误认识自愿交付财产性利益（助记词）造成财物损失的构成要件特征。

第三种意见认为，实行犯的行为构成盗窃罪。理由是：虚拟货币可以作为侵犯财产罪的对象，本案中的被害人虽然经实行犯诱骗在钓鱼 App 上输入了助记词，但主观上不存在基于受骗将助记词透露给实行犯，进而允许他人处分其所占有的数字资产的意识。实行犯通过技术手段非法获取助记词后将被害人的虚拟货币转走，其行为符合盗窃罪中以秘密窃取手段非法占有他人财物的构成要件特征。

第二个焦点是技术人员郑某为他人制作和维护虚拟钱包钓鱼 App 的行为应如何评价，是构成实行犯的帮助犯，还是本身就是实行犯，抑或仅构成单纯的提供技术支持的帮助信息网络犯罪活动行为。

第一种意见认为，郑某构成实行犯。理由是：郑某不仅提供了犯罪工具，还应实行犯的要求修改完善犯罪工具，并维系犯罪工具的运行。实行犯的犯罪行为是与郑某共同协力完成的，郑某的行为属于实行行为的组成部分。

第二种意见认为，郑某构成实行犯的帮助犯。理由是：郑某为获取服务费，明知他人委托其制作的是钓鱼 App，仍积极提供技术支持完成制作并负责售后服务，本质上属于为他人提供犯罪工具，应认定为实行犯的帮助犯。

第三种意见认为，郑某与实行犯不成立共同犯罪，其仅实施了帮助信息网络犯罪活动的行为。理由是：郑某只是依据实行犯的要求制作仿冒 App，欠缺与实行犯之间的犯意联络。郑某明知他人可能利用信息网络实施犯罪仍提供技术支持，其行为属于帮助信息网络犯罪活动。

第三个焦点是涉案虚拟货币的价值如何认定。虚拟货币种类繁多，既有公认的主流币，比如比特币、以太币；又有所谓的"空气币、垃圾币"，且价格波动异常剧烈，如何认定价值已成为司法难题。目前可供考量的认定方法有：被害人的原始购买价格、虚拟货币被转移时的交易价格、犯罪嫌疑人的销赃价格等等。

## 三、评析意见

笔者认为，郑某应构成盗窃罪的帮助犯。当前社会，一些技术开发人员为犯罪分子"量身定制"具有各种犯罪功能的虚假 App。他们从对接需求、编写程序代码，到购买域名、租用服务器，再到 App 封装和分发，形成了分工明确的专业化犯罪链条。在当前的司法实践中，对于利用钓鱼 App 转移虚拟货币的行为定性、技术人员的地位作用、虚拟货币的价值认定等问题仍然存在较大争议。本文拟以郑某盗窃案为例，围绕前述争议焦点展开分析。

### （一）实行犯的行为定性

#### 1.虚拟货币可以被评价为刑法上的"财物"

单纯从物理形态上看，虚拟货币是"计算机信息系统中存储、处理或者传输的数据"，属于非法获取计算机信息系统数据罪的犯罪对象。侵犯财产罪的对象是财物，如果虚拟货币不能被评价为刑法上的财物，那么实行犯的行为就不可能构成侵犯财产罪。近年来，以比特币为代表的加密虚拟货币风靡全球，以虚拟货币为犯罪目标的刑事案件呈爆发式增长，已严重危及公民财产安全。虚拟货币是虚拟财产的一种表现形式。《民法典》第一百二十七条规定："法律对数据、网络虚拟财产的保护有规定的，依照其规定。"可见《民法典》对网络虚拟财产的保护持肯定态度。判断虚拟财产是否属于刑法上的财物，只要在个案中判断行为人所侵害的虚拟财产是否具有管理可能性、转移可能性和价值性即可。① 依据该标准，比特币、以太币等主流虚拟货币因其自身特点符合刑法上的财物特征。第一，主流币凝结了人类的抽象劳动，可以用法定货币兑换，具有一般等价物的价值性特征；第二，主流币能够存放于虚拟钱包，具有可支配性和可管理性；第三，主流币可以通过区块链加密技术实现转让并产生经济收益。

以比特币为例，《关于防范比特币风险的通知》（2013 年）、《关于防范代币发行融资风险的公告》（2017 年）等文件也并未对比特币作为商品的财产属性予以否认，我国法律、行政法规也没有禁止公民持有比特币。又如2018 年，杭州互联网法院在审理该院首例比特币"挖矿机"纠纷案（陈某诉浙江某通信科技有限公司网络购物合同纠纷案）中认为，比特币具有商品属性，作为商品可被依法使用货币购买，对比特币的财产价值予以肯定。综上，笔者认为，目前以比特币、以太币为代表的主流虚拟货币已不仅仅是计算机信息系统数据，完全可以被评价为刑法上的财物。

2. 实行犯的行为属于秘密窃取他人财物

从表面上看，实行犯的行为符合诈骗罪的特征。其表现为实行犯实施了欺骗行为使得被害人误以为自己扫码下载的是正版 App，被害人基于错误认识在仿冒 App 中输入助记词，最终使实行犯取得被害人钱包内的虚拟货币。但该观点并未注意到诈骗罪要求被害人在处分财物时必须具有处分意识，即认识到自己将财物转移给行为人或第三人占有。本案中的被害人在输入助记词的过程中并不具有将助记词泄露给他人的主观意图，即没有处分虚拟财产的意思，故实行犯的行为不符合诈骗罪的构成要件。

实行犯的行为属于秘密窃取他人财物。"秘密窃取"在本案中表现为双重形式：一是实行犯在被害人毫不知情的情况下，趁被害人产生错误认识之际，利用技术手段通过 App 后台秘密获取被害人输入的助记词；二是在被害人未发现助记词已被窃取的情况下，实行犯利用助记词登录被害人的账户并

---

① 张明楷：《刑法学》，法律出版社 2016 年版，第 937 页。

对虚拟货币进行秘密转移，从而实现非法占有目的。基于此，实行犯的行为符合违反被害人的意志，将他人占有的财物转移给自己或第三人占有的盗窃罪的构成要件。

3. 实行犯的手段行为构成非法获取计算机信息系统数据罪，与盗窃罪之间系牵连关系

依据《刑法》第二百八十五条之规定，违反国家规定，通过非法侵入方式或者其他技术手段，违反他人意志，获取他人计算机信息系统中存储、处理或者传输的数据，情节严重的，构成非法获取计算机信息系统数据罪。助记词和虚拟货币本质上都是数据，能够成为非法获取计算机信息系统数据罪的对象。实行犯通过技术手段获取被害人的助记词，再通过非法侵入方式，非法占有被害人钱包内的虚拟货币，造成他人重大经济损失，其行为符合非法获取计算机信息系统数据罪的构成要件。

实行犯利用技术手段秘密窃取被害人的助记词，再转移被害人钱包内的虚拟货币，其手段行为是非法获取计算机信息系统数据，目的行为是窃取他人财物，手段和目的之间具有牵连关系。实行犯的行为触犯数罪，对此刑法理论一般认为，对牵连犯应从一重处罚或从一重从重处罚。本案以被害人的经济损失（约 61 万元人民币）为量刑依据，鉴于盗窃罪的法定刑明显重于非法获取计算机信息系统数据罪，仅以手段行为定性将导致量刑明显偏轻，故对实行犯应以盗窃罪处罚。此外，在分析牵连犯的处断原则时，也应结合行为人的主观目的。本案中实行犯的主观意图是非法占有具有财产价值的虚拟货币，而不是扰乱网络空间的公共秩序，依据主客观相统一原则，对其行为更宜以侵犯财产类罪加以规制。

## （二）技术人员的地位作用

### 1. 郑某主观上具备帮助犯的"双重故意"

郑某曾辩解自己只是依据委托方的需求制作了仿冒 App，并不知道该 App 可能被用于窃取他人的虚拟货币。但纵观全案，可以从多方面来推翻郑

某的辩解。一是委托方不愿透露自己的真实身份，且要求郑某使用具有"阅后即焚"功能的蝙蝠聊天工具与其沟通制作细节，推定郑某应当知道所托事项涉嫌违法。二是委托方要求郑某租用境外服务器，且拒绝实名认证和域名备案。作为资深的技术人员，郑某应当知道前述操作异常，对方的目的是隐匿犯罪痕迹和逃避法律制裁。三是郑某的手机在案发前已下载过多款虚拟钱包及虚拟币交易软件，证实郑某平时关注过虚拟货币，理应知道助记词是管理和处分钱包资产的"钥匙"。概言之，现有证据能够证实郑某在制作和维护钓鱼 App 期间，主观上已明知系为他人窃取虚拟货币提供技术帮助。

　　只有行为人主观上明知他人实施犯罪仍提供帮助，才能认定犯意联络的存在以及共同犯罪故意的成立，进而认定其构成共同犯罪中的帮助犯。相反，行为人如果确实对他人利用自己的帮助实施犯罪欠缺明知，就只能以欠缺犯意联络为由否认共同犯罪的成立，作为技术提供者的行为人也不能以帮助犯论处。[①] 郑某明知实行犯意图利用钓鱼 App 窃取他人助记词，仍为实行行为的完成提供犯罪工具，促成实行行为，其主观上具有帮助犯的"双重故意"。

　　2. 郑某的客观行为为实行犯提供了加攻作用

　　根据犯罪事实支配理论，共同正犯与帮助犯的区别在于参与人是否支配了犯罪事实。纵观本案，郑某作为提供犯罪工具的技术人员，未发挥支配犯罪事实的作用。一是郑某对 App 的实际使用情况并不知情，对交付后的 App 也不具有管理权限。虽然郑某曾在 App 交付后，按照实行犯的要求修改完善犯罪工具，维系犯罪工具的运行，但其所实施的帮助行为无法直接支配犯罪的发展进程。二是实行犯能够独立完成盗窃行为，无须得到郑某的帮助。若实行犯在获取助记词和转移虚拟货币过程中，需要得到郑某的实时配合，那么可将郑某的协助行为视为盗窃实行行为的组成部分，但本案中并不存在这种情况。

　　郑某的帮助行为与实行犯的行为之间具有因果性，即帮助行为使实行行

---

① 王海涛、周宜俊：《为钓鱼网站提供技术支持的刑法定性》，《法律适用》2012 年第 12 期。

为变得可能、容易。从技术上说，郑某制作的仿冒 App 属于专业计算机软件，只能由技术人员制作完成，具有犯罪工具专门化的特征；从犯罪对象上说，仿冒 App 可以被任何一名网友下载使用，具有法益侵害广泛化的特征；从犯罪效果上说，郑某制作的仿冒 App 足以以假乱真，顺利获取他人助记词，具有犯罪结果有效性的特征。所以，可认为郑某提供仿冒 App 的行为促进、强化了实行行为。

## （三）虚拟货币的价值认定

作为帮助犯，郑某应对实行犯利用其交付的钓鱼 App 盗窃他人虚拟货币，进而造成财物损失的全部数额负责。但在司法实践中，对于如何认定各类虚拟货币的价值，存在重大分歧。目前可供参考的认定方法有四种，分别是估价部门出具的价格认定意见，案发时虚拟货币交易平台显示的交易价格，虚拟货币的销赃价格及原始购买价格。前三种认定方法存在如下缺陷：其一，诉讼参与人可能会质疑估价部门是否有资质和能力对虚拟货币进行价值认定，所出具的鉴定意见是否足以采信；其二，交易平台的交易价格处于时刻浮动状态，即便在同一天也会有大幅波动，而实务中对于转移虚拟货币的具体时间往往无法确定，从而造成认定困难；其三，并非每个案件都能查证销赃金额，且销赃金额往往低于市场交易价格，以销赃价格认定难以周全保护被害人的财产利益。笔者建议以被害人购买虚拟货币的原始价格来认定，理由是：购买价格较容易被查证，侦查机关可以通过调取被害人兑换虚拟货币的银行流水、支付宝交易记录等予以明确，且该价格能够客观反映被害人遭受的实际经济损失，以此为依据追责能够实现罚当其罪。

## （四）与其他罪名的竞合问题

App 是大众参与移动网络生活的基础，仿冒 App 的行为直接影响大众的网络生活质量，扰乱网络空间公共秩序。两高《关于办理非法利用信息网络、帮助信息网络犯罪活动等刑事案件适用法律若干问题的解释》第十一条规定，行为人明知他人利用信息网络实施犯罪，提供专门用于违法犯罪的程序、工具或者其他技术支持、帮助，情节严重的，构成帮助信息网络犯罪活动罪。郑某明知他人利用仿冒 App 实施网络犯罪，仍依照他人需求提供专门用于犯罪的 App，被帮助对象实施的犯罪造成严重后果，应构成帮助信息网络犯罪活动罪。根据《刑法》第二百八十七条第三款之规定，实施帮助信息网络犯罪活动行为，同时构成其他犯罪的，依照处罚较重的规定定罪处罚，故本案仍应以盗窃罪（数额特别巨大）追究郑某的刑事责任。

同时，仿冒 App 的行为还违反了知识产权和商标注册的有关规定。《刑法》第二百一十三条规定，未经注册商标所有人许可，在同一商品、服务上使用与其注册商标相同的商标，情节严重的，构成假冒注册商标罪。如果 imToken 虚拟钱包图标已注册商标，那么郑某在同类虚拟钱包 App 上使用与 imToken 商标相同的商标，可能构成假冒注册商标罪。此外，《刑法》第二百一十七条规定，以营利为目的，未经著作权人许可，复制发行或通过信息网络向公众传播其计算机软件，违法所得数额较大或者有其他严重情节的，构成侵犯著作权罪。App 属于计算机软件的一种。郑某未经 imToken 开发者许可，复制他人享有著作权的 App，可能构成侵犯著作权罪。郑某的行为侵犯了知识产权、财产权双重法益，由于郑某侵犯知识产权的犯罪情节较为轻微，根据"想象竞合从一重"的处断原则，应以处罚较重的盗窃罪来科刑。

## 四、应对措施

仿冒 App 是信息化时代网络犯罪手段日益精细化的结果。制作和传播仿冒 App 的不法行为处于 App 类网络犯罪黑色产业链的最前沿，对此必须予以严厉打击和坚决阻断。

### （一）依托现代技术，突破取证难点

相比于线下发生的侵犯财产案件，在钓鱼 App 案件中如何锁定被害人身份，追查虚拟货币去向，一直以来都是实务中最为棘手的问题。仿冒的虚拟

钱包 App 的后台数据能够证明的只有被窃走的助记词本身，由于虚拟货币的去中心化和匿名性特征，如何依据海量助记词溯源追踪被害人并识别被害人的真实身份，传统的技术侦查手段无能为力。本案中，侦查机关并非以 App 后台数据为索引来侦破案件，而是通过检索全国被害人报案数据库，以被害人杜某陈述的二维码下载地址来认定被害人与本案之间的关联性，客观上可能会漏诉未报案的犯罪事实。另外，侦查机关也很难据此查清被转移的虚拟货币的去向，从而导致追赃挽损和认定价值变得异常困难。

笔者认为，办理虚拟货币相关案件，要善于突破传统办案思路，适应新技术发展趋势，充分利用区块链技术。具体而言，一是需要向虚拟钱包 App 平台、虚拟货币交易平台调取翔实数据。虚拟货币在区块链上的存放、使用、交易以及变现皆有迹可循。侦查机关可以通过追踪虚拟钱包关联注册信息，分析网络 IP 地址、MAC 地址，提取聊天记录、浏览痕迹，解析服务器和域名租用信息等方法，实现对嫌疑人和被害人的双向追查。[①] 二是要梳理剖析阻碍虚拟货币案件侦破的技术瓶颈，与专业区块链分析机构合作，运用技术手段对区块链进行合理追查，充分还原涉案账户间的虚拟货币转移过程。

## （二）发挥行刑合力，共促网络清朗

刑事制裁只能治标，不能治本。遏制虚拟货币领域钓鱼 App 泛滥为害的态势，必须充分依靠行政监管力量从源头上阻断钓鱼 App 的出现与传播。检察机关应着力做好刑事办案与行政监管之间的衔接工作，结合个案发案特点，总结提炼预防类案发生的经验做法，以检察建议等方式向行政监管部门建言献策。就本案而言，第一，仿冒 App 的行为必然侵犯原有权利人的知识产权，对权利人的声誉和经济利益造成严重损害，对此应建议知识产权行政主管部

---

① 李慧、田坤：《涉比特币领域犯罪问题审视与司法应对——以海淀区人民检察院近五年涉比特币案件为样本》，《中国检察官》2021 年第 5 期。

门加强对仿冒 App 的识别和查处力度，及时铲除仿冒 App 的开发源头。第二，鉴于本案中的 App 推广公司存在审查虚化、把关不严等问题，从而导致钓鱼 App 流入网络空间，应建议工信部门持续加强对 App 推广企业的运营监管，督促相关企业对不通过应用商城上架的 App 进行实质上的合法性审查，重点排查 App 的图标和功能是否侵权，App 是否属于钓鱼软件或者是否可能被用于其他违法犯罪目的等。对于存在问题的 App，由工信部门责令推广企业立即停止签名分发，并将违法线索及时报送监管部门或者司法机关。第三，被害人均通过扫描来路不明的二维码下载钓鱼 App，对此应建议网信部门规范 App 推广形式，采取技术手段阻止互联网用户通过短信或二维码等不透明方式下载可疑 App，减少不法分子以假乱真的机会。

### （三）推动以案释法，提升宣传实效

移动互联网时代下，网络用户受众非常广泛，缺乏鉴别力的老人儿童更易受到仿冒 App 的侵害。当前，远离仿冒钓鱼 App 的普法工作亟待进一步加强。在虚拟货币等新兴金融领域，因监管难度大、用户认知欠缺、法律规制不足等原因，仿冒的虚拟钱包 App 易沦为不法分子实施网络诈骗、盗窃等违法犯罪活动的工具。对此，检察机关应充分利用手中的案件资源，以案释法，向社会大众普及下载仿冒钓鱼 App 的危害及防范措施。结合本案实际情况，笔者建议办案机关加强法治宣传，通过真实案件劝诫社会公众：第一，下载虚拟钱包 App 时应前往官方应用市场或访问官方网站，切勿点击不明链接；第二，不要轻信网络上所谓领取福利、补贴等虚假承诺，谨记"天上不会掉下馅饼"；第三，钱包用户输入助记词等关键数据时，须再三确认钱包 App 是否为官方版本；第四，提前下载安装用户信息安全保护程序。

# 央行数字货币异质性构造与货币法律制度供给转向

嘉兴学院文法学院　朱　飞 *

**摘　要**

央行数字货币在优化传统法定货币的基础上形成了数字化运行、高效率流转、高能性设计等新型特征，同时其还与先期出现的私人数字货币同具技术基因。基于央行数字货币与传统法定货币以及私人数字货币之间的关联，本文对可能存在的风险延续和风险迁移作出比较分析，指出货币数字化形态动摇了货币实定法构建的逻辑基础，进而难以有效涵摄货币领域新物种。数字货币法律规范具有重规划、强监管、硬约束等特点，对规则的需求更具密集性。据此，应形成与央行数字货币具有适配性的制度供给方向和规则入口选择。

**关键词**：央行数字货币；货币法；金融科技

---

\* 朱飞，嘉兴学院文法学院讲师，法学博士。

数字经济开启了人类历史的新纪元，经济社会发展方式和运行模式进入了一个颠覆性更强的时代，而数字金融是数字经济最为重要的组成部分之一。[①] 在数字金融的变革过程中，作为金融运行重要依托的货币在此充当了急先锋，货币形态更迭与演进成为数字金融推进的聚焦点，特别是依靠国家强制力运行的法定货币从数字化的边缘逐渐向中央靠近，并推动央行数字货币[②] 应运而生。但央行数字货币的成熟、稳健运行不是一个一蹴而就的过程，需要有严密的论证和持续的测试，法律作为其规范运行、安全保障的依据，理念与规则的有效构建与制度规范的集成供给无可替代。

## 一、问题的提出

针对央行数字货币，我国已开展多轮测试并通过众多应用场景检验其运行效果，尽管尚未明确正式投入使用的时间表，但这一趋势已然不可逆转。现有央行数字货币的研究成果，从金融学、经济学等学科开展的讨论更为普遍。然而就货币本质而言，正如著名的货币金融专家职瑟·努斯鲍姆（Arthur Nussbaum）所言："货币是一个基本法律概念，或许没有其他法律概念比货币更为重要。"[③] 事实上，货币属于规则需求比较密集的领域，法学是关注社会实践的学科，针对呼之欲出的央行数字货币，相关学者和实务工作者也已开展相关研究。概括而言，研究内容覆盖了央行数字货币的法律地位、法律属性、发行和流通环节等法律问题以及监管变革与监管价值取向、监管举措等主题，同时还就现行货币法律制度对央行数字货币可适用度等问题进行了分析。

但是数字货币属于技术形态的货币，是不同于实物货币的另类货币，甚

---

① 张勋、万广华、吴海涛：《缩小数字鸿沟：中国特色数字金融发展》，《中国社会科学》2021年第8期。

② 对于由国家信用作为背书发行的数字货币有不同种说法，包括法定数字货币、官方数字货币、主权数字货币、法偿货币、央行加密货币等等，为了表述的统一性，本文中统一概称为央行数字货币。

③ 徐冬根：《论法偿货币——兼论电子货币非法律意义的货币》，《江西社会科学》2013年第6期。

至数字货币与实物货币并不存在任何历史渊源和逻辑关系。[①] 对于数字货币，认知习惯于用实物货币形态的向后思维来理解不断向前发展的央行数字货币，结果可能会造成行为偏误。易言之，当下和未来如果囿于传统法定货币的逻辑来解释央行数字货币的运行规则，谬误的出现则难以避免。就此而言，以现有的法律制度来涵摄央行数字货币，显然忽略了其作为货币领域的一个"新物种"而加以区分，特别是数字货币发行与流通过程中所独有的现象需要深入分析，不能以静止的思维应对货币的跳跃式发展，否则规则的局限性尽显。

## 二、双重视角下的央行数字货币非完全同质性构造比较

回顾货币形态的演进历史，每次都是民间机构率先推出新形态的货币，铸币、纸币的发明均是如此。民间机构先行启动货币形态的创新，国家随后再介入并以法律的形式将新的形式确定下来。[②] 数字形态货币也不例外，央行数字货币的发展也是追随电子货币和加密数字货币的步伐。法学上通常将货币限定为国家本位币，是基于国家主权而发行且具有法偿性的一种特殊动产，由法律规定其名称、种类和发行程序。[③] 就此而言，货币发行权是国家货币主权的外部表征，非国家发行或至少未经国家授权而允许流通的"货币"是对国家主权的分享甚至抢占。

### （一）央行数字货币与传统法币的分殊

传统法币与央行数字货币在发行、流通以及回笼等基本环节上并无二致，传统法币与央行数字货币采用统一记账单位，二者可以相互兑换和转化，为等值关系。虽然央行数字货币在一定时期是传统法币的补充，并且央行数字

---

① 朱嘉明、李晓：《数字货币蓝皮书（2020）》，中国工人出版社2021年版，第2页。

② 杨东、陈哲立：《法定数字货币的定位与性质研究》，《中国人民大学学报》2020年第3期。

③ 周陈曦、曹军新：《数字货币的历史逻辑与国家货币发行权的掌控——基于央行数字货币发行职能的视角》，《经济社会体制比较》2017年第1期。

货币融合了现金、电子支付系统和央行信用等多种功能，但在本质上均属于主权货币的一种类型，这也是二者能够形成有效融合的关键所在。但是金融科技的发展给数字化货币带来了重大创新，在形态、偿付能力、安全保障以及价值功能等方面存在明显差异。

在形态方面的差异性通过直觉可以感知，传统法币表现为实物形态的有形性，而央行数字货币则表现为数字代码的无形性，而且央行数字货币属于一种独立的货币形态，[①]并不与传统法币形成映射关系，也因此区别于电子货币，形态的不同决定了对二者的控制标准、转移方式等法律规则都需要予以区分。在法偿性方面，二者都是充当一般等价物的媒介，实定法赋予传统货币无限法偿性。这一规则是否自动完全适用于央行数字货币，存在需要考虑的两个不能忽视的因素：一是从世界相关国家货币由无限法偿性向有限法偿性的发展趋势来看，央行数字货币应当予以借鉴；二是从央行数字货币的技术特征和使用条件来看，有限法偿性更符合实际的运营条件和差异化特征。此外，央行数字货币借助数字技术能够实现直达、精准和普惠等效果，也是其得以推行的重要驱动力所在。央行数字货币持有者与央行或其代理机构之间形成财产关系，且内容包括货币保管关系和支付结算关系等在内的法定财产关系，其区别于存款货币与商业银行之间形成的法定财产关系、约定财产关系以及货币投资关系。[②]

## （二）央行数字货币与私人数字货币[③]的差异

从渊源上来看，央行数字货币与私人数字货币具有不可割裂的关系。各国对私人数字货币基本地位的法律评价表述不一，事实上各国针对央行数字

---

① 黄国平：《主权数字货币研发加速》，《银行家》2020 年第 1 期。

② 刘少军：《法定数字货币的法理与权义分配研究》，《中国政法大学学报》2018 年第 3 期。

③ 以发行主体为标准，数字货币可以分为央行数字货币、私人数字货币和机构数字货币，后两者均属于与央行发行主体相对的两种数字货币。为了简便起见，如未特别说明，将后两者统称为私人数字货币。

货币的态度也尚未一致。尽管很多国家不断推进数字货币的研发，但在法律层面，将近80%的国家的现存法律规范要么不允许发行数字货币，要么法律框架还不够清晰。[①] 有数据表明国际货币基金组织（IMF）171个成员的央行法中，只有40个成员的法律允许发行数字货币（见图1）。

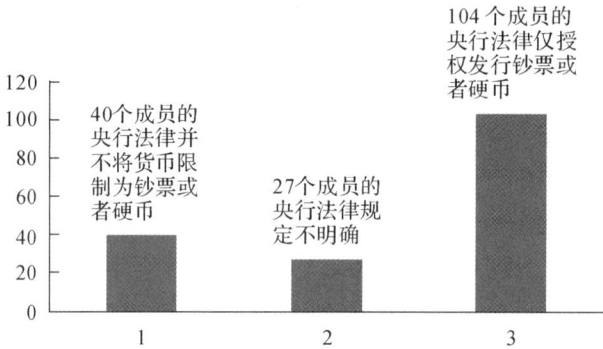

图1　大部分成员的央行法律仅规定可以发行实物货币[②]

各国对央行数字货币和私人数字货币的法律态度存在分歧，不能因此将二者混同，其间的差异依然明显。一是私人数字货币和央行数字货币的发行主体不同，前者是私人主体或者无发行主体，而后者是公权力机构，代表的是对中央银行的求偿权，当然其运营框架也可能突破中央银行不直接与企业和个人发生借贷关系的实定法规定。二是私人数字货币多建立在区块链技术或分布式账本之上，而这一技术对于央行数字货币而言，只是一个或选项。三是私人数字货币是完全去中心化或者是部分去中心化模式，而央行数字货币则是中心化模式。四是私人数字货币的信用基础与央行数字货币的信用基础相异，央行数字货币是以国家信用为背书，央行充当最后贷款人的角色，私人数字货币或基于算法或基于数字资产抑或基于锚定的法币（一篮子法

---

[①]　Margulis C, Rossi A, Legally Speaking, Is Digital Money Really Money? IMF Blog, accessed October 2, 2021, https://blogs.imf.org/2021/01/14/legally-speaking-is-digital-money-really-money/.

[②]　Margulis C, Rossi A, Legally Speaking, Is Digital Money Really Money? IMF Blog, accessed October 2, 2021, https://blogs.imf.org/2021/01/14/legally-speaking-is-digital-money-really-money/.

币），不存在所谓的最后贷款人，没有兜底性保障；而且私人数字货币的发行如设定上限就有可能被用于囤积而减弱其流通性。历史经验表明具有上限和边界充当一般等价物的货币随着经济社会的发展，都难以满足经济发展的需要。五是在匿名性和规避监管方面，私人数字货币和央行数字货币也表现出较大差别，央行数字货币包括客户身份、交易价值、发行人、持有人等信息，每笔交易完成后系统便立即更新，并储存于央行管理的统一登记中心，央行只需通过提取其中信息便能了解交易细节乃至相关主体的身份信息，而私人数字货币注重隐私保护和无限定交易。六是二者接受的监管存在差异，央行数字货币从设计之初就已纳入监管体系，是在法律边界内开展的创新行为。私人数字货币意欲挣脱公权力的监管，但事实上无论其合法性是否被承认，均会受到监管。以我国为例，私人数字货币因为不为法律所承认，所以是禁止性监管，而央行数字货币则为法律所承认，所以属于激励性监管。从本质上而言，央行数字货币和私人数字货币是支付手段与投资工具的关系。从法学角度进行评价，如果其作为交易对象而非支付结算工具，且视价格波动为正常状态，那么这类媒介应当属于交易性资产而非货币。[①] 就此而言，央行数字货币与当前市场中炒作的私人数字货币显然形成了明确的边界，私人数字货币并不是货币，只是借用了"货币"之名（见表1）。

### 表1　央行数字货币与其他货币形态的比较

| 比较维度 | 央行数字货币 | 传统法定货币 | 私人数字货币 |
|---|---|---|---|
| 发行主体 | 央行 | 央行 | 协会/无 |
| 发行机制 | 中心化 | 中心化 | 完全去中心化/不完全去中心化 |
| 信用背书 | 政府信用 | 政府信用 | 无信用/挂钩法定货币/实体资产 |
| 发行数量 | 无上限 | 无上限 | 无上限/有上限 |
| 匿名性 | 非匿名性可追溯 | 匿名性 | 非匿名性 |
| 货币政策 | 有 | 有 | 无 |

---

[①] 刘少军:《"法定数字货币"流通的主要问题与立法完善》,《新疆师范大学学报( 哲学社会科学版 )》2021 年第 4 期。

续表

| 比较维度 | 央行数字货币 | 传统法定货币 | 私人数字货币 |
|---|---|---|---|
| 流通范围 | 境内（外） | 境内 | 跨境／全球 |
| 区块链形态 | 联盟链 | ／ | 联盟链／公有链等 |

概言之，三者各具优势，因此能够适应不同主体在不同时空中的需求。当然，三者之间也存在明显的差异。比如就违约风险而言，不同类型货币的发行方／支付方自身不予兑现的风险有所区别；再比如在防范失窃风险方面尤其是逆转欺诈交易等方面，各自具有的补救能力也有所不同；又比如在支付结算方面，从支付到转移占有再到权利获取的时滞性也不同；当然还有操作风险，对于数字化交易瞬时完成指令而言，操作标准的要求更为严格和谨慎。

## 三、央行数字货币风险生成的逻辑与实定法规范适用度的检视

尽管我国央行数字货币正在经历广泛和深度的压力测试，竭力从其全生命周期进行多维应用场景检验，然而由于尚未实现全景式全时空应用，依然可能有很多问题尚未暴露。特别是在从自然货币向人化货币不断演进的过程中，无论在底层技术，还是在应用场景，介入因素均发生了根本性变化。这也就决定了央行数字货币与传统法定货币和私人数字货币既具有紧密联系，也保持特定距离。

### （一）本质同源：传统法定货币之于央行数字货币的风险延续

央行数字货币的本质仍然是货币，它只是融合了加密技术的数字化人民币，成为法定货币家族中的"新物种"。这就决定了传统法定货币所具有的风险依然会或多或少地在其身上延续，同时其独有的技术基因也会产生相应的风险变异。一方面，传统法定货币所固有的风险在数字化货币形态下，风险层级迅速下降甚至相关具体风险的概率趋近于零；另一方面，也有在传统法定货币上风险系数较小乃至根本就不存在，而在数字化货币形态下风险的发生概率或强度均有所上升。法律所要关注的重点是风险的升级及其危害性

和所要采取的有效应对措施。

基于货币的本质属性，央行数字货币在风险延续过程中也衍生出了不同于传统法定货币的一系列问题。一是央行数字货币的所有权取得和转移区别于传统法定货币，无形性特征决定其所有权取得不同于传统有形物，尽管以身份证信息加私钥登记的共识方法作为数字货币所有权转移的方式能够在一定程度上保证转移的安全性，但法律需要加以特别界定以有别于传统法定货币。二是采取分布式账本点对点交易方式与现钞交易模式存在相似情形，存在脱离央行监控体系的可能，会绕过央行体系自行进行清算、结算而产生监管盲区，但二者对这一风险的防范措施可能不尽相同。三是央行数字货币不仅使货币本身以数字化表现形式呈现，同时将交易主体的财富乃至行为习惯也在数字化过程中更直观地呈现出来，[①] 从而使得原本隐匿和无意表彰的行为和习惯透明化、显性化，甚至可视可读化，可获得性更强且外泄性也更容易。四是央行数字货币的数字化形式和信息化交易方式使得对于错误交易行为的纠正与传统法定货币出现分歧。在以现钞为交易媒介的背景下，交易中出现支付金额或交付对象错误时可以采用及时撤销、更正等措施对行为进行补正；而在央行数字货币的交易过程中，由于匿名性和瞬时性交易等特征，加大了错误纠正的成本和难度。此外，央行数字货币同样存在失窃情形，但其对货币财产保管的措施和要求却明显区别于传统法定货币。

## （二）技术基因：私人数字货币之于央行数字货币的风险迁移

无论时间轴线，还是内在基因，央行数字货币的生成与发展都与私人数字货币紧密关联。央行数字货币以加密字符串为表现形式，加密字符串中包含发行方标志、货币金额，以及持有者身份等信息，且以密码算法保护其自身的安全性。[②] 质言之，它是在汲取私人数字货币技术特点的基础上，基于

---

① 就央行数字货币的使用，欧洲央行曾做了一项民意调查，欧洲公民表示的第一大担忧就是丧失隐私，所以在其中高能货币带来的一个问题就是高能性与安全性二者价值存在一种取舍的关系。

② 赵桂刚：《我国央行数字货币运行机制及相关法律问题探析》，《现代金融》2020 年第 10 期。

国家主权和信用，以数字加密技术和网络技术为支撑而形成的数字化形态的货币，也就是说，它是央行担保并签名发行的代表具体金额的加密字符串。[①]私人数字货币由于其内在诸多弊端和外在投机扭曲行为使得其无法成为真正的货币，但并不因此掩盖其与央行数字货币所具有的关联性。就此而言，私人数字货币中存在的风险或多或少也会迁移至央行数字货币。易言之，二者在风险源头和风险演进中存在交集。私人数字货币与央行数字货币都内置"数字"技术基因，因此必然会衍生出不同于传统货币的风险类型。

以流程化视角分析私人数字货币运营中滋生的风险并且将其投射到央行数字货币，可能迁移的风险至少包括但不限于以下四种情况。第一，央行数字货币赖以运行的基础设施的稳定性和可靠性是货币体系稳健运行的先决条件。计划发行机构数字货币的 Facebook（现更名为 Meta）等大型科技公司发生的大规模宕机事件应该引起足够警惕，在此不仅需要央行具有绝对的可信度，还需要网络和基础设施具有运营的安全性，这既是出于对交易连续性的考虑，也是防范货币财产被非法侵占的需要。第二，私人数字货币中的回滚交易（rollback）情形应在央行数字货币运行中得到有效控制。虽然央行数字货币在不可篡改、不可逆等方面已经形成了相应的技术保障，但在有效防范市场交易主体不可逆的同时如何限制央行等主体对交易回转等的权力，依然是一个不容回避的话题。第三，比特币等私人数字货币的失窃现象表明，数字形态的货币同样存在失窃问题且表现更为隐蔽、防范更为困难。央行数字货币系统如果存在安全隐患或者其后门遭到黑客攻击，风险的波及面不只限于单一个体，无数组私钥可能同时被破解，央行数字货币所追求的普惠性即刻异化为共损性。第四，央行数字货币虽然与私人数字货币同为数字化形式，但是央行数字货币在设计过程中部分或者全部摒弃了私人数字货币所刻意追求的去中心化、匿名性、自由交易等本初目标，从货币作为市场共识的产物这一角度进行分析，央行数字货币的特征并没有覆盖所有市场主体的需求。

---

① 姚前：《中国法定数字货币原型构想》，《中国金融》2016 年第 17 期。

因此在市场选择过程中，虽然有强制力作为保障，但依然存在私人数字货币使用的空间。在平衡不同利益的过程中甚至会形成一定的竞争关系，产生挤出效应，导致央行数字货币被选出。格雷欣法在此则可能形成另类表现。

## （三）法律控制：传统货币制度风险应对不可及范围与规则抵牾

数字技术加持之下的央行数字货币因为其特殊的内在基因和运营架构而超越了传统法律规范和监管的能力范围。我国目前尚未建立专门的《货币法》，《中国人民银行法》《人民币管理条例》等多部法律法规对货币发行、流通和管理作出了规定，但显然没有囊括央行数字货币这一形态。为此，在央行数字货币呼之欲出之际，不同层级的法律法规也积极作为。比如，《中国人民银行法（修订草案征求意见稿）》明确了数字人民币的法律地位；中共中央办公厅、国务院办公厅在《深圳建设中国特色社会主义先行示范区综合改革试点实施方案（2020—2025年）》中明确支持开展数字人民币内部封闭试点测试，推动数字人民币的研发应用和国际合作；商务部在《全面深化服务贸易创新发展试点总体方案》《上海市服务业扩大开放综合试点总体方案》中明确了在京津冀、长三角、粤港澳大湾区及中西部具备条件的试点地区开展数字人民币试点，支持开展数字人民币试点并建设国家级金融科技发展研究中心。不仅如此，鉴于央行数字货币的技术基因和数字化特征，《个人信息保护法》和《网络安全法》的先期出台，也在一定程度上弥补了央行数字货币运行中私益和公益保护存在的法律空白。

毋庸置疑，实定法制定是建立在传统货币的基础之上，而央行数字货币突破了实定法的逻辑前提，超越了其可以当然涵摄的范围。尽管上述法律制度对央行数字货币具有一定的适用度，但局限尽显。比如在网络时代，信息技术可靠性及个人信息安全始终是央行数字货币运营中需要实现精巧平衡的痛点所在。综而述之，法律制度的缺陷可以归结为以下几点。一是法律制度和规则供给的绝对空缺。比如，作为货币家族的新物种——央行数字货币尚未正式列入法定货币的类型，由此衍生出的诸如法偿性等一系列规定也尚付阙如。二是法律制度存在漏洞。主要是现有规则与央行数字货币运行存在冲突，无法直接适用。比如，现有的转移占有规则不能完全适用于数字形态的货币。此外，现有法律规范即使能够适用于央行数字货币，但由于其在制定时就缺乏预见性谋划，因此碎片化和缺乏统合性也就在所难免，无法形成有效衔接和体系化保护，而且针对数字货币的监管框架和相应的法律构建也尚未明确。

## 四、央行数字货币法律制度的价值转向与规则重建进路选择

数字货币这一新物种的异质性决定了实定法与其难以完全相容，也导致了其在运营过程中有很多环节以及与之相关的行为尚处于"法外之地"。金融属于重规划、强监管、硬约束的领域，货币的变革与发展当然也需要以法律引导、规范和保障，亟须对数字货币法律规范进行完善。

### （一）央行数字货币数字化运营需要重建安全保障规则

在服务、信息等交易对象通过网络实现无形化流通或交换之后，作为价值转移的资金流也以非实体化方式实现支付结算等目的。央行数字货币在无形中将现实世界与虚拟世界通过价值关系进行了有效连接，是故风险的形式进一步复杂化，风险的范围进一步扩大化。据此，要突破对其风险防范的既有分析框架，因循不同法域因应和作用空间协同的思路对央行数字货币安全保障规则予以重构。

1. 公法与私法层面安全须统合保障

货币承载的利益多元，涉及的主体多方。在公法层面，主要侧重于保护国家、社会和公众免受央行数字货币运行中可能遭遇的系统性风险。这就需要公权力予以有效干预，通过宏观调控和市场规制降低风险暴发概率及危害程度，重点涉及央行数字货币可能造成的系统性风险，特别是鉴于央行数字货币追求普惠性价值，其可能酿成的风险也具有相应能量级，造成涉众性的损害也就难以避免；法律规范介入时应以预防和前置化解风险为必要，纯粹

的事后补救难以奏效；突出货币公法的刚性特点，明确边界，避免法律盲点或者灰色地带，为相关主体行为和央行数字货币运营环节提供明确指引。而在私法层面，由于涉及不同市场参与主体，财产权和人身权的有效保护和精巧平衡是其重点。需要创造性建构央行数字货币的占有和转移规则，并进一步论证该类货币持有者对央行享有债权的观点。从保护货币持有人合法权利的角度出发，债权保护模式尚不充分；而从物权保护的角度出发，又应调和与《民法典》物权相关规定的矛盾，需要在此寻求突破。此外，对于在使用央行数字货币过程中存在权利保护缺陷的问题进行规则补足，突出金融领域强监管和硬约束等特征，排除当事人的意思自治。传统数字货币由于其匿名性特征，不记名，也不挂失；而央行数字货币在本质上并不完全具有匿名性，其与个人身份信息捆绑，甚至可以追溯交易信息，那么其是否具有挂失功能？是否可以对非正常损失具有追回功能？这是法律需要明确的问题。而观照相关国家在央行数字货币发展中明确的对处理个人信息等"保持透明度和尽到说明责任"，我国对央行数字货币匿名信息的获取和匿名信息的恢复主体、权限、程序、使用范围以及信息销毁等方面也应建立明确的行为规则和操作规范。

2. 建立虚实两用安全并行规范体系

传统法定货币与央行数字货币将会长期共存，这为货币体系的安全保障提供了一个可供选择的框架。在明确传统法定货币与央行数字货币法偿性问题的同时，厘定各自法偿性的边界，才能共同推动稳健货币体系的形成。首先，央行数字货币是建立在对货币基础设施高度依赖的基础之上，宕机或者黑客攻击等情形造成的影响甚至损害是全域而非单点的，且修复或重建安全防护体系需要有足够的时间保证，但经济社会运行不会因此而停滞。此外，随着量子计算时代的到来，央行数字货币安全隐患也无法回避，解决量子计算时代可能出现的数字货币安全问题是当前需要纳入议程的紧迫任务。[1]任

---

[1] 刘晓洁：《央行数字货币面临的风险挑战及应对策略》，人民论坛，http://www.rmlt.com.cn/2020/0821/590928.shtml，访问日期：2021 年 10 月 31 日。

何自动化系统的运行都不可能绝对可靠，都不可避免地会出现各种故障，甚至可能会因为某种不可抗力导致系统瘫痪。在此情形下，如果没有替代性系统就会导致整个社会经济运行的紊乱，这是当代社会经济体系难以承受的。①因此，需要建立传统货币与央行数字货币的并行体系，这也就需要货币法律规范对二者进行有效调和。其次，防范不同类型法币之间的驱逐或挤出效应。尽管央行数字货币与传统货币都属于法定货币，但二者在使用的便利度、安全性以及是否付息方面依然存在差异。在法律上二者均为支付工具而非投资对象，等值且能双向兑换。除法律特别规定外，禁止对任何一种形式货币的囤积或弃用行为并设定严格的追责性条款，以保证货币体系健康有序的运行。最后，建立货币常态法与非常态法并行体系。鉴于央行数字货币的特质，常态法规范还不足以防范和化解其可能带来的系统性风险。因此，货币法领域建立非常态法规范既是对现代社会风险不断加剧的回应，也是在金融领域建立非常态法律体系的有效探索。

## （二）央行数字货币高效率运行亟须制定实时性监管规则

央行数字货币能够实时结算、实时到账，具有更长的时间窗口（ 24 × 365 ），运行效率也因此更具优势。高效率也会带来高风险，提升央行数字货币运营的风险识别能力和同步预警、干预能力就显得尤为必要。

### 1. 完善货币监管对等性的工具体系

当今社会，规范的类型除了法律，至少还应包括市场规则、风俗习惯以及代码等等。而在央行数字货币的规范进路中，需要正视数字货币的技术基因。一方面可以通过技术手段予以应对，另一方面也必须考虑从法律制度建设上加以规制，二者必须协调统一，②这是宏观视角下进路对等性的重要表现。因此，对于具有技术基因的央行数字货币，法律规范在发挥作用的过程中需

---

① 刘少军：《法定数字货币的法理与权义分配研究》，《中国政法大学学报》2018 年第 3 期。
② 姚前、汤莹玮：《关于央行法定数字货币的若干思考》，《金融研究》2017 年第 7 期。

要融入其他类型的规范，包括相应的技术手段、机制设计等等，才能获得数字货币运行有效的信息反馈。当然，不能由代码规则完全控制此过程，否则人的主体性地位就会荡然无存，规范的终极目标还是服务于人的自由和发展。法律的承认与保护是代码治理的合法性所在，通过代码与法律的有机融合，能够实现规则的全方位介入，突出预防性的导向，借助法律问责机制与代码强制执行力，促进数字货币发行和流通等环节的运行。对等性还体现在监管主体、监管方法和监管工具的匹配度上，成立央行数字货币发行流通专门监管机构，用监管科技对央行数字货币发行、流通和交易情况进行监测、分析和评价，系统、全面掌握央行数字货币运行中存在的问题与潜在的风险挑战，并通过实时、非现场监管实现动态监管效果，减少事后监管，避免滞后监管。在监管工具的选择上，对等性体现在区块链、大数据、云计算和人工智能科技成果的有效应用上，避免以落后的思维和举措应对不断发展的货币形态。

2. 构造适应数字技术内在规律的规则

央行数字货币的技术性特征先声夺人，不能忽略其固有属性，否则法律制度的供给将会南辕北辙。在法律与技术的融合过程中，需要遵循技术的运行边界和内在规律。比如，去中心化技术尽管有其相应的优点，但是却因此影响了相应的效率。目前，最具影响力的区块链技术应用的峰值交易速度是每秒 20 笔，而央行数字货币系统至少要达到每秒 10 万笔。[1]"央行数字货币的技术和机制设计及相应的法治保障，需要尊重社会公众对货币的自利心和市场的选择，从而使公众的货币财产得到有效保护。"[2] 从法律的角度进

---

[1]　王雨薇、国世平：《中央银行数字货币面临的额挑战及风险防范研究》，《云南财经大学学报》，2020 年第 2 期。目前，比特币区块链大概每秒处理 7 笔交易，1 笔交易须经过 10 分钟才能得到确认。在由 1000 个节点构成的测试系统中，Libra 区块链每秒可以处理 1000 笔交易，1 笔交易经过 10 秒即可得到确认。参见于品显：《中央银行数字货币法律问题探析》，载《上海对外经贸大学学报》2020 年第 2 期。目前，区块链架构的支付承载能力是有限的，比特币是每秒 7 笔，Libra 每秒只能支持每秒 1000 笔交易。2018 年，网络平台共处理业务 1284.77 亿笔，平均每天 3.5 亿笔。而在"双十一"期间，网联的交易峰值达到了每秒 92771 笔。

[2]　J. G. 许尔斯曼：《货币生产的伦理》，董子云译，浙江大学出版社 2016 年版，第 164 页。

行价值判断，无法满足社会公共需求的产品，显然也很难获得社会的普遍支持，当然也难以获得法律的肯认，否则缺乏正当性的基础。又比如，运行过程中处于中心位置的中央银行拥有央行数字货币的全量数据，能够对交易数据作出全面的分析，形成更加有效的投放、流通和管理规则，也因此需要承担更大的风险与责任。不同于传统法定货币的监管体系和框架，针对央行数字货币需要重构监管理念与监管功能，并且要紧紧围绕其技术基因和数字化形式的特征，对其开展双重监管。既要针对其财产属性进行监管，也要针对其数字技术属性进行监管，并且二者之间不能割裂，要形成有效兼顾，这也体现了法律对央行数字货币技术属性应有的尊重。

## （三）央行数字货币高能性设计需要生成差异化调整规则

央行数字货币在金融科技的加持下，不仅具有便捷性等特征，而且其因加载智能合约等因素而具有高能性特征，高能性特征也决定了央行数字货币与其他类型的货币在法律规制的理念和规则生成上有所区分。

### 1. 高能货币运营应设立法定信息披露义务

央行数字货币通过运用数据记录类区块链、流程溯源类区块链等技术，提高权力机关对货币流通的追踪和监测能力，有效治理走私、逃税、洗钱等非法交易，减少以现金为目标的行窃、抢劫等犯罪行为的发生。[①] 不仅如此，还可以预先设定数字货币启用的时间条件，解决货币政策传导机制的时效问题；设定数字货币启用的利率条件，确保政策性利率对实际借贷利率的影响；设定借款人限制条件如以中小企业为对象，保证信贷服务特殊群体并更好地服务实体经济；根据经济状况管理数字币，银行归还数字币时央行可以根据经济状况确定赎回时所适用的利率水平。高能货币具有诸多应用场景，搭载智能合约的高能货币运营由于改变了传统货币的无条件支付属性，对于该货

---

① 刘晓洁：《央行数字货币面临的风险挑战及应对策略》，人民论坛，http://www.rmlt.com.cn/2020/0821/590928.shtml，访问日期：2021 年 10 月 31 日。

币接收者或使用者形成了相应的义务约束和附属信息的提取要求。因此，对于高能货币的投放与流通应当建立相应的信息披露义务，保持该货币的运行在法律规则约束的范围内。同时，对高能货币的运行主体权力进行有效约束，防止借助高能货币对市场主体合法的人身权和财产权造成侵犯，致使货币相关主体的人身权和财产权遭受不当损害。

2. 高能货币智能合约法律适用应观照其特殊性

高能货币所搭载的智能合约执行有条件的支付，实现央行数字货币的定向、定时、定量等使用功能。所附加的条件包括经济状态、流向主体、贷款利率、时间点等，当满足相应条件时，就可以触发央行数字货币的支付。需要明确的是，搭载智能合约是为了防止以某种方式进行被认为对社会有害的活动，确保发行的央行数字货币只能用于"合理"的事情，而不能以"对社会有害"的方式使用。但如何保证这一功能不被异化，这是法律对权力进行限制并保护私权的一个重要方面。从根本上来看，智能合约是部署在区块链上的去中心化、可信任共享的程序代码，其既不智能，也非合约，而是一项预先设定的技术。其脚本存在的漏洞容易被利用，也容易遭到攻击，从而导致数字资产损失重大，而且智能合约技术漏洞被攻破已有实例。[①] 因此在具体法律适用上，智能合约显然区别于一般合同，其属于单方设定的条件且并不体现货币使用者的意志，仅在条件成熟时执行货币的相应功能。对于单方设定智能合约的行为应经过许可且在投入流通时获得相对人的同意，否则合约触发机制无法处于待响应状态。与此同时，搭载智能合约的央行数字货币由种类物转化为特定物，对于其功能的法律界定也因此与普通的央行数字货币形成了分叉，其价值是否因此受到限制也应由法律予以明确。此外，如果原占有人利用智能合约对货币使用条件设立触发机制，而该货币超越智能合约设定的条件而流通，那么法律是否可以要求返还原物追回这一货币？[②] 如

---

① 姚前、汤莹玮：《关于央行法定数字货币的若干思考》，《金融研究》2017 年第 7 期。

② 柯达：《论我国法定数字货币的法律属性》，《科技与法律》2019 年第 4 期。

果可以，那么这一类货币的交易回转功能也明显区别于一般的央行数字货币，法律规则的设计在此也应观照其中的差异性。

## 五、结语

货币领域的革新是金融因应数字经济时代发展的重大转向，央行数字货币不仅具有反传统的特征，而且延续了货币本质的内在属性，它回应了现代技术的发展动向，又将科技领域最新成果应用于货币的改造与革新之中。对于社会实践领域的这一重大变化，法律要保持应有的敏感性，须敏锐地识别央行数字货币的关键性变化和本质性所在，这是法律制度能够进行适应性调整的基本前提。数字货币具有天然的跨境流动需求，因此在推动央行数字货币不断完善的同时，还要关注全球央行数字货币发展的前沿动态，并形成有效的规则对接，推动货币法律制度兼具内外适应性，形成包容性更强的规范体系。

# 数字代币规范治理的矛盾与反思

上海靖予霖律师事务所　陈沛文　张伟伟 *

**摘　要**

数字代币作为区块链的重要应用场景，在区块链项目激励机制的建设中起着至关重要的作用。目前对于数字代币的规范治理，存在盲目"一刀切"式的管控所导致的矛盾以及具体适用层面上的困难。究其根源，在于监管上的对立以及对于数字代币核心价值共识机制的忽略。结合数字代币的行业情况以及其与区块链项目的关系，在规范治理上，应当制定有针对性的监管政策，同时构建以理性目的为导向的治理方向。

**关键词：**区块链；数字代币；监管；共识机制

———————————

*　陈沛文，上海靖予霖律师事务所，网络犯罪研究与辩护部主任；张伟伟，上海靖予霖律师事务所，实习律师。

## 一、引言

数字代币又称数字货币、加密货币、虚拟货币、虚拟代币，系依托区块链技术和项目所发行或创造的一类权益证明。区块链作为一种去中心化的技术，依托于分布式的记账模式以及共识机制，需要全网参与者提供投入，创设节点，维持区块链网络的稳定运行。同样地，作为回馈参与者投入的权益，区块链项目组会将权益以通证（token，本质是一串数据代码）的形式根据规则发放给参与者。经过加密的通证在区块链的分布式记账中依托全网共识将具备唯一性，可被识别真伪，并基于区块链网络进行流通。[①]这种通证也就构成了数字代币的本身。

当前，区块链技术运用的主要场景依然集中在以数字代币为载体的数字货币领域。然而，数字货币作为去中心化的资产所带来的洗钱等合规风险以及打着数字货币的旗号进行金融诈骗等行为的监管危机，给区块链技术的运用蒙上了不确定的阴影。因此，在数字代币的规范治理上，形成了矛盾的、"打地鼠"式的模式。显而易见的是，历年来监管部门对于虚拟货币的监管发文都会对区块链行业造成冲击和影响，增加了经营的风险和不确定性。

2021年9月24日，中国人民银行等十部委联合发布《关于进一步防范和处置虚拟货币交易炒作风险的通知》。该通知的发布进一步昭示了国家对于数字货币治理的态度。但数字货币只是数字代币的一种应用方式，并非数字代币的全部应用。由此，我们认为有必要就数字代币目前的治理现状，围绕现行数字货币的监管与司法领域中的问题，探讨我国数字代币治理体系的方向与发展。

## 二、数字代币治理现状的矛盾与迷茫

作为区块链技术的主流应用场景和区块链项目中激励机制的核心，数字

---

① Cepal N, Report of the Second Expert Group Meeting on Opportunities and Risks Associated With the Advent of Digital Currency, Egu General Assembly.

代币本身所具有的价值属性是不可忽略的。然而，我国现行的治理体系仅仅局限于数字代币中的数字货币应用，而非基于数字代币进行治理体系的构建。因此，现行对于数字货币的监管实际上成了数字代币监管的全部，由此导致了数字代币规范治理中的诸多问题。这些问题不仅体现在行政监管层面的矛盾上，还体现在司法层面的认定困难与混乱上。

### （一）行政监管层面

2013 年 12 月 3 日，中国人民银行等五部委联合发布《关于防范比特币风险的通知》，为数字货币的监管定下了基调。彼时恰逢比特币交易价格仍在人民币 5000—8000 元波动，五部委强调"比特币不具有法偿性与强制性等货币属性，并不是真正意义上的货币。从性质上看，比特币应当是一种特定的虚拟商品，不具有与货币等同的法律地位，不能且不应作为货币在市场上流通使用"。

2017 年，正逢代币发行融资（ICO）兴起，五部委联合网信办及工商总局进一步发布《关于防范代币发行融资风险的公告》，将 ICO 定性为涉嫌非法发售代币票券、非法发行证券、非法集资、金融诈骗，以及传销等违法犯罪活动，从规范层面否定了 ICO 的合法性。目前，市场上采取 ICO 的项目寥寥无几，更多的则是采用首次区块链数字资产发行（IDO）或首次交易发行（IEO）的方式，以私募＋推广＋直接挂牌交易所的方式进行新项目的募资和发行。2018 年，《关于开展为非法虚拟货币交易提供支付服务自查整改工作的通知》《关于防范以"虚拟货币""区块链"名义进行非法集资的风险提示》相继出台，进一步体现了政策对于数字货币活动的严厉监管态度。

2021 年 9 月 24 日，中国人民银行等十部委联合发布《关于进一步防范和处置虚拟货币交易炒作风险的通知》。该通知明确表示，虚拟货币不具有与法定货币等同的法律地位，虚拟货币相关业务活动属于非法金融活动，并再次警示参与虚拟货币投资交易活动存在法律风险。最高法、最高检以及公安部的联合加入，标志着对于虚拟货币的高压监管态势从行政领域步入司法领域。中国人民银行等十部委建立协调机制，整体统筹和推动构建多维度、多层次的虚拟货币交易炒作风险防范和处置体系，则表明监管层面对于虚拟货币交易炒作的高压措施和态势进一步升级。

梳理以上文件不难发现，在政策规则层面上，我国对于数字代币的监管围绕数字货币这一应用场景，画出了三条底线：其一，否定数字货币的"货币"和"价值"属性；其二，禁止数字货币与法定货币之间的汇兑，禁止数字货币通过平台化方式进行集中交易，并对数字货币交易所涉及的各类基础设施以及中介机构平台进行监管；其三，完全去金融化，禁止任何涉集资和融资的数字货币项目，使数字货币相关的交易风险与金融体系进行隔离。

相较于对数字货币"一刀切"的监管模式，对于区块链技术则采取了正向、积极、鼓励的态度，在此不做列举。令人疑惑的是，数字货币作为区块链技术目前核心的应用场景，为何在政策监管上受到与区块链截然不同的对待？这种矛盾不仅体现在实际监管的落地、实务人员的无所适从上，还体现在企业对于自身区块链及数字代币项目开拓与创新的举步维艰上。企业恐惧于被贴上非法经营的标签，由此产生了不合理的合规压力。

## （二）司法规制层面

如上所述，中国人民银行等十部委联合发布的《关于进一步防范和处置虚拟货币交易炒作风险的通知》意味着虚拟货币的高压监管态势从行政领域步入司法领域。多年来，数字货币价格的暴涨一方面吸引了越来越多的投资者，另一方面也使得各路不法分子纷至沓来，打着"数字货币"的旗号，进行各式各样的违法犯罪活动，其中包括：以数字货币为对象的侵权，甚至盗窃、诈骗等财产犯罪行为；利用数字货币进行的逃汇、洗钱、帮信等违法行为，以及涉及数字货币的传销、非法集资等。对此类案件进行合理司法规制的一大重要前提是如何认定数字货币的法律属性。然而，该问题在司法实务中始终未能得到合理的理解与适用。

### 1. 民事司法层面

鉴于在法律规则及政策上仅赋予了数字货币作为商品的法律属性，排除了其价值属性，使得民事司法实践在争议的裁判中不免需要以既定的监管规则为法律适用的大前提，一定程度上导致个案之间对于适用的理解存在偏差，出现了个案之间相互矛盾的情况。

具体而言，在民事司法领域，由于在法律规则及政策上认可了数字货币的商品属性，数字货币因此具备了"物权"或者"准物权"的性质，使得数字货币的持有人在权属权益的维护上获得了一定的保护。例如，在闫向东等与李圣艳等财产损害赔偿纠纷二审案件的二审民事判决书中，[①] 上海一中院认为："比特币属于网络虚拟财产，应受法律保护。"其依据在于，比特币的物理形态为成串复杂数字代码，具有价值性、稀缺性、可支配性等特点，故其具备了权利客体的特征，符合虚拟财产的构成要件。

但由于对数字货币价值属性的否定，在具体的权益保护层面，司法上便显示出了暧昧不清的态度。例如，同样是对于数字货币财产属性的判断，在孟浩与邰正华返还原物纠纷二审案件民事裁定书[②]上却作出了否定性判决。在非涉及数字货币本身权属的其他争议上，例如对于参与数字货币的特定项目（以投资类项目以及矿机买卖和挖矿项目为典型）而遭受的损失的追偿，对数字货币价值的肯定则存在更大的障碍。

### 2. 刑事司法领域

尽管从事实功能上看，在一些互联网环境下，数字货币可以自由流通，也已经具备了一般等价物的属性，可以承担货币价值尺度和流通手段的基本职能，但基于监管政策态度，在法律属性上数字货币难以被认定为"货币"。此次，中国人民银行等十部委联合发布的《关于进一步防范和处置虚拟货币交易炒作风险的通知》便再一次对该问题进行了确认。因此，实践中往往倾

---

① 上海市第一中级人民法院（2019）沪 01 民终 13689 号民事判决书。
② 陕西省西安市中级人民法院（2020）陕 01 民终 11210 号民事裁定书。

向于否定数字货币的财产属性。例如在孟陈林、刘铸非法获取计算机信息系统数据案[①]中，温州市中级人民法院对此指出，以太币作为一种特定的虚拟商品，与金钱财物等有形财产、电力燃气等无形财产存在明显差别，将其解释为刑法意义上的"公私财物"，超出了司法解释的权限，将诈骗以太币认定为诈骗罪有违罪刑法定原则。又如在蔡某某、张某某挪用资金一审刑事判决书[②]上，上海市浦东新区人民法院认为："虚拟货币与刑法意义上的金钱财物等有形财产、电力燃气等无形财产存在明显差异，虚拟货币不是实物，也无法进入现实世界，且缺乏稳定性，没有现实的效用性，其本身的特征依据现有法律难以构成刑法上的财物。"细究否定数字货币财产属性的原因，主要体现在以下两个方面。

一方面，在国家没有赋予数字货币以法定货币地位的情况下，数字货币在刑法上当然不能被称为"货币"，只能作为"虚拟财产"对待。2012 年，最高法研究室在《关于利用计算机窃取他人游戏币非法销售获利如何定性问题的研究意见》中明确指出，对盗窃网络游戏虚拟货币的行为应以非法获取计算机信息系统数据罪定罪量刑。该研究意见综合考虑了域外立法情况、我国刑事政策以及适用盗窃罪可能带来的一系列问题等方面，最终认定虚拟财产的法律属性为计算机信息系统数据。

另一方面，涉财物类犯罪无法避免的就是基于财产价值进行违法性大小的判断。若以财物对数字货币进行"定调"，其面临的一大重要挑战就是价值的认定。由于我国已然关停了所有数字货币交易中心，对其价值的判断便尤为艰难，也因此，司法中便刻意回避了对于数字货币财产性的判断。[③]2014年，《人民司法（应用）》刊登了最高法 3 位法官所写的《〈关于办理盗窃刑事案件适用法律若干问题的解释〉的理解与适用》一文。在考虑了虚拟财

---

① 浙江省温州市中级人民法院（2019）浙 03 刑终 1117 号刑事裁定书。
② 上海市浦东新区人民法院（2018）沪 0115 刑初 845 号刑事裁定书。
③ 徐凌波：《虚拟财产犯罪的教义学展开》，《法学家》2017 年第 4 期。

产与其他财产的差别和虚拟财产犯罪数额认定存在的困难后，文章也明确指出对于盗窃虚拟财产的行为，如确须按刑法规制，可以按照非法获取计算机信息系统数据等计算机犯罪定罪处罚，不应按盗窃罪处理。

不难看出，刑事司法对于数字货币的规制有着明显"退而求其次"的态度。由于否定了数字货币的财产属性，无法认定其具体的价值数额，因此寻求其他罪名进行适用。[1] 而问题也正在于此，虽然在法律层面，数字货币不具有货币属性，但其客观的财产价值是无法忽略的。在此情况下，对数字货币，乃至数字代币的侵权行为进行认定时，否定其价值不仅无法准确表现行为的侵害性，而且对于相关权利人而言，也无法获得有效的救济。更进一步而言，实践中，数字货币之所以会成为侵权的对象或者成为非法集资类案件中的手段，其核心依旧在于社会生活中对于其价值的实际认可与使用，在司法层面予以否定颇有"买椟还珠"之嫌。

## 三、数字代币治理矛盾的根源

虽然数字代币从诞生至今已有数十载，但对于数字代币治理的关注与探讨却是近些年才有的趋势。因此，无论在行政监管还是在司法实践中产生的对于数字代币治理的矛盾与迷茫都是新兴技术应用领域治理初期不可避免的问题。我们认为，实践中，对于数字代币治理的矛盾与纠结的根源在于，片面地以数字货币理解数字代币，忽略了区块链技术与数字代币的共生关系和数字代币本身的共识价值，即由于数字代币认识的以偏概全导致了监管态度的对立以及对于数字代币核心价值的忽视。

### （一）监管态度的对立

数字代币是区块链技术的应用场景，因此无论如何尝试撇清二者的关系，在监管层面都不得不考虑相互统一的问题。回到区块链上，我们不难看出，

---

[1]　陈兴良：《虚拟财产的刑法属性及其保护路径》，《中国法学》2017 年第 2 期。

将更强调技术属性的区块链与更强调金融属性的数字货币（区块链技术的产物）相比，在监管层面存在完全相悖以及对立的监管态度与政策。对于区块链技术，监管大力支持其技术和应用的发展，而对于数字货币则是普遍地禁止、否定并且严格地去金融化。对于数字货币的强监管，从宏观的金融安全以及货币政策安全的角度考虑，无可厚非，且实质上是更为稳妥的措施，值得被理解与支持。但是我们应当意识到，不能仅以数字货币来理解数字代币。从整体上看，区块链技术与其所产生的数字代币，即"通证"之间实际上存在不可分离的互相依托的纽带关系。[①]

区块链技术的核心即在于其通过分布式记账技术，在参与者依托其共识机制的情况下，将传统的中心化监管的模式转变为全部参与者依托其共识一起监管的模式。但是分布式技术应用的前提是需要一批愿意为分布式网络投入资源并且参与其中的参与者，通过他们对于区块链项目的运算和节点的创设，创设和打造新的区块链网络。在没有回馈激励的情况下，吸引参与者必定是艰难的，而通证就是回馈激励下的最重要的吸引因素。

其实我们注意到，目前市场上常见的区块链技术的应用，实际上仍是一种中心化的运用。例如，将区块链用于取证、金融机构或者政府部门的事项记录上等，其本质在于一个中心化的监管主体，利用了区块链的分布式技术，解决其实际存在的记录和公示问题。在中心化的体系下，监管主体能够主动提供建网所需要的资源和算力，自然也无需进一步地回馈和激励。因此，在这种区块链项目中，我们很少会听闻其涉及"数字货币"之类的消息。但是，如果只是为了解决记录、公式以及资源有效利用和分配方面的问题，市场上也同样可以找到不基于分布式技术的完善解决方案。区块链技术本身并不是上述问题的唯一解，甚至不是最优解。因此，我们认为区块链的核心"技能"不应当被局限于分布式技术，而是通过参与者共同运营项目产生的"共识机制"，实现其去中心化的目的。

---

[①] 金璐：《规则与技术之间：区块链技术应用风险研判与法律规制》，《法学杂志》2020 年第 7 期。

换言之，虽然目前许多区块链项目似乎并未严重依赖数字代币，但对于政策所鼓励的区块链行业的发展而言，离不开激励机制的有效设计；而激励机制设计的核心便是数字代币。因此，即便就技术层面而言，在二者本质关系并未发生变化之前，仅仅因为数字货币的特殊性，而对数字代币与区块链采取截然不同的监管态度，无疑将产生矛盾。严格的行政监管极易扼杀区块链项目的落地与发展，这也是目前行政监管层面所面临的最大挑战与掣肘。

## （二）数字代币共识机制价值的忽视

事实上，区块链技术发展至今已有 10 年多，我们尚未看到一个完全依托于区块链共识机制而完成商用或者应用的具有广泛价值的项目。从目前的进程看，以非同质化通证（NFT）作为基础的区块链项目可能更有应用前景。NFT 相关的项目则更进一步，仅依托全网共识，NFT 记录了其上所载全部权利的信息，为 NFT 发布者的权利，尤其是知识产权相关的权利，在确权和溯源上提供了保障的可行性。

依托 NFT 的链上共识，任何人均可以通过链上信息确认该 NFT 的权属和授权情况，权利人也可以通过链上形成的共识，确认侵权方，并向其主张合法权益。而 NFT 项目的参与者都可以因其对于每一个 NFT 权属的共识投入的资源获取以通证为载体的回馈。该回馈价值等同于全网每一个 NFT 权属所对应载体的技术、商业、应用等价值之和，由在链上提供并形成共识的参与者共同分享。我们认为，对于这样一套基础设施的建设，在逐步解决知识产权在发展过程中产生的确权和侵权防范方面的困难确实具备应用和推广的价值，应当为其参与者和创建者投入资源所获得的通证回馈赋予法律许可下的价值。

区块链共识机制的优势在于全体认可，且在技术上几乎无法被篡改，其体现的是一种集体的意识，而不是某一中心化监管主体的意志。依托这种共识机制，我们就无须对于共识机制下所认可的事实进行证明或求证，例如知识产权的权利主体、权利客体、授权情况以及应用情况。在区块链项目和网络搭建的过程中，每一个参与提供和认可共识机制的参与者都可以因其提供的共识取得通证作为回馈，而越早参与共识建立的参与者即可以获得相对于后来者更多的回馈。由于共识机制的运用需要全网参与者的共同投入，因此不同于单纯以分布式技术为开发内核的中心化主体主导的区块链项目，以共识机制的运用为技术开发内核的区块链项目必然会引入通证作为其项目实施的一部分。

其实，目前各类与数字代币相关的区块链项目，更多体现的是投机者对于各类货币的炒作和以盈利为目的的投机行为。其背后对应的项目并不一定存在商用或应用的价值。对于这一类项目，我们认为从目前的监管政策进行监管是合理且有效的。然而，我们预期区块链技术的应用从目前中心化主体主导的分布式技术的应用跃升至全网参与主体主导的依托共识机制的应用的路径必然会发生。对于该类有商业价值意义的项目，依旧持否定态度显然不具合理性。而由于法律的天然滞后性以及其对数字代币的片面理解，法律并未将依托该技术的区块链项目及其延伸的通证价值与现在各类以投机炒作为目的的区块链、数字代币项目相区分，而是一刀切地全部纳入现在的监管模式。

可以看到，正是由于监管上的一刀切，才导致了共识机制这一数字代币的核心价值被逐步边缘化甚至忽视。数字代币是一个中立客观的产物，若有效地利用与开发，充分发挥其共识机制的作用，是能够且很大程度上帮助社会的进步与发展。[1] 因此，忽略数字代币的核心价值，仅着眼于数字货币这一数字代币其中的一个应用场景，且仅基于涉数字货币相关行为的非法性而否定数字代币本身的价值属性，所导致的便是司法层面上对于行为对象是否具有价值这一点上认定的矛盾，以及严重脱离实际情况的谬误。

---

① 　朱娟：《我国区块链金融的法律规制——基于智慧监管的视角》，《法学》2018 年第 11 期。

## 四、对于数字代币治理模式的改进

如果说数字代币的到来对于社会经济秩序的影响如同洪水猛兽，那么对其的治理则宜疏不宜堵。如上文所述，目前数字代币治理所体现的矛盾的核心症结在于过度一刀切的监管以及对于数字代币核心价值的误判乃至于忽视。因此，我们认为，对于当下数字代币的治理应当回到疏导的通道上。

### （一）制定有针对性的监管政策

不可否认的是，数字货币价格的涨幅所带来的暴富光环吸引了一批又一批投机者进入市场，使得数字代币逐步脱离技术价值本身而成为可能带来隐患的另一个金融产品。[①] 与此同时，还有许多不法分子打着数字货币的旗号招摇撞骗，造成了十分恶劣的影响。更为重要的是，需要警惕数字货币的发展可能给法币带来的冲击。但无论基于何种缘由，作为区块链技术重要的应用场景，在明确需要发展区块链行业的前提下，监管层面便不应盲目"一刀切"。我们认为，在否定数字货币法定货币价值的基础上，对于更多的具有实际底层应用价值的数字代币应当在监管层面进行区分，并且因地制宜地制定监管措施。[②]

首先，对于依托以全网参与的共识机制为技术基础的有商业价值的区块链项目，可以尝试放开政策上对于该类项目及其衍生通证的监管束缚。[③] 通过许可或审批制的方式，主动将其纳入监管，促进其稳定向好发展，以此推动这一潜在新兴技术行业的成长。具体的实施方式可以是：将区块链项目和其通证作为类证券的项目（这也是其他认可数字代币交易的司法管辖区往往采取的对于数字代币的定性模式）进行监管。项目组可以就其所开发的项目和链的应用场景提出申请，经审批后进行主网上线，并招募参与者投入资源

① 王冠：《基于区块链技术 ICO 行为之刑法规制》，《东方法学》2019 年第 3 期。

② 赵磊、石佳：《依法治链：区块链的技术应用与法律监管》，《法律适用》2020 年第 3 期。

③ 邓建鹏：《绝对禁止还是谨慎开放——关于区块链金融监管政策的再思考》，《当代金融家》2018 年第 6 期。

参与以换取相应的通证。通证的价值将由市场供需决定，以区块链项目（往往是基于某个链的技术）能够产生的共识价值和由此产生的应用前景为判断项目优劣和项目价值的标准，从而许可参与者投入资源来获取通证作为类证券的权益。

在这种情况下，通证本身的价值也将与区块链项目在实际应用中产出的技术和共识价值相适应，从而产生正向的反馈和激励。这样既可以解决对区块链发行的通证实施制度化的监管，也能够使共识机制的效用和参与者投入所获得的回馈相匹配。

其次，对于以非基于共识机制为基础的所谓"数字代币"，也即上文所述的基于中心化体系的区块链项目，或者不具有实际底层价值的空气币，监管的大棒则可以适时的挥动。加强对于该类区块链项目的识别，杜绝该类区块链项目中的数字代币进入金融领域或进行实际交易，以此维护市场秩序，避免可能存在的诈骗行为。

在区分监管的制度中，数字代币的治理能够有效匹配对于区块链行业的支持与鼓励政策，有效解决治理矛盾的问题，也更能正向鼓励企业进行区块链项目的创新与发展。

### （二）以合理目的为治理导向

数字代币的核心价值在于共识机制，该机制的确立与运用能够使传统的商业活动迸发新的创新活力，创造非中介的网络市场以及分离的对价功能。从这一层面来讲，数字代币的监管要点应该是通过合理的规制发挥其共识机制的作用。为此，不可避免地需要具有数字代币价值的衡量标准与体系。放眼全球数字代币市场，目前包括比特币在内的数字代币价格主要还是由投资与交易驱动。为数字代币的投资与交易提供合法合规的渠道与政策则成为规范治理中所需要具备的理性目的。[1] 进一步而言，不应过度担忧在数字货币

---

[1] 欧阳本祺、童云峰：《区块链时代数字货币法律治理的逻辑与限度》，《学术论坛》，2021年第1期。

这一应用场景下，数字代币会对法定货币造成何种冲击，而更应关注数字代币本身的创新价值。若期望技术能够改善社会生活就必须借助法治平衡，单纯遏制必将徒劳无功。诚然，数字货币存在洗钱等犯罪风险，但一见风险就因噎废食，不免太过草率。

因此，建立健全我国数字代币投资交易渠道是进行数字代币治理的重要方式。当然，这并非承认数字代币在我国具有法定货币地位，而是在规范的要求下对市场需求进行释放与保护。对于数字代币的投资交易，基于数字代币明显的金融表征，可以考虑由银保监会或证监会来负责监督，创建数字代币交易所。

当然，在这一过程中，我们需要对数字代币交易所的设立条件、监管职责、法律责任乃至于合规要求予以明确的规范化，使得数字代币在具有法定监督职责的交易中心中，进行有序、合理的交易，以便在国家监管机关与投资者之间形成良性的过渡与互动。为此，可以参考现行其他交易所的制度，要求交易所持牌上岗，在严控监管体制下为数字代币构建生存空间，释放数字代币的创新活力。同时，交易所的设立为数字代币价格的计算提供了合理的依据，进而实现在数字代币侵权类案件中的有据可依、有价可算，保护了权利人的合法权益，避免了司法中的"退而求其次"。

## 五、结语

数字代币的规范治理是一个需要长期探索以及不断实践的过程。在具体的设置与落实上，不仅需要考虑涉数字代币行为的压制与管控，还需要为数字代币产业尤其是区块链产业提供创新发展的空间。因此，与其说数字代币的监管是一项重要的挑战，不如说是一次重大的机遇。为此，我们需要厘清具体项目的差别、辨明数字代币的价值，以合理的目的为导向来解决矛盾与迷茫。我们有理由相信，只要利用得当、监管适度，数字代币背后的技术逻辑与应用价值就一定能够为社会的长足进步提供动力。

# 虚拟货币的刑事扣押路径塑造

杭州市萧山区人民检察院　孙建盛　李佳峰　顾赶赶 *

**摘　要**

虚拟货币是区块链技术的成熟应用，因其具有易洗白、游离于监管灰色地带、法律定性存在分歧等特点，导致近年来我国以虚拟货币为犯罪对象或者工具的刑事案件高发。而对于作为案件关键因素的虚拟货币的扣押却欠缺技术、制度等方面的支持，导致虚拟货币失窃、处置不规范等问题频发。本文从打造专业队伍、建立专用账户、开展机构协作、制度设计等维度，探索我国虚拟货币扣押专业化的塑造路径。

**关键词：**虚拟货币；扣押；专业；机构协作

---

* 孙建盛，杭州市萧山区人民检察院专职委员；李佳峰，杭州市萧山区人民检察院第二检察部主任；顾赶赶，杭州市萧山区人民检察院员额检察官。

## 一、虚拟货币概述

2008 年，全球爆发了金融危机，带来的是贸易保护主义开始蔓延和贸易摩擦的不断升级，国际汇率受金融危机的影响也出现了较大波动，人们开始逐步尝试寻求更多的支付方式来对抗这种波动。一个自称中本聪的人在互联网上发表了一篇题为《比特币：点对点电子现金系统》的文章，阐述了一种全新的支付系统。该支付系统允许个人在不涉及任何中间金融机构的情况下发送和接收付款，并且为了能够抵挡通货膨胀，他将比特币的总量设置为 2100 万个左右。2009 年 1 月 3 日，第一批 50 个比特币在芬兰赫尔辛基的一个小型服务器上被挖出。随着该"创世区块"的诞生，以比特币为代表的虚拟货币逐渐进入公众视野。

相较于比特币，当今世界第二受欢迎的数字货币就是以太币。它是以太坊网络的加密货币，也是市值第二大的加密货币，并且没有设置供应上限。而以太坊的概念是在 2013—2014 年由程序员维塔利克·巴特林（Vitalik Buterin）受比特币启发后首次提出的。以太坊在开发过程中增加了"智能合约"的特色，是第一个大规模应用智能合约的区块链平台，也被称为区块链 2.0。它可以用于编程、分散、担保和交易任何事物、投票、域名、金融交易所、众筹、公司管理、合同和大部分的协议知识产权，以及得益于硬件集成的智能资产。

## 二、涉虚拟货币刑事案件高发的成因

### （一）虚拟货币的特性决定了其易洗白、难监管

虚拟货币的发行与交易无须依赖政府、中央银行或其他金融机构，其通过复杂算法运算产生，这些复杂算法建立在密码学、哈希算法、非对称加密、RSA 算法与椭圆曲线算法等数学基础之上。[①] 以比特币为例，其交易系"通

---

① 李钧等：《比特币》，中信出版社 2014 年版，第 55—65 页。

过对等式网络种子文件达成的网络协议以实现网络节点直接交互"，[1] 且所有交易行为均由分布式数据库进行确认并记录，不需要依赖他人主导，各个比特币账户之间便可以完成平等的点对点交易。因此，虚拟货币具有去中心化的特点。同时，虚拟货币设计之初就不需要用户提供识别或者验证。还是以比特币为例，交易者参与网络只需要下载一个去中心化虚拟货币钱包进行注册，便可以获得一个私钥和一个公钥。公钥相当于钱包的账户，网络上任何人都可以看到，而私钥则相当于密码，并且从理论上来说，每个人可以注册无数个账户。正因为其缺乏中间方，所以不存在能够将其与社会中的真实个体相联系的管理机构，进而导致虚拟货币具有匿名性特点。[2] 与此同时，虚拟货币可以全球流通，与多国的法定货币互相兑换，并且可以进行多层次、复杂化的兑换交易，模糊虚拟货币的最初源头。综上所述，因为虚拟货币具有全球性、匿名性、去中心化等特点，造成了其难以监管、易于洗白的特性，成为刑事犯罪的理想选择——其在网络犯罪中既可以成为犯罪的对象，也可以成为犯罪的工具。

## （二）虚拟货币在我国的特殊定位导致其游离于监管的灰色地带

2013 年，中国人民银行等五部委联合发布的《关于防范比特币风险的通知》（以下简称《风险通知》）中规定"从性质上看，比特币应当是一种特定的虚拟商品"，这是我国第一个专门针对比特币作出的规范性文件。《风险通知》同时规定禁止各金融机构和支付机构开展与比特币相关的业务，然而却允许普通民众在自担风险的情况下交易。换言之，《风险通知》从政策层面切断了比特币与各金融机构、支付机构联系的可能性。2017 年 9 月 4 日，中国人民银行等七部委联合发布《关于防范代币发行融资风险的公告》（以下简称《公告》），强调首次代币发行（ICO）等代币融资行为是一种

---

① 谢杰、张建：《"去中心化"数字支付时代经济刑法的选择——基于比特币的法律与经济分析》，《法学》2014 年 08 期，第 87 页。

② 赵阳：《比特币法律规制研究》，西南政法大学 2015 年硕士学位论文。

未经批准的非法公开融资的行为，严重扰乱经济金融秩序，要求代币融资交易平台（包括代币交易平台）停止法定货币与代币、虚拟货币之间的兑换业务，并且各金融机构、支付机构不得开展与代币发行融资交易相关的业务，同时倡导社会公众理性投资。自《公告》出台以来，我国境内代币交易平台陆续关闭，原我国境内的比特币开始转向海外交易，其中以火币网最为典型。2020 年 10 月，《中国人民银行法（修改草案征求意见稿）》第二十二条明确规定："任何单位和个人不得制作、发售代币票券和数字代币，以代替人民币在市场上的流通。"近期，我国更是从国家和地方层面采取了多项措施，对虚拟货币及"挖矿"进行了围追堵截式的监管。2021 年 5 月 18 日，中国互联网金融协会、中国银行业协会、中国支付清算协会发布《关于防范虚拟货币交易炒作风险的公告》；同日，内蒙古自治区发改委发布《关于设立虚拟货币"挖矿"企业举报平台的公告》；5 月 21 日，中共中央政治局委员、国务院副总理、金融委主任刘鹤主持召开国务院金融稳定发展委员会第五十一次会议，明确提出"打击比特币挖矿和交易行为，坚决防范个体风险向社会领域传递"。由此可见，虽然在我国虚拟货币没有被明令禁止，但是其一直处于被遏制的灰色地带，监管存在一定障碍。

## （三）虚拟货币在刑事实务中的性质界定存在分歧导致处刑差异较大

2013 年，《风险通知》将比特币界定为虚拟商品；《民法典》第一百二十七条规定"法律对数据、网络虚拟财产的保护有规定的，依照其规定"；最高法、国家发展改革委联合发布的《关于为新时代加快完善社会主义市场经济体制提供司法服务和保障的意见》中规定"健全以公平公正为原则的产权保护制度……加强对数字货币、网络虚拟财产、数据等新型权益的保护，充分发挥司法裁判对产权保护的价值引领作用"。由此可见，虚拟货币在我国的性质界定不尽明确，具体到刑事实务中，罪名定性也存在较大差异，导致量刑出现不均衡的现象。部分地区的司法机关认可虚拟货币的财产属性，将骗取、偷盗他人虚拟币的行为作为诈骗罪、盗窃罪等侵犯财产类犯罪处理；部分地区则不认可虚拟货币的财产属性，将虚拟货币认定为计算机信息系统的数据，仅以非法获取计算机信息系统数据罪定罪处罚。

对虚拟货币持财产属性的观点认为：虚拟财产具有可管控性、价值性、稀缺性，被侵犯时被害人将遭受财产损失，因此虚拟财产被认定为刑法上的财产毫无异议。[①] 并且虚拟财产是为现实世界中的人们服务的，即使无法将虚拟财产从网络世界中独立剥离出来，也不能否认虚拟财产是一种客观存在，现实世界只有部分人使用虚拟财产的理由并不可用于否认虚拟财产的价值性，如股票等同样只有部分人持有或使用，但仍然是"财物"。[②] 虚拟财产已经纳入我国《民法典》调整和保护的范围，具体到虚拟货币，2017 年中国人民银行等七部委联合发布的《公告》仅否定代币、虚拟货币的法定货币属性，并禁止代币、虚拟货币发行融资活动，但并未否定私人间持有、流转虚拟货币的合法性，更未否定虚拟货币的财产属性，普通民众在自担风险的前提下拥有参与自由。从现实情况来看，其具有可兑换性，并且在全球范围内的互联网交易平台上都能够兑换成实际的法定货币。

对虚拟货币持数据属性的观点认为：虚拟货币作为一种特定的虚拟商品，其本质是依据特定的算法通过大量计算产生的电磁数据，只能依附于网络存在，与金钱、财物等有形财产，电力、燃气等无形财产存在明显差别。我国《刑法》侵犯财产罪的"财物"是"财产"的下位概念，虚拟财产属于无形财产，并不属于"财物"。[③] 因此，将虚拟货币解释为刑法意义上的"公私财物"，超出了司法解释的权限。《民法典》第一百二十七条规定的"法律对数据、网络虚拟财产的保护有规定的，依照其规定"等内容，标志着数据、网络虚拟财产正式进入了我国民法调整和保护的范围，但是不影响其是计算机信息系统数据的法律属性。

---

① 季境：《新型网络犯罪问题研究》，中国检察出版社 2012 年版，第 102 页。

② 张明楷：《虚拟财产的刑法属性及其保护路径》，《中国法学》2017 年 02 期，第 146-172 页；张明楷：《非法获取虚拟财产的行为性质》，《法学》2015 年 03 期，第 18 页。

③ 陈烨：《刑法的特殊财产类型研究》，武汉大学 2014 年博士学位论文，第 51-57 页。

因虚拟货币大多价值不菲，如果按照侵犯财产类犯罪处理可能判处较严厉的刑罚——最高可能达到无期徒刑，而如果按照非法获取计算机信息系统数据罪则处刑相对较轻——最高为有期徒刑 7 年。换言之，如果类似行为被判处非法获取计算机信息系统数据罪，对犯罪嫌疑人而言就会出现收益和风险不成正比的现象，这也给部分犯罪分子以寻租空间。

## 三、虚拟货币扣押中存在的困境

### （一）虚拟货币的扣押欠缺专业的技术手段支持

随着互联网、区块链的发展，虚拟货币犯罪在我国也日趋猖獗。但是公安机关在侦办涉虚拟货币犯罪案件的过程中，欠缺相关的技术手段对刑事案件中的虚拟货币予以扣押，导致部分案件在侦办过程中，虚拟货币一直处于监管真空，由此引发的虚拟货币在侦办期间失窃的事件也时有发生。这不仅损害了侦查机关的司法公信力，还损害了被害人的财产利益。[1] 此外，在对比特币扣押过程中如何保持其虚拟属性和法律属性的统一，如何确保扣押实质有效、扣押程序严格合法，这些都对公安机关电子取证方式提出新的考验。[2]

### （二）虚拟货币的扣押欠缺明确的制度依托

2014 年 12 月，浙江省东阳市公安局官方微博宣布抓获 GBL 比特币交易平台的三名主要负责人，宣告了国内首例比特币刑事犯罪案件[3] 进入司法程

---

[1]　市界观察：《币圈第一大案 PlusToken 二审宣判：32 万个比特币、920 万个以太坊等上缴国库》，《21 世纪经济报道》，https://baijiahao.baidu.com/s?id=1684599511185554623&wfr=spider&for=pc，访问日期：2020 年 11 月。江苏盐城 PlusToken 传销案中最终判决将涉案虚拟货币上缴国库，未变现发还被害人损失，但是笔者认为，随着相关制度的完善，以及虚拟货币属性的厘清，涉案虚拟货币变现补偿被害人损失是趋势所在，法理之中。

[2]　李慧、田坤：《涉比特币领域犯罪问题审视与司法应对》，微信公众号"悄悄法律人"，访问日期：2021 年 7 月 16 日。

[3]　宫金喜：《国内首起比特币诈骗案告破 GBL 交易平台经营者被抓》，央广网，http://finance.cn/gundong/201312/t20131204_514307624.shtml，访问日期：2021 年 7 月 15 日。

序。换言之，虽然距离第一批虚拟货币产生已经过去了 12 年，但是在国内虚拟货币真正进入刑事侦查领域只有 7 年，并且由于国内对其的监管态度，我国司法领域也尚未出台对于虚拟货币处置的相关具体制度。也就是说，由于制度的缺失，虽然各地司法机关已经陆续遇到了涉虚拟货币犯罪的案件，但是对于虚拟货币的处置却均处于探索阶段。

### （三）虚拟货币的扣押欠缺专业的机构支撑

在侦办虚拟货币案件的过程中，公安机关虽然是侦办主力，但是作为专业性极强的虚拟货币扣押工作，希冀完全依靠公安机关来完成显然是不符合实际情况的。与此同时，国内司法机关尚未与虚拟货币相关的专业机构达成稳定的合作，不能获得专业机构的长期技术支持。造成上述情况的原因是多方面的：首先，虚拟货币案件虽然近年来相对高发，但是在绝对数量上依然占刑事案件的少数，以诈骗罪为例，根据派盾（PeckShield）统计，2020 年国内与虚拟货币相关的诈骗案件达 151 起，较 2019 年增长 4 倍，较 2018 年增长 37 倍；[①] 其次，因为虚拟货币的刑事案件绝对数量不高，导致司法机关难以与相关专业机构达成长期合作，进而形成长效协作机制；再次，因为没有相关制度、规定的支撑，导致相关专业机构协助办案的合法性、有效性在庭审过程中可能遭到质疑；最后，专业机构的服务费用较高也是引入专业机构协助办案的掣肘。

### 四、虚拟货币扣押问题的路径塑造

### （一）打造专业队伍，钻研专业业务

虚拟货币犯罪作为一种相对新兴的犯罪，司法机关工作人员应当开展相关的技能培训，而作为办案一线的公安民警更应当适应形势，通过开展各类

---

① 杭州派盾信案科技有限公司：《2020 年年度数字货币反洗钱报告》，微信公众号 "PeckShield"，访问日期：2021 年 7 月 12 日。

技能培训，为全警普及区块链和虚拟货币的基础知识，提升公安机关运用区块链技术和打击相关违法犯罪的能力与水平。与此同时，还应当通过定向招录、脱产学习等方式建立一支高精尖的专业队伍。在"互联网＋"侦查思维的引导下，革新侦查方式、拓展侦查思路、提升办案洞察力，在依法打击利用虚拟货币等区块链手段犯罪的违法犯罪行为的同时，提高存证能力和存证效率。以比特币为例，因为比特币具有匿名性、去中心化、全球化等特点，如果公安机关不能在第一时间对涉案比特币采取有效的扣押措施，同案犯就可能利用其掌握的公钥和私钥将比特币转移至境外，从而导致公安的证据链出现缺失，使得被害人的损失得不到弥补。

## （二）建立专用账户，促进扣押规范

随着近年来虚拟货币犯罪的增加，各地公安机关都陆续遇到了虚拟货币扣押的实际问题，为此公安机关也采取了一些有益尝试，主要包括以下几种：第一，公安机关将犯罪嫌疑人的涉案虚拟货币转移至民警控制的个人账户，达到虚拟货币脱离犯罪嫌疑人控制的目的；第二，公安机关生成并提供比特币地址，犯罪嫌疑人将其账户内的比特币转移至该地址，在此过程中犯罪嫌疑人将不再掌握最终账户的公钥和私钥；第三，侦办全程公安机关不介入虚拟货币的处置，而是由犯罪嫌疑人出面委托第三方公司处置。

上述尝试在虚拟货币扣押制度不尽完善的当下，无疑是解决虚拟货币扣押难题的选择，但从长远来看，不尽统一的扣押方式无疑会给虚拟货币扣押工作留下种种隐患。以将虚拟货币转移至民警个人账户的方式为例，据笔者了解，已经出现了民警将涉案虚拟货币私自转卖的情况。因此，笔者认为参照赃款处置方式和财务制度，建议由各级公安机关建立统一的虚拟货币钱包。以比特币为例，由专人管理公钥和私钥，并且为确保钱包的安全性，应定期更换公钥和私钥。此外，考虑到虚拟货币的特殊性，从安全性角度出发，建议简化虚拟货币在刑事案件侦办过程中的流转过程，统一由公安机关保管及后续变现，直至案件流程终结。其间，检察机关承担对虚拟货币扣押、保管、变现等环节的监督职责，法院除了上述监督职责外还承担虚拟货币变现后的赃款发还、处置等职责。

当然，上述一切设计都是基于犯罪嫌疑人积极配合提供账户私钥，如果犯罪嫌疑人拒不交代，则可能存在技术上的困境，因为比特币的私钥由256位二进制数字组成，以目前人类的技术水平，破解几乎不可能，这也是后续进一步完善虚拟货币扣押制度需要破解的难题之一。

### （三）开展机构协作，拓宽解决思路

由于涉虚拟货币案件侦办的技术门槛高、协查难度大等客观不利条件，目前包括公安机关在内的司法机关及监管部门在技术能力、办案经验等多个方面普遍存在短板。因此，公安机关应借鉴欧美经验，广泛引入社会机构，如欧洲一半以上国家的警方都引入一款美国公司开发的"比特币追踪器"软件，来侦办涉及数字货币的案件。此外，英国多家区块链数据公司也立足于与欧洲其他国家的政府及司法部门合作，在数字货币反洗钱领域提供技术支撑服务。因此，各地公安机关应协同市场监督管理部门、税务部门等对辖区范围内经营的区块链企业开展摸查走访和监督检查，从中挑选合适、可靠的区块链数据安全服务商，设立合作名单，建立长效协作机制，待时机成熟时，还可以建立全省甚至全国的分级服务商目录，并且依据长效协作机制，降低单个案件的协作成本。通过广泛调动、整合这些社会技术力量，为公安机关扣押虚拟货币、保管虚拟货币、溯源虚拟货币、变现虚拟货币等提供技术支持，形成司企联动的合力，实现合作共赢。

此外，笔者认为在时机成熟时，司法机关甚至可以将虚拟货币的扣押等工作打包给专业服务承包商，由其提供包括审计、区块链分叉管理、钱包创建及管理、私钥保管等服务。由专业公司来完成专业事项，不仅可以缓解警力不足等现实压力，还能提高扣押虚拟货币的规范性和安全性。

### （四）明确法律性质，探索制度设计

2020 年 4 月 20 日，国家发展改革委举行新闻发布会，首次明确了我国"新基建"的概念和范围，其中就包括以区块链等为代表的新技术基础设施建设。随着区块链核心技术被上升到国家战略的高度，公众对区块链领域也愈发关注，与此息息相关的虚拟货币犯罪也势必会呈现上升趋势。因此，我国司法部门应在国家政策允许的范围内，在时机成熟的情况下，逐步出台相关法律、法规，明确虚拟货币在法律中的性质，并且探索与之相配套的刑事扣押制度。因为在刑事案件中，虚拟货币扣押面临的不仅仅只是技术困境，更大的障碍在于其法律界定的模糊。以江苏盐城 PlusToken 传销案为例，裁定书裁定涉案的虚拟资产上缴国库，但是并未涉及后续虚拟资产的处置问题。如后续是否需要变现，如何变现，变现后是否需要按比例发还被害人等。而这一系列的问题都是未来司法机关面临的考验。其实，面临类似问题的不仅仅只有我国司法机关。2019 年 11 月，俄罗斯内务部就曾宣称将联合金融监管局、总检察院、司法部、联邦安全局、最高法院等部门在 2021 年 12 月 31 日前制定有关扣押加密货币及其他虚拟资产的提案，但是该提案的进展情况至今尚无确切消息。

# 虚拟货币反洗钱的 FATF 建议与中国思考

北京大成（杭州）律师事务所　何　慕　陈　倩*

**摘　要**

2021 年 10 月，FATF 发布修订后的《以风险为本的虚拟资产和虚拟资产服务提供商指引》，为稳定币交易、P2P 交易、虚拟资产服务提供商的注册及许可等制度进一步提供指引。受虚拟货币本身高度匿名性、全球流通性等特质及各国监管政策差异的影响，虚拟货币领域内洗钱犯罪猖獗，具体可分为中介平台洗钱模式与混币平台洗钱模式。中国监管当局对该领域内洗钱犯罪保持高度警惕，在 FATF 建议下不断完善自身反洗钱体系构建。新形势下，有必要对洗钱罪核心法益进行纠偏，从保障金融安全转移至司法权力运行；有必要从解释论角度将虚拟货币纳入财物范畴予以刑事评价；有必要对虚拟货币运营平台刑事责任进行探讨。

**关键词：** FATF 建议；虚拟货币；反洗钱；洗钱犯罪

---

\* 何慕，北京大成（杭州）律师事务所律师；陈倩，北京大成（杭州）律师事务所律师。

　　自 2008 年比特币白皮书问世及 2009 年第一个比特币落地以来，虚拟货币产业在 10 余年内高速发展，彰显了其强大的吸引力和繁衍能力。虚拟货币的市值水涨船高，投资者们蜂拥而至，直接导致该领域内繁荣浪潮迭起。然而作为新兴事物，人们往往盲目追逐虚拟货币带来的高额利润回报，未能对其本质和风险形成清晰、冷静的认识，在一定程度上也导致了当前"乱币丛生"等诸多问题，引起社会各界乃至监管当局的密切关注。

## 一、虚拟货币定义澄清

### （一）虚拟货币与数字货币

　　虚拟货币发展至今，对于其定义、内涵等基础问题却始终聚讼难休，其是否具有货币属性至今仍备受争议。在定义虚拟货币之前，有必要对其上位概念——数字货币进行概念澄清。纵观货币发展历史，人类社会从实物货币时代（即贝壳、贵重金属等）、信用货币时代（即基于国家信用发行的纸币）蹒跚走进数字货币时代。顾名思义，数字货币是指以数字形式存在，并基于网络记录价值归属和实现价值转移的技术形态的货币，通常表现为可视字符串或一连串的密码编码。[①] 因此，目前受热捧的虚拟货币（例如比特币、以太坊等）本质上都属于数字货币范畴，且根据发行主体不同，大致可分为去中心化虚拟货币（即本文所探讨的虚拟货币）、机构发行的机构数字货币以及各国中央银行发行的法定数字货币。囿于实物货币、信用货币及数字货币之间递进式演变观念的束缚，人们往往仍停留在传统货币概念下探讨数字货币的属性及定位。然而无论以比特币为代表的虚拟货币，还是以 Libra 为代表的机构数字货币，抑或各国已发行或筹备发行的法定数字货币，本质上均已突破了传统的货币定义。例如美国证券交易委员会（SEC）将市场上的主要数字货币分为实用型代币（utility token）和证券型代币（security token），

---

① 朱嘉明、李晓：《数字货币蓝皮书（2020）》，2021 年第 1 版，第 2-4 页。

数字货币早已突破古典意义上的交换媒介和价值凭证性质,将自己置于货币、投资工具和商品的十字路口。至于我国,早在 2013 年中国人民银行等五部委便已联合发布《关于防范比特币风险的通知》,强调比特币不具有法偿性与强制性等货币属性,并不是真正意义上的货币,而是一种特定的虚拟商品。[①]随后,这一定义在《关于防范代币发行融资风险的公告》《关于进一步防范和处置虚拟货币交易炒作风险的通知》等规范性文件中被多次强调且扩展至其他虚拟货币。

## (二)FATF 建议与虚拟货币定义

出于对虚拟货币属性的分歧,部分国家及国际组织逐渐抛弃虚拟货币的称谓,而将其称之为虚拟资产( virtual asset )。例如金融行动特别工作组( FATF )将其定义为"一种可以以数字形式交易与转换,且可用于支付或投资目的的价值的数字化表达",并表示虚拟资产不包含法定货币、证券和其他金融资产的数字表示。[②] 但需要说明的是,以上虚拟资产范围的排除性划定系因前述法定货币等数字化资产的监管已被 FATF 其他建议所涵盖,并不意味着在概念层面上虚拟资产将电子法定货币等形式排除在外。因此在笔者看来,虚拟资产的概念仍为虚拟货币的上位概念,故本文仍采用虚拟货币的表述,重点研究以比特币为代表的去中心化虚拟货币。

## 二、FATF 建议与中国虚拟货币反洗钱实践

虚拟货币在生机中蕴藏着危机。经过数十年的发展,各国监管当局普遍从观望转向监管,尤其对其产生的洗钱风险高度警惕。洗钱犯罪最早与毒品

---

① 中国人民银行:《人民银行等五部委发布关于防范比特币风险的通知》,载 http://www.gov.cn/gzdt/2013-12/05/content_2542751.htm,访问时间:2021 年 10 月 25 日。

② FATF, Guidance for a Risk-based Approach to Virtual Assets and Virtual Asset Service Providers, accessed on October 25, 2021, http://www.fatf-gafi.org/publications/fatfrecommendations/documents/guidance-rba-virtual-assets.html.

犯罪相伴相生，毒贩为掩饰其贩毒黑色收益，通过"物理转移""化学漂白"的手段切断资金与上游犯罪的关联，将其收入合法化。而虚拟货币以哈希加密算法、区块链技术、PoW 机制等为底层技术，其诞生便与黑市暗网交易藕断丝连。因此，解析虚拟货币洗钱成因、解构新兴洗钱犯罪模式、探究反洗钱法治路径成为重要课题。

## （一）虚拟货币洗钱问题成因

在虚拟货币时代下，洗钱风险高发既因不法分子对虚拟货币特性的反面利用，也受当前监管环境的影响，具体体现在以下几个方面。

其一，虚拟货币运作具有匿名性，与犯罪分子切断非法资金来源的需求高度契合。虚拟货币（以比特币为例）的转移主要通过公钥与私钥的加密与解密，任意交易都会对全网的所有节点推送广播，但广播内容仅限于电子钱包地址与转账数额，并不披露交易双方身份信息，匿名属性极强。

其二，虚拟货币的快速结算和全球流通性为跨境洗钱提供便利条件。现有的大部分虚拟货币普遍支持不同虚拟币种以及虚拟货币与各国法币之间的相互结算，往往在数小时内便可完成交易，结算效率高、流转速度快，突破了时空局限，且规避各国外汇结算限制，为跨境洗钱分子大开方便之门。

其三，各国监管政策宽严不一，洗钱犯罪逃避监管成为可能。对于虚拟货币的监管，各国采取了不同的监管策略：英国、马来西亚等国家或地区采用"沙盒监管"模式进行契约治理；美国、日本等国家或地区要求业务方依法申领牌照；中国、印度等国家或地区则采取了更为强硬的监管策略，全面禁止辖区内虚拟货币的发行、兑换交易。[1] 这一监管政策的全球差异导致虚拟货币运营平台及洗钱犯罪向弱监管地区转移，例如在中国发文叫停各类虚拟货币业务后，火币网、比特币中国等交易平台纷纷迁往海外，洗钱犯罪亦随之发生地域转移。

---

[1]　朱嘉明、李晓：《数字货币蓝皮书（2020）》，中国工人出版社 2021 年版，第 118—119 页。

## （二）虚拟货币洗钱模式解构

面对日益严峻的洗钱风险，各国监管部门纷纷行动，对虚拟货币洗钱情势进行分析与阻断。与传统洗钱相似，利用虚拟货币洗钱也须经放置、离析、融合三个阶段：首先，须将犯罪所得辗转投于虚拟货币运作平台进行虚拟货币交易；其次，利用虚拟币交易的匿名性、全球流通性等特点进行频繁倒手交易，混淆资金的初始来源，切断与违法犯罪行为之间的联结，模糊其非法属性；最后，将"合法所得"的虚拟货币转换成各国法币，实现黑色收入合法化。结合洗钱犯罪实践，根据虚拟货币交易平台的性质与提供的服务，笔者将虚拟货币洗钱犯罪大致分为中介平台模式与混币平台模式。

1. 中介平台洗钱模式

早期，基于虚拟货币交易平台发布的实时币种、币值等信息，洗钱需求方直接联系中间商进行交易，将赃款通过支付宝、微信等手段支付给中间商。该类中间商背后往往豢养数量可观的卡农团队，掌握大量以卡农名义开办的银行卡、手机号、U盾及其身份证（即四件套），中间商在收到赃款后操作实控账户进行钱币买卖或币币兑换，再将虚拟货币或钱款交付给洗钱需求方，如此便完成了赃款清洗流程（即类型一）。随着国内外打击力度的提升，交易平台纷纷推出实名认证、人脸识别验证等要求，传统的四件套模式无法运作，故洗钱犯罪逐渐衍生出新样态。在新模式下，中间商通过收取卡农保证金的方式控制大量卡农，在洗钱需求方将交易意向传达给中间商后，中间商将赃款转移至卡农处，由卡农操作其所属账户进行虚拟货币的买卖，并将相关钱款或虚拟币以场外交易的方式转移给洗钱需求方账户（即类型二）。其中，由于部分交易平台（例如火币网）要求资金转移账户的一致性，因此卡农须注册成为中间商，形成较为固定的中间商群体从事洗钱活动，两者的身份在一定程度上发生混同（见图1）。

例如在郑某某掩饰、隐瞒犯罪所得、犯罪所得收益罪案[①]中，被告人郑某某等为上家提供实名银行卡账户、身份证信息、手机号码、人脸识别等，帮助上家注册、运行火币账户用于购买比特币、转移赃款，最终被法院判处掩饰、隐瞒犯罪所得罪。

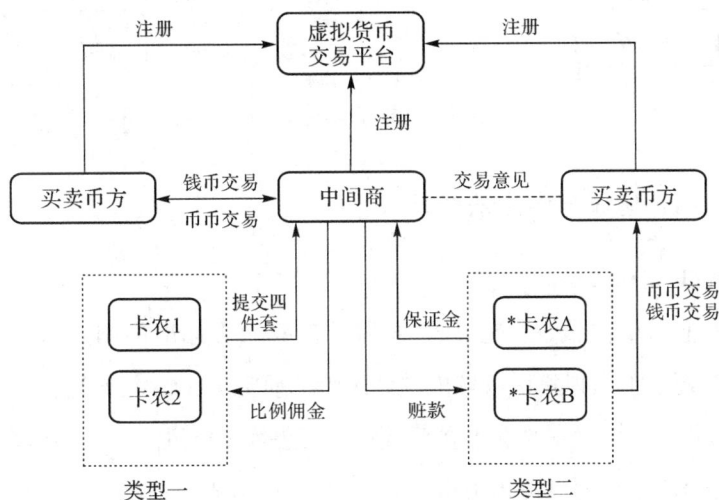

图 1　中介平台洗钱模式

### 2. 混币平台洗钱模式

在另一种模式下，虚拟货币交易平台不仅具有信息中介性质，还为其用户提供混币服务。混币服务是指将用户资金与其他用户的资金进行混同，并建立用户账户与混币后账户之间的随机映射关系，从而割裂资金转入和转出的关系（见图 2）。[②]2013 年，美国联邦调查局（FBI）对丝路网站（silk road）持有人执行逮捕。在充斥着毒品、色情、暴力元素的网站交易中，比特币的混合交易对掩盖交易形迹至关重要，"利用一个复杂而半随机的虚拟交易过程将所有支付的比特币予以混合，从而模糊比特币与其支付账户之间

---

[①]　浙江省绍兴市越城区人民法院（2020）浙 0602 刑初 328 号判决书，。

[②]　中国人民银行兰州中心支行课题组、张立民：《虚拟资产反洗钱监管研究》，《甘肃金融》2021 年第 6 期。

的联系"，[①] 以此躲避监管侦查。

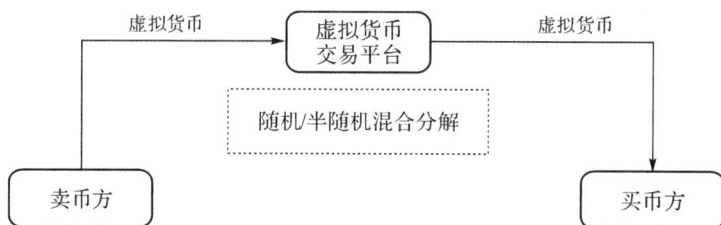

图2　混币平台洗钱模式

### （三）FATF建议与中国法践行

#### 1.FATF建议动态

作为全球反洗钱、反恐怖融资和反扩散融资标准的制定者，FATF自2013年起便着手虚拟货币领域内洗钱风险的研究。2014年6月，FATF发布了《虚拟货币：关键定义和潜在反洗钱、反恐怖融资风险》，2015年6月发布了《以风险为本的虚拟货币指引》。2018年10月，FATF对《打击洗钱、恐怖融资和扩散融资的国际标准》（即《40项建议》）进行修改，明确阐明该等建议适用于涉虚拟资产的金融活动，并在词汇表中添加了两个新定义，即虚拟资产和虚拟资产服务提供商（VASP）。[②] 2019年6月，FATF通过了对建议15的解释性说明，进一步阐明虚拟资产及其服务提供商的反洗钱要求，同期还通过了《以风险为本的虚拟资产和虚拟资产服务提供商指引》，具体阐述将以风险为本的方法应用于涉虚拟资产运营活动的制度设计。例如实行许可或注册制度，采取客户尽职调查、记录保存和可疑交易报告等措施。[③]

---

[①]　时延安、王熠珏：《比特币洗钱犯罪的刑事治理》，《国家检察官学院学报》2019年第2期。

[②]　FATF, International Standards on Combating Money Laundering and the Financing of Terrorism &Proliferation, accessed October 25, 2021, https://www.fatf-gafi.org/media/fatf/documents/recommendations/Second-12-Month-Review-Revised-FATF-Standards-Virtual-Assets-VASPS.pdf.

[③]　FATF, Guidance for a Risk-Based Approach to Virtual Assets and Virtual Asset Service Providers, accessed October 25, 2021, http://www.fatf-gafi.org/publications/fatfrecommendations/documents/guidance-rba-virtual-assets.html.

　　为推进各项建议落地，FATF 对其司法管辖区的标准实施情况进行了两轮为期 12 个月的审查与监测。2021 年 7 月发布的第二期审查报告显示，截至 2021 年 4 月，128 个司法辖区中的 58 个司法管辖区已出台必要的立法以配合修订后的 FATF 建议。其中，52 个司法管辖区已制定虚拟资产服务提供商监管制度，6 个司法管辖区表示已经禁止相关业务运营。[①]2021 年 10 月，《以风险为本的虚拟资产和虚拟资产服务提供商指引》更新，对虚拟货币及服务提供商定义、稳定币监管等六大关键领域提供最新监管指引，全球虚拟资产反洗钱体系建设进一步推进。[②]

　　2. 中国立法回应

　　中国自 2007 年加入 FATF 后，始终密切关注国际反洗钱动态，陆续出台《反洗钱法》《金融机构反洗钱和反恐怖融资监督管理办法》等规定，积极配合国内反洗钱体系的搭建与施行。在刑事规制上，《刑法》第一百九十一条的洗钱罪，第三百一十二条的掩饰、隐瞒犯罪所得、犯罪所得收益罪以及第三百四十九条的窝藏、转移、隐瞒毒品、毒赃罪，形成了较为严密的反洗钱法网。2021 年生效的《刑法修正案（十一）》对洗钱罪作出重大修正，通过删除"明知""协助"等用语对自洗钱犯罪课以刑责，将上游犯罪本犯纳入打击范围，以适应新形势下打击洗钱犯罪需求及履行国际义务。

## 三、FATF 建议与中国虚拟货币反洗钱思考

　　根据最高检及央行反洗钱局报告，2020 年度反洗钱监测分析中心共接收可疑交易报告 258 万份，各级人民银行针对重点可疑交易开展了 7000 余次

---

① FATF, Second 12-Month Review of the Revised FATF Standards on Virtual Assets and Virtual Asset Service Providers, accessed October 25, 2021, https://www.fatf-gafi.org/media/fatf/documents/recommendations/Second-12-Month-Review-Revised-FATF-Standards-Virtual-Assets-VASPS.pdf.

② FATF, Updated Guidance for a Risk-Based Approach to Virtual Assets and Virtual Asset Service Providers, accessed October 25, 2021, https://www.fatf-gafi.org/media/fatf/documents/recommendations/Updated-Guidance-VA-VASP.pdf.

反洗钱调查，移送犯罪线索 5000 余条，协助破获洗钱等案件 700 余起。① 可见我国反洗钱实践成绩显著，然而随着虚拟货币等新型洗钱手段的涌现及刑事立法的修改，仍有诸多问题亟待解决。

## （一）核心保护法益纠偏

关于洗钱罪保护法益问题，始终存在金融秩序法益说与司法运行法益说的对垒。有学者认为个体洗钱行为对金融安全的危害程度不具有刑法介入的合理理由，故"洗钱犯罪侵害并值得刑法予以保护的法益只能是国家司法权"。② 也有学者认为洗钱犯罪对司法的妨害只是一般客观事实，并不等于洗钱罪出于保护司法活动法益。③ 在虚拟货币语境下，由于虚拟货币交易平台取代了传统金融机构的媒介作用，非金融色彩愈加强烈，因此有必要对洗钱罪的法益问题予以澄清。

对此，笔者认为，在现有体系下洗钱罪的保护法益应为金融安全及司法法益的复合法益，且司法权运行系核心法益。其一，个案洗钱危害金融安全只是假设，但对司法运行的妨害乃不争事实。金融安全是一个宏观且宽泛的概念，经济学家普遍认为目前体量庞大的洗钱活动导致大量资金流向证券、娱乐、房产等领域后又快速抽离，容易导致市场震荡进而危害金融秩序。然而也正因为金融安全概念的宏大性，一则难以具体评述个案洗钱对于整体金融安全的撼动，二则宽泛论述个案的金融安全危害性难免有损刑法处罚的克制与谦抑。因此，仅将金融安全作为洗钱罪的保护法益，或将其作为核心法益的观点有待商榷。实际上，世界各国普遍未将金融安全作为洗钱罪的保护法益。例如，德国刑法规定的洗钱罪以保护司法权的运行为核心，并根据不同罪名构成要件的差异在保护法益上有所侧重。瑞典刑法则直接将洗钱罪置

① 参见中证网：http://www.cs.com.cn/xwzx/hg/202103/t20210319_6148381.html。
② 李云飞：《宏观与微观视角下洗钱罪侵害法益的解答——评金融管理秩序说的方法论错误》，《政治与法律》2013 年 12 期。
③ 张明楷：《刑法学（第六版）》，法律出版社 2021 年版，第 1020 页。

于"妨碍司法的重罪和轻罪"章节中。其二，从与掩饰、隐瞒犯罪所得、犯罪所得收益罪的关系看，洗钱罪应保护司法秩序法益。如前所述，洗钱罪、掩饰、隐瞒犯罪所得、犯罪所得收益罪以及窝藏、转移、隐瞒毒品、毒赃罪构成了我国广义上的洗钱犯罪。除窝藏、转移、隐瞒毒品、毒赃罪的设立系出于毒品犯罪体系完整列明的需求外，洗钱罪与掩饰、隐瞒犯罪所得、犯罪所得收益罪均强调对犯罪所得非法转移、转化行为的打击，具有特殊法条与一般法条的关系。因此，在法益评价上两者理应具有一定的一致性，即将司法秩序作为共同保护的法益。

在对待虚拟货币洗钱犯罪的问题上，除了在抽象的宏观层面看待此类行为的金融秩序侵害性外，更应侧重评估其行为对司法管理秩序的损害程度，进行合理的入罪与出罪判断。

## （二）虚拟货币性质澄清

结合前文对于虚拟货币的定义论争可见，虚拟货币的法律属性问题始终是各国关注的焦点。除了我国刑法聚焦虚拟货币是否具有货币属性以阐述货币类犯罪的适用问题外，着墨论述其财产属性有无的论著亦汗牛充栋。这一问题在洗钱犯罪的认定上同样重要。

### 1. 理论与实务争议

洗钱罪及掩饰、隐瞒犯罪所得、犯罪所得收益罪的犯罪对象为"犯罪所得及其产生的收益"。根据司法解释规定，犯罪所得指通过犯罪直接得到的赃款、赃物，犯罪所得产生的收益指行为人对上述犯罪所得处理后获得的利益，主要包括孳息、租金等。[①] 由于我国明确否认虚拟货币的货币属性，因此虚拟货币不具有"赃款"性质，而根据《辞海》的定义，"赃物"指用不

---

① 最高法关于审理掩饰、隐瞒犯罪所得、犯罪所得收益刑事案件适用法律若干问题的解释（2021修正）第十条："通过犯罪直接得到的赃款、赃物，应当认定为《刑法》第三百一十二条规定的'犯罪所得'；上游犯罪的行为人对犯罪所得进行处理后得到的孳息、租金等，应当认定为《刑法》第三百一十二条规定的'犯罪所得产生的收益'。"

正当的方法所获得的财物。因此，尤其在上游犯罪所得为比特币等虚拟货币的场合下，涉案虚拟货币是否属于"财物"概念的范畴，能否对此类案件以洗钱犯罪追究刑事责任这一问题亟待阐明。

我国理论界对这一问题争议不休，形成了财物说、数据说与综合说的交锋。否认虚拟货币财物属性的理由主要有以下几个方面。其一，虽然虚拟货币具有价值，但并非所有价值性之物都属于财物。以商业秘密为例，《反不正当竞争法》定义下的商业秘密具有秘密性、价值性以及保密性，其中的价值性表明商业秘密具有创造经济利益的可能性。然而，商业秘密普遍作为无形财产予以保护，并未将其纳入刑法意义上的财物范畴。其二，我国民事立法尚未明确虚拟货币的财产属性，刑法不应超越前置法对其定性。根据《民法典》第一百二十七条规定："法律对数据、网络虚拟财产的保护有规定的，依照其规定。"然而，当前虚拟货币领域内仅有行政公告进行宽泛的概念界定，民事立法呈现空白样态，故刑法在虚拟货币属性的判断上应当保持足够的冷静与克制。其三，将虚拟货币作为数据进行保护不会导致刑事打击的缺位。虚拟货币作为数字货币的下位概念，将其作为数据并无语义与概念上的障碍，而我国现行数据犯罪最多可判至 15 年有期徒刑，可以满足此类犯罪的打击需要，不至于罪责刑明显不相适应。

司法实务的裁判观点也存在明显分歧。例如在裴某某犯诈骗罪申诉案中，法院认为比特币不是作为其原始物理属性的数据被社会公众认可，而是作为财富被人们热切追逐。由于客观上比特币可借助网络媒介与法币进行交易与兑换，故其"具有可转化为现实物质利益的属性，在法律属性上应当认定为财产"。[①] 然而在孟某、刘某非法获取计算机信息系统数据，非法控制计算机信息系统二审案中，法院则指出以太币作为一种特定的虚拟商品，与金钱财物等有形财产、电力燃气等无形财产存在明显差别，将其解释为刑法意义上的"公私财物"超出了司法解释的权限，故以太币系"依据特定的算法通

---

① 广东省高级人民法院（2018）粤刑申 450 号通知书。

过大量计算产生，实质上是动态的数据组合，其法律属性是计算机信息系统数据"。[1]

2.FATF 建议下的思考

对于这一问题，FATF 在建议中数次强调各国应将虚拟资产视为"财产""收益""资金""资金或其他资产"或其他"相应价值"，[2] 并强调虚拟资产的概念应具有广泛性，[3] 防止发生概念上的遗漏。部分国家立法亦将虚拟货币视为财产予以保护，例如意大利直接将洗钱罪作为"以欺诈方式侵犯财产的犯罪"，加拿大则将洗钱犯罪置于"犯罪收益"一节。

观之我国，应肯定虚拟货币的财产属性。其一，随着刑法理论的发展，财物概念在"财""物"的侧重上发生倾斜。对于财物的范畴，我国理论与实务均实现了从有体物到无体物，再扩展到财产性利益的观念转变，"物"的概念被逐渐淡化，"财"的属性得到进一步加强。其二，虚拟货币符合财物的定义。财物要求事物具备管理可能性、转移可能性以及价值性这三大特征。[4] 结合虚拟货币，货币持有人通过操作个人账户，利用公钥与私钥的配合解码实现对虚拟货币的管理及转移，符合财物的管理可能性及转移可能性；并且在当今市场环境下，虚拟货币的市值虽然存在剧烈波动但仍具有可观的利益回报（除以诈骗、传销等非法目的制造的并无实际价值的"空气币"外），亦符合价值性要求。同时，人们出于逐利心态投身"炒币""挖矿"热潮，可见其对虚拟货币财产属性的认可，故虽然目前尚未从民事立法层面确认虚拟货币的财产属性，但从解释论角度来看，虚拟货币属于财物内涵的

---

① 浙江省温州市中级人民法院（2019）浙 03 刑终 1117 号裁定书。

② FATF, Guidance for a Risk-Based Approach to Virtual Assets and Virtual Asset Service Providers, accessed on October 25, 2021, http://www.fatf-gafi.org/publications/fatfrecommendations/documents/guidance-rba-virtual-assets.html.

③ FATF, Updated Guidance for a Risk-Based Approach to Virtual Assets and Virtual Asset Service Providers, accessed October 25, 2021, https://www.fatf-gafi.org/media/fatf/documents/recommendations/Updated-Guidance-VA-VASP.pdf.

④ 张明楷：《刑法学（第六版）》，法律出版社 2021 年版，第 1212 页。

辐射范畴，且亦未突破国民的预测可能。其三，虽然我国目前禁止虚拟货币的发行与交易，但并未否定个体持有的合法性，与其说禁止虚拟货币，不如说禁止"无监管的虚拟货币"。因此，从立法论上将摆脱无序治理后的虚拟货币作为财产予以保护不无可能，从解释论角度先行予以阐明亦可无后顾之忧。

## （三）平台洗钱刑责探讨

作为监管重点，FATF 建议着重对虚拟货币服务提供商提出反洗钱监管要求，主要涵盖客户身份识别、交易记录留存、可疑交易报送等方面。例如，要求服务提供商履行以下义务：（1）客户尽职调查（CDD），即获取并验证法律要求的客户身份验证信息，例如客户姓名以及实际所在地、出生日期、国民身份证号码等其他标识符信息；（2）强化尽职调查（EDD），即采取以第三方数据库或其他可靠来源中的信息验证所获取的客户身份信息；追踪客户的 IP 地址；使用区块链分析等分析产品；在数据收集符合国家隐私立法的前提下利用互联网搜索与客户交易资料一致的活动信息；（3）持续尽职调查（ODD），即定期更新客户资料，确保时效性及相关性。[①] 我国监管当局亦提出虚拟货币交易网站需向中国反洗钱监测分析中心及时报告可疑交易，并配合央行进行反洗钱调查。结合前述对虚拟货币平台洗钱模式的实务分类，该类平台洗钱犯罪刑事责任承担问题值得进一步探讨。

1. 混币服务平台洗钱刑责分析

对于提供混币业务的运营平台而言，其提供的混币服务与赃款、赃物的漂白后果具有密切的因果关联。因此，平台方是否与犯罪分子具有意思联络，

---

[①] FATF, Guidance for a Risk-Based Approach to Virtual Assets and Virtual Asset Service Providers, accessed October 25, 2021, http://www.fatf-gafi.org/publications/fatfrecommendations/documents/guidance-rba-virtual-assets.html; FATF, Updated Guidance for a Risk-Based Approach to Virtual Assets and Virtual Asset Service Providers, ACCESSED October 25, 2021, https://www.fatf-gafi.org/media/fatf/documents/recommendations/Updated-Guidance-VA-VASP.pdf.

是否满足洗钱罪的主观明知要件尤为重要。首先，在"明知"的形式上，对于"明知"是否包括"应知"（即应当知道）的问题存在一定争议。部分司法解释将"应知"作为"明知"的情形之一处理。例如，《关于办理侵犯知识产权刑事案件具体应用法律若干问题的解释》第九条将"其他知道或者应当知道是假冒注册商标的商品的情形"认定为销售假冒注册商标的商品罪规定的"明知"。然而，在现今洗钱犯罪司法解释未明确将"应知"纳入洗钱罪"明知"范畴的情况下，笔者认为洗钱罪的"明知"不应包含"应知"：其一，从犯罪类型看，"应知"出于疏忽大意，在能预见时未预见，其出于过失语境，与洗钱故意犯罪并不兼容；其二，从体系解释看，在《刑法修正案（十一）》出台前，侵犯商业秘密罪明确将"明知"与"应知"并列，[①]体现立法态度上对两者的区别。此外，在"明知"的程度上，立法将确定性认识和可能性认识均纳入"明知"范畴，[②]即虚拟货币混币交易平台确切知道或可能知道涉案财产系毒品等犯罪所得均成立洗钱罪的"明知"。[③]

2. 中介服务平台洗钱刑责分析

对于提供信息发布服务的运营平台而言，若其并未主动以作为方式参与洗钱流程，则能否基于其不履行客户尽职调查或可疑交易报告义务而成立不作为的洗钱犯罪？在回答这一问题前，需要阐明洗钱罪等法定犯的前置法违法属性。相较于自然犯，法定犯的设置往往出于特殊的文化价值、社会价值与经济价值的考量，[④]洗钱罪便是在前置行政违法前提下出于经济与社会价值保护的刑法制裁。因此，笔者认为在现有体系下，在缺乏犯罪意思联络的

---

① 《刑法》第二百一十九条："……明知或者应知前款所列行为，获取、使用或者披露他人的商业秘密的，以侵犯商业秘密论。"虽然《刑法修正案（十一）》将应知内容删除，但仍能体现在立法传统中明知与应知具有不同的语义。

② 刘为波：《〈关于审理洗钱等刑事案件具体应用法律若干问题的解释〉的理解与适用》，《人民司法》2009 年第 23 期。

③ 何慕：《洗钱犯罪明知要件的实务运用》，微信公众号"大成辩护人"，https://mp.weixin.qq.com/s/XuK_YQxWZegmZvsZBQlzqA，访问日期：2021 年 10 月 25 日。

④ 林东茂：《经济刑法导论》，五图图书出版有限公司 1999 年版。

场合下，中介服务平台不履行报告义务的行为不构成不作为的洗钱犯罪：其一，从作为义务的内涵来看，立法并未对交易平台的报告义务作出具体的、可操作的细则规定，相关规定更具宣示性意味而缺少执行性及强制性；其二，从刑事违法性来看，行政规范尚无对此类行为规定具体罚则，故难言其具有行政意义上的违法性，更遑论在刑法视域下对其违法程度进行评价；其三，从犯罪形态来看，在洗钱需求方与中间商达成场外钱币交易或币币交易后最终交易信息方才抵达交易平台，彼时单笔洗钱交易已经既遂，因此其后交易平台是否履行报送义务难以与在前既遂的洗钱行为进行共同评价。

虽然我国目前仍对虚拟货币持全面禁止态度，然而数字货币发展之潮已难以回流，禁止虚拟货币发行与交易系适应当前国情的选择，但是否是我国监管的最终道路未尝可知。因此，"风物长宜放眼量"，如何运用刑事手段对虚拟货币乱象进行治理？如何在 FATF 建议下改造本国反洗钱理论与实务？解决相关问题迫在眉睫。

# 新型支付结算方式对数字安防产业链的法律风险研究

浙江大学光华法学院　汤方实 *

**摘　要**

新型支付结算方式的出现带来新的安防风险，给数字安防产业链造成冲击。需要及时转换理念，完善数字安防产业链的结构和监管方式，促成安全与效率、稳定与发展、创新与消费者保护之间新的平衡。应当精准、及时、全面洞悉创新金融业态之本质，加强穿透式监管。同时，在大数据、区块链、云计算等科技发展的基础上，应当建立金融合规、场景依托和技术驱动三位一体的金融风险防范体系，突出技术驱动型监管在金融监管中的重要作用，从而加强对所有金融科技的监管，引导金融科技服务于实体经济。

**关键词：** 大数据金融；数字安防产业链；支付结算

---

★　汤方实，浙江大学光华法学院博士生。

## 一、新型支付结算方式的国际实践

新型支付结算方式，多指以加密资产为代表的数字货币结算方式，是新兴的、以分布式账本或区块链技术为基础并可代表一定价值或合同权利的数字表示作为结算方式。其中，非官方发行的数字表示即为加密货币。自 2009 年中本聪设计的比特币发行流通后，加密资产市场已形成以比特币为主导、多币种与多市场共存的格局，对世界经济的影响与日俱增。根据代表权利或使用目的的差异，数字货币可分为支付型代币（payment tokens）、证券型代币（security tokens）、效用型代币（utility tokens）以及稳定币（stablecoins）。

支付型代币是指非中央机构发行、不代表任何对发行人的请求权，旨在充当商品与服务的交换媒介的数字货币，如比特币、以太币、瑞波币等等。在 2008 年全球金融危机导致大量银行发生挤兑危机乃至破产等事件，民众对法定货币信心削弱的背景下，比特币这种"点对点的电子现金系统"应运而生。此后，越来越多的机构与个人开始基于区块链技术创造出可在全球范围内"去中心化"发行与流通的支付型代币，试图使其具备类似法定货币的货币职能，以消除政府主导下的法定货币的种种弊端。但由于缺乏真实财产支撑以及原生匿名性的问题使其难以受到监管，比特币等主流支付型代币的市场价格波动较为剧烈，影响了支付型代币核心功能的发挥。[①]

证券型代币与效用型代币是指通过"首次代币发行"（ICO）的融资方式发行的数字货币，前者指具有股票、债券等法定证券属性的数字货币；后者指具有特定商业用途的数字货币。发起人基于"以太坊区块链标准化系统"（ERC–20）从事证券型与效用型代币的开发、发行与流通，如果投资者对发起人宣传的项目产品感兴趣，并计划通过购买发起人发行的证券型或效用型代币为该项目提供资金，则需要先将法定货币通过交易所或场外市场兑换为以太币，并向发起人提供的区块链地址发送指定数量的以太币，随后便会

---

① 柯达：《区块链数字货币的证券法律属性研究——兼论我国〈证券法〉证券定义的完善》，《金融监管研究》2020 年第 6 期。

收到相应数量的证券型或效用型代币。世界上首个通过 ICO 发行的数字货币为 Mastercoin 代币，该项目发起人于 2013 年 7 月至 8 月从 500 名认购者手中筹集了约 50 万美元的资金。ICO 融资模式自诞生之初，便引来了是否应当接受证券监管的争论。为规避证券监管、降低合规成本，使实质上的"证券型代币"变为不受证券监管的"效用型代币"，市场中出现了一种名为"未来代币简化协议"（SAFT）的法律规避手段。该协议本质上是一份远期合约，发起人依据美国《D 条例》将"获得代币的权利"仅出售给合格投资者；发起人在使用筹集的资金完成产品开发后，将特定的数字货币交付给合格投资者，后者进而可在二级市场上将该数字货币进行转售。此外，区块链行业还利用美国证交会（SEC）制定的《S 条例》《A 条例》以及《众筹条例》规避证券法对股票等传统证券的监管。

稳定币是通过与其他财产锚定或通过第三方调控货币供应量的方式，实现价格相对稳定的数字货币。根据锚定对象与运行机理的不同，稳定币又可分为三类：与法定货币等实际财产锚定的"链下资产支持型"稳定币（off-chain-backed stablecoins），与其他数字货币锚定的"链上资产支持型"稳定币（on-chain-backed stablecoins），以及第三方控制货币供应量的"算法型稳定币"（algorithmic stablecoin）。稳定币系基于支付型代币的价值波动等问题产生。虽然支付型代币实现了货币发行人缺位情况下的"算法信任"，并在提升支付清算效率、保护交易隐私等方面具有一定优势，但币值波动较大使其难以有效履行货币职能。在此背景下，一方面，市场需要呼唤一种价格稳定的数字货币出现，以使支付型代币能够有效履行货币职能，同时降低法定货币与支付型代币兑换产生的信用风险；另一方面，许多商业机构开始基于区块链技术发行与法定货币锚定的链下型稳定币，并在其业务生态圈内流通，以期通过提升支付清算效率扩大公司的业务量。如 2020 年 4 月，Facebook 发布第二版《Libra 白皮书》，表示将发行拟锚定美元或多国货币的数字货币 Libra，Libra 便是一种典型的链下型稳定币。

## 二、新型支付结算方式的国内实践

### （一）非官方发行的支付结算方式

1. 支付型代币结算的国内实践

中国人民银行等七部委联合发布的《关于防范代币发行融资风险的公告》中指出，代币发行融资是指融资主体通过代币的违规发售、流通，向投资者筹集比特币、以太币等所谓"虚拟货币"，本质上是一种未经批准非法公开融资的行为，涉嫌非法发售代币票券、非法发行证券以及非法集资、金融诈骗、传销等违法犯罪活动。2017 年 9 月 4 日，人民银行、工业和信息化部和银监会等多部委发布公告，禁止从事代币发行融资活动；交易平台不得从事法定货币与代币、"虚拟货币"相互之间的兑换业务，不得买卖或作为中央对手方买卖代币或"虚拟货币"，不得为代币或"虚拟货币"提供定价、信息中介等服务。因此，支付型代币的结算方式在我国被禁止，也被禁止与法定货币交易。

2. 证券型代币结算的国内实践

区块链分布式记账、量子计算等技术的发展，可对法律意义上的一切物权、债权、知识产权、股权及其他财产性权利等底层资产进行确权，成为具有财产属性的民事权利的凭证，具有安全、连续、不变的链式数据结构，且具有分布式、多节点共识、公开透明、不可篡改等显著特征，可发展为新型支付结算方式。[1] 马建森在《STO 的国内实践探索——应收账款电子凭证的生成及其流转》一文中提及 STO（security token offering，即上文所提及的证券型代币的发行行为）[2] 在国内的初步实践。文中提到，很多创新型机构在应收账款融资方面进行了诸多探索。如，简单汇平台打造了应收账款债权凭

---

[1] 马建森：《STO 的国内实践探索——应收账款电子凭证的生成及其流转》，清华大学金融科技与金融创新全媒体，https://www.weiyangx.com/347091.html，访问日期：2021 年 7 月 5 日。

[2] STO（security token offering）指的是证券化通证的发行行为，其所发布的是证券型通证。与 ICO 缺乏监管、投资者与项目方信息严重不对称、权利与责任不明晰等不同，STO 有真实底层资产支撑，使得区块链项目投资更加规范化、更具可持续性。

证——"金单"，通过核心企业汇聚 1–N 级供应商，引入银行等外部金融机构，构成完整生态圈的线上平台。又如中企云链平台中企云链开立的可流转、可融资、可拆分的应收账款债权凭证"云信"，核心企业为上游供应商开出"类商票"的"云信"，上游多级供应商可以将"云信"进行任意拆分并转让，也可以融资或持有到期。除核心企业自建网络外，一些金融机构，如浙商银行、平安银行等，均推出类似应收账款电子凭证。此外，蚂蚁链双链通作为供应链金融服务平台，也提供了应收账款电子权利凭证业务。实务中，以应收账款债权作为底层资产，生成电子凭证并开展转让，此类债权凭证极大地提高了供应链金融业务的效率和真实性。

### （二）官方发行的支付结算方式

2020 年 4 月 14 日晚，央行数字人民币的用户页面图片流出，"央行法定数字电子货币现身农行内测""央行数字人民币开始在四大银行测试运行"等话题占据各媒体头条。央行即将推出全新的加密货币体系数字人民币，是其尚未发行的法定数字电子货币，其本质就是一种数字支付工具，是数字电子货币中的一种。依据官方描述，数字人民币是实体人民币的电子化替代，是数字版的纸质钞票，也就是说数字人民币可以应用于纸钞的使用场景。比如在没有网络的情况下，只要手机上有数字人民币钱包，手机间彼此靠近，就能实现支付转账的功能，即收支双方的"双离线支付"。

### 三、新型支付结算方式对数字安防产业链的影响

### （一）新型支付结算方式带来法律风险

我国新型支付结算方式的风险主要来自非官方发行的加密资产支付结算方式，即前文所述的支付型代币结算和证券型代币结算带来的法律风险。由于支付型代币结算在我国被禁止，本文主要阐述证券型代币结算业务的法律风险。

在证券型代币的支付过程中，根据核心企业为一级供应商开出的结算凭证（以下称为数字凭证），一级供应商有三种选择：第一，选择将数字凭证持有到期，取得资金；第二，将数字凭证转让给二级供应商或债权债务抵消，二级供应商同样可以选择持有到期，或进行外部融资，或将数字凭证再次转让给下级供应商；第三，选择进行外部融资，将数字凭证转让给金融机构，如商业银行、保理公司等。金融机构可以进行 ABS、再保理等，也可以选择持有到期，取得资金。其中，第一种选择即为契约之债的实现。在第三种选择中，数字凭证交由商业银行和保理公司，会产生 ABS 和保理等效果。

笔者认为，上文所述数字凭证本质是电子化的债权凭证，属于财产性权利凭证。其转让属于意定债权让与，依据民法意思自治原则和《民法典》第一百四十三条之规定，只要当事人意思表示一致并具有相应的民事行为能力，且不违反法律、行政法规的强制性规定及公序良俗，转让行为当属有效。因其不具备票据的无因性、文义性等基本特征，数字凭证不属于票据。若强行将数字凭证票据化，将不利于法学体系的一致。数字凭证票据化的呼声，实际上是希望推动数字凭证的标准化，而数字凭证的标准化，可以依托区块链完成，不必要依赖票据化路径。数字凭证也同样不属于证券。在我国，只有符合《证券法》规定的金融工具才算《证券法》意义上的证券。在我国"证券"概念扩张之前，应收账款电子权利凭证无法被列入证券的范畴，核心企业对于数字凭证的出售行为便只能构成债权转让，而非证券发行，因此也只受民法调整。若该出售行为面向的对象不特定，则可能涉及非法集资而受到公法调整。值得注意的是，若核心企业的出售行为面向不特定对象，将可能构成非法集资，受到行政监管。若核心企业的出售行为仅面向特定对象，例如核心企业的次级供应商，则属于民法调整范畴，参照当事人意思自治原则处理。

依据上述法律定性，笔者将证券型代币结算业务的法律风险整理如下。

第一，虚构基础交易风险的来源大部分情况下是虚构应收账款的来源，其包括：虚构应收账款、[①]虚增应收账款、按照会计准则不能被认定为应收账款，通过隐瞒售后回购或售后租回协议，将以售后回购或售后租回方式发出的商品作为销售商品确认应收账款，或是未来的应收账款。

第二，重复融资问题。以电子应收账款凭证平台为例，平台是核心企业构建的封闭供应链生态圈，链上企业持有的电子应收账款凭证只能向核心企业或平台的合作保理公司、合作金融机构申请融资，在一定程度上增加了持有人的融资难度，但应收账款转让可能存在"一物多卖"的重复融资问题。

第三，核心企业破产和违约的风险。线上平台通常都支持电子债权凭证一手接一手的连续转让，然而，在线上平台往往只能看到据此产生的电子债权凭证的基础交易的一些情况，却未必能看到后续每次转让过程中受让人向转让人支付对价的情况。如果前手转让人无偿或以显著低价向后手转让人转让电子债权凭证，且该转让侵害了前手转让人的债权；或者前手转让人在转让后一年内破产的，则该转让就可能被撤销，而银行向后手转让人提供融资，就可能面临与行使撤销权的第三人争夺债权凭证的局面。此外，资产融资实际上就是把主体的信用转换成核心企业的信用，但是核心风险仍然存在，只不过风险的主体不一样。所以说，平台仍然要对核心企业主体风险进行监控。债权人如果忽视了解和监测债务人的经营状况，则会存在欠款到期后，债务人生产经营状况发生严重恶化、面临破产，或出现转移财产、抽逃资金，或有丧失、可能丧失履行债务的能力等情况，因此应当采取必要的应对措施。

第四，非法集资的风险。根据《防范和处置非法集资条例》第二条，非法集资是指未经国务院金融管理部门依法许可或者违反国家金融管理规定，

① 虚构应收账款主要包括：a. 利用与未披露关联方之间的资金循环虚构交易或以明显高于其他客户的价格向关联方销售商品；b. 为了虚构销售收入，将商品从某一地点移送至另一地点，以出库单和运输单据为依据确认应收账款；c. 在采用代理商的销售模式时，在代理商仅向购销双方提供帮助接洽、磋商等中介代理服务的情况下，按照相关购销交易的总额而非净额确认应收账款；d. 采用完工百分比法确认劳务收入时，故意低估预计总成本或多计实际发生的成本，以通过高估完工百分比的方法实现当期确认应收账款等。

以许诺还本付息或者给予其他投资回报等方式，向不特定对象吸收资金的行为。若核心企业的出售行为面向不特定对象，将可能构成非法集资，受到行政监管。严重情况下，可能构成非法吸收公众存款或集资诈骗，受到刑法监管。

### （二）数字安防产业链的应对策略

我国继 2013 年确定首批创新型产业集群试点后，再次确定第二批创新型产业集群试点，以促进区域创新体系建设，推动地方经济转型发展。杭州高新区管委会建设的杭州数字安防创新型产业集群等 22 个产业集群成为第二批试点。浙江正联通全国各地的安防协会，打通全国安防系统，整合安防、应急、智能制造等相关行业上下游资源和产教融合资源，立足浙江，面向全国。如前文所述，新型支付结算方式带来了新型法律风险，需要数字安防产业链升级以应对这些风险。

1. 完善产业链数据中心审核水平

在供应链金融模式下，通过将物联网、区块链等新技术嵌入交易环节，运用移动感知视频、电子围栏、卫星定位、无线射频识别等技术，对物流及库存商品实施远程监测，可提高产业链数据中心对交易真实性的审核水平。此外，需要加强信用管理，尤其是加强核心企业数字凭证发放的信用管理，利用技术手段核实侦测不合理的凭证发放行为，利用大数据分析核心企业应收账款逾期的原因，并及时预警、收紧应收账款电子权利凭证的发放资质。

2. 监管机构加强监管科技应用

新型支付结算方式作为新兴金融产品，呈现金融新业态。但在新兴金融蓬勃发展的同时，也存在一些不容忽视的风险隐患，给金融市场秩序带来严重影响，新兴金融领域防范化解重大金融风险的任务依然艰巨。相较于传统金融，新兴金融具有技术化、智能化、数据化的新特点。过去以"人工监管"为核心的传统监管手段，面对新兴金融背景下金融交易技术化凸显、规模扩张、复杂性上升等情况，就显得捉襟见肘。显然，传统金融监管手段已经无法胜任新兴金融监管的需要。新兴金融的监管也必须强化技术性监管的理念，构建以数据为依托、以技术为核心的智能化监管模式，用监管科技应对新兴金融。

监管科技本质上是一种技术驱动型监管。面对新兴金融的技术性带来的风险和监管挑战，监管科技是目前被各国金融监管部门普遍认可的全新监管手段。可以说，监管科技代表了未来金融监管的逻辑演进趋势，是支撑新兴金融行业乃至未来整个金融业发展的坚实基础。首先，应当引入"监管沙盒"机制，为新兴金融创新提供一个安全空间。从事金融创新的企业可以在该安全空间内试验创新产品、尝试新服务以及新的商业模式，监管部门通过对测试过程进行实时监测和评估，以判定是否给予其正式的监管授权。"监管沙盒"有机统一了金融稳定和金融服务实体经济的双重职能，有利于监管部门更好地履行监管职责，促进金融创新监管。其次，应当推广"冒烟指数"等科技监管措施。利用大数据、机器学习与数据挖掘等技术，实现对金融科技业态的全方位动态监管。最后，应当优化创新加速器环境。政府需要在加大财税支持的基础上，更多发挥指引和协调作用，以改善新兴金融服务环境为重点。

3. 完善监管方针

2017年9月，中国人民银行等七部委联合发布《关于防范代币发行融资风险的公告》，[①]明确代币发行融资活动涉嫌金融违法犯罪活动，要求立即停止各类代币发行融资活动，严格进行清理整顿。然而，禁止虚拟资产业务并不能保证我国能够完全规避虚拟资产带来的风险。目前，虚拟资产已经在国际上引起重视，国际组织以及各国均积极探索针对虚拟资产活动的监管标准和监管框架。我国应当密切关注国际组织的监管动态，及时了解各国的监管活动，积极研究虚拟资产的特点及可能的风险，提出适合我国国情的监

---

① 参见中国人民银行网站：http://www.pbc.gov.cn/goutongjiaoliu/113456/113469/3374222/index.html。

管方针。[①]

4.优化政府侧数据仓

第一，完善企业失信惩罚机制。国际上对失信的惩罚方式一般有两种：一种是通过法律手段，失信企业须承担民事、行政或刑事责任；另一种是实施道德制衡。通过将企业的失信行为公之于众，设立不良信用行为企业"黑名单"，增加失信企业信用成本。监管部门应加大立法和执法力度，完善企业失信惩戒机制，引导、鼓励企业守信经营。在立法环节，要提高惩罚标准，加大处罚力度。在执法环节，要切实解决行政执法软弱无力及以罚代管的问题。在信用道德建设方面，要增加失信者的经济成本和道德成本，运用征信网络平台建立企业及个人失信档案，完善失信者违约信息披露机制。对严重的失信犯罪行为，应通过刑事立法，追究其法律责任。

第二，健全多元化的企业信用评价体系，促进多部门协同治理。目前，我国银行等金融机构均有较完整的企业信用登记制度，并实现了不同金融机构间的数据联网与共享。金融机构信用系统对融资企业按时还贷、防范信贷风险起到较好的监督作用。但仅仅依靠金融机构还不足以防范应收账款质押融资的系统性风险。应建立由征信专业机构主导，工商、质检、税务等部门参与，引入信用服务企业的多方协同的企业信用监管及评级机制，对不同类型企业进行信用评级，实行企业信用信息公开披露制度，根据融资企业的信用评级确定应收账款质押融资授信额度及信用政策。

第三，优化征信系统功能与结构，优化企业信用服务平台。一是保证征信系统内容的真实性、有效性，加快信息的更新速度。二是加大非银行信贷信息采集，满足金融机构和其他查询者的需求。三是优化系统功能，采用网络智能技术，增加明细清单、模糊查询功能及贷款卡年审功能，放宽征信查询权限，提高数据导入频率，简化信用评估异议处理程序。四是改进录入模

---

① 　李文红：《虚拟资产的国际监管思路及其对建立防范互联网金融风险长效机制的启示》，《金融监管研究》2020 年第 8 期。

板，增加自验和试算平衡功能，着力提高系统工作效率。

## 四、小结

2018 年底，中国人民银行发布了《中国金融稳定报告（2018）》（以下简称《报告（2018）》），对我国金融体系的稳健性状况进行了全面评估。其中，《报告（2018）》针对加密资产相关领域指出，加密资产相关领域的发展侧面反映了区块链等新技术的兴起，但无序发展导致整个市场投机色彩浓厚，给洗钱、恐怖融资等犯罪活动带来便利，欺诈发行、庄家控盘等问题频出，损害了投资者的合法权益，须引起警惕。加密资产及其交易的匿名性造成大量资金和加密资产的来源和投向不明，为洗钱、非法交易、恐怖融资及逃避资本管制和国际制裁提供了便利，损害了相关执法行动的有效性，给社会带来不利影响。在政策建议方面，《报告（2018）》指出"加强国内监管协调，发挥部门合力，按照实质重于形式的原则落实功能监管要求"。《报告（2018）》虽不是监管规范性文件，不具有法律性质，但《报告（2018）》在一定程度上反映了监管态度，"实质大于形式"的监管就是要透过现象看本质，对于"空气币""传销币"等所谓的加密资产应该坚决予以打击，但对于市场是有益的创新应该给予支持，比如"双链通"等基于供应链平台具有交易背景支持的通证或加密资产。"双链通"通证的实质是应收账款凭证，与货币、证券、期货有法律上的本质差别，监管应该借鉴美国"监管排除"做法，厘清合法与非法的边界，重点打击非法领域的加密资产。

在我国，中小企业融资难、投资者投资渠道狭窄等问题客观存在，资本市场的供需两端都受到种种限制。但我国目前对资本市场的监管态度依然是管制型监管，行政权力对金融领域的技术创新的态度大多是负面的，这在股权众筹和 ICO 先后被叫停上可见端倪。有新闻指出，ICO 被证监会叫停之后，不少 ICO 项目和部分投资资金流向境外，既增加了我国投资者承担的风险，又不能使金融科技"为我所用"，事实上阻碍了我国抢占金融科技的先发趋势。新技术的发展总会给现有法律带来挑战，立法者和监管者不应当只看到金融科技带来的风险，以管制型监管将之一刀切地一概否决。更好的监管方案可能是全面、深入地认识金融科技的本质，为之创设类似"监管沙盒"的试点区，探索现行法律下如何通过合理化的监管降低 ICO 的市场风险，发挥促进科技型中小企业融资的作用，推动金融科技的发展。

在新信息技术的冲击下，金融市场旧的平衡逐渐被打破，新的欺诈等违法行为出现，需要及时转换理念，完善数字安防产业链的结构和监管方式，促成安全与效率、稳定与发展、创新与消费者保护之间新的平衡。应当精准、及时、全面洞悉创新金融业态之本质，加强穿透式监管。同时，在大数据、区块链、云计算等科技发展的基础上，应当建立金融合规、场景依托和技术驱动三位一体的金融风险防范体系，突出技术驱动型监管在金融监管中的重要作用，从而加强对所有金融科技的监管，引导金融科技服务于实体经济。

# 虚拟货币的法律性质与监管规范

浙江大学光华法学院　　洪哲安 *

**摘　要**

作为区块链技术的应用——虚拟数字货币，既给现行的金融法律关系造成冲击，也带来了虚拟数字货币监管的问题。虚拟数字货币监管存在诸多模式，在不同的监管模式中，信息报告、营业限制、行为监管及"监管沙盒"等法律机制都发挥着重要作用。我国对数字代币采取相对集中的分散监管模式及灰产监管架构，需要从四个方面进一步推动数字代币监管的法治化，及时研究分类监管方案、制定相关标准、引入监管科技，为应对未来数字代币监管与治理的挑战作准备。

**关键词：** 区块链；虚拟货币；监管模式

★　洪哲安，浙江大学光华法学院硕士生。

# 一、区块链与虚拟货币

## （一）区块链技术

2008 年底，一位化名为中本聪的作者在 bitcoin 网站上发表了一篇名为《比特币：一种点对点数位现金系统》的文章。文中提出了比特币、区块链以及去中心化点对点虚拟货币的概念，这些概念成为此类技术发展的开端。该文章后来成为区块链技术的典范与基础，被区块链社群称为"比特币白皮书"。区块链与比特币二者具有截然不同的性质，但两个名词却经常一起出现：区块链是比特币的底层技术，是一种去中心化、点对点、分散性的网络架构，且区块链同时具有网络与数据库两项功能技术；比特币则是在区块链运作下所产生的虚拟货币。因为比特币的价值受到区块链模式下众多复杂加密技术的保护，所以有人也将其称之为加密货币。比特币作为当前最重要也是最具价值的虚拟货币，可以无须通过任何金融中介组织，运用区块链技术实现快速的点对点传输。[①]

比特币区块链上有分布于全世界的数十万个使用者，每一个使用者皆扮演一个可以相互连接的网络节点，并借由一个公钥的加密散列位址（以下简称为区块链位址）进行标识。换句话说，使用者在区块链上并不使用其姓名来表征其身份，他们通过一串长达 32 位元的 16 位数字来作为其区块链上的姓名。当一位新的使用者加入比特币区块链成为新的网络节点时，系统仅要求其输入自己设定的密码即可开设一个比特币账户，并不会要求其输入姓名或其他足以辨识个人身份的信息，正是因为这个特点，使得区块链具备了强大的匿名性。意图开设比特币账户的使用者只须输入自己设定的密码，比特币区块链就会自动生成一对公钥与私钥，并且通过区块链技术将公钥加密后成为该位新用户比特币账户的区块链位址。当不同比特币持有人想要用比特

---

① 曾诗钦、霍如、黄韬、刘江、汪硕、冯伟：《区块链技术研究综述：原理、进展与应用》，《通信学报》2020 年第 1 期。

币进行交易时，只要输入比特币接收一方的区块链位址，接受者的公钥便可以加密后将这笔比特币汇入接收一方的账户之中。[①]

通过上述方式完成的比特币转化即为比特币区块链上的一笔交易。区块链上的每一笔交易，都会被广播至全球每一个区块链节点上。到目前为止，各种区块链大多以"工作证明（proof of work）"或"权值证明（proof of stake）"为区块链的共识机制。其中，比特币以"工作证明"为共识机制。其共识的形成过程是当信息及交易被发送至区块链各节点后，每个节点（也即人们所称的"矿工"）的计算机通过计算一道复杂的数学函数来相互竞争，这个过程俗称"挖矿"。最先完成该道数学函数运算工作的节点便会获得将该信息及交易记录至最新区块的权限，并且可以将该区块与前一个区块相连接，俗称"记帐权"。最先完成函数计算的节点，将获得由区块链自动生成的一定数量的新比特币。

## （二）虚拟货币的开端与最新发展

### 1. 比特币的开端与发展

继 2008 年底发表"比特币白皮书"后，中本聪在 2009 年 1 月 3 日发表了比特币区块链第一个版本"Bitcoin V0.1"，并于隔天开始正式启动比特币区块链，产出"编号 0"的第一个区块（Block #0），挖出了全球第一批虚拟货币——50 个比特币。然而，比特币区块链的程序语言并非图灵完备，而是仅仅具有非常有限的编程功能。因此，比特币当前最主要的功能是在线支付工具，由于尚未完全得到各国政府的认可，其商业应用仍大为受限。

### 2. 其他虚拟货币的开端与发展

为克服比特币核心程序非图灵完备的缺点，年仅 19 岁的加拿大籍计算机天才维塔利克·布塔林（Vitalik Buterin）创立了另一种区块链——以太坊，其图灵完备的核心程序提供了较比特币更为优秀的编程能力，甚至允许使用

---

① 　贾丽平：《比特币的理论、实践与影响》，《国际金融研究》2013 年第 12 期。

者撰写和部署智能合约。这种合约有别于一般的书面契约，它是一种根植于区块链上的程序码。智能合约一旦被植入区块链后便无法修改，并且一旦达到契约的履行条件，该契约便会自动履行，无须通过任何人为操作，也就无须担心对方当事人违约情况的发生。通过智能合约来驱动用户区块链账号内的比特币或以太币的转移，即可完成付款。换句话说，智能合约在某种程度上可以解决现实生活中契约履行率低的问题，并可以大幅度降低相关人力、手续成本以及时间耗费。

3. 比特币的特征

（1）去中心化

比特币是在网络上形成的分散式账本或区块链，而非由某一机构统一发行及管理，因此其系统并无控制比特币发行、交易或结算的中心机构，不像传统货币是以发行国的中央银行为中心，比特币是被"去中心化"的，即无中心机构的系统。比特币的移转或交易，不是通过中心机构，而是通过网际网络，以点对点的方式直接进行。因此当事人让与或移转比特币，只须自行在区块链上进行交易，无须经由任何国家机关或其金融机构的备查或许可，也无须向其登记或受其控制。

（2）记录不可回复

比特币系统的所有交易均自动记录为公开账本，其网络由无数个节点构成，各个节点各自平等且呈现水平、松散、蛛网状的分布，节点之间彼此连结，每一个用户都有其对应的一个节点。每一笔比特币的交易，其信息均会从一个节点传送至整个比特币系统。在信息得到其他节点的协助验证后，其交易信息会被写入账册，形成新的区块，所有的交易历史记录都会储存并公开于比特币区块链。由加密信息与验证信息构成的比特币，其系统中的每笔交易均经过公共验证，其记录几乎不会被自发篡改或复制。因此，对同一比特币的任何交易均有其记录，其记录一直依序往下记录，无法回头修改，即不可逆转，只能向前。此特色使比特币的交易无法回复，具有明确性，对受让人较有保障，但对于一般法律行为所强调的意思表示之健全性，则有适用上的困难。

（3）交易的匿名性

比特币作为财产，其权利人主要通过私钥实施其支配力，得私钥者即得比特币。虽然比特币所有的交易信息均记录在区块链上，但此种记录与传统法律关于权利移转的登记不同，不是以一般文字为之，也不是依某国法律所为的登记，从其记录本身无法直接认定让与人及受让人是谁，如要判读其交易的相关网址及节点，在交易平台通过数个节点隐藏及乔装的情形下，也有一定的困难。再加上比特币的持有是以控制私钥的方式实施，私钥由何人控制也难以从公开账本上予以认定，因此比特币的持有及交易从记录的外观而言，具有一定程度的"匿名性"。

比特币的上述特性，尤其是交易的匿名与记录不可回复的特性，对于希望隐匿比特币或害怕其比特币被循线追索的持有者而言，乃是最佳的保障。不法行为的赎金及不法物品的交易价金指定以比特币或其他虚拟通货支付的情况也屡见不鲜。此外，合同货物或服务交易的对价，如以比特币或其他虚拟通货支付，对受让者而言，因其没有收到假货币的风险，而且受让之后即可完全支配，几乎没有被请求回复的风险，也具有一定的吸引力。

4. 比特币的法律性质

明确比特币等虚拟货币的法律性质，是考虑政策上对比特币如何监管以及对其交易是否征税的基础。笔者阅读了相关文献，将国内外对比特币的定性大致分为以下几种。

（1）比特币为有效货币

此种观点认为虚拟货币可用于日常购物和支付生活开支，甚至可以通过一定的汇率兑换成美金等传统货币，其应该是一种有效货币或者可以说是金钱的另一种特殊的存在方式。此种观点曾于2013年为美国东德州地方法院所采纳，该法院判决认为比特币具有货币的性质，分述如下。

2013 年，美国东德州地方法院在审理一起关于比特币投资与交易是否合法的诉讼中，对于法院是否有管辖权做出裁定，该裁定认为比特币是一种有效货币或是一种有效形式的金钱（a currency of a form of money）。因此，利用比特币进行的投资也就是利用金钱进行的投资。该案件起因于抗辩法院无管辖权，被告因一系列劝诱投资人投资比特币相关投资机会的行为，被美国证券交易委员会（SEC）提起诉讼。该案件的争议点在于，东德州地方法院对于美国证券法与交易法的诉讼事件是否具有管辖权，而具体判断是否有管辖权的标准则在于被告，即比特币投资公司提供给投资人的投资项目是否属于传统上的金钱投资。东德州地方法院审理后做出裁定，将比特币定性为一种货币或一种形式的金钱，理由是比特币可用于购买商品或服务、可用于支付日常生活开销，甚至可用于兑换美元或欧元等传统货币。据此，法院认为比特币投资就是一种金钱投资，即东德州地方法院基于美国《证券法》与《交易法》对于本件诉讼具有管辖权。

（2）比特币为一种虚拟商品

此种观点认为虚拟货币没有发行准备及兑偿保证的性质，因此虚拟货币非属货币，将之称为虚拟货币也并不是一种恰当的说法。此种观点将比特币视为"虚拟商品"而非金融工具，双方利用比特币进行交易则更符合传统上"以物易物"的概念。基于此种观点，欧洲中央银行认为将"虚拟货币"称为"货币"是错误的，国际货币基金组织亦自 2018 年起，将"虚拟货币"称为"加密资产"。

（3）我国对比特币的定性：虚拟财产

2013 年，中国人民银行等五部委联合发布的《关于防范比特币风险的通知》中将比特币界定为虚拟商品。同时，我国《民法典》第一百二十七条的规定则以法律形式明确规定了受法律保护的网络虚拟财产类型，该条法律规定为虚拟货币的法律保护提供了依据。然而从具体方面看，该条规定更像是一种宣示性的立法，没有对网络虚拟财产的界定以及保护做出实质性规定。

这种不明确的规定，更增加了网络财产保护的不确定性。

从理论上说，我国法律学术界不乏对虚拟财产的讨论，比如近些年来备受关注的网络账号、网络装备、游戏币等虚拟财产的法律保护。在相关网络虚拟财产概念的界定上，通说认为虚拟财产具有表现形式上的虚拟性以及外延上的广泛性。有学者提出，"虚拟财产是指具有财产性的数字记录，且不以网络虚拟财产为限"。[①] 对于虚拟财产的法律性质，早期的学者认为虚拟财产是物权的客体，[②] 有的认为部分虚拟财产具有物的性质，对其保护应当适用物权法。其他不具有物的性质的虚拟财产，这里主要指的是网络虚拟财产，如游戏币等，此类虚拟财产不具有物的属性，因此在保护上应当适用合同法。[③] 更有学者从虚拟财产的技术性和工具性的角度出发，认为"虚拟财产应作为数据'操作权限'这一新型法益类型进行范畴界定"。[④] 因此，我们可以看到，学界对虚拟财产的性质和法律适用并未形成较为统一的认识，这对于解决以比特币为首的虚拟财产的法律纠纷是十分不利的。

相较于理论上的模糊与不确定，我国法院在实践中对于虚拟货币性质的认定则有了一个较理论层面更精确的共识，即在民事审判司法实践中，多数法院将数字货币界定为虚拟财产。以比特币为例，法院对其法律属性基本形成了一致意见，即认定其为虚拟财产。例如，在吴清健与上海耀志网络科技有限公司、浙江淘宝网络有限公司网络侵权责任纠纷案中，杭州互联网法院认为，"比特币满足价值性、稀缺性和可支配性，对比特币作为虚拟财产、商品的属性及对应产生的财产权益予以肯定"。

---

① 王竹：《〈物权法〉视野下的虚拟财产二分法及其法律规则》，《福建师范大学学报（哲学社会科学版）》2008 年第 5 期。。

② 杨立新、王中合：《论网络虚拟财产的物权属性及其基本规则》，《国家检察官学院学报》2004 年第 6 期。

③ 林旭霞：《虚拟财产权 性质论》，《中国法学》2009 年第 1 期。

④ 房秋实：《浅析网络虚拟财产》，《法学评论》2006 年第 2 期。

## 二、虚拟货币的风险与监管

### （一）虚拟货币的风险

1. 运用虚拟币衍生洗钱犯罪

由于虚拟货币的匿名性以及去中心化的监管制度，使其越来越成为犯罪者良好的犯罪工具，并且常常被用作掩饰非法所得的媒介，在我国的司法实践中，就出现过利用虚拟货币进行洗钱的案例。[①]2021 年 3 月 19 日，最高检和人民银行联合发布 6 个惩治洗钱犯罪典型案例，其中就有犯罪人利用虚拟货币作为洗钱犯罪的媒介。如在陈某波涉嫌集资诈骗犯罪案中，其涉案金额达 1200 余万元。2018 年 11 月 3 日，上海市公安局浦东分局对陈某波立案侦查，陈某波潜逃境外。

2018 年年中，陈某波将非法集资款中的 300 万元转账至其妻子陈某枝的个人银行账户。而后陈某枝将 300 万元转至陈某波的个人银行账户，供陈某波在境外使用。另外，陈某枝按照陈某波指示，将陈某波用非法集资款购买的车辆以 90 余万元的低价出售，随后在陈某波组建的微信群中联系比特币"矿工"，将卖车钱款全部转账给"矿工"换取比特币密钥，并将密钥发送给陈某波，供其在境外兑换使用。

2. 比特币衍生逃税风险

虚拟货币的发展对传统监管提出的另一个挑战就是税收问题。比特币交易具有匿名和快速的特点，并且由于其价值波动剧烈，无形之中造就了许多比特币富豪，而传统的法律对于该类虚拟货币的收入缺乏相应的规制，以至于对这类富豪课税的问题成了一大难题，各国税务主管机关也因此针对虚拟货币掀起大规模的查税运动。例如，美国国税局于 2016 年 11 月要求全球规模最大的虚拟货币交易所 Coinbase 提供客户资料以供调查是否有纳税人逃漏税；澳洲税务局也试图通过《反洗钱法》使比特币的交易更加透明，以方便

---

[①] 师秀霞：《利用虚拟货币洗钱犯罪研究》，《中国人民公安大学学报（社会科学版）》2017 年第 2 期。

调查每笔比特币交易是否涉及逃税；日本政府也开展过相应的行动来调查是否有人违规逃税。

3. 衍生买卖非法物品风险

由于去中心化和匿名化的特性，虚拟货币也常被当作黑市交易的媒介。例如，暗网和丝绸之路就是运用比特币进行非法物品买卖的平台。2021年，我国海南某男子通过暗网购买毒品后再售卖被捕，被判处有期徒刑2年并处罚金2万元。比特币的高匿名性特点使得监管人员难以有效、快速地监管相关平台上进行的交易，这也就为不法分子购买非法物品提供了有利平台，而这种高匿名性是区块链模式运行下本身所具有的特性，因此这种非法交易的风险难免会长期存在。

4. 比特币的性质混乱，价值存疑

比特币缺乏国家信用背书。货币的本质是信用，法定货币的本质是国家信用，货币的背后必须要有财富对应和法律保障。货币债务论的观点认为，货币主要体现为最初债务人的承诺或义务，法定货币则体现了以国家信用为支撑的国家对公众的债务及承诺。而比特币由挖矿产生，天生缺乏国家信用背书，因此其无法成为一种法定货币，更没有法律保障。货币要求币值稳定，而比特币市值波动巨大，无法有效发挥价值尺度的职能，难以成为信用货币。同时，根据货币商品本质观，货币作为一种一般等价物必须和传统货币如贵金属一样具有自身价值。比特币通过"挖矿"而来，虽说"挖矿"行为本身所带来的消耗具有一定的价值，但是大多数学者对于比特币本身所持有的价值持怀疑态度。因此，对于这样一种价值并不确定的"虚拟货币"，其背后蕴含的可能就是一个击鼓传花的庞氏骗局，因此其风险也是不言而喻的。

## （二）我国虚拟货币的监管

与区块链的其他方面相比，我国对数字代币采取了较为严厉的监管措施，对数字代币的社会经济风险一直较为警惕。自2013年中国人民银行等五部委联合发布的《关于防范比特币风险的通知》到 2017 年中国人民银行等七部委联合发布的《关于防范代币发行融资风险的公告》，再到 2019 年多地监管机构的"重拳出击"，国家对数字代币的监管一直持较为严格的立场。2020 年 10 月，《中国人民银行法（修订草案征求意见稿）》第二十二条更是明确规定："任何单位和个人不得制作、发售代币票券和数字代币，以代替人民币在市场上流通。"这一规定如获正式通过并对"代替人民币在市场上流通"作宽泛解释，将有可能彻底禁止公有链上数字代币的发行甚至市场流通。较为严格的监管立场决定短期内我国数字代币的治理未必会采取证券、资本市场产品及货币监管架构中的任意一种，因为三者都意味着对代币发行与集中交易服务合法性的认可。然而，我国对数字代币相关业务并未彻底禁止，数字代币从业者能够在有限范围内开展业务，在一定范围内还能参与国际数字代币业务并在此领域保持一定的影响力与竞争力；甚至以目前的算力和技术基础，还有能力随时迎接数字代币前沿发展的机遇。这意味着我国有必要在现有监管架构的基础上，建立和完善不同于前三者的监管架构，既保持强有力的风险防控取向，又避免错失数字代币发展及相关社会经济变革的重要契机。这就要求此种监管架构能够适应分散监管模式，在保持对相关风险业务禁止或严格限制的同时，采取适宜的制度工具，合理规划和引导数字代币业务在"剩余空间"中的发展。

1. 监管模式

尽管我国在金融领域采取的是分业监管模式，但数字代币领域恰好可以实施相对集中的监管。由于我国目前倾向于不承认数字代币发行及场内法币交易的合法性，证券及货币监管架构均不适用，对数字代币的监管主要涉及反洗钱、反恐怖主义、防范和化解系统性金融风险、监测和管理跨境资本流动等，与人民银行的主要职能相符。因此，我国对数字代币既有的监管政策主要由人民银行牵头制定，中央网信办、工业和信息化部、公安部、市监管总局、银保监会、证监会等其他部门参与监管。这一监管现状可以被概括为"相对集中的分散监管模式"。在此种监管模式下，人民银行主导了对数字代币的监管，我们并不需要区分数字代币的类型，也不需要考虑诸如"证券"或"资本市场产品"是否能够覆盖各种数字代币的问题。实践中，中国人民银行更多地负责政策的制定，而具体履行打击处理数字代币违法犯罪活动职责的部门除中国人民银行外，还包括公安机关、网信部门、市场监督管理部门等。不过，中国人民银行与各参与监管部门之间的职能边界并未在此前的政策性文件中得到清晰表述，仍有待相关立法的界定。

在相对集中的分散监管模式中，监管者的实质性目标有两个：《关于防范代币发行融资风险的公告》中声明的"保护投资者合法权益"及"防范化解金融风险"。从这一公告的实质性内容观之，其保护投资者合法权益的取向与国外的保护方式显然有重要区别。我国通过停止各类代币发行融资活动等禁止性手段保护投资者权益，从法理上直接否定了投资者从数字代币发行及场内交易等常规业务中获取收益的可能性，带有强烈的风险预防色彩。因此，在这一模式之下，我国采取的监管架构也是一种聚焦于风险预防而非平衡数字代币业务发展与风险防控的监管架构，集中管控数字代币可能带来的各种风险。

2. 监管架构与机制

即便在较为严格的监管态势下，数字代币业务依然可以在一定范围内进行。目前我国政府对数字代币的发行、货币化流通、场内交易等采取了禁止或严格限制的立场，但数字钱包、确认交易（"挖矿"）、相关设备制造、非公有链内部兑换产品或服务、区块链浏览器、代币相关智能合约的部署与运行等数字代币业务仍然可以在一定范围内进行，甚至单个个体之间的法币交易及币币交易也未被全然禁止。此种监管格局的形成，一方面是因为需要重点防范数字代币的社会经济风险，不局限于证券监管架构或资本市场产品监管架构中所重视的投资者风险；另一方面或许是因为对数字代币可能发挥的战略作用保留一线余地，保留一定的代币存量、算力和业务通道，有利于防范外界通过数字代币对金融、财税、外汇等系统发起冲击，也有利于未来应对全球范围内区块链技术及业务的新发展、新变化。由此，我国的数字代币监管不同于前述国外的三种监管架构，是以全方位的风险防控为主，以受严格限制的保留余地为辅的监管架构。与前述三种监管架构的根本不同之处在于，此种监管架构立足于一定程度上否认数字代币的合法性，至少是将数字代币视为一种"灰产"，因此或可暂称之为"灰产监管架构"。在"灰产监管架构"的前提下，为满足全方位风险防控的需要，监管者采取的机制设计几乎全然不同于前述三种监管架构。首先，营业限制占据唯一的重要地位，几乎不要求信息报送或开展行为监管。在对非法数字代币业务的大范围禁止的基础上，合法的数字代币业务所剩不多，风险有限，没有建立繁复的合规义务体系的必要。其次，对于剩余的数字代币相关业务，只要不涉及聚众赌博、非法集资、洗钱、诈骗等犯罪活动，既有监管政策采取了相对宽松的立场，并未制定专门的监管规则，但监管者仍进行持续的观察与研判，随时保留在未来采取扶持或限制政策的余地。再次，对联盟链的积极扶持与对公有链数字代币的严厉监管形成鲜明对比，在一定程度上从侧面加强了对数字代币的监管力度。由于伴随数字代币的公有链受到严格限制，带有可内部使用的所谓"通证"或"积分"的联盟链获得了更多的发展空间，尤其是为持牌机构从事多种形式的区块链金融业务提供了通道，反过来对数字代币形成实质性的挤出效应。易言之，对联盟链的积极扶持与对数字代币主要业务的禁止相结合，可以起到疏堵并行的作用，在一定程度上也可以被视为对公有链数字代币的一种监管机制。最后，金融科技"监管沙盒"对持牌机构开放的态势有可能推动持牌化或者白名单式管理，进而强化金融持牌机构对于合作金融科技的合规性把控。此种监管机制基本上封闭了数字代币从业者通过"监管沙盒"开展业务试点的可能性，即便未来国内市场主体有机会通过"监管沙盒"探索数字代币业务，也很可能将伴随牌照管理及整套金融合规义务的制度预期，明确了未来可能的监管方向。

3. 既有监管进路之反思

相对集中的分散监管模式及"灰产监管架构"是否适宜于数字代币的监管？这恐怕不是一个应当由法律人回答的问题。然而，从法治政府视角观之，假定监管模式与架构无须变革，既有数字代币监管进路也仍存在不少有待完善之处，若干重要问题亟待实践回应。

首先，数字代币的法律性质及类型亟待明确。《关于防范代币发行融资风险的公告》认为代币发行融资"本质上是一种未经批准非法公开融资的行为"，并且否认了代币的货币属性，但数字代币本身的法律性质并未被正面明确界定，导致区块链行业长期未能明确地建立对数字代币的规范认知，更无法针对日益分化的代币进行精准的分类监管。在越来越多大型跨国企业介入数字代币业务及我国持续扩大对外开放的背景下，除 Libra 外，我国市场还有可能面临多种富有影响力的数字代币的冲击，需要及时确定国内外数字代币的法律性质及类型。并非所有类型的数字代币都旨在发挥货币的功能，如何区分不同类型数字代币的法律性质，例如将在有限范围内使用的功能型代币（或"通证""积分"）认定为特殊商品，将是数字代币监管需要解决的一个基础性问题。在政策立场已较大程度认可联盟链的基础上，如果可以有选择、有限度地承认基于联盟链的功能型代币（可以不采取"代币"的表述以区分于支付型代币），将为相关业务建立更清晰的制度预期及合法性边界，进而为区块链行业立法奠定更坚实的基础。

其次，目前针对数字代币的监管几乎纯由政策推动，未来应当进行针对性的法律制度建设，增强监管架构的完备程度和法治水平。在全球范围内，相应监管模式与架构皆源于一国或一州法律的规定，盖因对数字代币业务的限制与禁止属于干预行政或秩序行政，理应全面纳入行政法定原则的射程。即便是出于改革的需要，亦宜采取干预保留说，对于限制私人权利和自由、增设私人义务的情形，仍要求有法律依据。目前，我国数字代币监管方面的法律制度供给仍明显需要加强。即使我们将银行法的修订也考虑在内，其所针对的也主要是支付型代币的发行问题。数字代币其他业务的监管仍基本处于法律上的空白状态，且对于营业限制之类显著限制私人权利和自由的措施缺乏法律授权。鉴于目前中国人民银行在法律范围内的政策工具遵循的是对货币的监管逻辑，然而类型丰富的数字代币和货币的分歧已日益明显，要实现对数字代币的全面依法监管，仍需要基于各类数字代币的法律性质，从法律层面建立涵盖信息报送、营业限制及行为监管等机制的完整监管架构，通过一定位阶的立法对参与监管的各政府机关进行授权，并明确各机关的权责清单和可运用的法律机制。

最后，数字代币监管的国际合作应在法律层面有所体现和要求。中国不仅早已加入反洗钱金融行动特别工作组（FATF），还加入或批准多个联合国反恐公约，应当在防范通过数字代币洗钱或支持恐怖主义方面制定专门的法律规则或监管指引，尤其是涉反恐、反洗钱的交易信息监测机制，有关人员从业资格限制规则以及标记与报告异常或可疑资金流动的义务等。在持续扩大对外开放、广泛参与全球经济活动的背景下，此举可以通过制度化手段防止国内外组织或个人利用数字代币达成相关非法目的、履行国际法义务，也便于未来一旦需要有限度开放数字代币业务时，更顺利地与国际监管接轨。

# 第二单元
## 数字证券与场外配资规范治理体系

# 公募基金个人推介行为的法律分析

宁波大学法学院　　胡秦尉 *

**摘　要**

以个人名义在网上推荐介绍互联网公募基金的行为频现，对于该类行为是否应当承担责任的问题存在争议。探究具体的推介情形后发现，个人推介行为的法律性质存在不同情形。个人纯粹的经验分享及推介行为为个人观点的自由表示，与投资者之间并未形成推介法律关系，故该个人无法律义务，投资者应该对自己的听信行为承担后果。而变相基金推介的行为，该主体应当履行基金推介的法定义务，若有违反，应当承担法律责任。

**关键词**：公募基金；个人；推介行为；变相推介

───────────

★　胡秦尉，宁波大学法学院 2021 级研究生。本文由宁波大学法学院赵意奋教授指导。

## 一、问题的提出：个人推介行为是否需承担民事责任

近年来，公募基金频上社交平台热搜，互联网金融的发展让更多人开始接触或参与基金投资。互联网时代投资者更容易暴露在风险之中，在现实空间，人们的法律行为发生在可接触、可知情、可理解的人与人、人与物之间；而互联网则是具有扁平性、匿名性、分布性以及流动性的无限场域。[①] 法律行为的影响尤其是危害性以及风险，因为互联网的上述特性而被无限放大。基金产品本身的无形性、复杂性使得信息不对称问题在基金推介者与投资者之间显得愈加突出。

当前网络社交平台、短视频平台、直播平台对于基金的宣传介绍可谓是铺天盖地，除了我们常见的由基金销售机构、基金管理人等专业机构发布的基金推介材料之外，不乏短视频博主（发布者）对其个人投资基金经验的分享、直播平台上个人对某一基金产品的收益前景介绍以及专家学者借网络直播平台对已发售或待发售基金产品具体情况的推荐介绍。

当投资者相信了互联网平台上的个人推荐介绍购买了公募基金，却并没有出现该推荐人预期的良好收益时，投资者是否有权要求该推介人承担民事责任？

## 二、个人推介行为的分类

个人推介行为是否需要承担民事责任，主要在于分析该行为是否为法律上的基金推介行为。如果是，则在法律上推介人和投资者之间构成基金推介关系，推介人有法定义务，一旦违反则应承担民事责任；反之，则无须承担责任。实务中，个人推介行为分为两类。

### （一）互联网平台个人言论的自由表达方式

在个人对基金的推介行为中，常见的是一种个人言论的表达。随着近年

---

① 马长山：《智能互联网时代的法律变革》，《法学研究》2018 年第 4 期。

来短视频的迅猛发展，喜闻乐见的生活分享逐步多元化，其中不乏针对公募基金投资的经验分享类话题。例如在短视频平台上，视频发布者发布关于近期个人投资基金经验的分享和感悟，并对当前行情较好的板块发表个人观点。上述该种情形虽然存在对某一正在募集的基金的推介，但依然在言论上停留于建议层面。其与生活中人与人之间对于近期生活感悟的交流无异，仍然属于互联网平台个人言论的自由表达方式。

## （二）个人名义进行变相的基金推介

在个人对基金的推介行为中，存在一种特殊情形，即个人在非推介场合中以其名义进行变相的基金推介。这类基金推介行为往往由具备基金投资专业知识的专家学者实施，并且这类群体通常不会直接以个人名义来对某一具体的公募基金进行推介，而是借助讲座、研讨会、交流会等形式。以常见的一幕为例：某行业分析师在某一板块的行情分析研讨会上夹带介绍某一基金的具体情况，吸引投资者购买该基金产品。从整体来看，行情分析会这样的视频直播并不属于基金推介的范畴。但从具体的某一内容来看，专家夹带性地介绍推荐基金，变相进行基金推介活动。①

## 三、个人推介行为的性质认定：是否构成基金推介行为

### （一）基金推介行为的构成要件

基金推介行为是指基金销售相关机构依法制作和发布基金宣传推介材料，经合规性审查后，按照投资者适当性管理制度，向合适的投资者销售合适的基金产品。

基金推介行为的主体是基金销售相关机构，包括基金销售机构和其他基金服务机构。在法律层面，《证券投资基金法》（以下简称《基金法》）中

---

① 谢甜甜：《金融推介法律规范体系研究》，《新疆师范大学学报（哲学社会科学版）》2016年第37期。

并未规定基金推介行为的定义及构成要件，仅对基金募集所进行的宣传推介活动中禁止的行为进行了规定。在部门规章层面，《公开募集证券投资基金销售机构监督管理办法》（以下简称《销售办法》）中第二条指出了基金销售的概念。基金销售是指为投资者开立基金交易账户，宣传推介基金，办理基金份额发售、申购、赎回及提供基金交易账户信息查询等活动。可见，基金推介是基金销售中的一个环节，该规章未明确基金推介的主体，但结合其第一条立法的规范对象以及第六十一条的附则，可以判断该规章的规制对象为基金销售相关机构。另外，该规章生效前证监会于2013年3月颁布的《证券投资基金销售管理办法》提及了基金销售概念，虽然该份文件现已失效，但仍能在一定意义上说明基金推介行为的规范定位。基金销售机构以及其他基金服务机构是参与基金销售的法定主体，也即《销售办法》附则中提到的"基金销售相关机构"概念：包括基金销售机构，以及从事与基金销售相关的支付、份额登记、信息技术系统等服务业务的基金服务机构。

基金推介行为的内容是基金销售相关机构集中统一制作和使用基金宣传推介材料，根据投资人的风险承担能力销售不同风险等级的产品，把合适的基金产品销售给合适的投资者。依照《销售办法》第十六条、第十七条的规定，基金销售机构开展基金宣传推介活动，应当坚持长期投资理念和客观、真实、准确的原则。例如在推介材料中登载基金往期业绩时，引用的统计数据和资料应当真实、准确，并注明出处，不得引用未经核实、尚未发生或者模拟的数据。另外，《销售办法》也规定了基金销售机构在进行基金推介时的法定义务。例如加强投资者教育，引导投资者充分认识基金产品的风险收益特征。投资者购入基金前，基金销售机构应当提示投资人阅读基金合同、招募说明书、基金产品资料概要，提供有效途径供投资者查询，并以显著、清晰的方式向投资者揭示投资风险。

基金推介行为的程序要件是合规性审查。《公开募集证券投资基金宣传推介材料管理暂行规定》第十六条规定，基金管理人、基金销售机构应当建立健全基金宣传推介材料的合规审查机制，对于相关审查材料应当存档备查。基金管理人制作的基金宣传推介材料，应当事先经基金管理人、负责基金销售业务的高级管理人员和合规负责人检查，出具合规意见书。而基金销售机构则应当集中统一制作、使用宣传推介材料，制作、使用的基金宣传推介材料应当事先经基金销售业务负责人和合规风控负责人（或者合规风控人员）检查，出具合规意见书。

### （二）互联网个人言论的非基金推介性

个人在互联网平台发布的基金投资经验分享属于互联网个人言论，不构成基金推介行为。[①] 一般情形下的个人不具备基金销售业务资质，并非法定的基金推介行为主体。在推介内容上，个人对基金产品的推介并不需要严格的程序及内容要求，更没有基金宣传推介材料的规范要求，明显区分于基金推介行为。

个人纯粹的经验分享行为性质停留在一般社会关系的范畴，不应受法律调整。我们经常能够在短视频平台、社交平台上看到一些博主（短视频发布者）的日常生活感悟分享，短视频的发布者在分享生活的小短片中提到了其所购买的基金并分享个人成功投资的经验。笔者认为，该类行为属于纯粹经验分享行为，不应纳入法律的调整范围。贸然将该行为视作违法的推介行为而加以打击则显得矫枉过正，更不利于正常网络言论环境的建立。在信息技术日益发展的当下，网络用户可以在不违反法律法规的前提下畅所欲言，这是公民言论自由的范围，也是公众的行为预期所在。若将短视频发布者的个人推荐分享行为纳入法律的调整范围，将给网络用户群体造成一定程度的恐慌，即无人知晓自己的行为会出现多少个"潜在被侵权人"，言论上的自由将受到很大限制。

另外，从投资者的角度来看，在互联网上分享个人投资成果收益仅仅只

---

① 张继红：《我国互联网金融广告行为的法律规制》，《经贸法律评论》2019 年第 5 期。

是进行了成功经验的分享，投资者在听信其建议时应当具有基本的风险判断能力，进行风险性的投资活动时应当对自己的行为负责。经验分享者与投资者之间的关系类似于建议者与被建议者的关系，这仅仅只是一般的社会关系，不需要法律进行调整。

综上所述，互联网上个人经验分享式的基金介绍不具有基金推介性，推介者与投资者之间也并未形成基金推介的法律关系。因此，该行为无须承担民事责任。

## （三）植入型的基金推介行为认定

植入型的基金推介行为具有基金推介性质，在实质上符合了基金推介行为的要件。实务中比较常见的具体情形是，基金管理人外聘的某行业分析师或专家在某一板块的行情分析研讨会上夹带介绍某一基金的具体情况，吸引投资者购买该基金产品。从推介主体来看，该专家以个人名义推介基金的行为明显区分于一般情形下个人经验分享式的言论。[1] 此时的个人虽不具有基金销售业务资质，但若该个人与基金销售相关机构暗藏代理关系，那么实际实施基金推介行为的主体应为委托人，即基金销售相关机构。从推介内容来看，专家学者或者分析师大咖在直播视频中夹带介绍基金的往期业绩和信息披露材料，向受众群体中的投资者推销基金，意图实现基金推介材料所要达成的商业目的，与基金推介行为内容具有实质上的同一性，因此具有基金推介的性质。

在植入型的基金推介行为中，对基金推销部分的陈述属于基金宣传推介材料。现有部门规章《销售办法》第六十一条指出了基金宣传推介材料的定义：是指为推介基金向公众分发或者公布，使公众可以普遍获得的纸质、电子或者其他介质的信息。基金宣传推介材料需具备三大要件：推介目的；向公众公布以使其知悉；一定的存在介质。个人受基金销售机构委托，在直播

---

① 陈芳：《金融广告监管存在的问题及对策建议》，《经济师》2021 年第 8 期。

视频中夹带性地向公众推销基金，其具有推介性质的陈述话语符合基金宣传推介材料的定义。另外，《关于实施〈销售办法〉的规定》第十条进一步规定了基金宣传推介材料的范围，包括："（1）公开出版资料；（2）宣传单、手册、信函、传真等面向公众的宣传资料；（3）海报、户外广告；（4）电视、电影、广播、自媒体、互联网资料、公共网站链接广告、短信、微信及其他音像或者通讯资料；（5）证监会规定的其他材料。"可见，通过网络直播的方式进行植入型基金推介时，个人夹带性地对基金产品进行推销陈述的电子资料属于其中第（4）项的"互联网资料"。

进行植入型基金推介活动的推介者，负有比一般情形下推介言论更高的法定义务。从规范内容来看，基金推介行为的实际实施者是基金销售相关机构，《销售办法》第十七条规定了该类机构的适当性义务、信息披露的告知义务以及教育引导义务。具体而言，基金销售相关机构应根据投资人的风险承担能力销售不同风险等级的产品，把合适的基金产品销售给合适的投资人。在投资人购入基金前，基金销售机构应当提示投资人阅读基金合同、招募说明书、基金产品资料概要，提供有效途径供投资人查询，并以显著、清晰的方式向投资人揭示投资风险。基金销售机构应当加强投资者教育，引导投资人充分认识基金产品的风险收益特征，促进投资人稳健投资，杜绝诱导投资人短期申赎、频繁申赎行为。从代言者的角度来看，以专家学者借讲座之机夹带宣传推荐基金的行为为例，专家学者作为在行业内有一定话语权或权威性的人物，其对基金产品的论断会更容易为投资者所采纳，误导性陈述会影响投资者进行理性判断，因此其应负有如实陈述的告知义务。

若推介者违反法定义务，则其应当承担民事责任。实务中，规范层面并未对植入型的基金推介行为进行全方位的规制，缺少程序上的合规审查。因此基金销售相关机构委托专家学者宣讲知识并夹带性地介绍推销某一基金时并无统一制作和发布基金宣传推介材料这一环节，更无合规的内部审查程序。一旦出现个人（代言者）的不当推介言论，违反推介者的法定义务，误导投资者进行基金投资，则推介者应承担民事责任。

## 四、结语

网络平台上层出不穷的公募基金推介行为，给基金产品的推介和受众群体的投资带来重大影响。讨论该行为是否应该承担民事责任时，厘清基金推介行为的构成要件显得尤为必要。笔者按照法律性质的不同，区分了两类个人推介行为：一类是个人纯粹的投资经验分享，属于互联网自由言论的范畴，不属于法律规定的基金推介行为；另一类属于变相的基金推介行为，推介者负有适当性义务、如实陈述的告知义务等法定义务，如有违反则应承担民事责任。

# 金融衍生品犯罪法律适用问题研究
## ——以邮币卡诈骗犯罪为视角

诸暨市人民检察院　赵梦蝶　吕永滨 *

**摘　要**

近年来，在"互联网+"与金融创新的大背景下，金融衍生品市场蓬勃发展。在为金融市场注入新的活力的同时，金融衍生品犯罪现象频发，其中诈骗现象尤为突出。因相关法律规制滞后等原因，各地司法机关对于金融衍生品犯罪的打击存在痛点，包括罪与非罪、此罪与彼罪以及罪轻与罪重认定难等问题。本文从当前司法实践的现状出发，通过法理的内在逻辑分析金融衍生品案件的犯罪构成及法律适用问题，并对如何规范金融衍生品市场提出展望，以期对金融衍生品市场的稳定发展有所裨益。

**关键词：**金融衍生品；邮币卡；诈骗

---

* 赵梦蝶，诸暨市人民检察院检察官助理；吕永滨，诸暨市人民检察院检察官助理。

近年来，在"互联网+"及金融创新的双重助推下，金融衍生品市场飞速发展，给传统金融市场注入了新的活力。金融衍生品，又称金融衍生工具，是指从传统金融工具中衍生而来的新型金融工具。从理论上讲，金融衍生工具是根据某种相关资产的预期价格变化而进行定值的金融工具。这种相关资产可以是货币、外汇、债券、股票等金融资产，也可以是金融资产的价格（如利率、汇率、股票价格指数等）。[①] 目前，主要的金融衍生品有期货、期权、互换和信用衍生品。

当前，我国金融衍生品市场尚处于初步萌芽状态。金融衍生品交易作为新型金融创新业务，因金融监管缺乏、法律规制滞后，在高速发展的同时也存在大量违法犯罪乱象，其中又以诈骗类犯罪、非法集资类犯罪居多。因此，如何规范金融衍生品市场，为当前金融衍生品市场注入法律规制、金融监管的基因，已经成为当务之急。

## 一、问题缘起：案例与痛点

### （一）Z市邮币卡诈骗案例分析样本

2016年3月至12月，钟某某与北京新嘉泰商品经营有限公司各部门经理经事先商量，指使业务经理冒充邮币卡分析师助理，并指使各部门业务员冒充炒邮币卡散户与其他散户交友，再以邮币卡分析师助理有内幕消息、炒邮币卡有高额回报和稳赚不赔为诱饵，诱骗散户在河北滨海大宗邮币卡交易平台上注册资金账户。客户入金后，操盘公司通过操盘将新嘉泰指定的26张邮票价格炒高，业务经理则在指定时间以指定价格依照钟某某通过操盘公司提供的操盘信息诱导散户在邮票高价位时定向买入指定邮票，之后又以邮币卡票价操盘公司通过操盘使新嘉泰商品经营有限公司指定的邮票价格一路下跌，导致客户资金套牢，无法出金，以此方式达到非法占有散户邮币卡交

---

① 陈小平：《国际金童衍生品市场》，中国金融出版社1997年版，第150页。

易亏损金额，钟某某等人先后诱骗全国各地 700 余名被害人进行邮币卡投资，涉案金额共计 1.4 亿余元。

最终，钟某某因犯诈骗罪被 Z 市中级人民法院判处无期徒刑；其余 105 名被告人被判处有期徒刑 6 个月至 14 年不等。

## （二）司法实践痛点

以上是金融衍生品犯罪的一个典型案例。邮币卡电子盘业务是文化金融的一大创新，邮币卡是邮票、钱币和电话卡类物品的简称。邮币卡资产证券化这一金融创新产物，其理论来源于"资产证券化"。[①] 作为金融衍生品的一种，与其他金融衍生品一样，邮币卡电子盘业务系依赖传统的金融工具而产生。邮币卡电子盘市场虽然欣欣向荣，但是邮币卡类犯罪也十分突出。

本文选取的案例样本是 Z 市的"邮币卡"诈骗案例。关于本案的定性，在司法实践中存在争议。一部分人认为，该案应定性为非法经营罪，有四种表现形式。其中一种是未经国家有关主管部门批准非法经营证券、期货、保险业务，或者非法从事资金支付结算业务；另一部分人认为应认定为诈骗罪。以钟某某为代表的犯罪集团谎称有内幕消息，以炒邮币卡有高额回报和稳赚不赔为诱饵骗客户入金后，通过操盘公司操纵指定邮币卡价格，让客户亏损其入金的金额，从而达到非法占有客户资金的目的。本案中，犯罪嫌疑人采用的运营模式完全符合诈骗罪的构成要件。

由此可见，不同司法机关办案人员在办理该类金融衍生品犯罪案件时，在定性方面已经出现了争议。同时，从上文案件中可知，该类案件涉及的被害人众多，犯罪嫌疑人人数也较多，涉案数额大。因此，如何精确认定每一个犯罪嫌疑人的量刑情节也是一个难点。然而，金融衍生品市场系"互联网＋"与金融创新浪潮下的必然趋势。金融衍生品犯罪虽频频发生，但司法机关在实践中却存在诸多痛点。

---

[①] 王中昱：《邮币卡资产证券化交易法律规范问题研究》，新疆大学 2018 年硕士学位论文。

## 二、现状剖析：共性与成因

### （一）金融衍生品犯罪的共性

金融衍生品类型多样，其犯罪模式也呈现不同的特点。但是，笔者梳理相关的金融衍生犯罪案件后发现，该类犯罪也存在诸多共性，具体如下。

1. 专业性强、迷惑性高，案件线索发现、侦破难

因金融衍生品业务往往从传统金融业务模式中演变而来，故在现实中存在较大的迷惑性。金融衍生品犯罪案件对于司法机关来说，是一种崭新的犯罪类型。金融衍生品犯罪作为一种新型犯罪，法律实务界的研究比较少。公安机关无法及时获知或者精准判断相关犯罪线索。因缺少相应的金融专业知识，司法机关在案件办理初期往往一知半解，对于此罪与彼罪、证据把握等相关问题也存在不少疑惑。同时，司法机关在办理该类案件时，除了要克服专业"水土不服"的问题之外，如何厘清犯罪单位的运营模式、分析内在的法理逻辑及犯罪构成也成了司法机关办案中的一大难点，对罪与非罪的界限认识不足。

2. 犯罪人员层级多、涉众广，犯罪呈现"模式化"特征

以 Z 市邮币卡诈骗案为例，该案中涉案人员有 106 名，分属不同职位。从大类看，该类犯罪的犯罪分子基本上可以分为股东、骨干人员、业务员等三类。因此，司法机关在定罪量刑时往往需要区分每个人员各自的作用、地位、非法获利等因素，认定上存在难点。另外，与传统的诈骗罪、非法吸收公众存款罪相比，金融衍生品犯罪极具"互联网 +"特色，传导性极强。因此，司法机关在取证时往往面临困境，很大一部分被害人无法到案制作笔录。在司法实践中，部分司法机关往往采用抽样取证法，通过部分被害人的陈述证实该犯罪集团的运营模式，并以后台数据相互印证，从而确定该犯罪集团的犯罪数额。但不可否认的是，被害人无法全部到案制作笔录在一定程度上给犯罪分子留下了"脱罪"的空间和可能性。从犯罪模式上看，Z 市邮币卡诈

骗案的运营呈现模式化、套路化特征，犯罪过程井然有序。从业务员诱骗散户入金到操盘公司操纵涉案邮币卡的价格，中间过程环环相扣，连接紧密。经分析各地邮币卡类犯罪可知，大部分犯罪分子均采用了相同的方式进行诈骗，使被害人遭受巨大损失。

## （二）金融衍生品犯罪的成因分析

金融衍生品系从传统金融业务或者金融工具中衍生出来的一种新型金融衍生工具，具有杠杆性、未来性和逐利性等特征。以邮币卡为例，随着邮币卡业务的疯狂扩张，不少犯罪分子利用邮币卡交易的特点，在诱骗客户入金之后，人为操纵交易价格，从中非法获利。如何认识以邮币卡为代表的金融衍生品犯罪？笔者认为，首先应当分析造成金融衍生品犯罪乱象的内在成因。

### 1.金融监管缺位

众所周知，任何事物若失去监管，就会沦为违法犯罪的工具。金融衍生品市场的巨大利益伴随着投资的高风险性，这也意味着金融衍生品市场需要科学的监管体系护航。然而，纵观当前金融衍生品市场的监管现状，监管主体混乱及权责不明等原因造成了当前监管不力甚至监管缺位的窘境。目前，我国金融衍生品监管主要由人民银行、证监会、银保监会和外汇局实施。各监管机构之间尚缺乏统一的协调机构，同时也缺乏战略规划共识。[1] 以邮币卡为例，传统的邮币卡市场受制于流通性问题和高昂的交易成本，其内在的财物价值未能得到有效发掘。随着大数据、云计算、区块链等信息技术的迅速发展，大量文交所相应设立，邮币卡交易也进入了"互联网+"时代，以邮币卡电子盘的形式呈现。[2] 邮币卡电子盘采取实物挂牌、实物提取的方式，将原本分散在现货市场的邮票钱币等收藏品集中分类、托管上市、定价发行，这也标志着邮币卡交易从商品市场转移到电子盘市场。探讨如何监管邮币卡

---

① 杨欣：《我国金融衍生品市场法律规制研究》，吉林财经大学2018年硕士学位论文。
② 江合宁、宋志杰：《发展我国金融衍生品交易的若干法律问题》，《甘肃政法学院学报》2006年第5期。

电子盘交易乱象之前，明确监管主体是我们必须解答的第一个问题。笔者认为，在邮币卡电子盘交易中，文交所虽然设置了物权交割的种种规则，却很少有投资主体通过交割获得物权，更多投资主体都着眼于该物权作为资产，或者称为证券化资产的未来收益。从这个角度出发，邮币卡电子盘交易应受《证券法》以及证券管理部门监管。但根据目前的立法现状，邮币卡显然不属于《证券法》规制的"证券"范畴。

2. 法律规制滞后

由于衍生金融交易是一种新型交易，其交易品种的日益繁多、交易规模的急剧膨胀大大快于市场建设的其他方面，相应的法律法规不健全，无法可依和无先例可循的情况经常会出现。以邮币卡电子盘为例，邮币卡电子盘作为一种金融创新，其市场主体地位、性质等方面均未完善。与此同时，与邮币卡等金融衍生品相关的法律法规仍处于滞后状态。因缺少统一的法律法规，在司法实践中，各地司法机关对相似金融衍生品的运营模式认定不一，打击力度也不尽相同，这也给当前已经混乱的金融衍生品市场带来了更多的不确定性。法律源于社会，社会实践的发展推动法律制度的不断完善。法制化是制度变迁的终极要求，而制度变迁究竟应采取"渐进试错式"还是"整体建构式"，哈耶克支持前者，而同样是诺贝尔经济学奖获得者的布坎南则支持后者。正如上文所述，金融衍生品交易的繁荣是金融创新的必然趋势，是不可逆的。金融衍生品作为一种新型金融现象，是从传统金融工具中演变而来的，这种证券化的演变过程实际上是一种本质属性的演变。因此，受制于金融衍生品的独特性质，这种权利的本质属性的转换并不可能一蹴而就，而是随着社会的发展循序渐进的。因此，针对当前金融衍生品乱象，在金融衍生品法律规制这一具体问题上，笔者认为应该采取"渐进试错式"的制度建构模式来构建有效的法律防治体系。

3. 投资者培育机制缺乏

传统金融业务对投资者的要求比较严格，需要审查资产规模，其一般都具有相应的风险识别、承受能力。如上文所述，金融衍生品作为一种金融创新项目，其本质属性已经发生了变化，投资者更多着眼于金融衍生品的证券化效益。与传统金融业务相比，金融衍生品业务的逐利性十分突出，因此很大一部分投资者为散户。金融衍生品市场日新月异、种类繁多，大部分散户投资者对金融衍生品不甚了解甚至一无所知。然而，正如上文所述，金融衍生品市场因为缺少监管，存在大量后台操纵市场等违法行为。因此，在没有完备的投资者培育机制之下，投资者被表面的高收益诱导之后，往往盲目入金，最终导致巨大损失。由此可见，建立完善投资者培育机制事关投资者的合法权益，也有利于金融衍生品市场的健康发展。

## 三、问题研究：定性与量刑

金融衍生品是在传统金融产品基础上出现的一种新型金融类工具，在互联网日益发达的今天，大数据、云计算、区块链等技术发展迅猛，金融衍生品投资市场也从单纯的线下操作发展为线上线下同时进行且以线上为主的模式。金融衍生品本身所带有的虚拟性、杠杆性等特点，注定其存在较多的法律风险。涉及金融衍生品的刑事犯罪案件层出不穷，且类型多样，法学理论界及司法实务部门在该类新型案件的法律适用方面也存在诸多讨论。不可否认的是，当前司法机关在金融衍生品犯罪案件办理中还存在诸多问题，具体如下。

### （一）定性有争议

首先，罪与非罪区分难。是单纯的金融创新还是披着创新外衣的违法犯罪行为？在金融衍生品犯罪案件办理过程中，司法机关首先要做的是准确界定民事纠纷与刑事诉讼的界限。例如，对于行为人通过社交软件虚构身份后引诱客户进行投资或者利用话术引诱客户投资的模式，能否仅仅依据该欺诈行为将其确定为犯罪？这个问题值得商榷。笔者认为，一般欺诈行为与诈骗罪中的"虚构事实、隐瞒真相"存在差别。按照刑法谦抑性的要求，用民法规制的行为完全可以通过民事诉讼来解决。可以通过追究行为人违约责任，而不必上升至刑事案件层面。

其次，主观故意认定难。金融衍生品诈骗犯罪大多利用合法正常的投资平台进行交易，行为人则在幕后人为操控金融衍生品交易价格和涨跌幅度，最终导致被害人大量亏损。因此，要判断诈骗的主观故意，需要确定行为人是否具有非法占有目的，以虚构何种事实、隐瞒何种真相的方式实施犯罪。具体来说，就是看被害人的损失是否因行为人人为操控投资导致，还是仅仅依靠内幕信息进行的投机行为。在司法实践中，该类案件对内具有极强的隐蔽性，对外具有极强的迷惑性。行为人到案后常会对主观故意进行辩解，极力掩盖自己的犯罪行为，导致无法从言词证据入手，只能从客观证据进行推定。因此，在司法实践中，犯罪嫌疑人的主观故意认定难。

最后，被害人陷入错误认识认定难。一般情况下，被害人是在不知情的状态下被骗，这种情况当然不值得讨论。但也有部分投资者，其在投资过程中会意识到行为人具有或者可能具有诈骗故意，然而，基于为获取更大收益的侥幸心理而继续进行大量投资，最终被骗。这种特殊情形，是否属于被害人陷入错误认识，笔者认为存在争议。

## （二）量刑情节确定难

### 1. 人员情节判断难

首先，打击范围确定难。金融衍生品犯罪所依托的团队分工明确、人员较多且层级分明，参与人员的角色往往涉及总负责人、中层团队负责人、一般业务人员及财务、行政等。由于金融衍生品案件较为新颖，目前打击范围并不明确统一，缺乏相应的法律规范。对于只处理主要参与人员还是对所有人员进行全链条打击，在司法实践中也存在不同看法。整体来看，各地的打击范围也千差万别。

其次，在确定打击范围后，对拟追究刑事责任行为人的主、从地位，参与犯罪的程度及在团伙犯罪中的地位作用等内容需要进一步作出判断。这也是在办理案件时应该重点审查的地方，尤其是一般业务人员的主观恶性、参与时间、涉案金额等情况差别较大，应综合多种因素进行准确认定，避免"一刀切"式的从重打击。如何保证不放纵犯罪，又要体现宽严相济的刑事政策，在技术处理上存在诸多困难。

最后，在准确认定各行为人量刑情节的基础上，检察机关应分别作出起诉或者不起诉的审查处理结果：对于事实不清、证据不足的行为人，及时作出法定不起诉处理；对于符合相对不起诉标准的，可以不起诉；对于情节严重的行为人，须起诉至法院从重判处。对认罪悔罪态度较好且又积极退赃的行为人，可以积极适用认罪认罚从宽制度，检察机关也可以提出合理的量刑建议。金融衍生品不同于一般意义上的证券概念，也不能完全以规制证券市场的刑法规范来处理。目前，在对金融衍生品犯罪的处理上尚无明确标准，各地检察机关和审判机关所持标准也不同，一般是靠办案经验确定，容易造成同案不同判。

2. 犯罪数额确定难

一是总数额计算难。金融衍生品犯罪的数额计算主要依靠投资平台上被害人投入资金的电子数据。但在该类犯罪中，行为人在操控平台交易价格及涨跌幅度时会反复买入卖出，涉及资金出入频繁，程序复杂。行为人所操控的金融衍生品可能有多种，且被害人人数众多、涉案数额大，导致总数额计算工作量大。另外，由于投资平台完全在行为人掌握之中，其为了逃避侦查、销毁证据，可能会通过技术手段对相关数额进行篡改或者隐藏，甚至一些数据会设置为在一定时期内自动消除或者被行为人立即删除。[1] 这种情况无疑会给办案人员增加数额计算难度。

二是对于普通业务人员、财务、行政等人员的犯罪数额计算难。在金融衍生品犯罪中，包括总负责人、中层团队负责人等在内的主犯一般比较固定，

---

[1] 朱冲、马新凝：《"互联网＋"背景下邮币卡电子盘犯罪案件侦查对策研究》，《山西警察学院学报》2019 年第 1 期。

但普通业务人员及其他财务、行政等涉案人员往往流动性较大，只是在持续犯罪中的某一时间段内参与犯罪。对于此类人员的数额认定，通常无法根据平台数据直接获取，而是要结合行为人供述、工资单、缴纳社保记录等主客观证据确定行为人的参与时间、所招揽客户的人数等变量之后来计算。但如果工资单、缴纳社保记录等客观证据根本不存在或者行为人已经销毁，则会导致犯罪期间无法准确认定。即使可以确定犯罪时间、参与人数，但要与平台上的每笔金额、被害人的转账记录进行对应，也存在很大困难。

### （三）取证难度较大

金融衍生品投资犯罪行为一般在线上实施，几乎所有的聊天记录、转账记录、涉案图片等客观证据均留存于QQ、微信等社交软件，以及支付宝、银行卡等第三方支付平台。一是被害人分散。金融衍生品犯罪案件属于新型互联网金融犯罪，具有蔓延速度快、被害人分布范围广的特点。由于被害人人数众多、分布地域广泛，要求收集所有被害人笔录及相关材料不太现实。但为了加固案件证据链，证实犯罪行为系针对不特定多数人，又必须要固定一定数量的被害人证据。在案件办理过程中，需要研究适当可行的方法引导侦查机关进行证据补充固定，在法律框架内节省诉讼资源。比如，可以参照其他案件办理模式采用抽样取证的方式，但为了保证案件质效，应该确定抽样取证的具体细则并形成经验总结，发现问题、及时解决。二是电子证据繁杂。首先是投资平台数据，作为反映行为人作案全过程和计算被害人投资金额的主要载体，投资平台数据是最具证明力也是最直接的证据，但平台数据容易在行为人操控下被篡改或者删除，给取证及案件办理带来挑战。除了平台数据外，该类案件所涉及的电子数据还有行为人与被害人之间在微信、QQ等社交软件上的聊天记录，被害人向平台注入资金的支付宝、银行卡转账记录等。因案件涉及金额较大、人数较多，需要调取的电子证据量大且繁杂无序。除了从双方当事人手机、电脑等媒介中提取外，还须向相关单位申请调取全部后台数据，时间精力耗费巨大。

## 四、未来展望：对策与创新

金融衍生品市场的健康发展离不开有效的行业监管、健全的法律规制以及投资者自身的风险防范意识。金融衍生品犯罪类型众多，司法机关在实际操作中也存在诸多问题。因此，如何有效提高司法机关对金融衍生品犯罪的打击质效，是当前司法机关亟须解决的问题。笔者认为，对于司法机关来说，从当前已有的司法实践出发，梳理较为合理的案件办理模式并予以创新，才能从本质上提高相关案件的办理质量，具体做法如下。

### （一）违法性判断先行

第一，判断是金融创新还是违法犯罪行为。金融行业在与互联网的融合中总是走在前列，各种互联网金融产品的出现也让公众有了更多的投资机会。其中，金融衍生品是在金融创新的大潮中涌现的。它不同于传统的证券、基金等金融产品，具有新的特点。金融衍生品投资必须受法律规制，但任何力量都不应该逆经济发展的大趋势，法律也不应阻碍金融衍生品市场的良性发展。在办理相关案件时，我们应借鉴目前金融创新领域所倡导的"穿透式"监管思维，[①] 即透过金融衍生品投资的表面形态看清业务本质。从业务的本质入手，将资金来源、中间环节与最终投向连接起来，甄别业务性质是否属于违法犯罪。

第二，进行法理分析。从罪责行相适应的角度出发，主要考虑行为人的行为是否具有严重的社会危害性。如果有严重的社会危害性，危害程度是否达到必须课以刑罚的阶段；如果足以课以刑罚，则属于什么罪名，又应该接受何种程度的惩罚。从罪刑法定的角度考虑，在确定行为人的行为应该用刑法来规制之后，就要仔细分析案件事实，透过现象看本质，确定行为性质是否符合犯罪的构成要件以及在案的证据是否达到确实充分的标准。

第三，从客观行为异常推定主观诈骗故意。针对行为人不承认诈骗事实，

---

① 常健：《论"穿透式"监管与我国金融监管的制度变革》，《华中科技大学学报》2019年第1期。

且行为具有隐蔽性的情况，可以根据大量异常行为来推定主观故意。比如，行为人通过虚构身份和夸大自身经济实力等手段获取被害人信任，利用账户控制金融衍生品投资价格走势，在投资平台反复操作，总是诱骗被害人在高价时买入，被害人所投资的金融衍生品价格最终都会持续下跌等。这些行为是不符合常理的，足以推定行为人诈骗故意。

### （二）量刑情节分层次确定

　　针对金融衍生品犯罪中犯罪金额确定难及各类人员的情节确定难的问题，笔者认为必须认真区分各层级人员的定罪量刑情节，并对不同层级人员分别制定处理标准。案件中的实际负责人及直接责任人作为犯罪的组织者、发起者，对犯罪的发生具有直接作用，对犯罪的结果负有主要责任，要加大打击惩治力度，遏制网络犯罪的嚣张气焰；对于团队负责人、经理等犯罪组织中的中层责任人，参与程度较深，在犯罪中起着承前启后的作用，也应突出惩治力度。上述两类人员要在犯罪事实清楚、证据确实充分的基础上及时办理。但普通业务人员层级较低，对于其中部分涉案数额不大又认罪认罚的人员经审查后可认定为从犯，应突出"教育为主、惩罚为辅"的理念，符合条件的可以作不诉处理。对于财务等部门的不知情人员，要作无罪处理。对于只领取固定工资的行政人员，可以认定为情节显著轻微，不认为是犯罪。对于涉案数额的认定，要区分好各行为人的犯罪情节。公司的实际负责人、直接负责人等在犯罪中起着全盘谋划、组织的作用，应对犯罪整体负刑事责任，犯罪行为持续期间产生的所有数额均应计算在内。对于中层团队负责人、经理等人员，其对自身所带领的团队负有直接责任和主要责任，应对其任职期间在团队内组织、策划、指挥、实施的数额悉数计算在内。对于普通业务人员、财务和行政人员等，只对自己的行为负责，涉案金额应按照其实际参与的数额分别进行计算。在计算犯罪数额时，关键是要查实各行为人参与犯罪的时间节点，结合该期限内的电子账目及相应被害人转账数额进行认定。如果证明期限的客观证据缺失，则可按照有利于犯罪嫌疑人的原则，结合其供述进行认定。

### （三）创新电子取证方法

大数据时代的优势就是互联网行为处处留痕。但也正因如此，在金融衍生品犯罪案件办理过程中所需要的特定数据也会淹没在海量信息中，对电子数据取证提出更高要求，需要不断创新取证方法。

一是网络数据流实时监控技术。针对网络数据有可能被轻易篡改或者删除，智能手机、电脑等作案工具容易被销毁的特点，通过专门研发的软件系统对相关联的互联网信息进行动态监控，从而自动筛选出有用信息供侦查机关和司法机关作为证据使用。

二是探索切实可行的数据获取技术。面对繁杂无序的数据信息，在提取时务必要注意程序合法性问题，保证所获取证据的真实性、关联性经得起质疑。在获取数据时，可以采用特定的加密设备或者技术对数据进行拷贝。比如侦查机关在对涉案手机中的电子证据进行勘验检查时，通过"美亚手机取证塔 FL-900"软件保存获取数据后将文件打包导入光盘，可以有效避免所收集的数据被篡改，确保证据真实可靠。

三是加快区块链技术的司法应用。我国很早就开始区块链技术的应用，目前已经上升到国家战略高度，其作为核心技术创新的重要突破口，具有可追溯、防篡改、去中心化等特点，可应用于办案部门电子数据存证。2018 年，最高法已经确认了利用区块链技术进行加密存证的做法，并先后适用于民商事和刑事审判工作中。在司法实践中，可以积极探索"数据获取及恢复技术＋区块链技术存证"模式，通过可靠的数据采集设备或系统软件，将数据实时保存，保障证据在传输、存储等环节流转的安全性。[1]

---

① 陈平祥：《运用区块链技术提取和审查刑事电子数据》，《检察日报》2019 年 10 月 14 日第 3 版。

### （四）法律规范的渐进式建立

金融衍生品作为一种新型金融工具，其相关的法律制度建设不可能一蹴而就，但也不能停滞不前，应该根据现有制度创新实践逐步改善立法情况。

一是创新监管模式。对于金融创新，司法机关应持一定的容忍态度。但在法律缺位的情况下，对于金融衍生品犯罪案件的处理也必须谨慎对待。要避免出现类似于P2P爆雷事件的发生，减少新型金融市场对法律风险的突破，最根本的出路还是创新监管模式。"监管沙盒"机制最早出现在英国，通过创设一个安全空间，在其中可以对新的产品、商业模式等进行测试但不会立即违反现有法律。"监管沙盒"实际上是一种豁免机制，强调弹性监管，应用于金融衍生品创新是一种合理尝试。"监管沙盒"可以平衡金融衍生品创新与法律风险之间的关系，有利于监管机构及时调整金融衍生品市场的产品设计导向及交易模式，从而推动金融衍生品市场监管的法治化进程。需要注意的是，监管豁免并不是突破法律底线，必须在设定范围内依法开展。

二是纳入法律规制。金融衍生品市场的出现是对传统金融市场的发展延伸，其伴随着金融产品创新与互联网金融的推进不断拓展，大部分依赖债券、股票等传统金融工具而存在。目前，金融衍生品在监管主体、监管模式等方面均无明确规定，形成了多头监管、模式混乱的现象，处于野蛮生长的状态，不利于金融衍生品市场的良性发展。但金融衍生品又有其自身特点，大部分并不适合用当前有关证券市场的法律法规进行规制，亟待从国家层面、行业层面出台具体的监管细则，对监管主体、监管模式等作出合理安排。对于监管主体，应设立或者指定统一的监管机构进行管理，逐渐建立权责分明的金融衍生品交易市场。

## 五、结语

在金融全球化的过程中，金融市场的发展对全球经济发展具有杠杆性作用。金融衍生品作为金融创新的产物，逐渐在金融市场中占据越来越重要的位置。我国在深化改革开放的过程中对金融衍生品市场体现了包容、审慎的态度，在市场准入、法律监管等方面的探索取得了一定的成效，但如何加快推进金融衍生品市场监管的法治化进程、现阶段金融衍生品诈骗案件如何进行法律适用等问题依然是阻碍金融业良性发展的关键。通过法治为金融衍生品市场发展营造一个安全稳定的氛围，是司法机关不容忽视的责任，关系到国家金融领域持续健康的发展以及国家综合竞争力的增强。

# 民间场外配资合同法律问题研究

浙江大学光华法学院　郑嘉淇 *

**摘　要**

《九民纪要》对场外配资合同采取"一刀切"的无效定性处理方式，为场外配资合同纠纷提供统一的裁判标准，而学界对实践中有关场外配资性质的认定一直存在质疑。新《证券法》和《民法典》的实施完善了证券法律法规，也为场外配资合同的无效认定提供了法律基础。通过解构场外配资合同当事人的权利义务，明确场外配资合同具备借贷和后让与担保法律性质，对强制平仓采取配资方义务论解释分配损失更能符合当事人订立合同的预期目的，进而确定合同无效后双方的责任范围。

**关键词**：场外配资；强制性规定；让与担保；强制平仓

★ 郑嘉淇，浙江大学光华法学院硕士研究生，研究方向：金融法。

在我国证券市场的发展历程中，场外配资现象经久不衰。在对金融市场监管的探索之初，证券公司的融资融券业务之于我国证券市场适用性是监管部门的关注重点。2005 年发布的《证券法》①确认证券公司融资融券交易的合法性，而当时场外配资规模较小且隐蔽性强，市场系统风险性尚未显现。虽然此种交易模式的合法性存在争议，监管部门秉持对证券市场放宽监管与发展创新的态度，对场外配资并未给予足够关注。2015 年股灾发生后，场外配资现象引起了广泛关注，证监会着手清理整顿不合规的场外配资行为，大量场外配资合同纠纷案件涌向法院。由于对场外配资行为定性和处理的法律缺位，司法裁判难以统一，出现裁判标准混乱的现象。随后，深圳市中院发布的《关于审理场外股票融资合同纠纷案件的裁判指引》（以下简称《裁判指引》）对场外配资行为进行法律定性，明确场外配资合同无效并提出司法处理方式，对该类案件的裁判起到积极的借鉴意义。2019 年股市回暖，场外配资有抬头之势，证监会加大审查打击力度。随后最高法发布《全国法院民商事审判工作会议纪要》（以下简称《九民纪要》），采取以往司法实践中的态度，"一刀切"式否定场外配资合同效力，明确协议无效的责任承担问题，为场外配资纠纷的司法处理提供统一的裁判标准。

《九民纪要》明确了场外配资合同无效的裁判思路、关于合同无效的责任承担，否定了配资方依约的利息和费用请求权、受益请求权，并规定了用资方损害责任承担规则。但上述规则尚不能覆盖司法审判中出现的问题，导致配资方与用资人权利义务和责任承担等问题认定混乱，其原因在于理论和实务中尚未明确场外配资合同的性质。本文以 2019 年《证券法》和《民法典》的实施为背景，分析场外配资合同无效认定的合理性，进一步探析场外配资合同的基础法律关系和强制平仓性质，为场外配资合同无效后法律责任的合理分配提供分析基础。

---

① 2005 年发布的《证券法》于 2014 年修正，以下简称 2014 年《证券法》。

# 一、《证券法》修订前后场外配资合同无效认定之"障碍"及其破除

## （一）无效认定的"障碍"

对场外配资合同在司法裁判中效力的认定，法院普遍认可并采取"无效说"，认定配资合同无效的主流观点有：第一，场外配资合同违反国家对融资融券业务的特许经营要求；第二，场外配资合同违反证券账户实名制和不得出借的要求。然而，学界和实务对以上认定无效理由的成立存在较大争议。2015 年，深圳中院的《裁判指引》通过第七条明确司法实践中以《合同法》第五十二条第四项、第五项，即"损害社会公共利益""违反法律、行政法规的强制性规定"认定场外配资协议无效的审理思路，主要引致的条款是2014 年《证券法》第八十条和第一百四十二条。

对场外配资合同效力持"肯定说"的学者认为，首先，关于证券账户实名制要求，其规范目的在于防范证券欺诈和隐匿资金流向等情况，出借账户不必然推导出交易无效的结论。[1]且 2014 年《证券法》第八十条的规范主体是法人，自然人之间出借证券账户情况不在此规制之列，难以依此否定自然人配资过程中出借账户行为违法而影响场外配资合同的效力。其次，关于融资融券业务专营，此规范仅指向"证券公司"这一特殊主体，难以认定构成特许经营条款，不宜通过《合同法解释（一）》第十条"违反国家特许经营的合同为无效合同"作为"合同无效论"的支撑理由。另外，证券公司经营融资融券业务须经批准，无法当然得出其他主体进行融资融券业务也要经过批准的结论。[2]

## （二）无效认定"障碍"之破除

2019 年，新修订的《证券法》对证券交易的主体和交易行为等方面的规

---

①　缪因知：《证券交易场外配资合同及其强平约定的效力认定》，《法学》2017 年第 5 期。

②　王绳斗：《证券交易场外配资协议的效力认定》，《吉林金融研究》2020 年第 5 期。

定更为严格细致，填补了修订前法律对上述问题解释的空白，在一定程度上打破了场外配资合同之无效认定的阻碍。新《证券法》第五十八条将禁止出借、借用证券账户的主体从"法人"扩展为"任何单位和个人"，任何单位和个人使用账户的行为均纳入监管，严格规范落实账户实名制要求；第一百二十条除了规定证券公司经国家批准经营包括证券融资融券等业务之外，增加"除证券公司外，任何单位或个人不得从事证券融资融券业务"的禁止性规定。《九民纪要》进一步明确融资融券依法属于国家特许经营的金融业务，阻断场外配资合同效力之有效解释的可能性。

新《证券法》确认了不具备资质的主体进行配资业务以及出借账户行为的违法性，而行为上的违法性是否会导致配资合同效力的否定，根据《合同法解释（二）》第十四条[①]和《最高人民法院关于当前形势下审理民商事合同纠纷案件若干问题的指导意见》第十五条和第十六条，[②]还须进一步对法律规定属于效力性强制性规定抑或是管理性强制性规定进行分析：违反法律和行政法规的效力性强制性规定，合同无效；违反管理性强制性规定，根据具体情形认定合同效力。《民法典》关于合同无效的规定主要体现在第一百五十三条。[③]在《合同法》及其解释失效后，对"强制性规定"该如何进行解释，是否仍以效力性、管理性和强制性规定为合同无效的判定标准，抑或是存在其他解释？有学者认为，该条"强制性规定"应理解为禁止性规定，但是所规定的例外有效情形是指"民事法律行为有效并不明显违背相关强制性（禁止性）法律规定之目的"，[④]即民事法律行为违反法律、行政法规的禁止性规定的无效，除非该行为的有效未违反相关法律法规的规范目的。

---

① 《合同法解释（二）》第十四条："《合同法》第五十二条第五项中强制性规定，指效力性强制性规定。"

② 《最高人民法院关于当前形势下审理民商事合同纠纷案件若干问题的指导意见》第十五条和第十六条提出"管理性强制性规定"概念。

③ 《民法典》第一百五十三条："违反法律、行政法规的强制性规定的民事法律行为无效。但是，该强制性规定不导致该民事法律行为无效的除外。违背公序良俗的民事法律行为无效。"

④ 杨代雄：《〈民法典〉第153条第1款评注》，《法治研究》2020年第5期。

新《证券法》第五十八条和第一百二十条均使用"不得"表述，属于禁止性规定。判断场外配资合同是否因违反禁止性规定无效，则需重点考察为达到禁止性规定所追求的目的，是否有必要使该合同无效。[①]

证券账户是投资者开展证券交易的基础，对账户进行监督也是监管部门对证券交易活动进行监督管理的途径。一般来讲，禁止出借、借用证券账户的规范目的在于规制内幕交易和操纵市场等证券违法行为。在场外配资中，配资方出借、用资人借用账户并不会与以上规范目的相抵触。而经过进一步探究，新《证券法》第五十八条的上位目的实际上均指向维护证券交易市场的秩序稳定，保护证券市场参与各方的合法利益权益。[②] 在场外配资中，配资方向用资人提供自己或他人的证券账户，由用资人操作股票交易而配资方保留对账户的控制权，此种合同安排并未涉及内幕交易或操纵市场的违法行为。而一旦出现账户资金触及平仓线被强制平仓，股市受此影响导致连锁强制平仓操作，达到一定规模后引发证券市场剧烈波动，从而冲击证券市场交易秩序、损害其他投资人的权益、违背新《证券法》第五十八条的规范目的，则场外配资中配资方出借、用资人借用账户的民事法律行为应认定为无效。

新《证券法》将融资融券业务的经营主体限制为证券公司，只有经过监管部门核准资质、取得经营证券业务许可证的证券公司才能开展融资融券业务，禁止其他任何单位和个人进行融资融券经营。现行法律制度为证券市场交易构建常态化的交易模式和安全、高效的交易秩序，规范证券公司和其他市场参与主体的行为，维持市场交易的有序运行。而场外配资游离于监管之外，缺少法律规范、行业准则的约束，商主体在合同安排下趋向于自身利益最大化行使决策，难以充分考量自身行为对证券市场的影响。而通过场内或场外融得的资金进入的股市是联动的，场外配资主体的私利行为会对股市产生直接的负面影响，对于合法进入市场的交易主体过于不公，也是对现有法

---

[①]　韩世远：《合同法总论》，法律出版社 2008 年第 2 版，第 152 页。

[②]　王瑞贺：《中华人民共和国证券法释义》，法律出版社 2020 年第 1 版，第 6 页。

律体制下形成的证券市场秩序和社会公共利益的挑战。因此，应当肯定场外配资行为的无效认定。《九民纪要》的指导思想同样根据场外配资违反融资融券特许经营业务的规定、冲击市场秩序，认定场外配资合同一律无效。

## 二、民间场外配资合同性质分析

### （一）民间场外配资合同基础交易模式

民间场外配资合同基础法律关系的主体包括用资人和配资方，用资人基于合同约定向配资方提供现金或一定市值的证券作为保证金，配资方以一定杠杆比例向用资人融出资金用于买卖股票并收取固定利息，用资人的保证金与配资方的融出资金存入配资方所有并向用资人开放操作的账户且以此为交易载体。由于股票交易受到股市波动的影响存在市场风险，为保证配资方融出资金及固定收益的回收安全，双方约定警戒线和平仓线。当账户内资产市值在警戒线或平仓线以上时，由用资人单独进行操作；当账户内资产市值跌至警戒线时，用资人应补充保证金；当账户内资产市值跌至平仓线时，配资方"有权"强行卖出股票以收回融出本金和固定利息。

民间场外配资即通俗意义上的借钱炒股，此种商事合同模式源于用资人看好股市而产生融资需求，受制于证券公司融资融券业务选择客户的高标准，[1] 转而寻求其他融资渠道，从而逐渐形成场外配资这种高效且具有担保性质的合同安排。然而此交易模式游离于市场监管之外，场外配资合同效力长期以来未得到法律认可，当事人权利不能得到保障，增加了信用风险。配资方在场外配资合同安排下处于优势地位，可能会在合同中约定不合理的平仓线，当股票价格稍有下跌时立即卖出股票，未充分考量用资人获得预期收益的合同订立目的之保护；或者股价上涨时，配资方意图获得盈利收益而违

---

[1] 《证券公司融资融券业务管理办法》第十二条第二款："对未按照要求提供有关情况，从事证券交易时间不足半年，缺乏风险承担能力，最近20个交易日日均证券类资产低于50万元或者有重大违约记录的客户，以及本公司的股东、关联人，证券公司不得为其开立信用账户。"

反合同约定自行卖出股票；抑或是配资方强制平仓后，用资人投入的保证金完全亏损，为收回保证金而提起诉讼，进而引发合同违约或认定合同无效纠纷，对股票市场和社会秩序的稳定存在负激励的影响。

## （二）民间场外配资合同类型分析

### 1. 借贷法律关系争议

《裁判指引》指出，场外配资合同纠纷涉及借贷法律关系。对于场外配资合同中的借贷合同性质争议，肯定观点如最高法民二庭主张将固定收益产品视为借款合同，[①]配资方与用资人直接交易的场外配资类型可以理解为标准的借款合同；[②]否定观点认为场外配资不属于民间借贷法律关系，理由包括：配资合同没有满足"资金的转移占有要件"，[③]与一般借贷关系中贷款人对资金享有绝对支配权的法律特征不完全一致等。[④]由此可见，否认观点认为成立借贷法律关系必须符合借贷资金从借款人完全转移至贷款人，由贷款人对借贷资金行使排他、绝对支配的特征。

金钱作为特殊的种类物，占有即所有。因此，典型的借贷行为是借款人将借贷资金交付给贷款人占有，交付的结果体现为贷款人对资金的绝对占有和支配。比如，将资金由一方账户转移至另一方账户。而通过对借贷行为法律性质的分析，不能当然得出场外配资合同中配资方融出资金的行为不属于借贷行为的结论。首先，借贷法律行为的构成要件包括：标的物为金钱；借款人转移标的物所有权完成交付；贷款人到期偿还借款（和利息）。场外配资所涉及的借贷法律关系定性的争议在于配资方将按照一定杠杆比例融出的资金转移至配资方或配资方掌握的账户中，并将账户和密码告知用资人是否

---

① 缪因知：《证券交易场外配资合同及其强平约定的效力认定》，《法学》2017 年第 5 期。

② 王绳斗：《证券交易场外配资协议的效力认定》，《吉林金融研究》2020 年第 5 期。

③ 李进：《场外股票配资链中的法律关系》，《人民司法》2018 年第 35 期。

④ 雷继平：《场外配资法律问题研究——以场外配资行为性质与民事法律责任为视角》，《证券法律评论》2016 年卷。

满足上述构成要件。笔者以为，借贷关系的本质在于贷款人能够对借贷资金合法或按照合同约定的用途进行支配和使用，即可认为借款人完成了金钱的转移交付，至于借贷资金是被贷款人绝对占有还是相对占有并不妨碍借贷法律关系的成立。在场外配资中，配资方将存有杠杆比例资金的账户对用资人开放操作权限，除出现约定的强制平仓是由配资方对账户资产实施强制卖出操作以外，配资方对账户内资金的支配、使用权利处于"休眠"状态，用资方独立支配账户内资产。因此，应视作配资方已经履行提供借款的义务，配资方与用资人之间成立民间借贷法律关系。

2. 让与担保法律关系争议及思考

除借贷民事法律关系外，《裁判指引》认为场外配资合同涉及的另一种基本法律关系是让与担保法律关系。通说认为，让与担保是指债务人或第三人为担保债务人的债务，将担保标的物的财产权（形式上）转移给债权人，使债权人在不超过担保目的的范围内取得担保标的物的财产权，债务人偿还到期债务，债权人将标的物返还给债务人或者第三人；债务人到期没有履行债务，债权人就该标的物受偿的制度安排。[①] 让与担保作为"舶来品"，是早期为德国和日本司法实践所承认的一种非典型担保方式，其优势在于担保品不转移占有，提高了担保的便捷性。我国《物权法》起草过程中一度考虑引入又最终放弃引入担保物权制度，但我国证券行业对该制度格外青睐，认为让与担保制度可以解决融资融券担保的基础制度问题。随后，在让与担保理论不断发展的过程中，我国立法对该制度采取逐渐开放的态度。《九民纪要》第七十一条在司法审判指导层面肯定让与担保合同的效力，《民法典》第三百八十八条第一款通过明确担保合同的范围，为让与担保留下空间。

如上所述，配资方为达到保障用资人按照合同项下的约定偿还本金和利息的目的，对账户内资产进行监控，要求用资人以配资方提供的账户进行操

---

① 谢在全：《民法物权论（下册）》，中国政法大学出版社 2011 年版，第 1100 页。转引自龙俊：《民法典物权编中让与担保制度的进路》，《法学》2019 年第 1 期。

作，区别于一般借贷形式。而配资人在特定条件下对用资人操作账户行使介入权进行强制平仓，实际上是对配资的担保安排。通过分析场外配资合同的构成要件，可以判断场外配资是一种股票质押融资行为，而是否要用让与担保关系定性场外配资合同，学界也存在一定争议。有学者认为，合同安排的强制平仓是通过账户控制实现的"债权保障机制"，以合同为约束当事人之间权利义务的依据，是一种纯粹的合同机制，不必然通过附以"担保"之名。[1]无独有偶，有学者提出需要对"具有担保作用"与"构成担保物权"概念进行辨析，原因在于若以"保障债权确切实现"界定担保的作用，几乎所有民事责任承担方式都能起到担保作用。[2]也有学者指出，用资人缴纳的保证金实际上与所配资金融为一体，并不是严格意义上的让与担保模式。[3]

对场外配资合同性质之再探析，配资方虽然掌握账户密码，客观上能够对账户进行操作控制，但根据合同安排，账户内资产额在约定的平仓线以上，用资人对账户的交易享有独立、完全的支配权利，要求配资方不得对账户进行操作，从而认为融出资金实现从配资方向用资人的交付，确认场外配资合同借贷法律关系的性质。让与担保制度的特征，是合同订立时便要求将担保物所有权转移至债权人，债权的实现以完整的担保物所有权"静态"地进行担保。这与场外配资的安排有所不同，合同履行过程中允许用资人对保证金和融出资金进行操作，两者在事实上"融为一体"，保证金也会随着证券市场行情而不断变化，通常情况下处于"动态"的变化状态。以让与担保法律关系定性场外配资合同，在一定程度上混淆了配资、用资双方在同一证券账户中进行的借贷、强制平仓担保措施的法律关系。

因此，应当将场外配资的过程割裂分析。在达到约定的平仓线之前，用

---

[1]　刘燕：《场外配资纠纷处理的司法进路与突破——兼评深圳中院的〈裁判指引〉》，《法学》2016年第4期。

[2]　龙俊：《民法典物权编中让与担保制度的进路》，《法学》2019年第1期。

[3]　王雨婷：《〈九民纪要〉和新〈证券法〉实施背景下场外配资合同效力认定的困境和突破》，《对外经贸》2020年第11期。

资人将保证金交付至配资方提供的账户，配资方按比例支付配资资金，由用资人积极行使账户内资产的操作和支配权利，配资方则消极不作为，构成借贷的法律关系。保证金虽然在客观上转移至配资方账户，但不应视为保证金的所有权发生了转移，此时保证金并没有起到担保作用，而是为达到特定条件而触发担保的"债权保障机制"作前期铺垫。一旦触及平仓线，配资方操作账户的条件达成，须及时对账户内资产进行强制平仓处置。虽然用资人此时也能对账户进行交易或者平仓操作，但强制平仓条件达成后，合同约定赋予配资方更加"强制性"的操作力，配资方介入用资人的操作，保证金所有权转移至配资方，实现对债权的担保作用。配资方真正享有保证金所有权的时间点是账户内资产触及平仓线，与以担保物所有权在合同订立时转移为特征的让与担保模式有所差别。近年来，我国民间借贷司法实践中出现"后让与担保"这种新担保形式。在借贷的同时签订买卖合同，价金一般为借贷本金和利息之和，若债务人到期不能还本付息，则债权人有权请求履行买卖合同。"后让与担保"与让与担保的重要区别是前者担保财产的所有权在合同订立时不发生转移，仅在合同约定的情形下出现，债权人可要求所有权转移以收回借贷本息。由此，笔者倾向于认为场外配资合同中的担保安排属于"后让与担保"模式。

## 三、强制平仓法律性质研究

场外配资合同通常约定，证券账户内股票市值低至约定的平仓线时配资方"有权"强制平仓，抛售股票收回融出资金和利息。实践中出现的问题是，若配资方未及时平仓是否应当承担因此造成的损失？强制平仓是配资方的权利还是义务？目前，理论与实务并未达成一致认识。《裁判指引》第十条规定股票市值触及平仓线而配资方未按照合同约定强行平仓，造成实际平仓与约定平仓的差额损失由配资方承担。《九民纪要》第八十七条关于场外配资合同无效责任承担的规定并未涉及没有及时平仓而造成配资方损失如何承担的问题。在 2015 年的股灾中，场外配资多搭载 HOMS 系统等技术平台进行，其特点是股票市值降至平仓线附近时自动切断用资人的操作途径，用资人对于之后的股票投资损失免责，这种情况下配资方的"有权"平仓便转化为强制平仓义务。[①] 在民间场外配资手动平仓的情况下，若配资方修改账户密码使用资人不能进行平仓操作时，则与上述情形相似，根据公平原则，由于未及时平仓导致的融出资金损失部分由配资方自行承担，不得要求用资人偿还。

强制平仓存在另一种情况，即账户资产降至平仓线且未修改密码，配资方与用资人均怠于对账户进行强制平仓操作，由此造成的资金损失由谁来承担？目前，尚未有确切定论。实践中，法院倾向于认为强制平仓是配资方的权利而不是义务，[②] 但没有对作出这种选择的原因进行充分说明。判断强制平仓是配资方的权利抑或是义务对场外配资合同双方当事人的责任承担与利益平衡影响重大，应当慎重考虑。

## （一）强制平仓"权利论"分析

从合同角度出发，虽然场外配资合同中关于强制平仓的约定为"配资方有权进行强制平仓"或"配资方可以行使强制平仓权"等，根据文义解释，合同没有约束配资方在平仓线对账户进行平仓的强制性要求，对强制平仓的约定更像是出于配资方收回融出资金和利息的考虑而赋予的权利。而权利之于权利人意味着自由而非约束，权利人可以自由选择行使或者放弃权利且免于被责以过错。当账户内股票市值跌至平仓线，依照合同约定，配资方操作账户的条件达成，享有强制平仓的权利，其行使该权利的结果是将股票贬值的损失控制在合同预期范围内；放弃行使权利的结果是股票市值持续下跌，损失融出资金，或行情转好股票市值上涨度过危机。若不对配资方课以强制平仓的义务，在能够控制账户收回融出资金的情况下及时止损，而是允许配

---

① 刘燕：《场外配资纠纷处理的司法进路与突破——兼评深圳中院的〈裁判指引〉》，《法学》2016 年第 4 期。

② 浙江省金华市中级人民法院（2020）浙 07 民终 925 号民事判决书。

资方放任损失发生，最终由用资人返还融出资金，配资方"坐享"收回融出资金和利息，则合同双方权利义务不对等。将场外配资合同对配资方强制平仓的安排界定为权利，结果对用资人来说过于不公。

## （二）强制平仓"义务论"分析

笔者在此提供采取强制平仓义务论的解释思路。首先，探求双方当事人订立合同的目的。用资人一般有较为丰富的股市投资经验，了解股市以及配资活动的高风险性，其对自己看好股市的判断有足够的信心，但自有资金不充足难以满足其获利目标，通过签订场外配资合同扩充投资资金以期扩大收益。因此，强制平仓的条件尚未发生，即使用资人已有较大损失，尚存翻盘的希望，仍不甘退出此次配资且损失一笔利息，符合股市投资者的一般心理。配资方拥有充足的闲置资金，通过合同安排预期获得的利益是较为可观的利息收入，与资金需求方达成合意融出资金的同时保留对融出资金和利息的安全监督和附条件收回安排。配资方在签订合同时预期达到的目的决定其相对于用资人应当具有更高的理性要求，其根据合同额外获得的只是约定的利息而非投资股市产生的收益。当账户资产触及平仓线时，应从借款人角度而非炒股人角度看待问题——采取保守方式及时收回资金和利息，期待翻盘不符合配资方作为借款人的一般理性。达到平仓线后，配资方即负有强制平仓收回资金和利息的义务，其对未及时平仓负有过错，损失自担。此外，场外配资合同对配资方强制平仓制度的安排以担保债权的实现为目的。平仓时有发生，债权有不能实现的危险，配资方应及时通过合同的担保债权安排措施，强制平仓以保障债权的实现，即负有使担保安排发生作用之义务，否则将自行承担怠于主张担保的损失。

然而，不可否认的是采取强制平仓义务论在实践中也存在一些问题。第一，法院一方面认定场外配资合同无效，另一方面苛责配资方未按照无效合同约定及时平仓，不当扩大损失，裁判逻辑并不一致。最高法的解释为，虽然合同无效，但强制平仓作为一种损失分担机制，实质上减少了债务数额，不具有违法性。[1]对此，笔者提供的解释思路是将强制平仓认定为损失分担的事前安排条款，不因合同无效而否认强制平仓条款的效力和因强制平仓而发生的合同结果，促进争议解决。第二，从市场监管角度出发，界定强制平仓为义务可能导致配资方为防止自损，在平仓条件达成或将要达成时，立即进行强制平仓操作。此种行为一方面会导致用资人可能的收益损失而引发纠纷，另一方面若发生同步平仓，将会影响其他投资者非理性跟风交易，加剧股市动荡，诱发系统性风险。如何进一步平衡司法审判中当事人的民事权益和金融监管目标，还须进一步探讨。

## 四、结束语

场外配资现象伴随我国证券市场的发展，因其脱离监管，配资方与用资人的不规范操作会冲击证券市场的秩序和安全。虽然有学者认为对场外配资应当"疏而非堵"，但在司法实践中，其对场外配资合同效力普遍持否定态度，根据法律能否得出场外配资无效的结论也遭到质疑，而新《证券法》和《民法典》的实施为"无效论"提供了法律分析基础。针对确认合同无效后的责任承担问题，由于场外配资合同属于非典型合同，合同要素中包含涉及证券市场的高风险和不稳定因素，完全按照合同无效各自返还财产的做法不符合合同当事人预期。通过分析合同的基础法律关系，肯定场外配资协议的借贷和"后让与担保"性质，有利于合理分配当事人的法律责任。强制平仓作为场外配资合同中担保配资方债权实现的安排，根据公平原则，以配资方强制平仓"义务论"进行解释相较于"权利论"更能体现公平原则，但如何达成当事人利益和实现市场监管目的的平衡也呼唤在法理上给予更深入的解释。

---

[1]　最高人民法院（2011）民二终字第 33 号判决书。

# 场外配资案件中"金主"和中介的行政、刑事责任研究

北京德和衡(上海)律师事务所　秦　辉*

**摘　要**

场外配资案中，"金主"[①]和中介[②]涉及哪些行政、刑事责任，是一个非常重要而又争议不小的问题。结合行政处罚实践和非法经营的核心要素，从不枉不纵角度出发，细化场外配资应承担的未经批准从事证券经纪、融资融券、出借、借用他人证券账户等法律责任。以往案例表明，立法、执法、司法、守法和理论研究等领域的良性互动会带来证券市场的稳定，带动社会整体法律水平的提升，进一步强化公众对法律的遵循，可以在查处其他非证券类案件中借鉴适用。

**关键词：** 场外配资；主体；行政执法；刑事司法；精准

---

★　秦辉，北京德和衡(上海)律师事务所律师。
①　配资行业中对出资人的称呼。
②　由于配资公司处于核心地位，既联系"金主"，又联系用资人，本文统称为中介。

场外配资在我国证券市场已存在多年，其高杠杆往往被认为是助涨助跌的帮凶，到 2015 年已发展到极致。大凡有多年炒股经验的投资者，对 2015 年千股跌停的现象一定记忆犹新。可以说，场外配资是证券市场的毒瘤，不仅挤压证券公司正常融资业务的空间，而且其过分高的杠杆更容易导致投资者产生损失，引发众多纠纷。鉴于此，配资首次于 2016 年进入行政处罚的视野，新《证券法》自颁布以来以追究刑责为主。2021 年 4 月 30 日，证监会、公安部联合发布 2020 年场外配资违法犯罪典型案例，彰显行政、司法部门严厉打击场外配资违法活动的态势。自 2015 年以来，从追究配资中介、软件开发商的行政责任到追究中介的刑事责任，进而将"金主"纳入追究刑责的范围，无论追究责任的程度还是刑事责任主体的范围，都有较大的变化。其中究竟有什么缘由？本文结合场外配资惩处案例、《证券法》的修改等阐述场外配资各主体相关法律责任的演进历程，并对细化中介、"金主"的行政、刑事责任提出自己的见解。

## 一、配资案件处罚情况

### （一）2015 年股市异常波动时

2016 年 11 月 25 日，证监会对 2015 年股市异常波动时的 9 例涉及开发、使用具有证券账户开立、交易、清算等功能软件的场外配资进行处罚，因该类案件所涉主体包括开发配资软件的开发商和使用配资软件的中介，仅举其中 2 例予以说明（见表 1）。

表 1　场外配资违法案例

| 主体 | 违法内容 | 处罚种类 | 处罚金额 | 涉及法条 |
|---|---|---|---|---|
| 杭州恒X网络技术服务有限公司 | 开发运营的 HOMS 系统，包含子账户开立、委托交易提供、存储、查询、清算等多种证券业务属性的功能。恒X网络明知客户经营方式，仍向不具有经营证券业务资质的客户销售该系统，提供相关服务，并获取收益。 | 行政处罚 | 没收恒X网络违法所得 109,866,872.67 元，并处以 329,600,618.01 元罚款。 | 违反了《证券法》第一百二十二条的规定，构成《证券法》第一百九十七条所述非法经营证券业务的行为。 |
| 湖北福X澜海资产管理有限公司 | 2013年10月14日至2015年9月2日，福X澜海使用杭州恒X网络技术服务有限公司（以下简称恒X网络）HOMS系统、上海铭X软件技术有限公司（以下简称铭X公司）FPRC系统为客户提供账户开立、证券委托交易、清算、查询等证券交易服务，且按照证券交易量的一定比例收取费用，获取非法收入 1,642,909.37 元。 | 行政处罚 | 没收福X澜海违法所得 1,642,909.37 元，并处以 4,928,728.11 元罚款。 | 违反了《证券法》第一百二十二条的规定，构成《证券法》第一百九十七条所述非法经营证券业务的行为。 |

## （二）新《证券法》修改前后

### 1. 行政处罚

经查询证监会网站，[①] 自 2016 年 11 月 25 日对涉及配资的 9 例案件当事人进行处罚后，证监会未对配资案件当事人作出处罚。

### 2. 刑事责任追究

经查询威科法律信息库，输入"配资""非法经营"等进行检索，从 2015 年 1 月至 2021 年 6 月 25 日，法院共判决 182 起非法经营案。其中从 2015 年 1 月至 2019 年 12 月 26 日，共判决 8 起，其余 174 起皆为新《证券法》颁布后判决的案件。在判决的罪名中，以非法经营罪居多，偶有诈骗罪、合

---

① 参见 www.csrc.gov.cn。

同诈骗罪。根据证监会网站，因"金主"涉及配资而被追究刑责的罪名还有操纵市场罪（见证监会网站及威科先行网站）。开发并运营配资软件的厦门蓝象网络科技有限公司也因涉嫌非法经营罪被移送检察机关审查起诉。在深圳聚牛汇友股票配资案中，实现对配资公司、配资软件开发商和"金主"的全链条打击。由上可知，新《证券法》修改前后，司法机关对包括配资中介、"金主"和软件开发商等在内的各主体实施全链条严厉打击。

在以非法经营罪判处的案例中，法院笼统地以非法经营证券业务判决的居多，至于是构成非法经营证券经纪业务还是融资融券业务，则较少提及。只搜索到两个判决中提到被告构成非法经营证券经纪业务，或同时非法经营证券经纪业务和融资融券业务。[①]

## 二、《证券法》《刑法》涉及配资的规定

### （一）新旧《证券法》

新《证券法》相比于旧《证券法》在证券公司经营业务、配资主体和处罚力度等方面都做出了更为严格的规定（见表2）。

表2　新旧《证券法》涉及配资等方面的规定的对比

| 旧《证券法》条文 | 新《证券法》条文 | 主要修改内容 |
| --- | --- | --- |
| 第一百二十五条<br>经国务院证券监督管理机构批准，证券公司可以经营下列部分或者全部业务：（1）证券经纪；（2）证券投资咨询；（3）与证券交易、证券投资活动有关的财务顾问；（4）证券承销与保荐；（5）证券自营；（6）证券资产管理；（7）其他证券业务。 | 第一百二十条　经国务院证券监督管理机构核准，取得经营证券业务许可证的证券公司可以经营下列部分或者全部证券业务：（1）证券经纪；（2）证券投资咨询；（3）与证券交易、证券投资活动有关的财务顾问；（4）证券承销与保荐；（5）证券融资融券；（6）证券做市交易；（7）证券自营；（8）其他证券业务。 | 增加证券融资融券业务为证券公司的证券业务。 |

---

① 何亚兵、王高照、温麟飞等非法经营罪一审刑事判决书、张某英非法经营罪（2019）粤 ★★★★（原文未显示）刑初 2231 号。

续表

| 旧《证券法》条文 | 新《证券法》条文 | 主要修改内容 |
|---|---|---|
| 第一百二十二条<br>设立证券公司，必须经国务院证券监督管理机构审查批准。未经国务院证券监督管理机构批准，任何单位和个人不得经营证券业务。 | 第一百二十条……除证券公司外，任何单位和个人不得从事证券承销、证券保荐、证券经纪和证券融资融券业务。 | 将证券承销、证券保荐、证券经纪和证券融资融券业务列为证券公司的专营业务。 |
| 第一百九十七条 未经批准，擅自设立证券公司或者非法经营证券业务的，由证券监督管理机构予以取缔，没收违法所得，并处以违法所得1倍以上5倍以下的罚款；没有违法所得或者违法所得不足30万元的，处以30万元以上60万元以下的罚款。对直接负责的主管人员和其他直接责任人员给予警告，并处以3万元以上30万元以下的罚款。 | 第二百零二条 违反本法第一百一十八条，第一百二十条第一款、第四款的规定，擅自设立证券公司、非法经营证券业务或者未经批准以证券公司名义开展证券业务活动的，责令改正，没收违法所得，并处以违法所得1倍以上10倍以下的罚款；没有违法所得或者违法所得不足100万元的，处以100万元以上1000万元以下的罚款。对直接负责的主管人员和其他直接责任人员给予警告，并处以20万元以上200万元以下的罚款。对擅自设立的证券公司，由国务院证券监督管理机构予以取缔。 | 1.明确了除证券公司外，任何单位和个人不得从事证券承销、证券保荐、证券经纪和证券融资融券业务，违反该规定即按第二百零二条进行处罚。<br>2.提高了处罚幅度，即从原来违法所得的1~5倍提高到1~10倍，没有违法所得的，从30万~60万元提高到100万~1000万元；对直接责任人员从3万~30万元提高到20万~200万元。 |
| 第八十条 禁止法人非法利用他人账户从事证券交易；禁止法人出借自己或者他人的证券账户。 | 第五十八条 任何单位和个人不得违反规定，出借自己的证券账户或者借用他人的证券账户从事证券交易。 | 1.主体上增加个人和法人以外的单位。<br>2.增加禁止出借的规定。 |

| 旧《证券法》条文 | 新《证券法》条文 | 主要修改内容 |
| --- | --- | --- |
| 第二百零八条　违反本法规定，法人以他人名义设立账户或者利用他人账户买卖证券的，责令改正，没收违法所得，并处以违法所得1倍以上5倍以下的罚款；没有违法所得或者违法所得不足3万元的，处以3万元以上30万元以下的罚款。对直接负责的主管人员和其他直接责任人员给予警告，并处以3万元以上10万元以下的罚款。证券公司为前款规定的违法行为提供自己或者他人的证券交易账户的，除依照前款的规定处罚外，还应当撤销直接负责的主管人员和其他直接责任人员的任职资格或者证券从业资格。 | 第一百九十五条　违反本法第五十八条的规定，出借自己的证券账户或者借用他人的证券账户从事证券交易的，责令改正，给予警告，可以处50万元以下的罚款。 | 1.提高处罚幅度，从原来的1~5倍或3万~30万元统一调整为50万元以下。<br>2.取消了直接责任人员个人的法律责任。 |

## （二）证监会相关通知、意见

2015年6月13日和7月12日，证监会先后发布《关于加强证券公司信息系统外部接入管理的通知》《关于清理整顿违法从事证券业务活动的意见》；2015年9月17日，证监会机构部发布《关于继续做好清理整顿违法从事证券业务活动的通知》。从以上文件内容来看，证监会的着眼点在于稳定股市，不急于在股市异常波动时对配资中介采取雷霆行动，防止配资中介短期内集中抛售，进而防范股市非理性下跌。事后看来，采取这些措施切实有力。如《关于清理整顿违法从事证券业务活动的意见》在文末宣示性地规定"对违法从事证券活动的行为，证监会将依法查处；涉嫌犯罪的，依法移送公安机关"，即为警示新的配资行为。众所周知，刑法是对严重危害社会行为的一种制裁。对前期违法配资的惩处，和早期的唐某"老鼠仓"一样，证监会一直贯彻慎用刑法的理念，即首先进行行政处罚，在社会对配资危害性有足够认识后，才开始启动刑事制裁手段。这正是证券监管领域的特点，符合我国的刑事政策。

## （三）《刑法》规定

### 1.《刑法》条文

《刑法》第二百五十五条规定，违反国家规定，有下列非法经营行为之一，扰乱市场秩序，情节严重的，处 5 年以下有期徒刑或者拘役，并处或者单处违法所得 1 倍以上 5 倍以下罚金；情节特别严重的，处 5 年以上有期徒刑，并处违法所得 1 倍以上 5 倍以下罚金或者没收财产：

（1）未经许可经营法律、行政法规规定的专营、专卖物品或者其他限制买卖的物品的；

（2）买卖进出口许可证、进出口原产地证明以及其他法律、行政法规规定的经营许可证或者批准文件的；

（3）未经国家有关主管部门批准非法经营证券、期货、保险业务的，或者非法从事资金支付结算业务的；

（4）其他严重扰乱市场秩序的非法经营行为。

### 2. 追诉标准

《最高人民检察院、公安部关于公安机关管辖的刑事案件立案追诉标准的规定（二）》（2010 年 5 月 7 日公通字〔2010〕23 号）第七十九条规定，未经国家有关主管部门批准，非法经营证券、期货、保险业务，具有下列情形之一的：

（1）非法经营证券、期货、保险业务，数额在 30 万元以上的；

（2）违法所得数额在 5 万元以上的。

## 三、配资相关问题分析

### （一）配资中介违反哪些监管规定

配资中介违反《证券法》证券经纪、融资融券业务由证券公司专营的规定；另外，还涉嫌出借或借用他人证券账户。

### （二）配资中的非法经营，涉及哪几类证券业务

证券业务有多种，有的是证券公司独家经营，有的则可由其他机构经营。如证券投资咨询业务，可由证券投资咨询机构经营；财务顾问，也可由其他机构经营。结合新旧《证券法》的规定，配资中的非法经营，其实主要指未经批准从事证券经纪和融资融券等证券公司的两种专营业务。虽然损害的都是证券监管秩序，但所造成的后果显然不一样。无论行政处罚还是追究刑责，都宜按同时从事两种类型的非法经营进行惩处，以做到罚当其罪。

### （三）"金主"提供资金以及股票主账户的行为，是不是融资融券业务

如果"金主"单纯提供资金但不提供证券账户，且对资金是否用于配资炒股不知情，则是民间借贷，不构成行政违法；但如果"金主"既提供资金，又提供证券账户，则显然不同于一般的民间借贷。出借其证券账户，说明其知晓他人使用其证券账户，至少构成未经批准从事融资融券业务的非法行为；至于是否要承担刑事责任，则可以下列情形之一作为前提条件：一是考量其出借本金及利息大小；二是在金额较小情形下考量其出借次数，一般应当达到3次；三是利用资管计划从事配资的；四是明知他人操纵市场仍然配资的；五是有其他严重情节的。

### （四）"金主"与中介违法行为在类型上有什么不同

"金主"主要构成非法从事融资融券业务，而中介则主要构成未经批准从事证券经纪和融资融券业务，违法类型比"金主"多一个。在特定情况下，

如"金主"协助配资中介从事证券经纪业务，则也是非法从事证券经纪业务。至于是否可能构成操纵罪，中介和"金主"都有可能构成。如在罗山东操纵案中，法院认为，金某（"金主"）在明知罗山东用配资资金操纵证券市场的情况下，仍为其提供资金、账户，配资中介亦因明知操纵仍提供配资行为被刑事追责，均构成共同操纵罪。

### （五）"金主"、配资中介是否可同时构成操纵市场和非法经营罪

非法经营和操纵市场有自身的构成要素，两者并行不悖，"金主"、配资中介均可同时构成操纵市场和非法经营罪。实践中，对"金主"、配资中介以操纵市场进行处罚已有案例，但"金主"构成非法经营尚缺乏判例。

### （六）非法经营罪的起刑点是否太低

通过《证券法》的修改，对非法经营的处罚标准是责令改正，没收违法所得，并处以违法所得 1~10 倍罚款；没有违法所得的，则处以 100 万 ~1000 万元的罚款；对直接责任人员给予警告，并处以 20 万 ~200 万元的罚款。相反，旧《证券法》中非法经营罪的起刑点则为经营所得 30 万元，违法所得 5 万元，大大低于新《证券法》的处罚标准，不符合金融领域交易金额较大的特点。

## 四、建议

### （一）建议区分"金主"过错情形，分别适用行政责任和刑事责任

根据出借账户、资金的不同分类进行处罚，如单纯出借资金但不出借账户且对资金用途不知情的，此时以民间借贷予以处理；对同时出借资金、出借账户但不明知资金用途的，金额较小的，追究行政责任；对金额较大，出借次数达 3 次，利用资管计划从事配资等情形之一的，可追究刑事责任；对同时出借资金、出借账户且明确知道资金、账户用于配资炒股的，以非法经营罪从重追究刑事责任。如知道用于操纵市场、内幕交易的，以操纵市场罪、

内幕交易罪及非法经营罪等追究刑事责任。

## （二）建议提高非法经营罪的刑事追诉立案标准

证券交易的金额往往较大，而非法经营罪的追诉标准却较低，且比新《证券法》的罚款金额低得多。一来不利于行刑衔接，二来恐跌入刑法万能的误区，对当事人和整个社会的杀伤力都很大。为减少刑事责任门槛过低的情况，建议以贯彻落实《关于依法从严打击证券违法活动的意见》为契机，适当提高非法经营罪的刑事追诉立案标准。

## （三）对配资中介等处罚时，建议在处罚决定书或判决中明确按非法经营的类别（即从事经纪业务或融资融券业务）分别处罚

经查询，在非法经营罪的判例中，法院一般笼统地以当事人未经批准，非法从事证券业务进行事实认定，而所从事的证券业务包括证券经纪和融资融券业务。建议司法部门分清当事人从事非法证券业务的类别，在维护当事人合法权益的同时，保障法律的准确实施。

# 上市公司股权代持相关问题的探究

浙江大学光华法学院　马　立 *

**摘　要**

2019 年修订的《证券法》将上市公司"股权结构的重要变化"明确列为重大事件，而股权代持作为重要的股权结构变化情形之一属于应当进行信息披露的内容，股权代持风险有可能通过充分的信息披露进行防控。近年来，法院也倾向于配合金融监管收紧政策，但上市公司股份代持现象仍不断出现，相关股东资格确认纠纷、代持协议相关合同纠纷层出不穷。股权代持由于代持原因、代持方式以及被代持主体的不同，产生的风险存在很大差异，应该得到不同的法律评价。本文主要就司法实践中上市公司股份代持效力的认定、股东认定及股权收益的处置等进行探讨，尽可能帮助当下存在股权代持问题或考虑上市的公司投资者作出合理判断。

**关键词：** 股权代持；上市公司；隐名持股

---

\* 马立，浙江大学光华法学院本科生。

## 一、股权代持的概念

股权代持分为狭义和广义两类，狭义上的股权代持是隐名股东在参与公司经营和管理中，由于个人的种种原因，与他人签订协议，通过契约方式确定股权的处置方式，即由显名股东代替其履行股东义务，享受股东权利。[①]股权代持又称隐名出资，一般是指实际出资方出于某种目的（合法或者非法）与他人约定，由该他人代实际出资方履行权利义务，将该他人记载于公司商事登记公示材料中的一种股权结构处置。广义上的股权代持，是指因各种原因发生的，无论主动的还是被动的，股东名册所记载的股东与实际享有出资份额或股份收益的人发生了分离。[②]依据商事外观主义，名义股东取得股东地位，实际出资人即隐名股东并不能拥有股东资格。广义上的"代持"强调的是从后果上考虑的代为持有，隐含了对被代持人的某种权利的赋予或归属。

## 二、股权代持协议的性质与原因

### （一）股权代持的性质

有观点认为，股权代持协议分为委托持股、信托持股、无名合同说。立法也对此规定得较为模糊。委托持股是指以代理的方式代为持股，委托代理的规则无法解释股权代持出现的问题。首先，根据《民法典》第一百六十二条的规定，代理人在代理权限内，以被代理人名义实施的民事法律行为，对被代理人发生效力如果是以被代理人名义持股，那么受托人仅仅是在办理持股登记过程中的代理人，其名称不会出现在股东名册上，也就谈不上代持的问题。其次，委托的定义相对广泛，不要求有明确的委托意思表示，不要求一定采取书面形式，涉及财产委托管理的，财产权并不会转移至受托人名下。

①　王小莉：《公司治理视野下股权代持之若干法律问题（下）》，《仲裁研究》2015年第3期。

②　葛伟军：《股权代持的司法裁判与规范理念》，《华东政法大学学报》2020年第6期。

最后，委托代理可以基于被代理人取消委托或者代理人辞去委托而终止，但在股权代持中，实际出资人不能因取消委托而要求显名，名义股东也无法因辞去委托而免除其作为股东应当尽到的义务，解除代持关系遇到了法律障碍。由此可以看出，公司法特殊规则的介入导致用代理关系去解释代持变得困难。

在司法实践中有观点认为，根据《民法典》合同编，委托合同的任意解除权系法律赋予，不得约定排除，如黄某与重庆翰廷投资有限公司合同纠纷案。[①]但需要注意的是，意思自治是《合同法》的基本原则，除非法律明确禁止，否则应充分尊重当事人的合意。股权代持的性质属于代理关系中的意定代理，代理人与被代理人之间的内部关系可分为授权关系与基础关系。若实际出资人与代持股东之间的基础关系为委托契约，则任意解除权可以适用；若双方为契约关系或信托关系等，那么委托关系的法律法规自然难以直接适用。司法实践中认定当事人有任意解除权的案件较为多见，如王金存与无锡市江益液压机械成套有限公司等公司登记纠纷上诉案、[②] 刘欣与天津弘泽建设集团有限公司、天津瑞源集团有限公司纠纷案 [③] 等案件均判决了当事人有任意解除权。因此个人认为，在有偿或存在对价的代持中，特别是委托或代持的原因多种多样，排除任意解除权的约定，应当得到尊重。同时，倘若名义股东存在根本违约之情形，隐名股东自然有权主张解除合同并要求赔偿损失。但代持合同解除的后果若涉及股权变更，则应遵循《公司法解释三》第二十四条第三款关于显名的基本规定，即取得其他股东过半数同意。若公司章程有更严格规定的，应遵从章程这一股东之间宪章的约定。

信托相对委托而言，需要有明确的信托意思表示、合法的信托目的、特定的信托财产、真实的财产转移，信托财产具有独立性和破产隔离的效果。[④]

---

① 重庆市高级人民法院（2016）渝民终 546 号民事判决书。

② 江苏省无锡市中级人民法院（2017）苏 02 民终 5602 号民事判决书。

③ 天津市南开区人民法院（2019）津 0104 民初 6841 号民事判决书。

④ 葛伟军：《有限责任公司股权代持的法律性质——兼评我国《公司法司法解释（三）》第 24 条》，《法律科学（西北政法大学学报）》2016 年第 5 期。

商业信托比一般委托更具规范性，信托中的委托人不享有任意终止权，只有在委托人为唯一受益人的情况下，才享有终止信托的权利。因此，受托人作为名义股东，可以基于受托人的权利实际享有股东的权利、履行股东的义务。无名合同说则认为，股权代持是无名合同，无名合同除适用《合同法》总则的规定外，还可以参照适用最相类似的有名合同间接代理和借名确定相关的权利义务。[①] 该观点将股权代持类比借名贷款、借名购房、挂靠。按照无名合同说，一方面，实际出资人与名义股东之间受《合同法》调整，关于股权归属与股东权利行使的约定并不发生《公司法》上的效力，不约束公司和其他股东；另一方面，名义股东是公司真实有效的股东，与公司和其他股东之间的法律关系受《公司法》调整，实际出资人基于股权代持协议向公司或其他股东主张的任何权利，后者皆有权拒绝。因此，由于代持协议本身存在特殊性，将其定性为无名合同似乎最容易被接受。

　　显然就目前来看，对于股权代持协议的性质，法律并没有给予确切的规定，理论界也未达成一致。股权代持既可能由委托代理形成，也可能由财产信托持有，抑或是借名持有，代持原因的多样性也会导致代持协议的性质发生变化。在司法实践中，法院判断代持协议效力时，也很少论证代持协议的具体性质，而倾向于直接对代持协议具体约定的权利义务作出分析。例如在蒋伟良与王麒诚、吴艳合同纠纷案[②]中，双方就协议的性质是委托投资还是股权代持进行了辩论。法院认为，当事人签订的合同虽具有明确、规范的名称，但合同约定的权利义务内容与名称不一致的，应当以该合同约定的权利义务内容确定合同的性质。故对双方法律关系的认定，除合同名称外，应重点审查合同内容。最终认定双方之间存在股权代持的法律关系，但法院并未论证代持协议的具体性质，而倾向于直接对代持协议具体约定的权利义务作出分析。因此，仅以一种性质来判断股权代持的性质过于绝对和片面，应当

---

① 　丁广宇：《股权代持纠纷的有关法律问题》，《人民司法》2019 年第 17 期。

② 　浙江省高级人民法院（2021）浙民终 752 号民事判决书。

回归具体案件本身，结合案件事实和相关合同进行综合判断。

## （二）股权代持的原因

实践中，股权代持的原因基本出于以下几个方面。其一，我国《公司法》规定有限公司可以拥有的股东人数上限为 50 人。现实中人们希望投资发展较好的公司，为了规避法律对有限公司股东人数的限制，出现了由一人作为显名股东代多名隐名股东向公司出资，形成股权代持关系。其二，我国严禁国家公职人员经商，但是现实中少数公务员选择以股权代持的方式进入公司谋取利益。比如在林某与漳浦县某水电有限公司股东资格确认纠纷案中，林某为了规避公务员身份限制，采用隐名持股的形式投资该公司。[①] 其三，政府对某些社会特殊人群，如退伍军人，提供了一些政策扶持。这些政策的享受主体有特殊身份的限制，为了享受这些优惠政策，有些人就会选择与具有特殊身份的人约定采用自己出资、具有特殊身份的人出名的股权代持方式。其四，规避对外商投资的限制性规定。在利益驱动下，一些公司与外国公司合谋，由中方公司隐名出资，外国公司显名代持部分股份以此规避《中外合资经营企业法》的相关规定。

综上所述，可以看出股权代持的原因有些是为了规避法律的禁止规定，有些是正常商事活动安排。符合契约精神的股权代持，应当受到法律的保护。穿透式监管的功能在于发现金融活动背后的投资者与真实业务，是"客观穿透"而非"价值判断"，在交易合同内部治理上应该遵循私法自治。[②] 股权代持基于其代持原因、代持方式、被代持主体的不同可能产生不同的法律性质和风险。如果一刀切地认定股权代持无效，则极有可能对一些商事交易造成负面限制，影响商业活动的灵活性和创造性。例如一些新三板、科创板拟

---

① 　《公务员法》第五十九条："公务员应当遵纪守法，不得有下列行为：……第十六项：违反有关规定从事或者参与营利性活动，在企业或者其他营利性组织中兼任职务……"

② 　邓纲、吴英霞：《穿透式监管如何嵌入合同治理——以"天策公司和伟杰公司股权代持纠纷一案"为例》，《安徽大学学报（哲学社会科学版）》2019 年第 3 期。

上市公司，员工通过代持得到的激励股权，若都归于无效则显然不合理。因此，对股权代持有必要在事实要素区分的基础上进一步对其效力及后果进行区分判定，形成规范化的判断标准十分有必要。

## 三、股权代持的效力

股权代持协议是否有效与协议主体、协议内容、形式上是否满足生效的要件有关。在司法实践中，根据公司组织形式的不同，法院判定代持协议是否有效的裁判理由及依据也各不相同。因此，有必要将股权代持的效力判断进行类型化划分，并逐渐完善建立统一的裁判标准。

### （一）有限公司股权代持

关于有限公司的股权代持，根据《最高人民法院关于适用〈中华人民共和国公司法〉若干问题的规定（三）》第二十四条的规定，股权代持协议如无法律规定的无效情形，人民法院应当认定该合同有效。该条规定确认了隐名出资协议的效力，理论界普遍认为其也确认了股权代持的法律效力并采取有效为原则，违反《合同法》第五十二条规定的无效情形的认定思路。[1] 从规定的文本来看，该条前半句描述了实际出资人与名义出资人就出资、代持以及投资权益分配进行的权利义务约定，后半句对约定的效力进行法律确认，但此处对合同效力判断的前提有两个：一是在合同当事人之间，二是不存在《合同法》第五十二条规定的无效情形。因此，不能简单地说该条规定确认了股权代持的法律效力。根据规定的文字表述，其确认的实际上是实际出资人与名义出资人之间的委托投资关系，股权代持的效力并未得到法律的直接确认，而是采用了学界常用的二分法：基于股权代持关系的外部性，根据该条规定，实际出资人并不能当然地享有股东权，法律支持其享有的是投资权益；基于股权代持关系的内部性，根据该条规定，实际出资人可以根据协议

---

[1]　荣明潇：《股权代持行为效力的司法认定》，《法律适用（司法案例）》2019 年第 2 期。

向名义出资人主张投资权益，但能否根据协议享有股东权，该条规定并未给出直接确认。在司法实践中，对于非上市公司而言，有限责任公司股权代持原则上为有效，即根据《合同法》的意思自治原则及合同效力规定与《公司法》的人合性相结合来进行判断。

其中，金融公司与保险公司为例外情形。针对金融公司，要看法律对股东资格有无限制。如果对股东资格有限制，股权代持之目的显然是为了规避效力性强制性规范，那么该代持无效。如果对股东资格无限制，那么即使是金融公司，股权代持也是有效的。针对保险公司，《保险公司股权管理办法》第八条规定："任何单位或者个人不得委托他人或接受他人委托持有保险公司的股权。"最高法依据该条进行论述，对相关股权代持协议效力作出无效认定。实务中，违反该管理办法是否构成对社会公共利益的损害，法院有不同可调整性的裁判。如在福州天策实业有限公司诉福建伟杰投资有限公司、君康人寿保险股份有限公司营业信托纠纷上诉案中，法院认为会损害广大公众的利益，认定为无效。但在上海保培投资有限公司等诉雨润控股集团有限公司股权纠纷案[1]中，法院对《保险公司股权管理办法》第八条属于《立法法》所规定的授权立法范畴提出反对意见，认为雨润公司以此主张股权代持协议违反国家强制性法律规定而无效，不符合《合同法》及其司法解释的规定。对于协议约定是有损社会公共利益的问题存在争议，且未达到《保险法》及《保险公司股权管理办法》中对保险公司持股比例在 5% 以上的股东的严格要求标准，故认定为有效。

由此可见，司法裁判中代持协议是否存在《合同法》第五十二条规定的无效情形，是确定代持协议效力必须审查的内容。违反规范规章层面关于股权代持规定的，与违反法律、行政法规有一样的法律后果，并且还会破坏金融管理秩序，危及社会公共利益等。结合《合同法》第五十二条第四项有关社会公共利益的规定，应认定相关代持协议无效，但对于是否达到有损社会

---

[1] 江苏省高级人民法院（2017）苏民终 66 号民事判决书。

利益的程度，法院具有司法裁量权。

## （二）上市公司股权代持

相对于有限公司，法律和司法解释并未对股份公司，特别是上市公司的"股权代持"问题作出相应规范。但对最高法判例的研究表明，缺乏明确的法律规范，并非表明该问题在实务中属于法律空白或无法可依。

公司股权代持属于时间持续并流动的一种现象，如此必然影响上市前或上市后公司股权代持的基本价值判断。因此，无论上市前还是上市后均必须满足《首次公开发行股票并上市管理办法》第十三条，《证券法》第十二条、第六十三条，《上市公司信息披露管理办法》第三条的规定，否则不能上市或属于欺诈发行股票，信息披露不实，应当接受处罚。《证券法》第八十七条规定，信息披露义务人披露的信息，应当真实、准确、完整、简明清晰、通俗易懂，不得有虚假记载、误导性陈述或者重大遗漏；第九十二条第三款规定，信息披露义务人的董事、监事和高级管理人员应当保证信息披露义务人及时、公平地披露信息，所披露的信息真实、准确、完整。因此，发行人必须股权清晰，股份不存在重大权属纠纷，上市公司因涉及发行人等信息披露真实的监管法规要求，应当如实披露股份权属情况，禁止发行人的股份存在隐名代持情形。

1. 从横向看，上市公司股权代持依效力分类

从横向看，上市公司股权代持效力可分为无效和有效两类。根据案例检索可以发现，在法院判定无效的案例中，裁判理由多为：由于该类企业中的股权代持涉及社会经济秩序、金融监管政策，认定为损害社会公共利益，违背公序良俗，从而认定代持协议无效。那么如何定义"公序良俗"呢？公序良俗包括公共秩序和善良风俗，应用公共秩序规则进行裁判的法理依据在于合理限制意思自治的边界。首先，公序良俗的概念具有较大弹性，本应谨慎适用，避免过度克减民事主体的意思自治。但在金融领域，当事人过度逐利

的行为所产生的损害往往具有规模性和传导性，后果严重。正因如此，为金融交易中的意思自治设定合理边界尤为重要。其次，由于金融证券领域发展更迭较快，部分法律、行政法规具有一定的滞后性，可用较为抽象的公序良俗来填补解决证券纠纷依据不足的法律漏洞。同时，也应在合同无效认定严格的情况下考虑金融领域的特殊性，公序良俗原则在此发挥了一定的灵活性，具有一定的兜底作用。在此背景下，公序良俗是目前实务界解决代持协议有效性普遍采取的方式。但需要注意的是，法院在个案裁判中，须详细论证涉案违法行为如何违法，以及违反了何种公共秩序，证成的过程亦可限制法院的自由裁量权，从而保障实质正义。

（1）上市公司股权代持合同无效

在最高法审理杨某国诉林某坤、常州亚玛顿股份有限公司股权转让纠纷再审案[1]中，在亚玛顿公司上市前，林某坤代杨某国持有股份，以林某坤名义参与公司上市发行，实际隐瞒了真实股东或投资人身份，违反了发行人如实披露义务，为上述规定所明令禁止的行为。上市公司股权代持协议违反《首次公开发行股票并上市管理办法》第十三条，《证券法》第十二条、第六十三条，《上市公司信息披露管理办法》第三条的规定，最高法认为虽然违反的公司上市系列监管规定大多属于部门规章性质，但因经法律授权且与法律并不冲突，属于证券行业监管基本要求与业内共识，对广大非特定投资人利益构成重要保障，对社会公共利益亦为必要保障所在。最后，最高法虽然进行了说理，但最终依据《合同法》第五十二条第四项等规定，认定代持协议无效。在此案中，最高法并未清晰说明裁定无效的关键理由是违反部门规章还是违反公序良俗？是否有必要将其区别开来？仍须进一步探究。

a. 以金融规定监管作为公序良俗的认定参考

在 2018 年杉浦立身与龚茵股权转让纠纷案[2]中，法院认为上市公司发行

---

[1]　最高人民法院（2017）民申 2454 号民事判决书。

[2]　上海金融法院（2018）沪 74 民初 585 号民事判决书。

人的股权代持协议因违反公序良俗而无效，并就其裁判的关键理由进行了充分说理。法院从实体正义和程序正当两个层面进行考察，认为发行人应当如实披露股份权属情况，禁止发行人的股份存在隐名代持情形。实体上，股票上市发行人的股权结构清晰和如实披露股份权属义务，关系到证券市场整体法治秩序和广大投资者的合法权益；程序上，证监会对股票上市条件的具体规定，实质是经《证券法》的授权规定，对立法所确立原则的具体明确有法定权威，制定与发布符合法定程序。因此，其属于证券市场中应当遵守、不得违反的公共秩序，代持协议无效。

b. 以合法形式掩盖非法目的，据《合同法》相关规定判定合同无效

通过股权代持的方式，在《外商投资准入特别管理措施（负面清单）》中禁止的领域进行投资的情况，表现在博智资本基金公司与鸿元控股集团有限公司其他合同纠纷[①]案中。法院认为实际出资人不能以存在合法的委托投资关系为由主张股东地位，受托人也不能以存在持股比例限制为由否定委托投资协议的效力。尽管当事人约定双方之间的关系是股权代持关系，也不能据此认定双方之间的关系属于股权代持关系，而应认定双方之间系委托投资合同关系。

c. 综合判断是否违反公序良俗

深圳机场候机楼有限公司（以下简称候机楼公司）、东旭蓝天新能源股份有限公司（以下简称东旭公司）证券返还纠纷[②]案中，法院认为涉案股票上市前，东旭公司代候机楼公司持有目标公司的股份，并无法律禁止性的规定。但在目标公司及其后的股票交易中，隐名代持行为效力如何认定？法院从法律行为效力的规定、证券发行的基础性要求、维护证券交易秩序稳定性的要求以及证券发行和监管规范的制定程序综合评判，判定复杂背景下的股权代持协议无效。

---

① 最高人民法院（2015）民申字第 3183 号民事判决书。
② 深圳市中级人民法院（2020）粤 03 民终 11682 号民事判决书。

同样，在最新判决的蒋伟良与王麒诚、吴艳合同纠纷案 [①] 中，法院也认为其效力应根据民事法律关于民事法律行为效力的规定、证券市场和上市公司监管相关法律法规等予以综合认定。经对当事人之间的关系进行剖析以及所处市场影响的判断，当事人吴艳系公司前十大股东且位列第一，姚宏与吴艳双方的行为构成上市公司定向增发股份的隐名代持，违反了证券市场的公共秩序，损害了证券市场的公共利益，依据《合同法》第五十二条第四项、第五项和《证券法》第六十三条、第六十八条的规定，认定协议无效。此外，上海金融法院结合涉案合同内容、强监管的特定股市背景、规避监管的法律后果等阐明观点，在强监管的背景下结合案件所在领域的影响，最终认定当事人采用伞形信托加杠杆形式对外投资，[②] 违反社会公共经济秩序。

上述可以看出，股权代持关系的形成并非完全依靠合同约定。除了对合同条款进行权利义务的实质性分析之外，还应当结合出资、分红归属、投票权的行使等因素来综合判断。

（2）上市公司股权代持有效

相对而言，法院支持上市公司股权代持协议有效的案件十分少，多以未对社会公共利益造成影响为判决理由，不是所有的股东都能对公司治理产生影响。因此，上市公司股权代持协议也不应一概认定无效。审查时，应考虑上市公司股份代持协议的效力需要与代持股份数是否会构成对公众投资者的影响为限。

第一，普通投资者在二级市场流通交易的股票，如果能够证明实际出资人与股票持有人之间代持合意的存在，一般不认为构成对金融秩序的破坏，效力将得到支持。如在陈黎明与王斌公司股权转让合同纠纷再审案中，最高法认为，案涉股权虽然在限售期内，但该股权转让及代持行为，既不会引起上市公司股权关系的变化，也不会免除陈黎明作为上市公司股东所应承担的

① 浙江省高级人民法院（2021）浙民终 752 号民事判决书。

② 上海金融法院（2018）沪 74 民终 120 号民事判决书。

责任，并不违反相关法律法规的强制性规定，应认定为有效。在张某芳与李某、邹某乐委托合同纠纷二审判决中，[①] 法院根据证据与当事人的陈述相互印证，认为本案中的委托合同关系并未损害社会公共利益，亦不违反法律、行政法规的强制性规定，从而驳回协议无效的上诉理由。第二，对于新三板公司的特殊情况，法院主要依据新三板公司股权代持协议是否存在合同无效的事由来认定其合同效力，如不存在合同无效事由，一般应认定该合同有效。[②] 第三，通过代持风险的高低综合判断，如安井食品（603345）发行人控股股东的第二大股东戴玉寒，为其子戴凡代持股份，未清理顺利过会。从其招股书说明来看，名义股东与实际股东为父子关系，且委托持股已经当事人双方确认、承诺、中介机构见证，不存在股权纠纷风险。向证监会和发审委说明代持原因，做好信息披露后，在主板已批准过会。

因此，代持股权要考虑持股的数量及其所占股权总额的比例。一般而言，中小股东对公司治理的影响甚微。代持的比例不到1%，不在披露的十大股东之列，或与实控人没有关联关系等，不能对上市公司、公众投资者产生影响，达不到触发强制性规定涉及的金融安全、市场秩序、国家宏观政策等公序良俗条件的，对代持协议的效力没有必要一律判为无效，或一律不准实际投资人显名，其他问题则由双方依照契约自由、意思自治决定。

综上，无论法院对于上市公司代持协议判断有效或无效，均体现了金融穿透式监管思路。法院的裁判也逐渐规范化，从最开始的仅根据部门规章与行政法规的相符性认定，到近几年普遍适用的公序良俗综合判断，一方面说明法院对此类案件纠纷解决的体系规范公平化，治理方式与市场发展相适应；另一方面一旦公司的股权结构不明晰，法律规章对于上市公司系列信息披露要求、关联交易审查、高管人员任职回避等监管举措必然落空，从而损害资

---

① 山东省济南市中级人民法院（2021）鲁01民终5678号民事判决书。

② 湖北省高级人民法院（2020）鄂民申4713号、福建省福州市中级人民法院（2019）闽01民终6174号等。

本市场的基本交易秩序、基本交易安全、金融安全以及社会稳定，最终损害社会公共利益。因此，法院规范对象一定要聚焦交易行为本身，坚决维护资本市场的信息披露制度，从交易行为的事实层面对代持行为的有效性进行综合认定。

2. 从纵向看，上市公司股权代持协议效力依阶段分类

从纵向看，将上述案例进行分类可以发现，在公司上市前，隐名代持股份的行为无禁止性法律规定，此时代持协议也与有限公司的情况类似。但在IPO过程中，法律禁止股份隐名代持，相应的代持行为当属无效。如前述案例胡某、西藏易明西雅医药科技股份有限公司、高某股东资格确认纠纷，杨某国诉林某坤、常州亚玛顿股份有限公司股权转让纠纷案等均属于此种情况。上市公司发行人必须真实，且不允许发行过程中隐匿真实股东身份信息，否则公司股票不得上市发行，需要尽到严格的信息披露义务。对于存在代持关系但不影响发行条件的，发行人应在招股说明书中如实披露，保荐机构、发行人律师应出具明确的核查意见。如经查实，股东之间知晓代持关系的存在，且对代持关系没有异议，代持的股东之间没有纠纷和争议，则应将代持股份还原至实际持有人。[1]

那么对于上市以后，公司发生的股权代持协议是否也应归为无效？笔者认为需要分情况讨论，首先应从实体层面考虑。《证券法》第一条规定的立法目的是规范证券发行和交易行为，保护投资者的合法权益，维护社会经济秩序和社会公共利益，促进社会主义市场经济的发展为基础。在不影响社会公共利益的情况下，并未超过5%以上的持股比例，不属于必须信息披露范畴的股权代持，则可认定有效。但对于持股5%以上的交易股东应当严格按照信息披露，广大投资者与上市公司及发起人之间的连接靠的是信息披露。随着我国金融市场的发展，二级市场的投资者数量越来越多，持股5%以上的大股东的操作会影响散户跟投或抛售。一旦大股东通过股权代持的方式恶

---

[1] 上海证券交易所关于发布《上海证券交易所科创板股票发行上市审核问答（二）》的通知。

意串通、关联交易、违规套现操作等，很容易影响市场稳定，间接影响社会稳定，严重损害社会公共利益。因此，对于此类情况，代持协议应严格以无效处理。

## 四、上市公司股权代持协议认定无效后相关投资收益归属

### （一）无效后的处分方式

上市公司股权代持协议无效后，根据其基本事实情况的不同，司法界也体现了三种处分方式。一是返还给实际出资人，即如果上市公司股权代持一律无效的话，按照无效合同处理一般首先应予以财产返还，则代持股权应当根据财产返还原则判归实际出资人。一方面法院裁判宣告上市公司股权代持因违法而无效，另一方面又因为无效而不得不将代持股权返还给实际出资人，这种无效认定后最为常见的裁判方式，虽然与法律规定的合同无效后的一般处理做法相符合，但实质上更加违背打压上市公司股权代持现象的初衷与出发点，与上市公司股权代持属于违法而应当受到相应惩罚的理念背道而驰。比如杨某国、林某坤股权转让纠纷再审审查与审判监督案的裁定认为，本案上市公司隐名持股协议虽认定为无效，但属于"不能返还或者没有必要返还的"情形，故杨某国要求将诉争股权过户至其名下的请求难以支持。汲某冲、王某合同纠纷的二审判决认为，鉴于股权代持协议无效，王某主张其持有贝昌合伙企业的出资份额，从而间接持有第三人股权，缺乏法律依据，法院不予支持。

二是没收代持股权或收归上市公司所有。按照《民法典》第一百五十四条、第一百五十五条和第一百五十七条，当事人恶意串通，损害国家、集体或者第三人的利益而取得的财产收归国家所有或者返还集体、第三人。既然如前所述，上市公司股权代持总体属于实际出资人与名义股东恶意串通所为，具有规避法律的基本特点，要么属于损害社会公共利益的情形，要么属于直接违背法律授权下的禁止性规定的情形，总之，具有较为严重的违法性，故完

全可以比照《民法典》第一百五十四条的规定，要么将代持股权没收归为国有，要么将代持股权收归上市公司所有。但该类观点，尽管法律制度上可行，但操作较难。因为收归国有，具体收归为哪一层级的财政，还是统一收归证监会持有，或是没收并予以拍卖后将所得价款收归国家？因股权代持受到的行政处罚仅为罚款，即便司法宣告无效并无不妥，但为何还要以没收方式加重处罚？凡此种种，很难实施。

三是判归名义股东所有。股权代持应为无效，除了以上返还、没收两种方式外，实际还可有第三种处理方式。《民法典》第一百五十七条规定，合同无效后不能返还或者没有必要返还的，应当折价补偿，据此作为股权代持无效认定后的股权归属处理依据或许更符合对上市公司股权代持的监管精神。这种股权归属的判法，形式上看有让名义股东平白无故不当获利之嫌疑，但这种归属认定更加符合上市公司基于对名义股东的信赖而建立的各种预期，不会影响名义股东过往上市过程中的系列行为效力，从而维护正常的商事交易秩序。只有让实际出资人对于股权代持的直接利益期待落空，既不可能获得代持股权，也不可能行使代持股权，才能在真正意义上防止或打压股权代持现象的蔓延，从而实现对于上市公司股权代持的法律监管目标。

## （二）应返还的权益范围

通常情况下，就当事人应返还的权益范围，法院会按照代持协议约定或相关法律法规处理。但股权毕竟不同于一般财产，实践中也有一些特殊情况需要考虑。

第一，如果代持关系存在效力瑕疵或没有获得过半数股东同意，则可能需要根据具体情况确定应返还的投资收益。鉴于现行法律和司法解释均未明确股权代持无效的法律后果，司法实践也尚未形成统一的裁判规则，故律师需要特别关注管辖法院对这一问题的态度。实践中，法院通常会考量多种因素，比如显名股东在参与企业经营管理时是否已经从企业获得了相应的报酬，隐名股东自己是否参与管理，显名股东是否已从隐名股东处获得相应报酬等，并将原投资额和投资收益在双方之间进行合理分配。此外，《最高人民法院关于审理外商投资企业纠纷案件若干问题的规定（一）》第十八条和第十九条对于外资企业股权代持无效的处理方式有较为详细的规定。在代持股利益与公司债权人利益发生冲突时，应根据二者利益形成时间先后确定何种利益优先得到保护。若代持股利益形成在先，则优先保护债权人利益；反之，隐名股东的代持股利益得到优先保护。在黄某鸣、李某俊再审案中，法院在裁判时认为，按照一般的商事裁判规则，动态利益和静态利益之间产生权利冲突时，原则上优先保护动态利益。该案所涉民间借贷关系中债权人皮某享有的利益是动态利益，而黄某鸣、李某俊作为隐名股东享有的利益是静态利益。根据权利形成的先后时间，如果代持股权利形成在先，则根据商事外观主义，债权人的权利应当更为优先地得到保护；如果债权形成在先，则没有商事外观主义的适用条件，隐名股东的实际权利应当得到更为优先的保护。

第二，如果因代持协议无效给隐名股东带来损失，隐名股东可向显名股东主张赔偿。实务中，法院通常会审查双方对代持协议无效是否存在过错。例如，是否因显名股东的原因导致代持协议无效，或者显名股东是否明知代持协议存在无效情形但仍与隐名股东签订。当然，若隐名股东对代持协议无效亦有过错，则须自行承担部分损失。如果股权代持的时间跨度较大，公司经营情况复杂，我们也需要关注公司的历史沿革情况，公司历次分红、配股、增资、减资的情况，股权价值的变化情况，并确认显名股东是否也对公司进行投资，显名股东是否未经授权独立参与公司经营决策。尤其当代持关系无效时，这些事实对于确认应返还的权益范围可能非常重要。因此，要根据实际情况判断。

第三，如果显名股东已经擅自处分了代持股权，则需要进一步核实显名股东处分股权所获得的收益以及对隐名股东造成的损失。《最高人民法院关于适用〈中华人民共和国企业破产法〉若干问题的规定（二）》规定的"债务人依法享有的股权等均应认定为债务人财产"指的是债务人自己依法享有的股权，但在代持的情况下，作为名义股东的债务人的股权实际上并非源于债务人自身的财产，在不涉及公众利益和不损害特定交易的善意第三人利益时，实际出资人的投资款和投资收益应允许取回，但至少应在满足一定条件时允许实际出资人直接从股权变卖价款中取回投资款。如，让实际出资人在破产程序中申报债权，是对其产权的损害。针对代持股东怠于或者擅自处分代持股权的情况，司法界也多采用公平分担的原则，结合原意思表示与双方过错来分配损失的承担比例。

## 结语

综上所述，目前企业首发上市，无论申报主板、中小板、创业板，还是科创板，都强调以信息披露为中心，证监会对历史上的代持行为还是持宽容态度的。实践中，股权代持的纠纷层出不穷，其背后所隐藏的风险也是当事人双方无法估量的，需要有明确的规范加以控制。目前，司法界已形成一定的规范判决思路，相信随着上市股权代持法律制度的不断完善，所涉纠纷也会得到更加规范化的解决。

# 反思互联网基金销售平台的适当性义务
## ——盛某与钜派公司侵权责任纠纷案的评议与引申

宁波大学法学院　朱浩齐 *

**摘　要**

互联网平台亿百润的实际运营者钜派公司向投资者推介基金产品时未重视投资者的主观风险承受意愿，在产品风险评估环节未对其产品进行严格审查，并且忽略资料留存环节，认为不必须设置双录程序，其适当性义务的履行存在重大瑕疵。为了更好地保护互联网平台投资者，互联网基金销售平台应当改进现有风险评估体系，对其产品进行动态风险评估，重视科学匹配的同时，还应完善资料留存环节，建立定期揭示交易风险的客户回访机制。

**关键词**：互联网基金销售平台；适当性义务；风险评估

★　朱浩齐，宁波大学法学院硕士研究生。

## 一、引言

近年来，我国基金销售业态发生较大变化，独立基金销售机构的基金销售量呈现逐年上升趋势。[①] 同时，基金销售模式也在不断创新，互联网基金销售平台迅速发展。互联网基金销售平台以其宣传方式多样化、交易灵活便捷化等特点成为基金销售市场中不可或缺的力量。目前，互联网基金销售平台的运营模式包括流量导入模式、基金超市模式、直销嵌入模式、独立基金销售机构的网销平台模式。由于流量导入模式下互联网平台只提供产品的展示和介绍，本文重点研究后三种模式中的互联网基金销售平台。2020年8月28日，证监会发布了《公开募集证券投资基金销售机构监督管理办法》及其实施规定，对独立基金销售机构以及通过互联网销售的其他代销机构进行了规制。但是在适当性义务认定标准方面仍然处于缺位状态，司法实践中也存在涉及线上平台案件适当性义务认定不统一等问题。本文将在对盛某与钜派公司侵权责任纠纷案分析的基础上，结合其他类案进行反思，提出互联网基金销售平台适当性义务认定的完善建议，以便更好地保护互联网基金销售平台的投资者。

## 二、案情介绍

### （一）案情简介 [②]

盛某因理财需要认识被告上海钜派投资集团有限公司（以下简称钜派公司）的工作人员第三人毛某，双方熟悉后成为朋友。盛某在涉及本案纠纷前多次通过毛某购买理财产品，包括华宝事件驱动股票型基金、建信环保股票型基金等与亿百润平台同类的产品。亿百润平台的实际运营者为被告钜派

---

[①]　姚泽宇、樊优、蒲寒：《中金：二季度代销机构基金保有量数据解读》，微信公众号"中金点睛"，访问日期：2021年8月3日。

[②]　上海市浦东新区人民法院（2019）沪0115民初89004号民事判决书。本部分以下引用不再一一引注。

公司。

2018 年 10 月 11 日，经盛某同意由毛某使用其账户、密码登录亿百润平台，以原告盛某身份注册的亿百润平台账号绑定银行卡通过亿百润平台向通盈优质项目应收账款 5 号 171236（以下简称通盈 5 号）投资 25 万元，手机截屏显示预期收益率为 7.6%，预计持有 112 天，期限为 2019 年 1 月 29 日至 2019 年 5 月 20 日，通盈 5 号的代销方为被告钜派公司。

盛某因到期不能兑付涉案的 25 万元理财产品，曾多次向公安机关报案要求解决未果，故起诉至上海市浦东新区人民法院。

2021 年 5 月，上海市第一中级人民法院认为亿百润公司以销售理财产品为名，涉嫌向社会不特定公众非法吸收资金，存在经济犯罪嫌疑，将有关材料移送公安机关。

### （二）涉案互联网平台适当性义务履行情况

亿百润平台注册会员的注册流程包括实名认证、投资风险测评、设置支付密码、绑定银行卡等，投资者在注册亿百润账户后、购买亿百润产品前，均会被强制要求填写亿百润平台提供的《投资风险承受力评估表》进行风险测评，并签署对应金额的《资产证明承诺书》。之后，亿百润平台会根据投资者的风险评级结果，并结合产品自身的风险等级，向投资者展示可购买的产品。

亿百润平台会员进行投资风险测试之前，平台会提示平台产品是非存款性质，而其《投资风险承受力评估表》的风险测评包括年龄、家庭总资产净值、家庭总资产可用于金融投资（储蓄除外）的比例、投资态度、本金 100 万元选择何种投资机会。亿百润平台根据注册会员测试结果将投资者风险承受力由低到高分为 A1 保守型、A2 稳健型、A3 平衡型、A4 成长型、A5 进取型五种类型，会员等级越高，可投资的产品范围越广，A3 等级会员无法查看企业直融项目，A4 等级及以上会员可以投资亿百润全部产品。

登录亿百润平台并购买产品操作简单，无须进行双录。产品信息可以通过官网和 App 进行查看。购买后，投资者的手机会收到提示短信，告知产品信息，并提示投资者有 24 小时的冷静期，冷静期内原告可以取消交易。

投资风险承受力评估类型可以在"账户管理"中点击"再次评估"以重新评估，如果投资者的投资风险承受力评估类型为 A5 进取型，则无须再次评估。

## 三、案件评析与类案延伸

本案纠纷的起因是原告与亿百润平台之间存在合同关系，其债权未能按期履行。因为亿百润平台的所属公司并非本案被告，法院未对线上基金销售平台的适当性义务做过多分析。然而，随着互联网金融的发展，代销基金的互联网平台逐渐增多，使用线上平台进行交易虽然能够为卖方机构节约成本、提高效率，但并不意味着可以极大降低卖方机构本应尽到的适当性义务，对于互联网基金销售平台的适当性义务研究必须予以更多的重视。

### （一）忽视投资者的主观风险承受意愿

目前，多数法院仅从形式合规角度审查是否违反适当性义务，[1] 本案法院亦是如此。法院从原告盛某在本案纠纷前多次通过工作人员毛某购买亿百润平台的高风险理财产品这一事实中，认定其偏好购买高风险、高收益产品，而盛某提供的与毛某的录音与微信聊天记录均要求毛某购买"安全型、稳健型"的理财产品，毛某也向盛某承诺推介给原告的产品为保本保息产品。

法院裁判从形式层面展开，认为原告多次购买该平台的高风险理财产品从而默认该次投资盛某也能够承受高风险产品，并且风险评估结果也匹配涉案产品等级。一方面，原告之前多次购买产品是基于对钜派公司工作人员的信赖。原告财务状况较好但是自身金融理财知识匮乏，风险测评结果并不准

---

① 曹兴权、凌文君：《金融机构适当性义务的司法适用》，《湖北社会科学》2019 年第 8 期。

确，不能真实、完整地反映其风险承受能力；另一方面，本案原告并没有起诉亿百润平台的运营者亿百润公司。因此，法院没有取得风险评估资料查看盛某主观风险承受意愿，但这并不意味着可以忽略投资者真实的主观风险承受的意愿。

相反，在典型案例王某与中国建设银行股份有限公司北京恩济支行财产损害赔偿纠纷案中，三级法院的裁判逻辑皆坚持实质合理重于形式合规，没有拘泥于"稳健型""中风险"等风险测试结果的概念，而是从卖方机构留存的风险评估资料中发掘出客户"只能接受本金轻微亏损"这一真实的主观风险承受意愿，并结合基本的金融知识判断，得出股票型基金不符合该案投资者真实投资意愿的结论。[1]

## （二）未对其基金产品进行严格审查

涉案的亿百润平台现已爆雷，投资者在平台上的资金无法提现，只能申请折价转让，前提是有投资者购买。亿百润平台上的产品大多是高风险理财产品，本案中作为被告的代销机构未能向原告出示通盈5号产品发行以及销售合法性的证明材料，其中确实可能存在将产品拆分进行销售的违规行为。实践中，存在很多无任何资质但实际从事募集活动的金融信息服务公司以及提供网络信息服务的非持牌第三方互联网平台。这些主体往往疏于对产品的审查，但纠纷的发生很少是因违反适当性义务中"了解产品"这一义务类型。[2]在监管层面，《公开募集证券投资基金销售机构监督管理办法》要求基金销售机构对基金产品进行审慎调查和风险评估，设置产品准入委员会或者专门小组，对销售产品准入实行集中统一管理。该办法还规定，若互联网平台仅为提供网络空间经营场所等信息技术服务的第三方平台，则其不得介入基金代销机构的基金销售业务过程，不对基金产品的材料进行审查与分析。

---

① 彭雨晨：《反思商业银行代销理财产品的适当性义务——建行代销基金全赔案的评释与引申》，《金融法苑》2020年第3期。

② 黄辉：《金融机构的投资者适当性义务：实证研究与完善建议》，《法学评论》2021年第2期。

## （三）以"不必须经过双录程序"逃避适当性义务履行

对交易主体的识别应当是互联网平台履行适当性义务的题中之义。本案中为第三人代替原告在线上进行认购基金的操作，并非本人亲自操作，涉案互联网平台不能识别第三人以原告名义认购基金的行为。除涉案互联网平台外，目前大部分互联网平台在投资者交易时都没有"双录"（录音、录像）功能，难以保证交易行为是投资者本人的行为。事实上，实践中也有第三人盗用投资者身份擅自在互联网平台购买理财产品给投资者造成损失的纠纷。

在与本案相似的案件——张某与国泰君安证券股份有限公司乌鲁木齐河北东路证券营业部、国泰君安证券股份有限公司金融衍生品种交易纠纷案（以下简称国泰君安案）中，一审法院认为依照证监会发布的《证券期货投资者适当性管理办法》第二十五条规定，经营机构通过营业网点向普通投资者进行本办法第十二条、第二十条、第二十一条和第二十三条规定的告知、警示，应当全过程录音或者录像；通过互联网等非现场方式进行的，经营机构应当完善配套留痕安排，由普通投资者通过符合法律、行政法规要求的电子方式进行确认。张某使用的互联网平台购买方式属于非必须进行录音录像的范围，故而被告未违反其行业规定。同样，二审法院也认为目前并无法律、行政法规规定金融机构向消费者销售金融产品时必须要采取现场双录、签署纸质文件的方式。因此，以互联网等非现场方式进行的适当性义务履行并不必须经过双录程序，在其他适当性义务已经履行的情况下，金融机构对投资者的损失不承担责任。[1]

本文不赞同国泰君安案法院的裁判思路，平台方不能以"目前并无法律、行政法规规定卖方机构以互联网等非现场方式向消费者销售金融产品必须经过双录程序"作为逃避适当性义务的理由，特别是在私募基金的销售中。国泰君安案中张某购买的是私募基金，正常私募基金线下签约的程序为：卖方

---

[1] 新疆维吾尔自治区乌鲁木齐市中级人民法院（2021）新 01 民终 1890 号民事判决书。

机构审核买方身份和银行账户等信息，进而确认投资者的身份及其购买基金的意思是否真实。在通过互联网平台认购基金时，由于交易双方无法"面对面"签订合同并核验身份，故互联网平台需要采取一定的技术手段达到与线下交易相似的效果，最容易实现的技术手段是在线上签约时平台采取双录手段，使得平台更好地识别投资者身份以及其真实的意思表示。这是互联网基金销售平台适当性义务的题中之义，不能以法律、法规没有规定而逃避履行该义务。

实践中，也有一些互联网平台设置了双录程序。在王某与上海歌斐资产管理有限公司、诺亚正行基金销售有限公司确认合同效力纠纷案中，一审法院作出的裁定认为双录文件显示原告在互联网平台微诺亚签约时全程在场，因此该基金合同的签订行为系原告真实的意思表示。[①] 但是，本文认为一审法院只注意到形式上的双录，忽略了双录实质上要表示出投资者本人以及其对购买基金行为实际的意思表示。而在上述案件中，第三人在一旁唆使原告说出"确认"。从实质上看，该双录文件难以确定该行为是否是原告真实的意思表示。因此，仅提供形式上的双录也应当被判断为未经过双录程序。

## 四、互联网基金销售平台适当性义务履行的完善建议

作为基金代销机构的互联网销售平台在给投资者带来投资的快捷与便利的同时，不应降低其适当性义务的履行标准。虽然目前尚无法律规范予以明确，但是可以比照现有适当性义务相关的规范性文件，侧重互联网平台的特殊性，从适当性义务的基本内容方面规范互联网基金销售平台适当性义务的履行。

### （一）了解客户：建立注重主观风险承受意愿的风险评估体系

实践中所应用的风险评估问卷的最终结果往往只能描述客户的客观风险

---

① 上海市杨浦区人民法院（2020）沪 0110 民初 15369 号民事裁定书。

承受能力，不能完整地展现客户的主观风险承受意愿，[①] 这与问卷题目的设置密不可分。证监会 2020 年修正的《证券期货投资者适当性管理办法》第十六条规定，经营机构应当了解的信息包括投资者的基本信息（姓名、住址、职业、年龄、联系方式）、财务状况（收入来源和数额、资产、债务等），投资相关的学习经历、工作经历、投资经验、投资期限与品种及期望收益、风险偏好及可承受的损失、诚信记录等信息。根据中国银行业协会 2014 年发布的风险评估问卷模板，该问卷模板中的 11 个问题从财务状况、投资经验、投资风格、投资目的、风险偏好和风险承受能力等角度对投资者进行风险评估，每一个问题的每一个选项被设置为不同分值，最终通过计算总分值将客户的风险承受能力划分为不同档次。[②] 财务状况与其是否愿意承担风险无必然关系，而这样的设计会出现客观上投资者具有较好的财务状况以及丰富的投资经验，但主观上该投资者不愿承担较大风险，根据问卷的总分值仍可能被分为稳健型。

当前，我国互联网基金销售平台采取电子问卷的方式对投资者进行风险评估。例如，蚂蚁基金有 13 道风险评估问题，内容涵盖有无境外税收居民身份、可耐受风险波动程度、投资目标、投资期限、投资产品、投资知识、投资经验、每月花销、家庭收入、家庭可支配年收入、收入来源、职业。简单分析可知，该风险评估侧重于客观风险承受能力的评估。又如天天基金有 12 道风险评估问题，分别为职业、收入来源、年收入金额、有无债务、投资经验、投资期限、重点投资产品、投资风格、学历、投资知识、最大可承受投资损失、个人征信有无逾期缴纳记录。从上述题目设置来看，天天基金对于主观风险承受意愿的问题设置与蚂蚁基金相似，也是远少于客观风险承受能力的判断。由此可见，独立基金销售机构更注重自身风险的监控，极少关

---

[①] 杨培明、张亦文：《以案说法，藏在建行全赔背后的九民纪要》，微信公众号"大队长金融"，访问日期：2020 年 2 月 25 日。

[②] 《商业银行理财客户风险评估问卷基本模板（修订版）》。

注投资者的主观投资意愿；且少量题目的设置无法全面了解互联网上大量投资目标、风险偏好和风险承受度各异的投资者。

因此，互联网基金销售平台特别是独立基金销售机构，需要建立统一有效的注重主观风险承受意愿的风险评估体系。不能仅仅关注最终评估结果，更需要关注投资者对具体问题的勾选与回答。如果投资者在风险承受意愿问题的回答上表现为不能承受亏损的，应当立即终止风险评估测试，对投资者进行教育，引导投资者充分认识基金产品的风险收益特征，了解其主观风险承受意愿与基金产品的不匹配性，跳转至推介风险更低的保本型理财产品。如果出现主观风险承受意愿与客观风险承受能力有很大差距的投资者，可以根据"木桶效应"进一步进行判定。[1] 评估结果优先参考主客观承受能力中较低的分值，对投资者在购买产品环节起到有效的保护作用。

### （二）了解产品：动态全流程评估平台销售的基金产品

互联网基金销售平台的运营机构要利用大数据技术优势动态地、全流程地对平台所售产品进行评估，而不只是在基金产品发行时进行评估。互联网基金销售平台的运营机构应当定期对提供的基金产品和服务的风险程度进行尽职调查，不仅要综合考量流动性、期限、杠杆情况、投资单位、投资方向、投资范围、募集方式、主体信用、同类产品情况以及过往业绩，[2] 同时平台还应对市场、行业、政治经济环境等宏观影响产品回报和收益的因素进行综合考量。平台运营机构应当将尽职调查得到的产品风险评估结果在平台上及时反馈给投资者，以便更加周延地全流程保护投资者的利益。对于风险过高的基金产品特别是私募基金产品，建议尽量不进行线上销售。销售前平台更应当根据证监会颁布的私募基金有关的法律规范对产品进行全面审查，基金销售机构应当针对私募基金销售业务建立专门的利益冲突识别、评估和防范机制。

---

① 何颖、阮少凯：《论金融产品销售商的投资者适当性义务》，《财经法学》2021 年第 1 期。

② 任自力、刘佳：《论金融机构适当性义务的理论基础与规则完善》，《中南大学学报（社会科学版）》2021 年第 5 期，第 50 页。

### （三）适当匹配：增强投资者风险评估结果与基金产品匹配的科学性

互联网基金销售平台应当重视投资者风险评估结果与基金产品的匹配程度，不仅是总分上的匹配，还要注意单项的符合，保证每个投资者风险评估问题的答案与向其推介的产品在风险程度、投资目的、流动性等方面的一致性。

产品风险等级根据金融市场的变化而变化，并且随着时间的推移，投资者的风险承受能力可能也会变化。因此，互联网基金销售平台应保持投资者风险评估结果与基金产品匹配的持续性。2018年，银保监会发布的《商业银行理财业务监督管理办法》规定了"商业银行应当定期或不定期地在本行网点或采用网上银行方式对投资者进行风险承受能力持续评估"。我国监管部门与行业自律组织在卖方机构应持续履行适当性义务方面已基本达成共识，但实践中不宜设置一刀切的再评估期限，应当根据不同的投资者来确定。

### （四）资料留存：通过线上平台双录程序还原面对面签约场景

尽管互联网金融在不断发展，但是互联网平台的销售模式在适当性义务和告知说明义务的实际履行方面低于网点现场标准。卖方机构如今对线下销售的录音录像等资料留存措施十分关注，但是线上的互联网销售平台对双录的履行未得到重视。

2018年的《商业银行理财业务监督管理办法》附件《商业银行理财产品销售管理要求》第三部分的第五条规定："商业银行通过本行网上银行销售理财产品时，应当遵守本附件关于非机构投资者风险承受能力评估的相关规定；销售过程应有醒目的风险提示，风险确认等环节工作要求不得低于网点标准，销售过程应当保留完整记录。"实际上，不只是商业银行，所有互联网基金销售平台的适当性义务履行都不应低于网点现场标准。

互联网基金销售平台应当积极探索双录程序在线上基金认购时的履行方

式，将交易的实际操作者与平台中留存的用户信息进行匹配，如可通过直接识别交易对象的面部信息审查其是否与用户上传的身份信息相符，以较好地还原线下签约时的实际场景。

### （五）客户回访机制：敦促平台向投资者定期揭示交易风险

投资者的财务状况和风险承受能力会随着时间产生变化，除了投资者风险评估的有效期期满以及发生变化需要重新测试外，在金融产品运行期间代销机构也应当对投资者进行回访，以有效揭示交易风险并核实购买行为背后的真实意愿。以基金业为例，证券投资基金业协会在其颁布的《基金募集机构投资者适当性管理实施指引（试行）》中鼓励客户回访工作，重视对老客户的适当性管理，加强对持有最高风险等级基金产品的普通投资者的回访。将回访制度的落实作为互联网基金销售平台的适当性义务考核标准之一，能够有效敦促互联网销售平台向投资者定期揭示交易风险，避免交易风险信息更新不能及时被平台用户知晓的弊端。

## 五、结语

互联网金融创新的飞速发展，冲击了现有的金融业态和金融机构格局。在基金业方面，以互联网平台为主体的独立基金销售机构正在市场中占据越来越多的份额。本案是一起关于互联网平台代销基金产品时如何履行适当性义务的案例，结合前文分析，法院对互联网基金销售平台的适当性义务的理解和适用存在一些问题，适当性义务在互联网平台方面的司法适用还有改进的空间。在相关法律体系不断完善的过程中，最高法可以发布相关的指导性案例，为一段时期内的司法裁判提供审判参考，在维护金融市场稳定的同时，保障投资者的合法权益。

# 区块链技术下应收账款电子权利凭证的法律风险与防范

浙江大学光华法学院　舒金春 *

**摘　要**

区块链技术与传统供应链金融相结合的新型商业模式蓬勃发展。应收账款电子权利凭证本质上是电子化的债权凭证，属于财产性权利凭证。应收账款电子权利凭证的转让本质上属于债权让与。应收账款电子凭证的法律风险包括贸易背景虚假风险、重复融资风险、核心企业违约或破产风险、相对票据监管套利风险、违法行使支付功能风险和非法集资风险。区块链去中心化、分布式记账和智能合约技术的应用在一定程度上能降低这些风险，但又会产生新的风险。因此，应当由核心企业、平台运营方、金融机构、监管部门多元共治，协同治理。

**关键词**：区块链；应收账款电子凭证；法律风险；多元共治

* 舒金春，浙江大学光华法学院博士研究生。

近年来，随着区块链分布式记账技术的蓬勃兴起，传统供应链金融业务逐渐发展出全新的模式。区块链技术的应用使得供应链能够高效联结核心企业、上下游供应商和金融服务提供商，其中最为典型的新型模式就是以"区块链＋供应链"的"双链通"。在"双链通"模式下，核心企业为一级供应商开具应收账款电子凭证，一级供应商可以选择持有到期，或进行外部融资，或将数字凭证转让给二级供应商，二级供应商可以使该数字凭证再次流转。全部流程均在区块链上进行。实务中，以应收账款债权为底层资产，生成电子凭证并开展转让，该种债权凭证极大提高了供应链金融业务的效率和真实性。[①]

这一新型商业模式在学界引发诸多探讨，应收账款电子权利凭证的法律性质尚未达成共识。有学者认为，应收账款本质上为商事合同金钱债权。[②]应收账款电子权利凭证即该金钱债权凭证，因此其转让行为属于债权让与，按照一般民事活动进行规制。也有学者认为，应收账款电子权利凭证在次级供应商之间流转，成为公开市场出表型融资工具，而商业承兑汇票进行结算的部分应收账款债权属于应收账款证券化对应的基础资产。[③]但主流观点认为，核心企业利用应收账款电子凭证将信用向上游中小企业传导，以此提高应收账款电子权利凭证的流通效率。应收账款电子权利凭证基于特定信用关系而产生高度流通性，这使得凭证与票据具有极其相似的性质。因此，有学者提出推动应收账款的票据化。与应收账款相比，票据更有利于保护债权人利益、规范商业信用，具有账期固定、促进债权保护、加强财务约束、强流通性、低融资成本等特点。[④]

---

① 马建森：《STO 的国内实践探索——应收账款电子凭证的生成及其流转》，清华大学金融科技与金融创新全媒体。https://www.weiyangx.com/347091.html，访问日期：2021 年 10 月 31 日。

② 纪海龙：《民法典动产与权利担保制度的体系展开》，《法学家》2021 年第 1 期。

③ 金建华、徐俊：《浅析应收账款 ABS 及应收票据 ABS 的区别》，《中国总会计师》2021 年第 1 期。

④ 孔燕：《协同推动应收账款票据化》，《中国金融》2020 年第 6 期。

对于区块链技术的功能，学者们普遍认为[1]区块链具有去中心化的特点，通过技术公开协作、信息防篡改与溯源机制，能够极大降低传统供应链中的信息不对称，实现供应链中的资金流、信息流、物流和商流信息的开放透明，增强交易双方的信任度。霍夫曼（Hofmann）将区块链技术与应收账款资产证券化相结合，认为可以运用区块链技术重新制定资产证券化业务流程。[2]雅克普·欧姆拉（Yaghoob Omra）通过对区块链智能合约的研究，强调其资源整合、打造供应链生态网络系统的功能。[3]

但是，目前供应链金融的运作机制尚未澄清，法律属性尚未明确。而区块链技术的研究成果主要集中在金融和管理学领域，且大多数论述停留在抽象谈论区块链技术与供应链金融相结合的问题上。很少有学者从法律视角，考察区块链技术下应收账款权利凭证的风险与防范问题。本文的基本思路是，第一部分通过对相关文献的回应和对交易机制的分析，探讨应收账款电子权利凭证的法律性质；第二部分梳理应收账款电子权利凭证的法律风险，以及区块链技术对法律风险的影响；第三部分从监管部门和平台治理的视角，对应收账款电子权利凭证的风险防范和健康发展提出建议。

## 一、应收账款电子权利凭证的法律性质

### （一）应收账款电子权利凭证的本质

《民法典》第七百六十一条规定，保理合同是应收账款债权人将现有的或者将有的应收账款转让给保理人，保理人提供资金融通、应收账款管理或者催收、应收账款债务人付款担保等服务的合同。此处没有使用债权的表述，

---

[1]  高萌：《运用区块链技术缓解中小企业融资难问题》，《时代金融》2019 年第 32 期；许荻迪：《区块链技术在供应链金融中的应用研究》，《西南金融》2019 年第 2 期。

[2]  Hofmann E, Strewe U M and Bosia N, Supply Chain Finance and Blockchain Technology: The Case of Reverse, Springer, 2017.

[3]  Omran Y, Henkeb M, Heinesc R and Hofmannd E, Blockchain-driven Supply Chain Finance: Towards a Conceptual Framework From a Buyer Perspective, Budapest-Balatonfü red, 2017.

而是使用"应收账款"的表述。应收账款是会计学术语，在法律上表现为债权。[①] 权利凭证，广义而言是指基于金钱、财产或者服务所提供的权利证件，通过该证件来实现其背后所代表的某种利益。[②] 应收账款电子权利凭证，是平台依托区块链、电子签章等技术，由核心企业对应收账款初始确认而形成的，记载了应收账款债权人、债务人（包括直接债务人或增信方）、债权金额、债权到期日等交易信息，并将交易信息（包括基础交易资料、线上化交易数据等）形成债权数据包，以区块链分布式记账方式进行交易数据存储。

从上述定义可以看出，应收账款电子权利凭证以应收账款涵盖的财产性利益为基础，其背后存在债权债务法律关系。通过区块链和电子签章技术，应收账款电子权利凭证的记载形式与价值内容相分离，其记载于链式数据结构之上，而价值则为商事合同金钱债权。应收账款电子权利凭证的所有者享有相应的债权请求权。因此，应收账款电子权利凭证本质上是电子化的债权凭证，属于财产性权利凭证。

应收账款本质上为商事合同金钱债权，应收账款电子权利凭证的转让本质上属于债权让与。债权让与是指在不改变合同内容的基础上，债权人通过与第三方订立让与合同而将其债权转移至第三人。[③] 其中，由当事人意志决定而进行的债权让与属于意定债权让与。核心企业在供应链金融平台上向其供应商签发一定期限可拆分、可转让、可融资的应收账款电子凭证，并承诺到期兑付。在转让这些电子凭证的过程中，核心企业移转了其与原债务人的债权债务关系，供应商有接受的意愿。这一过程不改变债权的同一性，因此核心企业将债权移转于供应商，符合意定债权让与的构成要件。

---

① 方新军：《〈民法典〉保理合同适用范围的解释论问题》，《法制与社会发展》2020 年第 4 期。

② 傅俊维：《论盗窃罪对象的扩容——以财产权利凭证为视角》，《公民与法（法学版）》2014 年第 2 期。

③ 崔建远：《合同法》，法律出版社 2003 年版，第 165 页。

## （二）应收账款电子权利凭证与票据的区别

按照我国《票据法》第二条第二款的定义，票据指汇票、本票和支票。究其本质，票据是以流通性为内涵、以背书制度保障转让、以追索权利救济转让的有价证券。应收账款电子权利凭证，由于在次级供应商之间流转，并参与资金融通过程，具有流通性，似乎与票据有共通之处。而核心企业利用应收账款电子凭证将核心企业的信用向上游中小企业传导，也赋予了应收账款电子权利凭证的商业信用，这似乎又和票据信用有相似之处。

但是，应收账款电子权利凭证和票据有本质区别。第一，票据具有无因性，包括票据行为的外在无因和内在无因。外在无因意味着票据效力独立存在，持票人不负给付原因的举证责任，即可对票据债务人行使票据权利。而应收账款电子权利凭证，虽经由区块链分布式记账加强了真实性和安全性，但不能据此免除持有人给付原因的举证责任，持有人仍须通过交易渠道证明其取得的合法性。内在无因是指产生票据关系、引起票据行为的实质原因从票据行为中抽离，其不构成票据行为的自身内容。因此，当形成票据债权债务关系时，票据债务人原则上不得以基础关系所生的抗辩事由对抗票据债权的行使。而应收账款电子权利凭证的持有人必须证明基础债权债务关系的真实性，应收账款电子权利凭证亦无法产生"见票即付"的效力。

第二，较之票据，应收账款电子凭证的流通性更差，很难在企业间或金融机构间流转。[1] 票据作为商业信用的高级形态，其无因性使其具有极强的流通性，加之信用叠加等安排进一步便利了票据的使用。持票企业可以直接将票据用于货款支付，也可以向银行申请贴现融资。虽然应收账款通过保理得以实现保理合同效力与应收账款真实性相分离，但当应收账款电子凭证在次级供应商之间流通时，由于应收账款保留了债务人对基础合同的抗辩权，债权人需要审慎查看基础债权债务关系的真实性，从而降低了流通效率。

---

[1] 参见中国票据公式平台：http://www.zgpjgs.com/article.php?id=856。

第三，票据是单据化交易，具有文义性。文义性是票据的基本性质，即持票人行使票据权利须以票据表面记载内容为准，即使文字记载与实际情况不一致，也不允许当事人以票据文字记载以外的证据变更票据文义。[①] 而应收账款电子权利凭证无法做到这一点，除了应收账款债权人、债务人、债权金额、债权到期日等直接记载内容，交易信息（包括基础交易资料、线上化交易数据等）需要形成债权数据包，在区块链上进行记录，这一特性显然与票据的文义性不符。

通过以上讨论可以看出，应收账款电子权利凭证是将互联网、区块链等信息化技术应用于应收账款交易的必要手段，其应用仅仅依凭平台参与方之间的协议安排，并不具备类似于票据的相对独立于基础交易的法律地位和效力，不属于票据。此类证券化产品的基础资产仍应遵循实质认定原则而界定为应收账款债权，适用于当事人意思自治原则。

## 二、应收账款电子权利凭证的风险分析

应收账款电子权利凭证在转让过程中可能面临诸多法律风险。其中，既有应收账款的特性和交易机制的复杂性所导致的理论层面的风险，也有法律不完备与配套制度的缺失所导致的实践层面的风险。这些风险的存在对传统供应链金融模式提出了较大的挑战。区块链、人工智能、大数据、物联网等技术的出现，在一定程度上解决了这些风险。但是，仍然有部分风险无法被技术的进步所解决，并且可能会出现全新的风险。

### （一）应收账款电子权利凭证的法律风险

#### 1. 贸易背景虚构风险

典型的商业承兑汇票的签发，需要真实的交易背景。过度签发后，时间一到，承兑企业或签发企业没有资金，就会违约倒闭。近年来，以应收账款

---

① 谢怀栻：《票据法概论》，法律出版社 2017 年版，第 47 页。

为标的的融资产品频频爆雷。例如，2019 年 6 月爆发的"罗静案"中，罗静凭借对苏宁、京东等知名大公司的应收账款进行公开募资，而作为债务方的苏宁和京东则声明对罗静与金融机构签订的融资合同不知情。因此，应收账款债权人与债务人虚构应收账款作为转让标的，应收账款债务人接到应收账款转让通知后，应收账款债权人与债务人无正当理由协商变更或者终止基础交易合同，将导致应收账款受让人无法得到清偿。贸易背景真实性问题是应收账款电子权利凭证转让过程中面临的最重要的风险。

2. 重复融资风险

电子应收账款凭证平台是核心企业构建的封闭供应链生态圈，链上企业持有的电子应收账款凭证只能向核心企业或平台的合作保理公司、合作金融机构申请融资。但是，链上和链下的交易无法联通，链上企业将电子凭证在链上转让后，可能在链下将其再次转让。这就使得应收账款转让可能存在"一物多卖"的重复融资问题。

而对于链下的受让人来说，其核实应收账款真实性的途径不够充足。增值税发票作为验证应收账款真实性的重要依据，其真实性的审核也存在一定局限性：一是核实增值税发票真实性的信息平台尚不完善，二是增值税发票的使用缺乏统一的规范。而征信部门对应收账款登记不进行实质性审查，应收账款登记不具有公信力。因此，在传统供应链金融模式下，链下的受让人很难验证电子应收账款凭证的当前交易状态。

3. 核心企业违约与破产风险

在应收账款电子凭证中，核心企业的违约风险来自核心企业的信用风险。虽然平台在核心企业准入之前，会对核心企业的经营规模、资信水平和信用状况进行核实，但一旦核心企业出现了信用状况问题，甚至出现破产风险，就会对供应链整体运营带来较大的负面影响。而应收账款本身的特点加剧了这一风险：应收账款还款期限不固定，对债务人缺乏刚性约束力，而且保留了债务人对基础合同的抗辩权。这就使得应收账款受让人处于较为被动的地位。一旦核心企业违约，债务人可能向受让人主张抗辩权或抵销，可能导致资金链条不稳定，从而出现断裂风险。核心企业作为前手转让人，也可能无偿或以显著低价向后手转让人转让电子债权凭证，该转让侵害了前手转让人的债权；或者前手转让人在转让后一年内破产，则该转让就可能被撤销。

### 4. 相对票据监管套利风险

监管套利是指在其他条件相同的情况下，相关主体利用不同监管机构在监管规则和标准上的不同，选择监管环境最宽松的市场进行经营活动，从而获得因降低监管成本、规避管制而获取的超额收益。[1] 应收账款电子凭证与票据在功能、产品要素和业务流转等方面具有相似性。在企业间的贸易往来中，应收账款和票据都是常用的赊销结算工具，应收账款电子凭证在产品要素和业务流转等方面与票据具有相似之处。但票据具有相对应收账款电子凭证的诸多优势：票据的融资能力更强，同时能抑制少数企业将信用危机通过应收账款沿债务网传导，防范和化解债务风险；并且票据的法律基础更强，从宏观的法律受理管辖、法律适用，到中观的票据权利、抗辩、效力，再到微观的出票、承兑、背书、贴现、交易等环节，都有较为具体明确的法律法规适用条款作出规范。[2]

从目前的监管趋势来看，推动应收账款票据化的趋向也十分明显。平台为企业提供电子商业汇票的签发、承兑、背书、到期处理、信息服务等功能。通过供应链票据平台签发的电子商业汇票称为供应链票据。[3] 在对票据业务严格监管而对应收账款缺乏规范的情况下，必然导致"劣币驱逐良币"，产生监管套利。

---

[1]　鲁篱、潘静：《中国影子银行的监管套利与法律规制研究》，《社会科学》2014年第2期。

[2]　曾一村、黄学伟、凌典：《应收账款票据化研究》，中国票据研究中心，http://www.shcpe.com.cn/content/shcpe/research.html?articleType=research&articleId=WZ2020080612910515645398 87616&yikikata=74d38ac5-2ca810eb7cabd48a1ee88a15c454964d，访问日期：2021年10月31日。

[3]　张末东：《票据市场全力支持中小微企业转型发展——专访上海票据交易所股份有限公司党委书记、董事长宋汉光》，《金融时报》2020年6月9日。

### 5. 违法行使支付功能风险

应收账款电子平台在系统后台进行清算交割时，可能部分行使了支付功能，从而有违法律法规。[①] 央行下发的《非金融机构支付服务管理办法》中明确规定，非金融机构在收付款人之间作为中介机构提供网络支付、预付卡发行与受理以及银行卡收单等货币资金转移服务的，需要取得《支付业务许可证》成为支付机构，接受央行监管。未经央行批准，任何非金融机构和个人不得从事或变相从事支付业务。[②] 而应收账款电子平台在系统后台进行清算交割等服务，虽然有利于效率提升，但可能部分行使了支付功能。如果没有获得支付业务牌照，则可能存在构成非法从事支付业务的风险。

另外，在债务履约时，存在"二清"风险。根据《中国人民银行办公厅关于进一步加强无证经营支付业务整治工作的通知》，以平台对接或"大商户"模式接入持证机构，留存商户结算资金，并自行开展商户资金清算，即所谓"二清"行为，属于无证经营支付业务。"二清"机构用于结算的备付金账户无主管部门监管，资金安全存在问题，也容易引发矛盾纠纷，是金融监管部门进行无证经营支付业务整治工作的要点之一。

### 6. 非法集资风险

根据《防范和处置非法集资条例》，非法集资是指未经国务院金融管理部门依法许可或者违反国家金融管理规定，以许诺还本付息或者给予其他投资回报等方式，向不特定对象吸收资金的行为。从定义上看，非法集资至少有三个特性，即非法性、社会性和利诱性。社会性意味着"向不特定的对象吸收资金"。我国对非法集资的界定主要针对两个层面的集资行为：一是集资者以自己使用为目的吸收资金，二是集资者将吸收的资金用于投资。如果在区块链上引入相互之间不熟悉的社会不特定人，而不设置任何交易门槛，

---

① 马建森：《STO 的国内实践探索——应收账款电子凭证的生成及其流转》，https://www.weiyangx.com/347091.html，访问日期：2020 年 12 月 26 日。

② 《非金融机构支付服务管理办法》第二条和第三条。

也不对核心企业进行审查，就直接在区块链上进行电子权利凭证的分拆和交易，则有可能被认定为非法集资。

## （二）区块链技术应用于应收账款电子凭证的优势

### 1. 区块链技术能够有效解决信息不对称问题

传统供应链金融存在严重的信息不对称，企业难以监督电子权利凭证在链上各级企业间的流转情况。平台本身往往也只能做形式审查，因此传统供应链难以解决虚假贸易背景风险。但通过区块链技术，整个链上的信息都被纳入区块链网络，每一次交易活动以及修改记录都会被记录在区块链的每一个节点上，从而实现对于交易信息的可追溯。供应链上下游企业及金融机构、物流公司等可以随时获取系统数据，去中心化的分布式结构使得每个节点的企业均有能力持有完整的交易信息，从而监督其他所有企业。因此，区块链技术在参与者之间起到了相互监控的作用，显著降低了信息不对称，为供应链创新发展注入了"信任"的底层代码。

### 2. 区块链技术能够强化信息的真实性与可靠性

区块链采取分布式账本技术，使供应链链条上的所有参与主体均可记录存储交易信息。并且，区块链通过哈希算法对每个区块中的交易信息加密，每段数据的哈希值都是唯一的，区块链中数据的任一变化都会随之产生不同的哈希值。因此，一旦某一节点的数据被篡改，哈希指针也会立即做出反应，保证数据的真实安全。核心企业的经营状况和信用状况均被记录在链上，一旦核心企业出现违约风险，区块链可以随时作出反应，使后手及时采取补救措施，从而降低核心企业违约和破产风险。

### 3. 区块链技术可以简化操作流程，提高交易效率

一方面，区块链的智能合约技术可以大大简化操作流程，确保网上登记信息与链上权属信息一致。如，区块链智能合约技术能够实现供应链金融业务的自动化签约和智能化监管。将供应链平台与应收账款登记平台实时联网，

就能保证每一笔链上交易在网上能实时查询，因此可以有效防止链下出现的重复融资风险。

另一方面，区块链技术增强了应收账款电子凭证的优势，从而避免相对票据监管套利问题。应收账款电子凭证保留了买方对基础合同的抗辩权，账期更加灵活，贸易结算便捷、成本低廉。区块链分布式存储、不可篡改、时间戳验证等属性，可完整记录并追溯数据，提高交易安全性。通过将应收账款的确权、流转、融资等流程上链，可以做到资产确权、推动资金流转，弥补应收账款本身融资成本高和流通不便等缺点。因此，应收账款电子凭证监管套利的风险得到降低。

### （三）区块链技术的法律风险

当然，区块链技术并不能解决应收账款电子权利凭证的所有风险。首先，对于真实贸易背景问题，区块链通过分布式记账虽然可以降低信息不对称的风险，确保链上的信息真实且不可篡改，但是如果原始凭证从一开始就是伪造的，区块链也无法保证其真实性。

其次，在核心企业的违约风险中，平台应当承担一定责任。不能完全放任市场，必须要提前介入监管，这就要求平台不能仅仅利用区块链技术，在链上出现风险后再作出反应，而应当采取其他辅助措施，在事前就对风险进行预警和评估。

最后，对于体量较小的企业而言，使用区块链技术成本可能过高。平台应当对应收账款电子权利凭证受让方进行一定的筛选。同时，对于从事无形资产（知识产权）等交易的企业，区块链可能很难如同货物交易一样实时监控标的物的数量与品质。因此，应当用其他技术进行辅助监管。

## 三、应收账款电子权利凭证法律风险的防范

实践中，应收账款电子权利凭证涉及的风险主要是由核心企业凭证的"过度"、重复融资、缺乏真实贸易背景、滥用应收账款电子权利凭证等原因导

致的信用风险。防范核心企业信用风险，需要包括核心企业、平台运营方、金融机构、监管部门在内的多方共同努力。

第一，从企业角度来看，应当健全核心企业内部控制制度。核心企业应建立健全完善的内部控制制度和企业道德风险机制，对应收账款的相关工作进行约束。其中，最重要的是建立合同管理、销售管理、应收账款日常管理系统的制度，并对具体操作步骤的经办人的权责界限做出清晰的规定。

第二，从供应链平台角度来看，应当加强应收账款的风险管理。平台在供应链企业应收账款风险管理中扮演核心角色，这种风险管理同样是以"信息真实性"义务为基础展开的。平台应当采取多种方式加强应收账款电子权利凭证的风险管理，包括加强信用管理、引入第三方风险管理机制、完善平台治理机制。

第三，从金融机构角度来看，应当加强风险控制。参与应收账款电子权利凭证交易的金融机构主要是保理商，在风险控制方面，金融机构需要在以下两个方面加以注意。一是加强对交易双方的信用评估，既包括对最终还款人的评估，也包括对借款人的考察。其中，重点关注借款人和核心企业间是否存在真实交易关系、借款人的账目声誉等。二是加强与平台的合作与沟通。金融机构应当及时获取有关信息，并以此对应收账款电子权利凭证的真实性和可靠性做出有效判断。

第四，从监管部门角度来看，要加强与区块链平台的监管信息对接。供应链技术越发展，相关风险的防控就越依赖监管科技的投入。这一监管不能仅仅依靠监管部门，而应当吸纳多元共治、源头治理的理念，由政府牵头，汇聚平台、供应链企业、金融机构、社会等多方力量，建设供应链金融监测平台，进行协同治理。多个主体各司其职、协同配合，将针对供应链金融安全问题、核心企业金融风险的防范，从过去的事后处置转为事前监管、从被动防御转为主动防御、从单点防御转为立体式综合性防御，从而在最大程度上降低应收账款电子凭证的法律风险。

# 我国企业"借壳上市"监管探析

浙江大学光华法学院　陈标杰 *

**摘　要**

近年来，我国资本市场的活跃度不断提高，企业对于上市也有着高涨的热情。由于借壳上市路径相对 IPO 而言在审核程序、上市成本以及准备时间等方面存有优势，因而愈发受到拟上市企业的青睐。然而，部分企业在借壳上市的具体实践中存在关联交易、内幕交易行为，相关的信息披露也不够规范；同时，我国当前对于借壳上市的监管模式忽略了其特殊性，无法全面有效地对其进行规制并切实保护中小股东的利益。在此背景下，完善和加强借壳上市的监管措施和监管模式就具有重要意义。

**关键词**：借壳上市；监管；信息披露

★　陈标杰，浙江大学光华法学院硕士研究生。

## 一、引言

自改革开放以来，我国经济一直处于飞速发展状态，资本市场的活跃度也不断提高。在此背景下，大批企业顺应时代发展的潮流如雨后春笋般纷纷涌现，使得市场竞争也愈发激烈。相较于非上市企业，上市企业能够凭借自身"上市资格"在融资成本、企业知名度方面获得诸多优势。因此，为了能够更加便捷高效地进行资金融通，扩大规模并提高企业在市场上的竞争力，大批实力较为强劲的非上市企业将目光投向了上市，将其作为重要的阶段性发展目标，从而掀起了一股IPO热潮。[①]然而，相较于企业持续高涨的上市热情，我国对于企业上市发行的开放进程则相对缓慢。复杂而繁琐的IPO审核机制以及严格的审核标准使得大批踌躇满志的企业倒在了上市的漫漫征途中，同时也让众多非上市企业望而却步。即便如此，不愿放弃上市机会的企业依旧不少，但最终通过审核成功实现IPO的却寥寥无几。在此背景下，出于对上市的渴求，一些企业不再拘泥于"一板一眼"的IPO上市路径，而是采取一种迂回的"借壳"模式来间接实现上市目标。由于借壳上市相对于IPO而言，具有审核程序和审核标准等方面的优势，因此得到众多拟上市企业的青睐。然而，在借壳上市路径被大力推崇的同时，背后所存在的问题也纷纷涌现。在"借壳"模式下，虚假信息披露、关联交易以及内幕交易等违规违法行为普遍存在，不仅损害了投资者的利益，同时也在一定程度上沦为部分企业逃避上市监管的手段，进而扰乱资本市场秩序。[②]由于我国证券市场发展起步较晚，在上市监管方面仍处于不断成熟之中。在此背景下，深入分析研究我国借壳上市模式及其监管环境对于平衡借壳上市发展和监管两者之间的关系以及进一步完善我国资本市场秩序具有重要意义。

---

① 王晓莹：《企业借壳上市动因及股票市场反应研究》，《辽宁经济》2020年第4期。
② 王国松、邱月：《借壳上市过程中的法律与财务分析——以中公教育借壳亚夏汽车为例》，《中国注册会计师》2020年第10期。

## 二、借壳上市概述

### （一）借壳上市的定义

借壳上市这一概念可以分拆为借壳和上市，其中，前者描述行为方式，后者则指行为目的。在借壳上市模式中，非上市企业作为借壳方，其收购的目标企业（即壳资源）即指具有在证券交易所挂牌发行股票资格的股份企业。总体而言，借壳上市是指非上市企业为了实现上市目标，将自身资产剥离后注入在证券交易所挂牌的上市企业，并进而取得上市企业控制权的过程。单从非上市企业这一主体来看，其整个行为过程系属借壳上市；但依据其在借壳中所呈现的资产置换特征，其行为在研究以及监管层面实质上属于重大资产重组范畴。借壳上市与一般企业重大资产重组行为的区别并非单单体现在资产重组的范围和力度上，其核心区别在于前者的"实质上市"目的。2011 年，我国证监会发布了《上市企业重大资产重组管理办法》，其中对于借壳性质的重大资产重组范围进行了界定，但并未明确提及借壳上市。直到 2014 年，国务院发布的《国务院关于进一步优化企业兼并重组市场环境的意见》中才首次提及这一概念。2016 年，证监会对《上市企业重大资产重组管理办法》进行了修订，第十二条和第十三条对借壳上市的构成标准以及相关情形进行了明确。其中，借壳上市行为的典型要件包括上市企业控制权的移转、控制权变更后一定期限内（60 个月）的资产收购行为，以及相应资产购置的数额和比例要求等。

针对借壳企业和壳企业之间在借壳前是否存在实质上的控制关系，有学者将借壳上市这一概念进行了广义和狭义上的区分。其中，狭义上的借壳上市仅指母企业对于子企业的借壳，而广义上的借壳概念还包括了非关联方企业之间通过股权收购方式实现上市目标。此外，尽管不同的非上市企业总体上均采取了借壳模式，但在具体的借壳运作方法上却不尽相同。总体而言，通过变更上市企业控制权方式实现借壳上市主要包括三种经典模式，即股份转让模式、增发新股模式以及间接收购模式。[①] 此外，根据具体操作办法的不同，上述三种模式又可以进行进一步细分，在此不再赘述。实践中，大多数非上市企业往往采用重大资产置换加上发行股份购买资产，并在控制权变更后募集配套资金的模式。如，2017 年顺丰公司借壳鼎泰新材使用的就是这种方法。概括而言，顺丰公司和鼎泰新材首先将自己的资产相互置换，其中顺丰公司作价 433 亿元，鼎泰新材作价 8 亿元，差额部分由鼎泰新材向顺丰公司增发股份补足。完成资产置换后，顺丰公司原股东即取得了鼎泰新材的控制权。随后，借壳后的顺丰公司进行非定向增发募集配套资金，用以扩大业务规模，提高公司竞争力。至此，整个借壳过程宣告完成。[②]

## （二）借壳上市路径与 IPO 路径之比较

IPO 即首次公开发行股票，是指拟上市企业依据证券市场相关规则和法律规范首次向公众公开招股募集资金。由于上市后能够更加高效地进行资金融通和资本运作，大多数企业对于上市有着异乎寻常的热情。然而，考虑到企业上市后能够通过发行证券向社会公众募集资金，涉及更多不特定人的利益，相应地也会产生更大的风险，因此我国对于企业上市总体持保守态度。当前，我国企业实现上市目标主要通过借壳和 IPO 两种路径，后者申请条件苛刻、审核程序复杂，整个过程也存在诸多意外因素和不确定性，其结果对于一些政策性变化具有非常高的敏感性。

与 IPO 相比，借壳上市存在诸多优势。首先，借壳上市对于企业的资质和门槛要求相对于 IPO 而言更为宽松。我国《首次公开发行股票并上市管理办法》中对于企业 IPO 存在财务指标和续营时间等多方面的严格限制；而借壳上市对于企业的规模、财务指标等方面的硬性要求较低，借壳后增发新股的条件也较为简单。其次，企业借壳上市花费的成本相对于 IPO 更低。在

---

① 程清：《借壳上市公司监管机制研究》，《科技经济市场》2017 年第 7 期。

② 张时杰、张咏梅：《借壳上市过程中关键节点管控探析——以顺丰控股为例》，《财会通讯》2017 年第 31 期。

IPO 过程中，企业需要聘请一系列中介机构对企业的财务状况和合规性情况等方面进行审查，因此需要支付较高的中介服务费以及高昂的保荐和股票承销费用；而在借壳上市过程中，借壳企业往往采取非定向增发的形式募集资金，从而免去了相应的保荐和承销费用。最后，借壳上市的审核周期相对于 IPO 更短。总体而言，企业 IPO 需要经过改制设立、上市辅导、股票发行筹备、申报审核以及促销发行等诸多环节，许多阶段都有关于时限的特定要求，审核程序也较为复杂耗时；而借壳上市则只须经过"寻壳"、控股以及资产置换等环节，相关的审核程序也较为简单。

### 三、借壳上市监管探析

#### （一）借壳上市监管政策沿革

实践经验表明，证券市场的自由发展与监管如车之两轮、鸟之双翼，二者相辅相成、不可偏废。一味鼓励自由发展将潜在地使资本市场的发展偏离既定目标，进而滋生一系列违法违规行为，最终导致资本市场秩序混乱；而一味强化监管，则会严重束缚资本市场主体的创新，进而影响资本市场的发展和活力。因此，证券市场的良性发展有赖于在鼓励其自由发展和强化监管两者之间保持平衡。

如前所述，借壳上市模式具有在形式上属于重大资产重组行为，在实质上改变上市企业主体资格的双重特征。在"借壳"模式下，经过一系列资产重组行为，原上市企业的主体地位被非上市企业取代，借壳方成为上市企业的实际主导者。在此背景下，对于借壳上市的监管不应当局限于对资产重组并购行为的规制，而应当考虑非上市企业借此上市的实质，从而将监管标准上升至证券市场准入的高度，否则将存在非上市企业利用借壳上市规避证券市场准入高监管标准的可能性。实际上，从我国对于借壳上市监管政策的变化中可以清晰地体现监管部门对于强化借壳上市监管的主体脉络。1998 年，证监会发布了相关法规，<sup>①</sup>其中提到若上市企业以资产置换形式变更主营业务从而使上市主体资格发生变化，需要经由证监会按新股发行程序审批；2000年，证监会规定，上市企业购买或出售的资产占总资产70%以上的，需要聘请证券承销机构辅导，相关内容和程序参照公开发行股票的规定执行；2011年，证监会新修订的《上市公司重大资产重组管理办法》中首次对借壳上市的定义和相关范围进行了明确，<sup>②</sup>对于借壳上市的监管标准进一步提高；2013年，证监会在证监发〔2013〕61号文<sup>③</sup>中将借壳上市的监管标准提升至等同于IPO的层次，同时明确不允许在创业板借壳上市；2016年，证监会在新修订的《上市公司重大资产重组管理办法》中进一步扩大了借壳上市的范围，将原先仅有的资产总额标准拓展为包括资产总额、营业收入、净资产等在内的多个指标，并据此对借壳上市进行界定。同时，文件也对交易时间和控制权变更以及相关的股份锁定等进行了进一步明确。

从上述监管政策的变化中可以看出，我国对于借壳上市的监管由最初的并购重组模式逐渐变更为当前的等同于IPO模式，相关的监管力度和标准不断提高。即便如此，我国当前主要将借壳上市作为一种企业并购重组行为进行监管。然而，借壳上市并不仅仅是单纯的企业并购或资产重组，其同时也是非上市企业对于证券资本市场"迂回式"的进驻。忽略上述特殊性而采取以并购重组为主的监管模式在严格性上仍有所欠缺。此外，当前对于借壳上市的监管以《上市公司重大资产重组管理办法》相关规定为主，同时辅以《证券法》《公司法》等法律法规以及证券管理部门制定的一系列规章和细则。这种监管模式缺乏统一的监管标准，对于中小股东利益的保护以及相应的事后救济方面缺乏相应的制度保障。

---

① 《中国证券监督管理委员会关于上市公司置换资产变更主营业务若干问题的通知》（证监上字[1998]26号）。

② 自控制权发生变更之日起，上市公司向收购人购买的资产总额，占上市公司控制权发生变更的前一个会计年度经审计的合并财务会计报告期末资产总额的比例达到100%以上。

③ 《关于在借壳上市审核中严格执行首次公开发行股票上市标准的通知》（证监发[2013]61号）。

## （二）借壳上市监管中存在的问题

凭借其相对于 IPO 的诸多优势，借壳上市模式得到了众多拟上市企业的追捧。然而，实践中存在部分企业滥用借壳上市，借此躲避上市监管的现象。此外，借壳过程中信息披露不规范、关联交易和内幕交易等问题一直存在，不仅损害了中小股东的利益，同时也扰乱了证券资本市场的正常秩序。① 针对上述问题，我国当前关于借壳上市的监管机制未能很好地进行解决。具体而言，其存在的问题主要有以下几个方面。

1. 借壳上市过程中相关信息披露制度不够完善

证券资本市场的健康运行有赖于信息的充分、自由流动。证券交易信息的及时、公开、透明对于资本市场的正常有序运行十分关键。上市企业及时、规范地进行信息披露有利于投资者及时掌握公司的经营和财产状况，进而做出更为合理的投资决策。同时，规范的信息披露有利于不同市场主体积极发挥监督作用，在一定程度上降低监管部门的监管难度。不规范的信息披露在一定程度上会对投资者的判断产生误导，甚至会催生违法的证券交易行为。在借壳模式下，"壳资源"交易的双方存在虚假信息披露或者选择性信息披露的潜在可能性，进而导致投资者做出错误判断，自身权益也会受到损害。② 尽管我国当前对于企业的信息披露进行了相应的规制，但其主要的约束对象是上市企业，对于借壳上市过程中起主导作用的借壳企业则缺乏相应的规定。即使是有信息披露义务的"壳"企业，我国当前的监管机制对于其在借壳过程中具体的信息披露要求也缺乏针对性和专门性的规定，从而存在"壳"企业规避特定信息披露义务甚至违规披露虚假信息的可能性。

2. 未能对内幕交易和关联交易进行有效规制

关联交易是企业与同本企业在经济、业务方面存在紧密联系的关联方之间发生的交易。简言之，关联交易即为企业同其关联方之间进行的相关交易

---

① 赵敏：《新监管环境下 A 股借壳上市的问题研究》，《法制与经济》2020 年第 6 期。
② 许金：《注册制下借壳上市制度存在性思考》，《现代商贸工业》2021 年第 42 期。

行为。对于关联交易的认定有赖于对关联方的明确，而关联方则包括同企业存在密切联系的自然人和法人。前者主要包括公司的股东、高管以及与之具有密切联系的朋友、近亲属等，后者主要包括母子公司和处于同一控制下的其他公司等。我国当前对于关联交易的认定主要基于"控制"和"重大影响"等角度，借壳上市模式下关联交易监管的相关法律法规的规定较为模糊，可操作性不强，较轻的惩罚力度也难以对违规关联交易产生有效震慑。[①] 此外，借壳上市模式下对于企业关联交易的规制也有赖于企业内部监督机制的有效运作。当前，我国上市企业的内部监督机制主要包括监事会和独立董事等。然而实践中，对于监事会等在企业内部治理中发挥的作用仍存在较大争议。在此背景下，企业内部治理机制很难对借壳上市模式下的关联交易行为进行有效规制。内幕交易系指内幕人员利用自身职务或业务上的便利，故意以非法手段获取、泄露内幕信息，或利用掌握的相关内幕信息帮助指导相关人员进行证券买卖。内幕交易严重违背了公平公正原则，在损害广大股民利益的同时，也在一定程度上扰乱了资本市场的秩序。企业借壳上市后，在潜在的协同效应以及较高的公众预期下，其经营业绩和股价往往会得到相应提高，从而为包括企业内部管理人员在内的内幕信息知情者提供了牟利机会。[②] 尽管《上市公司重大资产重组管理办法》中对于新进股东的资产保有期间进行了规制，但无法从源头上防范内幕交易。我国当前对于内幕交易的规制主要依据《刑法》中的内幕交易罪以及《证券法》中的相关规定，未能形成一套完善的内幕交易约束法律体系。为了更好地贯彻公平公正原则，有必要加强对借壳上市过程中内幕交易的管控。

3. 未对中小股东的权益提供足够的保护

大股东对于中小股东的"隧道挖掘"现象是现代公司内部治理中的一个重要事项。在企业内部决策中，大股东拥有主导性的话语权，其出于自身利

---

① 黄浩、胡晓晓、高翔：《关联交易、市场化进程与企业价值》，《统计与决策》2021 年第 37 期。
② 王晓莹：《企业借壳上市动因及股票市场反应研究》，《辽宁经济》2020 年第 4 期。

益最大化的考量可能会做出损害企业以及中小股东利益的决策。在借壳上市过程中同样存在大股东侵害中小股东利益的可能性。在借壳前期，"壳"企业选择借壳方时，上市企业（壳企业）的控股股东能够凭借其控制权决定最终的借壳交易方。此时，壳企业的控股股东可能为了追求自身利益选择劣质的借壳企业和劣质资产，进而损害中小股东的利益；在资产置换环节，原上市企业股东根据估值结果与借壳方之间进行资产置换，大股东可能会因为额外的利益约定对置入的资产进行过高估价，进而导致"壳"企业原中小股东的股权份额被稀释，中小股东的权益也因此遭受损害。我国当前尚未形成完善的针对中小股东的系统性保护机制。在借壳上市过程中，由于缺乏相应的事前制约机制以及不够完善的表决机制，中小股东对于借壳过程中企业的相关决策无法发挥实质性的影响。此外，对于中小股东的事后救济也存在问题，中小股东诉讼机制和事后赔偿制度仍有进一步完善的空间。

## 四、总结

当前，我国企业进驻证券资本市场主要采用 IPO 和借壳上市两种方式。其中，借壳上市路径相对于 IPO 而言具有资质要求低、审核程序简单、上市成本低等诸多优势，因此受到许多拟上市企业的青睐。近年来，采用借壳方式获得上市企业主体地位的企业也越来越多，如顺丰借壳鼎泰新材、中公教育借壳亚夏汽车以及奇虎 360 借壳江南嘉捷等。然而，在具体的借壳上市实践中，信息披露不规范、关联交易和内幕交易以及中小股东权益受损等问题始终存在。上述问题在我国当前借壳上市的监管机制下无法得到妥善解决。为了对借壳上市行为进行规制，确保证券资本市场的有序运行，有必要进一步加强和完善对于借壳上市行为的监管措施。

首先，应当严格控制借壳上市过程中存在的关联交易和内幕交易行为。内幕交易和关联交易系对公平公正原则的严重违反，因此有必要加强相应规制。在借壳上市模式下，不同主体之间的利益关系错综复杂，不同的信息掌握程度很容易诱发关联交易和内幕交易。由于信息不对称是内幕交易产生的根源，因此首先应当完善交易信息披露制度。通过提高交易信息披露的及时性和公开性来构建一个公平有效的交易环境，强化不同市场主体对于借壳上市行为的监督作用，进而从源头上控制违规交易行为。其次，可以针对关联交易和内幕交易建立相应的惩罚性赔偿制度。在填补受害方所受损害的基础上对违规交易方施加额外的处罚，通过提高违规交易行为的成本来予以警示，进而起到对借壳上市模式下关联交易和内幕交易行为的遏制。最后，应当针对关联和内幕交易确立举证责任倒置制度。实践中，监管机构对于信息的了解程度显然远远低于参与内幕交易和关联交易的主体。在关联交易和内幕交易过程中实行举证责任倒置，让实施违规交易行为的嫌疑人对自身行为的合法性承担举证责任，不仅能够对违规交易行为产生有效的威慑作用，同时还能够极大提高监管机关在办理相关案件时的工作效率，进而推动证券资本市场实现良性循环和发展。

其次，应当强化借壳上市过程中的信息披露制度。保障利益相关者的知情权是现代社会组织运行的基本逻辑。信息披露是借壳上市监管的重中之重，不完善的信息披露是滋生违规交易行为的温床。因此，应当着手建立一套较为全面的信息披露体系，对借壳上市过程中信息披露的相关主体、内容以及期限标准进行进一步明确，严格相关主体的信息披露义务。[1]具体而言，可以扩大借壳上市中信息披露主体的范围，如考虑到借壳上市过程中壳企业的债权人在并购重组方案中也发挥着重要作用，或可将上市企业的债权人纳入信息披露主体范围。此外，鉴于当前证券市场信息披露存在披露形式不合要求、信息内容不具价值等问题，或对借壳过程中各个阶段的信息披露期限和内容进行针对化的明确，同时加大对违规信息披露行为的惩罚力度，引导"借壳"模式下信息披露主体规范、及时、准确地进行信息披露。

最后，应当进一步完善中小股东保护制度。由于中小股东股权分散，在

---

[1]　罗浩亮：《借壳上市法律问题研究——以顺丰快递为视角》，《法制与经济》2017 年第 2 期。

企业决策过程中的话语权较弱，借壳上市背景下其权益很容易受到大股东不当行为的损害。因此，在监管层面切实加强对于中小股东的保护很有必要。具体而言，首先，可以通过对投资者的维权教育切实提高中小股东的维权意识，增强其救济自身利益的积极性；其次，应当进一步严格借壳上市过程中利益牵连方的回避制度，对于相关重大决策落实累积投票制，提高中小股东的决策权；最后，我国应逐步完善股东集体诉讼制度。我国 2021 年 3 月实施的新《证券法》中第九十五条第三款创新性地提出了证券集体诉讼制度，其中明确投资者保护机构在受 50 名以上投资者委托的情况下可以依据"默示加入，明示退出"原则参加证券民事赔偿诉讼。这表明我国关于投资者的救济制度正不断走向完善。尽管集体诉讼制度在一定程度上丰富了投资者的救济方式，但是否提起集体诉讼的决定权最终掌握在投资者保护机构手中。此外，中小股东面临高昂的维权成本，一旦败诉则须支付较高的律师代理费。对此，可以借鉴美国的胜诉报酬制对当前证券诉讼领域的律师收费制度进行革新。当仅在胜诉情况下才需支付律师费时，中小股东的维权成本和风险会大大降低，从而能够激发其通过诉讼途径进行救济的积极性。

# 第三单元
## 数字借贷和资产管理规范治理体系

# 公司融资视角下"明股实债"裁判路径研究
## ——兼论《九民纪要》中的"穿透式审判思维"

宁波大学法学院 庄鸿钦 *

**摘 要**

股与债具有不同的法律特点,股债二分的制度设计旨在平衡股与债二者间的关系。然而,金融创新却催生出了介于股与债之间的"明股实债"现象。由于我国《公司法》并未回应这种新型的融资形式,导致司法层面对"明股实债"的判定陷入困境。在《九民纪要》的"穿透式审判思维"指引下,司法实践对"明股实债"现象存在"抽象认定"与"具体认定"两种裁判路径。"抽象认定"的裁判路径在论证上存在一定的跳跃性,省略了法官裁量时的判断因素,容易造成"同案异判"的不利后果。因此,宜将"具体认定"的裁判路径作为应对"明股实债"这类新型融资形式的进路,以是否存在"固定本息回报条款"为核心,以当事人是否参加公司经营决策为辅助,必要时结合合同双方的权利束进行衡量,最终达致裁判说理的周延性。

**关键词:**股权;债权;公司融资;裁判路径研究

---

* 庄鸿钦,宁波大学法学院硕士研究生。

## 一、问题的提出：股债融合的现实困境

股权与债权的二分划定了股与债之间、股东与债权人之间的法律界限，构成了公司资本结构的基础。通常观念下的股与债的区别往往体现在财产属性、清偿顺位与成员权属性等诸多方面。而实务中，股权性融资由于融资门槛较低、风险可控的特性，在公司融资的场合下得到了诸多资本市场主体，尤其是具备一定成长性，但仍处于创业初期的小微企业的青睐；但其容易产生异化的风险，可能成为一种单纯的融资工具。例如，双方可能约定，融资人有权在固定期限内，以事先约定的固定价格从投资人处回购股权。在此类融资方式引发的纠纷中，双方争议的焦点主要在于：股权性投资协议是否构成名为股权投资，实为借贷，即"明股实债"？

针对此现象，2019年11月15日最高法发布的《全国法院民商事审判工作会议纪要》（以下简称《九民纪要》）指出，要"注意处理好民商事审判与行政监管的关系，通过穿透式审判思维，查明当事人的真实意思，探求真实法律关系"。《九民纪要》中提及的"穿透式审判思维"的理念，可以被视为近年来行政部门在金融领域提出的"穿透式监管"的司法翻版，[①] 其意旨在于：通过"穿透式审判"本身可达致的事实发现之功能，在实现金融监管功效的同时，实现私法本身在价值和与逻辑上的契合，即所谓"私法的规制化"。

然而，现代金融交易必将形成对传统民商法的挑战与重构。[②] 传统的公司法仅强调了股与债的区别，缺少了对股与债共性的考察。这种粗暴地对股与债进行区分的方式并无法解释股债杂糅的现实状况，也无益于应对金融创新的客观需要。针对此现象，有学者指出，倘若将公司看作一个实体，股权与债权之间的共性甚至高于其差异性。例如，股权与债权都需要承担风险，

---

① 刘斌：《〈九民纪要〉与私法规制化》，《上海法学研究》2019年第24卷。

② 楼建波：《金融商法的逻辑：现代金融交易对商法的冲击与挑战》，中国法制出版社2017年版，第3-8页。

都对公司享有"剩余索取权"，股东和债权人都参与公司治理且公司董事对两者都负有信义义务等，[①]而二者的区别仅在于风险、收益及投资成本的不同。再如，有学者指出，倘若从投资者的角度进行分析，在假设市场有效、公司投资策略稳定且不考虑税收及破产相关成本的情况下，股权投资的当前价值与股票卖出期权的价值之和往往能够等于债权投资的当前价值与股票买入期权的价值之和。[②]这种引入了期权作为分析工具的分析方法亦表明了股债杂糅现象出现的客观必然性。除此之外，诸如"股转债""债转股"等新型投资方式的出现，更是表明了现代公司法实践中股与债的相互融合、交错与趋同。在这样的大背景下，我国《公司法》并未提供足够的制度供给，在文本上依然保留了"股是股，债是债"的僵化区分方式，亦并未给股债融合的金融创新产品留足必要的制度空间，[③]对司法实务提出了更大的挑战。

正如有学者指出的，商法起源于一种经由商业活动形成的自发秩序，国家法的确立并不会改变商法自发秩序的内核。[④]这种"商法的自发秩序"在司法实践中往往体现为商主体构建的复杂商事安排。而法官所面临的挑战就在于，如何从这种交易安排背后的经济逻辑出发，探求"个别中的普遍"，进而正确适用法律的前提条件。[⑤]"明股实债"的直接动因在于交易双方当事人力图达成一种介于股债之间的融资性交易安排，从而避免相关监管，达致双方当事人共赢的交易局面。正如前文所述，《九民纪要》已经明确了"穿透式审判"的裁判路径。然而该裁判原则的适用，需要既关注交易的整体性，又兼顾交易各环节的正当性，明确其边界，从而使其适应金融创新的趋势。[⑥]在规范层面仅明确了"穿透式审判思维"的情况下，探析法官在个案中对"明

---

① 邓峰：《普通公司法》，中国人民大学出版社 2009 年版，第 286—287 页。

② Miller M H, The Modigliani-Miller Propositions After Thirty Years, The Journal of Economic Perspectives 2, 110 (1988): 99.

③ 李安安：《股债融合论：公司法贯通式改革的一个解释框架》，《环球法律评论》2019 年第 4 期。

④ 施鸿鹏：《民法与商法二元格局的演变与形成》，《法学研究》2017 年第 2 期。

⑤ 陈克：《论不完全合同视角下的公司融资》，《交大法学》2020 年第 1 期。

⑥ 叶林、吴烨：《金融市场的"穿透式"监管论纲》，《法学》2017 年第 12 期。

股实债"的裁判路径,是厘清"监管思维"与"私法逻辑"之间冲突与紧张关系必不可少的一环。

## 二、"明股实债"裁判的实证研究展开

### (一)样本案例基本面分析

在"北大法宝"数据库中输入关键字"明股实债",同时限定审结年份为《九民纪要》颁布后的 2020 年、2021 年,限定案由为"民事案件",同时将法院级别限定为高级人民法院及以上,共得出 61 份判决书的检索结果。[①] 对该 61 份判决书进行人工筛选后,得出 19 份判决书作为本文研究《九民纪要》颁布后"明股实债"裁判路径的样本案例。

对这 19 份案例进行初步整理、分类、分析后得知,实践中,部分法院在判决书中并不会对判定股债的标准进行说理,而仅仅直接认定"案涉交易本质为明股实债"[②] 或简单表述为一审裁判的认定"不符合协议约定,有违意思自治原则"。[③] 对于此类判决书,本文认为其并未对股债二分的判定进行说理,故而将其归为一类;其余对"明股实债"的认定进行了详细程度不一的说理的判决书,本文将其归为另一类。具体数量和划分情况详见表 1。

表 1　19 份判决书对"明股实债"判定进行说理的总体情况

| | 对"明股实债"判定进行了说理 | 未对"明股实债"判定进行说理 |
|---|---|---|
| 数量 | 17 | 2 |
| 占比 | 89.5% | 10.5% |

---

① 参加北大法宝数据库:http://www.pkulaw.cn/。

② 例如,(2020)川民终 336 号案在查明案件事实后直接认定:"案涉商业交易的本质是通过收购股权获取目标公司名下土地开发权益。"参见成都合力达房地产开发有限公司、付翠、四川雄龙实业发展有限公司等合同纠纷案,四川省高级人民法院(2020)川民终 336 号民事判决书。

③ 游建坤、濮阳市佳华化工有限公司、河南省佳化能源股份有限公司等借款合同纠纷上诉案,河南省高级人民法院(2020)豫民终 547 号民事判决书。

仅对双方当事人约定的合同内容予以确认，不加以说理而径行对涉案融资合同的性质进行判定，事实上体现了司法直觉对商业判断的介入。虽然其结论有合理之处，但裁判者在裁判文书中体现的认定方式事实上难以为未来的商业活动指明行动标准。在《九民纪要》颁布后的大背景下，不经过充分说理的"明股实债"裁判将可能面临对其是否过于强调实质重于形式，从而忽视商业安排背后的经济逻辑的质疑。在此背景下，法官应当重视对《九民纪要》中"穿透式审判思维"的说理，摒弃径行判定合同性质的裁判方式。

### （二）裁判主文裁判依据分析

承上文，共有 17 份判决书对"明股实债"的裁判路径进行了说理。对这 17 份判决书中与融资合同性质相关的裁判主文进行整理，将构建出一个司法实践对"明股实债"的判定标准概况（见表 2）。

**表 2　17 份判决书对"明股实债"的判定标准统计**

| 判定标准 | | 数量 | 占比 |
|---|---|---|---|
| 抽象认定符合 / 不符合民间借贷的构成要件 | | 3 | 17.65% |
| 抽象认定双方当事人签订合同的目的 | | 9 | 52.94% |
| 抽象认定是否实际享有股东权益 / 权利 | | 2 | 11.76% |
| 进行抽象的利益衡量 | | 1 | 5.9% |
| 具体认定投资人签订合同的目的 | 投资回报是否与经营业绩挂钩 | 4 | 11.75% |
| | 是否存在处置、转让股权产生收益的可能 | 2 | |
| | 是否实际参加公司经营决策 | 3 | |
| | 涉及政策性质的说理 | 1 | |
| | 是否满足股东认定的实体条件 / 形式条件 | 2 | |

1.抽象的"明股实债"裁判路径

由表 2 可知，《九民纪要》颁布后，法官对涉"明股实债"纠纷的审判说理依然倾向于抽象地认定双方当事人签订合同的目的，这种情况的占比达到了 52.94%。例如在（2020）沪民终 46 号判决书中，法官论证道："循源公司虽然约定受让蓝德公司的股权，但并不追求对系争股权实现真正支配的目的，各签约方的真实目的并不在于标的物的所有权转移。从合同约定内容看，应名为股权投资，实为借贷关系。"①此种论证方式虽贯彻了《九民纪要》中的"穿透式审判思维"，但在论证上显然存在一定的跳跃性，即法官并未抽象出一套较为具体的判断双方当事人缔约时真实含义的裁判路径。这种论证方式大大扩充了法官的自由裁量权，省略了法官对"合同目的"这一因素进行裁量时的判断因素。

也有法官在进行说理时，仅抽象地对涉案合同是否符合民间借贷行为的构成要件进行认定，这种情况的占比达 17.65%。例如在陈俊、沈善俊与上海明匠智能系统有限公司、河南黄河旋风股份有限公司等股权转让纠纷案中，二审法院法官进行了如下说理："⋯⋯系争《股权代持协议书》及《协议》约定内容不符合民间借贷法律关系的构成要件。借款合同是借款人向贷款人借款，到期返还借款并支付利息的合同，且须同时具备借款的合意和借款的交付。纵观上述两份协议的内容，双方并无借款的合意。"②此种说理方式的本质也是"穿透式审判思维"的具体运用，即通过对涉案双方的合同内容进行解释，从而认定涉案双方订立合同时的真实意思，最终判定其是否符合民间借贷法律关系的构成要件。

除此之外，还有部分法官的说理聚焦于股东权利，这种情况的占比达 11.76%。在朱惠芬与黄桂华、冯芳执行异议之诉二审民事判决书中，法官认为："根据现有证据及本院查明的事实表明，本案原告朱惠芬与杨杰、江苏森茂公司于 2013 年 10 月 31 日签订股权转让协议，江苏森茂公司于 2014 年 3 月 6 日形成股东会决议，同意吸收朱惠芬为公司股东并依法办理工商登记，将朱惠芬登记在股东名册之内，故朱惠芬既满足股东资格认定的实体条件又满

---

① 上海循源股权投资基金有限公司等与天长市城市建设投资有限公司、天长市广厦房地产开发有限责任公司等金融借款合同纠纷案，上海市高级人民法院（2020）沪民终 46 号民事判决书。
② 陈俊、沈善俊与上海明匠智能系统有限公司、河南黄河旋风股份有限公司等股权转让纠纷案，上海市高级人民法院（2019）沪民终 295 号民事判决书。

足股东名册登记的形式条件，应当认定其为江苏森茂公司的股东……原告与杨杰、江苏森茂公司签订的协议不能否定其股东身份，其效力更不能对抗善意第三人。"[1]该判决一方面实现了商事外观主义涉及"明股实债"纠纷的适用，突出了对善意第三人信赖利益和交易安全的保护；另一方面兼顾了交易实质，即股东权利的行使。同时，该判决也进行了明确的价值衡量，明确本案原告与相对方签订的涉"明股实债"争议的合同效力无法及于第三人。鉴于本案执行异议之诉的性质，法官的这番说理具有较强的合理性。

从表 2 中我们发现，有 1 份判决书的法官说理的方式较为特别，这种情况的占比为 5.9%。在中粮信托有限责任公司、安徽中恒控股有限公司破产债权确认纠纷二审民事判决书中，法官运用了抽象的利益衡量方式进行了说理，法院提出："本案如确认中粮信托就特殊目的公司 4900 万元股权投资款本金享有对中恒控股抵押债权，则其就该 4900 万元股权享有双重利益。"[2]基于此，二审法院肯定了一审法院不予支持原告确认享有 4900 万元担保债权的诉讼请求。该种裁判思路事实上体现了法官对股与债风险、收益、成本不同的理解，具有一定的合理性。但与抽象认定双方当事人签订合同目的的裁判路径相似，此种说理方式显示出了十分巨大的认定弹性，容易陷入同案异判、异案同判的司法困境。

2. 具体认定投资人签订合同目的的裁判路径

由表 2 可知，在涉"明股实债"的纠纷中，有部分法官在说理时运用了具体的衡量标准对涉案合同双方当事人的真实意思进行了综合考察，这种情况的占比达 11.75%。此种说理方式以融资合同订立时双方当事人的效果意思为中心，对融资合同的条款进行了较为充分的考量和较为明确的解释，对日后商事活动的开展具有一定的启发性意义。从表 2 中可以看到，司法实践

---

[1] 朱惠芬与黄桂华、冯芳执行异议之诉二审案，江苏省高级人民法院（2019）苏民终 1275 号民事判决书。

[2] 中粮信托有限责任公司、安徽中恒控股有限公司破产债权确认纠纷案，安徽省合肥市中级人民法院（2020）皖民终 255 号民事判决书。

中常用于考察交易双方当事人订立合同真实目的的标准主要有：投资回报是否与经营业绩挂钩；是否实际参加公司经营决策；是否满足股东认定的实体条件或形式条件；是否存在处置、转让股权产生收益的可能等。值得一提的是，实践中部分法官运用了相关政策进行说理。在（2020）豫民终 591 号二审民事判决书中，法官认为："一审法院将本案诉争的法律关系认定为借贷关系，没有充分认识到财政性涉企资金基金化改革在全面深化财税体制改革、改进涉企资金分配方式、引入市场化运作模式，更好地实现政府调控产业目标方面的重要意义。故本案的法律关系应当定性为股权投资关系，本案的处理也应当按照协议的约定，遵循股权投资保障的裁判规则。"[1] 实为一种说理思路的创新。

采用具体的衡量标准对涉案合同双方当事人的真实意思进行综合考察，在保证了论证周延性的同时，也为商业主体未来的商业交易安排提供了可参照的安排路径，是涉"明股实债"纠纷中值得肯定的说理方式。但是随之而来的问题是：有什么类型化的指标能够用于衡量双方当事人订立合同的真实目的？司法实践中运用的这些指标是否具备合理性？不同的指标间是什么样的关系？哪些指标在个案衡量时占据较大权重？这需要结合《公司法》的基本理论和基本的商业逻辑进行细致考察，不可简单化地将类型化后的股债区分标准视为构成要件式的规范，否则将可能导致双方当事人订立融资合同的效果意思被过度拆分，同时淡化法官对案件具体情况的关注。

### 三、股债区分界定标准的建构：理论主张与实践检验

《九民纪要》虽非正式渊源的一种，但其对法官具有很强的指引作用。"穿透式审判思维"作为一种裁判方法，更类似于法理论分类中的一种"标准"，即一种抽象的、事后适用的评价性规范；与"标准"相对应的概念是"规则"，

---

[1]　河南农开现代农业产业基金、轩敏义新增资本认购纠纷、买卖合同纠纷二审案，河南省商丘市中级人民法院（2020）豫民终 591 号民事判决书。

其是指一种具体的、事先适用的行为标准。区分"标准"与"规则"的立法论意义在于：在制定"规则"时，立法者需要承担较高的调研、决策成本乃至错误成本，但法律适用者及行为人在面对规则时的判断成本和不确定性成本较低；在制定"标准"时，立法者的调研、决策成本乃至于错误成本都较低，但法律适用者及行为人的判断成本尤其是不确定性成本较高。[①]一般而言，所涉及的交易越复杂，变量越多，越难以事先规划，标准的应用越普遍。[②]"明股实债"现象是现代交易催生的产物，其天然地具备复杂的商事交易安排。法官作为裁判者，容易陷入过度介入商业判断或过度消极被动的两难境地。这种社会生活的变化正不断挑战法官们应对现代性的能力。[③]因此，形成可参照的"明股实债"类型化裁判路径就显得尤为重要。其有利于法官明晰个案中的衡量标准，避免当前司法实践中杂乱无序的判定角度。同时，加深司法实践对"明股实债"现象商业本质的理解。

上文的实证研究已经表明，尽管规范层面的标准尚不清晰，但司法实践中对涉"明股实债"的纠纷已经形成了一系列具有倾向性的裁判标准。一般而言，人民法院在对"明股实债"的情况进行认定时，往往会以交易合同中是否存在固定本息回报条款为核心要件，同时兼顾相关的交易安排是否存在规避监管的目的，是否存在违规股权代持行为，投资方是否实际参与公司经营决策等因素。下文将对实践中出现的部分衡量指标进行梳理与评析，从而建构起一套股债的区分标准。

## （一）固定本息回报条款

上文的实证研究结果表明，在"具体认定"的裁判路径中，法官往往会对涉及"明股实债"的融资合同是否存在固定本息回报条款，即投资回报是

---

[①] Kaplow L, Rules Versus Standards: An Economic Analysis, Duke Law Journal 42, 557 (1992):562−568..

[②] 许德风：《道德与合同之间的信义义务——基于法教义学与社科法学的观察》，《中国法律评论》2021 年第 5 期。

[③] ［美］理查德·波斯纳：《波斯纳法官司法反思录》，苏力译，北京大学出版社 2020 年版。

否与经营业绩挂钩进行考察。这种股债区分的标准被称为风险标准，即以风险承担的类型和程度为区分股权和债权的标准。一般认为，股票的投资风险高于债券，股东是公司经营活动风险的最终承担者，股东的投资既可能赚得盆满钵满，也可能血本无归。更大的风险当然意味着更大的收益，"风险"是"机会"的代名词，风险意味着收益的机会。[1] 但有学者强调，债券与股票的风险程度是相对而言的。例如，小型的、刚成立的企业发行的债券的风险性远远高于大型跨国企业发行的"蓝筹股"；反之，大型企业发行的债券的安全性也高于小规模企业的普通股。[2] 但基于此否定风险标准对于辨别股债的适用显然不成立，因为这种风险承担从根本上是与其发行人相关的。因此，对不同发行人所发行的金融工具之间进行风险程度的比较实际上是发行人风险等级的比较，而非工具风险的比较。倘若对同一发行人所发行的股票和债券进行比较，一项具有固定回报的交易风险事实上的确远低于仅有概然性的回报。从这个角度看，将风险因素纳入区分债权与股权投资的考量因素具有一定的合理性。

　　然而，随着期权定价理论及相关金融衍生工具在公司投资中的广泛运用，股东可以提前锁定风险，将股票市场价格波动的风险转移给第三人。因此，人们完全可以用期权合约或期货合约等金融工具来增加风险管理的专业性，以此帮助股票持有者转移特定风险。[3] 由此，股与债的风险差异事实上通过现代金融交易的形式慢慢消弭了。但在司法层面运用风险标准仍具有无可匹敌的便捷性，这源于风险标准往往以分配条款的形式，用法官可理解的语言在融资合同中表现出来。上文表 2 分析的结果也表明，法官在具体判断当事人订立融资合同的目的时，往往会首先判断投资者的投资回报是否与经营业

---

① 管斌：《金融法的风险逻辑》，法律出版社 2015 年版，第 111 页。

② 汤洁茵：《新型投资工具的税法属性辨析——基于美国的经验与借鉴》，《交大法学》2014 年第 1 期。

③ ［美］迈克尔·詹森：《企业理论——治理、剩余索取权和组织形式》，童英译，上海财经大学出版社 2008 年版，第 137-138 页。

绩挂钩，进而适用借贷利息管制等基于分配正义的考量的规则。因此，将固定本息回报条款作为衡量融资合同双方当事人的真实目的的方式是合理的，也是必然的。但是法官在运用该方式对合同双方真实意思进行判定时，还需要就其与以新型金融工具为代表的私主体商业判断因素进行利益衡量，审慎考察合同双方权利束对商业交易本质的影响。同时，还要避免将风险因素作为唯一区分因素，而必须将其他衡量指标与风险因素相结合，对双方当事人的真实意思进行综合性的考量。

### （二）是否参加公司经营决策

通常而言，公司债权人无权干涉公司的经营管理。这一规范安排可以从企业所有权结构和公司资本结构理论等方面寻求依据，即债权人与股东各有偏好：债权人更趋于保守，关心自己本金与利息的清偿，而股东则更加激进，试图获取更多收益。倘若二者共同参与公司经营决策，就很难共同形成有效率的投资选择。[①]

传统意义上的股权在内容上包括了表决权、知情权等与公司经营决策相关的权利，但从另一个角度看，债权也有请求返还本金、支付利息以及通过强制执行程序、破产程序来实现的与公司经营决策相关的权利。因此有学者指出，股权与债权可以说都是分红权、表决权及辅助权的组合，只不过在具体排列方式上各有侧重，此消彼长而已。[②]

需要明确的是，一方面，在《公司法》的框架下，债权人不享有表决权的规定仅仅是《公司法》中的默认规则，并非一种强制性规定。双方当事人可以依据自身独立的商业判断，做出与《公司法》默认规则不同的设计。例如，实践中出现了一种无投票权股份，持有无投票权股份的股东不享有投票权，但享有除投票权以外的一切权利。[③]在此种情形下，无投票权的股东处

---

① ［美］亨利·汉斯曼：《企业所有权论》，于静译，中国政法大学 2001 年版，第 61 页。

② 许德风：《公司融资语境下股与债的界分》，《法学研究》2019 年第 2 期。

③ 葛伟军：《英国公司法要义》，法律出版社 2014 年版，第 105 页。

于传统意义上的股东与传统意义上的债权人之间，具备一定的债权人特征。另一方面，债权人就一定没有投票权吗？答案也是否定的。例如，美国特拉华州《公司法》便允许公司章程赋予债权人（债券持有人）表决权，乃至与表决相关的辅助权利，如知情权等。从"金融交易法"的角度对上述现象进行视察可知，这番交易安排是存在其内在合理性的。因此，是否参加公司经营决策不应成为判别股债二分的核心因素，只能成为固定本息回报条款的佐证因素之一，用于双方当事人真实意思的综合性考量。

### （三）对双方当事人的权利束进行综合衡量

如前所述，通过合同是否存在固定本息回报条款对涉"明股实债"的纠纷进行考察，可能难以顾及股与债的风险差异正慢慢消弭的客观现实。由此引发的问题是：法官应当更为关注形式还是更为关注实质？过于强调经济实质的司法决定一定合理吗？从经济学的角度看，过于强调经济实质的司法决定可能恰好是"不经济"的。一方面，法官需要理解一套非法律的经济语言，这可能消耗法官大量的精力；另一方面，商业活动的复杂性是一道天然的屏障，其会阻碍法官本身的司法判断，并使法官在其非专业领域的事项中做着自己不擅长的事。因此，《九民纪要》中的"穿透式审判思维"绝不可理解为无限度的穿透，法官不是经济学家。

法具有天然的形式性，倘若动辄通过"穿透"的方式对商业交易进行穿透，将在一定程度上损害法的安定性与普适性。因此，在确立债权与股权投资的区分标准时，应当顾及法之形式性的要求，将相关标准以法律语言表述出来。经济实质上的债权与股权投资虽无本质上的区别，但转换到法律层面，一旦投资人完成了资金的交付，原本对资金享有的所有权就会转化为相应的合同权利，而合同权利的差异将影响投资人取得回报的大小与风险程度。因此，"权利"这一金融私法的基本话语就将成为交易形式和交易实质的连接点。

在前文实证研究形成的类型化裁判路径中，投资回报是否与经营业绩挂钩，是否存在处置、转让股权产生收益的可能，是否实际参与公司经营决策等要素，本质上都可以理解为合同双方权利束的表征。将交易形式化约为法律语言的权利束，即从股利分配请求权、剩余财产分配请求权、救济与诉讼权等权利维度出发对合同双方当事人的权利束进行衡量，事实上是把纷繁复杂的"渐变色"融资形式化约为法官熟悉的法律语言。在此框架下对涉"明股实债"纠纷进行裁断，法官仅需要面临法律解释的问题，而无须再考察过多的经济要素，是较为理想的分析框架，能够在固定本息回报条款判断标准失效时予以适用。

综上，较为理想的涉"明股实债"纠纷裁判路径为：以是否存在固定本息回报条款为核心，以当事人是否参与公司经营决策为辅助，必要时结合合同双方的权利束进行衡量，对投资人签订合同的目的进行具体认定，最终达致裁判说理的周延性。

## 四、结语

在涉"明股实债"纠纷中，追求同案同判的目的绝不仅仅在于定纷止争，其还有独特的方法论意义。一方面，其有利于通过一套裁判路径的建构，实现金融监管与私法逻辑的契合，这源于一种对契合商法理念的同案同判"弱主张"，即当其他更具分量的考量因素能够压倒或凌驾"同案同判"所带来的价值时，违反"同案同判"这一行动才具备正当性。[①] 金融创新需要保护，但金融活动的健康运行同样需要保护。基于此，金融监管机关就需要在合法性的框架下及时、灵活地调整监管政策。然而司法机关内在地承担了面向未来的职能，司法裁判也必须在解决特定纠纷的同时，以个案的方式将抽象的法律具体化，从而为人们指明未来行动标准和行为选择的适当方向。[②] 因此，法官在对"明股实债"现象进行个案裁量时，就需要全面理解具备时效性的

---

① 陈景辉：《同案同判：法律义务还是道德要求》，《中国法学》2013 年第 3 期。
② 陈景辉：《裁判可接受性概念之反省》，《法学研究》2009 年第 4 期。

监管规则，同时明晰司法判断公共性的价值定位，审慎地进行价值衡量，从而保障商业经营者的可靠预期，尊重其意思自治和独立的商业判断。因此，对股债的区分标准进行建构，并非引导法官机械地适用法律，而在于统一法官的衡量标准，避免法官的司法判断过度受到具有相机性的监管政策的影响。另一方面，现代商事交易安排已大大超越了立法者的预设，且商事交易往往建立在一定的商业目的与经济逻辑之上，法官难以慎重考虑交易体系运行对社会、司法体制的影响的现状。① 因此，建构一套区分股债的衡量标准，就成了应对现代商事交易复杂性的一条进路。应当明确的是，实践中，法官事实上无法避免地要进行政治考量，不得不面临"要首先依法，还是必须考量办事与治国"的难题。而建构起一套先验的衡量标准，有利于引导法官在司法的大框架下进行裁判，摒弃法官过多的政治学、经济学与社会学思考。

由于"明股实债"的固有特征、作者现有检索水平以及文章篇幅的限制，本文的实证研究无法穷尽所有涉及"明股实债"的司法案例，但正如有学者提到的："……商事诉讼的年度增长比率一直持续走高，即使在一些法律规范尚为模糊甚至缺乏法律规范的领域，也会在短期内迅速形成成百上千的案例……对于这个激动人心的大数据案例群，有志于案例研究、实证研究的学者如何不兴奋？"② 金融司法与金融监管之间的磨合和调试，必将在一定时期内伴随着金融司法的成长而成为一种趋势，金融司法也将会由此走上自处更强大、他处更和谐的发展之路。③ 愿本文能为此做出一点微不足道的贡献。

---

① ［美］理查德·波斯纳：《法官如何思考》，苏力译，法律出版社 2009 年版，第 10—12 页。

② 李建伟：《公司诉讼类型化专题 24 讲（一）：公司大数据实证分析与裁判规则评述》，法律出版社 2021 年版，第 3 页。

③ 周荃：《金融领域中监管与司法的博弈与融合》，《法律适用》2020 年第 8 期。

# 论银行代销资管产品适当性管理的最新司法规则
## ——以王翔诉建行案为例

中国银行浙江省分行 李 辉 *

**摘 要**

《全国法院民商事审判工作会议纪要》于 2019 年 11 月 14 日由最高法发布实施。本文从最高法新规则下北京建行与王翔财产损害赔偿纠纷案的司法判例视角出发，对银行不善尽适当性义务行为界定进行法理论证。从基于本案的典型判例研究推理至一般共性问题研究，解释我国商业银行在履行这项义务中存在的问题和解决方法。同时在充分借鉴域外法律制度创新的基础上，从立法、司法和执法等各个层面对善尽适当性义务规则予以完善。

**关键词**：商业银行；代销资管产品；适当性管理义务；法律保护

---

★ 李辉，浙江大学光华法学院民商法学硕士研究生，任职于中国银行浙江省分行。

商业银行的适当性管理义务是指商业银行在销售产品或提供服务的过程中，在尽到充分明确的销售说明、信息告知、及时提醒、特别风险提示等义务的前提下，面向不同风险承受能力的投资者，提供对应风险级别的产品或者服务，做到充分告知、信息说明、揭示收益和风险，交易后动态跟踪做好匹配管理，最终实现将适当的产品或者服务以合理的方式提供给合适的客户。

本文所称"商业银行代销类资产管理产品"（以下简称银行代销资管产品）是指商业银行利用自身的场所、人员和渠道（包括本行互联网平台）销售符合监管机构标准的由第三方金融机构发行的公募基金、代销理财产品（证券/基金/期货/保险/信托资产管理机构及其子公司的资产管理计划）、信托计划、养老保障产品、投资连结保险等资管产品。本文所称的"投资者"是指普通个人投资者，即非专业投资者。早前，对于银行代销产品一旦发生纠纷，实践中部分代销银行会以其只是承销商与代销产品的购买者无直接法律关系为由，对产品购买者不承担任何义务，这给银行业消费者的权益保护带来了不小的障碍，显然不利于金融市场长期健康、稳定、持续的发展。随着商业银行资产管理业务的蓬勃发展，[①]监管部门对银行代销产品的性质有了明确界定。[②]根据现行的监管制度，监管部门强调"受人之托、代人理财"的产品特征，将商业银行和个人投资者之间的法律关系认定为委托代理关系。

《全国法院民商事审判工作会议纪要》[③]（以下简称《九民纪要》）于2019年11月14日由最高法正式发布实施，第五部分关于金融消费者权益保护纠纷案件的审理即适用于人民法院尚未审结的一审、二审案件。这是对近年来众多研究者呼吁适当性管理立法、执法和司法的一次书面回应，以便各地司法部门判决适用，更好地保护金融消费者相关权益及纠纷处理。而与之几乎同时期出现的还有一件震惊2019年整个资管业界的司法判决——北京

---

① 姚良：《我国商业银行资产管理业务的发展趋势与生态环境研究》，经济管理出版社2017年版。

② 康健美：《论银行对理财产品的信息披露义务》，华东政法大学2015年硕士学位论文。

③ 《全国法院民商事审判工作会议纪要》关于金融消费者权益保护纠纷案件的规定即本文所指最高法新规则。

建行与王翔财产损害赔偿纠纷案（以下简称王翔诉建行案），[①]一起由银行代销基金理财业务[②]引发的财产损害赔偿纠纷案件。业界普遍认为，正是以此案为代表的金融消费者权益保护纠纷案件直接导致了《九民纪要》第五部分有关投资者权益保护纠纷案件审理相关规定的出台。此举若能更好地推进我国银行理财、信托、保险等资管代销产品的适当性管理，将更有利于该业务长期健康、稳定、持续的发展。

## 一、案例引入：王翔诉建行案中未善尽适当性义务的认定争议

### （一）王翔诉建行案概要

2019 年 8 月 23 日，关于基民王翔起诉建行北京恩济支行的判决书引发全网刷屏。根据北京海淀法院、北京一中院、北京高院的一审、二审、再审判决书，王翔于 2015 年 6 月前往中国建设银行北京恩济支行，找到之前因购买理财产品而相识的该支行个人理财经理陈某咨询，被告知当期有适合其持有的保本型理财产品。该支行个人理财经理陈某直接向王翔推荐了一款名为"前海开源中证军工指数型证券投资基金"（以下简称前海开源基金或基金）的理财产品，王翔最终认购了 96.6 万元。正是出于对建行和陈某个人的信任，王翔购买后一直很放心，坐等赚钱。但好景不长，王翔在 2015 年底发现这款所谓的保本型理财产品非但没有赚钱，反而让其亏钱。直到 2018 年 3 月 28 日，王翔多次交涉不成后进行了基金赎回，赎回金额仅为 38.95 万元，本金亏损高达 57.65 万元。

由于建行恩济支行在对王翔进行风险评估后，明知王翔属于保守型投资

---

① 蓝鲸基金：《基民王翔告赢建行北京恩济支行，已引发全行业强烈震动》，成功财经网，http://www.xy178.com/news/65335.html，访问日期：2019 年 9 月 10 日。

② 银行代销资管产品的共同特点是：都由银行负责代销，但银行都不是管理人。其中公募基金、私募基金的管理人都是基金经理，券商资管产品的管理人是券商的资管部门，信托产品的管理人是信托公司，保险产品的管理人是保险公司。

者，本金出现 10% 以内的损失，即会明显焦虑，该行还是向客户主动推介较高风险的非保本理财产品，该指数基金显然不适合王翔购买，银行的行为存在重大过错。根据案情，北京海淀法院一审依法判决建行北京恩济支行赔偿基民王翔损失 57.65 万元，并按央行同期存款利率，以 96.6 万元为基数赔偿利息。被告不服判决两次上诉，北京中院、高院均驳回上诉，维持原判。

### （二）本案主要争议点：未善尽适当性义务的认定

基于《九民纪要》相关规定，笔者认为，王翔诉建行案可以被视为最高法《九民纪要》有关金融消费者权益新规则实施前后的第一批适用判例。本案的核心问题是银行信息告知义务履行是否适当，适用法律以及如何证明银行已适当并做好目标客户筛选，不主动引导低风险等级客户购买较高风险等级的理财产品。[①] 经过上述北京市法院一审、二审和再审的拆解分析，我们可以发现，在判决推理的过程中，法律规定滞后于现实，亟须尽快完善涉及适当性管理义务的法律或者部门监管规章的具体规定，以及金融机构的适当性管理义务。本文正是通过王翔诉建行案这个典型判例，探讨最高法新规则下银行代销资管产品的适当性管理义务。

笔者认为，本次纠纷的产生、扩大并导致"三上"法院，本质上是代销资管产品法律体系设计的问题。客户挣钱是理财行业的目标，而挣钱与否取决于产品收益率和投入本金两个因素，对应有两个分行业：一个是主要负责产品收益率管理的资管业；另一个则是主要负责管理投资者资金分配与产品买卖行为的投顾业。但法律或监管法规的架构设计并没有给投顾留太多空间，目前市场过分依托于资管销售，就必然使得投资者的本金及收益情况其实没人管或者动态跟进。在最高法《九民纪要》新规则下，本案的遗留问题具体表现在以下几点。

第一，关于北京市高院再审认定与《九民纪要》相关规定标准并不完全

---

① 中国银行业协会理财业务专业委员会：《银行理财转型发展》，中国金融出版社 2016 年版。

一致，其背后是法律制度待完善的问题。例如，北京市高院认为，虽然原告曾经多次购买同类理财产品，其中不乏较高风险等级的产品，但其曾经申购过各类理财产品的行为事实，并不能必然证明其对本案基金的相关风险等内容有所了解。在本案的代销资管产品过程中，银行仍然应善尽适当性义务，更不能基于此而减轻甚至免除被告事实上未能按照银行业或者证券业监管的要求履行适当性推介义务，以及不向原告提供纸质的该基金协议及招募说明书，或者告知提供查看渠道而应承担的责任。北京市高院最终认定，一、二审法院所作判决并无不当，遂维持原判。

上述再审认定意见显然与最高法《九民纪要》第七十八条"商业银行能够根据投资者的以往经验、教育水平等事实材料，证明其虽然违反了应履行的适当性义务，但如果并没有影响投资者作出自主决定的，各地人民法院应支持银行关于投资者应当自己承担投资风险的抗辩请求"的规定相矛盾，至少存在各层级法院适用法律或规定标准不统一，相关法院判决对该部分说理不充分等问题，须尽快出台细化办法加以统一完善。

第二，关于银行监管部门认定建行未违规而法院判决不予支持的矛盾，其背后是银行业监管机制待完善的问题。笔者认为，其原因还是对银行善尽适当性义务监管规定适用的问题。例如，本案中尽管北京银监部门根据客户投诉调查后认定建行未违规，但法院仍认为北京市建行未善尽适当性义务，对银行主张未予以支持。这反映出目前我国对于代销资管业务中银行的适当性义务在相关法律或金融监管部门规章中已有体现，但总体而言，不论产品分类还是客户评级制度以及风险等级划分等，都较为粗糙，且不同的规范文件不相协调，监管认定不违规并不能代表不违法，相关执法规定亟待完善。同时鉴于银行代销资管产品还涉及银行业和证券业跨界监管规定的问题，如何更好地帮助银行推进落实不断更新变化的证监会《证券期货投资者适当性管理办法》等相关规定也是值得探讨的另一个话题。

第三，关于普通投资人的法律意识、能力较弱与案件当事人金融审批员的法律意识、能力较强的问题，笔者认为应充分借鉴本次金融审批员成功维权的案例经验，从而帮助更多投资者适用司法程序，其背后是司法救济程序待完善的问题。据了解，基民王翔告赢建行北京恩济支行，已引发全行业的强烈震动。基于本案判决，有业内人士认为，此次基民王翔把基金代销行作为被告，且获得胜诉，不仅是投资者个人的胜利，还将有利于规范各基金销售机构克制短期行为，把普通投资者的权益放在更加重要的位置。新浪财经曾就此事发起过以下调查。一是"你给本案中银行赔偿点赞吗？"调查结果：是占 65.6%（267 票）；否占 24.82%（101 票）；不好说占 9.58%（39 票）。二是"你遇到过类似情况吗？本次事件后，你会维权吗？"调查结果：是占 69.53%（283 票）；否占 30.47%（124 票）。

笔者认为，本次金融审判成功维权，其中一个主要原因是最高法《九民纪要》关于适当性义务举证责任分配倒置——由银行举证，减轻了投资者的举证责任，即把这项义务变成银行的法定义务而非约定义务。在新规则指导下，未来发行人和销售者应该严格遵守法律、部门规章和规范性文件要求，特别是投资者法律维权意识的提高，将对发行人和销售者提出更高的要求，包括举证责任等。当个人理财消费者在理财业务交易过程中遇到非因自身原因导致合法权益受损时，可依法向商业银行提出赔偿请求。[①]

## 二、银行未善尽适当性义务行为的一般认定

相比于本案发生时期，客观上讲我国银行适当性管理义务的相关规定和具体改进已经今非昔比，取得了很大进步，但还存在继续改进和提高的空间。例如，销售前或者销售时未善尽适当性义务、交易后未落实跟进匹配机制以及投资者救济体系不完善等，需要商业银行、银行监管机构甚至国家层面完善立法、司法和执法解决。

---

① 林玲：《我国金融消费者权益保护法律问题研究》，上海社会科学院 2014 年版。

### （一）销售前或者销售时未善尽适当性义务

以 A 银行基金代销业务为例，银行相关人员向个人客户销售公募基金时，出现以下行为的，可以直接认定为未善尽适当性义务：（1）向不符合准入要求的客户销售公募基金；（2）对不确定的事项提供确定性判断，或告知客户有可能使其误认为具有确定性的判断；（3）向普通投资者主动推介风险等级高于其风险承受能力的产品；（4）向普通投资者主动推介不符合其投资目标的产品；（5）向风险承受能力为 C1 的普通投资者销售风险等级高于其风险承受能力的产品。[①]

银行相关人员向普通投资者销售产品或者提供服务前，应当充分告知下列信息：（1）可能直接导致本金亏损的事项；（2）可能直接导致超过原始本金损失的事项；（3）因合作机构的业务或财产状况变化，可能导致本金或原始本金亏损的事项；（4）因合作机构的业务或财产状况变化，影响客户判断的重要事由；（5）限制销售对象权利行使期限或可解除合同期限等全部限制内容；（6）适当性匹配意见，包括客户风险承受能力、产品风险等级、风险匹配情况、产品是否合适等。

其中涉及的合理划分各类理财产品风险等级的问题，也是本文王翔诉建行案的一个主要争议点，法院以银行等金融机构是产品风险评估相关利益方、公正性存疑为由驳回了建行的抗辩主张。为此，十分有必要尽快统一产品风险评级标准，或者直接根据产品招募说明书上的产品评级标准。

### （二）交易后未落实跟进匹配机制

作为银行的适当性义务之一，跟进匹配义务是一项需要长期坚持的义务。[②] 在交易结束后，银行从业人员要继续关注投资者持有产品的收益波动

---

① 《A 银行公募基金个人投资者适当性管理办法》。

② Pardieck A M, Kegs, Crude, and Commodities Law: On Why It Is Time to Reexamine the Suitability Doctrine. Nevada Law Journal, 2007(Spring): 316.

以及信息变化，而不单单在销售、推介产品或者服务时履行该项义务。目前，该领域的实施现状是：虽然有制度规定了销售后要继续跟进，[①] 但实践中，售后回访与匹配制度往往落实不到位，银行往往只在运作初期落实匹配义务，在后期跟进上出于成本等考虑，持续性匹配义务要求的落实就大打折扣。以A银行基金代销业务为例，银行是否落实回访制度的主要要求包括但不限于如下内容，可据此认定：（1）是否进一步核查客户身份，确认其购买的公募基金产品信息；（2）确认客户是否已充分了解所持公募基金产品的特性和风险，是否了解自身风险承受能力，是否了解匹配情况；（3）确认公募基金销售人员是否在销售环节充分告知客户持有的基金产品的详细信息及风险；（4）确认客户是否知悉承担的主要费用、费率及重要权利；（5）确认客户是否知悉可能承担的投资损失；（6）确认客户是否知悉投诉渠道等。

### （三）投资者救济体系不完善

我国商业银行代销资管产品的适当性义务完善问题，不仅仅事关商业银行和银行监管，还需要完善调解、仲裁、司法起诉等投资者救济体系，切实保障广大投资者的权益。目前，常用的相关救济手段是投诉处置。对投资者救济更多的是依赖金融监管部门对商业银行的行政处罚。依据《民事诉讼法》的规定，我国民事判决仅依据法律、行政法规或者地方性法规。由于部门规章仅作为法院判决参考，各地法院在民事判决中很少引用银行监管等管理办法的相关规定。例如在本文王翔诉建行案中，法院判决依据的请求权基础是《侵权责任法》第六条、第十五条、第十九条，而非《银行业监督管理办法》。

## 三、本案遗留问题的解决路径研究

基于上文的案例分析，以及本部分对银行未善尽适当性义务的一般认定，笔者认为主要存在立法完善、监管执法以及司法救济等三个方面的问题。

---

① 《商业银行个人理财业务风险管理指引》第二十八条："商业银行应当建立个人理财顾问服务的跟踪评估制度，定期对客户评估报告或投资顾问建议进行重新评估，并向客户说明有关评估情况。"

## （一）立法设计问题

《侵权责任法》《消费者权益保护法》作为保护投资者的法律规范，其中有关侵权行为的规定不够细化，多是原则性解释，实际操作性不强，无法实现对投资者权益的真正保护。《关于加强金融消费者权益保护工作的指导意见》《银行业消费者权益保护工作指引》《中国人民银行金融消费者权益保护实施办法》作为部门规章，虽然对银行违反适当性义务作了明确规定，但其法律位阶较低，法院引用较少，且惩处手段也多以行政处罚为主。本质上说是金融立法忽视了对银行适当性义务的规范，造成投资者很难直接援引金融法维护自身权益，最佳解决路径是予以金融立法。

## （二）分业监管模式下缺乏协调统一

人民银行、银保监会和证监会的机构监管模式属于分业监管，但业务趋势是混业模式。适当性管理同时涉及银行、证券两个市场，分业监管模式的偏差导致了目前人民银行、银保监会、证监会对银行违反适当性义务的规定及处置标准不一，对投资者进行保护时缺乏协调性，难以适应银行实际上的混业经营模式，容易造成监管空白。因此，对投资者的权益保护亟待形成标准统一、内在协调的跨界监管机制。

## （三）司法救济程序问题

银行"双录"制度的出台特别是最高法《九民纪要》实施后，举证责任倒置有利于金融消费者维权，但不排除出现银行执行不到位的情况。同时，金融消费者的维权意识仍需要培育。尽管银行业消费者面临侵害或可能侵害事件事实上较多，但真正能像本文王翔诉建行案维权成功的少之又少，且仅凭个人力量很难持续花费1~2年甚至更久的时间进行司法维权。即便是上述金融审判员维权案例，从一审、二审最后到再审仍然花费了1年多时间，算上之前向银行投诉的时间就更长了。针对银行、证券、基金、保险等行业的投资者权益保护，笔者认为，证券市场化更充分、自主性更强；银行产品还需要时间，特别是之前没有打破刚兑，客户的概念还是保本。如今，大资管产品已经全面打破刚兑，更加需要提醒客户其存在的风险，履行信息告知法律义务，更好地保障金融消费者的合法权益。

笔者还认为，最高法《九民纪要》第七十八条规定"相关部门在部门规章中，已经对高风险金融产品（服务）的推介、销售作出监管规定，与相关的法律文件和国务院行政法规的规定不相抵触的，应当参照适用"中的相关部门是指各地金融监管部门，人民银行、银保监会和证监会及其下属分支机构等。即在现有法律和国务院发布的规范性文件框架下，相关部门可对高风险等级金融产品推介、销售各自提出新要求。其旨在鼓励相关部门适时出台更加符合本行业特点的实施细则，故监管部门应及时出台最新实施细则。

## 四、对完善我国商业银行代销资管产品的适当性义务的建议

商业银行的适当性管理确实有持续完善的必要，亟待从立法、司法和执法等各个层面对善尽适当性义务规则予以完善。

### （一）细化相关法律规定

按照法的编制和修改路径，笔者认为，接下来可从以下两种路径推进适当性管理义务法制建设。

路径1：目前对涉及案件的一审、二审审理，各地人民法院须严格按照最高法《九民纪要》相关规定执行，这能解决目前遇到的一部分信息告知义务履行不当和消费者举证难的问题。首先，在司法层面对判决口径保持统一。按照最高法《九民纪要》第七十八条的规定，银行的适当性管理义务应以《基金法》《证券法》《信托法》《合同法》《侵权责任法》等法律规定和国务院规范性文件为主要依据，以确定商业银行适当性管理义务的内容。相关部门在部门规章中对高风险金融产品或服务的推介、销售作出的监管规定，与法律规定和国务院行政法规不相抵触的，可以参照适用。这里的相关部门当

然是指各金融监管部门，包括人民银行、银保监会和证监会及其下属分支机构等。即在现有法律和国务院发布的规范性文件框架下，相关部门可对高风险等级金融产品推介、销售各自提出新要求，其旨在鼓励相关部门适时出台更加符合本行业特点的实施细则，故监管部门应及时出台最新实施细则等相关配套制度或制定相关规定，且其应有内容须结合实际经过深入分析论证后实施。对于应如何出台配套制度或制定相关规定，笔者认为应特别将银保监会处理诸如本文王翔诉建行案以及近期中行原油宝等现实风险事件的有益尝试纳入考量范围。

路径2：依据《民事诉讼法》的规定，我国民事审判的判决依据不包括部门规章或规范性法律文件，仅包括狭义上的法律、行政法规以及地方性法规。仅就实施后的《证券投资基金销售管理办法》来看，部门规章仅作为法院判决的参考，法院在民事判决中也很少引用该办法的相关规定。例如在本文王翔诉建行案中，法院没有引用《证券投资基金销售管理办法》的相关规定，而是依据《侵权责任法》第六条、第十五条、第十九条进行判决。

我国关于银行销售适当性义务的规定比较散，分布在各类规章及规范性文件中。为了有效解决部门规章在司法判决中位阶较低、较难被法院引用的问题，笔者建议《商业银行法》《消费者权益保护法》《侵权责任法》和《九民纪要》等相关法律或规范性法律文件尽快补充就金融机构适当性义务规定的体系化规定，甚至制定出台《商业银行金融产品销售法》。尤其是在金融领域混业经营范围日趋扩大的今天，整合现有《商业银行法》《商业银行个人理财业务管理暂行办法》《商业银行个人理财业务风险管理指引》《证券投资基金销售管理办法》等众多法律法规和规范性法律文件，制定出台《商业银行金融产品销售法》已迫在眉睫。从适用主体看，以商业银行为主；从适用客体看，以各类银行产品的交易和服务为主。在内容上，应对真实、准确、完整等信息披露规则加以规定。应借助简单、通俗易懂的语言将产品结构、市场风险如实告知投资者，明确规定信息告知内容即容易引起消费者投诉的注意点。例如在本文王翔诉建行案中，法院要求银行举证的"代销机构是否履行了适当性推介义务、产品风险认定、银行是否充分告知义务"等，即除了让客户在《须知》和《风险提示确认书》上签字确认等一般性通用条款外，银行还应提示所购产品的具体说明、相关合同以及招募说明书等；对较低风险等级客户要求购买较高风险产品的，还应由客户明确说明本人自愿购买。同时，要特别解决代销产品风险等级划分、交易后跟进匹配机制以及投资者救济机制等重点遗留问题。在信息告知方式上，应尽量采用书面告知的方式，传达重要投资决策信息。也允许在特定情况下，使用口头告知的方式。在告知时间上，应在销售前、销售时和销售后全流程传达，既要避免信息传达不及时，也要禁止违反规定传达。

## （二）健全相关执法体制

### 1. 完善跨界穿透式监管机制

目前，我国在不改变人民银行、银保监会和证券会等监管部门之间对监管权力分配和分工的情况下，在金融机构内部分别成立了以保护消费者／投资者为目的的相关权益部门。但代销资管产品等银行与证券交叉重合领域有可能出现源头上执行的是证监部门制定的管理制度，而对银行机构的执法权又归属银保监会的局面，这可能是混业经营趋势下的分业监管弊端。同时，对证监部门已更新的管理制度，银保监部门如果更新不及时，或者有规定但执行不到位，也容易形成诸如本文王翔诉建行案中"银保监部门未认定违规，但司法机关认定违法"的尴尬局面，既不利于投资者维权，也不利于金融市场的稳定发展。笔者认为，有必要完善人民银行、银保监会和证券会等跨界穿透式监管机制。由银保监部门牵头统一承担银行业消费者权益保护监管工作，建立健全银行业信息披露监管机制，明确义务及违约责任。[①] 跨界穿透式监管机制可在一定程度上治理"监管不作为、多头作为或重复作为"等问

---

① 陈捷：《银行业消费者权益保护法律问题研究》，黑龙江大学 2017 年硕士学位论文。

题，有助于查堵目前金融业分业经营模式下的各类监管漏洞，有助于对银行业消费者包括知情权在内的各项权益的保护，可对银行适当性管理义务履行进行有效监管。待条件成熟后，甚至可以考虑设立跨界监管保护机构。同时，还应进一步完善地方金融监管，积极构建省、市、县三级地方金融监管体系。[①]总之，应科学筹划，因地制宜、因地施策地完善地方监管机制。

2. 完善侵害行为惩戒机制

首先，要完善银行源头责任惩戒机制，对违反银行代销资管产品适当性义务的直接责任人和责任单位，加大有效惩处力度，责任到人、处罚到人。其次，要完善监管部门对银行机构的惩戒机制。传统上，一般只对机构进行处罚，起到的惩戒作用有限，应追加对违规侵害的直接责任人和上级管理者的个人处罚，同时将相关信息列入人民银行征信系统。最后，要完善对违反银行代销资管产品适当性义务的惩戒通报机制。各涉事银行机构应认真总结原因，进一步完善适当性义务履行的配套保障措施及风控制度，自上而下采取现场检查、非现场排查等方式对履行投资者适当性管理义务的情况进行定期或者不定期检查；各家银行应当每年至少开展两次投资者适当性管理自查。自查内容应当包括但不限于投资者适当性制度的建设和落实、人员考核及培训、客户投诉处理、发现业务风险及时整改等情况，以及其他需要报告的事项，避免屡查屡犯。

3. 完善内部指导案例宣导机制

对于银行代销资管产品投资者权益的保护，还应全面完善银行内部组织架构、管理规章制度以及销售人员培训等各项配套机制建设。为此，笔者建议进一步完善例如本文王翔诉建行案等银行金融机构内部指导案例机制。在银行金融机构内部建立司法、监管、银行内部等典型案例收集、录入、分享的信息数据库，进一步完善内部指导案例机制，方便从总行到分行，从高管

---

① 李有星、潘政、侯凌霄：《论数字金融的法治化建设——"数字金融法治建设的理论及实践"高端论坛综述》，《法治研究》2019 年第 3 期。

到基层人员，举一反三、及时处理、完善各项业务流程，从根本上保障消费者的权利。同时，要抓本溯源，增强银行机构员工的消费者权益保护素养，切实履行主体责任，畅通投诉渠道，依法及时妥善处理消费纠纷。

### （三）完善相关司法救济程序

如果因商业银行未善尽适当性管理义务导致投资者权益受到侵害，而银行金融机构自身或行业自律组织无法有效解决纠纷时，笔者建议完善相关司法救济程序并确立因金融机构未善尽适当性管理义务所引发的民事损害赔偿标准，即如何设计相应的民事赔偿责任体系问题。笔者认为，应充分借鉴近年来王翔诉建行案、中行原油宝风险事件等相关损失赔偿经验。目前，主要有两种赔付方式。第一种方式是银行机构统一与客户达成和解，赔付一部分损失，和解后签署补充协议表示自动放弃剩余索赔。如中行原油宝风险事件发生后，中行提出"对于投资额1000万元以下的普通客户，愿意赔付最高20%的损失金额"的解决方案；对该方案不认可的客户仍走诉讼途径解决。第二种方式是银行机构先不统一赔付，须由客户走诉讼途径解决。如王翔诉建行案原告获胜，获得全额赔付。相比而言，笔者更倾向于中行的做法，投资者还是见好就收，对此类群体事件不完全是看法律，还看情和理，这次中行的处理方案就是情理法三方平衡后的结果。

当然，相比于银行机构，投资者个体的维权意识和能力相对较弱。如果必须走司法诉讼，还须完善相关司法救济程序。首先，针对投资者个体维权难的问题，笔者建议在我国民事损害赔偿司法救济体系中引入消费维权律师团等第三方维权组织，协助投资者依法维权；也可引入人工智能机器人、大数据分析处理投诉较多的产品和项目，减轻相关案件受理压力。如在招行与"钱端"案中，受害人可以搜索关注"广州天河公安"，打开"服务警讯""报案准备"，里面有"钱端"公司维权栏目，再按要求填写即可，操作十分快捷，不仅有利于做好消费者维稳工作，还能减轻线下公安的受理压力，提高立案侦查、司法调查的工作效率。其次，在金融机构内部不能消化时，还可引入仲裁等行政监督机制，有效缓解司法审理案件的压力。此外，针对近年来互联网金融消费维权数量持续上升的情况，网上银行代销产品金融维权也应配备大数据、云计算等数字经济金融手段。融合互联网技术形成的互联网仲裁，可以极为高效地处理案件，成为纠纷解决的主要途径。最后，在前述措施均无效的情况下，建议在需要司法机关公权力介入的领域和案件中提升精确打击力度。例如，本文王翔诉建行案就是一个成功范例。

# 数据控制人义务之重塑
## ——基于信托视角的数据保护路径转向

杭州师范大学沈钧儒法学院　李毓瑾 *

**摘　要**

数据从碎片转变为资产，已成为各行各业追捧的利润焦点，由此引发对数据属性、可控性、共享界限、保护有效性的思考。将信托机制与个人信息保护相结合，从数据价值创造者入手，寻找更具实效性的保护主体。依据权利义务相对等、利益平衡、成本收益分析原则，数据与信托在权属架构、价值实现、权利制衡上均有天然的契合性和可兼容性。综合考虑比较法理论与实践的不断尝试以及我国现行法对于数据使用的限制，信托机制具有对数据主体倾斜保护、灵活收益安排、举证责任倒置等优势。通过价值创造确认利益归属，有效解决数据资产使用与收益问题，符合《数据安全法》"保障数据安全，促进数据开发利用"的双重要求。

**关键词**：个人数据；数据信托；信义义务

---

★ 李毓瑾，杭州师范大学沈钧儒法学院 2020 级学术型硕士，研究方向为民商法学。

## 引言——数据作为新兴生产要素的崛起

数据作为 21 世纪最具商业价值的生产要素，在分布式处理技术、存储技术、感知技术、云计算等技术手段的助力下，其价值在数据挖掘、分析、存储等多环节中呈指数式增长。从 Facebook 上市时，评估机构将其社交平台数据评定为有效资产，到近日"滴滴出行"因严重违法违规收集、使用个人信息被下架，以及此前新浪微博诉脉脉、大众点评诉百度等数据权属争夺纠纷中可以看出，数据已成为数字企业甚至普通行业争相追捧的利润焦点。体量巨大、种类繁多的个人数据正在催生新一轮生产率增长和消费者盈余浪潮。当数据样本不再是抽样而是全部，数据处理不再关注精准而是强调效率。在数据分析注重相关关系而弱化因果关系时，原本作为保护手段的匿名化处理也在数据池中形成链条而具有指向性，成为侵犯用户隐私的工具。个人数据保护、数据权利归属、使用界限、收益分配、隐私保护等问题亟待解决。

为实现数据保护的周延性，2021 年 6 月 10 日我国通过数据领域的基础性法律——《数据安全法》，意味着我国数据保护领域的法规制度建设更进一步。其中第十九条明确指出，"国家建立健全数据交易管理制度，规范数据交易行为，培育数据交易市场"，力图从制度层面扭转企业零成本滥用数据获得高额利润、数据主体空有权利却难以行使的尴尬境地，弥补传统单向赋权模式保护路径的不足，避免因路径依赖而导致立法高效、维权低效。

2016 年，中航信托发行了我国首单基于数据资产的信托产品，委托人将自己持有的数据资产作为信托财产设立信托，通过转让信托受益权获得现金收入。中航信托作为受托人委托的数据服务商，向投资者分配特定数据资产增值收益。可见，数据信托在数字企业与信托公司之间已具备实际操作的可能性，能否将其推广适用于在线服务提供商和用户之间？美国《2018 年数据保护法》就对在线服务提供商收集和使用用户数据确立了信托义务；阿尔法贝塔公司、微软也已提出通过数据信托监管对用户数据的访问。《麻省理工科技评论》最新发布的 2021 年全球十大突破性技术中指出，"对于数据引发的隐私、安全性等问题，数据信托不是唯一的解决办法，但能够控制数据，让数据共享造福人类的数据治理是十分有必要的"。[①] 其将信托与数据高度融合并运用于数字企业与用户之间，拓宽了数据保护的思路。

## 一、从价值创造寻找数据保护主体——从单向赋权到强化义务

在存储成本的暴跌、分析工具的进步、大数据的价值潜力和企业占据市场的野心等诸多因素的相互作用下，数据采集和存储规模飞速增长。开放的思维和创新的工具让一切不起眼的信息都可以成为用数值量化的数据，包括人们的行为、位置、喜好，甚至身体生理数据等。人们不再受限于传统思维模式，而试图打破特定领域、行业间的壁垒，将零散的数据归并起来进行数据挖掘，总结以前存在的问题，在数据中寻找有价值的规律，预测未来几年的趋势，从而做出商业决策。这种具有预知意义的分析，让企业通过可视化分析和分析结果进行推断。越来越多的企业甚至政府也觉察到数据的价值，并加入这场争夺战，但这一切的来源——数据提供者却被忽视。数据提供者为企业提供生产资料，让数据资本化成为可能，但他们没有从中获利，而是理所当然地贡献信息，在数据争夺战中逐渐被资本化和商品化，得不到利益分配，最终成为数据争夺战中唯一的牺牲者。

数据的价值是在后续使用环节中创造的或被大幅度提升的，也正是在此过程中，数据安全问题接踵而至。那么，法律规制也应相应着眼于数据使用环节。信托机制突出数据控制人的地位，明确将控制人义务提高至信义义务标准而非仅限于合同注意义务。数据泄露不仅会给数据提供者带来损失，同时也会让控制人付出一定成本。数据控制人可以自动识别、审核访问数据的用户身份信息并保存访客记录，协助寻找泄露源头，客观上更具风险防控能力。若控制人无法提供数据，则证明其主观具有隐瞒事实的故意，违背忠实

---

① 《2021年全球十大突破性技术》，麻省理工科技评论，https://www.technologyreview.com/2021/02/24/1014369/10-breakthrough-technologies-2021/，访问日期：2021年10月7日。

义务或因过失未履行安全防护义务，违反谨慎义务，主观上具有可谴责性。但这种义务不应当是无界限的，数据的用途是广泛且不可预知的，很多价值产生于不断的创新之中，动态的信息应用场景赋予了数据无限的可能性。企业在获取数据之初无法预料将来所有的用途，自然无法告知更无从获得个人同意。此外，任何包含个人信息的大数据分析都须征得同意既不现实，也不利于企业及时对瞬息万变的互联网市场变化做出反应。应当根据互联网市场特点、具体业务内容、定价收益，合理确定双方的权利义务。

## 二、数据信托的法理基础——权利义务相对等、利益平衡、成本收益分析

数字企业对用户的监控能力越来越强，不断积累、分析、出售他人个人数据以获利。通过信托法律制度在双方之间建立稳固的信任关系，以法定信托的方式强制数字企业承担信托义务，就如同同样掌握敏感信息的医生、律师或会计师等专业人士对其病人和客户必然负有忠实、保密、谨慎义务，以缓解数据主体与控制人之间非对称依赖性与脆弱性的不平衡关系。但同时也应当注意到数据保护的成本与收益不同于传统职业受托人，应对其信义义务的范围根据业务类型进行进一步的限制和细分，以协调公司、公司股东、用户的利益。

1. 权利义务相对等——控制权与信义义务

数据交易中，数据主体与控制人的权利结构错配导致用户大多被动参与数据交换。用户享有的所谓选择权是要么共享个人数据，要么自绝于社会。"公司为用户提供信息服务等同于奴隶主为农奴提供足够的农作物以维持生存，用户所生产的数据的市场价值全部归公司则等同于奴隶的农业产出所能获得的市场回报全部归奴隶主所有"，[1]最终只能被迫同意参与对自己的侵害。肖沙娜·朱伯夫（Shoshana Zuboff）提出的监视资本主义理论和科技封建主

---

① ［美］埃里克·A.波斯纳、［美］E.格伦·韦尔：《激进市场》，胡雨青译，机械工业出版社2019版，第182页。

义揭示了手无缚鸡之力的数据奴隶无力抵抗数据君主无尽剥削的现实。从数据主体角度出发，一是难以扭转客观上的地位悬殊，二是数据赋权本身即存在争议。若承认用户对个人数据享有人身权和财产权则将突破传统法律框架，即便是被看作我国个人信息保护法律渊源的《民法典》第一百一十一条也没有承认个人信息权。但若否认用户对数据享有财产权，面对企业的数据圈地运动就只能望洋兴叹。因此，数据信托基于民法基本原则权利义务相对等，不再一味强调数据提供者权利人的角色，而转向明晰数据控制人的义务范围，弥补了数据提供者在信息、管理能力方面的不足。

2. 利益平衡——个人权益、经济利益与公共安全

数据包含的个人信息、分析后可得的经济价值，以及涉及的数据整体安全，无一不体现着"数据的价值是其可能所有用途的总和"。[1]数据提供者与控制人在数据资产化中扮演着不同的角色：数据提供者负责提供素材，以换取在某些领域中主动或被动的分析红利——个性化推送；数据控制人负责分析、挖掘其背后无限的经济价值。但数据的有效利用与数据安全实际上并行不悖，因为在数据共享时代，数据泄露不仅威胁数据提供者的隐私权，当其进入控制人的领域，便成为数字企业的争夺对象，企业数据权的概念已经引起学者的广泛关注。[2]企业可以用户浏览、购买记录为数据来源，建模分析其行为相关性，进行定时、定向个性化推送，引导用户的消费行为。因此，强化数据控制人的义务一方面有利于均衡双方权利义务的不均衡配置，另一方面将数据控制人的数据权限与义务相连，保护数字企业的健康发展。

3. 成本收益分析——保护成本与治理实效

"大数据资源治理的目标是关注大数据的价值实现和风险管控。"[3]数据

---

[1]　[英]维克托·迈尔·舍恩伯格：《大数据时代——生活、工作与思维的大变革》，盛杨燕、周涛译，浙江人民出版社2013年版，第135页。

[2]　龙卫球：《.再论企业数据保护的财产权化路径》，《东方法学》2018年第3期；程啸：《论大数据时代的个人数据权利》，《中国社会科学》2018年第3期，第121页。

[3]　郑大庆、黄丽华、张成洪、张绍华：《大数据治理的概念及其参考架构》，《研究与发展管理》2017年第4期。

资产不同于一般商品，其多源价值实现过程将出现多个利益相关者，包括个人、个人数据收集者、个人数据处理者、个人数据应用者、监督者。[①] 其中，收集者、处理者、应用者作为数据控制人在资源、技术、风险防控等方面均具有一定优势。若将所有的利益相关者均纳入决策范围，易导致权责不清，出现"泛利益相关者治理"的困境。[②] 数据控制人对大数据的认知能力和应用技术决定了企业实现数据治理的可能性和现实性，"从纯粹的效率视角来看，数据权属划归为平台最有效率，因为数据的集中化运用与规模化运用可以有效化解数据的外部性问题与交易成本问题"。[③] 同时，控制人还有提升数据资源质量、利用数据资源在组织内部统一编码和共享以进一步提升自身竞争力的需要。若要达到同样的保护效果，由数据控制人采取相应技术措施的成本，将明显低于数据提供者私力自我防护和公力救济过早介入情形下所付出的成本。

### 三、信托机制在数据保护领域的可复制性

信托机制诞生的背景与当前个人信息保护遭遇的困境如出一辙。信托是委托人将财产委托给受托人，由受托人以自己的名义，为委托人指定的受益人利益而加以管理的一种财产安排。[④] 信托缘于英国 13 世纪前后出现的 Use 制度，是一种为了应对封建土地制度而创设的规避法律的产权设计。[⑤] 现代社会的信托多指专业的财产管理制度。目前，个人数据保护同样面临这样的问题：数据主体对数据空享名义上的权利，难以行使实质权利，亟须专业管理。数据信托即以信托法律关系重新审视数据企业与用户之间的关系，处理所有

---

① 王忠、殷建立：《大数据环境下个人数据隐私治理机制研究——基于利益相关者视角，《技术经济与管理研究》2014 第 8 期。

② 李维安、王世权：《利益相关者治理理论研究脉络及其进展探析》，《外国经济与管理》2007 第 4 期。

③ 丁晓东：《数据到底属于谁？——从网络爬虫看平台数据权属与数据保护》，《华东政法大学学报》2019 年第 5 期。

④ 周小明：《信托制度：法理与实务》，中国法制出版社 2012 年版，第 36 页。

⑤ 何宝玉：《英国信托法原理与判例》，法律出版社 2001 年版。

权与收益、权利与义务的关系。数据信托在比较法中已有两种不同模式，以巴尔金为代表的美国模式是指由数据控制人作为"信息受托人"（information fiduciaries），履行信义义务；以劳伦斯为代表的英国模式则提出创设一个独立的信托管理机构，以数据掮客的身份，代表数据主体与数据控制人谈判。结合治理成本以及目前我国信托业发展尚不成熟的现实，由数据控制人作为受托人更为适宜，再进一步通过国家立法以及行业准则的双重监管，解决数据领域的信任赤字。

1. 数据资产的权能分离与信托复合式权属结构的天然契合

英美法中信托财产基于衡平法和普通法的二元管辖，受托人享有普通法所有权（legal ownership），受益人享有衡平法所有权（equitable ownership）。"双重所有权"在精巧的法律制度设计下，成为英美法信托机制中最具特色的部分。[①] 我国信托制度受物权法定及单一所有权的影响，采用所有权与收益权的架构实现双重所有权的制度功能。数据资产的权属本就饱受争议，数据资产来源于大量的个人数据，个人对于此类数据具有数据隐私保护的权利。但这些数据为企业所收集，企业对于平台数据拥有相应的权益。同时，平台数据又可能因涉及公共利益而属于公共领域。从动态的数据交易来看，数据所有权与控制权分离的现象更加明显，且这种控制权超越了一般意义上的使用权——具有价值创造的功能，成为一种"实质的所有权"，导致数据只有在未生成时属于数据主体，一旦生成便成为控制人挖掘、分析、交易的对象，数据提供者便因技术壁垒丧失了对数据的占有和支配，主体地位"名存实亡"。数据早已借助互联网技术手段，通过无限制地粘贴脱离主体的控制范围。这种凌驾于所有权之上的控制权与"信托财产'保值升值'目的之实现完全有赖于受托人管理、处分财产权能的发挥"[②] 相契合，具有一定的可复制性。

---

① 于海涌：《论英美信托财产双重所有权在中国的本土化》，《现代法学》2010 年第 32(3) 期。

② 温世扬、冯兴俊：《论信托财产所有权——兼论我国相关立法的完善》，《武汉大学学报》2005 年第 2 期。

2. 委托人自我保护受限与信托义务人专业管理的互补

个人数据管理困境在于数据主体与控制人之间缺乏信赖、数据控制人对数据信息的绝对控制，以及数据本身所蕴含的巨大商业价值三者之间的矛盾。数据控制人通过向数据提供者提供免费服务而获取其个人信息，故须在双方之间建立一种信赖机制：数据提供者信任控制人将恪尽善良管理人义务，才能确保控制人取得、使用个人数据的合理性。鉴于委托人的脆弱性和数据主体的酌处权（discretion），在信托中委托人会由于受托人的不道德行为而走投无路，数据提供者同样会由于数据控制人的滥用、强制使用、非法使用、泄露数据等行为而不堪一击。① 采用信托结构则可平衡三者之间的关系，通过建立提供者与控制人之间的信赖关系，弱化由"信息优势"导致的数据控制人的优势地位，缓解数据提供者创造无价财富与劣势地位之间的不平衡。

3. 数据交易中的信息不对称与信义义务的相互制衡

交易双方信息的不对称并非数据交易所特有，大数据时代下企业在消费博弈中的优势被无限放大。数字企业广泛收集数据，利用结果分析用户偏好，进一步挤占消费者剩余价值以牟取高额利润。然而由于算法、收集、处理行为大多都是保密的，即使披露，普通用户也因过于专业而难以理解。用户难以察觉企业行为、理解技术细节，但又依赖企业的分析手段赋予其数据价值，信息不对称使用户处于绝对劣势地位。用户对于在线服务要求他们点击"隐私条款"司空见惯，"决策厌恶"又使这种同意形同虚设。"克服信息不对称存在的弊端，必须采取合理的激励机制。激励机制设计的目的，就是通过将对行为主体的奖惩与其提供的信息或外在可观察的信息联系起来，从而将行为的社会成本和收益内部化为决策者个人的成本与收益。"② 通过立法安排，对数据控制人课以信义义务，对抗受托人的利己主义和机会主义，试图利

---

① 冯果、薛亦飒：《从"权利规范模式"走向"行为控制模式"的数据信托——数据主体权利保护机制构建的另一种思路》，《法学评论》2020 年 3 期。

② 张维迎：《作为激励机制的法律》，载张维迎：《信息、信任与法律》，生活·读书·新知三联书店 2006 年版，第 87 页。

用信托机制中的信义义务积极回应数据交易关系中权力滥用与信息不对称的问题。

## 四、数据与信托制度的可兼容性——信托基本原则在数据保护中的体现

数据信托即围绕用户数据，在受托人、委托人、受益人三方之间通过权利义务关系维持相互间的信赖和责任。由于将数据纳入信托机制意味着对数据控制人课以更为严苛的责任，为避免数据控制人在订立合同时利用优势地位削弱信托机制对数据主体的保护，同时考虑到数据安全涉及多方利益以及交易效率，应将数据信托归为法定信托更有利于平衡数据共享与隐私保护之间的矛盾。

1. 信托数据的独立性

首先，信托的本质实为一种财产管理制度。财产权是信托成立的前提，若要将数据纳入该构造，首先需要承认数据的"财产性"。承认数据具有财产属性与认为数据权以及数据权属财产权抑或人格权不同，这种财产属性已在屡见不鲜的个人数据交易案件中得以证实。

其次，无论是以英美信托法中双重所有权为基础，抑或大陆法系将财产"拟人化"或财产受益权作为解释路径，信托在功能上的本质内涵均为：受托人具有管理处分信托财产的权利，受益人可享受财产受益权，信托财产独立于委托人、受托人、受益人固有财产。信托本身就具有设立途径多样、信托财产多元、信托目的开放和应用领域宽泛等特点。[①] 通过将数据纳入信托保护结构，平衡数据交易当事人之间的利益关系。同时，降低信息获取、自身与第三方监管、矛盾协商处理成本。

最后，在现行数据保护架构下，作为数据提供者的个人难以抗衡控制人处分数据的行为。通说认为，企业对经其分析处理的数据享有财产权。在数据控制人向第三人出售自己所获得的数据时，由于受托人作为名义上的所有

---

① 李群星：《信托的法律性质与基本理念》，《法学研究》2000 年第 3 期。

权人，受让人可取得完整所有权。此时，受益人（通常为数据主体）因合同的相对性仅对控制人享有债法上的请求权，而无法直接向受让人主张权利。信托则以更具效率的方式，根据受让人更易接触受托人、更易发现受托人违反信托义务处分数据的现实，将受让人作为更低成本的数据保护主体，允许数据主体在控制人违反信托法转让向恶意受让人行使信托数据的追踪权，以回复信托财产。[①]

2. 个人数据所有权与利益相分离

数据信托中的信托财产是由数据产生的财产权益。数据的价值并非来源于数据本身，"数据的财产价值主要来自对数据的控制，包括对数据的处理和加工等而非数据本身"。[②] 大数据实现盈利的关键在于，通过加工实现数据的增值以提高对数据的"加工能力"。信托的标的并非数据，而是由数据产生的权利（益），体现在数据主体与控制人对数据的权利之上，这种权利具有财产权利排他性和可支配性的特征，因此数据之上权利自然可以成为信托标的。

数据交易中数据控制人通过免费互联网服务换取数据主体的个人数据，再通过一系列技术手段拓宽数据的广度和深度。数据主体在让渡数据时会设想控制人将在合理范围内使用并尽到保密义务，无论主动选择还是被动选择，这种假设实际上就是在牺牲个人数据与享受服务之间进行利益衡量后，对控制人产生了主动或不得已的信赖。不论数据主体对个人数据被利用持何种主观心理，其在事实上已对数据控制人产生了依赖——依赖其提供的服务以及社交机会。首先，作为数据的创造者和提供者，在建立信托关系之前数据及其相应权利当然归属数据提供者；其次，构建信托关系后，因管理需要信托数据在法律关系上归属受托人，数据主体对于数据管理既不具备外观上的支

---

① 耿利航：《信托财产与中国信托法》，《政法论坛》2004 年第 1 期。
② 丁凤玲：《个人数据治理模式的选择：个人、国家还是集体》，《华中科技大学学报（社会科学版）》2021 年第 1 期。

配力，同时也缺乏事实上的管理能力，无法有效监督受托人；最后，依照信托法原理，受托人的所有权并非实质上的所有权，应当与受托人的固有财产区分开来，以保证受托人为数据主体利益而使用数据。得益于信托关系的建立，一方面可利用信托机制弱化数据所有权问题来解决数据收益的归属；另一方面信托机制所暗含的倾斜保护可以避免数据控制人利用格式条款减轻己方责任，加重对方责任。

3. 信托责任的有限性

信托责任的有限性是指信托法律关系当事人因信托行为而产生的给付责任，仅以信托财产为限。[①]数据信托中受益人与委托人重合，均为数据提供者。数据控制人享有数据所有权，同时负有依信托文件履行忠实、勤勉义务，并以数据作为信托财产为限向受益人给付信托利益。判断受托人责任的唯一标准是其是否遵守信托文件且履行善良管理人义务。若遵守信托文件且履行了善良管理人义务，即使未能取得信托利益或有信托财产损失，受托人仅须向受益人交付剩余数据而无须以个人财产承担无限责任，将控制人风险限制在可控范围内。同时，在受托人因信托管理而遭受损失且信托数据的价值不足以补偿控制人的损失时，原则上也不得向受益人求偿，但允许双方根据数据内容的重要程度、保护等级及成本在保护数据安全的前提下进行灵活约定。

## 五、数据信托的比较优势

从个人到集体，从工会到信托，从私力到公力，为实现对数据全面、有效的保护，各国的理论与实践始终在尝试。我国在数据保护领域尚未建立具体制度，这也为在众多尝试中选择最适合我国国情、最有效的方式，创新网络平台监管途径提供了可能性。

1. 比较法理论与实践中的众多尝试

由于数据控制人资本逐利的天性，传统"知情—同意"的保护模式无法

---

① Langbein J H, The Contractarian Basis of the Law of Trusts, Yale L.J. 105(1995): 650.

达到预期目的。个人保护以合同机制为典型，"隐私条款"无法避免格式条款的弊端，且无法化解未知风险。同意协议简而无用，多而无功，实际上是确保信息自决的最糟糕的法律手段。"告知—同意"并未明确企业将以何种方式在何种限度内将用户数据用在何处。如果公司没有遵守承诺，将根据合同承担违约责任。但是这也意味着如果没有"告知"是否就无须用户同意，公司将不负有相应的保护义务。隐私政策存在模糊用语、篇幅冗长、专业名词难以理解等问题，定向隐私格式条款难以保证用户的"同意"意思表示自由与真实。故有学者提出，应增设"人格权体系下同意撤销权"，赋予用户取消对数据控制人授权的选择自由，以完善传统告知同意的不足。[①] 与个人赋权模式相比，集体治理有助于减小双方地位上的差距，集体管理的方式之一是工会形式，"用户是数据生产者，用户与数据控制者之间形成了劳动力与工厂之间的关系，在公司对数据进行整理汇编的场合下，数据凝结了用户和公司共同的劳动投入"。[②] 目前荷兰已成立世界上第一个数据工会，通过集体行动提高公司利用数据的成本，争取为用户取得作为提供数据的相应对价。该种模式将数据作为用户劳动的理论基础本身饱受争议，结合我国工会的实践恐难以推行。也有学者认识到数据的"公共性"，主张由国家出面实行数字服务税、国有化方式，[③] 但可能引发公权力过早介入私法，原本私法上的不平等因公权力介入而演变成结构、制度层面更加难以化解的不平等。

2. 我国现行法框架下数据使用的限制

我国同样也在不断探索数据保护的有效路径，从《网络安全法》《个人信息保护法》到《数据安全法》，从《深圳经济特区数据条例》到正在筹备的《上海市数据条例》，都是立法部门在平衡数据安全与数据发展的不断探

---

① 万方：《个人信息处理中的"同意"与"同意撤回"》，《中国法学》2021年第4期。

② 胡凌：《超越代码：从赛博空间到物理世界的控制／生产机制》，《华东政法大学学报》2018年第1期。

③ 唐巧盈：《全球数字税：国际规则制定的新桥头堡》，《光明日报》2020年6月11日版。

索。在现行法框架下，我国已有对数据使用的限制。《网络安全法》第四十条规定网络运营者的保密义务，第四十二条明确指出仅在征得被征集人同意或者经脱敏处理后才可向他人提供。在我国现行法框架下，将数据资产投入商业生产须经用户授权或在个人敏感信息经脱敏且不可逆处理后才可使用。但是，基于信托制度下受托人"善良管理人"的身份定位，数据控制人将拥有包括且不限于访问控制、访问审核以及数据匿名化处置等更为广泛的权利，有利于激发控制人的技术创新动力，使其进一步挖掘数据价值，促进数据有效、合理使用。同时，"善良管理人"也赋予控制人更高的注意义务，以平衡隐私保护与数据价值之间的矛盾。此外，《信托法》第二十二条规定了委托人在受托人违反信托目的或者因违背管理职责、处理信托事务不当时的撤销权和解任权。相比于同意撤回在概念、性质、行使规则等方面的不明确性，通过信托机制实现撤销功能更具可行性。

3. 数据收益灵活安排

我国《信托法》第四十三条规定委托人可以是受益人，且可以作为唯一受益人；受托人可以是受益人但不能作为唯一受益人。这样的安排有利于确保数据主体作为数据的提供方获得数据收益，且双方也可自由约定由数据控制人收取部分收益，为数据控制人保护数据安全、创造数据价值提供动力。同时，信义义务的本质属于任意规定，即各方可以拒绝的规则，信托法的规则仅在信托条款文件中没有提供相反的条款时才适用。[①] 确定双方间的信托关系后，无须进一步明确约定双方之间的权利义务。若无相反约定，自动适用《信托法》的默示条款可减少数据主体与控制人的信息不对称。在充分保护数据主体的前提下，降低成本，确保任何不同于《信托法》的特别约定都是在双方对此均有清晰认识的基础上公平、有效协商的结果。

4. 数据受托人的举证责任

将数据与信托相融合，有助于解决用户维权所面临的最大困难之一：举

---

① Langbein J H, The Contractarian Basis of the Law of Trusts, Yale L.J. 105(1995): 650.

证难。[①]在信托的制度框架下，英美法信托机制内含举证责任倒置，最高法《全国法院民商事审判工作会议纪要》虽无明确规定，但因无法举证证明履行勤勉、忠实义务，须以对委托人遭受的损失承担赔偿责任的方式明确委托人的证明责任。通过经济与法律途径，双管齐下，提高数据控制人滥用权力的成本，倒逼其履行恪尽"诚实、信用、谨慎、勤勉"之忠实义务、谨慎义务。信托机制将有助于扭转控制的价值序列，将控制人纳入信托机制信义义务的调整对象，以委托人利益最大化为价值导向，通过法律制度缓解数据主体的弱势地位，以"总体原则"和"远高于注意义务之标准"，灵活应对纷繁复杂、变化多端的互联网世界，为个人数据提供更为全面的保护。

## 六、结语：数据信托——数据保护的经济、技术、法律方式融合

个人数据的保护路径有二：一是传统的法律保护路径——法律明确限定某一范围内的数据受到保护，以权利义务的模式，明确数据主体对其个人数据所享有的权利，如有侵犯将受到法律的制裁；二是屏蔽式保护，采用技术手段实现对数据的保护。参照对暗网的管制，目前研究人员已在研发可识别隐藏服务和个人的"去匿名化"技术，试图通过技术手段抵御来自技术手段的侵袭。但无论使用哪种方式，对个人数据最有效的保护应当是国家法律与私人保护并用。在确定具体的组合方式时，应当考虑哪种方式的边际成本更低，寻找个人权利与社会公益之间的平衡点。完全通过国家法律或者法律过早介入数据管理既不现实，又收效甚微。现阶段，仍很难确定哪些获取或使用个人数据的行为是合法的。此外，执行成本偏高，难以将所有个人数据都纳入法律的保护范围。即使全部纳入，真正能保护的部分也是有限的。在目前大数据的时代背景下，我们应当充分发挥数据或代码本身的特性，采用技术手段限制大部分人试图破解、攫取他人数据。但无论多么严密的程序设

---

① 有学者统计 2017 年 1 月至 2019 年 12 月，中国裁判文书网上涉及数据主体个人信息泄露维权案件一共只有 12 起，其中 9 起败诉案件中的 7 起均因证据不足。

计，都不可避免地会被他人蓄意破坏。此时便可借助法律的强制力和威慑力，尽可能提高侵权成本。在技术手段失效时，凸显法律作为最后一道防线的重要性。

在原有法律框架中对现有法律规范进行修补无法满足现实需求，同时也无法应对大数据所引发的一系列风险。人们反对无底线的数字化，但在这场与"数据君主"的博弈中，个人的反抗只是杯水车薪。不管告知还是许可、模糊化还是匿名化，传统的隐私保护政策无法缓解人们对"让数据主宰一切"的隐忧。《民法典》第一百一十一条课以获取他人个人信息的主体依法取得并确保信息安全的义务，"立法设计在赋予数据主体个人信息权利受法律保护的基础上，通过设定个人数据采集、使用、处理之法定标准，额外施加给数据控制人法定义务，在一定程度上削弱了双方权利义务的不对等性"。[1]此举可谓我国在个人信息保护方面的一大进步——在单向赋权、强调主体地位的基础上，针对现实中因双方权利结构错配而引起的数据泄露案件频发、维权举证困难等问题，强调数据控制人对数据保护的责任，从制约控制人的行为出发，将数据控制人的优势地位充分发挥在数据保护中，有效缓解数据保护领域的信任赤字。

---

[1] 龙卫球：《.再论企业数据保护的财产权化路径》，《东方法学》2018年第3期；程啸：《论大数据时代的个人数据权利》，《中国社会科学》2018年第3期，第121页。

# 网络大病互助平台之风险与治理

武汉大学法学院　　贾唯宇 *

**摘　要**

近年来，网络上诞生了许多大病互助平台，专门针对百余种特定大病在成员之间提供互助保障，构成了对我国多层次医疗保障体系的重要补充。但大病互助平台在运行过程中潜藏着大量技术风险、法律风险、道德风险和系统性风险，亟须加强对大病互助平台的监管。从本质上来看，大病互助平台属于风险分担机制，但并非商业健康保险机构；它虽然具有互助性，但不属于公益组织；它兼具相互保险与互联网金融的特征。在监管路径的选择上，应将其纳入保险监管体系之中，并完善自律监管体系，从而充分保障参与成员的合法权益。

**关键词**：大病互助平台；医疗保障；互联网金融；风险社会；保险

---

★　贾唯宇，武汉大学法学院经济法学硕士研究生，武汉大学社会与保障法研究人员。

2020 年 2 月，《中共中央、国务院关于深化医疗保障制度改革的意见》明确提出促进多层次医疗保障体系的发展，支持医疗互助有序发展。在医保改革全面深化的过程中，《"十四五"全民医疗保障规划》进一步细化了健全多层次医疗保障制度体系的要求，提出要支持医疗互助有序发展，更好地发挥医疗互助低成本、低缴费、广覆盖、广受益的优势，加强制度建设，强化监督管理，规范医疗互助发展。[①] 作为一种重要的医疗保障形式，医疗互助不仅可以对社会医疗保险项目进行补充，还可通过设置不同的互助项目满足社会多样化、多层次的保障需求，成为社会保障体系的自然延伸和有益组成部分。[②]

近年来，随着互联网时代、风险社会与后疫情时代的来临，以及人们对风险感知、预测和判断能力的提升，人们愈发努力探寻如何对健康风险进行规避，试图通过各种风险防控手段分散自身健康风险，提高自身对健康风险的抵抗能力。各种形式的网络互助即在此背景下应运而生。自 2011 年康爱公社（抗癌公社）成立以来，我国网络互助平台的发展迅速出现热潮。其中，大病互助平台的发展速度更是令人震惊。截至 2020 年 5 月，数十家网络互助平台的会员人数超过 2.2 亿（去重后总会员数约 1.5 亿），互助金额超过90 亿元。其中，2019 年共帮助了近 4 万人，互助金额超过 50 亿元。[③]

但平台"井喷式"的发展也存在要求会员预付互助费形成资金池，甚至承诺"刚性赔付"等违法违规现象。针对大病互助平台的不规范行为，监管机构为了"防范'类保险'业务的风险，发展商业保险行业"，转而采取了刚性的监管政策，使得平台发展的热潮迅速衰退。大病互助平台或是转向发牌的保险业务，或是蜕变成纯粹的公益组织，契合了银保监会之意，但监管层决策并不能代替法律问题分析。网络互助平台的发展风险是否大于发展价

---

① 国务院办公厅关于印发"十四五"全民医疗保障规划的通知（国办发〔2021〕36 号）。

② 郑功成：《社会保障概论》，复旦大学出版社 2005 年版，第 352-357 页。

③ 郑秉文：《网络互助应该纳入监管》，中国银行保险报网，http://pl.sinoins.com/2020-09/03/content_361237.htm，访问日期：2021 年 8 月 23 日。

值？会员人数百万乃至千万级别的大病互助平台"爆雷"是否可能引发系统性风险？大病互助平台的法律定位究竟为何？如何保障平台会员的权益？是否只能走上"保险化"或者"公益化"的二选一道路？本文通过厘清这一系列问题，对大病互助平台相关法律问题进行系统性梳理，从中找到大病互助平台在我国深入发展的路径选择。

## 一、大病互助平台的风险分析

大病互助平台是一种会员依托数字技术建立联系、形成契约，承诺互相帮助并且共担疾病风险的新模式。网络技术互联互通的特性使得大病互助平台具有会员参与门槛低、可及性好、操作便利、不受地域限制等优势，吸引了上亿人加入。在基本医疗保障的基础上，大病互助平台针对百余种特定大病提供互助保障，构成了多层次医疗保障体系的重要补充形式。虽然发挥了防范和分散健康风险的作用，但正如硬币的两面，平台的运行同样潜藏着众多风险。

### （一）技术风险

大病互助平台的运行基础即为互联网、金融科技等数字技术，因此本质上具有技术属性。该属性决定了其在利用技术创新的同时，也难免受到技术自身缺陷的影响。数字技术在业务设计、平台应用、会员审查、服务提供等各流程中又涉及金融科技公司、保险中介公司等多方主体，各类主体的算法应用、智能合约、共识机制等相关技术水平不一而足，[1] 由此不可避免地会产生技术漏洞。大病互助平台的技术风险主要来自两方面：一方面底层技术的负面效应可能导致平台的脆弱性；另一方面大数据、云计算、区块链等新型金融科技所具有的数据即时处理、算法黑箱等技术特征，也有可能引发平台的技术风险。[2]

---

① 戚学祥：《超越风险：区块链技术的应用风险及其治理》，《南京社会科学》2020 年第 1 期。

② 袁康：《金融科技风险的介入型治理：一个本土化的视角》，《法学论坛》2021 年第 4 期。

## （二）法律风险

作为新型的风险分担机制，大病互助平台催生了新的权利义务结构。由于法律制度的滞后性和非全面性，当前对大病互助平台的法律回应不足，造成平台的创新发展与现行法律制度运行之间的不协调。在当前法律定位不明确的情况下，大病互助平台缺乏独立的主体资格，其背后多依托于金融科技公司或者保险中介公司代理会员从事法律行为。由此，主要存在以下三种法律风险。一是非法集资的风险。由于会员基数庞大，筹集的资金总数可达上亿元，特别是采取预先缴费制的平台，存在形成沉淀资金的风险。二是非法从事保险业务的风险。作为非持牌经营的大病互助平台，处于监管的灰色地带，存在变相或者实际经营保险业务的风险。三是侵害会员权益的风险。大病互助平台尚无明确的监管主体，其准入、运行与退出也缺乏必要的法律规范，导致缺乏相关的法定争议处理机制。而且在平台关停的情况下，并无刚性兑付的法律约束，使得众多会员的权益难以得到法律保障。[①]

## （三）道德风险

大病互助平台虽然具有一定的公益性特征，会员参与平台的主要目的也在于互助互利，然而平台的经营者或投资者均可能将自身利益诉求融入平台运营之中，蕴藏了道德风险。平台的经营者或者投资者在不正当获利心态的驱使下，可能为了套现而作出任意提高分摊金上限、无理拒绝赔付、挪用互助金资金池、虚构互助事件、恶意转移资产、强行平台退出、卷款潜逃等欺诈行为。除此之外，由于大病互助平台会员的异质性程度较商业保险更大，部分会员可能出现联合医院和第三方调查机构虚构互助事件、隐瞒疾病状况等诈骗互助金的行为。互联网的虚拟性增加了远程调查的信息获取成本，被延长的信息传递链条加大了获取真实信息的难度，这均使得会员信息失准的风险进一步提高，平台可能陷入会员逆向选择、增加会员互助费额度的恶性

---

① 郑秉文：《网络互助的性质、风险与监管》，《宏观经济管理》2020年第10期。

循环之中，[①] 直至被迫停止正常运行，退出市场。

### （四）系统性风险

大病互助平台目前仍然处于监管的"灰色地带"，一方面风险控制能力尚且不足，另一方面又在营利性目标的驱使下力图扩大会员规模、拓展业务范围，由此可能导致风险伴随平台规模的扩大而不断增长。由于平台会员的人数众多且牵涉群体性广泛，一旦大型平台出现运行危机或者关闭，可能影响宏观金融市场的稳定发展。与此同时，网络互助平台的运行模式也成为系统性风险产生的土壤和传播途径。大病互助平台的运行和发展依赖会员群体的壮大，一旦平台出现经营的个体风险，将会产生多米诺骨牌效应，极有可能从平台传导至广大会员群体，再传至整个金融市场。同时，大病互助平台与会员间的信任基础即为互助计划这一契约，一旦平台单方变更约定内容，调整互助病种范围，即可能引发信任危机，会员群体迅速减少甚至解散，从而诱发系统性风险，甚至威胁金融稳定。[②]

## 二、网络互助平台的监管进程："弱"与"强"之间的徘徊

### （一）网络互助平台的发展初期（2011—2016 年）：监管层态度不明确

自 2011 年康爱公社上线以来，网络互助平台快速发展。对于这一"新事物"，监管部门最初采取了任其自由发展的观望态度，这也推动了网络互助平台"井喷式"的发展。这一阶段的"弱监管"也是由于网络互助平台的监管具有相当的复杂性，涉及多部门的职能重叠，有待于这一领域继续发展后，对各部门的监管职能进行协调。网络互助计划本身具有一定的"类保险"性质，与（银）保监会的职能相重叠；同时又兼具公益性特征，而公益组织

---

① 王稳等：《消费者异质性对健康保险市场逆向选择影响的实证研究》，《保险研究》2018 年第 8 期。
② 李敏：《金融科技的系统性风险：监管挑战及应对》，《证券市场导报》2019 年第 2 期。

的监管应归属民政部门。此外，网络互助计划主要涉及的是健康医疗领域，与卫生行政部门的医疗执法密切联系。在此期间，主要发挥监管作用的是原保监会。保监会于 2015 年 12 月发布了《关于"互助计划"等类保险活动的风险提示》，重点在于提醒消费者网络互助计划与相互保险产品的区别。网络互助平台的经营主体并不具备相互保险的法定经营资质，也尚未受到保监会的监管，具有一定的"假互助、真套现"风险。[①]2016 年 4 月，保监会有关部门负责人就"夸克联盟"等互助计划有关情况答记者问时，指明了网络互助平台的财务稳定性和赔偿给付能力存在隐患，消费者可能面临资金安全难以保证、承诺保障无法兑现、个人隐私泄露、纠纷争议难以解决等风险。[②]而这一阶段的柔性监管并未影响资本的强势介入，网络互助计划于 2016 年迎来了发展机遇期，呈现爆发式增长，成为仅次于网络直播的互联网风口。截至 2016 年底，总计有 12 家网络互助平台累计完成近 2 亿元的融资。[③]

## （二）网络互助平台的蓬勃发展阶段（2016—2021 年）：监管层持不鼓励态度

经过此前的"自由生长"，网络互助平台进入了高速增长期。与此同时，其存在的非法经营保险业务的风险、非法集资的风险和侵犯网络互助计划参与人合法权益的法律风险也愈发暴露出来，引起了监管部门的警觉。原保监会接连开展了"互联网保险风险"和"以网络互助计划形式非法从事保险业务"等专项整治工作，从以下四个方面进行重点整治：第一，是否宣称其日常运作乃至资金的管理与使用处于政府的有效监管之下；第二，是否违规使用保

---

[①]　中国保监会保险消费者权益保护局：《关于"互助计划"等类保险活动的风险提示》，淄博市保险行业协会网，http://www.zbbx.org/article-2-1298.aspx，访问日期：2021 年 8 月 21 日。

[②]　保监会：《保监会有关部门负责人就"夸克联盟"等互助计划有关情况答记者问》，中华人民共和国中央政府网，http://www.gov.cn/xinwen/2016-05/04/content_5070187.htm，访问日期：2021 年 8 月 21 日。

[③]　千帆：《2016 年度网络互助行业十大事件》，环球网，https://china.huanqiu.com/article/9CaKrnJZwr5，访问日期：2021 年 8 月 21 日。

险术语，甚至混淆保险产品与网络互助计划的区别；第三，是否收取保险费并建立资金池；第四，是否向社会公众承诺刚性赔偿给付责任或者提供确定的高额保障。经过原保监会查处违规平台的"雷霆手段"，许多中小型互助平台的不规范行为得到整顿。2020 年，银保监会再度对中大型网络互助平台出手。其在发布的《非法商业保险活动分析及对策建议研究》一文中强调，网络互助平台处于无主管、无监管、无标准、无规范的"四无"状态，相互宝、水滴互助等网络互助平台会员数量庞大，属于非持牌经营，涉众风险不容忽视。新一轮的严格整顿行动直接促成了网络互助平台新一轮的"关停潮"，百度灯火、美团互助、轻松互助、水滴互助、悟空互助、小米互助、360 互助、新浪互助 8 个平台相继关停。在网络互助行业逐渐形成规模效应但发展质量良莠不齐的情况下，保监会的监管举措对整治网络互助行业的乱象发挥了积极作用，但其整顿重点在于"划清互助计划与保险产品界限，防范消费误导"，这一监管目的决定了保监会监管以"避免互助平台变相或实际经营保险业务"为重心，以"规范网络互助计划的宣传方式和产品设计"为主要手段，存在不可避免的局限性。[1] 具体而言，保监会的监管措施仅止于提示消费者认识网络互助计划存在不容忽视的风险，但对如何从源头上化解这种风险却缺乏作为，[2] 对于会员权益的保护这一重点失焦。因此这场对互联网类保险行业的专项整治工作，更多的作用在于彰显商业保险产品的优势，而非保护会员权益本身。

客观来看，保监会针对网络互助行业采取的直接监管措施也促成了网络互助行业自律监管的产生。2016 年 12 月 16 日，9 家网络互助平台共同签署了《中国网络互助行业自律公约》（以下简称《公约》）。该《公约》分别从宣传规范和经营行为规范两个维度，对网络互助平台的运营模式进行规制，

---

[1] 刘天宇等：《网络互助计划在中国：发展概观与性质厘定》，《金融法苑》2018 年第 1 期。

[2] 金雪儿：《试析网络互助的监管逻辑——评网络互助专项整治计划》，微信公众号"北京大学金融法研究中心"，访问日期：2021 年 8 月 25 日。

构成了网络互助行业自律监管的主体。在宣传规范上，《公约》主要参照前述整顿调查中重点提示的四个方面，以反面列举的方式圈定了宣传行为的红线；在经营行为规范上，《公约》分别从会员数据真实性、平台数据安全性、互助计划合理性、互助资金安全性、互助事件真实性和互助平台退出机制六个方面，正面设计了网络互助计划的规范化发展路径。2018 年底，多家互助平台又联合起草了《网络互助互联网服务平台自律公约（2019 版）》（以下简称《公约（2019 版）》），在 2016 年版本的基础上进行了补充。总体来说，网络互助平台的自律公约从资金、信息和机制三个维度，对网络互助行业的运营进行了全面规范，致力于防控并化解各网络互助计划运营过程中的潜在风险，保障网络互助计划的会员权利得以实现。但由于《公约（2019 版）》是银保监会强力监管下的产物，行为规范的概括性较强，缺乏精确、周延、可操作性强的具体指引，更没有责任条款和强制执行规定，其更多地体现了宣示和引导作用，对行业发展的实际规范作用不强。

### 三、转变治理思维：包容与审慎并重

监管层面对大病互助平台监管态度的变化，实际上体现了其在推动行业发展与防范金融风险之间寻求平衡的探索。经过前期的摸索，大病互助平台的运营模式已趋于稳定，但监管层面囿于其存在非法从事商业保险经营的风险，力图洗清其保险"色彩"，推动其走上"纯公益化"道路。然而，监管部门所认定的风险最小化的路径未必是最适合平台发展的路。只有从我国大病互助平台的实际情况出发，结合国内外保险相关理论，在准确厘清其法律定位的基础上，才能推动大病互助行业的规范化发展。

### （一）回归大病互助平台的法律定位

自大病互助平台诞生以来，关于其法律性质的争议一直未曾平息。虽然监管部门致力于将其向公益组织的发展方向引导，但是学界和业界对此有着不同的观点。从与最初的"类保险""交互保险"等传统保险概念的靠拢，

到与现有国内公益组织的比较，再到归类于网络服务平台，学界和业界至今未能就网络互助平台的法律性质达成一致的观点。本文主要从网络互助平台相关法律行为的角度展开分析。

1. 平台属于风险分担机制，但并非商业健康保险机构

从大病互助平台所涉及的法律关系来看，当用户成为具体互助计划的会员时，即已知悉并同意平台制定的《公约》及相应计划的具体条款，其所发生的法律效果等同于该会员与其他会员签订的互助协议。互助协议约定了当其他会员所患疾病属于互助范围，并且满足既定的互助条件时，该会员有按份额支付互助费用的义务。相应地，当该会员出现约定的互助事件时，也产生了相应的救助请求权，其他会员也有同样的互助费交纳义务，即会员之间通过约定的方式互负债权债务，将自身的疾病风险转移至参与该计划的所有会员共同承担。由此看来，网络互助平台发挥了风险分担的作用，但其本身仍与商业保险相去甚远。

第一，从风险转移的对象来看，两者存在差异。商业保险中投保人在支付保险费时，即将相应的风险转移给了保险人。当出现保险事故时，保险人需要承担赔偿保险金的义务。但在大病互助计划中，平台并非保险合同中的保险人，会员也并非投保人。会员并未将风险转移至平台承担，而是在会员之间互相分散。在互助事件发生后，互助金的支付主体是全体互助会员，平台本身只承担审核互助申请、划拨资金的责任，并不承担支付互助金的义务。也就是说，网络互助平台本身只提供开放式风险交换服务，而不经营和承担任何风险，并非商业保险机构。

第二，从兑付能力的要求来看，两者存在差异。在商业保险中，保险公司应当具有与其业务规模和承担风险程度相适应的最低偿付能力，承担刚性兑付责任，投保人数和保险事件的变化并不影响保险赔付。而在大病互助计划中，互助会员之间、会员与平台之间的信任度是互助计划得以发起和运行的基础。其会员资金管理有预付费和后付费两种机制。对预付费机制而言，

会员加入互助计划时即需要在平台所属的个人账户中预存一定数额，满足一次扣款的最低金额，待互助事件发生后执行扣款。对后付费机制而言，会员加入互助时无须预先充值，仅需要提供并绑定支付方式。在互助事件发生后，平台根据事件参与人数确定均摊金额，然后在会员的绑定账户上进行扣款。由此可见，无论哪种模式，互助事件能否得到资金兑付均具有不确定性，完全取决于当时互助会员的人数与分摊意愿，而非平台本身的偿付能力，其并无刚性兑付责任。

第三，从法定经营资质来看，两者存在差异。我国保险公司需严格遵守许可设立原则，必须满足最低注册资本等设立要求，[①]并经银保监会批准取得保险业务的经营资质。[②]而大病互助平台尚无类似保险公司的经营资质等要求。此外，保监会在 2016 年发布的《关于开展以网络互助计划形式非法从事保险业务专项整治工作的通知》中要求"划清互助计划与保险产品界限"，[③]也释放出了大病互助平台不得从事保险业务的监管信号，再次明确了大病互助平台并非法定商业保险机构。

2. 平台具有互助性，但不属于公益组织

从大病互助平台的运营模式来看，其项下的网络互助计划属于"基于会员间受规则约束的、可持续性的单项捐赠行为而形成的互助社群"。虽然具

---

① 　《保险法》第六十八条规定，设立保险公司应当具备下列条件：

（1）主要股东具有持续盈利能力，信誉良好，最近 3 年内无重大违法违规记录，净资产不低于人民币 2 亿元；

（2）有符合本法和《公司法》规定的章程；

（3）有符合本法规定的注册资本；

（4）有具备任职专业知识和业务工作经验的董事、监事和高级管理人员；

（5）有健全的组织机构和管理制度；

（6）有符合要求的营业场所和与经营业务有关的其他设施；

（7）法律、行政法规和国务院保险监督管理机构规定的其他条件。

② 　《保险法》第六十八条规定，设立保险公司应当经国务院保险监督管理机构批准。

③ 　保监会：《中国保监会关于开展以网络互助计划形式非法从事保险业务专项整治工作的通知》，保监发改〔2016〕241 号。

有一定的普惠性，但是并不能因此忽略无论是平台发起互助计划，还是会员参与互助计划，均具有某种程度的自利性，大病互助计划并不属于纯粹的公益性捐赠。

第一，平台具有可营利性需求。相较于商业保险机构动辄 10% 的管理费，很多平台在发展初期为了吸引用户参与，采取了免收管理费或收取低比例管理费的经营策略。不同于慈善组织拥有稳定的捐赠收入，大病平台具有持续性自主经营的需要，许多平台逐渐提高了管理费。如 e 互助平台于 2019 年 2 月 26 日发布了会员公约条款优化公告，向会员每人每月收取 1 元管理费。

第二，平台不具有非营利组织资质。大病互助平台主要依托金融科技公司，系属企业法人，并非经民政部门登记的非营利组织。根据民政部 2017 年 7 月发布的《慈善组织互联网公开募捐信息平台基本管理规范》，[1] "个人求助、网络互助不属于慈善募捐"，明确了网络互助平台并非慈善组织互联网公开募捐信息平台。

第三，平台会员拥有自利预期。不同于慈善捐赠行为的单向性、自愿性和无偿性，平台会员之间的权利义务关系十分明确，其缴费行为属于双向的、契约约束的、有条件的，而且会员参与平台互助计划的主要目的仍在于预防和分散自身健康风险，并非单纯地救助其他会员。

3. 网络互助平台兼具相互保险与互联网金融的特征

不同于由专业保险机构经营的商业保险模式，相互保险是具有同质性风险保障需求的人群按照平等互助原则组织起来的自我保险服务。该组织的目的在于满足成员的风险保障需求，而非投资回报。[2] 结合相互保险的特征来看，大病互助平台的会员可以借助互助计划转移、分散、共同承担风险。在互助计划人数达到百万级别及以上时，具有风险转嫁需求的群体众多，由此即形

---

[1] 民政部：《慈善组织互联网公开募捐信息平台基本管理规范》，MZ/T 088-2017 号。

[2] 陈辉：《相互保险：创新保险新方式》，中国经济出版社 2019 年版，第 4 页。

成了因同质化风险保障需求而聚集的、会员间自我保障的危险共同体。① 大病互助平台基于"相互原则"开展业务，会员进行平等的民主管理，不仅共担健康风险，而且分摊平台运行费用，与相互保险有着密切的本质性关联。② 虽然网络互助平台尚未满足我国当前关于相互保险组织的法律形式，但是法律形式要件的差异并不能否定其相互保险组织的本质属性，其已然属于广义的相互保险的范畴。③

除了具备相互保险的本质属性外，根据《关于促进互联网金融健康发展的指导意见》对互联网金融的定义，互联网金融是传统金融机构与互联网企业利用互联网技术和信息通信技术实现资金融通、支付、投资和信息中介服务的新型金融业务模式。④ 由此可以判断，网络互助具有一定的互联网金融属性。陈辉在《相互保险：开启保险新方式》一书中指出，网络互助平台主要分为两种：一种是不参与互助计划的设计和维护，仅为会员求助信息的发布提供技术支持的服务商；另一种是既提供技术服务又介入互助计划设计管理的中介商。前者更倾向于互联网科技公司，后者更偏向于互联网金融企业。当前，互助市场中规模较大的平台基本上都属于后者。⑤ 这两者均以技术为支撑，以资金撮合和资金流管理为核心，兼具技术与金融属性。⑥

## （二）大病互助平台的监管路径选择

依托互联网技术的支持，大病互助计划在产品设计上具有参与成本低、保障范围大、受众面广泛等显著优势。这些特点高度契合了当前风险社会中人们对重大疾病的保障需求，特别是在相当程度上填补了中低收入人群重大

---

① 段莉琼、方圆：《疫情期间网络互助计划的法律性质》，《人民司法》2020 年第 25 期。
② 段莉琼、方圆：《疫情期间网络互助计划的法律性质》，《人民司法》2020 年第 25 期。
③ 宋占军等：《网络互助平台定性及监管归属分析》，《保险理论与实践》2016 年第 11 期。
④ 中国人民银行、工业和信息化部、公安部等：《关于促进互联网金融健康发展的指导意见》，银发〔2015〕221 号。
⑤ 陈辉：《相互保险：开启保险新方式》，中国经济出版社 2019 年版，第 188 页。
⑥ 李建军、罗明雄：《互联网金融》，高等教育出版社 2018 年版，第 7 页。

疾病保障的空缺。[①] 作为健康风险保障领域的有益补充，大病互助计划仍然有着广阔的市场前景。夸克联盟、e 互助和相互宝等当前会员数量百万级别以上的互助平台，只要合理进行产品创新、防控相关风险、保障会员权益的实现，就可以在多层次医疗健康保障体系中发挥重要作用。如何选择监管路径，很大程度上决定了大病互助平台今后的发展方向。基于包容审慎的监管要求，监管层面一方面应重视防范和治理平台存在的各种风险，另一方面也不能因噎废食、"一刀切"地否定金融模式的创新。大病互助平台的发展不仅需要监管规范和外部引导，而且需要行业规范和自我约束。

鉴于大病互助平台本质上具有保险属性，为最大程度防范相关风险，首先应当将其纳入保险监管，主要由银保监会履行监管职能，同时由医疗行政部门和民政部门等相关部门共同监管。由于我国当前主要通过部门规章来规范相互保险组织，相互保险的监管法律体系尚待建立健全，因此当前大病互助平台的具体监管应参照保险法律法规进行。在将大病互助平台纳入保险监管的同时，应当注意其作为互联网金融新业态与传统商业保险的差异性，避免直接套用原有保险监管模式所带来的低效和僵化。

具体而言，为了降低相关风险、保障会员权益的实现，监管应当围绕互助平台的准入管理、偿付能力、退出机制三个方面重点进行。初期可以尝试将互助业务纳入保险表外业务的监管范围，并且按照相互保险进行审核登记和管理；设计会员保护措施和救济机制保障平台的实际偿付能力。同时，参照保险机构市场化退出机制，完善互助平台退出的标准、原则、方式、财产分配制度、信息披露制度、风险预警体系等相关规范。

在尚未出台专门的网络互助平台法律法规的过渡期内，可以借鉴相互保险制度以及网络金融新业态监管的国际经验完善相关的监管规范。有学者通过比较研究发现，大病互助平台与美国交互保险社在经营原理、运行方式、

---

① 张宗良等:《类保险网络互助的性质厘定、风险识别与监管对策》,《金融与经济》2019 年第 12 期。

资金来源等方面高度契合，[①] 可以借鉴美国关于交互保险社的治理结构、偿付能力和行为控制的监管法律进行监管制度设计。除此之外，可以吸取 P2P、众筹、网约车、共享单车等互联网平台的发展教训，加强平台运营管理和资金安全的保障。[②]

在自律监管层面，应当在现有《公约》的基础上，继续完善并细化相关内容，将原则性条款转换为精确、周延、可操作性强的具体指引，增加会员治理、平台责任和强制执行等规定，以充分保障参与会员合法权益的实现。网络互助行业可以通过建立保险性机制提升平台的风险控制能力。如建立赔付准备金和再保机制来增强平台刚性兑付保障，以防范平台无法赔付的风险；适当通过严格审查程序、优化分摊比例、细化缴费责任和保障范围、增强与医疗机构的直接合作等方法来降低信息不对称带来的道德风险。

---

① 刘天宇等：《网络互助计划在中国：发展概观与性质厘定》，《金融法苑》2018 年第 01 期。
② 李建军等：《互联网金融》，高等教育出版社 2018 年版，第 7 页。

# 家族信托的监管困境及解决路径

浙江泽大律师事务所　詹　刚 *

**摘　要**

在当前信托行业严监管的背景下，信托业务需要逐步去通道化，回归信托本源业务。家族信托因为具备财富传承、风险隔离、财产保值与增值、税务筹划、家族治理等功能和优势，已成为财富管理的热门业务，市场潜力巨大。与此同时，由于《信托法》自身存在的诸多不足，比如信托财产的归属、信托设立目的、信托财产的独立性、信托财产的税收缴纳以及家族信托的配套监管规范等，在缺乏清晰明确的监管规则的情况下，我国家族信托的未来仍具有很大的不确定性。因此，通过信托立法，破除阻碍信托业持续发展的难题、明确信托财产的归属、确立信托财产独立性原则、制定配套的信托税收制度，形成配套的监管体系对家族信托业务加以规制。本文从我国家族信托的发展现状和面临的监管困境两方面进行分析，并剖析家族信托在我国司法适用面临的难题。在借鉴国外比较成熟的家族信托监管实践的基础上，提出我国家族信托监管的相关完善建议，以期有所裨益。

**关键词**：家族信托；监管困境；监管规范；解决路径

---

★ 詹刚，浙江泽大律师事务所律师，浙江大学法律硕士，专注于金融法、证券法、建设工程法律实务。

# 一、家族信托的功能及国内发展现状

## （一）家族信托的定义

要想说清楚家族信托的概念，需要先理解和把握其上位概念即信托。根据《信托法》第二条的定义，信托是指委托人基于对受托人的信任，将其财产权委托给受托人，由受托人按照委托人的意愿以自己的名义，为受益人的利益或者特定目的，进行管理或者处分的行为。信托的核心要义其实就是8个字"受人之托，代人理财"。但是这种委托其实需要以信任为前提和基础，没有信任就不存在委托。而理财是为了受益人的利益或者目的，还需要体现委托人的意愿。[①]《美国信托法重述》第二条将信托的定义明确为"信托是发生在当事人之间的一种财产信赖关系，在这种关系中，一方享有财产上的所有权，并在衡平法上承担为另一方利益管理和处分财产上的义务"。信托关系本质上是一种信义关系（faduciary relationship），其区别于一般的合同关系，要求受托人为了受益人的利益而积极履行管理和处分信托财产的义务，具有忠实勤勉的义务。[②]

家族信托是信托制度的重要组成部分，它集中体现了信托的财富传承、保护和管理的功能，是信托制度中的重要一支。银保监会对家族信托给出过明确的定义，即家族信托是指信托公司接受单一个人或者家庭的委托，以家庭财富的保护、传承和管理为主要信托目的，提供财产规划、风险隔离、资产配置、子女教育、家族治理、公益（慈善）事业等定制化事务管理和金融服务的信托业务。家族信托财产的金额或价值不低于1000万元，受益人应为包括委托人在内的家庭成员，但委托人不得是唯一受益人。单纯以追求信托财产保值增值为主要信托目的，具有专户理财性质和资产管理属性的信托

---

① 卞耀武：《中华人民共和国信托法释义》，法律出版社，2002年版第3页。
② 赵廉慧：《信托法解释论》，中国法制出版社，2015年版第32页。

业务不属于家族信托。[①] 家族信托不适用 2018 年 4 月人民银行、银保监会、证监会、外汇局四部委联合发布的《关于规范金融机构资产管理业务的指导意见》的相关规定。根据该定义可知，家族信托的服务客户为高净值人群，对资产规模有最低要求即不低于 1000 万元。与此同时，家族信托也有别于自益信托，委托人不能是唯一的受益人，其性质属于他益信托。而且家族信托的功能或者说信托目的不能仅仅只是财产保值增值，信托目的包括但不限于财富的保护与传承、风险隔离、资产配置、家族治理以及公益事业等。

## （二）家族信托的功能

家族信托是一个以财富传承、保护和管理为主要信托目的的财富管理工具，为了更好地说明家族信托的功能与优势，需要将其与其他几个财富传承工具，比如生前赠与、法定继承、遗嘱继承、大额人寿保险等，进行综合比较分析。生前赠与指的是行为人在生前将自己所有的财产无偿转移给他人所有的行为，比如某一老人将自己唯一的一套房产无偿过户给其唯一的儿子，这种财富传承形式比较简单，操作方便，花费的成本也较低，而且赠与对象无限制，任何一个人都可以成为法律角度的赠与对象。与此同时，赠与是一次性交付财产，无法避免受赠人财富管理能力不足以及挥霍财产的风险，无法实现财富的有效传承。

遗嘱继承指的是继承人依照被继承人生前所立的有效遗嘱继承被继承人遗产的方式。《民法典》第一千一百三十三条规定，自然人可以依照本法规定立遗嘱处分个人财产，并可以指定遗嘱执行人。自然人可以立遗嘱将个人财产指定由法定继承人中的一人或者数人继承。自然人可以立遗嘱将个人财产赠与国家、集体或者法定继承人以外的组织、个人。自然人可以依法设立遗嘱信托，这种方式可以有效反映被继承人的意愿。如果立有遗嘱，将财产

---

① 该定义来源于 2018 年 8 月 17 日，银保监会下发的《信托部关于加强规范资产管理业务过渡期内信托监管工作的通知》。

分配写清，财产给谁或不给谁由遗嘱说了算，依据明，不但可以防止继承人之间起纠纷，而且专业遗嘱还可以防止子女离婚时遗产遭分割。但是遗嘱继承需要被继承人死亡和生前所立遗嘱是合法有效的，两个要件须同时满足。缺乏任何一项都可能导致所立遗嘱无效，须按照法定继承处理，其存在较大的不确定性。① 法定继承指的是在被继承人没有遗嘱或者没有合法有效遗嘱的情形下，按照法律规定的继承人范围和继承人顺序以及相应的遗产分配原则继承被继承人遗产的继承方式，其适用的前提是被继承人没有立下遗嘱或者所立遗嘱被认定为无效，即法定继承是个"兜底性"的财富传承方式。而继承人的范围、顺序及分配原则均由法律明文规定，按照法定继承分配财产，不一定符合家庭的实际情况或者当事人的个人意愿，往往容易导致纠纷或者遗憾。同遗嘱继承一样，法定继承是一次性交付遗产，无法避免继承人财富管理能力不足以及挥霍财产的风险，无法实现财富的有效传承。

大额人寿保险是指被保险人通过购买大额人寿保险并指定受益人进而实现财富传承的一种工具，它程序简单，可以省去法定继承或者遗嘱继承所需要的一些繁琐程序，而且可以尽量避免财富传承的纠纷，还具有一定的债务隔离功能。但是其收益率相对较低，而且传承的财产范围有限，只能传承现金资产，还可能存在受益人限于被保险人死亡的情形。②

古语有云："道德传家，十代以上，耕读传家次之，诗书传家又次之，富贵传家，不过三代。"如何在传承物质财富的同时，将家族的责任、精神、文化及价值观世代相传，是每一个高净值人士都会思考的问题。家族信托能够实现家族财富和家族文化的双重继承。一方面，家族信托能够有效实现财富的传承，确保财富的传承能够有效传递，避免因为夫妻离婚或者其他意外情况导致财产无法有效传递。其传承的家庭财产范围包括但不限于委托人的

---

① 最高人民法院民法典贯彻实施工作领导小组：《中华人民共和国民法典婚姻家庭编继承编》，人民法院出版社 2020 年版，第 505 页。

② 李升：《财富传承工具与实务：保险·家族信托·保险金信托》，中国法制出版社 2018 年版，第 56–58 页。

现金、股权、汽车、不动产等，并不像大额人寿保险一样仅限于现金资产。[①]另一方面，家族信托能够将家族文化有效地传承下去，兼具财产继承与精神继承的双重属性。就我国家族财富和事业传承问题而言，无论从价值分析还是从比较借鉴的角度分析，家族信托不失为一种较为理想的解决方法。[②]另外，家族信托能够借助信托财产的独立性，即信托一旦有效设立，信托财产就从委托人、受托人以及受益人的自有财产中分离出来，信托财产就成为独立运行的财产，这样债权人也无法对该信托财产申请执行，具备了风险隔离的功能，甚至还能达成税务筹划规避高额遗产税、统筹子女教育与防范其挥霍家产、进行隐私保护、从事慈善公益等其他信托的目的。与此同时，根据《信托部关于加强规范资产管理业务过渡期内信托监管工作的通知》（业内称"37号文"）对家族信托设置了 1000 万元的资金门槛，对于中产阶层家庭来说基本达不到门槛要求，只适合高净值家庭做资产配置。

## （三）国内家族信托的发展现状

自 2012 年 9 月我国出现第一个家族信托产品到如今，我国家族信托行业的发展也才不到 10 年。虽然起步较晚，但我国家族信托行业发展迅猛，后劲十足。近些年来，伴随我国家庭财富的迅速增加，我国的民营企业家逐步进入退休阶段，如何实现企业和家族财富的传承成为迫在眉睫的现实需求。这种面向高净值人士，为其提供风险隔离和财富传承服务的新型模式便是"家族信托"。根据 2020 年 11 月招商银行发布的《2020 中国家族信托报告》（以下简称《报告》）显示，2020 年中国家族信托意向人群数量约 24 万人；预计到 2023 年底，中国家族信托意向人群数量将突破 60 万人。该《报告》还显示，2020 年中国家族信托意向人群可装入家族信托资产规模约 7.5 万亿元；

---

① 周小明：《信托制度：法理与实务》，中国法制出版社 2012 年版，第 76 页。

② 李有星、杨得兵：《论家族信托的历史发展及其当代价值》，《浙江大学学报（人文社会科学版）》2016 年第 1 期。

预计到 2021 年底，该部分资产规模将突破 10 万亿元。[①] 根据中国信托登记有限责任公司的数据显示，2020 年末家族信托规模较年初的 1137.87 亿元增长了 80.29%，家族信托存续规模连续四个季度持续上升，环比增幅分别为 11.2%、8.34%、35.94% 和 10.09%，家族信托在市场需求的推动下正在快速增长。与此同时，随着我国市场经济的不断推进，人民生活水平的不断提高，我国中产阶层的数量日益庞大。我国民营企业在历经改革开放 40 余年的风雨洗礼之后，民营企业家积累的个人财富相当可观，即将或者依然面临财富保值与财富传承等问题。由此可见，我国家族信托行业的未来可期，市场潜力巨大。

## 二、掣肘家族信托健康发展的监管困境

### （一）家族信托监管的必要性分析

一些信托从业机构偏离正确的创新方向，打着创新的旗号包装粉饰，欺骗投资者，或借用创新概念混淆视听、鱼目混珠、逃避监管，一些机构甚至以创新为掩护从事非法集资、集资诈骗、虚拟货币发行和交易等各种非法金融活动，严重扰乱了金融市场秩序，极大侵害了金融消费者的合法权益，甚至给金融稳定和安全带来了新的挑战，迫切需要监管层及时作出应对。当前科技与信托的逐步融合并没有改变金融的风险属性，其与技术相伴随的业务交叉、新技术应用、网络安全、信息泄露等风险反而更加突出。混合型金融创新让家族信托面临的金融风险更加隐蔽和复杂，涉众性风险急剧加大，金融消费者权益保障问题更加突出。跨区域、跨行业、跨市场的交叉性风险进一步加剧，具有诱发周期性和系统性风险的潜在可能。近年来，信托领域出现大量跨市场、跨行业的新业务，这些业务往往交易结构复杂、交易链条较长、信息不透明，如果按照分业监管模式来审查，很可能得出其业务并无明

---

① 参见招商银行于 2020 年 11 月发布的《2020 中国家族信托报告》。

显违规且风险可控的结论。信托业的混业经营加剧了监管难度，一旦监管理念和监管模式跟不上混业经营的发展，其带来的较大的金融传导和外溢风险很容易冲击金融系统的稳定性，也不利于金融市场的稳健发展。[①]

## （二）家族信托面临的监管挑战

与此同时，家族信托的发展还面临着当前监管规范仍不完善以及监管政策具有较大不确定性等问题。比如，信托财产的所有权、收益权、管理权相分离的原则与我国物权法意义上的"一物一权原则"的冲突无法调和，但是将财产的所有权和财产利益及控制权相互分离本身就是信托功能的题中之义。信托财产独立于委托人、受托人和受益人，信托财产的登记迟迟难以全面落地，信托财产的独立性仍备受争议。尤其在司法适用中，常常受到挑战。

### 1.缺乏配套的家族信托监管规范体系

目前，我国家族信托产业发展迅猛，但与之相关的一些监管规范可能已经滞后于经济社会发展的现实。这就要求我们对相关法律规范加以完善，留出合理的制度空间。法律法规是家族信托行业规范、持续发展的重要保障，对于我国而言，迫切需要进行家族信托领域的法制建设，以此来弥补监管的短板。避免监管缺位和监管空白，使之与家族信托产业持续健康发展相适应，也是积极完善我国资产管理金融监管体系的新机遇。

### 2.信托财产的归属与"一物一权原则"的冲突

信托财产独立性理论的差异性蕴含着大陆法系引入信托制度真正的逻辑难题——信托财产权属问题。换言之，只有明确规定信托财产所有权归属才不至于使信托财产独立性成为空中楼阁。[②] 根据《信托法》第二条对信托的定义，信托是指委托人基于对受托人的信任，将其财产权委托给受托人，由受托人按照委托人的意愿以自己的名义，为受益人的利益或者特定目的，进

---

① 李峰：《中国金融混业经营模式探析》，《清华金融评论》2019 年第 2 期。

② 甘培忠、马丽艳：《以独立性为视角再论信托财产的所有权归属》，《清华法学》2021年第5期。

行管理或者处分的行为。这里的"委托给"容易产生歧义，难以直接揭示信托的本质内涵，也与我国一直奉行的"一物一权原则"相冲突。"一物一权原则"客观上要求物权的客体必须特定化，[①] 而信托显然与此相冲突。委托人将信托财产交付给受托人，其实在法律意义上就丧失了对信托财产的所有权，而信托财产又独立于受托人的自有财产，受益人的收益权又不能与所有权直接画等号。目前我国仍然不认定受托人享有信托财产的名义所有权，受益人享有信托财产的实质所有权。这样的双重所有权理论，显然与大陆法系的物权客体特定原则背道而驰。

### 3. 信托财产的独立性在司法实务中备受挑战

虽然《信托法》对于信托财产的独立性已经做出了非常明确的规定，其第十六条规定，信托财产与属于受托人所有的财产相区别，不得归入受托人的固有财产或者成为固有财产的一部分。与此同时，即便出现受托人死亡或者依法解散、被依法撤销、被宣告破产而终止，信托财产也不属于其遗产或者清算财产，甚至信托财产原则上不被强制执行。《全国法院民商事审判工作会议纪要》（以下简称《九民纪要》）第九十五条同样重申了信托财产的独立性，即信托财产在信托存续期间独立于委托人、受托人、受益人各自的固有财产。具体而言，信托财产独立于委托人未设立信托的其他固有财产，也独立于受托人的固有财产，信托财产也不是受益人的责任财产。

但是，在司法实务中，在被称为国内家族信托被强制执行第一案中，出现了委托人在成功设立家族信托之后，诉讼原告向法院申请诉讼财产保全，法院最终作出要求受托人协助执行停止向委托人及其受益人或者第三人支付信托合同项下的所有款项及其收益这样令人咋舌的裁定。之后，信托财产的委托人提起了执行异议，认为首先本案中不存在不当得利的情形，案涉的信托财产为非婚生子的父亲所提供，其在依法履行抚养、教育子女的义务。其次，从信托财产的独立性角度来看，本案的情形应当适用《九民纪要》中的信托

---

① 王利明等：《民法学（第六版）》，法律出版社 2020 年版，第 341 页。

财产的诉讼保全制度，信托财产不应当被采取保全措施。与此同时，作为本案中信托财产的受益人，该非婚生子也提起了执行异议。其异议的法理依据同样是信托财产的独立性，信托财产应当独立于委托人、受托人以及受益人，从人道主义的角度出发也不应当冻结信托基金的资金和收益。最后，法院对于信托财产委托人提出的异议予以驳回，理由是法院要求受托人停止向委托人及其受益人或者第三方支付合同项下的所有款项，不涉及实体财产权益的处分，不影响信托期间受托人对于委托人的信托财产进行管理、运用或处分等信托业务获得，只是不得擅自将委托人提供的信托财产中的本金作返还处理，这不属于对信托财产的强制执行。对于信托财产的受益人提出的异议，法院最终支持了其异议请求，终止了对该家族信托产品项下的信托财产收益的执行，其理由是本案的情形不属于《信托法》第十七条规定的可以对信托财产进行强制执行的特定情形。因此，该异议申请人即信托财产的受益人对案涉家族信托合同项下的信托基金收益享有排除执行的权益。[①]

### 4. 家族信托登记尚未全面实施

信托登记的核心目的不在于资格准入，而是要实现公示公信的对抗力。[②]《信托法》第十条明确规定："设立信托，对于信托财产，有关法律、行政法规规定应当办理登记手续的，应当依法办理信托登记。未依照前款规定办理信托登记的，应当补办登记手续；不补办的，该信托不产生效力。"我国《信托法》之所以设置信托财产登记制度，最核心的原因是对信托财产的独立性的内在要求。虽然作为全国性的信托登记机构，中国信托登记有限责任公司主要负责信托产品登记与受益权登记，但依然无法实现我国《信托法》对财产的信托登记要求，依然面临信托登记生效的立法不合理、登记范围难以具体化、登记类型定位不清等困境。[③] 银监会于 2017 年 8 月发布的《信托登记

---

① 湖北省武汉市中级人民法院（2020）鄂 07 执异 661 号和 784 号执行裁定书。
② 王建文、郭逸霏：《我国信托登记制度完善的法律路径》，《行政与法》2017 年第 7 期。
③ 季奎明：《中国式信托登记的困境与出路》，《政治与法律》2019 年第 5 期。

管理办法》，解决的虽然不是信托财产登记的问题，但已为彻底解决信托财产登记问题打下了良好的基础。一方面，信托登记制度应当由法律、行政法规规定。然而《信托登记管理办法》是中国银监会颁布的一个规范性文件，效力级别远低于法律和行政法规。另一方面，我国《信托法》对信托财产转移的法理性质似乎并无定论，很大程度上是因为我们并未明确承认信托"双重所有权"的理论。立法层面的迷雾不吹散，就不可能建立行之有效的信托财产登记制度。放入信托的动产及不动产需要完成过户登记，放入信托的资金需要转入信托账户名下，既是信托财产转移的法定需求，也是信托财产与委托人、受托人其他财产相区分的必经之路。

## 三、家族信托监管的解决路径

### （一）修订完善《信托法》，加强监管部门自身建设

中国人民银行副行长、国家外汇管理局局长潘功胜表示，任何金融活动都不能脱离监管体系，要严格遵守法律法规。信托行业的持续健康发展，离不开健全的信托法律制度。首先，有必要对《信托法》这个基本法律制度进行修订和完善，尤其是对信托财产归属以及信托财产的独立性等核心问题进行修订，予以明确。目前，我国《信托法》亟待修改完善，尤其是信托的定义需要进一步明确，信托财产的归属应当在信托的定义中直接予以明确。目前我国金融业混业经营趋势显著，而传统的分业监管模式很容易出现监管空白或者监管套利，很难避免"铁路警察，各管一段"的尴尬局面。尤其是信托行业，其与资产管理、银行理财、证券投资、私募基金等关系密切，跨部门、跨领域的现象非常突出。由于家族信托产品涉及的领域众多，比如私募股权投资、上市公司股权、资产管理、保险等，因此监管部门需要更新监管理念，采用功能监管和行为监管，实施穿透式监管。透过家族信托纷繁复杂的产品表面形态看清业务实质，将资金来源、中间环节与最终投向穿透连接起来，按照"实质重于形式"的原则甄别业务性质，根据业务功能和法律属性明确

监管规则，<sup>①</sup> 对属于家族信托行为的一律纳入监管范畴。

## （二）制定配套的监管规范，统一司法适用

鉴于有关家族信托的监管规范少之又少，缺乏明确具体的可操作性的监管规范，因此监管部门应当及时制定配套的监管规范，以弥补监管漏洞，尽可能减少监管套利现象。信托监管部门需要切实改变过去"重发展、轻监管"的倾向，兼顾创新发展与风险控制。通过金融监管创新和适应，既不盲目放任不管，也不能固守传统的监管理念和模式将其管死。历史已经证明，一个行业要想实现持续健康发展，需要敬畏规则、敬畏法律。通过规范的引导和监管来激浊扬清、正本清源，严厉打击监管套利的行为。未来，需要及时制定和修改监管规范，对家族信托领域出现的新问题、新情况及时作出回应，用监管规范引导家族信托行业聚焦本源业务，合规经营。

与此同时，也非常有必要及时出台《信托法》的司法解释，统一《信托法》在司法实务中的适用。目前，司法机关对于信托的认知相对较少。虽然法院直接适用《信托法》及其配套的法律规定来审理的营业信托纠纷越来越多，但是其总量还是相对较少，而涉及家族信托的相关司法纠纷数量更是少得可怜。但是，随着家族信托业务的不断开展，与此相关的家族信托纠纷也会越来越多，亟待司法机关加深对家族信托的认识。通过制定相关的司法解释，有利于统一司法裁判，提升对其的认知。

## （三）完善和统一家族信托的财产登记

《信托法》自2001年颁布以来，一直没有出台关于信托登记的具体规章制度。2017年8月30日，中国银监会发布了《信托登记管理办法》（银监发〔2017〕47号），信托登记制度落地即将填补这一领域的制度空白。信托登记制度主要是为了将信托财产已经依法设立的事实向公众进行公示。基于

---

① 潘功胜：《促进互联网金融持续健康发展——在中国互联网金融协会成立会议上的致辞》，《金融电子化》2016年第5期。

公示即信托财产的登记，当事人和第三人由外部认识到物权的存在，使得物权关系得以透明，能够起到保护交易安全、维护物权的归属秩序。[①] 目前，营业信托的信托登记相对较为完善，但家族信托等民事信托的登记并未真正发挥作用，因此需要继续完善和统一家族信托领域的信托财产登记。虽然在2016 年 12 月，全国性的信托登记机构即中国信托登记有限公司经国务院同意、中国银监会批准后在上海设立并开业，[②] 但我国统一的信托登记制度仍然任重道远，期待早日在我国建立统一的家族信托登记制度。

### （四）形成行业自律，树立信托文化

信托的本质还是"受人之托，代人理财"，其核心在于信任，受托人具有信义义务。受托人在委托管理和处分信托财产时，必须秉承诚实信用原则，尽到勤勉尽责的义务。作为受托人的信托公司，必须加强自我约束，在行业自律协会的指导和监督下，主动管理信托财产。整个家族信托行业也应当形成行业自律规范，通过行业自律来弥补监管规范的不足。与此同时，信托行业应当加强宣传，将信托文化进一步传播并渗透到日常生活中，消除普通群众甚至是高净值人群对家族信托的误解和认识偏差。

---

① 梁慧星、陈华彬：《物权法（第七版）》，法律出版社 2020 年版，第 91 页。

② 徐刚：《解释论视角下信托登记的法律效力》，《东方法学》2017 年第 6 期。

# "区块链"在供应链金融业务场景下的风险控制体系构建
## ——以某银行"区块链+保理E贷"项目为研究对象

北京中伦（杭州）律师事务所　张晟杰　徐　杰 *

**摘　要**

随着社会化生产分工的日益精细和全球化供应链产业组织模式的发展，运用供应链金融解决财务管理的做法日益创新，为企业盘活资产流动性、提高资金的运用效力、提升自身生产和运营能力带来了极大便利。现代科技信息技术的进步，如大数据、云计算、区块链等，又为传统供应链金融渗透能力不足、金融机构在供应链末端的信息获取能力不足、风控抓手有限等难题的解决带来了全新的路径。笔者将以近期某政策性银行与某金融科技龙头集团基于区块链技术合作打造的线上供应链融资业务为研究对象，探寻基于分布式记账、哈希算法的区块链技术应用于传统金融结算业务过程风险控制体系的构建。

**关键词：** 区块链；供应链金融；保理；应收账款融资；风险控制

---

＊　张晟杰，北京中伦（杭州）律师事务所律师；徐杰，北京中伦（杭州）律师事务所律师。

2019 年 7 月，银保监会印发《关于推动供应链金融服务实体经济的指导意见》（银保监办发 [2019]155 号），提出鼓励银行业金融机构运用互联网、物联网、区块链、人工智能等技术，与核心企业等合作搭建服务上下游链条企业的供应链金融服务平台，创新发展在线金融产品和服务，运用先进技术完善风控体系，直指"改善小微企业、民营企业金融服务、消费金融与普惠小微金融"。截至目前，已有多家银行落地了基于区块链技术打造的供应链融资业务平台，以技术创新服务传统融资场景，旨在改善纳税占国家税收总额约 50% 的小微企业的"融资难、融资贵"问题（见表 1）。

#### 表 1　已落地的区块链供应链金融项目

| 时间 | 机构名称 | 区块链金融项目 |
| --- | --- | --- |
| 2017 年 8 月 | 浙商银行 | 企业"应收账款链"平台 |
| 2017 年 12 月 | 华夏银行 | "区块链 – 供应链"金融产品 |
| 2017 年 12 月 | 平安银行 | 供应链应收账款平台（SAS） |
| 2018 年 4 月 | 建设银行 | 区块链贸易金融平台 |
| 2018 年 8 月 | 浙商银行 | 浙商链融 |
| 2019 年 10 月 | 中国进出口银行 | 区块链线上融资项目 |

（数据来源：互链脉搏公众号）

区块链打造的供应链线上融资平台可以加载多类型的传统金融业务，业务的核心是利用区块链信息的记录与传输功能，实现对业务"基础资产"的审查和把控。这里的"基础资产"系业务风控的抓手，可以是应收账款、存款、仓单、业务合同等可以变现或产生现金流的权利或实物。[①] 而"区块链 + 保理 E 贷"业务项下的"基础资产"是企业间基于真实贸易而产生的应收账款，匹配业务类型为无追索保理。

---

① 浙商证券：《区块链行业：2020 基于区块链技术的供应链金融白皮书》，豆丁网，https://www.docin.com/p-2565774699.html，访问日期：2020 年 12 月。

# 一、区块链赋能供应链之业务拆解分析

## （一）业务结构

### 1. 业务主体及其法律关系

"区块链+保理E贷"业务项下参与主体主要为四方，即核心企业（买方）、供应商（卖方）、保理商、[①] 信息服务平台（区块链平台）。

其中，核心企业与供应商之间基于赊销贸易形成应收账款，是普通商品买卖关系；供应商和银行之间形成真实的融资交易，基于银行授信形成金融借贷关系；核心企业为供应商所做的每一笔融资业务提供担保，核心企业与银行形成保证与被保证的关系；信息服务平台（区块链平台）为各方提供信息技术相关服务（见图1）。

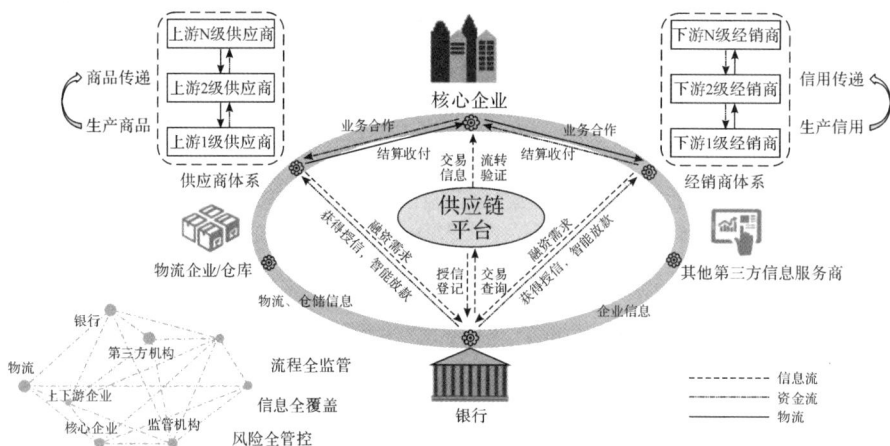

图1　"区块链+保理E贷"业务各主体角色

### 2. 业务流程

"区块链+保理E贷"业务通过将核心企业及其庞大的供应商整合进入平台，使用区块链技术将应收账款货币化后，作为结算工具在后续贸易场景中

---

① 一般情况保理商含银行业金融机构及商业保理公司，此业务项下保理商为银行业金融机构。

自由流通。其中，应收账款从发生到作为结算工具的演变过程如下（见图2）。

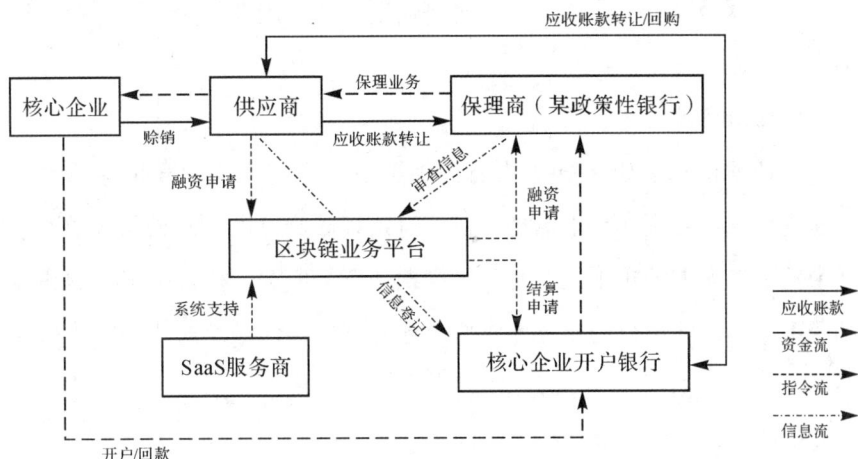

图2 "区块链＋保理E贷"业务结构

（1）应收账款形成：基于赊销贸易，核心企业形成对上游供应商的应收账款。双方完成合同签订、发票开具、货物交付及签收，形成相应凭证。

（2）应收账款上链形成通证：通过向区块链平台提交贸易合同及发票等相关单据，将核心企业对一级供应商的应收账款进行登记和确权，形成通证（本业务项下，称为金单）并作为后续支付手段。

（3）通证的交易：基于区块链进行拆分，将通证作为支付手段，把核心企业的信用传递至每层全链供应商。

（4）通证的"变现"：最后持有通证且有融资需求的供应商，在区块链平台中发送融资申请，由区块链平台将该申请及相应凭证（含持有通证的数量、整套贸易单据）递交银行，银行审核后与供应商线上签署协议，叙做无追索的正向保理，获得该通证，并向供应商放款，实现线上化的快速融资。

## （二）业务意义

### 1.供应链企业视角

"区块链＋供应链金融"为以中小企业为主的供应商解决融资问题提供

了新的路径。任何一条供应链上各参与节点企业都可以获得融资，从而增强中小企业的现金流能力，以及其对经济周期、产业周期等客观因素变化的防御能力。

### 2. 保理商视角

区块链赋能供应链金融为银行提供了一个稳定持续的开拓客源的新渠道。通过绑定核心企业并以为整个供应链系统成员提供一篮子综合融资服务方案为抓手，大大缩短了银行的营销周期和营销成本，拓宽了银行的获客渠道和获客效率，使银行的服务能够安全地向下推移，触及这些黏度较高的优质客群。

### 3. 经济效益和社会效益视角

通过该类金融服务创新，很好地解决了社会上普遍存在的融资困境（即融资难、融资贵、融资方式单一），实现了资金的高效率流转，提升了整条供应链的价值及其核心竞争力，最终将放大至整条产业链乃至国民经济的某一板块，凸显规模经济效应。

## 二、区块链赋能供应链金融之潜在合规和法律风险

区块链赋能供应链金融，主要利用区块链技术分布式记账、智能合约自动执行性、上链数据难篡改特性、数字资产等四大主要内在特征，优化传统金融业务流程，提升供应链金融的整体效率和质量。[①] 但因"联盟链"系搭建在适用不同监管规则和不同法律属性的主体之间，内在属性差异的张力演化为对系统规则的匹配性、失败和争议处理的公平性等外部问题的挑战。

### （一）虚拟货币容易引发财产类犯罪

目前，世界范围内普遍将数字货币称为"通证"（token）。"通证"的内涵随着其与区块链技术的结合而发展演变，在不同领域有不同含义。其可

---

① 杨东：《区块链商业实践与法律指南》，北京航空航天大学出版社 2017 年版。

指代赌场的筹码、公司的业绩考核点数、代金券或礼物卡等代表执行某些操作的权利的对象、提货单或某项资产权利的证明，其与使用权、收益权、投票权、参与权等权益绑定，可定义为"可流通的加密数字权益凭证"。[①] 在我国传统法律体系中，较难找出对本业务项下的通证的直接定义，较为接近的概念为《民法典》第四百四十一条提到的"权利凭证"，该权益可以对应股权、债券、收益权、分红等任何形式的权益。

理论上，"权利凭证"与国家发行的以国家意志力为信用背书的货币有明显区别，不具有法偿性。但因其在参与平台交易链的主体之间作为结算手段可以自由流通，且具有向保理商申请融资的变现可能，如不严格限定参与主体（超过核心企业供应商的范围）的数量，参与主体无限扩大将使平台踏入私发货币或私设交易场所的"不法之地"。如不严格设置参与主体的准入条件，可能使冒名注册或者经营异常的主体加入结算链，将平台作为洗钱的工具。

### （二）纯线上业务模式造成尽职调查的不充分

无论银行业金融机构适用的《商业银行保理业务管理暂行办法》（中国银监会令 2014 年第 5 号）还是普通商业保理公司适用的《关于加强商业保理企业监督管理的通知》（银保监办 [2019]205 号），都要求保理商应当对客户和交易等相关情况进行有效的尽职调查。通过审核单据原件或贸易信息等方式，确认相关交易背景真实合理存在。平台的线上申请及保理商匹配的后台审单机制，虽然带来了业务的便捷和效率，但是拉开了融资人和保理商的空间距离，使保理商对融资人资信的审查缺少了传统线下走访签约带来的直观感受。

同时，因缺乏行业和技术准入标准，应用区块链技术打造的金融业务平台质量参差不齐，特别是在利用身份识别技术加场景证书构建效力基础的电

---

① 参见 2019 年北京中伦律师事务所和 LexisNexis 联合发布的《区块链法律实务报告》。

子合同签约环节，其中涉及的底层链技术要求和合约标准等还未形成。如果出现程序性错误或身份识别错误的漏洞被他人掌握，极易发生利用虚假交易骗取资金或虚拟资产被恶意转移的情况。其中，多方的法律责任亦难以判断。由此，引发一系列可执行性、法律适用、智能合约管理者的责任等问题。[①]

## （三）结算错误演化为经济纠纷

如前交易流程，区块链平台本身不是资金结算主体，资金结算发生在核心企业的开户银行、供应商和保理商的开户银行之间。虽然在一般情况下，三个账户均开立在同一银行，或保理商本身为一家银行，核心企业和供应商的账户开在该银行，但不排除强势的核心企业或者供应商无法更换基本账户也不愿意新增一般账户的情况（特别是在上市公司作为核心企业或供应商的情况下）。此时，形成了"A银行—平台—B银行"的资金结算关系，此结算流程由平台内参与银行的指令进行控制。

对比同为指令结算模式的银联结算体系，区块链平台并非由参与银行出资设立，内部也缺乏严密的议事管理及责任归属规则，各成员之间的连接相对松散。且从法律关系上来看，银行与银行之间无合同约束。根据合同相对性原理，在违约责任可能无法成为追责路径的情况下，平台成员间无类似银联成员间庞大的《银联卡业务运作规章》对参与方的权利和义务作出划分，且平台亦无处罚银行的权限。当发生平台发送错误指令或平台错误地执行银行发送的结算指令时，因缺少权威机构认定各方责任，使受损失方较难追究过错方的侵权责任，可能引发结算风险。

## （四）应收账款的归属争议

因目前只有个别核心企业加入了央行的应收账款登记系统，在区块链平台内，可能暂时无法实现应收账款转让后同步在央行进行登记。应收账款的

---

控制依赖区块链分布式记账的机制实现，但效果仅限于加入平台的主体内部。在现行《民法典》第七百六十八条确立的"登记优先"原则下，如应收账款债权人就同一应收账款在平台外订立多个保理合同或转让合同，或使用应收账款质押融资，则区块链技术反而增加了保理商的业务风险。同时，因通证可以拆分使用，在平台内可能有多个供应商拥有核心企业的应收账款，极易导致保理商在支付结算资金后，应收账款已旁落他手。此时，如应收账款所有权人向核心企业主张应收账款，保理商可能只得通过无追索权的保理项下的瑕疵转让赔偿请求权和有追索权保理项下的还款请求权，要求供应商赔偿或还款。而供应商的资信实力远不如核心企业，这将大大放大作为金融机构的保理商的信用风险。

## （五）交易链延伸过程中的违规经营

在本业务中，区块链平台起到了连接资金端与资金需求端的作用。同时，又为供应商与银行之间就应收账款的转让提供了服务，主要定位为信息记录和传输的媒介。如果一直保持此定位，平台的开发主体只能通过一次性收取平台架设费用和后期维保费用作为自身的经营收入来源。于是，部分有金融背景（如创始人为金融系统出身，或由部分金融机构发起设立等）的 SaaS 供应商通过拓展服务链条，收割整个交易系统中的获利空间，最终意图在于"赚大头"。

在"区块链＋供应链金融"从 1.0 到 2.0 或者 N.0 升级的过程中，部分平台 SaaS 服务商在 C 端承担客户拓展的功能，并提供信息收集、信息公布、资信评估、信息交互、业务撮合等服务，以此收取一定比例的服务费用，其实质已成为助贷机构。在 B 端，其通过自设保理公司、小额贷款公司，向持有"金单"的供应商进行融资，使自身从中立的观众演化为躬身入局的运动员和裁判员。参照目前已被清盘的 P2P 的违规案例，在此过程中，平台既有可能未经审批或备案从事金融业务，也有可能存在非法吸收公众存款、骗取金融机构贷款等违法违规行为，而中心化的绝对信息优势亦为上述主体从业人员违法违规提供了便利。[①]

## 三、区块链在供应链金融业务场景下的风险控制体系的构建

强调以区块链为代表的金融科技是"双刃剑"，并非传统意义上所说的技术可能会被误用或者具有"阴暗面"，而是强调相同的技术工具可能采用不同的使用方式进而产生不同的影响。[②]分析违规行为表现形式的目的，在于探寻潜藏在违规行为背后的驱动因子，进而采取有针对性的风险控制措施。区块链赋能供应链金融的风险"最本质是来源于供应链在运转过程物流、信息流、价值流在向各参与者反馈时的不匹配、不完整"，[③]从与之对应的业务端、准入端和协议端入手，不失为构建科技金融风控体系的有效尝试。

### （一）业务端的风险防控要点

#### 1. 应收账款的真实性审查

应收账款作为通证的"基础资产"，是其作为支付手段的价值来源。确保应收账款的真实性，主要在于核查应收账款存在真实、合法、有效的贸易背景，而传统的核查方法显然无法匹配区块链平台线上化的审单机制。

因此，可以参考"应收账款及其履行程序、贷款的限制额度和质权设立后的跟踪管理，展开全方位的跟进，并通过一系列措施来对其进行风险防控"的传统应收账款融资风控的主线思路。[④]除建立统一标准的区块链技术体系外，也需要在包括核心企业和供应商在内的所有主体之间构建标准化的供应链信息系统，建立统一格式的数据录入模块和业务管理流程。在核心企业端

① 崔志伟：《区块链金融创新风险及其法律规制》，《东方法学》2019 年第 3 期。

② 蔡秉坤：《普惠金融实现中区块链应用的法律挑战及应对》，兰州大学学报（社会科学版）2020年第 5 期。

③ 秦浩然：《"算法信用时代"供应链金融业务法律风险研究》，《北方金融》2020 年第 5 期

④ 张兴光：《应收账款质押贷款的风险及其防范》，《金融发展研究》2008 年第 6 期。

将与应收账款有关的销售合同、订单、原始会计凭证等传统业务材料数据化，由供应链平台服务企业建立合理的数据模型，通过报表数据、记账数据等变化，分析产生应收账款基础交易的合理性。同时，将库管系统、企业EPR等要素管理系统接入区块链平台，进一步提升风控系统运算的准确性。

2. 现金流的控制机制

如前所述，并非所有核心企业都与央行达成协议，接入央行应收账款登记系统。且出于通证转让及时性的考虑，应收账款在平台内的转让一般不在央行进行登记。因此，根据平台反馈的交易结果加强现金流的监测，就成为防控业务洗钱等合规性及实质信用风险的重中之重，具体体现在以下几个方面。

（1）核心企业账户和供应链企业在同一银行开户，可控制账户间的自动划款。

（2）核心企业账户和供应链企业不在同一银行开户，应当在系统内建立"过手摊还"的指令自动发送机制。若系统自动监测到还款日，则应同时向核心企业账户和供应链企业发送划款指令，实现资金到达供应链企业的瞬间转付至保理商账户。

（3）完善清分指令的发送机制。在系统内根据资金流向不同，设置不同的指令发送权限，避免因指令错误或银行执行错误指令而产生结算风险。

（4）建立可疑交易监测机制。如系统发现某一账户频繁发生通证的转账和结算交易，则应当立即同时提示核心企业、保理商和银行，要求上述参与主体核查开户企业交易的真实性，及时发现洗钱和盗窃资金的行为。

## （二）准入端的风险防控要点

### 1. 核心企业

核心企业系供应链金融业务的发起方，也是业务逻辑的起点。其一般具有庞大的资产和业务运营规模，对资金的周转和流通效率有较高要求。在无法承担大规模资金融资所带来的额外成本以及融资后额外成本对企业自身以及产业链条产品、服务价格的影响时，处于核心地位的企业为了确保流动资金充裕，依附于企业核心作用和公司运营规模，将融资需求转移至上下游的其他企业。[1] 其作为应收账款的付款方，也是每一笔融资的增信方，风险把控的关键即对核心企业的风险识别和控制，具体体现在以下几个方面。

（1）从经营情况、财务情况、盈利情况、所在行业等维度，建立核心企业评估模型，选择盈利能力强、产品市场成熟稳定，在技术、渠道、客户等方面具有较宽"护城河"的核心企业作为业务发起人。

（2）严格审查核心企业的征信情况，要求核心企业在连续一定周期内在人民银行征信系统无不良记录。

（3）优先选择与自身有深厚合作基础的战略客户、重点客户、政策客户推进本类型的业务，并以本业务的额度替换综合收益贡献度较低的存量业务，压降风险敞口。

2. 供应链企业

处在核心企业供应链上的主体多为小微企业，具有主体零散、单个主体综合实力较弱等先天不足，给风险控制带来极大困难。针对以上情况，建议如下。

（1）首要保证供应链企业的真实性，避免"空壳""皮包"公司在此业务项下套取资金。

（2）自2018年6月，银保监会印发《银行业金融机构联合授信管理办法（试行）》后，防止"多头授信"和"过度融资"成为监管业务检查的重点。因此，供应链企业应当是核心企业的非关联方，避免重复授信。

（3）因交易结构符合洗钱最典型的"伞状"主体和账户的特征，需保证供应商不存在洗钱的历史和行为记录，防止洗钱风险。为此，应当对供应链企业的注册时间和注册资本提高要求，并确认其不在反洗钱国际制裁等名单内。

3. 区块链平台

区块链平台内虽未进行资金结算，但其是通证流转指令发送方和资金结

---

[1] 李梦然：《供应链金融应收账款质押融资法律问题分析》，天津师范大学2020年硕士学位论文。

算依据的记录方。因此，须对区块链平台的资质和技术能力提出要求，至少包括：

（1）对接要求，至少可以匹配接入核心企业、供应商和保理商的 ERP 系统；

（2）安全要求，防火墙和安全防护级别达到金融结算的要求，同时防止客户信息及商业秘密的泄露；

（3）功能要求，区块链平台应当至少具备应收账款线上转让、确权、资料流转等功能；

（4）留痕要求，即储存和导出的数据须符合《电子签名法》《民事诉讼法》《民事证据规定》等法律规定对于电子证据的要求，以便在发生争议时及时固化证据。

## （三）协议端的风险防控要点

通过对"区块链 + 保理 E 贷"及区块链赋能的同类型业务进行观察，一般此类业务涉及的交易文本分为资产交易合同、平台准入合同、业务合同、通证流转合同四大主类，其相应风险点及防控措施对应关系（见表 2）。

### 表 2　风险点及防控措施对应关系

| 合同类型 | 具体合同名称 | 主要涉及法律 / 规则 | 重点防控风险 |
|---|---|---|---|
| 资产交易合同 | 《商品买卖合同》及其交付清单、购置清单等 | 《民法典》合同编 | 以通证为结算手段引起的贸易纠纷 |
| 平台准入合同 | 《注册合同》《服务协议》《数据和隐私保密协议》等系列合同 | 《民法典》合同编《电子签名法》《个人信息保护法》 | 线上化资料提供和真实性确认机制；账户和密码遗失的责任分配；商业机密和客户数据泄露引发的侵权纠纷；主体违反平台规则的责任追究机制 |

续表

| 合同类型 | 具体合同名称 | 主要涉及法律／规则 | 重点防控风险 |
|---|---|---|---|
| 业务合同 | 《有／无追索保理合同》《保证合同》 | 《民法典》合同编保理业务规则 | 线上化的审单机制下，提供虚假资料、应收账款二次转让／质押、供应链企业破产等极端情况下，业务追索机制 |
| 通证流转合同 | 《应收账款流转合同》 | 《民法典》合同编 | 线上化的虚拟资产流转通知和确认机制以及还款账户变换后的结算机制固有缺陷造成的经济纠纷 |

## 四、结语：区块链赋能供应链金融的挑战与畅想

### （一）区块链应用金融尚需顶层设计的完善

当前，我国尚未出台与区块链金融直接相关的法律法规，区块链处于法律监管的真空地带，现行的监管体制和风险防范机制无法匹配区块链技术的发展速度。区块链项下的通证流转，与违规发行货币、洗钱等违法违规行为存在一定相似性，而业务外延之中又存在网络盗窃、交易违约等金融风险事件。因此，须从法律制度、市场机制、组织管理三个层面，探索完善顶层制度设计的路径。借助法律法规、监管、市场等顶层制度合力，保障区块链运用于金融行业的安全有序发展。

### （二）区块链应用于金融场景的技术尚待延伸

区块链是一种融合多种信息技术的创新体系，各种技术实现方法和算法的不同极易造成区块链系统间的不兼容，特别是平台技术与企业 ERP 系统的不兼容，亦与适用不同风控体系的各类金融机构对平台提出的安全需求不

匹配。必须研究供应链金融领域的区块链技术标准体系，对区块链参与各方的身份验证、智能合约等功能进行详细规定，这是监管机构能够对区块链赋能的供应链金融实施有效监管的关键。

## （三）金融行业尚待形成运用区块链技术的合力

目前，金融领域对于区块链技术的研究和运用刚刚起步，尚处于边探索、边积累的阶段。即使落地较多的供应链金融场景，也无法做到系统相通、业务相连。须进一步鼓励国内金融机构开展区块链技术合作，构建金融同业间与区块链行业间的交流沟通机制，推动区块链技术的研发，加速制定区块链行业标准，探索更多应用场景，使"区块链＋金融"成为服务实体经济、金融与产业融合的利器。

# 农村银行数字贷款法律风险防控问题研究
## ——以数字驱动型网贷产品法律分析切入

浙江省农村信用社联合社　李彦彦 *

**摘　要**

数字贷款是当前农村银行推进数字化转型和大零售转型提质增效的重要载体，对其夯实获客能力、增加市场份额、提升盈利水平极具现实意义。近年来，农村银行大力推进线下贷款线上化，数字贷款占比不断攀升。营销考核的背后，既要看到业务利润的增长点，同时也要意识到聚集风险的触发，亟须加强研究并作出防范。本文以数字驱动型网贷产品为研究对象，将其置于《民法典》颁布以来的相关法律环境之中，以此识别此类产品的法律风险，并提出相应的防控建议。

**关键词：** 农村银行；数字驱动；互联网贷款；风险防控；法律分析

---

★ 李彦彦，浙江省农村信用社联合社公司律师，浙江大学法学硕士。

## 一、引言

随着数字化转型在农村银行系统的步伐持续加快，互联网贷款业务迎来快速发展的"黄金"时期。数字贷款产品有关风险模式不断优化，一方面有助于银行开拓业务空间，提高办贷效率；另一方面丰富金融消费模式，提高消费者的金融服务满意度。特别是在短期、小额（30万元以下）的信用贷款中，数字驱动型网贷产品与传统线下信贷产品就省内农村银行业务份额而言各占半壁江山，且占比仍呈现持续增长之势，为实现利润创收发挥了强有力的支撑作用。与此同时，在数字贷款出现逾期后经催收未能兑现还款义务的情况下，农村银行需要思考、处理一系列问题——如何维护债权以实现清偿？如何组织相关证据向法院提起诉讼？如何从关口前移的角度出发做好风险防范？有关数字贷款的风险管理，正逐渐成为当前高度关切的重点，而法律风险防范与控制作为其中一项重要的课题，需要正确面对、梳理分析并提炼管理措施。

数字驱动型网贷产品基于移动互联网、生物识别、大数据建模等技术构建而形成，其法律属性符合银保监会有关互联网贷款的金融管理规定。[①] 依据该规定，涉及"线下贷款调查、风险评估和预授信后，线上自助进行贷款申请及后续操作的贷款""银行以借款人持有的房屋等资产为抵押物发放的贷款"均排除在互联网贷款之外。本文选取的数字驱动型网贷产品，则适用于有关互联网贷款的监管规定。同时，鉴于数字贷款本身表现形式的非传统性和经济活动背后的法律性质，依据《民法典》第六百六十七条的规定，应属借贷合约。如通过数字驱动模式实施线上贷款发放，其业务特征集"客户身份确认＋电子合同签约＋无等待实时放款＋线上自助还款＋额度循环使用"

---

① 参见银保监会《商业银行互联网贷款管理暂行办法》第三条，即互联网贷款是指商业银行运用互联网和移动通信等信息通信技术，基于风险数据和风险模型进行交叉验证和风险管理，线上自动受理贷款申请及开展风险评估，并完成授信审批、合同签订、放款支付、贷后管理等核心业务环节操作，为符合条件的借款人提供的用于借款人消费、日常生产经营周转等的个人贷款和流动资金贷款。

等优势而博得消费者的青睐。若从法律视角解析数字驱动型网贷产品模式，则须整理提供较多材料，并由此牵扯相关法律问题，包括但不限于：（1）证实本人交易证据，包括贷款申请操作、线上支付操作、自助还款操作等环节，论证其真实性；（2）贷款资金流向证据，主要反映贷款资金进入该账户，且该账户持有人系本人的证据（即贷款资金入账账户系本人开户的真实性、资金流的关联性）；（3）取得证据的方式、种类和程序等，论证其合法性，涉及证据提取的难度以及适用性，如有关"人脸识别"的数据提取，须保障数据本身的真实性以及不被篡改的举证义务。

基于此，笔者认为，数字驱动型网贷产品的法律问题剖析应结合"实体要素＋程序规则"两大维度，论证法律风险，形成风险热力图，对进一步强化管理作出启示。一方面，应从业务办理本身考量，围绕《民法典》《电子商务法》《电子签名法》等民商事法律规范框架，对有关民事主体行为能力、意思表示真实、电子合同格式、借贷法律关系等进行检视；另一方面，则须遵循《民事诉讼法》《民事证据规定》（2019 年修改，下同）等有关规定，论证电子证据的法律效力、送达地址确认、第三方存证等相关法律问题。通过业务办理过程中发现的问题、司法案例以及法院下发的司法建议等，为进一步完善农村银行数字贷款业务加强针对性研究，提供智力支持。

## 二、从业务的视角挖掘数字贷款法律风险防范的类型化

通常情况下，对一项信贷产品从流程角度进行梳理，一般包括"贷前、贷中、贷后"三大阶段，且此分类对于传统意义上的线下贷款管理具有重大影响。笔者借鉴上述分析方法，比照数字驱动型网贷产品，分析如下含义。（1）"贷前阶段"重在风险防范。通过强化尽职调查，发挥"机器算法"优势，以助力"机控"达成预期。如采用"人脸识别"方式，大幅减少冒名贷款的发生概率；通过"大数据""云计算"等工具运用，合理配置风险因子，运用风险监测模型，增强对"申请欺诈""交易欺诈"等风险识别和预

警能力。（2）"贷中阶段"重在预警提示。如农村银行"贷中风险预警系统"的上线，通过配置相关预警参数，实现对贷款发放过程中的风险触发、线上提示和分析等功能。对于数字驱动型网贷产品一般具备"一次授信、循环使用"的特征而言，可有效减少"用信风险"。（3）"贷后阶段"重在有效控制。目前数字驱动型网贷产品模式，围绕集中催收、平台催收等工作的落地、线上诉讼平台的建设以及电子证据的第三方存证等方面不断进行完善，预计将提升数字驱动型网贷产品整体营运水准（见表1）。

**表 1　数字驱动型网贷产品主要法律风险点一览**

| 阶段划分 | 发生概率 | 主要法律风险点列明 | 产生风险原因 |
|---|---|---|---|
| 贷前 | 高 | 申请主体不适合 | 包括但不限于资格审查疏忽、名单筛查机制缺失、信息不对称、管理流于形式等 |
| | | 提供申请资料不真实、不完整或更新不及时 | |
| | | 本人申请操作的角色定位 | |
| | | 超额度授信 | |
| | | 风险模型存在篡改风险 | |
| 贷中 | 较高 | 关联数据匹配审查存在信息不全或失实 | 包括但不限于审核机制薄弱、外部信息获取渠道受限、信息时效性不足、电子合同条款固有风险、网签技术支撑能力弱等 |
| | | 电子合同文本格式存在瑕疵 | |
| | | 本人线上签约的身份确认 | |
| | | 循环类贷款预警后的用信放款风险 | |
| | | 电子合同档案不完整 | |
| 贷后 | 较高 | 贷款资金被挪用、流入禁止类或限制类领域 | 包括但不限于资金用途违约、催收主观懈怠或方式偏离、电子证据的法律效力、送达难等 |
| | | 还款资金来源存在风险 | |
| | | 催收不及时、不规范 | |
| | | 电子证据的取得与效力认定 | |
| | | 送达确认 | |

据上表显示，数字驱动型网贷产品的风险防控需要结合信贷全流程管理的要求进行规范，在消费者登录上线、电子签约、自助放款等各个环节内嵌风险防范控制流程以实现"机控"效果。伴随着数字经济的风起云涌，消费者对数字金融产品的需求日益增长，数字驱动型网贷产品应运而生。作为一种常态化的金融产品，为推进此类产品行稳致远，加强法律风险防控尤为必要。笔者梳理的数字驱动型网贷产品的主要法律风险点是指一般情形下的常见类型，且此类争议点易出现在司法诉讼中，亟须加以重视，宜做好预防风险管控纠纷的相关安排。

## 三、数字贷款业务模式下的法律风险防范的可视化解读

### （一）场景 A：贷前准入

1. 风险描述

数字驱动型网贷产品的业务模式主要是由系统对外部数据或内部数据进行自动采集，通过产品授信模型根据多重数据测算借款人可办理的贷款额度、期限和利率等要素，无需人工参与，属系统自动生成数据类型。银行依据客户授权，查询其征信记录的情况，并结合相关已查询获得的数据作为贷前准入环节的审核依据。同时，数字驱动型网贷产品会自动将借款人不良贷款信息上传至金融信用信息基础数据库实现行业内部共享，从而完成对借款人风险信息管理的闭环，从机制层面降低信用风险的发生概率。

2. 法律分析

以"防范欺诈申请或欺诈交易"为例，实践中，如何防范数字驱动型网贷产品可能发生的欺诈风险，是贷前准入方面的一项重要监测内容。首先是申请环节的欺诈风险。在数字驱动型网贷数据驱动模式下，该产品获取的外部数据主要以人民银行征信、市场监督管理、税务、社保、公积金等系统为主要调查来源。在实际操作过程中，因部分机构信息发布不准确，或者相关数据更新不及时等问题，导致审批贷款资料存在不实的情况。其次是交易环

节的欺诈风险。数字驱动型网贷产品的准入模型包括但不限于：主体模型、行为模型（评分卡）、资金交易模型、信用风险模型等。实务中，如人民银行征信系统数据未能及时同步更新借款人在第三方平台上的融资活动，易导致银行查询审核掌握不足，致使借款人在后续办理循环放款时形成超额负债。

基于上述风险，从法律层面分析，《民法典》第一百四十八条、第一百四十九条均确立"欺诈撤销"一般规则，从受欺诈人的角度评议欺诈行为的不利性。银保监会发布的《商业银行互联网贷款管理暂行办法》从条文主旨上亦明确商业银行应建立有效的反欺诈机制，通过运用风险监测模型，收集、查询和验证借款人的相关定性和定量信息，实时开展欺诈风险预警，防范冒名贷款的发生。此外，该办法围绕有关网贷申请人相关信息数据来源，提示银行在开展线上授信过程中应当遵循的合规准则。

3. 防控建议

针对数字驱动型网贷产品可能面临的欺诈风险，当前法律环境下须给予更多的思考。《贷款通则》第二十条明确回应欺诈风险的危害性，对于采用欺诈手段骗取贷款的借款人予以禁止，并赋予银行较多的法律维权工具。据此，实务中须严格遵循规定并采取如下管控措施。首先，遵循适用法律制度，堵截欺诈风险暴露。目前农村银行作为起步晚、管理短板相对较多的商事机构，在经营数字驱动型网贷产品的同时，落实防范和控制"欺诈风险"实属业务发展的伴生品，其本身发生的概然率很高，需要运用法律规则加以约束。其次，优化贷前准入模型，运用大数据处理工具。《商业银行互联网贷款管理暂行办法》就有关风险模型进一步阐述其种类，如贷前环节须正确落实对借款人的身份认证以及展开反欺诈筛查等，结合监管规章有关定性和定量描述，通过系统功能勾勒借款主体画像，实现准入机控模型化。最后，加强案件风险管理，打击内外部勾连作案。农村银行应当充分考虑数字驱动型贷款产品有关风险模型的重要性，避免因风险模型被非法篡改导致信用风险批量爆发。同时，按照《消费者权益保护法》的相关规定，履行对消费者的告知、解释和说明义务，依法开展金融业务，规避不当经营行为，防范风险异化，降低风险发生概率。

## （二）场景 B：贷中放款

### 1. 风险描述

数字驱动型网贷产品面向的客户群体，从目前市场情况看，主要是具备完全民事行为能力的自然人。一般年龄控制在 18~65 岁，主要包括：农户、城镇居民、个体工商户、小微企业主等借款主体。随着数字化业务营销的深入，网贷产品将逐步突破信用贷款的藩篱。结合不同担保方式以及贷款流程差异，网贷产品可以划分为信用贷、云保贷（个人保证线上贷款）和云抵贷（个人抵押线上贷款）系列产品。此外，围绕"即付即贷"个人消费场景还开发了开发新款子类产品，不断增强业务竞争力。客户线上申请办理数字驱动型网贷产品时，需要完成电子合同的签署。该环节构成贷中放款阶段风险管理的重要组成部分。线上贷款不同于线下传统信贷业务，其最具代表性的业务特征是"无纸化办理"模式。因此，关注电子合同的签署规范、确保电子签名的法律效力，以及获取电子数据的有效渠道，在实务中处理相应的法律问题时显得尤为关键。

### 2. 法律分析

数字驱动型网贷业务放款模式采用线上方式向借款人指定账户发放货款，但放款手续基于双方约定，其载体为电子合同文本。《民法典》第四百六十九条规定，当事人订立合同，可以采用书面形式、口头形式或者其他形式。书面形式是合同书、信件、电报、电传、传真等可以有形地表现所载内容的形式。以电子数据交换、电子邮件等方式有形地表现所载内容，并可以随时调取查用的数据电文，被视为书面形式。该条文确认电子合同的文本具有合法属性。依据《电子商务法》第四十九条的规定，电子商务经营者发布的商品或者服务信息符合要约条件的，用户选择该商品或者服务并提交订单成功，合同成立。当事人另有约定的，从其约定。上述法律规定反映了电子合同已然成为日常生活中不可或缺的连接交易双方的纽带。在农村银行数字贷款产品的开发过程中，同样援引电子合同作为交易双方确认权利义务关系的纽带。那么，如何确认电子合同的效力和明确具体内容尤为重要，需要审慎处理电子签名问题。依据《电子签名法》第十四条的规定，可靠的电子签名与手写签名和盖章具有同等的法律效力。结合该法第十三条的规定，需要关注如下方面。第一，电子签名制作数据用于电子签名时，属于电子签名人专有。现实中，电子签名方式存在技术层面的多样性，如能够让收件人识别发件人身份的密码代号、短信验证码、邮件验证码、激活码或者个人识别码，也包括基于散列函数算法的数字签名，或者基于独一无二的以生理特征统计学为基础的识别标志等。[①] 认定电子签名实际上就是认定其对应的签名人身份的真实性和可靠性，其具有关联唯一的特点。第二，签署时电子签名制作数据仅由电子签名人控制。此处所规定的控制，是指电子签名人可自由支配其电子签名制作数据。具体到落实电子签名的主体则可以扩大至代理人，须表明其代理行为符合电子签名人的真实意愿。司法实务中亦从实质性角度对签名人就电子签名数据的控制问题作出司法认定，其基本观点支持签名人在不知情且已不具备控制的情形下合同相对方往往因证据不足而承担败诉的风险。[②] 第三，签署后对电子签名的任何改动能够被发现。应理解为电子签名的效力固化本身的真实性，如存在篡改电子签名，则不可避免地暴露修改痕迹。如修改本身是可以操作且不被发现的，则此类证据的真实性以及内容的可信度将无法保障，从而导致电子签名的效力备受质疑。第四，签署后对数据电文内容和形式的任何改动都能够被发现。数据电文是有关电子合同、电子凭证等的外在表现方式或存储载体，对此审查需要结合该法第八条的规定，应包括以下因素：（1）生成、储存或者传递数据电文方法的可靠性；

---

[①] 刘品新：《网络法：原理、案例与规则（第三版）》，中国人民大学出版社 2021 年版，第 35 页。
[②] 北京市第三中级人民法院（2018）京 03 民终 4843 号民事判决书。

（2）保持内容完整性方法的可靠性；（3）用以鉴别发件人方法的可靠性；（4）其他相关因素。据此，数字驱动型网贷产品所运用的电子合同格式，应具备《电子商务法》《电子签名法》的上述规定。通过人脸识别、密码验证、验证码校验等方式，确保本人操作的真实性、唯一性，落实其电子签名数据的有效控制。此外，通过解读杭州互联网法院《民事诉讼电子数据证据司法审查细则（试行）》第九条文义，就电子签名、数据电文的关联性方面，审查电子数据与待证事实是否具有实质性联系，应从电子数据与案件事实的关联程度，电子数据与其他证据之间的关联性等方面进行综合判断。

3. 防控建议

针对电子合同问题，实务中需要结合以下方面进行管理以防范风险传导。一是电子签名的效力认定。如采取线上样签的方式预留签字样本并加以保存，或者通过自定义"独一无二"的个性化设置，采取"密码+"等多种形式，固化对电子合同签章的法律效力。对于争议较大或者案情复杂的情形，可选择通过公证的方式固化证据，通过公证平台实现同步签约，提升公信度。二是主动学习，运用技术方式解决电子签名问题。实务中出于长期合作关系，合同双方可通过身份认证的方式，共同登录电子商务系统实施网络电子交易。通过系统认证的方式，既达到符合双方约定的形式，同时其表达的签约内容也具有"独一无二"的外在性。系统后台记录全部的修改内容以供查询，据此确认其电子合同签约数据的有效性。三是避免电子合同签订过程中的实务风险。如本人注册、控制以及操作点击的否认，格式条款的效力问题以及内容是否被篡改、签章是否可信，还包括信息网络方式等方面。[①] 对此，在管理过程中，既要强化文本条款的梳理，也要增加技术保障的投入。

---

① 麻策：《网络法实务全书：合规提示与操作指引》，法律出版社 2020 年版，第 71 页。

## （三）场景C：贷后管理

### 1. 风险描述

数字贷款出现逾期后，该贷款的贷后管理方式与线下贷款管理类似，目前主要是经催收未果后诉诸法院。2020年受疫情影响，移动办公得到广泛运用，如"云上法院""凤凰智审"等模式如同雨后春笋般出现，闪耀着数字化平台的光彩，数字贷款亦迎来迭代发展的高光时刻。以诉讼催收为例，分析贷后管理的潜在风险及数字驱动型网贷诉讼实务问题。省内部分法院操作模式，如杭州互联网法院、湖州南太湖法院等，从实务办案的角度启示了数字贷款的诉讼风险。若数字贷款平台未将《在线个人循环借款合同》导入"电子签章"模式，则法庭对该合同的证明效力未予采信的可能性较高，但《民法典》第四百九十条规定，对于借款人的还款义务仍受法律约束。实务中，若数字驱动型网贷产品导入担保模式，那么该电子签章的效力是否得到司法确认则尤为关键。对于缺失电子签章的保证类合同，经系统后台调取保证人登录系统、人脸识别、确认该笔担保债务的相关数据后，通过公证对该电子数据进行保全。但公证这一保全方式仍存在时滞影响，需要加以关注。

### 2. 法律分析

数字驱动型网贷业务流程的"申贷、签约放款、还款等"均在线上操作完成，没有留存纸质的签章材料作为依据。贷款发生逾期后，通过诉讼化解纠纷的法律风险主要包括以下两个方面。一是诉讼应对能力较为薄弱。如部分法院在推进"智慧法庭"建设暨线上化诉讼模式的过程中，水平参差不齐，相关技术支撑力度有待提高。实务中，出现将线下贷款资料扫描后进入系统，将银行诉讼系统与法院案件系统串联从而实现立案线上化，但具体的线上审理仍无法全面铺开，具有一定的难度。与此同时，债权银行应对此类诉讼往往存在迷失感，且相关手续的规范度不够。二是电子证据效力。较之传统的线下贷款，数字贷款线上办理虽然体验便捷，但有关证据材料的提取方法、举证责任等方面，对于农村银行而言则相对困难，操作上潜伏着一定的风险隐患。实务中，鉴于电子数据本身易受外界影响，证据稳定性较弱，证据承载的电子信息发生被篡改或丢失的风险较大。通常情况下，法院对未经保全的电子证据给予采信的可能性较低。

针对上述情况，省内部分法院的处理方式虽有所差异，但总体上侧重保障银行债权，且操作层面不容忽视以下两个方面。一是在尚未实现第三方存证平台的情况下，受案法院的案件审查标准是：贷款线上发放入账账户应是申请人的本人账户。据此，诉讼时应提供该卡账户开户时全套本人身份识别的证明材料，如人脸识别、本人签字笔迹、账户激活流程规范（包括短信验证码、留存手机号系本人持有使用）等。二是电子证据本身的提取、出示程序以及效力固化，以证明该证据具备原始证据或者视同原始证据的效力。据此，数字驱动型网贷产品在诉讼风险方面宜尽快配套运行第三方存证平台。

3. 防控建议

贷后管理是确保信贷资产质量的重要环节，结合数字驱动型网贷产品的特性，应重点把握以下三个方面。一是提升数字贷款的诉讼应对能力。利用技术手段，实现数字贷款一经逾期，系统自动对接法院，自动化提取电子诉讼资料并推送法院立案，真正做得到线上立案、审理、判决，打造金融借款合同纠纷领域的智治。[1] 二是探索运用区块链存储电子证据。《人民法院在线诉讼规则》从证据规则的角度明确除非相反证据足以推翻外，通过区块链技术存储，并经技术核验一致的，法院可认定该电子数据上链后未经篡改，从而确认其证据效力。[2] 该项规则一方面降低债权维权成本，另一方面助推法院开展线上诉讼有关证据认定工作，解决当前存在的实操问题。三是完善电子证据的举证方式。积极对接第三方存证平台以增信证据效力。实务中，可引导运用电子签名、可信时间戳等技术手段，通过电子存证方式对证据进行固定、留存、收集和提取，以弥补仅依靠公证程序认定电子证据的不

---

[1] 苏新锋：《线上信贷电子证据保全与可信签约体系探索与实践》，《金融电子化》2021年第6期。

[2] 参见最高法《人民法院在线诉讼规则》第十六条、第十七条。

足，提高电子证据的应用水平。

## 四、结语

数字驱动型网贷产品的横空面世，是农村银行开创新型业务、发展数字经济的重要表现。其一方面顺应当前金融服务发展的潮流，是零售金融产品数字化的典型体现，另一方面也是农村银行推进"普惠金融""绿色金融"的重要补充，为提高农村银行金融服务的整体水平、客户体验提供了智能平台和自助操作的落地方案。伴随数字驱动型网贷产品的深入发展，强化法律风险管理的重要性已跃然纸上，变得急迫而又现实。

按照信贷全流程的分析进路，笔者认为虽然数字驱动型网贷产品不同于传统意义上的线下贷款，但是有关此类产品带来的法律问题，亟须梳理形成具体应对预案，以护航其"茁壮成长"。首先，就贷前阶段考量，办理数字驱动型网贷业务应避免出现欺诈可能性，不论"申请环节"抑或"交易环节"，应基于《民法典》《商业银行法》《贷款通则》等规定，控制外部风险向内转移，确保贷款的安全性。其次，贷中环节主要考虑线上签约的问题，依据《电子商务法》《电子签名法》有关规定，落实本人操作规则，充分用好数字金融法律规则，积极维护银行债权。最后，贷后管理角度对于数字驱动型网贷而言，呈现多元化问题。本文从线上诉讼的角度出发，在有关电子证据的效力认定、举证规则的运用等方面，充分说明此项业务法律风险防控的重要程度。从部分法院司法判例上来看，在当前农村银行有关第三方存证机制尚未全面建立的背景下，严格遵循本人行为原则，审查账户开户是否遵照"本人业务亲办要求"的内控规定，成为承办法官对于数字贷款是否确认由本人承担还款责任的重要参考依据，并以此为事实认定的重要组成部分。

当前，法院围绕"司法金融协同"的工作思路，对数字贷款产品提出了相关司法建议。如，将《送达地址确认书》植入电子合同并经借款人确认，从而有效解决"送达难"等问题。缩短案件审理时限，对农村银行及时收回贷款显得尤为必要。随着数字驱动型网贷产品的深入开展，其衍生子系产品不断推陈出新，须有效管控法律风险，提升产品运营的把握度。同时，增强消费者的获得感，助推农村银行数字贷款业务发展向高质量、精细化的管理路径持续深入。

# 浅析信托新机制下的数据产权保护

浙江财经大学法学院　周钰怡 *

**摘　要**

大数据时代，数据要素作为生产要素是新经济发展的核心，数据在交易与管理的过程中逐渐上升到产权的高度。数据形态与传统法律客体的形态和性质均有不同，数据主体对于数据权利内容的保护不能完全按照传统法律对客体进行保护。传统民法保护模式已不再适应数据产权的发展，个人数据产权亟须寻找更为有效的保护方式。本文将在引入信托保护理论的基础上，浅析在信托新机制下对数据产权的保护，阐述英美国家数据信托的理论和实践，分析构建数据信托保护在理论与实践上的可行性，试图在数据交易与管理中探索中国数据信托的路径。

**关键词**：个人数据；数据产权；数据信托；数据交易

---

★　周钰怡，浙江财经大学法学院硕士研究生。

# 一、引言

2020 年 3 月 30 日，中共中央、国务院发布《关于构建更加完善的要素市场化配置体制机制的意见》（以下简称《意见》），明确提出加快培育数据要素市场，将数据要素正式上升为与土地、人力、技术、资本并列的生产要素。[①]《意见》提出要研究根据数据性质完善产权性质，这是首次在政府层面上将数据上升到产权的高度。现实中我们正处于一个数据时代，大数据、云计算、互联网、人工智能的发展无不需要数据要素发挥作用。但是数据产权在法律上并没有明确的概念，和传统法律所称的"所有权""他物权"形态在性质上均不一致，数据交易与管理中关于数据产权的归属、数据能否交易等问题使得在法律层面对于数据保护提出了很多问题。现实矛盾在于：一方面，数据要素在市场流通中应当和其他生产要素一样自由，实现数据共享与流通；另一方面，在数据要素参与市场经济的过程中，数据保护制度不足导致个人数据受到数据控制者、管理者的侵害。在现今大数据快速发展的背景下，个人数据产权定性存在争议，现实受侵害现象频发，个人数据产权保护与数据参与市场流通的现实矛盾亟须寻找一种平衡方案。传统民法赋权制度恐怕难以直接适用数据产权，数据产权类型化也只是根据数据主体不同对数据产权进行分类区分。

深究现实矛盾存在的根本原因在于：数据要素参与市场流通涉及多方主体——数据主体、数据控制者、数据处理者、监管部门，相关主体之间都无法对数据保护建立一种信任。数据主体不相信数据控制者、处理者能够秉持"范围最小、影响最小"的原则使用数据；数据主体不相信监管部门能够对数据使用做到完备的监管；监管部门也不相信数据控制者、处理者能够严格按照监管要求进行数据使用；同时，数据控制者与处理者之间也存在不信任。那么，在基础信任均没有建立的情况下，即使按照传统民法进行赋权保护实

---

① 中共中央、国务院：《关于构建更加完善的要素市场化配置体制机制的意见》，新华社网，xinhuanet.com/politics/zywj/2020-04/09/C_1125834458.htm，访问日期：2020 年 3 月 30 日。

际上也无济于事。例如通过合同义务的约束，仅依赖数据控制者提供服务条款或终端用户许可协议，将只可能提供非常有限的保护。[1] 即如果在最基础的层面上无法建立最基本的信任关系，再多的赋权和规制也都无济于事。[2] 由此，英美国家引入信托理念解决数据交易与管理中的"信托赤字"问题。[3] 美国提出赋予数据控制者信托受托人的身份而英国选择独立的第三方作为信托人，试图解决上述现实矛盾。

## 二、数据产权保护的现实困境与尝试

### （一）数据产权定性存争议

大数据时代下，人们的生活方式发生了深刻的改变，企业通过数据积极改变经营策略，政府通过数据有效治理社会，其中的争议与矛盾也随之而来。数据权利归属谁，个人、企业还是国家？数据权利能够流转吗？数据权利和物权一样吗？对于数据产权，既有的法律制度和法律理论都未提出明确的定义，可谓是在法律界伴随市场经济发展兴起的新名词。笔者认为在现有法律思维逻辑下，恐怕不能简单地套用传统的物权规范而将数据产权绝对化。数据产权权利内容与主体多样化，数据要素交易与管理过程中会涉及多方面的利益，无法将其与所有权、他物权以及更具体的财产权完全等同理解。然而涉及数据产权保护，定性与权利归属是不可避免的问题，其更是数据产权保护过程中应当予以明确的前提。在现有的研究成果下，数据产权定性尚未脱离知识产权的考量，不易进入传统民法关于物的权利划分的法律思维范围。但是，数据产权真的是一种知识产权吗？

---

[1]　赵一明：《大数据时代的个人信息保护———从合同义务到信托义务》，《山西省政法管理干部学院学报》2020 年 6 月第 2 期，第 58 页。

[2]　[美] 弗朗西斯·福山：《信任：社会美德与创造经济繁荣》，郭华译，广西师范大学出版社2016 年版。

[3]　O`Hara K, Data Trusts: Ethics, Architecture and Governance for Trustworthy Data Stewardship, University of Southampton Institutional Repository, 2019(2): 8−12.

郑成思认为，知识产权的第一个也是最重要的特点是"无形"，这一特点把它们同一切有形财产及人们就有形财产享有的权利区分开。[①] 同样，数据的产生、流通、管理都在虚拟空间下，与民法上的动产、不动产的"有形"皆不同，数据的存在方式和知识产权均具有"无形"的特征。但是，是否仅仅基于数据"无形"的特点就将数据产权定性为知识产权仍然有待考量。郑成思同样指出，知识产权是一种私权，指对特定智力创造成果依法享有的专有权利，或者说是以特定智力创造成果为客体的排他权、对世权。[②] 知识产权保护的是人的思想的客观表达，专利、著作、商标均是人主观上积极创造出来的。而数据是客观存在的个人信息等内容加工处理之后的产物或者本身就客观存在，并不是由人积极创造出来的。若是将数据产权定性为知识产权，则对于人积极创新创造产生负面影响，不利于知识产权对人智力成果的保护。同时，有学者指出二者存在的区别：作品或专利无体无形，是纯粹的精神创造物，而数据文件虽然无形但却是物理上的存在。[③] 数据特殊性在于其具有很大的经济利益属性，数据产权离不开经济活动并能够带来很大的经济价值。但是数据同时又具有一定的人身性，与特定主体有直接关联，目前对于数据产权定性仍存争议，赋权之后才能维权，因此对于数据产权的定性尤为重要。

## （二）现实个人数据受侵害

首先，笔者在这里解释一下个人信息与个人数据：个人信息具有可识别性与人身性，即人的姓名、身份、地址等等；而个人数据一般均是个人信息进入经济活动之后需要经过脱敏处理并具有一定财产性。本文在此对二者不作详细区分。在互联网、大数据迅猛发展的背景下，个人数据被收集似乎成为个人进入互联网的门槛。大量互联网公司通过泛契约化的方式收集个人数

---

① 郑成思：《论知识产权的概念》，《中国社会科学院研究生院学报》1996 年第 1 期，第 21 页。
② 郑成思、朱谢群：《信息与知识产权》，《西南科技大学学报（哲学社会科学）》2006 年第 1 期，第 2 页。
③ 纪海龙：《数据的私法定位与保护》，《法学研究》2018 年第 6 期，第 76 页。

据——个人只有在授权收集信息或者默认同意其隐私政策才能使用 App 抑或小程序。互联网企业在与个人的网络服务合同签订的过程中，实际上半强制地对个人数据进行无偿收集或者非法超范围收集。《网络安全法》《个人信息保护法》在很大程度上对于收集个人数据进行限制，包括"告知—同意"等方式。但在实际的数据争夺战中，即使个人能够发现隐私政策中的不平等条款，由于数据时代下对数据功能与效率的侧重以及个人与互联网企业之间极度的不平等而导致反抗无济于事。

目前学界的普遍观点认为，数据没有独立的经济价值，其价值主要由数据内容决定，而价值的实现则依赖数据的安全性。[1] 个人数据的价值只有在实现规模化的数据集合处理时才能产生。[2] 也就是说个人拥有的数据，实际上仍然作为个人信息存在，其并没有数据所谓的功能与经济利益。只有拥有海量数据的互联网企业即数据控制者才能真正掌握数据的经济价值、发挥数据的功能。企业控制并使用数据以寻求利益，与此同时，在数据被企业控制后，个人实际失去了对数据的控制，导致自身利益易被侵害。

数据被企业控制后，数据的使用、获利甚至被侵害等情况均不会反馈给个人，个人数据由此成为经济活动中的一种生产要素进行交易流通。个人数据在企业拥有的海量数据面前处于一种极其弱势的地位，无法得到及时保护。虽然我国相关法律赋予个人对其已经被收集的信息可以行使撤销权以及更改权，即个人可以通过行使相应的权利撤销企业对自身数据的收集，但是个人主观上对于相关隐私政策的不在乎、对授权收集个人数据的漠视以及客观上实际举证证明个人数据被侵害的困难，使得现实中个人数据权利被侵害的现象频发却又很难进行维权。

---

① 梅夏英：《数据的法律属性及其民法定位》，《中国社会科学》2016 年第 9 期，第 164，183+209 页。
② 方禹：《数据价值演变下的个人信息保护：反思与重构》，《经贸法律评论》2020 年第 6 期，第 95-110 页。

### （三）数据产权保护类型化尝试

数据产权作为一种生产要素参与市场经济活动的交易与流通过程，构建一个数据产权保护与交易机制尤其重要。如同上文所提的数据权利主体，内容涉及方面广泛，无法对数据产权归属简单下定义。由此，有学者指出，数据产权类型化保护确有必要。根据数据主体的不同，将其区分为个人数据、企业数据、政务数据。[①] 对于个人数据的保护，至关重要的仍然是赋权之后的维权。因此在权利定性上，个人数据与传统物权中的所有权、他物权存在差异。不可否认的是，个人数据以个人信息为内容，且源于个人信息，只有经过加工处理才富有经济价值，但仍然属于个人特有之因素，应当具有绝对性权利。自然人对其个人数据权利享有不受侵害权、排除妨碍请求权、停止侵害请求权以及损害赔偿请求权。企业数据应当区分为企业自有数据以及企业作为数据控制者从个人处收集而来的数据。企业自有数据与个人数据并无差异，我国民法上的人包括自然人与法人，企业作为法人存在所享有的权利与自然人并无二致。对于企业掌握的个人数据，企业应当承担的保护义务根据数据的敏感程度而有所不同。对于政务数据，应当建立合理的政务数据公开机制。在政务公开的背景下，政府部门收集的各类数据应当在合理限度范围内进行政务公开。

笔者在这里简单阐述了数据产权类型化的含义，通过对数据产权的分类，厘清数据产权权属关系，明确不同主体的权利与义务。但是在笔者看来，将数据产权类型化并未完全解决数据产权保护不力的根本问题。将数据产权分为三类实际上换汤不换药，并未触及根本。

### （四）引入信托理论机制

在传统物权赋权模式无法对于数据产权明确定性与保护的情况下，学界开始尝试引入其他学科的优秀理论以期能够为数据产权保护提供更优方式。

---

① 赵磊：《数据产权类型化的法律意义》，《中国政法大学学报》2021 年第 3 期，第 76-82 页。

信托理论的引入对于数据产权保护产生了极大的影响，尤其是在信托发展较为迅速以及成熟的英美法系国家。2004 年，利利安·爱德华兹在其发表的《隐私问题：一个温和的建议》一文中指出，应从普通法信托的角度来理解消费者和数据控制者之间的关系，并基于数据信托提出了"隐私税"构想。[①]2014 年 3 月，耶鲁大学法学院教授杰克·M.巴尔金在网上发表短文《数字时代的信息受托人》，他认为："信息受托人概念有助于我们理解如何在不违反第一修正案的情况下保护数字隐私。"[②] 在对这篇短文进行扩展的基础上，巴尔金在 2016 年发表了《信息受托人与第一修正案》，该文系统阐述如何将"许多收集、分析、使用、销售和分发个人信息的在线服务提供商和云公司视为面向其客户和最终用户的信息受托人"。[③]

信托指的是委托人将自己的财产权委托给受托人，并由受托人以自己的名义，为了委托人指定的受益人的利益或者特定目的而加以管理的一种财产安排。[④] 那么数据信托实际上就是将个人数据纳入信托法律关系，在受托人、委托人、受益人三方之间建立相互信赖和责任的法律机制，"是以管理数据权利为初始目的之信托，是大数据时代适应现代数据管理需要而诞生的法律工具，其实质是经过验证的、被各方主体所接受的框架协议"。[⑤] 个人作为委托人，将个人数据委托给企业或者其他数据控制者。数据控制者可以以自己的名义对数据进行管理，但不得损害委托人的利益。数据信托的本质在于在数据主体与数据控制者之间创设一种信托法律关系，双方基于信任展开对于信托财产的管理、交易与流通。在数据主体的信任下，信托控制者几乎拥有一切控制并支配数据的权利。拥有更大权利的同时，应当承担起更加严格

① Edwards L, The Problem with Privacy: A Modest Proposal, International Review of Law Computers & Technology 18, No.3(2004): 309－340.

② Balkin J M, Information Fiduciaries in the Digital Age, accessed December 15, 2020, https://balkin. blogspot. Com /2014/03/ information－fiduciaries－in－digital－age. html.

③ Balkin J M, Information Fiduciaries and the First Amendment, U.C.DAVISL.REV. 49, 2016: 1186.

④ 周小明：《信托制度：法理与实务（优化）》，中国法制出版社 2012 年版，第 36 页。

⑤ 李毓瑾：《数据信托：保护个人数据的有效途径》，《人民邮电》2021 年第 4 版，第 2 页。

的信义义务，这也是信托在财产流通过程中能够发挥的最大价值。综上，《信托法》中基于信托法律关系而产生的忠实义务、注意义务、保密义务以及为了委托人的利益从事相应民事法律行为，不失为数据产权保护过程中的一条有效途径。下文将介绍数据信托的发展现状以及其中存在的亟待解决的问题。

## 三、国内外数据信托研究现状

### （一）国内理论研究综述

2021 年，《麻省理工科技评论》发布"2021 年全球十大突破性技术"，数据信托位列其中。[①] 数据信托是传统金融产品和大数据的结合，为研究数据产权提供了新思路，但其是否是解决数据产权保护的有效途径仍有待考察。目前，针对数据信托研究较多的是信托法比较成熟的英美国家。通过比较英美国家数据信托的研究理论和路径，对寻找适合中国数据信托发展的路径具有较大意义。

当前我国对于数据信托理论的研究尚处于初步阶段，基于知网数据库检索获得的数据信托相关研究寥寥无几。现有文章或者观点大部分通过对英美国家数据信托的阐述探索我国实行数据信托模式的可行性，国内理论研究与实践探索均有待深入。国内有关数据信托的研究最早由张丽英提出，初步讨论了应用信托说保护电商平台用户隐私数据的可能。[②] 随后，冯果论证了数据信托的运行机制、法理基础和应用优势；[③] 赵一明介绍了大数据时代信息受托人的含义及其应承担的信托义务；[④] 翟志勇则从英美国家关于数据信托

---

① 这 10 项突破性技术分别为：mRNA 疫苗、GPT-3、数据信托、锂金属电池、数字接触追踪、超高精度定位、远程技术、多技能 AI、TikTok 推荐算法、绿色氢能。

② 张丽英、史沐慧：《电商平台对用户隐私数据承担的法律责任界定——以合同说、信托说为视角》，《国际经济法学刊》2019 年第 4 期，第 24—37 页。

③ 冯果、薛亦飒：《从"权利规范模式"走向"行为控制模式"的数据信托——数据主体权利保护机制构建的另一种思路》，《法学评论》2020 年第 3 期，第 70—82 页。

④ 赵一明：《大数据时代的个人信息保护———从合同义务到信托义务》，《山西省政法管理干部学院学报》2020 年 6 月第 2 期，第 57—60 页。

最新理论与实践结果的阐述介绍了数据信托作为一种数据治理的新方案的可行性。[①]

## （二）美国"信息受托人"模式

本文对美国采用"信息受托人"模式的介绍主要是对巴尔金的"信息受托人"理论的具体阐述。巴尔金最初提出"信息受托人"是站在言论自由的角度来讨论数据信托。巴尔金作为美国宪法第一修正案的研究专家，其认为一方面信息平台公司收集、分析、使用、销售和分发个人信息属于美国宪法第一修正案所保护的言论自由，禁止信息平台公司对个人信息进行使用与收集是对信息平台公司言论自由的侵犯，不符合美国宪法第一修正案的规定；另一方面信息平台公司收集、分析、使用、销售和分发个人信息势必会影响个人隐私，导致对个人信息的侵犯。[②]或许，我们很难理解巴尔金将信息平台公司对个人信息的收集、分析、使用等理解为言论自由。但是，我们可以清晰地发现巴尔金提出的两个方面与我国目前对于数据产权研究中存在的现实矛盾，如出一辙。

实际上，巴尔金提出的该信息平台公司的"信息受托人"理论是否适用于美国宪法第一修正案在美国也是存在着争议的，巴尔金是通过类比的方式提出信息平台公司适用于"信息受托人"理论。在普通法中，医生、律师、会计师与其提供服务的特定客户之间存在信托法律关系。这是因为在相关专业领域内，专业人员在为相关客户服务时需要获取客户大量的个人信息。同时，客户与专业人员对于服务内容的掌握程度具有不平衡性。为了防止相关专业人员在提供服务的过程中损害客户的利益，在双方之间创设信托法律关系，专业人员受客户委托，为了客户的利益从事相关服务工作。巴尔金认为，信息平台公司类似于医生、律师、会计师，在获取客户大量个人信息后，要

---

① 翟志勇：《论数据信托：一种数据治理的新方案》，《东方法学》2021年第4期，第61—76页。

② Zuboff S. The Age of Surveillance Capitalism: The Fight For a Human Future at the New Frontier of Power, Public Affairs, 2019.

承担起对客户的信托义务，不得损害客户的利益。所谓信息受托人，是指因与他人的关系而对在关系中获得的信息承担特殊责任的个人或企业。

### （三）英国"数据信托"模式

在信托制度起源地的英国，和美国一样存在数据主体与数据控制者之间权利不平衡的情况。英国同样也通过引入信托领域的理论与数据产权保护相结合，但是却呈现出与美国完全不同的"数据信托"模式。简单来说，和美国赋予数据控制者受托信义义务不同，英国通过创设一个独立的第三方来实现权利平衡。

2015年4月，夏恩·麦克唐纳发表《公民信托》，提出"创建一个受托人组织，该组织持有技术产生的基础代码和数据，并将其授权给将其商业化的营利性公司。公民信托与普通信托的不同之处在于，公民信托和获得许可的商业化公司都将承担信托责任，制定参与性的治理程序，使彼此受到制约"。[1]2016年6月，剑桥大学机器学习研究专家尼尔·劳伦斯发表《数据信托可以减轻我们对隐私的担忧》一文，提出了数据信托的构想——一个代表其成员利益管理成员数据的共同组织。[2]即通过集体管理的方式，对数据主体的权利进行保护。数据主体及个人将自身数据汇集在一个能够代表所有个体利益的共同组织内，成立一个专门的信托机构，所有将数据汇入的个体均是该专门信托机构的成员，成员之间关于权利义务的规定可以通过指定机构制定章程。信托机构作为独立的第三方，受数据主体的委托与数据使用者进行谈判，合理使用数据并保护数据主体的利益。

与美国"信息受托人"理论进行比较，英国采用的"数据信托"未对数

---

[1]　McDonald S, The Civic Trust, accessed December 17, 2020, https://medium.com/@digitalpublic/the-civic-trust-e674f9aeab43.

[2]　Arjun Kharpal, Google DeepMind Patient Data Deal with UK Health Service Illegal, CNBC, accessed July 3, 2017, https://www.cnbc.com/2017/07/03/google-deepmind-nhs-deal-health-data-illegal-ico-says.html.

据控制者课以严格的信义义务，而是将该义务交给新创设的独立第三方。独立第三方作为受托人基于汇总的数据，通过其专业知识与数据控制者谈判，能够最大限度地赋予数据要素在市场流通交易的可能性，同时最大程度地保护数据主体的利益。

## （四）信托理论尝试初步分析

对于美国直接在数据主体与数据控制者之间创设一种新的信托法律关系，笔者认为这种模式应当被法律允许。在既有信托法律关系被承认的情况下，法律应当允许在大数据时代背景下增加一种新的信托法律关系。值得注意的是，在掌握海量数据的信息平台公司即数据控制者与个人即数据主体之间的信托法律关系下，数据控制者的信义义务应当比传统的信托法律关系中作为医生或者律师的信义义务要少。一方面，个人对于数据控制者不得处理数据的期待没有比医生、律师更高；另一方面，对个人数据的保护不能影响经济活动的正常开展。在传统的信托法律关系中，客户通常希望医生和律师不会说出任何伤害客户或造成利益冲突的信息，对医生和律师的受托人义务要求宽泛。如果在大数据领域对于数据控制者施加同等的受托人义务，数据控制者可能根本无法开展经济活动，也就无法从数据产权中获取利益。

英国"数据信托"理论需要把握个人与专业机构自建的利益平衡关系，笔者认为在之后的机制建构中需要注意以下几点。第一，个人在"数据信托"机制下可以自由选择是否委托专业信托机构或者委托哪个信托机构，如同证券市场上个人通过基金或者其他方式将资金集中在专业投资者身上一样。设立信托专业机构的门槛要低，个人创设专业信托相对直接。第二，应当区分数据信托机构与数据管理机构。信托专业机构根据个人的委托，以委托人的名义对数据进行管理与处理，而对于数据安全的保证则应当交给数据管理机构。第三，数据在数据信托机构的不同计算机上必须是可携带的，即个体可以在不同机构的计算机上来回切换。第四，与个人信息具有删除权与更改权类似，当数据主体不同意或者不需要将数据委托给专业机构时，应当允许其撤回委托并擦除数据痕迹。

## 四、数据信托建构可行性分析

### （一）数据控制者受托人角色承担

信托的核心在于受托人可以以自己的名义对信托财产进行管理与处分。在数据产权作为生产要素参与市场经济活动的流通与交易中，数据控制者并不会受到数据主体的影响和干预而是自主决定如何利用数据产权。在这样的经济活动下，数据由数据控制者自由处分且数据主体很难对数据控制者的行为进行监管。为了规范这种自由，必须对数据控制者的角色承担进行相应的限制，过分的自由实际上是一种权利的滥用。

正如美国宪法第一修正案的研究者巴尔金所述，信息平台公司作为数据控制者，其与数据主体即用户之间的不平等关系是在双方之间产生信息受托关系的根本原因。信息平台公司收集海量个人数据后，不仅可以对个人进行实时监管，而且还能自由使用收集到的数据，而个人却无法对信息平台公司进行监控。同时，在大数据时代背景下，数据主体无力拒绝信息平台公司对自身信息的收集。数据控制者不论在数据收集还是数据使用管理中相对于数据主体而言都处于强势地位。为了规范这种不平等关系，笔者认为赋予数据控制者一种受托人的角色承担具备合理性。强加给拥有强势地位的数据控制者以特殊的义务，实际上是对于双方权利义务的均衡考量，更有利于双方利益平衡。

### （二）数据产权具备财产属性

既然数据产权作为生产要素参与市场经济活动，其必定具备一定的财产属性。其中的"数据"不应是自然存在、人人可感知获得、海量而无序的单纯信息，而是经过某种投入而获得的具有某种特定意义或价值的有用数据。同时，这也是个人数据与个人信息差异之所在。个人信息最大的特点在于可识别性，也就是其人身性。当个人数据经过相关企业及平台收集加工处理后，个人信息进入经济活动成为数据，具有了财产属性。尤其是对于腾讯、阿里巴巴等以大数据为支撑的公司而言，他们通过收集海量个人信息形成大数据，然后通过专业的技术手段对数据进行商业分析并做出决策。个人信息逐渐失去了人格化而发展为数据产权并能在经济活动中交易流通。随着互联网技术、大数据的发展，社会主体的专属信息均能通过数据的方式呈现出来，公司依靠市场需求数据组织生产和销售；人们依靠搜索引擎和评价等级数据进行消费；政府依靠社会主体的信用信息和行动轨迹等数据治理社会。[①]

回到对于信托的阐述上，信托是一种建立在委托人与受托人之间关于财产的安排制度，围绕信托财产的转移、管理、分配展开工作。在数据产权具备财产属性的前提下，数据生产要素与传统理论中的劳动、土地和资本三类生产要素一样是物质生产的产物。因此，将数据产权与一般信托管理下的财产等同对待具备可行性。

## （三）数据主体的隐形合理期待

在现今互联网时代下，数据主体在提供个人信息时很少会三思而后行或者说表面上看忽略了对自身利益的保护，但实际上数据主体对于收集信息的企业、平台等其他数据控制者均具有保护和合理使用个人信息的隐形期待。这种隐形期待的消极之处在于数据主体无法明确说出其对于数据控制者有多少范围、多大程度的期待，但是他们均不希望数据控制者有越界且侵害个人权利的行为。这样一种隐形期待的背后，实际上建立了传统信托关系下委托人对于受托人合理管理并使用信托财产的合理期待。信托的本质即信任关系，数据主体的隐形合理期待如果最终能够上升到信任关系，那么在数据产权保护的过程中，关于数据产权在经济活动中的流通交易和数据主体权利保护的

---

① 赵磊：《从契约到身份——数据要素视野下的商事信用》，《兰州大学学报》2020 年第 5 期，第 50 页。

现实矛盾问题则较易得到解决。

但是，笔者提到的数据主体在信托法律关系下作为委托人的合理期待与在传统信托关系下客户对于医生与律师等专业人员的合理期待仍然存在不一致之处。笔者在上文已有阐述，简而言之，即对于受托人的合理信赖不能影响数据控制者将数据产权作为一种生产要素加入经济活动，在此不做赘述。

## 五、小结

当前，大数据发展已经成为必然趋势并将继续蓬勃发展。尤其是在全球经济化和疫情的大背景下，不管个人、企业还是政府都应当更快地适应互联网带来的新形态、新名词、新机制。在互联网模式下，经济活动开展必然伴随更多的方式与形态，数据作为一种新兴的生产要素必然在经济活动中更为活跃。但是即便在追求经济发展的今天，都不应当忽视对个人数据的确权与保护。在面对经济自由发展还是对个人权利多加保护的现实矛盾中，从来都不能以牺牲个人利益来追求经济效益的最大化。通过一定的手段对于数据控制者进行限制实际上并不是限制经济的发展，而是通过建立一个完整有效的机制减少数据主体的风险，在更大程度上平衡上述矛盾最终回报所有数据主体、控制者明确的收益。数据信托能否成为数据产权保护路径中最有效的方式目前无法得到回答，但是笔者相信数据信托一定会是我国在发展数据生产要素参与经济活动过程中一个值得大胆尝试的方式。

关于我国信托的发展以及对数据产权的研究，笔者认为美国采用的"信息受托人"的模式对我国借鉴意义有限。"信息受托人"模式的背后需要强大的信托法的支撑，英美法系国家具备非常成熟且强大的信托法传统，而这正是大陆法系国家所匮乏的。因此对我国来说，强有力的数据监管模式下的"数据信托"更具有实践意义。英国以及欧盟关于数据信托的理论研究以及实践探索值得我国借鉴，其中通过设立独立的第三方对于数据进行管理与控制可以在很大程度上解决数据产权无法确立的问题。

# 商业银行破产处置：法律制度层面的问题与应对

宁波大学法学院　郑曙光　杜昱迪 *

**摘　要**

商业银行在金融体系中扮演着重要角色，建立有效、审慎的商业银行破产法律制度是各国商业银行研究和立法的重要目标。我国商业银行破产法律体系不甚健全，破产启动程序缺乏可操作性，破产主导机构不明确，权利保障制度、责任追究制度以及信息披露制度的不完善使得商业银行无法有效实现破产退出市场。从我国实际出发，针对相关问题，应从商业银行破产法律制度、破产启动程序、破产主导机构、权利保障制度、责任追究制度以及信息披露制度等方面应对商业银行破产法律制度存在的问题。

**关键词**：商业银行；商业银行破产；破产处置；制度完善

---

＊　郑曙光，宁波大学法学院教授、博导；杜昱迪，宁波大学法学院硕士研究生。

## 一、问题的提出

包商银行成立于 1998 年 12 月。2019 年 5 月，银保监会发布公告称，鉴于包商银行出现严重信用风险，为保护存款人和其他客户的合法权益，对包商银行实行接管，期限为 6 个月。这一事件的发生将人们的目光再次引到了金融企业市场退出机制的问题上。[①] 根据监管披露的信息，明天集团持有包商银行 89% 的股权，而包商银行的大量资金被大股东违规占用，形成逾期，导致包商银行出现严重的信用风险。自 2017 年起，包商银行的资本充足率已经低于监管红线，在其后的两年间未披露企业年报。另外，中小银行由于治理机制不健全，风险偏好高，经营管理不审慎不规范，已经逐渐成为银行业风险源的聚集地。2020 年 8 月，人民银行发布《2020 年第二季度中国货币政策执行报告》，称包商银行已经提出破产申请。随后，人民银行和银保监会发布《关于认定包商银行发生无法生存触发事件的通知》，同意包商银行进入破产程序。2021 年 2 月，包商银行被北京市第一中级人民法院依法裁定破产。

近年来，我国商业银行风险频发。一些商业银行已具备破产条件，如对商业银行破产无法进行有效处置，可能引发系统性金融风险，乃至金融危机。目前，商业银行准入与运行的规定已较为完备，但关于商业银行破产的规定以概括性表述和一般性原则为主，缺乏可操作性和针对性。商业银行破产法律制度与债权人利益和社会公众利益息息相关，同时也影响国家金融体系的稳定和市场经济的发展。商业银行破产法律制度的完善不仅可以有效降低破产带来的负面影响，而且能够降低商业银行破产的概率。

## 二、商业银行破产处置的现实问题

随着金融业竞争的加剧和多种因素的影响，我国出现了一些濒临破产以及破产的商业银行，对于商业银行破产法律制度提出了更高的要求。在我国

---

① 何乐乐：《商业银行退出机制的国际比较与借鉴》，《中国外资》2020 年 5 月下旬刊，第 32 页。

《企业破产法》《商业银行法》《公司法》《银行业监督管理法》《金融机构撤销条例》等法律法规中也针对商业银行破产作了积极探索，然而总体而言，现有法律制度仍无法适应现实需要。

## （一）缺乏系统性商业银行破产法律体系

商业银行破产制度的构建离不开系统性法律体系的支撑，只有具备了系统的法律体系，才能保障商业银行实现有效破产。银行破产法律制度是由信息披露制度、破产预防制度、破产启动程序、破产重整程序、破产清算程序和破产保障制度共同组成的一个完整的综合体系，而不只是包含了债务清偿、破产清算等简单的问题。[①] 只有实现了整个制度的完整性，商业银行破产才能够顺利进行。缺少其中任何一个环节，破产程序就无法推进，破产也就无法实现。相关的法律法规对银行接管、机构重组、停业整顿、撤销、托管、破产清算等都有所规定，但规定的存在并不等于形成了一整套银行破产法律制度体系。[②]

目前我国商业银行破产的法律众多，但相关法律之间的协调性较差。2007 年开始施行的《企业破产法》存在缺乏对金融企业破产之特殊性的考量、与其他法规之间协调性不足、行政部门和司法部门的权责划分不明晰等问题。从整体上看，现行《企业破产法》已无法较好地满足我国金融企业有序破产的现实需要。

## （二）破产启动标准缺乏可操作性

《企业破产法》和《商业银行法》中涉及的商业银行破产原因主要是不能清偿到期债务，这一原因与一般企业相同。仅仅依靠"不能清偿到期债务"或"已经或可能发生信用危机"等定性标准来启动问题中小金融企业的风险

---

① 张倩：《商业银行破产法律制度研究》，武汉理工大学 2015 年硕士学位论文，第 14 页。
② 杨秋林：《商业银行破产中的法律问题研究》，2019 年第十二届"中部崛起法治论坛"论文汇编集，第 1278–1282 页。

处置，可能错过最佳介入时机，导致问题更加严重。破产标准的不明确，也容易导致银行在日常生产经营过程中的任意性增加，不利于金融市场的稳定。一个好的标准应当是明确的指标和可预见的处置，[①] 对于破产标准需要从银行实际情况出发予以明确。

《商业银行法》第七十一条并未直接规定由国务院银行业监督管理机构作为破产申请主体，只规定须经其同意，方可由人民法院宣告因不能清偿到期债务的商业银行破产，法律并未明确排除商业银行自身作为破产申请主体的权利。根据《企业破产法》第一百三十四条的规定，"国务院金融监督管理机构可以向人民法院提出对该金融机构进行重整或者破产清算的申请"，条文中的"可以"二字也并非对金融机构自身申请破产权利的绝对禁止。但《中国银保监会非银行金融机构行政许可事项实施办法》（银保监会令〔2020〕第6号）则要求金融资产管理公司应当向银保监会提交破产申请，其他非银行金融机构向所在地省级派出机构提交申请。根据该规定，金融机构向国务院监督管理机构提出破产申请是司法破产的前置程序，金融机构自身并无直接向法院申请破产的权利。既然上位法《商业银行法》以及《企业破产法》都未明确禁止金融机构自身的破产申请权，则《中国银保监会非银行金融机构行政许可事项实施办法》就有违反上位法规定的嫌疑。由此可见，《企业破产法》对于"金融机构破产"的现行规定在文字表述与具体规制上都有缺漏，缺乏对实践的明确性指引。[②]

## （三）破产主导机构不明确

在对破产财产进行管理和清算的过程中，破产主导机构一方面要维护债权人及债务人双方的利益，另一方面也要适当减轻法院的负担。这就需要在

---

① 吴林涛、林秀芹：《论我国商业银行破产重整制度的构建》，《厦门大学学报（哲学社会科学版）》2013年第1期，第149-156页。

② 贺雪喆、陈斌彬：《金融机构破产对现行〈企业破产法〉适用的挑战及因应》，《南方金融》2021年第1期，第93页。

法院、债权人及破产人之间寻找一个平衡点，即建立一个专门管理破产财产的机构——破产管理人。[①] 破产主导机构是破产处置的关键，需要对商业银行的破产财产进行确认、处置以及分配。

虽然我国众多法律规定了商业银行破产应当征得主管金融监管机构的批准，但现行立法中并没有明确统一的商业银行破产主导机构。确立商业银行破产主导机构便能够进一步对其权责进行明确，保障破产银行关键业务和服务的不中断，避免引发系统性金融风险，明晰金融监管机构的角色定位和职责。破产主导机构的法定职责也尚未明确，职责的明确化、法定化是商业银行实现破产的关键。在明确破产主导机构的同时，应当进一步厘清其职责。

### （四）缺乏有效的权利保障与责任追究制度

#### 1. 权利保障制度不健全

商业银行在破产过程中要特别注重相关权利主体的利益维护问题。我国已经建立起以存款保险制度为核心的存款人权益保障体系。目前，我国的存款保险制度在保障基金管理机构的独立性、保险费率以及保障范围上仍有诸多不足之处，需要进一步完善。商业银行的破产必然涉及众多资金供给者的资金保护，极易发生刚性挤兑的现象。《存款保险条例》仅规定了对自然人存款给予最高 50 万元人民币的限额赔偿。受限于相对单一的资金援助渠道，商业银行的破产若仅仅依靠市场化的退出方式则相关金融消费者的权益便难以实现，仍须依靠公共财政进行救助。

#### 2. 欠缺责任追究制度

我国的立法偏重于相关利益主体之间的权利义务界定，对于违法者的责任追究较为欠缺。《金融机构高级管理人员任职资格办法》《金融违法行为处罚办法》以及《银行业监督管理法》等相关法律法规侧重于对高级管理人员违法行为的责任规制，缺乏对中级管理人员的法律约束。对于高级管理人

---

① 齐树洁：《破产法研究》，厦门大学出版社 2004 版，第 282 页。

员在市场退出时滥用权力，损害商业银行和社会利益行为的处罚力度也应提高，适度扩大规制的范围。[1] 针对商业银行存在的乱批贷款、混乱经营等行为尚未建立起行之有效的主体责任追究制度，对非法集资、非法吸收贷款等违法违规行为监管不到位。

### （五）缺乏健全的信息披露制度

投资人、存款人与商业银行在信息获取方面有着天然的不对称性，这也是商业银行破产中众多存款人、投资者挤兑的重要原因，客观上增加了系统性金融风险发生的可能性。商业银行具有公众性企业的一些特点，解决公众性企业投资者的权益保障问题，最好的路径是让它们有知情权，由它们自己行使对公众性企业的监管权。其中，通过信息的全面、客观、及时披露，解决信息的不对称性，从而提升金融投资者、金融消费者的维权能力。

我国对商业银行的信息披露主体并没有统一的规定，造成信息披露的定义模糊、主体责任不清。商业银行具有其特殊性，信息披露主体应当比其他市场主体更为严格。在具体的信息公布上，信息披露的具体时间、方式和内容都没有明确，存在商业银行根据自身利益需要进行信息披露的情况，无法发挥信息披露的真正作用。同时，缺乏董事、监事、高级管理人员对外发布信息的行为规范，没有明确非经董事会书面授权不得对外发布商业银行未披露信息的情形和披露义务人违反信息披露的责任内容。

## 三、商业银行破产的一般性与特殊性

《商业银行法》第二条对商业银行的定义体现了商业银行的一般性与特殊性，[2] 商业银行本质上与其他企业一样都属于以营利为目的的企业法人。

---

[1] 李孜、刘涛：《我国银行行政接管的法律诠释与制度完善》，载《法学杂志》2012年第7期，第85页。

[2] 《商业银行法》第二条规定："本法所称的商业银行是指依照本法和《中华人民共和国公司法》设立的吸收公众存款、发放贷款、办理结算等业务的企业法人。"

按照《牛津法律大辞典》的释义来看，银行是指经营金融业务的个人和公司。根据《商业银行法》，我国商业银行是指"依照本法和《中华人民共和国公司法》设立的吸收公众存款、发放贷款、办理结算等业务的企业法人"。

## （一）商业银行破产的一般性

银行的破产，是指当濒于破产的银行出现后，银行的主管部门或政府机构做出的对该问题银行的处置及制度安排，包括早期处置、专门救助、市场退出等。[①] 商业银行的破产是一个终结其市场主体资格的过程，市场主体在市场竞争中是一种平等的关系，商业银行的破产与一般企业的破产存在共同之处。1989年，英国宣布破产法适用于银行，破产的程序、清算、债券等方面均适用破产法的规定。

商业银行破产和一般企业破产均因经营不善，从而陷入困境，最终退出市场。其所追求的目标都是尽可能地减少损失，最好是通过破产重组实现重新经营。导致商业银行和一般企业破产的原因，主要也可分为市场因素和非市场因素两个方面。市场因素是指市场竞争、市场变动等情况，非市场因素是指自身经营战略、企业管理等情况。破产不可能仅仅是某一因素导致的，必然是各种因素综合作用的结果。不论商业银行还是一般企业，其破产必然会对市场秩序产生影响，对债权人的利益造成损害。因此，需要采取有效手段来解决破产带来的问题，尽量将损失降到最低。

## （二）商业银行破产的特殊性

### 1. 高风险性和广泛性

商业银行不同于一般企业，其主要从事吸收公众存款、发放贷款、办理结算等业务。客户存款是商业银行资产的重要来源，属于自身资产的比例很低，使得其一般拥有较高的负债率，一旦失去客户信任，容易引发挤兑。一

---

① 赵万一、吴敏：《我国商业银行破产法律制度构建的反思》，《现代法学》2006年第3期，第83—90页。

般企业追求资产和债务相平衡，但商业银行与其不同，有着不同的资产结构以及高杠杆比例。同时，商业银行在经营过程中面临的风险也远远大于一般企业。其从事的是与货币有关的业务，会面临市场风险、信用风险、流动性风险等。这些风险都难以控制，对银行的发展举足轻重。除银行面临的外部风险外，银行内部同样存在一系列风险，对银行从业人员提出了更高的职业要求和道德要求。如果银行从业人员无法抵御诱惑，可能导致无法挽回的后果。不能有效、科学地防范面临的风险，商业银行发生危机的可能性将会大大提高。

商业银行在市场中有着特殊地位，破产后果是无法想象的。当一家银行出现问题时，存款人会选择取出存在银行的存款，进而导致挤兑，使得银行的情况进一步恶化。无法及时取出存款的存款人对银行甚至国家失去信任。同时，银行破产后会出现大量的失业员工，影响社会的和谐稳定。而且一家银行出现挤兑后，可能会传导至其他银行。各家银行之间存在着复杂的债权债务关系，风险容易不断扩大，危及整个金融系统。银行债权人在数量方面的众多和债权人在社会阶层分布的涉众性，不仅要求在最大能力范围内对银行进行救助，还要求在问题银行破产的处理方面应当谨慎对待。[1] 同时，银行破产可能会使众多企业面临经营困难，企业无法从银行获得贷款，影响企业的正常生产经营。企业在银行的存款一般远多于个人存款，没有了存款，生产经营活动也就无法进行，在一定程度上阻碍了我国社会主义市场经济的稳定发展。

2. 破产条件和程序的特殊性

商业银行的法律地位和社会地位较为特殊，是我国金融机构和市场经济的重要组成部分。同时，营商环境的优化也离不开商业银行。银行影响着社会的方方面面，由此可见其特殊性。因此，商业银行破产的条件与一般企业也不可能相同。一般企业陷入经营困难，无法清偿债务，就可以向法院提出

---

[1] 刘开委：《商业银行破产法律制度研究》，《海南金融》2016年第9期，第43-45+62页。

破产申请，由法院裁定是否破产。商业银行破产的条件更为严格，其破产必须经过金融监管机构的同意，不能让商业银行随意破产。如果其破产条件不严格，必然会引起金融秩序的不稳定。

商业银行及其监管主体都具有特殊性和复杂性，使得破产程序需要更多的时间和空间。商业银行在破产前会由相关部门依法依规实行接管，进行财务重组、增资扩股工作，从而使其经营转向正轨。只有在以上工作均失败的情况下才会宣告破产。就算商业银行符合普通破产所需要的所有前提，银保监会也绝对不会轻而易举地允许其退出，必将运用一切有可能使之起死回生的办法。实际上，这是国际上共同遵守的一项潜在规则。[①] 即使在商业银行破产后，破产债权的清偿顺序也与一般企业不同，存款人的存款和利息的顺位仅次于清算费用、职工工资和劳动保险费用。

*3. 法律适用的特殊性*

商业银行破产不同于一般企业，对于其破产具体制度也应有所不同。商业银行破产条件、申请主体、破产程序、破产清算都有其独特之处，如果适用同样的法律容易出现一系列问题。目前，商业银行破产的法律法规主要是《企业破产法》《商业银行法》《公司法》以及相关条例和司法解释，没有专门的、系统的规定。国际上，部分国家对于商业银行破产制定了专门的法律法规来规范其破产。运用特别法规范商业银行破产，能更好地适应破产的需要。我国虽然没有专门的商业银行破产法，但是针对其特殊情况也做出了相关规定，如《银行业监督管理法》《金融机构撤销条例》《防范和处置金融机构支付风险暂行办法》等，区别于一般企业，实现商业银行的有效破产处置。

## 四、商业银行破产处置的应对策略

商业银行破产法律制度的构建是为了提高金融市场效率、稳定金融秩序

---

① 阙方平：《有问题银行的市场退出：几个相关问题研究》，《金融研究》2001年第1期，第69–75页。

以及保护存款人利益，使破产银行有序退出市场。法律制度的完善需要从我国的国情出发，符合实际需要的法律制度才是最有效的。

## （一）商业银行破产法规层级的科学构建

1. 商业银行破产所调整的法规层级

就构建方案而言，以《企业破产法》为基本法，以《商业银行法》为主干法，以《金融业企业清算与破产条例》为具体应对法，构建层次分明的法规、规章体系。

就构建的制度完整性而言，商业银行破产法律制度应由信息披露制度、破产预防制度、破产启动程序、破产重整程序、破产清算程序和破产保障制度共同组成的一个完整的综合体系，而不只是包含了债务清偿、破产清算等简单的问题。①

就构建的制度运行关系而言，法律应赋予人民银行关闭商业银行的权力，规定关闭后由监管机构依法进行清算的原则，以及明确中央金融主管机构与地方金融管理机构在处置问题商业银行时的职权体系、职责分工、内部运行机制等。

2. 法规层级的科学构建

对《企业破产法》作出修订。《企业破产法》在相关条文中应当兼顾商业银行破产的特殊性。我国有必要立足国情，对商业银行破产予以再回应，对商业银行破产启动程序、破产重整、存款债权受偿顺位等作出特别规定，以推动我国金融业长期健康的发展。②

对《商业银行法》等主干法作出修订。针对银行破产问题作出有针对性的规定。通过修订，力求条款相对具体，具有可操作性。

新制订《金融企业清算与破产条例》。通过这一条例的制定，对商业银

---

① 杨锡慧：《论银行的破产标准》，《法制博览》2017年第8期，第89页。
② 贺雪喆、陈斌彬：《金融机构破产对现行〈企业破产法〉适用的挑战及因应》，《南方金融》2021年第1期，第93页。

行的债权债务普通清算、破产清算等相关问题作出具体的规定。同时，对商业银行破产的风险处置措施、主管机构、退出标准、退出形式以及退出流程等进行详细规定。

## （二）商业银行破产主导机构的法定化构建

### 1. 商业银行破产主导机构的确立

确立商业银行破产的主导机构便能够进一步对其权责进行明确，保障破产商业银行的关键业务和服务不中断，避免引发系统性金融风险，明晰金融监管机构的角色定位和职责。

国务院金融稳定发展委员会作为国家级金融议事协调机构，其更适合制定宏观的金融机构市场退出政策，对商业银行的破产进行宏观指导。作为议事协调机构，承担主导机构不甚合适。

我国应当建立起以人民银行、银保监会、证监会、财政部、基金保障管理机构以及相关单位为基础的商业银行破产主导机构，由主导机构负责对商业银行的破产方案、风险处置预案等进行全方位、全过程的评估和监管，按照市场化的原则对融资性企业进行资金援助。

### 2. 主导机构职责的法定化

主导机构应由人民银行、中央与地方金融业监管机构、存款保险机构组成。

主导机构的法定职责主要有：依法制定商业银行破产法律制度，依法决定对有问题的商业银行的处置措施，依法提出破产处置意见，依法实施对有问题金融机构通过一定途径给予金融债权人以补偿。

在退出程序上，主导机构应当积极促成问题性商业银行完成重组或者与其他金融机构进行合并。在并购重组无望的情况下，主导机构应当及时对问题性商业银行进行接管，利用保障基金对问题性商业银行进行资金援助。在上述措施无法有效救助的情况下，主导机构可以通过补偿或者提供担保的方式促成问题性商业银行与其他金融机构的合并购，也可成立临时性过桥金融机构，将不良资产或者业务进行隔离。若问题性商业银行救助无望，则采用破产清算的方式实现市场退出。

### （三）商业银行破产标准精细化构建

#### 1. 破产标准的构建

商业银行破产的关键是解决"触发标准"，仅仅依靠"不能清偿到期债务"或"已经或可能发生信用危机"等定性标准来启动问题中小金融企业的风险处置，可能错过最佳介入时机，导致问题更加严重。因此应当从破产标准量化、精细化方面提升可操作性，为中小金融企业的发展提供有效信息，并在此基础上量化破产程序的启动条件，增强风险处置的科学性和可操作性。[1]

对于银行业金融企业，以资本充足率为风险处置和企业退市的启动标准，以资产流动性比率、不良贷款率、资产利润率、存款准备金率等为风险等级的补充性量化标准。[2]

#### 2. 破产标准的实施

实施破产标准是商业银行破产走向标准化的关键。

破产标准的实施应建立在严格的退市监管基础之上，发现问题企业存在退市标准设定情形的，应提前预警。在过程中及时纠错，避免引发更大的隐患。

破产标准的实施应完善常态化破产机制。对于问题商业银行退与不退，应坚持市场化、法治化方向。以破产标准为依据，根据资金损失情况、风险抵御能力、正常经营的可能性采取相适应的破产方案。

破产标准的实施应从严把控。应厘清商业银行破产申请主体，加快健全金融业执法司法体制机制，加大对重大违法案件的查处惩治力度，夯实金融市场法治和诚信基础，加强跨境监管执法协作，推动构建良好的金融市场秩序。

---

[1]　成明峰：《问题中小金融机构市场化退出机制研究》，《金融经济》2019年第24期，第25页。
[2]　赵民：《金融机构市场退出机制研究与案例分析》，知识产权出版社2008年版，第89-92页。

### （四）权益保障与责任追究制度的建立与运行

#### 1.权益保障制度的建立与运行

商业银行在破产过程中要特别注重相关权利主体的利益维护问题，应当通过制度化的安排保障相关权益主体的信息知情权，解决信息不对称引发的道德风险。此外，在商业银行破产的后续安排上，应当加强我国的社会保障体系建设，完善社会保险、社会福利、社会救助和住房保障制度，妥善解决市场退出企业员工的后顾之忧。

#### 2.责任追究制度的建立与运行

《金融机构高级管理人员任职资格办法》《金融违法行为处罚办法》以及《银行业监督管理法》等相关法律法规不仅应侧重于对高级管理人员违法行为的责任规制，还须对中级管理人员进行法律约束。对于高级管理人员在市场退出时滥用权力，损害商业银行和社会利益行为的处罚力度也应提高，适度扩大规制的范围。[①]

此外，对于商业银行在市场退出中的乱批贷款、混乱经营等行为建立起行之有效的主体责任追究制度。对问题商业银行的非法集资、非法吸收贷款等违法违规行为进行强制清理，并设立相应的监管责任。因此，应当完善商业银行破产过程中的中高级管理人员、金融监管机构及其工作人员的问责机制，确保相关主体的权责统一性。

### （五）商业银行信息披露制度构建

#### 1.明确信息披露主体

我国对商业银行的信息披露主体并没有统一的规定，造成信息披露的定义模糊、主体责任不清等情况。结合相关的法律法规以及商业银行的特殊性，商业银行的信息披露主体应当包括商业银行及其董事、监事、高级管理人员、股东、实际控制人，收购人，重大资产重组、再融资、重大交易有关各方等

---

① 李孜、刘涛：《我国银行行政接管的法律诠释与制度完善》，《法学杂志》2012年第7期，第85页。

自然人、单位以及相关人员，破产管理人及其成员，以及法律法规规定的信息披露义务主体。

2. 调整信息披露要求

在具体的信息公布上，应当从定期信息披露和重大信息披露两方面完善商业银行破产信息披露制度。在定期信息披露方面，商业银行对于日常经营活动产生的半年报以及年报应当向社会公众披露，以便投资者能够及时了解企业的经营情况，维护相关权益主体的权利。此外，商业银行制定的报告应当经公司董事会审议通过，未经公司董事会通过的不得对外披露，董事、监事对报告的真实性、准确性、完整性存在异议的应当一并进行披露。在重大信息披露方面，公司董事、监事和高级管理人员对于商业银行的接管、并购重组、退市方案以及债权清偿方案等发生或者可能发生重大风险的重要信息应当在知悉后进行强制披露并及时向金融监管机构备案，以维护公众和投资者的权益。

3. 细化信息披露管理

首先，信息披露义务人披露的内容应当简单清晰、通俗易懂，方便公众及时理解知悉，鼓励商业银行自愿披露公司月报、季报以及其他相关经营信息。其次，明确商业银行董事、监事、高级管理人员对外发布信息的行为规范，明确非经董事会书面授权不得对外发布商业银行未披露信息的情形。最后，完善信息披露义务人违反信息披露的责任内容，补充责令公开说明、责令定期报告和责令暂停或者终止退市活动等监管措施。

## 五、结语

商业银行是金融机构的重要组成部分，金融安全和稳定直接关系到国家经济社会的稳定与团结。尽管金融监管机构致力于管理风险和维护银行体系的稳定，但周期性金融危机仍不时出现。我国也不例外，不少商业银行正在退出市场，商业银行破产已经成为我们必须面对的问题，但其法律制度层面的问题亟待解决。商业银行破产不同于一般企业，具有其特殊性和复杂性，要根据我国实际，从商业银行破产法律体系、破产启动程序、破产主导机构、权利保障制度、责任追究制度以及信息披露制度等方面完善商业银行破产法律制度，保障我国金融市场与市场经济的稳定、健康发展。

# 数字金融背景下地方金融发展的法治进路

浙江大学光华法学院　夏丹清 *

**摘　要**

地方金融是我国金融体系的重要组成部分。近年来，数字金融的飞速发展，对金融法治提出了更高的要求。在当前经济高质量发展的现实背景之下，如何更好地保障并推动地方金融的发展是一个亟待研究的重要课题。本文以法与金融的密切联系为切入点，通过对金融抑制背景下现实障碍的阐明、对地方金融发展困局的法律解读，从地方金融权的配置、金融监管的规范、法律法规的出台等三个方面提出建议，为数字金融背景下我国地方金融发展的法治进路研究提供一些新思路。

**关键词：**数字金融；地方金融；金融监管；法治进路

★　夏丹清，浙江大学光华法学院硕士研究生。

# 一、引言

金融功能即金融的本质在于其对经济社会发展的作用，[①] 有价值的金融是实体经济高效运转的润滑剂，[②] 而地方金融是我国金融体系的重要组成部分。在当前我国大力推动经济高质量发展的现实背景之下，如何更好地保障并推动地方金融的发展是亟待研究的重要课题。与此同时，数字金融的飞速发展也对金融法治提出了更高的要求。

近年来，法与金融的密切联系为我们提供了针对这一问题全新的研究思路，众多学者就二者间的关系展开了探讨。卢峰和姚洋通过实证研究发现在其他配套制度不完善的情况下，加强法治可能妨碍金融领域的发展。[③] 皮天雷指出，如果一个国家不存在一个对投资者进行保护且能得到有效执行的法律体系，该国就谈不上金融发展。[④] 郑志刚和邓贺斐则通过实证分析发现，法律环境的改善对推动区域金融体系发展具有显著影响。[⑤] 这些研究都印证了法与金融之间相互联系、相互促进的紧密关系，论证了从法治进路探讨金融发展问题的可行性与必要性。

从现有文献中关于地方金融发展的研究来看，首先，与这一问题密切相关的地方金融等概念尚未有明确、统一的界定。其次，仅有部分文献将地方金融发展路径与法律制度等结合起来。另有部分学者的研究则并不完全契合我国地方金融发展的现状，实践性不强。最后，以往文献大多着重阐述某一方面的法律路径，而忽略了多种路径的相互补充能够更为高效地发挥作用。

本文将采用逻辑方法，即从法律角度出发，提出问题、分析问题、解决

---

① 白钦先、谭庆华：《论金融功能演进与金融发展》，《金融研究》2006 年第 7 期。

② 徐孟洲、杨晖：《金融功能异化的金融法矫治》，《法学家》2010 年第 5 期。

③ 卢峰、姚洋：《金融压抑下的法治、金融发展和经济增长》，《中国社会科学》2004 年第 1 期。

④ 皮天雷:《经济转型中的法治水平、政府行为与地区金融发展——来自中国的新证据》,《经济评论》2010 年第 1 期。

⑤ 郑志刚、邓贺斐：《法律环境差异和区域金融发展——金融发展决定因素基于我国省级面板数据的考察》，《管理世界》2010 年第 6 期。

问题。以理论分析为基础，兼顾我国国情与可实践性，通过分析与解读地方金融发展的现实障碍，讨论数字金融背景下地方金融的规制路径。聚焦"权利"与"权力"，围绕多个方面具体展开，并基于现有文献对相关路径进行补充完善。

## 二、地方金融发展的现实障碍

我国地方金融发展的现实障碍体现在多个方面，整体来看，我国金融体系带有明显的"金融抑制"特点，阻碍了法治化发展的步伐。具体而言，一方面，从政府角度分析，财政制度的特殊性造成地方财政的失范；另一方面，从市场角度来看，非正式金融的兴起引起民间资本的失序，两方面的共同作用推动了金融结构的变形，促成了地方金融的异化。

### （一）金融抑制的大背景

金融抑制理论是指在经济发展过程中，发展中国家政府有意识地对金融市场进行干预与介入，主动通过实施各类政策，保证"集中力量办大事"，进而实现国家经济发展的目标。[1] 为借助金融领域的国家垄断保持宏观经济的稳定，我国自改革开放以来一直保持着温和的金融抑制。且在该战略的实施深度与广度上都远超其他国家，具体表现为中央政府在银行的进入渠道、非银行类金融机构的准入、新金融产品的发行等多方面均实施控制。[2]

金融抑制在保障宏观经济稳定的同时，也不可避免地带来一些负面影响。例如，金融抑制阻碍了家庭收入的增长，且在极端情况下，可能导致持有金融资产的回报为负，使投资者不再参与金融资产投资，从而严重阻碍资本市场的健全和经济的发展。[3] 与此同时，非正式金融的兴起与金融抑制密不可分。

---

[1] 黄韬：《"金融抑制"与中国金融法治的逻辑》，法律出版社 2012 年版。

[2] Li D D, Beating the Trap of Financial Repression in China, Cato Journal, 2001, 21(1):77–90.

[3] Roubini N et al., Financial Repression and Economic Growth, Journal of Development Economics, 1992: 5–30.

金融抑制战略的实施使得当前的法律专注于对正式金融的规制，而忽略了对广泛存在的非正式金融做出正式回应。从整个发展过程来看，一方面，金融抑制从外部催生了非正式金融；另一方面，也从反向促进了非正式金融的进一步发展。[①]

简而言之，金融抑制战略的实施，模糊了金融市场中政府与市场间本该有的边界。由于计划经济时期国有金融体系的历史背景，在市场经济体制下转型过程中的中国金融体系依然保持着惯性，这就要求我国制度在未来的发展中，逐渐由"金融抑制"向"金融深化"[②]变迁，尽管在变迁过程中依然会因各方博弈而遭受阻碍。

## （二）财政制度的特殊性

在我国特有的财政体系下，财政制度的特殊性也影响着地方金融的发展，具体体现在中央与地方的财政关系、二者间的利益博弈以及资源配置的不均衡等方面。

财政分权与中国经济增长之间存在紧密的联系，以 1994 年的分税制改革为分界点，二者之间存在倒"U"形关系。[③]财政分权下的地方竞争格局，也有着鲜明的中国特色。具体而言，地方政府的权限局限于部分财政收入的分配权和财政支出的安排权。在中央与地方关系的体制变动中，一方面，中央政府通过市场经济的建立激发了社会的经济活力；另一方面，"财政包干制"确立了地方政府相对独立的利益主体地位，激发了地方政府追求经济发展和财政收入的动力。[④]地方金融的发展更多的是权力控制和垄断而非放权的结

---

① 汪丽丽：《非正式金融法律规制研究》，法律出版社 2013 年版。

② "金融深化"（financial deepening）作为一个与"金融抑制"相对的概念，是指逐步减少国家对金融市场价格的扭曲，鼓励更多的金融机构之间的竞争，重视非正式金融的积极作用，实施配套的财政和外贸体制革新；此处引入这一概念是为了说明未来我国制度环境可能的变迁方向。

③ Sun Z, Chang C P, Hao Y, Fiscal Decentralization and China's Provincial Economic Growth: A Panel Data Analysis for China's Tax Sharing System, Quality & Quantity. 2017(51): 2267–2289.

④ 周飞舟：《以利为利：财政关系与地方政府行为》，上海三联书店 2012 年版。

果，其本质在于地方政府以行政和政治为手段，在市场经济中追求自身利益。因此，中央与地方财政关系的失衡与失序亦是造成地方金融困局的重要现实原因之一。

中央与地方财政关系的扭曲和二者间利益博弈的强化，与区域发展的特点相结合，共同导致了资源配置的不均衡。首先，由于各方主体所处的自然环境与人文条件不同，资源的配置最初就不是均衡的。其次，信息不对称等因素进一步促使资源有偏向性的分配。最后，我国在转型时期的一个结构性特征就是"弱财政与强金融"。在制度扭曲下，金融结构的不平衡发展再次加剧资源配置的不均衡，造成金融市场功能的缺失。金融制度在替代了一部分税收制度的功能的同时，又在资源配置的过程中替代了财政制度的功能，这种替代既是促成以往改革成功的关键，也是导致未来改革陷入困境的根源。[①]

## （三）地方金融法治现状

在金融抑制与财政制度的共同作用下，金融功能异化逐渐凸显，经济实然状态与金融应然状态逐渐背离。一方面，在中央财政集权之下，资源配置的不平衡与中央地方间的博弈共同作用，进一步造成了地方财政失范的现状；另一方面，民间金融、非正式金融等兴起，不断推进了民间资本的失序；两方面之间利用金融产品进行的投资与融资共同促成了金融产品异化。地方财政的失范作为外部推力需要公法加以规制，而民间资本的失序则是内部动因需要私法限制。[②]金融功能异化的现实对金融法治体系提出了更高的要求。

金融法律规制的基本作用在于两方面：一方面"法无授权即禁止"，其为人民银行、银保监会等主体设置了权力边界；另一方面"法无禁止即自由"，

---

① 冯果、李安安：《收入分配改革的金融法进路：以金融资源的公平配置为中心》，法律出版社2016年版。

② 吕铖钢：《地方金融异化的反思：财政失范、资本失序与金融结构变形》，《当代财经》2017年第6期。

其为金融市场的参与者设定了游戏规则。当前，我国金融法制体系主要由票据、证券、信托、保险等方面的法律制度组成，包括：1995 年颁布的《中国人民银行法》《商业银行法》《保险法》《担保法》《票据法》、1998 年通过的《证券法》、2003 年修改并通过的《银行业监督管理法》等。在监管体系方面，则主要由人民银行、银保监会和证监会三个部分组成。

整体而言，我国金融法律法规体系忽略了对公权力的有效限制、对非正式金融的有效规制和对政府与市场边界的有效划分。结合金融抑制的大背景，我国金融法律制度表现出三大特点，即没有很好地对公权力加以限制，大量制度以"隐形规则"形式表现，有明显的部门化倾向。[①]

## 三、地方金融困局的法律解读

就我国地方金融当前所处的发展困局而言，这是政府与市场共同选择的结果。地方金融的法治化发展也涉及公法与私法两个方面，上述地方金融发展的现实障碍引申出的法律地位的模糊、法律规制的缺失、现有法律的缺陷等法律障碍，也极大地阻碍了地方金融长期、持续、稳定的发展。下文将围绕权力与权利、机会与利益等法律关键词，进行具体的法律解读。

### （一）地方金融的概念厘定

概念的厘定是探讨地方金融发展路径的必要前提，而当前对于地方金融相关概念的界定仍较为模糊。不论法律法规还是政策文件，都没有明确定义"地方金融"的概念，仅能从一些法规、政策中找到地方金融权能的蛛丝马迹。结合现有文献的表述，本文将地方金融定义为：局限于某一区域内的资金融通体系，往往与小微金融、农村金融等区域性金融活动有着密切的关联。

而地方金融发展中较为突出的问题，在于非正式金融的规制，尤其是在当前数字金融的大背景之下，非正式金融逐渐成为地方金融监管的重点。

---

① 黄韬：《"金融抑制"与中国金融法治的逻辑》，法律出版社 2012 年版。

与地方金融的概念相类似，非正式金融的概念尚未有统一的定义。从现有文献来看，非正式金融这一概念衍生于非正式经济（informal sector，informal economy），其划分方式大致有以下几种：第一，从权利角度出发，将所有权或经营权作为划分标准；第二，从法规角度出发，把《公司法》《商业银行法》等的规定作为划分标准；第三，从监管角度出发，以是否纳入监管体系为划分标准。在以上三种方式中，第三种界定方式较为普遍，世界银行给出的非正式金融定义也是尚未被中央银行等监管机构所控制的金融活动。[①]因此，本文也采用这一划分标准，将非正式金融以及与之相类似的概念统一定义为：与正式金融相对应，游离于正规的金融监管体系之外，不受监管机构控制，以民间资本为主的金融交易活动。

## （二）地方金融的法律缺失

在上文探讨"地方金融"与"非正式金融"概念的过程中，可以发现当前我国法律法规体系对于地方金融的相关规定存在一些空白区域，而正是这些空白区域使得地方金融的脱离监管、结构变形、功能异化愈演愈烈。此处主要从《宪法》和《立法法》角度，分析地方金融的法律缺失在职权划分法律方面的体现。

《宪法》中关于中央职权的表述体现在第二条（权力主体）、第三条（中央与地方职权划分）、第五十七条（性质与地位）、第五十八条（国家立法权）、第六十二条、第六十三条、第六十四条、第六十七条、第八十五条、第八十九条等（具体职权）；而关于地方职权的表述则体现在第二条（权力主体）、第三条（中央与地方职权划分）、第九十五条、第九十六条、第一百条、第一百零五条、第一百零七条等（基本问题）。其中，大部分规定都集中于第三章"国家机构"中。从全国人大与地方人大的关系，以及国务

---

① World Bank, Informal Financial Markets and Financial Intermediation in Four African Countries Findings: Africa Region, America: World Bank, NO.79(1997).

院与地方政府的关系来看，"负责""报告工作""监督"是这两对关系中出现频率较高的词。这与金融抑制的大背景相符合，也是政府"父爱主义"的一种体现。具体而言，以中央与地方财政关系为例，《宪法》第三条规定："中央和地方的国家机构职权的划分，遵循在中央的统一领导下，充分发挥地方的主动性、积极性的原则。"根据这一法条确立的原则，地方财政理应在双方的博弈中被赋予更大的自主权与更高的独立性，而这在当前的实践中仍远远不够。

此外，中央与地方立法权的差异则主要体现在《立法法》中。《立法法》第八条规定，"基本经济制度以及财政、海关、金融和外贸的基本制度"只能制定法律，即只能由能够行使国家立法权的全国人民代表大会及其常务委员会制定。虽然 2015 年《立法法》修改后，按照其第七十二条的规定，省、自治区、直辖市、设区的市人民代表大会及其常务委员会都有权根据具体情况和实际需要，在不与《宪法》、法律、行政法规相抵触的前提下，制定地方性法规。但这种有明确限制的立法权，仍未能有效实现金融法律法规出台的地方化。例如，设区的市所享有的地方立法权，仅限于城乡建设与管理、环境保护、历史文化保护等事项。

从金融领域看，中央与地方的金融关系主要体现在《关于统一国家财政经济工作的决定》《关于当前金融促进经济发展的若干意见》等规范性文件中。由此可见，尽管《宪法》与《立法法》都对中央与地方的关系及职权划分做出了规定，但从地方金融这一细分领域来看，现行法律忽视了中央与地方金融权力的明确划分，使得地方政府享有的金融权缺失应有的法律认可。

## （三）地方金融的监管缺位

当前，我国地方金融监管体系由人民银行、银保监会、证监会以及地方金融办公室、地方金融监督管理局等机构组成，但是监管职权的划分并不清晰，也存在一定的监管盲区。

以人民银行与银保监会的职能为例，对比 1998 年印发的《中国人民银行职能配置、内设机构和人员编制规定》①与 2018 年通过的《中国银行保险监督管理委员会职能配置、内设机构和人员编制规定》，②仅从文字表述上来看，可以发现人民银行与银保监会在具体职能与所设机构上存在一定的重合。虽然实践中各地对于这一现象的处理方式可能有所不同，但仍能发现制度层面上的不足之处。此外，两份文件也反映出，当前相关法律法规更多地处于规范性文件的层面，尚未上升到法律的高度，这也与上文关于中央与地方职权划分的分析密切相关。

另以"地方金融办"为例，从机构设置反观监管体系。从 2018 年开始，部分地区的地方金融办公室挂牌"地方金融监督管理局"。这一现象背后显示的是，地方金融监管部门对其金融监管与风险处置职能的进一步聚焦和强化。尽管如此，当前"地方金融办"仍是一个兼具金融发展与金融监管双重职能的综合机构，往往忽视防范金融风险的核心职责，反而将扶持金融机构发展、吸引资本流入、提高融资规模等能够带来短期经济利益的事项作为优先任务。虽然地方金融办公室、地方金融监督管理局已经肩负起地方金融监管的任务，但是目前地方金融监管在法律上仍缺乏依据，亟须快速推进相关立法工作。

不论从规范性文件的表述还是监管机构的设置来看，都能反映出当前地

---

① 《中国人民银行职能配置、内设机构和人员编制规定》规定：中国人民银行的主要职能包括按照规定审批、监督管理金融机构，监督管理金融市场，发布有关金融监督管理和业务的命令和规章，依法从事有关的金融业务活动等十二项内容；内设机构包括银行监管一司、银行监管二司、非银行金融机构监管司、合作金融机构监管司等。

② 《中国银行保险监督管理委员会职能配置、内设机构和人员编制规定》规定：中国银行保险监督管理委员会的主要职能包括对全国银行业和保险业实行统一监督管理，对银行业和保险业机构的公司治理、风险管理、内部控制、资本充足状况、偿付能力、经营行为和信息披露等实施监管，对银行业和保险业机构实行监管，负责指导和监督地方金融监管部门相关业务工作等 15 项内容；内设机构包括打击非法金融活动局，政策性银行监管部，国有控股大型商业银行监管部，全国性股份制商业银行监管部，城市商业银行监管部，农村中小银行机构监管部，财产保险监管部，其他非银行金融机构监管部等在内的 26 个部门。

方金融发展过程中监管的缺位。结合上文从《宪法》与《立法法》展开的分析，当前的现实障碍事实上也是当前亟待填补的一系列法律漏洞的集中反映。资源配置不均衡、中央与地方博弈、地方金融的异化，均在金融抑制的背景下被进一步放大。法律的缺失与监管的缺位也清晰地表明，当前我国金融发展需要逐步由"金融抑制"向"金融深化"转型，也由此引申出我国地方金融持续发展的法律路径革新。

## 四、地方金融发展的法律路径

地方金融的进一步发展不仅有赖于地方金融体系的完善，也与中央与地方的财政关系等密切相关。在中央与地方的"较量"中，更多的则是一种利益的平衡过程。本部分主要从以下三个方面对地方金融发展的法律路径进行阐述。

### （一）地方金融权配置

分权竞争是理解我国经济增长的关键，其中财政分权被普遍重视并得到广泛研究，而金融分权则因概念模糊、缺乏正式的制度安排而被长期忽视。法律作为一种重要的工具，可以推动地方金融权的界定与配置。

第一，地方金融事权的配置。地方金融事权，即地方政府参与地方金融事务的权利。通过地方金融事权的配置，可以对政府本身参与金融活动的范围以及市场主体参与金融资金交换的范围进行划分，从而更为清晰地界定各方的权利与权力。具体而言，地方金融事权的配置分为两个层面：其一是上级政府与下级政府之间金融事权的配置，划分的目的在于统筹地区的金融发展战略，加强上下级尤其是中央与地方之间的配合；其二为同级政府之间金融事权的配置，划分的目的则在于防止涉及跨区域问题时地方政府之间权责不明、相互推诿等现象发生。

第二，地方金融财权的配置。地方金融财权，即地方政府投资、融资过程中涉及的权利。首先，1994 年分税制改革以后，地方政府财力锐减，但承担的财政支出责任与公共物品的供给规模则呈增加趋势。财权和事权的不匹配，导致地方政府财政支出压力增加。[①] 因此，地方金融财权的配置应当与事权相匹配。其次，财权的明确应当符合地方政府的融资需求。除此之外，财权也应区分于地方政府所承担的监管职能，并应当明确地方政府金融所得的支出。

第三，地方金融参与权的配置。地方金融参与权，即地方政府介入地方金融的权利。如上文所述，地方政府在参与地方金融活动的过程中，也与金融法所包含的"公法"与"私法"双重属性相对应，而表现为"公法人"与"私法人"的双重身份。因此，在参与权的规制中，要将其所享有的双重身份区分开来。区分标准则是其所参与的项目以及以何种身份参与其中，即当地方政府以参与者身份进入市场或从事收益性项目时，与其以监管者身份进入市场或从事公益性项目时的情况有所不同。[②]

## （二）金融监管的规范

当前，国际上金融监管体制主要有四种模式，分别是机构型监管、功能型监管、综合型监管和双峰型监管。四种模式各有其特征与优缺点，而我国是机构型监管的代表国家之一。如前所述，我国目前的金融监管体制是以"一行两会"为主体，地方政府金融管理机构为补充的双层金融监管体制。[③] 我国现有体制的问题在于，地方金融监管规则中存在与中央金融监管规则直接冲突的规定。各地方"冲突型"规则与中央规则偏离程度存在不同[④]，监管体系仍然薄弱或存在真空，导致局部潜藏金融风险。监管协调机制运行不畅，

---

① 杨继东、杨其静、刘凯：《以地融资与债务增长——基于地级市面板数据的经验研究》，《财贸经济》2018 年第 2 期。
② 吕铖钢：《地方金融权的法律配置》，《现代经济探讨》2019 年第 4 期。
③ 李凌：《论双层监管体制下小微金融监管制度创新》，《中南财经政法大学学报》2014 年第 3 期。
④ 唐应茂：《中央和地方关系视角下的金融监管——从阿里小贷谈起》，《云南社会科学》2017 年第 5 期。

影响监管和维稳处置效率。[①]

此外，参照梅勒克（Melecky）和波德皮尔（Podpiera）探讨的发展水平不同的经济体系适应的监管模式，[②]地方金融监管的规范，应选取与我国国情和地方金融发展水平相适应的监管模式，进一步提高金融监管体系的监管能力与监管效率，尽可能填补现行体制中存在的监管盲区。在专业化的评估后，自上而下地进行监管体制的改革，有针对性地进行调整。其中，针对机构型监管模式的缺点，可以采取加强对金融创新的监管、完善监管机构间的协调机制、强化监管问责机制的运行等措施进行调整。当然，金融监管体系的革新也并非一劳永逸，应随着金融发展水平的变化进行调整，与时俱进。

具体到非正式金融领域的监管问题，其监管模式可以参照上文所述的金融监管体系的内容。就监管机构而言，可在尊重非正式金融原有属性的基础上，以行业协会为主导，并由人民银行、银保监会和地方金融办作为辅助。在具体监管举措方面，以农村民间金融为例，张凯和曹露聪认为应从建立农村民间金融机构经营者激励与约束法律机制、完善信息披露法律制度、完善市场的适度监管法律机制、完善民事责任制度架构等方面，对农村民间金融道德风险行为进行综合治理。[③]推而广之，这些措施也同样可能适用于整个非正式金融领域。

## （三）法律法规的出台

就法律法规本身而言，目前我国对于地方金融的规范位阶仍然较低，主要集中于部门规章和司法解释两个层次，而事实上这并不能有效破除我国所面临的地方金融发展困局。出台法律法规的作用在于将上文所述的两个方面的内容进一步规范化，以相对更为标准统一的表述来规制实践中的具体行为，

---

① 单强：《地方金融监管机制改革路径探究》，《中国金融》2018 年第 22 期。

② Melecky M, Podpiera A M, Institutional Structures of Financial Sector Supervision, Their Drivers and Historical Benchmarks, Journal of Financial Stability. 2013, 9(3):428−444.

③ 张凯、曹露聪：《民间金融监管困境及其法律治理路径建构》，《求索》2012 年第 12 期。

更好地完善金融法制，促进金融与社会发展。法律法规的出台涉及两个方面的问题：一方面是地方金融立法权的授予；另一方面是具体地方金融法规的出台。总的来说，金融法律法规的出台应同时将金融公平、金融安全和金融效率三个方面作为金融法制的价值目标。[①]

第一，在地方金融立法权方面，浙江省温州市的金融改革较为典型。2012 年 3 月 28 日，国务院常务会议决定设立温州市金融综合改革试验区。此后，温州市出台了我国第一部地方性金融法规《温州市民间融资管理条例》及其配套细则《温州市民间融资管理条例实施细则》。需要指出的是，在这一改革中，仅有国家的行政认可，没有明确的法律授权。温州金融改革涉及民间融资的地方监管、备案登记、私募工具以及信息服务等多个方面的创新举措，但因立法空间的束缚，无法摆脱其制度创新中的局限性。[②]由此可见，地方金融法律体系的完善不能一蹴而就，而应从地方金融立法权的完善开始逐步进行改革。

第二，在具体地方金融法规的出台方面，应结合各地特色、因地制宜、有针对性地开展。例如，浙江省于 2020 年 8 月施行的《浙江省地方金融条例》就是一次较为典型的尝试。具体而言，针对金融功能异化问题，可以通过金融法来进行矫治，引导地方金融更好地服务实体经济，使金融主体的行为尽可能地走向理性。针对地方金融机构法制保障问题，可以通过地方金融法规明确其权限与职能，从而促进地方金融机构逐渐向"立足当地，服务社区"转型。[③]此外，还应结合当前数字金融的大背景，及时地对相关内容做出调整。

## 五、结语

数字金融的发展进一步丰富了地方金融的内涵，但是阻碍地方金融发展

---

① 冯果：《金融法的"三足定理"及中国金融法制的变革》，《法学》2011 年第 9 期。

② 李有星、陈飞：《论温州金改的制度创新及其完善——以我国首部地方性金融法规为视角》，《社会科学研究》2015 年第 6 期。

③ 张希慧：《地方中小金融机构法制保障问题》，《求索》2007 年第 8 期。

的现实障碍仍然存在。因此，即便处于数字金融的大背景之下，也应回归本源分析。本文以法与金融的关系为切入点，通过对地方金融发展困局的法律解读与现实障碍的阐明，从地方金融权的配置、金融监管的规范、法律法规的出台三个方面提出了一些建议。我国地方金融发展的困局与迷思实则为金融抑制的现实背景下，中央财政、地方政府、民间资本等多方之间的博弈造成的"假象"。在达到各方利益最大化的均衡点时，地方金融自然而然地会实现健康长远的高质量发展，权利、权力、机会、利益的实现也更将趋于合理化，从而使金融法治在"公法"与"私法"间达至一种"中庸"的最佳状态。而这一均衡点的实现，需要借助多方力量；法律也仅是其中的一种较为重要的作用力。法谚有云"法律即是秩序"，研究我国地方金融发展的法律路径的意义就在于对现有的"不均衡"进行规制，从而促成新的更为合理、更符合多方利益的平衡点的形成与调整，这也正是法律能够有力促进包括金融体系调整在内的多种变革的原因所在。在实践的困局与理论的迷思之下，亦潜藏着地方金融进一步趋向成熟与完善的法治进路。本文所提出的法律路径虽仍不够全面、具体，但也为地方金融发展这一命题提出了一些新思路，而地方金融发展法律路径的最终妙义则有待未来的实践进一步检验。

# 数字金融发展背景下民间借贷刑民交叉问题研究

杭州市拱墅区人民检察院　王晓光　崔倩如 *

**摘　要**

在数字金融迅猛发展的背景下，出现了许多新型民间借贷形式，需要明确刑民交叉的边界问题，保证非公有制经济的合法性和持久发展。尤其是 P2P 案件和套路贷案件屡禁不止，该类案件都是民间借贷演化而来的刑事犯罪，涉及民事和刑事法律关系的交叉。因此，研究该类案件实际办理过程中存在的最新问题尤为重要。对于该类案件选择先刑后民还是先民后刑的程序，以及如何处置赃款、保障人权等问题，尤其是厘清被害人一方在借贷关系中应负的责任是本文研究的重点。

**关键词：** 刑民交叉；新型民间借贷；P2P；套路贷

---

＊ 王晓光，杭州市拱墅区人民检察院党组书记、检察长；崔倩如，杭州市拱墅区人民检察院员额检察官。

当民间借贷纠纷纳入刑事法律规制后，就会涉及刑事、民事等纵横交错的法律关系，产生所谓"刑民交叉"的法律问题。[①] 所谓刑民交叉案件，是指既涉及刑事法律关系，又涉及民事法律关系，且相互直接存在交叉、牵连、影响的案件。[②] 对于刑民交叉案件，既不能仅从实体法进行考察，也不能仅从程序法进行考察，而是应当坚持实体法和程序法结合的双重视角。[③] 本文本着与时俱进的态度，着眼于近年来出现的新型民间借贷中涉及的犯罪问题，主要包括套路贷案件和 P2P 案件两种类型，提出案件办理过程中存在的问题和解决路径。

## 一、由新型民间借贷演化而来的两种犯罪类型

P2P 案件和套路贷案件近些年愈演愈烈，这两种犯罪最初都是以民间借贷的模式存在。因此，本文将针对上述两种类型进行具体研究。

### （一）P2P 案件本质是民间借贷

近年来，P2P 网贷平台仍然持续"爆雷"。P2P 网络借贷作为一种新兴的融资模式，其本质是民间借贷。由于立法上的滞后性，在缺乏完善的监管体系的情况下，网贷在给借贷双方和平台带来收益的同时，也伴随着高风险性。P2P 非法集资犯罪主要包括非法吸收公众存款罪和集资诈骗罪两个罪名。对于非法集资案件，司法机关既要查明事实，保持刑民裁判一致，也要慎用中止审理、终止审理的措施，从而有效保护债权人的合法民事权益。同时，

---

① 李全锁、杜博：《刑民交叉案件法律规制路径之反思与重构——以涉嫌刑事犯罪的民间借贷案件为例》，《法律适用》2013 年第 7 期。

② 何帆：《刑民交叉案件审理的基本思路》，中国法制出版社 2007 年版。

③ 陈兴良：《刑民交叉案件的刑法适用》，《法律科学（西北政法大学学报）》2019 年第 2 期。

要清楚地知道，涉嫌刑事犯罪并不必然导致民间借贷合同无效。①

### （二）套路贷案件本质是诈骗犯罪

套路贷案件从表面来看确实存在借贷关系，并且还有借款合同以及银行流水等证据。此类案件如果进行民事诉讼，犯罪分子胜诉的概率极大。因为被害人缺乏举证能力，无法还原真实情况。②但实际上这种民事法律关系是虚假的，行为人以此掩盖刑事犯罪的真实目的。对此，应当刺破民事法律关系的面纱，还其刑事犯罪的真实面貌。在套路贷案件中，民事上的合法只是一种假象，诈骗犯罪才是其实质。③

## 二、新型民间借贷案件中存在的刑民交叉问题

当前司法机关在办理 P2P 案件和套路贷案件中，存在的主要难题有：目前我国鲜有对非法集资活动中受害人过错的分析，法律中缺乏相关的条文支持；对于套路贷案件中被害人获得借款利益后如何处理的问题，实践中执法司法机关一般采取置之不理的态度，理论上还未有人进行过探讨。但此资金涉及利益平衡和赃款处理分配问题，应引起重视。

---

① 对于非法集资案件，司法机关既要查明事实，保持刑民裁判一致，也要慎用中止审理、终止审理的措施，从而有效保护债权人的民事权益。不能简单地以行为涉嫌犯罪即否定合同效力。 在非吸案件中的借贷行为，只要订立合同时各方意思表示真实，又没有违反法律、行政法规的强制性规定，就应当确认合同有效。而在集资诈骗中的借贷行为应属于我国《合同法》第五十四条规定的可变更可撤销合同，其民事效力取决于受欺诈一方的补充意思表示。如果其向法院或仲裁机构主张撤销该合同，那么该借贷合同归于自始无效。但是这种撤销权必须在当事人自知道或者应当知道撤销事由之日起一年内行使，这一期间属于除斥期间，不能适用诉讼时效中断、中止的规定。如果当时仅仅主张变更合同或者既不要求变更也不要求撤销合同，那么借款合同仍为有效。
② 陈兴良：《刑民交叉案件的刑法适用》，《法律科学（西北政法大学学报）》2019 年第 2 期。
③ 陈兴良：《刑民交叉案件的刑法适用》，《法律科学（西北政法大学学报）》2019 年第 2 期。

## （一）人权保障难：套路贷案件中被告人出借给被害人的资金是否要返还

从刑罚目的角度考虑，任何人不得从其非法行为中获利，这是刑法、民法的共同准则。[①] 有些套路贷案件的被害人本身也有过错，对于犯罪行为导致的后果，受害人需要在一定程度上承担刑事和民事的责任。[②] 许多受害人在知情的情况下为了获得借款不惜签下虚高合同，待涉案嫌疑人被公安机关抓获后，其获得了出借人的借款后亦没有归还。对于这部分资金是否要返还被告人目前没有明确说法。从刑法原则出发，惩罚犯罪和保障人权并行不悖。反观套路贷案件中，出借人的资金能否得到返还也体现了刑法保障人权的属性，更有利于追赃挽损工作的展开。因此，本文将对此展开研究和探讨。

## （二）利益衡量难：对被害人过于宽容是否导致维稳压力骤增

在非法集资案件中，存款人系为了谋取高额利益，且很清楚所获得的收益明显超出市场平均水平，应当认为投资人对于该高回报中的风险存在一定程度的认识，在其财产利益最终受损的过程中自身存在一定的过错。在形式上是双方自愿进行的平等民事行为，但是在承担风险方面则完全不对等。实践中，存款人得到收益一般不会举报吸储人；如果有损失则向政府举报，甚至上访闹访，追究吸储人的刑事责任，给政府也造成了巨大的维稳压力。[③]

理论上，对于被害人过错有民法的"自甘风险"[④]理论和刑法的"危险接受"理论作为支撑。从现实情况来看，绝大多数民间借贷犯罪的顺利进行离不开

---

① 刘宪权、翟寅生：《刑民交叉案件中刑事案件对民事合同效力的影响研究——以非法集资案件中的合同效力为视角》，《政治与法律》2013 年第 10 期。

② 徐彰：《民间借贷问题研究—民刑交叉为视角》，东南大学 2016 年博士学位论文。

③ 王君悦等：《非法吸收公众存款罪的理论和实践之困惑和思考》，《长三角法学论坛》2013 卷，第 325 页。

④ 所谓自甘风险，是指明知某具体危险状态的存在，而甘愿冒险为之。参见王泽鉴：《侵权行为》，北京大学出版社 2009 年版，第 227 页。

集资参与人的积极参与和支持。部分非法集资活动演化为涉众型经济犯罪也是因集资参与人自身存在过错所致，甚至很多集资参与人还会召集更多的人进行投资。在投资"高额回报，见效快""钱生钱，利滚利"等诸多利诱之下，集资参与人企图用投机方式获取高额回报。此时，他们往往将理性投资的意识抛之脑后，甘冒风险积极配合集资人进行非法集资活动。可见，非法集资犯罪的频发与集资参与人自身存在过错也有关系。

在现有法律的框架内，立法者一方面严厉打击非法集资犯罪中的借款人，努力将其纳入刑罚制裁范围；另一方面却对借贷关系的另一方当事人即出借人毫无底线的宽容和保护，这使得在民间融资过程的一开始当事人双方就处于不对等的地位。一方只需出借资金即可，而不用考虑其他任何事情，只等到期拿钱。若万一对方违约，或存在其他任何风险，可以通过法律和政府等多条途径寻求保护，出现借款人一方借入资金不仅要承担经营风险，还要承担随时可能越界的法律风险。因此，对于民间借贷犯罪中受害人存在过错的，需要承担因自身行为导致犯罪人损害赔偿责任得以减轻的结果，也即该类案件的利息不被保护，同时是否要对被害人方起到一定的规制作用也是本文需要研究的内容。

## （三）程序选择难：先刑后民是否存在问题

由于我国社会长期以来深受重刑轻民传统法律文化的影响，且在当前社会维稳成为内在要求的情况下，[①] 我国司法机关处理民刑交叉案件时受"刑事优先"理论影响，往往采用"先刑后民"的处理模式。这一处理模式在出发点上是好的，但在司法实践中却产生了诸多弊端。在程序上导致了民事案件在中止审理后，由于一些案件因犯罪嫌疑人潜逃、长期无法归案，导致刑事诉讼程序无法正常启动，民事诉讼程序也无法进行，降低了案件审理的效率，不利于对被害人的民事权益及时救济。陈兴良也认为，"先刑后民"容

---

① 杨兴培：《刑民交叉案件中先刑观念的反思与批评》，《法治研究》2014年第9期，第66—67页。

易侵犯当事人的权利。在审判实践中，该承担刑事责任的几乎都要承担刑事责任。该处理模式导致对犯罪嫌疑人动辄逮捕，不利于保护被害人的权利，为被告人逃避承担民事责任提供了理由。[①] 具体到民间借贷案件本身，在民间借贷行为发生时，刑事诉讼与民事诉讼在诉讼目的、诉讼原则、责任构成要件、归责原则等方面存在本质差异，"先刑后民"并不是审理民间借贷刑民交叉案件的最佳原则。

### （四）涉案财物处置难：刑事追赃在实践中是否难以操作

司法实践中遇到的最大难题不是对犯罪人定罪的准确量刑，而是如何最大限度地为集资参与人挽回经济损失。[②] 现存的问题是，公安机关往往侧重于抓捕嫌犯，而疏于查控财产，缺乏对刑事追赃的重视，财产被转移的现象时有发生。同时，追缴主体不明确。目前，存在政府、公安机关、检察机关、审判机关均在追赃挽损的客观情况。但是，基于职能和责任不清、力量不足、手段滞后等制约因素，公安机关、检察机关和审判机关没有形成有力的联合处置程序，对涉案财物的处置不力，导致部分财物无法追回。[③] 此外，侦查、审查起诉、审判程序中关于涉案财物的追缴和处置的衔接规定不明确。如公安机关已侦查终结，案件进入审查起诉、审判阶段，发现新的涉案财物需要查封、扣押、冻结，由哪个机关来执行？公安机关查封、扣押、冻结的涉案财物到期需要办理续冻、续封手续的，由哪个机关来办理？法院刑事判决"继续追缴犯罪所得的财物"，判决生效后，集资参与人应当向哪个机关申请执行，是法院还是公安机关？如果是法院，是刑事审判部门还是执行部门？规定均不明确，在司法实践中难以操作。[④]

---

① 陈兴良：《关于先刑后民司法原则的反思》，《北京市政法管理干部学院学报》2004年第2期。

② 李硕、李浣：《关于非法集资等涉众型金融犯罪适用法律问题研究》，《河北法学》2011年6月刊。

③ 魏东等：《非法集资犯罪案件司法实务问题研究——主要基于四川省德阳市调研情况的分析报告》，《法治研究》2016年第1期。

④ 魏东等：《非法集资犯罪案件司法实务问题研究——主要基于四川省德阳市调研情况的分析报告》，《法治研究》2016年第1期。

## 三、对策研究

针对以上问题提出对策，希望能对实务中处理套路贷案件和 P2P 案件起到一定的积极作用。厘清其中的刑民交叉问题，增强社会稳定性、保障人权和非公经济持续健康的发展。对该类民间借贷案件选择先刑后民还是先民后刑的程序，以及如何处置赃款、保障人权，尤其是厘清被害人一方在借贷关系中应负的责任，在未来可以成为研究刑民交叉课题的一个重要样本。

### （一）保障人权，平衡效益最大化

刑民交叉案件尤其是非法集资类案件，对于涉案财物的处置，是糅合了多方利益博弈的过程，不能简单固守抽象的权利原则，更重要的是要对涉案财物的处置程序进行效益最大化考量。在这里多次提及的"效益"，不仅指实现当事人权益所带来的法律上的效益最大化，还包括但不限于经济、社会等各方面的效果和利益，甚至对于政策和政治方面的效果利益都产生影响。

对于套路贷案件首先要依法用好用足法律手段进行追赃挽损，该采取查封、扣押、冻结措施时，要及时采取，把套路贷犯罪遏制在萌芽状态，避免被害人的严重损失。其次对系列套路贷案件要以专案的形式介入，积极主动开展相关侦查和取证活动，尽早争取检察院和法院的支持。最后对犯罪分子因套路贷而获得的非法所得要依法予以追缴或者没收，包括一切非法财物及其孳息。[①] 对于套路贷案件被害人获益的部分也应一并追缴，对于非法集资案件的被害人也不能一味采取包容的态度，应从其自身过错出发，对其做一定限制，减少上访闹访情况，减轻政府维稳压力。

### （二）刑民并行，规范民间借贷行为

在民间借贷案件的审理过程中，应当否定一概以"先刑后民"模式处理这种严重侵犯当事人民事诉权的做法。无论诉讼程序还是刑事附带民事诉讼

---

① 罗斌飞：《"套路贷"犯罪手段及侦查对策》，《武汉公安干部学院学报》2018 年第 4 期。

的选择，都应当以保障民生、以人为本为出发点和落脚点，体现对于公民合法诉权和实体权益的最大程度的保护。[①]

民间借贷案件应以"刑民并行"为处理刑民程序冲突的基本原则，"先刑后民"或"先民后刑"均为该原则的例外。[②] 如某一民间借贷行为既违反了民事法律规范，又违反了刑事法律规范且可能构成犯罪时，应当采用"刑民并行"的处理模式。坚持当事人民事诉权予以保护的原则，民事案件继续审理，同时将涉嫌犯罪的线索、材料复印后将复印件移送公安、检察机关。在审理民间借贷案件时，如果民间借贷的审理必须以刑事案件的审理结果为依据，则应当中止民间借贷案件诉讼，等待刑事诉讼的审理结果。如果民间借贷犯罪在审理过程中存在财产确权方面的争议必须通过民事诉讼予以定性的，则应当中止刑事诉讼，以先民后刑模式处理。

### （三）细化刑事追赃与民事执行的衔接流程

公安机关在发现行为涉嫌犯罪时，可以第一时间对涉案财产包括赃款、赃物、犯罪工具等进行查封扣押。从财产分配来看，刑事追赃也优先于民事执行，但民事执行效率更高。当事人在立案前可以诉讼保全，审理阶段可以提出财产保全，最高法又提出"用两到三年基本解决执行难"的问题。不论从银行划扣、人员布控、财产查控及拍卖，还是从信用惩戒上看，执行的措施与手段越来越多，也越来越完善，执行效果显著。

刑事追赃的软力与民事执行的高效致使刑民交叉程序适用产生了错乱，当事人更愿意选择有利于其结果的处理方式。因此，要试图规避刑事追赃的短板，充分利用民事执行的优点，完善刑事追赃程序。刑事追赃的财产保全可以由法院处理，不仅有利于财产的查控，还有利于完善我国刑民交叉程序处理原则下的刑事追赃。同时，进一步细化刑事追赃与民事执行财产分配方

---

① 徐彰：《民间借贷问题研究—民刑交叉为视角》，东南大学 2016 年博士学位论文。

② 王林清、刘高：《民刑交叉中合同效力的认定及诉讼程序的构建—以最高人民法院相关司法解释为视角》，《法学家》2015 年第 2 期。

面的细则。

## （四）加大舆论引导和法制宣传

类似 P2P 和套路贷案件之所以频频发生，虽然本质上都是民间借贷的异化模式，但在很大程度上是一开始发现不及时，发现以后又缺乏舆论引导和法制宣传，导致信息不对称所致。犯罪的手段和方式层出不穷、日新月异，且与合法的民间借贷相比在犯罪边界上并不清晰，使得老百姓防不胜防。而受害的投资人往往又缺乏投资方面的专业知识，使得对于某一投资项目中存在的风险评估不足，容易上当受骗。尤其是发生在网络空间中的网贷行为，犯罪人打着高科技金融创新的旗号，以形式合法的理财项目实施实质上的非法犯罪，一般社会公众较难分辨。

因此，国家需要加强舆论引导和法制宣传工作。这不仅可以帮助借款人分辨网络借贷项目的合法性，还能起到法律震慑作用，防患于未然。充分利用报纸、电视、广播、互联网等传媒手段，宣传依法惩处相关犯罪的法律法规。通报类似 P2P 和套路贷案件的新形式和新特点，提示风险，提高社会公众的风险意识和识别能力。政府对投资加以正面引导，拓宽投资渠道，是从根本上解决民间借贷难的关键。国家应当适当放宽投资、融资的相关政策，尝试建立新的融资制度，允许中小企业在国家金融监管部门的监督下依法面向社会募集资金。[1]

---

[1] 李硕、李浣：《关于非法集资等涉众型金融犯罪适用法律问题研究》，《河北法学》2011 年 6 月刊。

# 论我国民间借贷利率的法律调整

浙江大学光华法学院　杨　蕾 *

**摘　要**

民间借贷利率规则对于民间借贷活动有着重要的指引与规范作用，影响国家经济发展和民间金融稳定。我国的民间借贷利率管控模式从国家主导逐渐向市场化转变，其具体规则经历了"四倍银行同期利率""三区两线标准""四倍 LPR"三个阶段。2020年《关于审理民间借贷案件适用法律若干问题的规定》的修订，体现了民间借贷利率市场化与管控并存的特点。在审判实践中，应当注意对适用主体的解释。在现有标准下适当限制规则适用，有利于增加融资渠道与资金供应，促进民间金融市场的良性发展与治理。

**关键词**：民间借贷；利率规则；利率市场化；四倍 LPR；地方金融监管

---

＊　杨蕾，浙江大学光华法学院硕士研究生。

民间借贷在我国有着悠久的发展历史，它是社会资金融通的重要方式，而民间借贷的利率更是反映资金供求关系和民间融资市场资金价格的重要指标。在建国初期，实行利率放任政策。国家对私人之间的借贷利息不予限制，完全由当事人自由决定，国有金融机构的借贷利率只是作为借贷依据。但到了后期，市场利率畸高且混乱，国家开始严格控制利率市场。改革开放以后，为了刺激经济发展，对利率的管控政策逐步呈现放松的态势。[①] 但是从总体上来看，我国对利率的管制较为严格，这就意味着对民间借贷利率问题的研究不仅与实体经济息息相关，还与我国的利率规则紧密联系。

目前，国内关于民间借贷利率问题的学术研究的两种主流路径也证实了这一点。一种路径是通过对实体经济、货币政策等方面的实证研究，测量民间借贷利率可能的影响因素；另一种路径则是通过对民间借贷利率法律规制的研究，从立法和司法层面回应民间借贷纠纷和利率管制问题。前者注重民间借贷利率的实然影响因素，后者注重从应然层面研究并调控民间借贷利率，以适应我国经济的发展。本文结合两种主流路径，从我国国情出发，通过30年来民间借贷利率法律规制的变化分析不同利率规则的功能与问题，从而促进我国民间借贷市场的良性发展。

## 一、民间借贷利率的规制模式

### （一）民间借贷的性质与作用

民间借贷是民间个人及机构进行资金融通的一种经济现象，是社会经济发展过程中自发形成的一种民间信用形式。民间借贷这一概念与正式的金融机构借贷相对应，后者主要指的是银行借贷。两者之间的主要区别在于，银行借贷主要以国家政策为立足点，属于国家宏观调控经济的重要手段，以国家信用为保障。在我国，民间借贷主要存在两种形式：一种是无组织的民间

---

① 许德风：《论利息的法律管制——兼议私法中的社会化考量》，《北大法律评论》2010年第11期。

借贷，包括私人借贷、企业间借贷、企业和个人之间借贷；另一种是有组织的借贷，包括合会、标会、地下钱庄、典当行、担保公司、私募基金等。

自社会主义市场化经济体制改革以来，我国民间借贷的规模和体量达到了前所未有的程度。[①] 根据中国国际金融有限公司研究人员的分析，2011 年全国民间借贷规模约为 3.8 万亿元人民币，占中国影子银行贷款总规模的 33%。但是与民间借贷市场蓬勃发展相对的，是民间借贷纠纷的繁多和我国民间借贷规范的缺失。2012 年全国民间借贷案件收案 747，809 件，比 2008 年的 488，301 件上升 53.15%，占当年民事一审案件的 10.22%，占各类借款合同的 58.48%。民间借贷案件已经成为国内民事案件的主要类型之一，大量案件涌入司法领域，恰恰证明了我国金融市场规范的欠缺。如何制定合理的民间借贷规则，既是社会稳定发展的需求，也有利于促进我国经济的稳健发展和金融市场的稳定。

### （二）民间借贷利率的规制模式比较

民间借贷利率可谓民间借贷问题的中心。当事人之间的争议主要围绕借贷利率展开，国家对民间金融的调控也是从利率入手。对于民间贷款利率的规制，观察各个国家的政策与传统，可以归纳出以下两种基本的规制模式。[②]

1. 以市场为基础的疏导模式

以市场为基础的疏导模式多见于资本主义制度下的西方发达国家。19 世纪下半叶，自由主义达到鼎盛。从 1853 年到 1868 年，大部分欧洲国家都取消了利息规制法。如，英国于 1854 年最终通过了彻底废止利息规制的法律。随着经济的逐步发展，欧洲各国对利率的限制越来越宽松，基本上不设置利率上限。同时，在尊重当事人意思自治和市场自由发展的基础上，又通过一些具体的立法来调整借贷关系。比如美国各州的高利贷管制法，主要是对不

---

① 周荣俊：《不同货币政策影响下民间借贷发展的比较分析》，《上海金融》2010 年第 1 期。
② 王林清、于蒙：《管控到疏导：我国民间借贷利率规制的路径选择与司法应对》，《法律适用》2012 年第 5 期。

同用途、不同行业的借贷利率进行规定，而不是统一确定一个具体的不可逾越的利率标准。

2. 以国家宏观调控为基础的管控模式

以国家宏观调控为基础的管控模式多见于社会主义国家。以我国的利率管制为例，在计划经济时代，发放贷款的功能主要由国家金融机构承担，民间机构借贷的空间非常狭小。但是民间私人之间的借贷由于规模小且分散等原因，受到的管控较少，以至于后期出现了利率畸高且混乱的局面。我国对利率的政策主要是降低利率水平，民间借贷的发展也被压制。虽然改革开放后对利率的管控有所放宽，但总体上还是以控制利率为主。

以上两种利率管控模式并不是完全对立的，都是出于经济发展和交易保护等目的的需要，对民间借贷进行的调整。而哪种模式更加适合我国民间借贷的良性发展，则需要结合具体国情和我国民间借贷利率规则的发展进行分析。

## 二、我国民间借贷利率的法律调整

### （一）我国民间借贷规则发展的"三阶段"

从整体上看，我国民间借贷规则呈现分散化、简单化、模糊化等特点。改革开放初期，随着私人金融活动的日益活跃，是否需要设置全国统一的"利率红线"成了重要的问题。1986 年颁布的《民法总则》仅仅笼统地规定了"合法的贷款关系受法律保护"，但是何种贷款关系是合法的，却没有给出具体的法律规定。立法者的态度似乎是想将具体的利率管控交给行政执法者。1991 年，最高法出台了《关于人民法院审理借贷案件的若干意见》（以下简称《借贷案件意见》）。其中有一条"四倍利率规则"，规定民间借贷利率最高不得超过银行同类贷款利率的四倍。这条规定确定了我国民间借贷利率的基本准则。该规定施行了 20 多年，对民间借贷活动和民间借贷案件产生了重要影响，而其合理性受到了理论界和实务界的不少质疑。"四倍利率规则"产生和消亡的过程，是我国民间借贷利率管控的缩影。

2015 年，最高法颁布了《关于审理民间借贷案件适用法律若干问题的规定》（以下简称《民间借贷司法解释》）。该司法解释规定了"三区间"的利率规制模式。年利率 24% 以下的利息债权处于"有效区"，法院保护年利率超过 36% 的利息债权处于"无效区"，而年利率在 24% 到 36% 之间的利息债权则处于"自然债务区"。但三区间的规定并未实施太久，最高法于 2020 年 8 月 18 日公布《最高人民法院关于修改〈关于审理民间借贷案件适用法律若干问题的规定〉的决定》并自 2020 年 8 月 20 日起施行，"三区间"的模式被废止。根据修改后的新《民间借贷司法解释》第二十六条的规定，民间贷款的利率上限为"合同成立时一年期贷款市场报价利率四倍"，而"一年期贷款市场报价利率"即为一年期贷款市场报价利率（LPR）。自此，我国民间利率规则基本上经历了三个阶段，分别是："四倍银行同期利率规则""两线三区规则""四倍贷款市场报价利率规则"。[①]

## （二）"四倍利率规则"的理论与实践问题

"四倍利率规则"来源于最高法 1991 年发布的《借贷意见》第六条的规定，其具体内容为：民间借贷的利率可以适当高于银行利率，各地人民法院可根据本地区的实际情况具体掌握，但最高不得超过银行同类贷款利率的四倍（包含利率本数）。超出此限度的，超出部分的利息不予保护。2002 年，人民银行发布的《关于取缔地下钱庄及打击高利贷行为的通知》也从金融监管的角度确定了四倍利率标准。

"四倍利率规则"从实质上确定了我国一段时期内的民间借贷利率的基本上限，也就是说法院对超出同期银行贷款利率四倍以上的民间借贷不予保护，甚至金融监管机关可以对类似的高利贷进行违法性认定。民间借贷利率上限规则对于民间借贷活动有着类似于"底线"的影响作用，是一种人为地

---

① 刘勇：《〈民法典〉第 680 条评注（借款利息规制）》，《法学家》2021 第 1 期。

对民间借贷利率进行调整的方式。[1] 这样的影响方式到底合不合理？在实践中是否存在问题？大量研究和案例分析表明，简单的"四倍利率规则"的确存在问题，与民间借贷的逻辑也有不符合的地方。从理论上的质疑来看，"四倍利率规则"主要存在以下几个问题。

（1）利率上限的来源待考证。《借贷意见》所规定的利率上限并没有相关数据支撑，现有资料表明该条规定大概率借鉴了我国台湾地区的相关规定。因此，该条规定不是基于民间借贷活动的具体情况所制定的，更多的是立法者对于处于弱势地位的借款人的一种保护，毋宁说是一种价值调整。

（2）"四倍利率规则"没有与借贷类型相对应。我们在实际生活中有自然人之间的借贷，也有商业方面的借贷；有用于生活用途的借贷，也有用于商事活动的借贷。在这些借贷关系中，双方当事人的优势地位以及贷款数额、期间等等都是有差别的。但是借贷利率都受到"四倍利率规则"的上限限制，其合理性有待商榷。

（3）"四倍利率规则"有违背当事人自愿原则的可能性。因为该规则是对民事主体或者商事主体之间的民商事活动进行的规制，其在一定程度上突破了当事人的自愿原则。而是否可以放开对民间借贷利率的上限，也是具有争议的问题。

从实践的具体操作来看，"四倍利率规则"也存在不少问题，最为突出的是这样的规定或许与实践情况背道而驰。从根本上看，四倍利率规则的问题不在于它应该把对利率的上限规定为几倍数，而在于这样的规定方式不符合民间金融的逻辑。在利率约定上，民间金融与正规金融存在相反的逻辑。在银行借贷中，期限越长的贷款利率越高。但是在民间借贷中，期限越短的约定利率越高。[2] 比较合理的解释是：民间借贷中频繁的借款与还款为资金

---

[1] 高圣平、申晨：《民间借贷中利率上限规定的司法适用》，《政治与法律》2013年第12期。

[2] 程金华：《四倍利率规则的司法实践与重构：利用实证研究解决规范问题的学术尝试》，《中外法学》2015年第27期。

持有者带来了两项成本。一方面频繁的借与还会带来资金的不连续性，资金闲置期间增加而损失利息；另一方面频繁的借与还使得资金持有者需要花费搜寻成本去寻找借款人。因此，民间借贷的出借人必须通过设置更高的利率来外化这些交易成本。根据相关研究结果表明，民间借贷期限越短，出借人可能索取的利率就越高。这就意味着，简单地以银行贷款利率的倍数为上限规定，可能并不符合民间借贷活动的规律。

综上所述，《借贷意见》中的"四倍利率规则"无论从法理上还是在实践中都存在不少问题。对于民间借贷利率的法律规制，仅仅依靠这样一条简单的完全定量的规定是远远不够的。

### （三）《民间借贷司法解释》的回应与进展

随着民间金融的进一步发展和民间借贷纠纷的大量增加，原有的"四倍利率规则"由于理论和实践上的问题，已经无法适用于实际情况。2015年，为贯彻落实党的十八届三中全会关于金融体制改革的要求，在中央鼓励大众创业、万众创新，要求着力解决中小企业"融资难""融资贵"问题的政策背景下，在民间借贷纠纷案件数量急剧增长、审理难度不断加大的审判压力下，最高法颁布了《民间借贷司法解释》，并于该司法解释中废止了原《借贷意见》，正式终止了"四倍利率规则"。《民间借贷司法解释》虽然是司法解释，但却是第一个对民间借贷问题作出较为系统回应的全国性法律文件。其中对民间借贷利率、借贷合同效力、逾期利息的处理、复利计算等问题都做出了具体规定，对我国民间金融的发展有着重要的指导与规范作用。[①]

对于利率问题，《民间借贷司法解释》第二十六条规定："借贷双方约定的利率未超过年利率24%，出借人请求借款人按照约定的利率支付利息的，人民法院应予支持。借贷双方约定的利率超过年利率36%，超过部分的利息

---

[①] 赵竞竞：《我国民间借贷利率影响因素及规范路径——基于浙江787户家庭的调查数据》，《中国流通经济》2019年第33期。

约定无效。借款人请求出借人返还已支付的超过年利率 36% 部分的利息的，人民法院应予支持。"该条规定实质上是采取划定利率线的方式，对民间借贷利率作出上限规定。一方面尊重了当事人自主确定利率的权利和市场规律，另一方面也以法律方式稳定民间金融秩序。自 2015 年《民间借贷司法解释》颁布以来，对规范我国民间借贷起到了重要作用。但是随着民间借贷领域借贷主体多元化、类型多样化、关系复杂化等新特征的出现，民间借贷的风险不断上升。在该司法解释颁布后，最高法也通过《关于进一步加强金融审判工作的若干意见》《关于依法妥善审理民间借贷案件的通知》等辅助性规定对民间借贷加以规制。

### （四）《民间借贷司法解释》的修订

伴随我国利率市场化改革的推进，LPR 成为金融机构确定贷款利率的主要参考标准。2020 年初，我国经济遭受新冠疫情的巨大冲击，中小企业、个体工商户面临更多融资困境。因此，为了进一步降低融资难度、促进经济发展，最高法启动了《民间借贷解释》的修订工作。[①] 2020 年 8 月 18 日，最高法颁布了新《民间借贷司法解释》，其第二十六条第一款规定："借贷双方对逾期利率有约定的，从其约定，但是以不超过合同成立时一年期贷款市场报价利率四倍为限。"该规定一方面显示了司法对民间借贷利率确定市场化导向的支持，另一方面突出了新《民间借贷司法解释》降低民间融资成本的倾向。

此次修订引起了广泛的讨论，主要聚焦于三大问题：一是《民间借贷司法解释》第三十二条第二款的规定实际上突破了"法不溯及既往"的原则；二是对于《民间借贷司法解释》所确定的新的"四倍 LPR 规则"存在质疑，主要观点认为该规则对于利率上限的规定过低，很可能会产生民间借贷市场惜贷效应，反而提升中小企业融资难度；[②] 三是对于民间借贷利率规则适用

---

① 郑学林、刘敏、张纯、唐倩：《新民间借贷司法解释的理解与适用》，《人民司法》2021 年第 4 期。
② 姚海放：《论民间借贷利率的法律调整》，《社会科学》2021 第 4 期。

主体的讨论。针对第一个问题，最高法在 2020 年 12 月 23 日对《民间借贷司法解释》再次进行修订，纠正了这一明显的错误。而对于民间借贷利率规则的适用问题，依旧亟待在理论与实践层面进行进一步的解释。

## 三、我国民间借贷关系调整问题

### （一）利率金融监管的多元化

近年来我国已经通过创投基金、私募基金、典当、商业保理、信托、资管等多种形式加大对企业融资的支持力度，并扩大中小企业在资本市场的直接融资渠道。在此过程中，小额贷款公司、商业保理公司、民间融资服务企业等商业或金融组织也不断增多，逐渐改变以银行为主导的传统金融体系结构。民间金融的发展规模越来越大，其复杂性也逐步上升。

与此同时，在民间金融领域，基于法律授权的统一监管尚未形成，各地金融办、中小企业局、银监局、证监局、发改委、经信局甚至财政局都不同程度介入民间金融的监管领域。[①] 在此情形下，规范民间金融制度的地方性供给，借助法院个案审判的司法审查是一个有效的方案。而实际上，司法机关也一直扮演民间金融监管者的角色。民间借贷利率规则虽然主要限制在借贷关系中，但是实践中却影响着除了银行以外的各类金融机构借贷以及准借贷的行为。尤其是在新《民间借贷司法解释》中对于适用主体的规定，排除适用的范围是有极大解释空间的。同时对该规定的解释还涉及金融借贷与民间借贷的平等保护问题，因此法院在解释时是需要非常审慎的。此规定导致民间借贷协议中利率约定超过四倍LPR的借款人，或主张变更合同利率约定，或通过诉讼获取支持，事实上形成了该司法解释利率上限规则普遍调整此前民间借款合同利率的效果。同时，对于之后的民间借贷利率也起着指导性的作用。

---

① 李有星：《民间金融监管协调机制的温州模式研究》，《社会科学》2015 年第 4 期。

我国民间借贷利率规则的调整体现了司法顺应利率市场化的方向，但做出四倍的限制仍在一定程度上突出了管制的要求。对于利率管制，传统的经济学理论并不支持。利率作为适用借贷资金的价格，符合价格的一般原理。即如果对于稀缺资源的价格进行抑制，造成的结果只能是人们通过价格之外的手段来进行竞争，反而是低效率的。[①] 人为地限定低利率，包括对民间借贷利率的管制以及对高利贷的严厉打击，可能导致出借人惜贷，减少有效借贷资金的供给，抑制多样性的金融产品和多层次的金融市场活动，进而影响经济发展。虽然在正式的国家法当中，对于借贷利率一般存在管制的现象。但是作为民间金融市场治理复杂系统中的一个关键问题，对民间借贷活动的规制，不应简单地以司法保护的上限利率设定为主要路径，而应更广泛地从发展多层次金融市场的角度来探索解决方案。

## （二）新《民间借贷司法解释》的适用问题

新《民间借贷司法解释》的适用主要存在两个关键问题：一是适用主体范围的确定；二是对于借贷利率上限的讨论。新《民间借贷司法解释》第一条第二款规定："经金融监管部门批准设立的从事贷款业务的金融机构及其分支机构，因发放贷款等相关金融业务引发的纠纷，不适用本规定。"对于该条规定，审判实践中最具争议的是由地方金融监管部门监管的地方金融组织是否在其适用范围之内？以《浙江省地方金融条例》为例，其中所规定的地方金融组织主要有：小额贷款公司、融资担保公司、典当行、融资租赁公司、商业保理公司、地方资产管理公司、区域性股权市场和其他地方各类交易场所、农民专业合作社、民间融资服务企业，以及法律、行政法规规定和国务院授权省人民政府监督管理的从事金融业务的其他组织。这些主体直接或者间接地提供借贷业务，但是能否将其认定为"金融监管部门批准设立的金融

---

① 薛兆丰：《薛兆丰经济学讲义》，中信出版集团 2018 年版，第 260-261 页。

机构或者分支机构"存在争议。在姜再学、高俊岐等民间借贷纠纷再审案[①]中，最高法的观点是当事人肇东市嘉泰小额贷款有限责任公司不认定为金融机构，适用 2015 年《民间借贷司法解释》。如果按照此案的逻辑认定地方金融组织同样适用新《民间借贷司法解释》，很可能造成严重后果。从经济效益的角度来看，给地方金融组织设置利率上限，可能使得其无法覆盖经营成本和风险，反而将一些对于融资者来说门槛较低的借贷组织挤出市场。从金融市场的角度来看，地方金融组织是金融市场的一部分。相较于民间借贷市场，金融贷款市场基础制度建设较为完善，在贷款定价、风险控制、债权实现、坏账处置等方面具有相对的公开性、规范性，具备通过市场自主决定利率定价的现实基础。[②]与此同时，我国于 2004 年取消利率上限，2013 年取消利率下限，全面放开金融机构贷款利率管制，金融机构可以自主确定贷款利率。此次《民间借贷司法解释》的修订，采取 LPR 为利率上限的标准，也体现了对于利率市场化的认可。如果直接对地方金融组织施以民间借贷利率上限，则在一定程度上违反了利率市场化的要求。针对此争议，2020 年 11 月 9 日最高法审判委员会通过《关于新民间借贷司法解释适用范围问题的批复》（以下简称《批复》）。《批复》第一点称："经征求金融监管部门意见，由地方金融监管部门监管的小额贷款公司、融资担保公司、区域性股权市场、典当行、融资租赁公司、商业保理公司、地方资产管理公司等七类地方金融组织，属于经金融监管部门批准设立的金融机构，其因从事相关金融业务引发的纠纷，不适用新民间借贷司法解释。"[③]

当然也有学者持反对意见，认为对于金融借贷不设置利率上限，违反了平等保护规则，还可能造成金融借贷优于民间借贷的地位。[④]但笔者认为，

① 最高人民法院（2019）民申 2218 号民事裁定书。

② 高兴兵、胡淑丽：《利率不适用民间借贷 LPR 4 倍上限规定的认定》，《人民司法》2021 年第 2 期。

③ 参见《最高人民法院关于新民间借贷司法解释适用范围问题的批复》。

④ 孟睿偲、张江洪：《借贷债权应有平等的司法保护——以民间借贷司法解释为样本》，《河北法学》2021 第 39 期。

不对金融借贷设置上限规则并不意味着金融借贷的利率一定高于民间借贷利率。相反，金融借贷因为有其较为完备的市场，所以利率是由市场来决定的。持反对意见的学者所担心的问题主要在于民间借贷的风险和收益不对等，可能损害出借人的利益，不利于民间融资。该问题事实上是对《民间借贷司法解释》所规定的利率上限的质疑。《民间借贷司法解释》的初衷在于降低中小企业融资难度和费用成本，对民间借贷利率上限的限制被认为是有力措施之一。同时，大量民间借贷类案件进入司法程序，特别是当事人一方提出利率过高予以调整的诉讼请求时，人民法院必须依据确定的裁判规则厘定利率，确定借贷当事人的给付义务和责任。从此客观需要来看，本次司法解释对利率的修改，以"四倍LPR"取代"三区两线"的标准更为市场化。但由于民间借贷关系的复杂性，在适用过程中，有学者认为在对利率进行适当管制的必要性前提下，对民间借贷利率上限的调整应当保持灵活度，实行动态调整。需要针对利率结构机制，实施因人、因事、因地制宜的精细化、差异化管理。还有学者提出司法的功能在于裁判而非制定经济政策，应当由银行出台民间借贷利率的具体规则。[①] 这些看法都体现了民间借贷利率的灵活性，在司法裁判中，应当在该标准之下，适当地限制适用范围。这也有利于增加市场的借贷资金，为中小企业提供更多的融资机会。

## 四、总结

我国民间借贷规则经历了三个阶段的发展，从严格管控逐步走向利率市场化，体现了我国民间金融市场的完善与发展。民间借贷利率法律调整的主要目标从控制民间借贷中的负面问题，转向更好地促进中小企业融资与经济发展等积极方面。中小企业的发展关乎国家的经济前途，中小企业融资难问题的解决也是一项系统工程。仅通过降低借贷利率是远远不够的，运用不当还可能导致资金难以进入市场。在适用具体规则之时，应当把握新《民间借

---

① 郭雳：《民间借贷利率规制宜动态化、差异化、精细化》，《金融博览》2020年第9期。

贷司法解释》的解释目的与出台背景，谨慎认定适用主体，适当限制该规则的范围。同时，在司法层面还应当注重民间借贷案件的执行效率。通过提高执行效率激励出借人在民间借贷市场提供资金，通过适当的利率上限规则降低借款人的融资成本。平衡两者之间的利益，才能更好地促进民间借贷的良性治理与发展。

# 大数据监管下民间融资的法律规制

丽水市中级人民法院　丁悦琛　章璐璐 *

**摘　要**

大数据监管使得民间融资出现了新的发展方式，对监管的法律规制提出了巨大的挑战。本文通过对大数据监管下民间融资的常态形式分析，指出大数据监管下民间融资法律规制面临的主要问题：专门性法律法规缺失、针对性主管部门缺席、合法地位确认缺位、刚性监管约束力缺乏。并通过参照域内外法律规制的模式，研究法律规制的原则，提出法律规制的路径——制定明确的法律法规、确定正式的监管机构、推行地方金融非现场监管系统、创新信用权证制度，从而有效规避各类风险因素，推动民间融资健康有序发展。

**关键词**：民间融资；大数据监管；法律规制

---

*　丁悦琛，丽水市中级人民法院；章璐璐，丽水市中级人民法院。

随着全球数据生产呈现爆炸式增长趋势，大数据技术正快速发展为对数量巨大、来源分散、格式多样的数据进行采集、存储和关联分析，并从中发现新知识、创造新价值、提升创新能力的新一代信息技术和服务业态。对大数据的研究与应用正在逐步渗透社会的各个领域，作为数据最密集的行业之一，民间融资无疑是这场数据风暴的重要参与角色。研究大数据在民间融资领域中的应用及其带来的影响，具有重要的现实意义。

金融是现代经济的核心，良好的金融监管是保证金融和经济稳定运行的关键因素，而民间融资持续健康的发展是良好金融体系的有益补充。大数据技术能将分散在不同地方的数据进行有效地收集和整合，把隐藏在数据中的有用信息提炼出来，用获取的信息服务于决策过程，提升决策效率和决策正确性，提高创新能力和竞争优势。无论传统金融，还是民间融资，都在其涵盖的范围之内。与传统的监管模式相比，"大数据＋监管"模式通过大数据技术，能够对地方民间融资进行综合、全面的数据采集。不仅能够横向打通信息管理，还能引入外部职能机构的信息数据，将原先割裂的地方民间融资监管数据实现实时共享，使各职能部门能实时查看所需信息，实现信息的协同和对称。相关监管部门通过结合各地区的风险预警规则，运用数据分析和数据挖掘技术可以对地方民间融资的金融活动信息进行分析与监管，及时发现问题，提升金融风险识别能力，将民间融资的各类风险消灭在萌芽中。

## 一、大数据监管下民间融资的常态形式

民间融资是相对于国家依法批准设立的金融机构融资而言的，泛指非金融机构的自然人、企业及其他经济主体之间以货币资金为标的的价值转移和本息支付。它是处于国家正规金融机构之外的，以资金筹借为主的融资活动。[①]正常的企业间商业信用不在民间融资范畴之内，但如果商业信用时间超出合同约定时间，并收取利息或其他报酬，同样会被纳入民间融资范畴。可见，

---

① 黄剑、王秀娟：《民间融资的法律解决机制探析》，《法制与社会》2012 第 33 期。

民间融资包括所有未经注册，在央行控制之外的各种金融形式。

## （一）民间借贷形式

个人之间、个人与企业之间、企业与企业之间的各种丰富的借贷形式层出不穷。民间融资灵活方便，借还款时间自由约定，其自身优势满足了难以通过正规渠道获得资金支持的群体的强烈需求。虽然我国目前尚无一部法律明确民间融资行为的法律规定，但其相关规定散见于各法律法规。民间融资存在的合理性与合法性显而易见，尤其是 2005 年人民银行正式将陕西、四川、贵州、山西等 4 个省确定为实施小额信贷的试点地区，开展"只贷不存"的民间融资试点工作。[1]民间贷款公司作为新产品，在金融监管下浮出水面。

## （二）让与担保形式

虽然让与担保一直游离于法定担保物权体系之外，但基于其便利性、成本低廉的优势，如担保权人以所有人身份处分担保物能够简化很多繁杂程序，因此在市场经济中具有广泛的适用空间，比如特殊动产、房产的让与担保应用就非常普遍。2017 年，最高法发布的《关于进一步加强金融审判工作的若干意见》第三条规定："依法认定新类型担保的法律效力，拓宽中小微企业的融资担保方式，丰富和拓展中小微企业的融资担保方式；除符合合同法规定的合同无效情形外，应当依法认定新类型担保合同有效；符合物权法有关担保物权的规定的，还应当依法认定其物权效力，以增强中小微企业融资能力，有效缓解中小微企业融资难、融资贵问题。"

## （三）股权融资形式

股权作为民间融资的一种形式，主要有股权质押、股权转让、股权增资扩股、股权私募等。股权融资的优势主要表现在它吸纳的是权益资本。但如果不能保证融资资金向优势企业或优势项目流动，股权融资将会导致融资人

---

① 崔民强：《"只贷不存"为哪般？》，《四川经济研究》2006 年第 2 期。

对股权的失权。

## 二、大数据监管下民间融资法律规制面临的主要问题

民间融资的发展具有一定的隐秘性，对其监管需要充分发挥各方面的力量。大数据监管使得民间融资出现了新的发展方式，对监管的法律规制提出了巨大的挑战。大数据监管下，民间融资法律规制主要面临以下问题。

### （一）专门性法律法规缺失

大数据时代的到来对各行各业的发展都产生了重要影响，使得民间融资的发展进入新的阶段，对其监管需要更加完善的法律法规。而民间融资的资产规模在快速发展的同时也带来了风险，本质原因在于对其监管尚处于无法可依的状态。各地区没有针对民间融资的发展特点、运作方式、作用机理以及相关服务和标准等制定相应的法律法规政策，导致民间融资的发展存在放任自由的现象。[1] 虽然目前部分地区已经出台地方性的民间融资管理法规或条例，但仍有大部分地区对民间融资的监管主要依据省市级文件。这部分文件并不具有法律强制力和权威性，尤其在打击非法融资行为方面存在明显的法律漏洞。因此，对民间融资的监管也大都浅尝辄止，难以实现对大数据监管下民间融资的合理法律规制，[2] 甚至还会导致金融风险的潜在隐患，使得地方政府和法院不得不承担起对本地民间融资绝大部分的风险处置责任。

### （二）针对性主管部门缺席

我国各地区对地方民间融资的监管差异性较大，且监管多分散于不同部门，致使地方民间融资监管存在权责不明的短板。在一定程度上造成地方

---

[1]　张书清：《论民间融资法律制度的完善》，西南政法大学 2006 年经济法专业博士学位论文，第 30 页。

[2]　席月明：《民间借贷困境源于立法滞后》，《经济参考报》2012 年 2 月 28 日。

民间融资的恶性循环，甚至出现国家宏观政策到地方政府后无法贯彻落实的情况。

### （三）合法地位的确认缺位

一直以来，民间融资都是非正规金融的代表。民间融资的诞生与发展，是对正规金融的重要补充，对促进中小企业和地方经济发展具有重要作用。但民间融资长期被排斥在正规金融之外，作为一种金融业态，其规模不断扩大，合法地位却一直得不到确认，难以享受正规的金融政策。相关的监管政策和措施未能及时跟进，不可避免地导致其发展出现不同程度的扭曲，使其存在的风险不断累积并嬗变，进而使得法律规制面临的难度不断增大。

### （四）刚性监管约束力缺乏

我国民间融资发展十分迅速，但很大一部分的民间融资散落在乡镇、街道及乡村等偏远地区。当地的民间融资监管资源极度匮乏，地方金融监管部门的监管约束力严重不足。地方金融监管部门在监管实践中，缺乏必要的信息和监管手段，且非现场监测及现场检查所需的信息资源及监管技术尚未建设完善。监管能力的不足导致其难以达到有效监管的目的，对金融风险不能进行及时识别与处置。

## 三、大数据监管下民间融资的法律规制

### （一）大数据监管下民间融资的法律规制模式

监管有个钟摆效应，政府在发展和稳定之间往往像钟摆一样左右平衡。经济过热时，偏向于强调稳定；发展速度下降时，则侧重于强调发展。从模式来看，主流监管大概有以下三种。[1] 一是以美国为代表的功能性模式，即综合经营、综合监管、强调功能性监管。民间融资本质上也属于金融，必须

---

[1] 刘雨露：《我国民间金融监管模式研究》，四川师范大学 2010 年硕士学位论文，第 32 页。

按照金融的有关监管理论来运行。有时法律会出现滞后，政府就会动态地修改和完善法律。二是以我国为代表的适应性监管。我国的市场巨大，商业模式创新快速，法律和监管很难及时跟上，所以政府往往采用负面清单模式。三是以新加坡和英国为代表的主动型监管。这些国家国际市场小，监管技术也没有太发达，所以政府冲在最前面主导市场。

## （二）大数据监管下民间融资法律规制的原则

运用大数据技术对地方民间融资的发展特点和规律进行总结和提炼，有助于建立一整套科学的监管制度和方法，对地方金融机构形成灵敏有效的监督体系。因此，大数据监管下民间融资的法律规制原则与监管方式密不可分。

1. 准入监管

民间融资最大的风险在于融资人，管住了融资人就抓住了问题的关键。将融资人的准入条件限于借入资金用于自身消费或经营的企业或个人，把融资中介赚取利差或费用的融资人排除在外。

2. 分层监管

民间融资金额越小，涉及人数越少，地缘性、亲缘性越高，融资双方信息对称度也越高，风险可控度与之成正比，社会消极影响面就越小。反之，金额越高，涉及人数越多，风险可控度越低，社会消极影响面就越大。因此，对民间融资按融资金额和融资人数分层监管十分有必要。由于民间融资的实际规模、结构、涉及关系人难以掌握，在分层监管前推行登记注册，从而凭借大数据监管民间融资的基本情况，准确全面掌握民间融资的发展变化。

3. 自律监管

民间融资本质上属于私人交易行为，由于民间融资本身的自由性、灵活性特点，支持民间融资机构依法组建一些非官方的行业自律组织，进而引导自律性组织进行自律监管。如，监督组织成员执行金融政策法规的情况，调解组织成员在竞争中出现的矛盾，对违规的组织成员予以检查并处理。

## （三）大数据监管下民间融资的法律规制路径

要想对民间融资进行监管，必须要允许民间融资的合法化、阳光化，承认民间融资在金融体系中的地位。央行不断推出对民间融资的利好消息，甚至还拟定《放贷人条例》草案，激发了民间融资的活跃度。[1] 由于民间融资自身拥有巨大风险，在监管民间融资合法化的基础上，民间融资的安全发展及风险控制需要明确的法律规制路径。从国内外民间融资的监管情况分析，一些发达国家或地区民间融资监管的成功有一个共性，就是实现了法律规制路径选择的普适性。否则容易在碰到问题时出现权责模糊，甚至相互推诿的现象，令整个监管陷入混乱。

1. 制定明确的法律法规，确定民间融资的合法地位

国外实际上早就有制定专门民间融资的法律先例，如南非的《高利贷豁免法》。[2] 借鉴国外先进经验，针对我国的国内环境和民间融资自身的特点，制定一部规范并能适应其发展的《民间融资法》。承认民间融资的合法地位，以区分非法融资、金融犯罪。同时，规定民间融资的管理主体、职责和内容，明确民间融资的用途、期限、利率及违约责任。在立法技术上，可吸收民间融资活动长期形成的交易习惯及自律性规范，注重融资市场的基础性作用。在市场经济条件下，不可避免地会出现不适应经济发展的主体退出市场的现象。因此，在确定民间融资合法地位的同时，必须建立风险防范措施和市场退出机制，防止因无序退出对金融市场造成的动荡。要根据不同的类型分别适用相应的破产机制。如对民间融资中介、融资租赁、私募基金的破产应当参照适用正式金融机构相似的法律规定，而对于自然人的破产，可以探索个人债务清理的类个人破产制度。

2. 确定正式的监管机构，对民间融资纳入常态化监管体系

民间融资具有较强的风险外溢性，必须要求专门的监管机构对其加强有

---

[1] 李有星：《民间金融监管协调机制的温州模式研究》，《社会科学》2015 年第 4 期。

[2] 吴弘：《金融法律评论（第四卷）》，中国法制出版社 2013 年版，第 79 页。

效监管，否则就会产生较大的金融风险隐患，进而引发层面性金融风险。由于民间融资地方监管的低效和空缺，近年来地方金融风险及金融乱象集中体现为违法违规行为增多，非法集资、金融诈骗等事件屡有发生，不仅造成地方民间融资的混乱及市场秩序的失衡，也使得相关民间融资纠纷显著增多。2014年，《温州市民间融资管理条例》的正式实施进一步明确了温州市地方政府开展民间融资服务、监管和风险监测的职责和法律地位。温州率全国之先成立了地方金融管理局，开始试水专门机构监管民间融资。2017年，第五届全国金融工作会议以后，中央要求各地金融监管部门加挂地方金融监督管理局的牌子，对当前相对分散的地方金融监管职能进行整合。这可以视为金融监管高层对民间融资必须确定正式监管机构的信号释放。

3. 推行地方金融非现场监管系统，搭建大数据监管民间融资平台

温州民间融资监管引入大数据系统的成功案例说明，民间融资监管要拓展其覆盖性和穿透性，大数据技术的运用已经必不可少。民间融资监管机构需要围绕数据采集、数据分析、政务监管、融资服务四大模块构建符合当地特色的"地方金融非现场监管系统"。其中，数据采集是基础，数据分析是保障，政务监管是手段，融资服务是目的。温州通过大数据监管，完成对小额贷款公司、民间资本管理公司、农村资金互助会等十多类金融主体，涉及900多家民间融资组织的非现场监管数据采集、动态监测及风险预警等，并有针对性地开展现场专项监测，有效搭建以非现场监管系统日常监测为常规工作，以专项检查为重点突破、临时检查为辅助手段的"三维立体式"监管模式，取得了良好的效果。[1]不仅能够根据本地区各类民间融资主体的经营情况、权重关系自动抽象计算出本地区民间融资指数，作为指导性宏观数据供各融资主体进行融资参考，还能对地方金融宏观数据进行趋势分析，了解并掌握地方宏观金融发展状态，预防地方金融风险，提供更好的数据信息共享，切实提高区域金融风险识别的效率。目前，温州民间融资监管已经制度

---

[1]　李志刚：《我国中小企业民间融资法律监管问题研究》，兰州大学2017年硕士学位论文，第44页。

化，民间融资已经稳步进入良性发展阶段。

4. 创新信用权证制度，推动民间融资登记备案

民间融资的登记备案是增强防范和化解金融风险能力的重要举措，但通过对温州 12 个民间融资登记备案服务中心的了解，发现大部分的民间融资没有进行登记备案。[1] 探究其原因，无外乎以下三种心态：一是融资双方不希望自己的资产信息被任何机构记录；二是担心登记备案后利息税的收取；三是登记备案没有实际利益。可见，虽然通过登记备案引导民间融资的法律路径完全正确，但措施落实尚须推动。笔者关注到浙江省遂昌县创新设立了"遂心分"联名卡，[2] 这是遂昌县域个人信用积分。信用评估达到一定等级的持卡用户，将享受专属的便民和惠民权益服务。全县 201 个行政村每一个年满 18 周岁的遂昌人，都拥有属于自己的"遂心分"。这种联名卡的推出，不仅是县域身份的象征，还助推了信用建设，实现"信用 + 金融"的创新应用。那么以此为蓝本，借鉴不动产的他项权证思路，设计一种民间融资专用的"信用权证"。在民间融资过程中，融资双方除了签订融资合同外，还须办理信用权证。信用权证作为一种信用凭证，由政府指定机构向融资债务方开具，由融资债权方持有，赋予信用权顺位的优先受偿。如果出现一对多融资时，在后的出借方就可以查询融资方的信用余额，并作出是否出借的决定。相应地，在开具的信用权证上标注顺位号，之后以此类推。如果发生纠纷，可结合民间融资双方特别约定的信用权证顺位，优先保障顺位在先的债权。

大数据监管下的民间融资对比传统的民间融资，虽然在监管力度、监管方式、监管制度等方面有了很大的改善，但监管主体、监管依据尚须进一步规范。地方民间融资监管与原有监管职能机构之间的监管漏洞或空当，亟待及时补充和完善。强化大数据监管下民间融资的法律规制，是减少金融风险

---

[1]　谢云挺：《再看温州：民间融资如何不再"摸黑走夜路"》，《新华每日电讯》2018 年 11 月 23 日

[2]　陈俊：《您的信用很值钱！一张按信用赋能的专属卡在丽水上线》，《处州晚报》2021 年 11 月 16。

及损失的要求。随着金融市场的进一步开放和发展，风险诱发因素不断增多，一旦发生金融风险将会危及各行业的发展。民间融资作为一种重要的金融形式，其发展势头猛进，存在的潜在风险因素也较多。如果发生风险，将迅速波及整个金融领域，甚至可能对经济发展造成不可估量的损失。因此，充分顺应大数据时代的发展趋势，强化大数据监管下民间融资的法律规制，确保其发展保持在正常轨道，有效规避各类风险因素，将其风险及所产生的损失降到最低，促进民间融资持续健康的发展。

# 第四单元
## 数字金融发展与规范治理体系其他议题

# 论数据权益归属
## ——以司法裁判为例

宁波大学法学院　黄荷露 *

**摘　要**

数据权属问题是当下数据开放共享过程中亟待解决的难题。囿于立法的空缺，法院在处理此类案件时没有统一的标准，现有法律法规无法彻底解决数据权属问题。因此，应当在区分数据与信息的前提下对数据权益进行明确界定：一是数据与信息本质区别在于是否脱敏、脱密；二是数据加工者对于脱敏脱密后的数据享有所有权；三是数据共享过程中其他机构可以对经过授权的数据进行合理使用，但是必须以保护个人信息为前提，若涉及用户信息，则必须获得用户的明确授权。

**关键词**：数据；数据权属；数据共享；开放平台

---

＊　黄荷露，宁波大学法学院 2021 级法律（法学）硕士研究生。本文由宁波大学法学院赵意奋教授指导。

## 一、问题的提出

数据作为一种新型的生产要素，[①] 是推动当下数字经济发展的关键一环。数据开放共享是发挥数据价值的必然需求，亦是数字经济发展的必然趋势。在数据开放共享的过程中，数据权属问题、数据保护问题业已成为当下数据共享的核心难题。2021 年，《数据安全法》《个人信息保护法》的相继出台让数据与信息保护变得有法可依。但遗憾的是，对于数据确权、数据权益归属的问题，这两部法律依然未作出明确回应。然而，数据保护的前提是明确数据的权益归属，在尚未厘清数据权属的情况下解决数据保护问题难免欠妥。因此，界定数据共享主体之间的数据权益归属显得尤为迫切。而开放平台通过开放接口的方式提供了数据共享的一个重要通道，从用户到平台再到第三方机构，其中涉及多方主体的数据权属争议正是当下数据权属问题的缩影。

以北京微梦创科网络技术有限公司（以下简称微梦公司）诉北京淘友天下技术有限公司（以下简称淘友技术公司）、北京淘友天下科技发展有限公司（以下简称淘友科技公司）不正当竞争纠纷案[②]（以下简称新浪诉脉脉案）为例，其中就涉及关于开放平台中的数据权属界定问题。原告微梦公司与二被告淘友技术公司、淘友科技公司于 2013 年 9 月 11 日至 2014 年 8 月 15 日通过新浪微博开放平台（Open API）进行合作。双方根据新浪微博的《开发者协议》，微梦公司允许脉脉软件接入新浪微博开放平台，获取微博平台上包括用户名称、性别、头像、邮箱等相关用户信息，淘友技术公司、淘友科技公司将所获取的新浪微博用户信息在脉脉软件中进行展示并向用户提供新浪微博账号注册、登录入口。二被告在合作期间以及合作结束之后通过非法手段"抓取"了大量新浪微博信息，损害了微梦公司的合法竞争利益。本

---

① 《中共中央关于坚持和完善中国特色社会主义制度 推进国家治理体系和治理能力现代化若干重大问题的决定》："健全劳动、资本、土地、知识、技术、管理和数据等生产要素按贡献参与分配的机制。"2019 年 10 月 31 日中国共产党第十九届中央委员会第四次全体会议通过。

② 北京市知识产权法院（2016）京 73 民终 588 号民事判决书。

案虽然是关于不正当竞争的案例，但是在认定被告是否构成不正当竞争时就需要解决关于涉案新浪微博数据的权属问题。在该案中，关于数据权属的争议在于作为新浪微博的经营者微梦公司对于新浪微博的用户数据是否享有权利。法院的观点是认为作为兼具社交媒体网络平台和向第三方应用软件提供接口的开放平台身份的微梦公司，经过其多年的经营已经积累了数以亿计的新浪微博用户，这大量的数据是微梦公司开展经营活动的必要条件，所以微梦公司对这些数据享有合法竞争利益。

该案是数据共享在开放平台模式下引发数据权属的典型案例。近年来，随着数字经济的发展，关于数据权属争议的案件也逐渐增多。应当以何种形式确定数据权益？网络经营者对于各类数据享有何种权益？数据原始数据与衍生数据的界限在哪里？用户数据授权之后共享至其他方平台时是否需要用户的再授权？这些都是法院在处理过程中亟须解决的问题。但囿于法律的缺位，法院在处理此类案件时并无直接的法律依据，在认定权属争议时亦没有统一的法律标准，同时也引发了学术界的热议。

## 二、数据权属的司法裁判与现实困境

### （一）数据权属的司法裁判

笔者在案例数据库中以"数据权益""数据权属""数据权利"等相关词汇检索后发现，在现有的司法裁判中，数据权属问题多与互联网公司之间的不正当竞争纠纷相联系。原因在于，对于互联网公司来说，数据即财产，获得数据权益则意味着公司能在商业竞争中更占优势。表 1 是笔者通过检索后找出的与网络平台数据权属争议相关的比较有代表性的 6 个案例。

表 1　典型案例中数据权属争议的司法裁判

| 案名 | 数据权益归属认定 | 法院理由 |
| --- | --- | --- |
| 新浪诉脉脉不正当竞争案（2016）京 73 民终 588 号 | 微梦公司对涉案数据享有合法竞争利益 | 涉案数据是微梦公司经过多年经营累积的成果 |

续表

| 案名 | 数据权益归属认定 | 法院理由 |
|---|---|---|
| 北京微梦创科网络技术公司诉云智联网络科技北京有限公司不正当竞争案<br>（2017）京 0108 民初 24512 号 | 微梦公司对涉案数据享有经营利益 | 涉案数据虽系来源于微博用户数据，但并非用户数据简单集合，而是微梦公司进行了数据安全保护等加工后形成的数据 |
| 淘宝中国软件公司诉安徽美景信息科技公司商业贿赂不正当竞争案<br>（2018）浙 01 民终 7312 号 | 淘宝公司对涉案"生意参谋"数据依法享有竞争性财产权益，但不享有财产所有权 | "生意参谋"数据产品中的数据内容系淘宝公司付出了人力、物力、财力，经过长期经营积累形成，已独立于网络用户信息、原始网络数据，属于淘宝公司的劳动成果 |
| 浙江淘宝网络公司诉杜超、邱秀珍侵权案<br>（2018）苏 0684 民初 5030 号 | 淘宝公司对涉案的评价数据享有民事权益 | 淘宝网平台上的销量、评价等数据经过长期交易积累形成，信用评价体系系淘宝网核心竞争利益 |
| 微信群控不正当竞争纠纷案<br>（2019）浙 8601 民初 1987 号 | 针对微信平台数据资源整体，平台对于微信数据资源应当享有竞争权益；<br>就其中单一原始数据，个体原告享有原始数据的有限使用权 | 网络运营者所控制的数据分为原始数据与衍生数据。对于单一原始数据个体，数据控制主体只能依其与用户的约定享有有限使用权；对于单一原始数据聚合而成的数据资源整体，系原告长期经营积累聚集而成，应当享有竞争权益 |
| 上海钢联电子商务股份公司诉长沙同瑞信息技术公司商业贿赂不正当竞争案<br>（2020）湘 0104 民初 10602 号 | 原告对涉案网站中的钢铁数据享有法定权利，享有汇编作品所有权，应依法保护 | 因原告通过人力、物力对全国多个城市相关钢材价格信息进行汇编，其成果具有一定的独创性，且在互联网上以数字表格的形式固定，故原告享有汇编作品所有权，应依法予以保护 |

从上述案例中不难发现,法院在类似的司法审判中存在以下两个主要特点。

1. 法院在数据权益归属的认定上，大都认为网络平台的经营者对涉案数据享有利益。而且在数据利益的认定归属上，法院的裁判思路主要从平台运营者对于数据投入了大量人力、物力以及财力，已独立于网络用户信息、原始网络数据，是公司经过长期积累形成的智力劳动成果的逻辑来考量。

2. 司法实践在处理此类案件的过程中多从《反不正当竞争法》的角度来认定平台运营者享有竞争利益或者经营利益，并未直接认定平台运营者对数据享有所有权或者使用权。例如在生意参谋案[①]中，法院仅承认了淘宝公司对涉案数据享有竞争性财产权益，但基于"物权法定"的原则，以我国目前尚无对于数据产品权利的具体规定而否认了淘宝公司对涉案数据享有财产所有权的主张。当然，也有法院将经营者经过智力劳动把大量信息整合后形成的数据集合体认定为汇编作品，放入《知识产权法》的框架内予以确定和保护。[②]但是法院依照《反不正当竞争法》或是《知识产权法》裁判的原因在于法律对于数据权属规定的空缺，这是司法实践亟待解决的难题。

## （二）数据权属的现实困境

### 1. 数据权属争议的法律选择困境

囿于法律并未对数据权益作出明确规定，法院在面对数据权属争议时只能借助《反不正当竞争法》或者《知识产权法》进行裁判。虽然在法律未明确数据权属的情况下，司法实践将数据权属争议通过《反不正当竞争法》与《知识产权法》来解决值得借鉴，但这是法院的无奈之举。因为法院在裁判数据权利归属上没有直接的法律依据，只能将数据权益放入《反不正当竞争法》或者《知识产权法》框架内来考虑。然而，不管依据《反不正当竞争法》还是《知识产权法》，在认定数据权属方面都存在一定的局限性。其一，《反

---

① 浙江省杭州市中级人民法院（2018）浙 01 民终 7312 号民事判决书。
② 长沙市岳麓区人民法院（2020）湘 0104 民初 10602 号民事判决书。

不正当竞争法》强调的是发生商业竞争之后的事后救济，在商业竞争者之间或许能解决。但是，靠《反不当竞争法》并无法解决不存在商业竞争情况下的单纯数据权利归属纠纷。其二，如果把此类案件通过《知识产权法》来解决，是把数据作为汇编作品等智力成果来看待。但是针对算法过滤的，经过脱敏、脱密后的数据很难判断其就是智力成果，很难符合《知识产权法》上的独创性标准。因此，现有的知识产权法律制度亦无法与数据保护、数据权属问题完全切合。由此可见，仅通过《反不正当竞争法》或者《知识产权法》无法彻底解决数据权属争议。另外，在理论界对于数据权益的定性上，也存在诸多争议。有学者认为在区分个人信息与数据资产的基础上，应当构建数据新型财产权，类似于民法上的物权属于绝对权，且主张对于企业配置数据经验权和数据资产权，使企业据此得以主张数据权益。[①] 也有学者参照用益物权，主张对于不同主体依据其对数据形成的贡献来源与程度，分为数据原发者与数据处理者，并且设定二者分别享有数据所有权与数据用益权。[②] 还有其他学者主张企业对数据的利益形态并非一种实体法律权利而是一种事实，就如民法上的"占有"一般，是企业对于数据的具有限度的控制，法律应对于这种控制状态予以保护。[③] 因此，结合理论界的诸多观点，为解决法院无法可依的困境，立法有必要对数据权利的归属问题作出具体规定以作为司法裁判的依据。

2. "数据"和"信息"区分标准困境

司法实践对于"数据"与"信息"的概念发生混淆，在是否区分两者的问题上争执不下。在司法实践中，数据与信息往往被混为一谈。法官在具体裁判时存在"数据信息""用户数据"等说辞，并未将两者严格区分。针对这一问题，在理论界也存在不少争议，学者主要在是否区分数据与信息问题

---

① 龙卫球：《数据新型财产权构建及其体系研究》，《政法论坛》2017 年第 4 期 。

② 申卫星：《论数据用益权》，《中国社会科学》2020 年第 11 期。

③ 梅夏英：《企业数据权益原论：从财产到控制》，《中外法学》2021 年第 5 期。

上众说纷纭，存在以下几个观点。（1）有必要区分数据与信息。支持该观点的学者认为要正确讨论数据权属的问题，必须从客体上严格区分数据和信息，两者并非仅是简单的内容与形式之间的关系。而且在此基础上，还强调需要在个人层面区分个人信息与个人数据，前者属于人格权益范畴，而后者则属于财产权范畴。① 另外，有学者也认为，有关信息和数据的所有法律一定要区分数据和信息，两者在外延性、传播媒介等方面都存在明显差别，因此两者的本质是不同的。②（2）不区分数据与信息。不主张区分数据与信息的学者主要从两者的内在关系出发，认为信息和数据就是内容和形式的关系，无法将数据与信息加以分离而抽象地讨论数据上的权利。③ 而且在关于区分个人信息与个人数据的争论中，该派学者指出，我国立法已经明确了"个人信息"的概念。个人数据的表达实质上就是指向个人信息的内涵，域外的法律亦未对两者进行区分。因此，两者在实质上是相同的。④ 司法实践与理论研究之所以在"信息"与"数据"问题上争执不下，是因为对于两者的界定关系到后续对于数据以及信息的保护以及权益归属问题。因此，有必要对于信息与数据作出明确的界定。

3. 数据权益归属的判断标准缺失

法院在数据权益归属的判断上，目前没有可供依照的确定的法律标准。从上文表 1 中可知，法院在认定涉案数据是否属于网络运营者或者平台经营者的利益时，多从涉案数据是否是该公司付出大量人力、物力、财力，长期经营累积的成果这一角度来考量，但是这在很大程度上是法院从《反不正当竞争法》的角度来考量所得出的结论。目前的司法实践在对数据权益的归属判断上也没有确定统一的法律标准，因此法官对于企业数据权益和个人信息保护之间如何保持平衡便显得至关重要。在理论界，关于数据共享和数据保

---

① 申卫星：《论数据用益权》，《中国社会科学》2020 年第 11 期。

② 梅夏英：《数据的法律属性及其民法定位》，《中国社会科学》2016 年第 9 期。

③ 程啸：《论大数据时代的个人数据权利》，《中国社会科学》2018 年第 3 期。

④ 彭诚信：《"信息"与"数据"的私法界定》，《河南社会科学》2019 年第 11 期。

护的价值博弈问题便有了探讨的空间。部分民法学者站在对个人信息保护的角度上强调个人信息具有人格权属性，对于数据权益的分配较为保守，主张数据控制者在收集、处理前都必须获得个人"明示同意"，不能忽略数据上存在的人格属性而将其商业化。[①] 但在数据共享过程中，其关键应当是共享而不是一味地保护。杨惟钦站在必须充分促进数据流通和共享的价值立场上，认为保障企业数据财产权益的合理实现是数据共享的核心，因此需要兼顾保护个人信息，但不能是对个人信息权益的绝对化保护。[②] 丁晓东也认为企业对于其收集与处理的数据具有相应的合法权益，应当以促进数据共享为目标，根据企业数据的不同类型、不同场景进行不同程度和不同方式的保护，以此实现数据保护与数据共享的双赢。[③]

综上所述，本文通过对司法裁判的梳理，指出目前司法实践在数据权属问题上的现实困境。究其根本是法律对于数据权益性质的界定以及数据归属的认定没有规定，而理论界争执不下的焦点正是司法实践中的难题。因此，探讨上述问题不仅对今后的司法实践具有参考价值，还能回应现今理论界对于数据权属问题的诸多争议。

## 三、数据权益界定和归属认定

### （一）数据权是民法上的新型财产权

#### 1. 应当将数据权益认定为财产所有权

《民法典》第一百二十七条规定："法律对数据、网络虚拟财产的保护有规定的，依照其规定。"虽然这是关于数据和网络虚拟财产保护的指引性规定，但是该规定将数据与网络虚拟财产的保护归为一类，实质上承认了数

---

① 张翔：《数据权益之内涵划分及归属判断》，《上海法学研究》集刊 2020 年第 15 卷。
② 杨惟钦：《〈民法典〉框架下企业数据财产权益实现路径研究》，《云南师范大学学（哲学社会科学版）》2021 年第 4 期。
③ 丁晓东：《论企业数据权益的法律保护——基于数据法律性质的分析》，《法律科学（西北政法大学学报）》2020 年第 2 期。

据的财产属性。且将数据放入《民法典》第五章"民事权利"的章节之下，至少立法者有让数据通过权利形式保护的意图。而《数据安全法》的出台更是表明了数据对于个人、企业以及国家的重要性，因此仅仅通过《知识产权法》《反不正当竞争法》的现有规定来解决数据权益归属问题是远远不够的。学界虽然在针对数据权益的定性上存在争议，但是支持构建数据财产权的仍占大多数。因此，笔者认为法律有必要赋予网络经营者或者平台运营者等企业作为数据采集者相应的数据财产权利，而该权利在法律上应当被定性为是一种财产所有权，属于数据采集者自身的可支配性和排他占有性的私益。[①]只有将数据权益确定为财产权，才能有效解决数据权属以及数据保护问题。

### 2. 应用民法的逻辑解决数据权纠纷

司法案例中主要用《反不正当竞争法》来解决数据权争议，认为经营者数据的不当抓取构成不正当竞争。但是，数据本身适用的广泛性导致不具有竞争关系的经营者之间同样存在这样的争议。那么，从经济法逻辑看，这些经营者并非相关市场的竞争关系，适用竞争法律并不妥当。

我国《民法典》虽然规定了数据的财产权利属性，却因为没有明确的法条，导致司法实践中只能采用《反不正当竞争法》来解决问题。如果法律确认了数据权的具体内容，则一旦发生纠纷，便是民事侵权，而不必论证侵权中经营者的竞争关系，只须论证是否构成侵权即可。

本文既然明确数据权属于财产所有权，则其应当放入民法的框架内予以确定。但《民法典》第一百二十七条仅仅是关于数据规范的指引性规定，其旨在运用其他法律对于数据问题有所规定。但是，2021 年的《数据安全法》作为首部直接关乎数据的法律并没有与数据权属相关的规定，且《网络安全法》《数据安全法》更多的是从国家层面对数据问题予以规制，并非用于解决平等主体之间的数据权属问题。为解决现有的数据权益纠纷，在《民法典》的框架下出台与数据纠纷相关的司法解释是最佳选择。因此，有必要通过出

---

[①] 龙卫球：《再论企业数据保护的财产权化路径》，《东方法学》2018 年第 3 期。

台司法解释的方式来明确数据权益的法律属性，统一数据权益归属的认定标准，真正将数据确权以完善现有的数据法律制度。

## （二）数据是脱敏、脱密信息的加工成果

《数据安全法》第三条规定："数据是指任何以电子或者其他方式对信息的记录。"这是 2021 年《数据安全法》对于数据所规定的法律概念，但是该条规定仅仅从表现形式上对数据所下的简单定义，并没有指出数据的本质，依然无法解决目前理论与实践的争议，仍然会造成数据与信息的概念歧义。数据虽然是对信息的记录，但必须是脱敏、脱密后的信息才能称为数据。因此，必须区分"信息"与"数据"，不可混为一谈。2021 年，新出台的《个人信息保护法》第四条规定："个人信息是以电子或者其他方式记录的与已识别或者可识别的自然人有关的各种信息，不包括匿名化处理后的信息。"从第四条中也可看出能放入《个人信息保护法》保护范畴的信息必须是能够识别特定自然人主体的信息，并不包括经过匿名化处理后的信息。因此，对于学理上一直争论不休的关于数据与信息的区分问题，最合适的判断标准便是：是否经过脱敏、脱密。基于这样的判断标准，何为数据、何为信息的问题，便迎刃而解。若是信息没有经过脱敏、脱密，依然能够识别、定位特定的主体，那么此时的信息依然归属于该特定主体。而如果特定主体的信息经过了脱敏、脱密的技术处理，那么此时产生的便不能称之为信息，而应当称之为数据。根据这一判断标准亦能解决学界在争论的"个人信息与个人数据"的问题，因为不管"个人信息"还是"个人数据"，其之所以称为"个人"都是因为该信息或者数据在客观上能够被识别，能够定位特定的个人，两者仅仅在表述上存在差异，在实质内容上是相同的。所以个人数据本质上就是个人信息，为此笔者建议在《个人信息保护法》出台后，应当将个人数据统一称为个人信息，并放入《个人信息保护法》的范畴中保护。

### （三）数据权益的所有与共享

界定数据权益是解决数据权属问题的前提，而在具体纠纷中如何认定数据权益的归属则是问题的关键。上文已经明确了数据与信息的区别，并且认为网络运营者等数据加工者对于其合法拥有的数据享有所有权。在这样的前提下，便能够清晰明了地判断数据权利的归属。以开放平台为例，其中涉及的主体主要是用户、平台经营者、第三方机构。不管涉及几方主体，在数据权益归属的判断上还是要在两方之间进行对比。为此，本文将分情况在两方主体之间分别讨论。

1. 数据加工者的数据所有权

在用户与平台经营者（数据加工者）之间可能会产生的纠纷往往是用户的个人信息与平台收集到的数据归谁所有的问题。能够明确的是，根据《个人信息保护法》第四条的规定，能够识别的个人信息属于个人，平台在收集个人信息时需要用户的同意与明确授权。所以，用户对于其个人信息享有合法权益。而关于平台收集的数据属于用户还是平台，判断标准本质上仍是涉案数据有没有经过脱敏、脱密处理，而不是前文表1中法院根据投入人力、物力、财力的多少抑或多年经营成果等标准来考量。平台收集到的数据在脱敏、脱密之前依旧能够识别特定主体，因此仍属于个人信息，归用户所有，平台未经许可不能共享至第三方。而一旦平台将收集到的用户信息经过脱敏、脱密之后形成数据，该数据就不再附有用户的人格属性，属于平台自身独有的财产，平台对收集的脱敏、脱密的数据享有所有权。而另外的关于平台自身在经营过程中所形成的衍生数据，当然与用户无关，也属于平台所有。因此，在用户与数据加工者之间，用户对其个人信息享有合法权益，而平台经营者作为数据加工者对于脱敏、脱密后的数据享有所有权。

2. 数据所有权人对数据使用权能的处分：共享

在数据共享时，若无特别约定，数据加工者享有所有权；第三方机构作为共享数据者因数据所有权人对数据使用权能的处分而享有使用权，共享相应的数据。关于平台经营者（数据加工者）与第三方机构（数据共享者）之间的数据权益归属问题，第三方在加入开放平台时一般会有相应的数据协议。因此，在不涉及用户个人信息的前提下，应当尊重两者的意思自治。如果协议中有约定共享的数据归于某一方或者双方共有，则以协议为准。如果协议并未明确规定共享数据的权属，在发生数据权属争议时，仍应当从民法上的权利人对所有权能处分的角度分析。第三方机构能够共享的基础是因为数据所有权人对数据适用权能的处分，即便数据在共享过程中已被另一方用于开发、使用，另一方享有的仍然只是数据使用权。数据的所有者依然是原本的数据加工者，而第三方机构能够共享数据的前提正是平台经营者的同意。因此，一旦双方停止共享数据，则第三方机构再共享、使用原本的数据并进行开发便侵犯了平台经营者的数据所有权。平台经营者作为数据的所有权人便可以以侵犯所有权的理由来主张民事侵权。在这个过程中，数据所有权人的举证是个难点。一般情况下的举证规则不能有效保护数据所有权人的合法利益，因此在出现第三方机构侵犯数据权益的情况下，采用举证责任倒置的方式更为合理。既能有效促进数据共享，也能保护数据所有权人的合法权益。

## 四、数据权益授权规则

在数据共享过程中由于出现了三方甚至更多的主体，因此在认定数据权属过程中还要解决相关权利人的授权问题。然而，在目前的司法裁判中，关于数据权益的授权问题仅仅考量数据收集时是否经过了用户授权。在数据发生共享抑或流转的情况下，是否还需要用户授权？在数据共享过程中，应当采用何种形式的授权规则？这是司法实践必须解决的问题。本文根据数据共享的先后顺序，将授权方式分为数据收集、数据共享两个阶段来分析。

### （一）数据收集者采集用户个人信息：充分告知＋明确授权

数据加工者采集用户个人信息为数据收集阶段。在此阶段所涉及的是收集用户个人信息以及将个人信息脱敏、脱密的授权。最新的《个人信息保护法》第十四条规定："基于个人同意处理个人信息的，该同意应当由个人在充分知情的前提下自愿、明确作出。法律、行政法规规定处理个人信息应当取得个人单独同意或者书面同意的，从其规定。个人信息的处理目的、处理方式和处理的个人信息种类发生变更的，应当重新取得个人同意。"根据该条规定，用户在将其个人信息授权给数据加工者时，数据加工者需要将相关信息充分告知给用户，并且应当得到用户的明确授权。这也意味着，一方面，数据加工者采集用户个人信息时必须得到用户的明确授权；另一方面，数据加工者对用户信息采取脱敏、脱密的技术处理的前提是数据加工者必须充分告知用户相应的处理方式、处理目的等，同时还必须获得用户的明确授权。在这样的条件下，数据加工者才能采用相应技术对用户的个人信息进行脱敏、脱密处理。只有经过用户的明确授权，数据加工者对经技术处理所得的数据才能享有合法的所有权。因此，在数据收集阶段，收集用户个人信息需要通过"充分告知＋明确授权"的方式。

## （二）数据加工者共享数据至第三方：加工者授权＋用户授权

当数据加工者将收集到的数据共享至其他第三方机构时，此为数据共享阶段。以开放平台为例，在新浪诉脉脉案中，法院主张第三方应用通过开放平台例如 Open API 模式共享数据时，应坚持"用户授权＋平台授权＋用户授权"的授权原则。[1] 此案例在数据共享的授权规则上首次开创了三重授权原则，认为第三方应用在数据共享阶段，收集、调用数据信息时需要再次取得用户的授权以确保合法性正当性。[2] 该原则自提出以来不仅得到法院相关判决的遵循，也得到了包括王利明在内的不少学者的认同。[3] 笔者支持该原则所提出的首先需要经过用户与平台的授权，但在之后用户再次授权的规则上笔者

---

[1] 北京市知识产权法院（2016）京 73 民终 588 号民事判决书。

[2] 陈沛：《数据流通与利用中的"三重授权"原则——再评大数据引发不正当竞争第一案》，《上海市经济管理干部学院学报》2020 年第 1 期。

[3] 徐伟：《企业数据获取"三重授权原则"反思及类型化构建》，《交大法学》2019 年第 4 期。

并不赞同一刀切地都须再次经过用户授权的方式。在该案例中，法院认为第三方机构需要经过用户再次授权本质上是因为法院将数据与信息混为一谈，并未明确平台与用户的各自权益。而本文已将数据与信息的本质厘清，亦明确了相关主体之间的数据权属。因此，在数据加工者将其所拥有的数据共享至第三方机构时，由于数据已经脱敏、脱密与用户无关，所以对于脱敏、脱密后的数据无须再经过用户授权，仅需要数据加工者同意即可。但是在数据共享过程中，未经用户允许不得将能被识别的用户个人信息共享给第三方机构。如果需要共享用户的个人信息，则必须事先再将共享的目的、用途以及共享的相对方明确告知给用户。这也就意味着一旦涉及用户信息的共享，便必须经过用户授权。因此，笔者认为是否运用"三重授权规则"在于授权的对象是否涉及用户信息。针对脱敏、脱密后的数据的共享，仅需平台即收集者授权，无须经过用户授权。但若要共享用户信息，则必须遵守三重授权的标准，不仅要平台授权，还需要经过用户的明确授权。

## 五、结语

迈入大数据新时代，处理好数据问题是重中之重。《数据安全法》是我国与数据直接相关的首部法律，但这不是终点而是数据立法的起点。数据确权、数据权益的归属问题尚需要之后的法律规范予以解决。本文着眼于数据权益的归属问题，通过对现有司法裁判的归纳对比，分析当前司法裁判的现实困境，在数据与信息二者应当区分的前提下认为：其一，数据与信息本质在于是否脱敏、脱密；其二，数据加工者对于脱敏、脱密后的数据享有数据权益，且该种权益应当定性为财产所有权；其三，在通过例如开放平台等渠道共享数据的过程中，平台经营者应当对合法获得的数据享有所有权，而第三方共享机构能够在经过授权的情况下合理使用数据。不管数据收集者还是使用者，在涉及用户个人信息时应当充分告知用户，并且获得用户的明确授权。数据既要共享也要保护，只有将数据权属问题真正通过法律规定，才能更好地推动数字经济发展。

# 浅析金融"监管沙盒"的机制与发展

浙江大学光华法学院　杨雨生 *

## 摘　要

监管沙盒作为一个受监督的安全测试区，通过设立限制性条件和制定风险管理措施，允许企业在真实的市场环境中，以真实的个人用户与企业用户为对象测试创新产品、服务和商业模式，有助于减少创新理念进入市场的时间与潜在成本，并降低监管的不确定性。监管沙盒作为一种新型的监管框架，可以说是监管者智慧的体现。日益新颖、层出不穷的金融创新产品也对我国传统金融监管构成了很大的挑战。监管沙盒的出现促使我们进一步思考金融监管理念的转变、监管策略的转型。

**关键词：**监管沙盒；金融监管

---

★　杨雨生，浙江大学光华法学院经济法学博士研究生。

# 一、金融监管沙盒概述

## （一）金融监管沙盒之概念

沙盒（sandbox）最初源自于计算机用语，指的是一种虚拟技术，多用于计算机安全领域。

从世界范围来看，监管沙盒（regulatory sandbox）的概念由英国金融行为监管局（FCA）率先提出。按照 FCA 的定义，"监管沙盒"是一个"安全空间"，指的是从事金融创新的机构在确保消费者权益的前提下，按照 FCA 特定简化的审批程序提交申请并取得有限授权后，允许金融科技创新机构在适用范围内进行测试，FCA 会对测试过程进行监控，并对测试情况进行评估，以判定是否给予正式的监管授权，在监管沙盒之外予以推广。

## （二）金融监管沙盒的运行机制

FCA 采取创新企业申请制，根据申请者的具体情况给予完整性授权或限制性授权（当申请者达到全部条件后，FCA 会取消限制性规定）。除此之外，还采取了"虚拟沙盒"与"沙盒保护伞"的灵活的方式来让部分申请者进入沙盒监管。

针对获得授权的企业，FCA 会发布无强制措施声明（NALS）、特别指导（IG）和规则豁免（waivers）等来帮助那些公司抵御未来可能会遇到的法律政策风险。

"虚拟沙盒"其实是一个虚拟空间，是创新企业在不进入真正市场的情况下与其他各方（比如学术界）探讨和测试其解决方案的虚拟空间。所有创新者都可以使用虚拟沙盒，不需要 FCA 的授权。"沙盒保护伞"是针对非营利性公司设立的，这些非营利性公司可以指派某些金融创新企业作为其试验期内的"指定代表"，即"代理人"。作为代理人的金融创新公司与其他获得授权的创新企业类似，他们需要通过批准的方式获得"沙盒保护伞"公司的授权同时受到 FCA 的监管。但并不是所有的公司都可以适用"沙盒保护伞"，比如保险公司以及投资管理公司等密切涉及消费者、投资者、投资者利益的公司就需要严格授权申请的方式来加入沙盒。

## 二、金融监管沙盒的发展

除英国外，新加坡、澳大利亚、美国等国家也纷纷在 2016—2017 年推出了关于沙盒监管的相关文件，对准入条件与操作方法进行了说明。下文，笔者选取美国和中国对金融监管沙盒制度的确立进行阐述。

### （一）美国金融监管沙盒之确立

美国金融监管沙盒的确立是建立在争吵之上的。美国财政部曾呼吁对金融技术监管进行彻底改革，支持建立新的国家金融科技公司章程，引入沙箱机制以及开放消费者数据获取通道。2018 年 8 月 7 日，美国首个金融科技监管沙盒正式落地亚利桑那州，帮助该州的金融科技创企节省冗余和高昂的监管成本。该监管沙盒将由该州总检察长办公室的消费者保护与宣传部门负责管理，并在必要时迅速采取行动，制止欺诈行为、保护消费者，并与创企共同合作解决问题。

但是在 2018 年 1 月，刚刚成为美国证券交易委员会（SEC）委员的共和党人赫斯特·皮尔斯（Hester Peirce）就公开表示，沙盒机制让监管方与被监管方的距离过于紧密。纽约金融监管机构负责人玛丽亚·T. 瓦洛（Maria T. Vullo）的言辞更为激烈，她表示，该机构"强烈反对"美国财政部最近批准的金融科技公司监管沙盒"允许公司逃避消费者保护法、降低金融服务业的合规性风险，才能推动金融创新蓬勃发展的想法是荒谬的。小孩才在沙盒中玩耍，成年人应遵守规则"。

也并非所有金融监管机构都对此举持反对意见，也有机构对此项制度的发布表示积极接受。例如，纽约监管机构美国货币审计署（OCC）宣布，允许金融科技公司申请全国性银行业务牌照。货币监察长约瑟夫·M. 奥廷

（Joseph M. Otting）表示此举"有助于为消费者和企业提供更多选择，并为希望在美国提供银行服务的公司创造更多机会"。

鉴于金融沙盒制度是一个更为年轻的制度试水，唯有实践才能得出真知。

## （二）中国金融监管沙盒之确立

2017 年 5 月 23 日，我国在贵阳启动了区块链金融沙盒计划，这是我国首个由政府主导的沙盒计划。

贵阳区块链金融基金是国内首家政府引导、社会参与、市场化运作的区块链金融初创企业早期投资基金。贵阳区块链金融孵化器是我国第一个地方政府支持的区块链专业孵化器，在区块链金融孵化器里不仅有传统的孵化器服务和融资功能，还配套有区块链沙盒计划。本次启动试点运营的贵阳区块链金融沙盒计划是继 FCA 2016 年提出并实施沙盒计划之后，在我国第一个由政府主导的沙盒计划，旨在鼓励区块链金融创新服务。沙盒计划在贵阳区块链金融孵化器里试点运营，配备有技术评审监督委员会、商业评审监督委员会、风控评审委员会和法律法规服务机构。

2019 年 1 月，国务院批复同意北京市在依法合规的前提下探索"监管沙盒"机制。2019 年 12 月，人民银行批复北京市率先在全国开展金融科技创新监管试点，探索构建符合我国国情、与国际接轨的金融科技创新监管工具暨中国版"监管沙盒"，引导持牌金融机构在依法合规、保护消费者权益的前提下，运用现代信息技术赋能金融提质增效，营造守正、安全、普惠、开放的金融科技创新发展环境。

## 三、金融监管沙盒之功能

### （一）提升沟通的有效性

监管沙盒在实施创新的金融机构或企业与监管主体之间搭建了一个沟通的平台，提升了两者之间沟通的有效性。一方面，对监管主体来说，通过进行监管沙盒测试，监管主体能够全面深入地了解金融产品与服务创新所产生的风险、收益，以及对消费者和金融体系运行效率的影响等信息，为进一步制定有针对性的监管政策提供决策依据。同时，监管主体也可以了解相应的金融产品和服务创新对现有监管规则的突破，金融机构或企业在金融创新过程中对放松监管方面存在哪些诉求等等。

另一方面，对实施创新的金融机构或企业来说，监管沙盒可以成为其向监管主体表达诉求的一个渠道。通过监管沙盒测试，实施创新的金融机构或企业可以在大规模市场推广之前对金融产品和服务创新所产生的收益和风险进行更为准确的评估，发现所测试金融产品和服务创新中存在的不足，在此基础上进一步加以改进和优化。

## （二）促进金融创新

实施监管沙盒测试将有助于促进金融创新，这一点至少可以体现在以下几个方面。

第一，监管主体可以通过监管沙盒向市场传递鼓励金融创新的信号。实施监管沙盒测试显示了监管主体有意愿在一定范围内突破现有监管规则，体现了对金融创新的包容性态度，进而对市场主体开展金融创新活动起到引导作用。

第二，通过在一定范围内放松监管为金融创新提供成长空间。创新意味着收益和风险的不确定性，同时也需要对现有监管规则进行突破。随着金融创新的不断涌现，如果监管主体对于金融创新不加区别，仍按照与已有金融产品和服务相同的方式进行监管，那么很多创新将会被扼杀在摇篮之中。通过实施监管沙盒测试，允许金融产品和服务创新在一定范围内突破现有监管规则，为金融产品和服务创新提供了空间。

第三，有助于发现真正有价值的金融创新。监管沙盒测试本身是一个筛选和淘汰的过程。通过实施监管沙盒测试，可以在接近真实的市场环境中对金融产品和服务创新进行测试。通过真实数据对金融创新的效果进行评估，能够将那些具有价值的金融创新与不具有太高价值的金融创新区分开来，将真正有助于提高消费者福利和市场运行效率的金融创新筛选出来，并在此基础上进行大规模市场推广。

第四，通过实施监管沙盒测试还有助于促进传统金融机构的竞争。通过监管沙盒测试，将那些之前不符合现有监管规则要求的金融创新包含进来，加剧了传统金融机构所面临的市场竞争，进而促进传统金融机构的金融创新。

## （三）对金融创新的风险和收益进行评价

由于金融创新本身在收益和风险方面所面临的不确定性，对金融创新的风险和收益进行准确评估就十分重要。监管沙盒为评估金融创新的风险和收益提供了一套较为完备的框架和程序，为科学评价金融创新的风险和收益提供了手段，包括测试时间表及关键节点、客户选择、测试流程、测试结果评估标准、测试参数、消费者权益保护措施、风险评估、测试退出策略等等。基于上述框架和程序，监管沙盒测试能够使创新主体和监管主体在一定范围内对特定金融产品和服务创新的风险和收益进行准确评估，为淘汰还是向市场推广特定金融产品和服务创新提供决策依据。

## 四、监管沙盒的局限性

监管沙盒作为一种创新性监管工具，目前尚处于探索阶段，没有成熟的经验可借鉴，在实际操作中也面临一定的局限性。

第一，金融机构或企业参与测试的成本较高。测试成本主要包括两个方面。一是直接成本，包括申请测试前的准备成本、专业对接人员的人力支出、对消费者权益进行保护所支付的成本、测试过程中被监管机构监督的成本以及向其定期汇报的成本等等。特别是对于一些处于初创阶段的中小型科技公司来说，这一成本更加明显。二是间接成本，主要是测试所产生的时间成本。从不同国家已公布的监管沙盒实施方案来看，监管沙盒测试的时间一般为1年左右，有的甚至更长，最短的也需要3~6个月的时间。对于金融创新来说，其面临的市场环境瞬息万变。1年甚至更长的测试时间对于进行金融创新的金融机构或企业来说可能产生严重的不利影响，贻误进入市场的最佳时机。

第二，监管沙盒测试效果的准确性难以判断。一方面，监管沙盒作为一种有限授权测试，受测试条件的约束，其测试的环境与真实市场环境相比仍有很大差距。而且进行测试时，需要提前让消费者知晓并自主决定是否参与测试，这些都会对测试结果造成影响，进而影响对测试结果是否有效的判断。另一方面，监管沙盒测试的评估标准通常具有一定的主观性和局限性。上述多种因素的存在都会对监管沙盒测试效果的准确性产生影响。在这种情况下，监管沙盒测试不能作为判断真实市场效果的全部依据。

第三，可能诱发寻租行为。一方面，一旦成功通过监管沙盒测试，满足相应的评估标准，则意味着进行测试的金融产品或服务可以在放松的监管条件下进行大规模市场推广。而且在多数情况下，监管沙盒的有限授权测试条款需要按照"一事一议"的办法单独制定，并没有严格统一的标准，这就为申请测试的金融机构和企业进行寻租提供了潜在空间。另一方面，在金融市场环境瞬息万变的情况下，时间对于金融创新来说非常关键。不过，由于递交申请是分批进行的，选择哪些金融机构和企业取得测试授权，取决于监管主体的判断以及背后的博弈关系。这些问题都可能产生新的寻租行为，导致不公平竞争，也可能让部分创新丧失最佳的测试机会。

## 结语

从本质上看，监管沙盒是监管机构为履行其促进金融创新、保护金融消费者权益的职能而制定的一项具有创新性的监管工具。这种监管工具的特别之处在于，金融机构或者为金融服务提供技术支持的非金融机构能够在真实的场景中对其创新性产品和服务进行测试，而无须担心创新与监管规则发生矛盾时可能遭遇的监管障碍。简言之，监管机构可以在保护消费者权益、严防风险外溢的前提下，通过主动合理地放松监管标准，减少金融科技创新面临的规则障碍，鼓励更多的创新方案积极主动地由想法变成现实。在这一过程中，能够实现促进金融创新与有效管控风险之间的平衡，最终实现监管机构、金融机构或科技企业、消费者共赢的局面。

# 个人金融数据风险监管问题研究

杭州师范大学沈钧儒法学院　　王真真 *

**摘　要**

数字金融蓬勃发展，在利益的驱使下，金融机构对个人金融数据扩张性使用的风险逐渐增加。为了保护个人金融数据的安全，我国在立法层面和监管机构层面采取了多种措施解决此类问题，但效果并不显著。通过分析现今个人金融数据监管存在的问题，并结合新技术的发展，本文在法律层面和监管层面提出完善措施。

**关键词**：数字金融；风险监管；完善措施

---

★　王真真，杭州师范大学沈钧儒法学院硕士研究生。

数字金融泛指传统金融机构与互联网公司利用数字技术实现融资、支付、投资和其他新型金融业务模式。[①] 数据是数字金融的核心要素，它与依赖线下渠道进行客户营销和风险控制的传统金融不同，数字金融以海量的个人金融数据为基础，依据大数据分析等信息技术手段对客户的消费习惯、购物习惯、行为习惯和信用记录等进行精准画像，为各种金融营销服务和风控模型的确立奠定基础。个人金融数据构成了金融业新经济数量最庞大的基础生产资料，传统的货币融通开始转向以数据为载体的信用融通，金融机构积累的个人金融数据规模亦随之急剧扩张。[②] 个人金融数据是个人数据在金融领域围绕账户数据、鉴别数据、金融交易数据、个人身份数据、财产数据、信贷数据等方面的扩展和细化，是金融机构在提供金融产品和服务过程中积累的重要基础数据，也是个人隐私的重要内容。个人金融数据使用不当或者泄露的风险，不但会直接侵害个人金融信息主体的合法权益、影响金融业机构的正常运营，甚至可能带来系统性金融风险。本文着重研究金融机构对个人金融数据扩张性使用带来的风险，分析目前的立法现状，完善监管措施。

## 一、金融机构对个人金融数据扩张性使用的风险

### （一）个人金融数据收集的风险

数据收集环节主要存在个人金融信息过度采集和一篮子授权的风险。国家网络安全通报中心曾集中查处、整改 100 款违法违规 App 及其运营的互联网企业，其中包括光大银行、天津银行等金融机构旗下的手机银行。违规问题主要集中在缺乏隐私协议、收集使用个人信息范围描述不清、超范围采集个人信息和非必要采集个人信息等情形。大数据时代，用户数据作为重要的资源，被视为"数据时代的石油"。一方面，传感技术的发展和应用使得信息的收集更为便捷，个人的身份信息、地理位置信息、购物信息、支付信息

---

[①]　黄益平、黄卓：《中国的数字金融发展：现在与未来》，《经济学》2018 年第 4 期。

[②]　杨帆：《金融监管中的数据共享机制研究》，《金融监管研究》2019 年第 10 期。

等都被转化为数据记录下来，无形中扩大了个人信息收集的范围。另一方面，金融机构在经济利益的驱使下，最大限度地收集个人数据用于企业的商业运营。金融机构主要采取以下两种路径。一是隐瞒收集个人信息的功能、类型、范围等。这种方法不仅直接面向用户的网络运营者会采用（即直接欺瞒用户），而且那些给 App 提供功能模块或组件的第三方开发者也会偷偷嵌入收集个人信息的指令或功能，试图"搭便车"收集个人信息（即同时欺瞒 App 开发者和用户）。[1] 二是强制客户一篮子授权。个人与金融机构之间存在严重的信息不对称，隐私协议中的霸王条款和一篮子授权的情况时常出现。告知同意的保护模式逐渐失效，个人在选择金融服务时没有议价权，要么全盘同意，要么彻底退出。

## （二）个人金融数据"规模化"分析处理的风险

大数据分析技术的运用使得金融数据的价值不断被挖掘，金融机构通过个人金融数据的整理和分析实现精准营销和金融产品的创新与开发。数据分析环节的风险主要表现在以下几个方面。一是超出用户合理的授权范围。《个人信息安全规范》规定，使用个人信息时，不得超出与收集个人信息时所声称的目的具有直接或合理关联的范围，超范围使用的，应当再次征得个人信息主体的明示同意。但是"合理关联的范围"标准较为模糊，不利于判断。同时，大数据时代，随着技术的发展，数据的利用往往具有不可预测性。如果每次利用数据之前金融机构都须告知金融消费者并征求同意，必然会加大金融机构的工作成本，不利于数据价值的充分挖掘与利用。二是预测性分析引发的歧视性与差别对待。大数据中的不当歧视主要分为两种：无意识歧视和故意歧视。[2] 无意识歧视主要指大数据技术带来的预测偏差。大数据分析以海量的数据为基础，数据的数量和质量直接影响数据分析的结果。数据量

---

① 　洪延青：《过度收集个人信息如何破解及国家标准的路径选择》，《中国信息安全》2019年第1期。
② 　张继红：《大数据时代金融信息的法律保护》，法律出版社 2019 年版，第 64 页。

的大幅增加会造成结果的不准确，一些错误数据会混入数据库。金融机构收集个人金融数据，主要是为自身的商业决策提供依据，数据的收集难免带有倾向性和片面性。即使数据都是真实的，也会出现预测偏差，而这种偏差可能导致对部分金融消费者的歧视。数据分析主要基于算法，算法"黑箱"和数据分析过程的不透明性也存在歧视的风险。故意歧视通常是指金融机构利用大数据技术对用户进行画像，针对不同的人群提供差异化服务，导致部分金融消费者受到歧视待遇。这种现象在保险领域尤为突出。保险公司基于保险事故发生的概率计算保费，根据分析结果对特殊人群收取更高的保费，甚至不提供保险服务。美国在 20 世纪 80 年代就发生过保险公司拒绝向受家暴的妇女出售生命、健康及残疾等方面的保险。

## （三）个人金融数据共享的风险

金融企业对数据资源的迫切需求，加之各种大数据共享网络以及数据挖掘技术的发展，使得数据共享、数据开放成为趋势。数据共享技术发展的同时，信息共享与个人金融信息保护之间的利益冲突也日益突显。个人金融数据共享的风险主要表现在以下几个方面。一是数据授权风险。数据使用脱离消费者的控制，违背消费者的初衷。个人金融数据共享是个人数据的二次利用，二次利用应符合最初数据收集时消费者授权的目的和范围。但是实践中，金融机构惯有的伎俩是利用"概括授权""霸王条款"等方式获得用户的授权，这样金融机构在共享个人数据时便有更大的解释空间，使得消费者丧失对个人数据的自控权。二是数据传输的安全风险。从监管的视角看，数据共享发生在金融机构之间，也可能发生在金融机构与非金融机构之间。金融机构的数据安全保护受到金融监管部门的统一监管，数据保护的标准和要求较为统一，便于实现数据安全的保护。金融机构与非金融机构之间实现个人金融数据共享，不仅仅要遵守个人自主选择同意的规则，还应对非金融机构的数据安全提出更严格的要求，才能保证消费者的数据权益不受侵犯。

## 二、我国个人金融数据风险监管现状的分析

### （一）个人金融数据风险监管的立法现状

在法律层面，2009 年《刑法修正案（七）》第一次将金融机构及其工作人员出售或非法提供公民个人信息作为犯罪行为加以规制。2013 年，修订后的《消费者权益保护法》将证券、保险、银行等金融服务的经营者提供的产品或者服务纳入消费者权益保护范畴，规定了经营者收集、使用消费者个人信息的原则和前提条件，即"消费者同意"，并明确了经营者的信息保护义务。2016 年，《网络安全法》对涉及网络空间的个人信息保护做了较为全面的规定。2017 年，《民法总则》第一百一十一条以民事立法的形式，明确自然人的个人信息受法律保护。

在行政法规层面，2012 年国务院《征信业管理条例》对征信业务及其相关活动做了规定，明确了国务院征信业监督管理部门及其派出机构依法对征信业进行管理。在部门规章层面，2016 年，人民银行出台的《金融消费者权益保护实施办法》对"个人金融信息保护"专门进行了规定，明确了金融信息的概念，对金融机构采集个人金融信息应遵循的原则、应采取的信息保障措施和信息安全规定、信息的使用、向境外传输限制等做了详细规定。2018 年，银保监会《银行业金融机构数据治理指引》明确了监管机构在数据治理方面的监管责任、监管方式和监管要求。

从法律法规、部门规章的发布情况看：一是个人金融信息保护的相关法律规定从最初的银行业和征信业逐渐扩展至整个金融机构，在国家个人信息保护的法律框架下日益体系化，但是相关的法律法规层级较低，如《个人金融信息保护技术规范》只是推荐性的工作标准，不具有强制性，执行力弱；二是监管部门对于个人金融数据风险的监管日益重视，相继出台个人金融信息保护的监管文件，逐渐完善个人金融信息收集、使用、分析、共享等各个环节的相关规定。但是，对于监管主体的职责、范围、处罚方式和处罚标准

等方面规定得较少。在公权力本着法无明文规定不可为的理念下，监管机构只能依据原则性很强的基本法律，在违法行为的认定和执行方面都存在一定的难度。

## （二）我国监管机构的困境

目前，我国的金融监管机制是"一委一行两会"，即金融稳定委员会、人民银行、银保监会和证监会，并未设有真正意义上的专门的信息监管机构。"一行两会"都各自设有金融消费者权益保护部门，央行的金融消费者权益保护局负责对银行、证券、保险等领域金融消费者的权益保护，并侧重处理跨市场、跨行业的交叉性金融消费者投诉；"两会"在各自的领域开展相关工作。这种监管模式存在一定的弊端："一委一行两会"具有身份上的双重性，类似于英国的金融服务管理局（FSA），既是金融监管者又是金融信息的持有者，存在冲突性利益；"一委一行两会"执行宏观审慎监管和微观审慎监管，注重行业整体利益的维护，而非金融消费者权益保护。虽然两者存在一定程度的重合，但是当两者发生冲突时，金融消费者权益保护就会沦为金融监管目标的附庸，使得金融监管者行使消费者信息保护的职责存在先天不足。而且，这种监管体系沿袭传统的分业监管模式，与数字金融模式下混业经营趋势不协调。个人金融数据是数字金融的基础性生产资料，数据与科技的融合是促进数字金融发展的关键，数字金融的混业性特征明显。大量金融控股集团涌现，银行、证券等传统金融业态在数字金融时代的界限越来越模糊，数据在不同金融业态和不同金融部门之间共享和流动是数字金融的必然要求。当个人金融数据的流动超过监管机构的监管范围时，就可能造成重复监管、监管真空甚至监管冲突，不利于个人金融数据风险的防范。

## 三、进一步完善个人金融数据监管的措施

### （一）立法层面

在个人金融数据风险监管方面，相关的法律法规应明确金融监管机构的职责和权限，使监管机构的监管行为有法可依，提高立法的可操作性。我国《个人信息保护法》和《数据安全法》还没有出台，在基础法缺位的前提下，应完善金融监管部门行政法律法规的相关规定：明确"一行两会"在个人金融数据风险监管方面的职责划分；确定监管内容，如对个人金融数据的过度采集、个人金融数据的泄露、个人金融数据的不当使用等方面的监管；授权监管机构对金融机构个人金融数据风险监管开展非现场监测和现场检查，对金融机构违规泄漏、违法使用个人金融数据的，可视情形实施行政处罚或采取其他监管措施。

### （二）完善责任追究机制

一是统一行政处罚标准，防止"同罪不同罚"的情况，针对不同的滥用个人金融数据的行为制定不同的处罚标准。二是提高处罚力度。从世界各国对个人信息保护的情况来看，监管部门对个人数据保护采取强监管、严惩罚的措施。三是举证责任倒置，倡导公益诉讼。金融消费者与金融机构之间的信息严重不对称，对于个人数据侵权行为应当举证责任倒置，给予弱势消费者倾斜保护，必要时由检察机关或者消费者权益保护部门提起公益诉讼。四是处理好不同保护程序之间的协调，如行政申诉与民事诉讼的协调、行政处罚与刑事处罚的衔接等。

### （三）监管手段的技术化

数字金融是以数据驱动的金融创新，金融科技的发展不但加剧了金融机构与金融消费者之间的信息不对称，也使得金融创新与传统金融监管之间形成了"数据鸿沟"。面对被自动化处理的海量个人金融数据，监管机构依靠

传统的人工监管手段不仅效率低下，而且难以识别数据风险。因此，监管手段的技术化势在必行。监管机构应树立技术驱动型监管思维，在行业内业已成熟的大数据和云计算技术的基础上建立实时、动态的监管系统。[①] 监管科技就是将信息技术应用于监管领域，实现监管过程的技术化。监管科技将人工智能、区块链、自动化学习、云计算等技术应用于风险管控、合规管理等场景中，可以提高个人金融数据风险识别的实时性和准确性，实现个人金融数据在生命周期内的全流程监管。

## （四）将程序设计者引入监管

数字金融不同于传统金融的一点在于，它需要与互联网结合。金融机构盗取并利用个人金融数据，离不开程序设计者。通常情况下，程序设计者最先发现金融机构的问题，但是作为被管理人，其不得不按照需求设计"盗取个人金融数据"的程序。如果能将程序设计者引入监管体系，势必可以从源头上解决此类问题，极大减少外部监管的成本。但如何保障程序设计者的利益，是我们需要思考的问题。在区块链蓬勃发展的情况下，我们或许可以借鉴其匿名性的特点，给程序设计者提供一个匿名举报的渠道，并制定相关奖励措施。

---

① 杨东：《互联网金融治理新思维》，《中国金融》2016 年第 23 期。

# 数字金融体系下检察机关办理
# 涉企刑事案件及合规制度探索

浙江省衢州市柯城区人民检察院　周红梁　范晓岚　叶丽清　杜依宁 *

**摘　要**

数字金融作为与信息社会、数字经济相对应的金融发展新阶段正迎面而来。数字经济已经成为不少国家和地区经济发展的支柱。当前人类已经迈入数字经济的全盛时代,也面临更多的安全问题,呈现安全风险类型更多、风险类别日新月异、风险波及范围更广泛、风险发生更频繁的特点,给刑法立法与刑法适用带来重大挑战。数字金融体系下,企业发展面临诸多涉罪风险。依法保护非公有制企业产权及合法权益,是检察机关的重要责任。近年来,最高检一直在不断尝试以各种方式为企业经营保驾护航,先后制定实施了《关于充分发挥检察职能依法保障和促进非公有制经济健康发展的意见》《关于充分履行检察职能加强产权司法保护的意见》《关于充分发挥职能作用营造保护企业家合法权益的法治环境支持企业家创新创业的通知》等文件。新形势下,检察机关应综合运用法律监督职能、企业合规制度,更好地保障和促进企业健康发展,在服务保障"重要窗口"工作中展现检察作为。

**关键词:** 数字金融;检察职能;服务保障;企业合规

---

★　周红梁,浙江省衢州市柯城区人民检察院党组书记、检察长;范晓岚,浙江省衢州市柯城区人民检察院党组成员、副检察长;叶丽清,浙江省衢州市柯城区人民检察院第二检察部主任;杜依宁,浙江省衢州市柯城区人民检察院第二检察部副主任、三级检察官,浙江大学法学硕士。

2018 年 11 月 1 日，习近平总书记在北京主持召开民营企业座谈会，充分肯定了我国民营经济的重要地位和作用，提出大力支持民营企业发展壮大的 6 个方面的有利条件和 6 个方面的政策举措。2019 年 12 月 4 日，《中共中央、国务院关于营造更好发展环境支持民营企业改革发展的意见》明确民营企业在推动发展、促进创新、改善民生、扩大开放等方面发挥的不可替代的作用，充分表明了党中央毫不动摇地鼓励、支持、引导非公有制经济发展的坚定决心和鲜明态度。

非公有制经济在优化产业结构、推进技术创新、培养聚集人才、增加就业岗位等方面都有积极的影响。但是在当前数字金融体系下，金融平台欺诈、区块链金融交易刑事风险、洗钱、P2P 非法吸收公众存款、保险诈骗等涉企犯罪数量攀升，给非公有制经济的生存和发展带来难点和困顿，使企业受到外部环境的考验和制约、法律障碍和体制束缚，发展进程和效率受到影响，亟待有力的司法规制和优质的法律服务。

2018 年，国务院国资委发布了《中央企业合规管理指引（试行）》，以行政命令的方式推行合规制度建设。近年来，党中央、国务院不断释放建立"全域合规"的信号。对于企业来说，刑事风险日益增大，合规建设日趋重要，企业合规必将成为核心竞争力之一。

本文从司法实践出发，以 Z 省 Q 市 K 区检察院（以下简称 K 院）近年来涉企刑事案件数据为样本展开调研。分析涉企案件的犯罪成因，从企业合规角度探寻数字金融体系下检察机关对涉案企业进行法律监督、服务大局的最佳路径。积极探索刑事合规与认罪认罚从宽制度、不起诉制度、检察建议制度、行政合规的深度融合，推动构建涉企案件法律监督新模式。

## 一、涉企刑事案件办理情况

K 院近 3 年来审查终结的涉企刑事案件共 184 件 413 人 [①]（包含 5 个单

---

[①]　以 2018 年 1 月 1 日至 2021 年 1 月 1 日受理的公诉案件为统计范围。

位犯罪主体）（见图1）。其中，起诉129件303人（包含3个单位犯罪主体）、相对不起诉26件37人（包含1个单位犯罪主体）、存疑不起诉5件13人、附条件不起诉1件1人、同意移送机关撤回10件18人（包含1个单位犯罪主体）、退查未重报2件2人，其余11件39人作改变管辖、拆案、并案处理（见图2）。

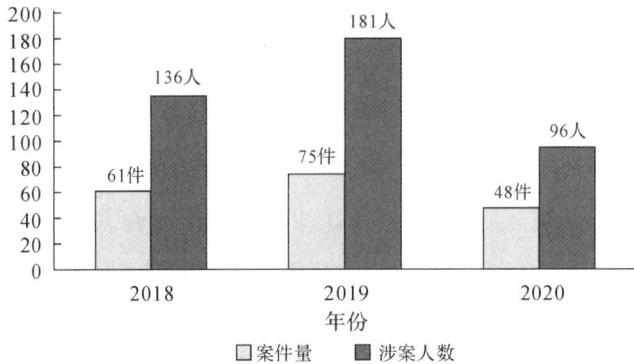

图1　近3年涉企刑事案件数据

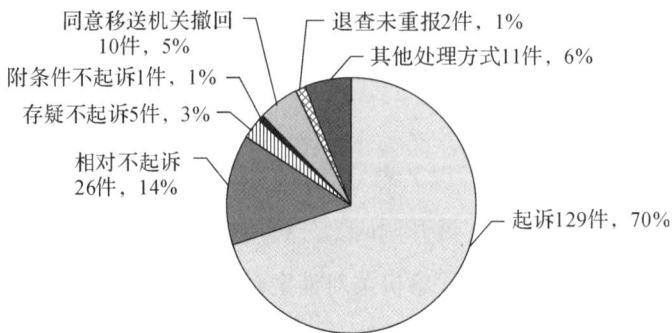

图2　近3年涉企刑事案件处理结果情况

按照非公有制经济企业在涉企案件中所扮演的角色划分，可分为三类：被害人、加害人、双重身份。其中，企业及涉企人员权益被侵害的刑事案件主要有保险诈骗案中诈骗保险公司的骗保行为，贷款诈骗、妨碍信用卡管理及信用卡诈骗、强迫交易及敲诈勒索、伪造公司印章（伪造被害公司印章并使用）、一般诈骗（诈骗企业法人代表及负责人）等。

企业及涉企人员本身涉嫌刑事犯罪的案件主要集中在串通投标、非法经营、非法吸收公众存款、集资诈骗、合同诈骗、拒不支付劳动报酬、拒不执行判决裁定，生产、销售不符合安全标准的产品、逃税、伪造金融票证、骗取贷款、虚开发票、虚开增值税专用发票（企业与企业之间、企业与个人之间共谋虚开发票）、重大责任事故等案件中。

企业负责人、主要员工等单独或伙同企业外人员对企业实施犯罪、侵害企业权益的涉企案件，主要集中在职务侵占和挪用资金等案件中，行为方式多为"内外勾结""里应外合""监守自盗"。

## 二、涉企刑事案件特点及犯罪原因

### （一）案件特点

1. 涉案领域广、差异大

近 3 年办理的涉企刑事案件呈现涉案罪名分布广、涉案类型多的特点，共涉及 11 大类 29 种罪名（见图 3）。

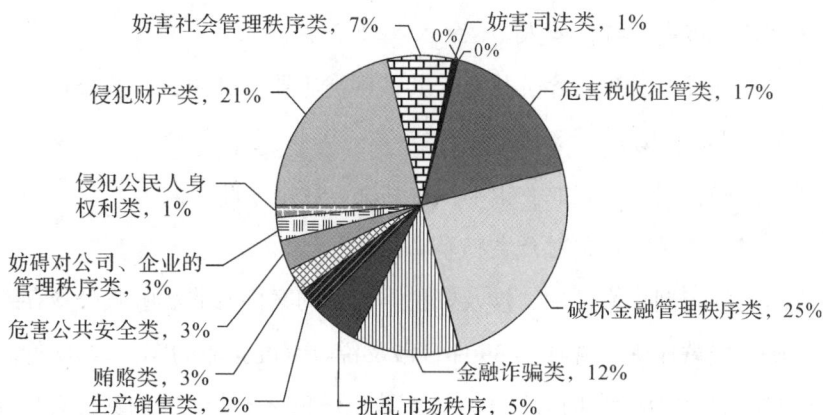

图 3 　各类罪名占比

一是危害税收征管类犯罪。其中，虚开发票罪 12 件 21 人、虚开增值税专用发票罪 24 件 41 人（含 2 单位）、逃税罪 1 件 1 人。

二是生产销售环节类犯罪。生产、销售不符合安全标准的食品罪 1 件 2 人，生产、销售伪劣产品 3 件 4 人。

三是扰乱市场秩序类犯罪。其中，串通投标罪 1 件 3 人、合同诈骗罪 5 件 6 人（含 1 个单位）、强迫交易罪 1 件 1 人、非法经营罪 1 件 4 人。

四是破坏金融管理秩序类犯罪。其中，骗取贷款、票据承兑、金融票证罪 2 件 2 人、妨碍信用卡管理罪 18 件 62 人、非法吸收公众存款罪 24 件 55 人（含 2 个单位）、洗钱罪 1 件 1 人。

五是金融诈骗类犯罪。其中，集资诈骗罪 13 件 33 人、贷款诈骗罪 1 件 1 人、保险诈骗罪 2 件 7 人、信用卡诈骗罪 3 件 3 人。

六是危害公共安全类犯罪。重大责任事故罪 5 件 9 人。

七是妨碍对公司、企业的管理秩序类犯罪。其中，隐匿、故意销毁会计凭证、会计账簿、财务会计报告罪 1 件 1 人，非国家工作人员受贿罪 4 件 16 人。

八是侵犯公民人身权利犯罪。过失致人死亡罪 1 件 1 人。

九是侵犯财产犯罪。其中，拒不支付劳动报酬罪 4 件 7 人、诈骗罪 30 件 59 人、敲诈勒索罪 8 件 37 人、故意毁坏财物罪 5 件 8 人、挪用资金罪 4 件 5 人、职务侵占罪 3 件 4 人。

十是妨碍社会管理秩序、扰乱公共秩序类犯罪。其中，伪造公司印章罪 1 件 1 人、开设赌场罪 3 件 16 人。

十一是妨害司法类犯罪。拒不执行判决、裁定 3 件 3 人。

2. 资税类犯罪、侵犯财产类犯罪比重大

在所有涉企刑事案件中，涉及资税类犯罪的案件有非法吸收公众存款、集资诈骗、贷款诈骗、洗钱等 39 件；涉及税收制度犯罪的案件共 37 件。综上，涉资税类犯罪的案件共计 76 件，而涉及侵犯财产类犯罪的案件有 54 件、资税及财产类犯罪的案件共计 130 件，占总数的 70.7%（见图 4）。

其他54件，29%　　涉资类犯罪39件，21%

涉税收类犯罪37件，20%

侵犯财产类犯罪54件，30%

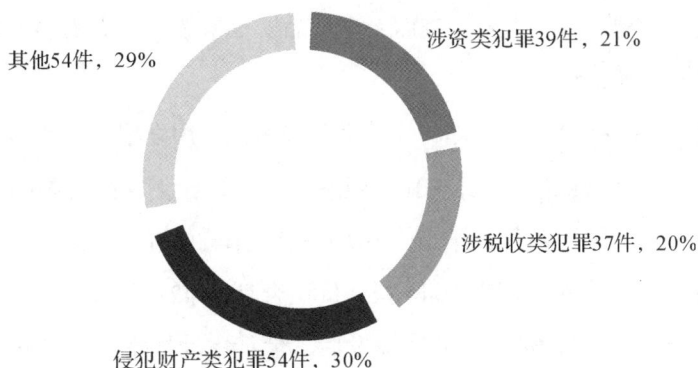

图4　涉资税类、侵犯财产类案件占比

3.非法集资类犯罪形势严峻

近3年审结的非法吸收公众存款罪、集资诈骗罪案件涉案金额共计人民币4.0285亿元，被害人数达6183人，[①] 平均每位被害人损失达6.5万元。其中，利用"空壳公司""虚假公司"进行非法集资、集资诈骗的案件占上述案件总数的一半以上。非法集资类犯罪案件涉案金额大、涉众广、风险高，被害人以中老年退休人员为主，初时盲目轻信，为求高额回报不惜投入大半甚至全部身家。一旦企业资金链断裂无法偿还本息，被害人挽损的可能性很小，易抱团维权、引发群体性事件，是信访的高发领域。

### （二）涉企刑事案件原因分析

1.企业及涉企人员法律意识不强

就个体内生原因而言，企业自身法律意识尤其是刑事法律风险意识淡薄，是目前导致企业及企业家、企业人员犯罪的重要原因。一些企业缺乏法律文化和底蕴，涉案企业家、从业人员文化程度参差不齐、法律意识淡薄、法制观念落后、底线思维缺失，在生产经营过程中片面追求效益、控制成本，从而出现一批偷逃税款、虚开发票等危害税收征管秩序的犯罪。一些企业忽视

---

① 　该组数据由刑检业务部门提供。

生产安全、劳动者权益保障，进而滋生食品安全事故、重大责任事故、拒不支付劳动报酬等犯罪。

案例1：K院2018年办理的徐某虚开增值税专用发票案。衢州市某公司实际负责人徐某为谋取利润，2014年至2017年，在无实际货物购销、交易的情况下，以支付开票费为好处，多次让另一公司负责人卢某（另案处理）为其公司虚开增值税专用发票44张，价税合计共421万余元。其中，向税务机关申报抵扣骗税61万余元。案发后，徐某主动投案自首，并向税务部门补缴全部增值税款。被告人在案发后告诉检察人员，自己走向犯罪最主要的原因在于：法律意识不强，明知这样做不对，但为了利益还是心存侥幸、铤而走险。经过检察机关的教育、引导，被告人深刻认识到自己的行为属于违法犯罪。徐某在案发后投案自首、积极退赃、认罪悔罪，K院依法作出了相对宽缓的处理。

案例2：K院2018年办理的曾某公司股权转让案。被告人曾某系衢州市某汽车销售有限公司法定代表人。2014年年底，其公司及个人出现债务问题。2015年5月，其因资不抵债，欲逃往国外。同月，曾某与被害人骆某商谈转让公司股权事宜，其在明知没有实际履行能力的情况下隐瞒真相，与公司其他3名股东签订股权转让协议。6月，曾某收取被害人骆某支付的预付款、定金330万元后，将该钱款进行转移，用于偿还债务等事宜，并坐飞机经广州逃往马来西亚，致使股份转让协议无法进行。2017年8月，曾某在老挝被老挝警方抓获并移交我国警方。曾某身为公司法定代表人，经营管理不善，导致企业及个人资不抵债，不能肩负起企业家应尽的社会义务和责任，是其走上犯罪的根本内生原因。

2. 企业自身建章立制不到位

制度层面，一些企业缺乏内部审核和监督，内部管理制度混乱、治理结构虚化；一些企业经营理念不科学，对内部人员的监管不够及时、到位，缺乏风险防控机制和自我保护意识。这些内部机制的缺陷客观上为企业内部人员利用职务之便"监守自盗""内外勾结"挪用企业资金、职务侵占等犯罪提供了便利条件。

案例3：K院2019年办理的廖某挪用资金、职务侵占案。廖某作为某大型民营企业集团大区销售经理，负责该企业京津冀地区的销售业务。其多年来以代收货款等名义，收取经销商货款后通过购买承兑汇票的方式赚取差价，并挪用、侵占公司货款及机器，价值共计400多万元。在该案中，公司虽有规定销售不可代收货款，但在实际操作过程中，仍然存在销售人员代收承兑汇票后转交给财务的情况，公司也未及时制止纠正。此外，该公司在机器的处理、提取、分销方面也存在制度漏洞，客观上为廖某私自挪用、侵占提供了便利。

案例4：K院2019年办理的叶某、温某、张某等非国家工作人员受贿案。2010年至2013年，被告人叶某在担任衢州市某金属制品有限公司备料厂废钢检验科科长期间，利用职务之便，伙同其他被告人，在对温州、江西、丽水等乙方公司收购生铁块进行取样的过程中，以选取光滑平整的生铁块及掺入其他品质好的生铁粉的方式，帮助上述公司提高生铁品质，收受上述单位负责人和业务员给予的现金、购物卡等财物。案发后，各被告人均认罪认罚，对犯罪事实供认不讳。

3.新型犯罪手段多样化，防范不及

随着社会经济和互联网的不断发展，新型犯罪方式不断涌现，如依托P2P平台、网贷平台、网络投资平台进行违法犯罪活动等。该类犯罪往往以互联网、新媒体为载体，具有涉案人员众多、资金池巨大、周期长、收益丰厚、风险大等特点。对不特定投资人而言，极具迷惑性和引诱性。然而，一旦资金链断裂则极速崩盘，具有较大的社会风险和不可控性，令人防范不及。

案例5：K院2018年办理的衢州市某投资管理有限公司负责人姜某某非法吸收公众存款案。该案是一起典型的以P2P平台为载体的犯罪案件，涉案金额达2000余万元。2014年3月，姜某某为开展P2P网络借贷业务，从朋友手中承接衢州市某投资管理有限公司，并聘请某技术研发公司为其所在公司开发了网络借贷平台。在不存在实际生产经营活动的前提下，通过互联网QQ投资群、网贷之家等途径向社会公开宣传，以发布虚假的高利率借款标募集资金的形式，向社会不特定公众吸收存款，被害人达70余人。2015年2月，因资金链断裂，姜某某将平台关闭。

## 三、刑事合规法律监督的内涵及动因

### （一）刑事合规的内涵

"合规"一词源于金融领域，《商业银行合规风险管理指引》把"合规"定义为：商业银行的经营活动与法律、规则和准则相一致。随着企业法律风险意识的增强，合规也逐步由金融行业拓展到其他各个行业和领域。

刑事合规源于合规但又有别于合规，其关注企业经营中更为关键和紧要的利益，给予企业更为严格和坚强的保障。何为企业刑事合规？不同学者从不同的维度给出了解释。有学者认为，刑事合规是指为避免因企业或企业员工相关行为给企业带来的刑事责任，国家通过刑事政策上的正向激励和责任归咎，推动企业以刑事法律的标准来识别、评估和预防公司的刑事风险，制定并实施遵守刑事法律的计划和措施。[1] 刑事合规的范围相较于一般合规来说更为紧缩，其侧重于对企业刑事涉罪风险的预防控制和涉罪后通过合规建设承担刑事责任的方式方法和程度。

### （二）检察机关刑事合规法律监督的动因

对于检察机关而言，刑事合规是指对于涉嫌刑事犯罪的企业，检察机关通过制发检察建议等方式，要求企业出具整改承诺并积极整改完毕，消除违法犯罪因素、消弭不良后果，实现司法介入企业治理，有效引导犯罪企业合

---

① 孙国祥：《刑事合规的理念、机能和中国的构建》，《中国刑事法杂志》2019年第2期。

规建设。在刑事案件办理过程中，不办错案是基本要求。需要思考的是如何让社会、企业变得更好，如何做到办一个案子，治理一片、解决一类问题、扫清一片障碍，如何让企业能够可持续发展，从而实现政治效果、法律效果、社会效果的三个统一。只有实现了三个统一，检察机关才算不负使命，完成了新时期法律监督职能的新要求。因此，企业犯罪刑事合规法律监督工作是检察机关在做好指控证明犯罪的同时，积极参与社会治理、推进社会治理能力和治理体系现代化的重要举措。

## 四、企业涉罪风险、司法需求及刑事合规存在的难题

### （一）企业刑事合规意识薄弱

企业家和企业主体缺乏接受刑事合规法律监督的积极性和主动性，合规理念尚未深入人心。企业刑事法律服务起步晚，缺乏有效的刑事激励制度，为企业创造的收益多为隐性收益，很难直接转化为企业家"看得见、摸得着"的实际利益，从而导致企业失去对刑事合规操作的兴趣。目前，接受企业刑事法律服务的基本上都是已经卷入刑事风险的主体，或者是经历过刑事程序后，充分认识刑事风险的主体。对于中小微企业，合规整改的成本或许已经超过其合法经营取得的效益，难以为继。

### （二）企业刑事合规服务水平不高

商业竞争日益激烈，刑事风险源陡增，企业对刑事法律服务的高质量、专业化需求日渐增加。不仅需要精准预判风险，更需要行之有效的对策建议，同时也要考虑成本需求和效益需求。企业花费成本进行合规整治，必定是希望能够行之有效，防患于未然。但目前企业刑事合规的法律服务市场良莠不齐，专业化水平和法律产品的投入产出比不足以满足企业需求。

## （三）刑事检察合规路径不明

尽管最高检提出刑事合规的理念、工作方向和工作机制，但在实际操作过程中，如何让制度落地仍在探索中。目前，检察机关正在探索的合规模式主要以下几种。一是"范式"合规，由行政机关牵头对企业按照完整的"范式"合规程序，依法严格敦促企业进行合规整改，并接受监督考察。二是"简式"合规，对于整改要求较低的小微企业，探索适用"简式"合规程序，通过向企业制发以合规为重点内容的检察建议，提出整改方向，根据企业后续整改情况作出相应处理。三是日常合规，形成刑事、民事、行政、公益诉讼专业化办案组，借助聘任第三方专业团队开展预防性企业体检、日常合规。上述合规路径既有事前合规也有事后合规，路径不一，但都存在合规方案、第三方考察报告标准不明、检察机关合规验收资质的共性问题。合规设计的程序虽然完成了，但实效如何很难显现、衡量，合规路径尚在探索中。

## 五、数字金融体系下检察机关刑事合规制度的探索

促进企业经济持续健康发展，需要政府、企业、司法部门凝聚合力、多方协作。检察机关应坚持内外因相结合的方式，积极营造公平竞争环境；增强企业刑事合规意识，帮助企业建立合规预防和激励机制，防范与化解风险。2020年10月，浙江省检察院开展企业经济犯罪刑事合规法律监督试点工作。对符合起诉条件且自愿认罪认罚，承诺开展刑事合规建设与接受考察的特定市场主体，对其积极探索作相对不起诉处理。在此，本文主要结合办案实际，探索检察机关企业刑事合规制度的法律监督路径。

## （一）设立专门刑事合规工作机构和工作机制

构建事前、事中、事后全覆盖的企业合规机制。可由省、市级检察机关牵头，成立专门的企业合规机构，上下联动、统筹全局开展合规工作。事前，通过宣讲、培训等方式，加强企业犯罪预防；事中，借助第三方团队，对涉

诉企业提供精准合规指引，督促企业堵塞管理漏洞、完善内控制度；事后，通过检察建议，对案件已办结且有合规必要的企业，进行监督整改。建立重大涉企案件报告备案和跟踪指导制度。在办理本地区具有较大影响力涉企案件的法人代表、主要责任人、董事长、总经理或技术、业务骨干时，批捕、起诉前向上级检察院报告备案。设立一定的考察期，对附条件不起诉的企业及犯罪主体进行考察、跟踪指导、回访，最后根据整改后的合规情况、犯罪事实和情节、认罪悔罪表现决定是否相对不起诉。

利用数字检察和大数据技术，打造基层检察"检察服务站 +"工作模式。依托服务站，搭建合规体检平台、宣传平台、监督平台、快速办理平台。优先对重点涉企案件进行事前、事中、事后全方位的"法律体检"，开展"法律治疗"，出台"体检报告""对症下药"，做到风险预防、"药到病除"。

### （二）设立刑事合规的认罪认罚从宽等激励制度

刑事合规最大的动因是激励制度。企业只有充分意识到、体会到合规的好处，才能从根本上积极主动地开展合规工作。从检察机关的角度来说，对企业最有效的激励制度，就是在刑事案件的处理上。既包括程序处理（羁押必要性）和实体处理（最终审查结果），也包括正向处理（从宽）和反向处理（从重）。

理念先行、指导办案。首先要严格贯彻少捕慎诉慎押（捕）理念，从经济行为危害后果综合审查处理。对于批捕阶段的企业，必须充分进行羁押必要性审查。全面考虑涉罪情形、事实和认罪悔罪态度、事后弥补效果和羁押必要性，审慎批捕。

制度层面，检察机关要充分运用认罪认罚从宽制度，将刑事合规的内容及效果作为从轻、减轻或免于处罚的事由和情节予以考虑。引入刑事合规相对不起诉制度及附条件不起诉制度，给予那些犯罪情节轻微、认罪态度较好，且认罪认罚的企业和企业主一个纠错的机会。对于愿意接受合规整改且成效显著的涉案企业，符合从宽处理条件的，应依法作出附条件不起诉、相对不起诉处理。而对于认罪态度较差，或消极整改、拒不进行合规建设的企业，酌情从重处理。对于相对不起诉和附条件不起诉的运用，则可视企业的整改计划、整改时间和整改成效而定。对于在案件办理过程中，立刻做出整改且成效明显的，则可依法做出相对不起诉决定。对于需要一定时间整改、考察的，则附条件暂缓不起诉，待违法事由及行为影响完全消除时，再行决定起诉或不起诉。

关于附条件不起诉的适用对象和适用范围，可借鉴美国的司法经验。检察机关在决定是否对涉案企业提起刑事诉讼时，具体斟酌以下几项因素：第一，不法行为是否属于涉嫌破坏社会主义市场经济秩序罪、贪污贿赂罪等犯罪；第二，不法行为的社会危害性程度；第三，企业类似行为的历史，包括曾经被采取的刑事、行政和民事措施和处罚；第四，不法行为在企业内部的普遍性，以及企业高层或管理层对不法行为的态度；第五，企业是否主动及时地披露不法行为，并愿意与调查人员合作；第六，企业是否拥有有效的、完备的合规计划；第七，企业是否在不法行为发生后采取了补救措施；第八，对企业不法行为负责的个人进行犯罪指控是否已经足够；第九，对企业提起诉讼是否存在不成比例的附带后果，如令无个人责任的股东、员工遭受过量的损失；第十，企业是否自愿签订《附条件不起诉协议》，并同意由检察机关按照协议内容进行监督和考察。[①] 综合考虑上述 10 项内容，并与认罪认罚从宽制度充分结合。

针对不起诉处理企业罚金刑缺位的问题，有学者提出了合规基金的概念。检察机关应结合犯罪危害、合规隐患、损害修复、企业资本等相关情况，责令涉案企业缴纳一定数额的合规基金，用于专项合规整改。[②]

---

① 石磊、陈振炜：《刑事合规的中国检察面向》，《山东社会科学》2020 年第 5 期。
② 程天民、迟旭：《刑事合规制度的本土化建议》，《检察日报》2021 年 6 月 8 日，第 7 版。

## （三）建立风险预防机制和企业合规文化培养机制

多措并举，提高数字金融体系下企业刑事合规的思想认识和法律意识，帮助企业建立风险预防机制和合规文化培养机制。首先，检察机关积极与律师协会、司法局、社区等组织联合举办法制宣传活动，将企业合规培训作为常态化业务和公司文化之一，帮助企业将合规行为与薪酬机制、绩效机制关联，设立合规部门、审计部门、纪检部门，分工合作、协同互联。通过分批次发布典型案例、以案释法的方式让企业深刻了解刑事法律风险对于企业生死存亡的重大影响和对企业家及其家庭的危害。其次，根据企业特点及案件多发情况，有针对性地开展法律知识培训，帮助企业发现和查找管理上的漏洞，总结管理上的成功经验，严格执行与合规行为挂钩的奖惩、辞退制度。敦促企业尽早自我检视，重视风险防控、合规计划和防控设计，解决企业运行过程中存在的积弊问题。再次，针对本辖区内经济总量大、就业人口多的企业，开展风险评估预警；加强对民间融资借贷活动的规范和监管，配合其他部门做好风险防控和矛盾化解工作。最后，邀请知名民营企业家为检察机关介绍企业发展趋势和相关专业知识，协助做好民营企业家代表综合评价工作，引导企业家合规经营、规范管理、创业创新。

## （四）善用检察建议，促进社会治理全面有效

检察机关针对企业存在的顽瘴痼疾和不规范操作行为，依法向其发出社会治理类检察建议。与前文所述的附条件不起诉制度重在防止涉案企业再犯不同，检察建议重在犯罪预防。因此，附条件不起诉制度和检察建议是针对企业和企业员工犯罪的两种手段，在效力上一硬一软，在效果上一直接一间接，共同构成了检察机关介入企业刑事合规活动的基本状态。[1] 检察机关在向有关单位提出检察建议时，应当重点关注的问题如下。首先，关注企业合规管理制度的完备程度。对于未成立合规机制订立合规计划的企业，通过检

---

[1]　石磊、陈振炜：《刑事合规的中国检察面向》，《山东社会科学》2020 年第 5 期。

察建议向其普及合规计划理念与建构指南，帮助企业提高合规意识、规范企业员工的行为，预防内部和外部的刑事犯罪风险。其次，考察企业内部的治理框架和经营方式。一旦发现违规违法行为，或者一定时期内某类违规行为频发，应立即通过检察建议的方式告知企业，并督促企业在一定期限内进行整改，加强对经营活动和内部治理的审查，防止企业或企业员工实施不法活动。最后，监督地方公权力机关是否存在利用公权力欺压中小企业的现象。一旦发现公权力机关不依法履行职责，致使企业遭受损失时，应当及时发出检察建议。[①]

此外，检察机关也可向企业的行政监管部门发出检察建议，针对在行业内造成恶劣影响或者尚未完成合规整改任务的企业，给予一定程度的从业资格、范围的限制与剥夺，直至其消除隐患、完成整改。

### （五）构建刑事合规部门联动机制

积极推动建立数字金融体系下多部门长效合作机制、联动机制，协同治理，共同创造良好的法治环境和经济环境，可以从以下几个角度进行。

检察机关就重大涉企案件要及时向当地党委、人大报告，并向相关行政执法机关通报。要注重与发改委、经信、市场监管、工商联等相关经济主管部门的协作配合，建立工作联系平台，形成服务保障营商环境工作合力，建立企业合规第三方监督评估机制管理委员会和第三方监督人制度。

与司法局、律师协会、审计人员、鉴定人员、社会团体建立刑事合规业务合作机制，对第三方合规服务质量进行监督和把控，实时跟进。针对特定专业领域，由专业团队开展法律体检和法律服务，提高合规工作的实效性和专业性。

加强对有关法律政策适用争议问题的梳理研究，主动对接、协同法院、公安、司法、工商联等单位开展共同研究，联合出台符合本地区实际情况的

---

① 石磊、陈振炜：《刑事合规的中国检察面向》，《山东社会科学》2020 年第 5 期。

涉企案件办理机制，推进完善平等保护企业的法律法规，合力保障企业权益。

政府机关要全面落实公平竞争审查制度，清理、修订阻碍非公有制经济公平竞争的政策法规。政府、司法机关、监察部门对国家工作人员向企业"吃拿卡要"、索贿受贿、以权谋私、失职渎职、钱权交易、破坏市场良性竞争等犯罪行为依法予以严惩。

## （六）全面推行企业合规听证制度

坚持司法适度干预原则，建立企业创新容错试错机制。帮助企业内部营造支持改革、鼓励创新、宽容失败的良好环境，激励企业和企业家敢于担当和创新。利用合规制度，帮助企业明确容错免责情形。全面推行公开听证制度，探索线上合规听证制度。不断创新实践行刑衔接机制，根据《行政处罚法》[①]《人民检察院审查案件听证工作规定》，[②] 行政机关和检察机关就同一企业的相关行为法律问题可合并一同公开听证。通过公开听证，两大机关充分释法说理，明确划分错误与失误、主观故意与客观无意的界限。在查清具体案情和客观事实后，检察机关根据主客观相一致原则、罪责刑相一致原则，结合整改情况、历史前科、主观恶性等情节，做出合理合法的处理结果。对于符合改革方向、符合合法利益、法律政策不禁止、程序合规的企业，不追究责任；对于情节较轻，均已整改完毕的企业，给予相对不诉处理；对于违反行政法、规章，但未涉罪的企业行为，或者同时违法又犯罪的企业，行政机关一并基于行政合规监督后给予行政处罚。刑行交叉、齐头并进，提升企业整改合规的效率和效果。

---

① 《行政处罚法》第四十二条："行政机关作出责令停产停业、吊销许可证或者执照、较大数额罚款等行政处罚决定之前，应当告知当事人有要求举行听证的权利。当事人要求听证的，行政机关应当组织听证。当事人不承担行政机关组织听证的费用。"

② 《人民检察院审查案件听证工作规定》第四条："人民检察院办理羁押必要性审查案件、拟不起诉案件、刑事申诉案件、民事诉讼监督案件、行政诉讼监督案件、公益诉讼案件等，在事实认定、法律适用、案件处理等方面存在较大争议，或者有重大社会影响，需要当面听取当事人和其他相关人员意见的，经检察长批准，可以召开听证会。"

# 金融数据安全治理制度研究

浙江大学光华法学院　钱颢瑜 *

**摘　要**

近年来，随着金融业务的快速发展，大量数据不停地被生产、收集、储存、处理与应用，不仅给社会带来全方位的变革，同时也带来数据泄露、数据滥用等安全风险。金融机构掌握了大量的用户数据，一旦管理不当，容易造成数据泄露，给用户造成直接或者间接损失，金融机构也将面临巨额罚款。例如 2021 年 7 月 16 日，亚马逊因违反欧盟《通用数据保护条例》（GDPR），面临 7.46 亿欧元（约合 8.88 亿美元）罚款，这也是欧盟有史以来最大的一笔数据隐私侵犯罚款。本文首先从数据以及数据安全的概念着手，其次结合我国数据安全的立法现状，指出我国目前金融数据治理的困境，最后结合欧盟以及美国的优秀经验，讨论金融数据安全治理的对策。

**关键词**：金融数据；安全治理；制度构建

---

＊　钱颢瑜，浙江大学光华法学院经济法学博士研究生。

## 一、数据及数据安全的概念

2020 年 4 月，《中共中央、国务院关于构建更加完善的要素市场化配置的体制机制的意见》强调要加快培育数据要素市场。进入"十四五"开局之年，多地政府、企业都瞄准数字经济发展的巨大机会，加速政策出台和产业布局。近年来，新技术集群与实体经济不断深度融合，社会经济生活正从工业经济的"生产大爆炸"向数字经济的"交易大爆炸"推进，各类新技术、新业态、新组织、新产业层出不穷，实现了全球数据大爆炸。[1]据国际数据公司（IDC）介绍，全球数据容量从 2018 年的 33ZB 到 2025 年将超过 175ZB（相当于若以 25Mb/s 的速度下载这些数据，18 亿年才能完成下载）。其中既包含用户个人隐私数据，也包含具有重大商业价值的企业数据和涉及国家政府安全的机密数据。[2]

数据是数字化、智能化发展的关键要素。数据不同于传统的生产要素，数据在流通与共享的过程中极易出现数据泄露、数据确权矛盾以及数据跨境流通等数据安全问题。首先，在数据共享的同时容易造成信息泄露，给公民、企业乃至国家安全造成隐患。2018 年 8 月，消费者协会发布的《App 个人信息泄露情况调查报告》显示，我国遭遇过个人信息泄露情况的人数占比为 85.2%。67.2% 的受访者认为手机 App 在自身功能不必要的情况下获取用户隐私权限，77.0% 的受访者认为手机 App 采集个人信息的原因是推销广告。[3]其次，数据主体与数据产业者、数据产业者之间对数据权利归属和数据权益分配存在激烈争议。[4]若是数据权属不明，在数据共享流通中会存在障碍，

---

① 杨东：《后疫情时代数字经济理论和规制体系的重构——以竞争法为核心》，《人民论坛·学术前沿》2020 年第 17 期。

② 吴文超：《数据泄露事件频发，"数据安全"创业机会何在》，凤凰网，https://tech.ifeng.com/c/7xm9pkxCKGE，访问日期：2021 年 7 月 26。

③ 史薇薇：《App 收集使用个人信息乱象丛生？你被 App 偷窥了吗？》，人民网，http://media.people.com.cn/n1/2019/0507/c40606-31070649.html，访问日期：2021 年 7 月 26 日。

④ 张衡：《网络数据产权化发展及其争议》，《信息安全与通信保密》2018 年第 8 期。

阻碍数据产业的发展。最后，随着经济全球化的推进，数据跨境流动已经成为必然趋势。数据控制权博弈与数据跨境安全成为数据跨境流动领域关注的两大焦点问题，确保数据控制权与跨境流动安全，不仅关乎个人信息安全、产业发展，也关系国家安全的战略需要。[1] 经济合作与发展组织（OECD）在其发布的《数字经济展望2020》中指出，数字安全事件通过破坏数据、信息系统和网络的可用性、完整性和保密性，损害企业、政府和个人权益，受害者可能会面临包括金钱损失、隐私侵犯等在内的有形或者无形的伤害。[2]

在我国，对于数据及数据安全的定义在《数据安全法》第三条中有明确规定："数据是指任何以电子或者其他方式对信息的记录；数据安全是指通过采取必要措施，确保数据处于有效保护和合法利用的状态，以及具备保障持续安全状态的能力。"数据安全包含两层含义：一是数据本身的安全，二是数据防护的安全。数据安全不仅是对数据本身这种静态资产的保护，还是对整个数据流动过程的防护。数据安全的法益具有多元性，安全和秩序的价值必然成为数据安全的法律治理所着重考量的因素，也成为数据法益保护的重要内容。[3] 在国外，2009年国际数据管理协会在第一版《DAMA数据管理知识体系指南》中把数据治理定义为一种极具权威性地对数据资产进行控制进而实现其价值的活动，是进行数据管理的相关顶层规划与控制。

## 二、我国关于数据安全立法的现状

### （一）我国数据安全相关法律法规

近年来，我国关于数据安全的立法速度不断加快。目前，我国以《网络

---

[1] 陈兵、胡珍：《数字经济下统筹数据安全与发展的法治路径》，载《长白学刊》2021年第5期。
[2] OECD, Digital Economy Outlook 2020, accessed July 28, 2021, .https://www.keepeek.com//Digital-Asset-Management/oecd/science-and-technology/oecd-digital-economy-outlook-2020_bb167041-en#page176.
[3] 张勇：《数据安全法益的参照系与刑法保护模式》，《河南社会科学》2021年第5期。

安全法》《民法典》《数据安全法》《个人信息保护法》为基础，初步构建了数据安全保护基本法律框架。

《网络安全法》于 2017 年 6 月 1 日实施，其目的在于保障网络安全，维护网络空间主权和国家安全、社会公共利益，保护公民、法人和其他组织的合法权益，促进经济社会信息化健康发展。国家坚持网络安全与信息化发展并重，遵循积极利用、科学发展、依法管理、确保安全的方针，推进网络基础设施建设和互联互通，鼓励网络技术创新和应用，支持培养网络安全人才，建立健全网络安全保障体系，提高网络安全保护能力。主要从网络安全支持与促进、网络运行安全、一般规定、关键信息基础设施的运行安全、网络信息安全、监测预警与预警处置、法律责任这几个方面展开，为国家积极开展网络空间治理、网络技术研发和标准制定、打击网络违法犯罪等方面的国际交流与合作，推动构建和平、安全、开放、合作的网络空间，建立多边、民主、透明的网络治理体系奠定基础。

《民法典》于 2021 年 1 月 1 日实施，其在第四编第六章隐私权和个人信息保护中明确了隐私的定义、[①] 个人信息的定义及范围、[②] 明确了个人信息处理的范围、要求及原则、[③] 个人信息主体权利，[④] 规定了信息处理者的义务。[⑤] 该章节是在总结我国既有立法经验，如《网络安全法》等的基础上，强调个

---

① 《民法典》第一千零三十二条："隐私是自然人的私人生活安宁和不愿为他人知晓的私密空间、私密活动、私密信息。"

② 《民法典》第一千零三十四条："个人信息是以电子或者其他方式记录的能够单独或者与其他信息结合识别特定自然人的各种信息，包括自然人的姓名、出生日期、身份证件号码、生物识别信息、住址、电话号码、电子邮箱、健康信息、行踪信息等。"

③ 《民法典》第一千零三十五条："个人信息的处理包括个人信息的收集、存储、使用、加工、传输、提供、公开等。处理个人信息的，应当遵循合法、正当、必要原则，不得过度处理。"

④ 《民法典》一千零三十七条："自然人可以依法向信息处理者查阅或者复制其个人信息；发现信息有错误的，有权提出异议并请求及时采取更正等必要措施。自然人发现信息处理者违反法律、行政法规的规定或者双方的约定处理其个人信息的，有权请求信息处理者及时删除。"

⑤ 《民法典》一千零三十八条："信息处理者不得泄露或者篡改其收集、存储的个人信息；未经自然人同意，不得向他人非法提供其个人信息。"

人信息保护的核心在于对自然人的隐私保护，为后续实施《个人信息保护法》奠定基础。

《个人信息保护法》于 2021 年 11 月 1 日正式实施，其目的在于保护个人信息权益、规范个人信息处理活动、促进个人信息的合理利用。该法主要围绕个人信息处理规则、敏感个人信息处理规则、国家机关处理个人信息的特别规定、个人信息跨境提供规则、个人在个人信息处理活动中的权利、个人信息处理者的义务、履行个人信息保护职责的部门以及法律责任等方面展开。

此外，2019 年 11 月 28 日，国家网信办、工业和信息化部、公安部、市场监管总局印发了《App 违法违规收集使用个人信息行为认定方法》的通知，界定了 6 种 App 违法违规收集个人信息的行为，包括"未公开收集、使用规则""未明示收集使用个人信息的目的、方式和范围""未经用户同意收集使用个人信息""违反必要规则，收集与其提供的服务无关的个人信息""未经同意向他人提供个人信息""未按法律规定提供删除或更正个人信息功能"或"未公布投诉、举报方式等信息"。

## （二）《数据安全法》的出台及其影响

《数据安全法》于 2021 年 6 月 10 日通过，并于 9 月 1 日正式施行。这是我国第一部有关数据安全的专门法律，为金融业的数据安全提供了重要的法律保障。《数据安全法》的出台是为了规范数据处理活动、保障数据安全、促进数据开发利用，保护个人、组织的合法权益，维护国家主权、安全和发展利益。该法第三条界定了数据和数据安全的概念，为我国树立总体国家安全观，建立健全数据安全治理体系奠定了法律基础。

1.《数据安全法》的主要内容

（1）明确主管机构

国家中央安全领导机构起统领作用，负责国家数据安全工作的决策和议事协调，研究制定、指导实施国家数据安全战略和有关重大方针政策，统筹协调国家数据安全的重大事项和重要工作,建立国家数据安全工作协调机制。省级以上政府应当将数字经济发展纳入本级国民经济和社会发展规划,并根据需要制定数字经济发展规划。

（2）建立数据分类分级保护制度

数据的流通往往是跨行业的,每个行业对于数据的分类以及级别的界定可能存在区别。这加大了数据分类分级制度的难度,因此需要从顶层设计建立数据分类分级制度。根据数据在经济社会发展中的重要程度,以及一旦遭到篡改、破坏、泄露或者非法获取、非法利用,对国家安全、公共利益或者个人、组织合法权益造成的危害程度,对数据实行分类分级保护。国家数据安全工作协调机构统筹协调有关部门制定重要数据目录,加强对重要数据的保护。其中,关系国家安全、国民经济命脉、重要民生、重大公共利益等的核心数据应当实行更加严格的管理制度。

（3）深化数据安全体制建设

在审查管理方面,建立数据安全审查制度,对影响或者可能影响国家安全的数据处理活动进行国家安全审查。建立健全全流程数据安全管理制度,组织开展数据安全教育培训,采取相应的技术措施和其他必要措施保障数据安全。重要数据的处理者应当明确数据安全负责人和管理机构,落实数据安全保护责任。

在数据风险监测方面,开展数据处理活动应当加强风险监测。发现数据安全缺陷、漏洞等风险时,应当立即采取补救措施;发生数据安全事件时,应当立即采取处置措施,按照规定及时告知用户并向有关主管部门报告。

（4）加大处罚力度

《数据安全法》第六章中明确了法律责任,有关主管部门在履行数据安全监管职责时,发现数据处理活动存在较大安全风险的,可以按照规定的权限和程序对有关组织、个人进行约谈,并要求有关组织、个人采取措施进行整改,消除隐患。在第四十五条至第五十二条具体规定了处罚标准,对违反国家核心数据管理制度，危害国家主权、安全和发展利益的，由有关主管部门处高达一千万元的罚款。

2.《数据安全法》出台的重大意义

相比于《国家安全法》《网络安全法》的相关规定，《数据安全法》进一步强化了数据安全治理中"坚持安全与发展并重"的原则，这也标志着数据安全的顶层设计基本形成。

数据安全是近段时间金融业监管的重点工作之一。第一，《数据安全法》首次从法律层面明确界定了数据及其相关概念，也进一步明确了数据处理与数据安全的概念，为后期开展数据安全治理工作奠定基础。第二，《数据安全法》强调了"数据安全与发展并重"的理念，在第二章进行了专章规定，在第十四条强调数据的发展，国家实施大数据战略，推动数据基础设施的建设，鼓励和支持数据在各行业、各领域的创新应用。但同时国家应建立数据分类分级保护制度，有关部门、行业组织、企业、教育和科研机构、有关专业机构等应在数据安全风险评估、防范、处置等方面开展协作。第三，《数据安全法》首次在立法中明确数据分类分级保护制度，在第二十一条提出国家核心数据与重要数据。其中关系国家安全、国民经济命脉、重要民生、重大公共利益等的国家核心数据需要实行更加严格的管理制度，各地区和各部门确定本地区、本部门以及相关行业、领域的重要数据具体目录，对列入目录的数据进行重点保护。第四，《数据安全法》确立数据安全审查制度。对"影响或者可能影响国家安全的数据处理活动进行国家安全审查"。第五，《数据安全法》进一步完善了跨境数据流动管理制度。例如《数据安全法》在《网络安全法》关于关键信息基础设施领域数据出境管理的基础上，针对重要数据的跨境流动进行了补充和完善，进一步规定其他重要数据的出境安全管理办法由国家网信部门会同有关部门制定。①

---

① 于晓洋、何波：《从〈数据安全法〉看我国数据安全治理制度与走向》，《互联网天地》2021年第9期。

## 三、金融数据安全治理的困境

### （一）金融业务发展的需求与数据安全之间存在矛盾

在数据全生命周期处理活动中，网络技术日新月异，增加了数据活动场景的复杂性，也加大了数据安全监管的难度。数据是驱动数字经济技术创新与模式创新的核心力量，对数据的分析、挖掘与利用，可以释放巨大的价值，数据日益成为重要战略资源和新生生产要素。但是在数据开发过程中不可避免地存在风险，如何在数据价值逐渐增长的情况下，保护国家重要数据资源安全，平衡数据本地化政策与企业发展需要，协调国家、企业、个人数据之间的关系成为数据监管的难题。[①]

### （二）金融数据产业的高速发展与现有的法律制度不匹配

数据覆盖范围广、流动性强、边界交叉，金融领域的信息不对称更加大了金融数据治理的难度。在大数据背景下，普通金融消费者处于绝对的劣势地位。由于大数据公司对于数据的垄断，以及信号传递链条的长度和难度加大，数据不对称治理的难度更大。[②]立法上，我国有关数据的立法散见于《宪法》《刑法》《国家安全法》《网络安全法》《数据安全法》等法律法规中，可操作性低。因此，在数据立法方面不仅需要构建体系化的监管框架，更需要提高数据立法的可操作性。

### （三）多方主体共同参与的难度较大

金融数据不同于传统的信息，具有强大的流动性、多归属性和多场景应用性，也正是这些特性决定数据本身存在越权访问、被泄露、被篡改的风险。

---

① 中国电子信息产业发展研究院、赛迪智库网络安全研究所：《数据安全治理白皮书》，https://docs.qq.com/pdf/DUGZTeUxtWE9lRWtw，访问日期：2021 年 11 月 6 日。

② 王作功、李慧洋、孙璐璐：《数字金融的发展与治理：从信息不对称到数据不对称》，《金融理论与实践》2019 年第 12 期。

随着数字金融经济的快速发展，数据安全的风险不断加大，牵涉的主体范围不断加大，不仅关系个人和企业的权益，更关乎国家和社会的公共利益。因此，金融数据安全的治理不仅是一方主体的参与，而且是多方主体共同的参与。

## （四）数据跨境流通增加数据安全治理的难度

经济全球化增加了数据流动，但同时跨境数据中大量个人的敏感信息、企业和国家的重要数据也容易泄露。首先，流转到境外的情报数据更加容易被外国政府获取，导致我国以数据为驱动的新兴技术领域的竞争优势被削弱、战略动作被预测，陷入政策被动的风险。[1] 其次，我国在数据跨境流动领域话语权与参与度不高。我国跨境流动的规则制定起步较晚，导致我国在国际数字贸易领域处于被动地位。[2]

## （五）数据安全技术落后

数据安全技术滞后。在分布式、端对端的技术架构上，数据和数字资产安全必须更多依赖密码算法、智能合约等"软技术"。但是分布式架构比集中式架构更容易发生数据安全失守的问题，密码算法和智能合约逻辑上的漏洞和缺陷，经常成为黑客攻击的突破口。[3] 一些中小型金融机构大多借助信息化支撑工具进行监管数据报送，但在其他金融数据治理方面则主要依赖人工管理，导致其在金融数据治理方面处于高投入、低产出的困境。[4]

---

[1] 中国电子信息产业发展研究院、赛迪智库网络安全研究所：《数据安全治理白皮书》，载 https://docs.qq.com/pdf/DUGZTeUxtWE9lRWtw，访问日期：2021 年 11 月 6 日。

[2] 王志杰：《论我国跨境数据流动的监管完善——基于数据安全性与数据开放性的利益平衡视角》，《福建金融》2021 年第 7 期。

[3] 孙忠：《互金协会区块链工作组组长李礼辉：数字金融正出现新格局 应完善数据安全治理》，《上海证券报》2021 年 10 月 18 日第 3 版。

[4] 张凯：《金融数据治理的突出困境与创新策略》，《西南金融》2021 年第 9 期。

## 四、国际上金融数据安全治理的借鉴

随着数字经济的发展，各国数据安全治理制度不断完善。一些国家和地区都建立了专门的数据保护机构，加强对数据治理工作的统筹和具体落实。例如，欧盟设立了欧盟数据保护委员会，德国设立了联邦数据保护委员会，法国设立了国家信息与自由委员会等。

### （一）欧盟

欧盟专门设立数据保护委员会（EDPB）作为欧盟专门的数据监管机构。在个人信息保护领域，2018 年 5 月 25 日，欧盟颁布了《通用数据保护条例》（GDPR），其被认为是欧盟有史以来最为严格的网络数据管理法规。其最大的特点在于限制企业对个人用户数据的使用权，该条例对其他国家和地区在数据保护领域起到了示范性作用。截至 2021 年 7 月，因违反 GDPR 而产生的罚款总额达 29 亿多美元。其中，仅针对 Google 的罚款就高达 5000 万美元。2021 年 7 月 16 日，亚马逊因违反欧盟 GDPR 面临 8.88 亿美元的罚单。从罚款的事由上来看，欧盟依据 GDPR 处罚的事由主要是：未采取有效措施导致数据严重泄露；超过必要程度收集、处理、存储用户信息；未依法报告数据泄露事件。

在非个人信息领域，2019 年 5 月欧盟出台《欧盟非个人数据自由流动条例》以及《欧盟非个人数据自由流动的实施指南》，区分了"个人数据"与"非个人数据"，明确了欧盟成员国在非个人数据流动监管领域遵守的基本原则：自由流动、规则透明、公共安全保障。其核心内容主要包括：成员国政府除非基于公共安全原因，不得对非个人数据的存放位置、存储或处理加以限制；为实现监管执法目的，成员国可以依法获取存储在另一国的数据；鼓励通过行业自制规范数据迁移行为，在客户改变云服务提供商或者将数据转移至其他系统的情况下，明确相关方的行为准则。[①]

---

[①]　中国信息通信研究院：《数字经济治理白皮书 2019》，中国信通院网，http://www.caict.ac.cn/kxyj/qwfb/bps/201912/t20191226_272660.htm，访问日期：2021 年 11 月 1 日。

## （二）美国

在个人信息保护领域，2021 年 8 月美国统一法律委员会（ULC）通过了《统一个人数据保护法》（UPDPA），为各州数据保护提供范本。但该示范法对个人信息的保护很有限，并对假名数据提供了广泛的豁免。在州立法上，最为典型的是 2018 年 6 月颁布的《加州消费者隐私保护法》（CCPA）；2020 年 11 月 3 日通过的 CCPA 修正案《加州隐私权与执法法案》（CPRA），增加了关于更正权以及限制使用敏感信息等条款。美国的 CCPA 和 CPRA 与欧盟的 GDPR 在个人信息收集的同意权方面存在显著区别。美国的 CCPA 和 CPRA 采取默示同意，默认用户同意数据收集方与第三方分享个人信息；而欧盟的 GDPR 采取明示同意，用户只有在明确表示同意的情况下，才能使用个人信息。[①]

在数据跨境流通方面，美国总统特朗普 2018 年签署《澄清数据合法使用法案》（CLOUD 法案），赋予美国政府调取存储于他国境内数据的合法权利，增加其对境外数据的执法能力。2018 年 12 月，美国、墨西哥、加拿大三国签订《美加墨协议》。协议在对数据非本土化存储方面规定"监管例外"和"公共安全例外"条款，提高了数据在三国之间跨境流动的自由度。[②]

## 五、金融数据安全治理的对策

### （一）平衡好金融数据安全保护与金融数据业务发展之间的矛盾

数据安全治理中的数据安全防护策略需要做到数据全生命周期的安全防护，即需要基于数据分类分级标签、基于类别和级别进行相应的数据安全防护策略控制，确保数据流转过程中各个阶段能采用完全一致的数据安全控制

---

[①] 中国电子信息产业发展研究院、赛迪智库网络安全研究所：《数据安全治理白皮书》，https://docs.qq.com/pdf/DUGZTeUxtWE9lRWtw，访问日期：2021 年 11 月 6 日。

[②] 中国信息通信研究院：《数字经济治理白皮书 2019》，中国信通院网，http://www.caict.ac.cn/kxyj/qwfb/bps/201912/t20191226_272660.htm，访问日期：2021 年 11 月 1 日。

措施。<sup>①</sup>根据《数据安全法》的相关规定，金融机构应结合发展战略，把数据安全纳入金融机构战略规划目标，从宏观上制定具体的政策目标、基本原则、行动计划。要尽快建立包括数据共享清单在内的数据分类制度，尤其是要处理好数据共享与数据保护之间的关系，从基本理念确立、政府主导建设及多方共同参与等多维度合力建设数据共享的"共建共治共享"系统，发挥政府在数据共享建设与运行中的基础主导作用。在包容审慎的前提下加强竞争执法，防范滥用行政权力阻碍数据共享的风险，促进和实现多元主体利益的均衡增进。<sup>②</sup>在具体落实上，各部门要进行多部门合作，建立长效协作机制，落实好数据分类分级以及数据全周期的安全监控工作。

深圳证券交易所总工程师喻华丽指出，深交所拥有大量资本市场的重要数据，高度重视数据资源的安全保护与开发利用。在数字化发展进程中，坚持数据安全保护与数据应用发展并重的发展原则，以数据驱动为核心，以安全治理促进数据应用，将数据安全技术与数据安全管理相融合，构建深交所数据安全与服务体系，增强数据分析与服务能力。可以借鉴深交所的做法，在数字化发展战略下，将数据定位为驱动科技监管与业务创新应用发展的核心要素。通过数据整合与数字技术创新应用，推动技术、数据和业务的深度融合与开发利用，激活数据要素潜能、释放数据价值，为资本市场的运行和监管提供更多更有力的数据支撑。

## （二）健全金融数据安全治理体系

数据治理要把控好经营策略、管控、合规、IT 战略和风险承受能力五个要素。<sup>③</sup>金融数据安全治理不仅要靠技术提高其安全性，而且需要体系化的金融安全防控，这是从数据层面出发，上升到制度的体系化构建。数据安全

---

① 胡国华：《数据安全治理实践探索》，《信息安全研究》2021 年第 10 期。

② 陈兵：《竞争法治下平台数据共享的法理与实践——以开放平台协议及运行为考察对象》，《江海学刊》2021 年第 1 期。

③ 苏建明：《〈数据安全法〉对金融业的影响与启示》，《中国信用卡》2021 年第 7 期。

治理是一项复杂的社会工程，涉及数据公开与隐私保护的关系、数据共享与数据权属的关系、数据权利与数据公平的关系，需要找准国家、产业与个人共赢的立足点。<sup>①</sup>可以通过数据交易中心的建设，建立数据安全监管平台。数据交易中心旨在规范数据交易行为，促进数据有序流通；数据安全监管平台则着重关注数据和数据交易过程的合规性，包括数据本身合规与否、数据交易主体合规与否、数据交易入场与出场行为合规与否。采取数据交易中心—数据安全执法监管子平台，并在全国架设统一监管中心，综合实现对数据全周期监控和实时预警。<sup>②</sup>在机构设置上，可以借鉴欧盟的做法，设立全国数据保护委员会，统筹各行业、部门的数据管理，形成数据监管合力。

同时也可以借鉴深交所的做法。深交所通过信息安全管理体系、数据治理体系以及数字化服务平台，塑造全面有效的数据安全与服务体系，从战略组织、制度流程、技术能力等方面保证全生命周期的数据安全与数据服务的合规性。将数据安全与数据服务作为数字化发展的重要组成部分，率先打造数字化平台和数据治理平台，提供大容量高性能的数据分析处理能力和数据服务能力，并对数据实施全面的资产化管理。

## （三）加强数据安全监督管理，促进制度落实执行

金融数据治理根源于金融风险传导性与金融行业的战略重要性，金融风险传导性不仅体现在风险由单个机构蔓延至整个金融行业，还体现在风险从金融业扩散至整个经济社会。<sup>③</sup>第一，建立分类分级监管机制，构建中央和地方分类监管、分级负责、权责一致的监管格局。第二，要在明确监管机构及监管范围的基础上，明确监管目标。各监管机构要创新监管方法，将可能发生的风险点纳入监管范围。第三，强化金融部门与其他部门之间的分工合作，健全监管协调合作机制，形成防范化解金融风险的合力。第四，合理运

① 韩永军：《数据治理与隐私保护：加快形成中国方案》，《人民邮电》2021年10月15日第8版。
② 陈兵、胡珍：《数字经济下统筹数据安全与发展的法治路径》，《长白学刊》2015年第5期。
③ 张凯：《金融数据治理的突出困境与创新策略》，《西南金融》2021年第9期。

用模型运算、多方安全计算等数据安全融合科技，加强对数据资源的安全管控。打破监管壁垒、弥补监管真空，建立监管协调范式，由被动监管向主动监管转变，实现对金融机构的多维度、深层次、全周期监管，形成金融风险防控的全国"一盘棋"大格局。[①] 第五，强化基于算法的行为监管，将算法监管纳入平台监管，在算法模型中构建监管要求、道德伦理和反垄断等方面的检测机制，提高算法透明度。要求企业数据决策系统可追溯与可复盘，建立分级监管体系。[②]

### （四）保障金融机构数据合规使用

金融机构应当严格遵守国家与行业监管机构的相关规定，从源头上杜绝可能存在的风险。首先，压实金融机构数据主体的管理责任，建立事前重要数据备案制度，事中数据风险监测通报制度以及事后数据泄露通知制度。其次，在国家相关法律法规的框架下，充分考虑金融行业中企业的共同利益与长效发展，建立规范行业数据管理的组织机构和数据管控制度，制定行业内数据共享与开放的规则和技术规范，促进行业内数据的共享交换和融合应用。[③]

### （五）跨境流通的金融数据安全制度研究

加强国际协作，完善数据跨境流动相关立法，提高满足国际社会期望的个人数据保护能力，消除企业在国际市场竞争中的不利地位。[④] 一是要积极推动国际数据领域的规则制定。二是要积极鼓励金融企业参与国际竞争合作，鼓励企业在"走出去"的过程中不断完善数据全周期的管理能力，提高风险

---

① 张巍伟：《金融科技监管中的数据治理》，《金融科技时代》2021年第9期。
② 陈道富：《数字金融监管的基本思路、原则和重点思考》，《北方金融》2021年第6期。
③ 马红丽：《数字化发展需加快培育数据要素市场》，《中国信息界》2021年第5期。
④ 黄道丽、何治乐：《欧美数据跨境流动监管立法的"大数据现象"及中国策略》，《情报杂志》2017年第4期。

防范与应对的能力。三是可以借鉴欧盟的"充分性认定"与"白名单制度"。在数据跨境流动前，对流出的数据和输入的国家进行审查和评估，根据不同的安全属性进行梯度管理。[①]

## （六）发展科学技术，推动金融数据安全产业发展

立法是根本，技术是支撑。[②] 第一，要鼓励金融数据安全产业的发展，推动数据安全技术的研究，为金融数据安全管理和运用提供技术支撑。例如，开展区块链技术、密码技术等研究，为数据安全提供保障。第二，进一步推动金融数据安全产品的落地，重点开发数据分类分级、数据安全检测、数据风险告知、数据追踪等相关产品的开发利用。第三，国家要鼓励培养金融数据安全专门人才，建立一支专业的金融数据安全人才队伍。

---

[①] 胡海波：《加快构建数据跨境流动安全治理体系》，《科技日报》2021 年 10 月 28 日第 5 版。
[②] 吴学安：《构建综合治理体系 筑牢数据安全防线》，《中国商报》2021 年 10 月 13 日第 1 版。

# 数字金融监管长效机制研究

浙江大学光华法学院　张展志 *

**摘　要**

数字金融是科技赋能金融的产物，呈现出新应用、新业态，不仅提高金融产业效率，还突破传统金融模式的桎梏，服务于更广大的长尾用户，增加社会福利。然而，数字金融的飞速发展也暴露了许多问题，面临诸多类型的风险和监管挑战。为了更好地适应数字金融带来的变化，需要总结西方国家在数字金融监管方面的经验启示，检讨现有数字金融监管法制的不足，从而提出数字金融监管长效机制建设的建议。

**关键词：** 数字金融；市场准入；平台退出；数据保护

\* 张展志，浙江大学光华法学院硕士研究生。

# 一、引言

数字金融是指运用现代科技成果改造或创新金融产品、经营模式、业务流程而呈现出的金融新业态。当前，随着人工智能、大数据、云计算、区块链、物联网等新技术与金融深度融合，科技赋能金融而产生的新应用、新业态方兴未艾，为金融发展注入源源不断的创新活力。数字金融业态日益成为一支解决中小企业融资难的重要力量，有效提高金融服务实体经济的效率。虽然我国数字金融业态发展势头迅猛，但在其发展过程中也暴露了一些问题，成为制约我国数字金融业态进一步发展的障碍。例如，虚拟性将加剧道德风险，技术本身存在不足以及产业链之间存在关联性风险等都可能给金融市场秩序带来潜在风险。数字金融的实质是平台化、数字化金融。金融监管机构和市场主体对数字金融区别于传统金融的独特性认识不足，对风险把控不准，创新与风险的平衡能力不足，以及缺乏对监管科技的有效运用。相应的金融监管机制未能及时建立与完善，数字金融发展不平衡、不充分的问题依然存在，提高金融风险防范能力迫在眉睫。[①] 为此，有必要深入探讨数字金融的基本理论，切实把握数字金融的特征与实质，明确数字金融的监管挑战，总结数字金融监管的经验启示，检讨现有数字金融监管法制的不足，从而提出数字金融监管长效机制建设的建议。

## 二、数字金融的理论与业态

### （一）数字金融的定义

当前，数字科技强势崛起，开辟了金融业经营发展的新业态。数字金融与互联网金融既有区别也有联系。对互联网金融的概念界定，社会各界有较为广泛的探讨。有学者认为互联网金融主要表现为金融对互联网信息技术的

---

[①] 中国人民银行金融科技（FinTech）委员会：《金融科技研究成果报告（2018）》，中国金融出版社2019年版，第18页。

工具性应用，互联网与金融的结合无疑将加速金融脱媒的进程。[1]有实务界专家认为，新金融缘于以移动互联网、大数据、云计算为代表的新一代信息技术改变了金融业架构中的"底层物质"，催生出新的金融生态、金融服务模式和金融产品。新金融就是互联网金融，是指基于互联网的一切金融活动。[2]我国政府第一次对互联网金融给出明确的定义，是在2015年颁布的《关于促进互联网金融健康发展的指导意见》中。该文件是由人民银行会同财政部、银监会、证监会等十余个部门联合发布的，意见中指出"互联网金融是传统金融机构与互联网企业利用互联网技术和信息通信技术实现资金融通、支付、投资和信息中介服务的数字金融业务模式"。[3]由此可见，虽然学界、实务界、政府官方等对互联网金融的定义略有差别，但都基本保持了较为稳定一致的认识，即互联网金融具有互联网技术与传统金融行业相结合的核心特质。

数字金融有效地弥补了传统金融服务的空白，降低了金融服务的成本，满足了不同层次的消费需求。但同时，数字金融也在一定程度上挤占了金融服务的市场空间，加剧了行业竞争。此外，新金融在加剧传统金融行业固有风险的同时，也带来了具有自身特点的新的风险。

### （二）数字金融的特征

数字金融与传统金融相比，是一种具有不同技术支撑条件和不同交易、组织、运行、监管模式的金融业态。数字金融具有以下特征。

1. 平台化。平台经济是利用互联网、物联网、大数据等现代信息技术，围绕集聚资源、便利交易、提升效率，构建平台产业生态，推动商品生产、

---

[1]　李有星、陈飞、金幼芳：《互联网金融监管的探析》，《浙江大学学报（人文社会科学版）》2014年第4期。

[2]　马蔚华：《拥抱新金融适应新生态》，《第一财经日报》，2015年11月17日。

[3]　中国人民银行等十部委：《关于促进互联网金融健康发展的指导意见》，中国人民银行网，http://www.gov.cn/xinwen/2015-07/18/content_2899360.htm，访问日期：2019年12月15日。

流通及配套服务高效融合、创新发展的新型经济形态。[1] 平台经济以数字技术为依托创新了生产力的组织方式，对于优化资源配置、促进跨界融通发展、推动产业升级有着重要作用。[2] 数字金融的本质是平台化金融，是平台经济的重要组成部分。数字金融模式搭建了一个交互信息平台来匹配供需双方的信息，将片面零散的客户信息整合为系统化、结构化的完整信息链条，减少信息的不对称性。一方面，线上交易存在考察数据真实性、信用甄别、合同履行等交易成本，因此数字金融的虚拟性特征也决定了数字金融领域发生的交易必须依赖中介平台展开，方能实现金融交易风险可控。另一方面，新技术的运用使得数字金融的平台化成为可能。通过技术手段对产品和客户进行有效分析，对客户和产品进行评级，分析客户的风险偏好，从而更好地匹配信息模型，降低信用风险。在观照信息结构差异化的基础上，形成交易双方的良性互动。

2.数字化。在用户对金融服务的需求向高效化、便捷化、精准化、个性化转变的趋势下，数字金融行业积极推进数字技术在创新业务模式、提升业务效率等方面的应用。譬如，银行业利用数字技术完善风控体系、优化业务流程；保险业基于数字技术开展精准营销、提升核保效率、实现智能理赔；证券业利用数字技术挖掘客户价值、升级服务功能，优化客户体验。[3] 整个金融行业以蓬勃发展的技术为坚实依托，迈向数字化的新金融模式。

## 三、国外数字金融的经验梳理：以美国多部门分头监管模式为例

美国是最早将互联网技术大规模应用于金融领域的国家，金融科技的发展一直走在世界前列，纽约和硅谷聚集了大量金融科技公司。在初期，为了

---

[1]　商务部等12部门：《商务部等12部门关于推进商品交易市场发展平台经济等指导意见》，http://www.mofcom.gov.cn/article/b/d/201902/20190202838305.shtml，访问日期：2019年12月15日。
[2]　国务院办公厅：《国务院办公厅关于促进平台经济规范健康发展的指导意见》，http://www.gov.cn/zhengce/content/2019-08/08/content_5419761.htm，访问日期：2019年12月15日。
[3]　张巾：《金融行业数字化转型的现状、挑战与建议》，《信息通信技术与政策》2019年第9期。

鼓励金融创新，美国监管部门采用较为宽松的监管政策，不过分干预金融科技的发展。以 P2P 网络借贷为例，2016 年 5 月爆发 Lending Club 的贷款销售违规事件后，美国金融监管部门加强了对互联网借贷平台的监管。为了消除金融科技公司与金融机构之间的监管差异，货币监理署对外发布了向金融科技公司发放特殊目的国家银行牌照的草案《金融科技企业申请评估章程》，以发放特许牌照的形式，将金融科技公司收进"笼子里"进行监管，填补金融科技监管的空白。此外，美国消费者金融保护局还推出了"无异议函"的监管政策。在审查相关材料之后，向符合条件的金融科技公司出具"无异议函"，声明该局目前没有针对金融科技公司推出的创新性产品和服务采取强制措施或监管行为的打算，以降低金融科技公司面临的监管不确定性风险，为金融科技公司创新发展提供适宜的环境。[1]2017 年 3 月美国货币监理署发布的《金融科技企业申请评估章程》明确提出金融科技公司可以如其他联邦特许经营下的银行一样，以安全和健康的方式开展业务，满足消费者、企业和社区的需求。同年，美国国家经济委员会发布了《金融科技监管框架》白皮书，明确将金融科技发展作为提升国家竞争力的重要手段，表示政府将积极为金融创新保驾护航。[2]白皮书旨在鼓励金融科技的创新型发展，发展普惠金融；倡导保护金融消费者权益，增强金融服务透明度。

美国没有专门监管金融科技的机构，金融科技所涉及的金融业务一律按其功能纳入现有金融监管体系进行统一监管。P2P 网络借贷平台出售的凭证在美国被视为证券，P2P 网络借贷平台的监管被纳入证券业监管行列。这表明美国政府认为 P2P 网贷业务具有较高风险，需要采用较为严厉的监管标准对其进行规制。美国对 P2P 产业采取联邦和州分层负责、多部门分头监管的架构，监管主体有证券交易委员会（SEC）、联邦贸易委员会（FIC）、消费者金融保护局（CFPB）、联邦存款保险公司（FDIC）。SEC 与州一级证券监

---

①　中国人民银行广州分行课题组：《中美金融科技发展的比较与启示》，《南方金融》2017 年第 5 期。

②　宋湘燕、姚艳：《美国金融科技监管框架》，《中国金融》2017 年第 9 期。

管部门是保护投资者的主力，而 FDIC、州一级金融监管部门、CFPB 等则着重于借款人保护。[1] 其中，SEC 通过要求所有平台缴费注册、强制披露信息来对 P2P 网络贷款行业进行监管，是美国 P2P 平台的核心监管机构。[2]

美国三家领头的 P2P 平台（Lending Club、Funding Circle、Prosper）于 2016 年联合组建行业自律协会——市场化借贷协会（MLA）并制定了《市场化借贷运营标准》。在《MLA 内部治理章程》中明确协会的宗旨是通过支持市场化网络借贷行业健康、透明、高效地发展，促进金融技术创新，鼓励健全的公共政策，促进透明、高效和客户友好的金融体系的建立。在《市场化借贷运营标准》中则要求会员为投资人提供详细的历史贷款数据、整体市场表现数据、投资选择数据和投资组合数据等，向投资人披露与平台自身利益相关的贷款信息；要求会员向所有借款人披露价格，制订一个能处理所有可能风险的计划，将投资人资金与公司运营资金分开，及时回应政府或监管机构的质询，建立一套治理框架来应对企业风险等。[3]

美国之所以金融体系高效运营，金融科技创新发展迅猛，其完善发达的信用体系功不可没。美国企业征信市场的领军企业是征信巨头邓白氏（Dun&Bradstreet）。邓白氏集团是国际著名的企业资信调查类信用管理公司。公司拥有全球同类中综合性最高的数据库，客户可以通过邓白氏全球网络获取商业信息数据库信息。公司的主要服务有信用调查、应收款管理、营销信息、增值产品、证券信用级别评估、财政信息服务等。目前，美国个人征信市场是益博睿（Experian）、艾可菲（Equifax）、全联（Trans Union）三足鼎立，形成集中度很高的行业格局，各地小型征信机构依附于三大征信局开展业务。美国三大征信局几乎囊括了整个美国个人征信市场，其信用报告基本覆盖了全美成年人口。英美等发达国家都会制定标准的数据报告和数据采集格式，

---

[1] 邓春生：《中英美 P2P 网络借贷法律规制的对比分析》，《成都理工大学学报》2019 年第 5 期。
[2] 祝可星：《中美金融科技风险与监管比较研究》，《海南金融》2019 年第 8 期。
[3] 邓春生：《中英美 P2P 网络借贷法律规制的对比分析》，《成都理工大学学报》2019 年第 5 期。

标准化的信用数据有助于征信数据在不同机构或部门间进行交换、共享。征信局将收到的数据信息进行处理加工，进而计算出个人信用分数并保持不断更新。通过信用评分出售信用报告给 P2P 网贷平台，网贷平台再据此对贷款申请作出等级评定，根据个人信用高低确定借款利率，从而有效保证了交易安全。整个社会对个人信用的关注度非常之高，需求十分旺盛，三大征信局的信用报告各具特色，迎合不同的市场需求。三大征信局相互竞争相互促进，使美国的征信市场更加成熟。①

## 四、数字金融经验启示

### （一）提高市场准入制度，确保网贷平台经营能力

在美国，P2P 市场进入的资金和技术门槛都较高。首先，网贷平台必须有合适的创始人。创始人不仅要对技术了解，拥有前沿的金融理念和商业管理经验，还要有筹集资金的能力和从事风险投资的经验。Lending Club 就曾得到 Google、T.Rowe Price、Wellington 和 Blackstone 等著名投资机构的投资。②其次，P2P 平台需要向 SEC 缴纳高额的注册费。P2P 平台如果想要在某州开展业务，还需要在州一级的证券监管机构登记以获得在该州范围内销售贷款凭证的资格。③Lending Club 就曾向 SEC 支付了 400 万美元作为交易凭证的登记费用。这些措施有效阻止了财务能力较低的投资人和外部竞争者的进入，适时淘汰劣质网贷平台，保障了该行业市场运行的安全和稳定。P2P 网贷平台从事准金融业务，应就其业务向监管机构申领牌照，并拥有一定的实缴注册资本或者营运资金。英国 P2P 行业自律协会——P2P 金融协会（P2PFA）发布的《运营准则》要求公司最低营运资本为 2 万英镑且是 3 个月营运成本

---

① 张健：《美国金融科技监管及其对中国的启示》，《金融发展研究》2019 年第 9 期。

② 王铁山、康云鹏、潘昱璇：《中美 P2P 网络借贷平台模式比较分析》，《西安邮电大学学报》2016 年第 5 期。

③ 陈伟、涂有钊：《美国 P2P 网贷的发展、困境、监管及启示》，《西南金融》2017 年第 1 期。

中的较高值；英国金融行为监管局（FCA）发布的《关于网络众筹和通过其他媒介推销不易变现证券的监管方法》（以下称《监管办法》）规定平台的最低资本按其静态最低资本与动态最低资本孰高确定，静态最低资本为 5 万英镑（2014 年 4 月 1 日到 2017 年 3 月 31 日为 2 万英镑），动态最低资本以平台当前贷款资金总额为基础采取累进制计算（见表 2）。我国可参考英国的做法，根据 P2P 网贷平台的业务规模对其注册资本或者营运资金提出要求，以确保其有一定的偿债能力。[1]

**表 2　英国借贷型众筹平台动态最低资本要求**

| 平台贷款资金总额（英镑） | 最低资本比例 |
| --- | --- |
| ≤ 5000 万 | 0.2% |
| 5000 万 ~2.5 亿 | 0.15% |
| 2.5 亿 ~3 亿 | 0.1% |
| > 5 亿 | 0.05% |

## （二）建立严格信息披露和报告制度，加强金融风险管理

美国政府要求所有 P2P 网络借贷平台必须在成立和开展业务前向 SEC 提交"发行说明书"，对本平台的运行模式、业务流程、产品特点和业务风险作出全面具体阐释。[2] 同时，美国政府的法律赋予了这一"发行说明书"极高地位，所有参与 P2P 网络借贷平台活动的投资人和借款人以及平台管理方面如果实施了背离"发行说明书"的规定，都会被认定为违法行为。为了有效保障投资者的利益，美国政府要求"发行说明书"中详细说明平台运作过程、投资人的出价、贷款申请的提交、收益权凭证发行等重要条款；充分披露违约风险、操作风险、监管风险等多种风险；披露平台商业模式和定位；披露平台现金流量表、资产负债表等财务报表并说明其中数据。另外，SEC 还要求 P2P 网络借贷平台每天至少两次以上更新"发行说明书"，披露项目

---

[1]　伍坚：《我国 P2P 网贷平台监管的制度构建》，《法学》2015 年第 4 期。

[2]　王学忠：《P2P 网络借贷平台监管若干问题的争议与辨析》，《南方金融》2018 年第 10 期。

到期时间、出价历史、利率情况等信息。[①]　这些措施虽然增加了网贷平台的运营成本，但在保护投资者利益、防范金融风险方面意义重大。英国 P2PFA 发布的《运营准则》规定公司应在其网站上清楚标示使用平台的资格、成员注册方法、借贷过程等 14 类信息。《监管办法》要求 P2P 网络借贷平台必须以通俗易懂的方式告知消费者其商业模式。平台在进行金融产品的推广销售时，如果需将推广的金融产品收益率与银行存款利率作对比，那么应当使用公平、清晰、无误导的语言表达，避免存在销售欺诈。[②] 另外，平台应向出借人披露的信息包括借款人相关信息、违约相关信息，如过去和未来投资情况的实际违约率和预期违约率，在确定预期违约率时使用的假设、平台对逾期或者违约贷款处理情况的说明、回报率相关信息、担保情况信息以及其他信息等。此外，从 2014 年 10 月 1 日开始，平台应向 FCA 提交包括财务状况、客户资金状况、每季度贷款信息和客户投诉情况等在内的详细报告。[③]

## （三）加强个人数据信息保护，建立金融信息保护制度

相比而言，美国分业立法的一个大前提是国家金融行业及其自律组织的发达和完备能够保证金融业的自律和自我协调，为个人金融信息保护提供充足保障。我国自律组织的建立尚不完善，所以我国不具备这样的前提条件。欧盟的立法模式基于其对隐私权高度的重视甚至纳入人权保护文件，相较于其独特的保护理念、个人的诚信意识、契约型社会的背景、法律环境等方面，我国很难直接借鉴其法律制度设计。但至少在参考其相关制度设计时，也对我国个人金融信息保护设计有一些启发和借鉴。在金融机构方面，金融机构可以设立数据保护官。欧美与我国都对金融机构信息保护做出了较为明确的

---

① 龙尚熹：《美国经验对广州 P2P 网络借贷平台监管的启示》，《管理观察》2019 年第 9 期。

② 陈支平：《P2P 网络借贷监管研究——基于利益相关者保护视角》，上海社会科学院硕士学位论文，第 42 页。

③ 伍坚：《我国 P2P 网贷平台监管的制度构建》，《法学》2015 年第 4 期。

要求。比较而言不同的是，在欧美国家的数据保护规定以及企业的实践中，会普遍设置专门的数据保护官（DPO）或者隐私官。DPO 负责管理 IT 流程、数据安全（包括处理网络攻击）和其他关键业务连续性问题等工作。[①] 因此，往往要求 DPO 在这些高技术领域有着精湛的实力，规范化收集和使用个人金融信息，有效保证其安全。如果企业违反 GDPR 设立 DPO 的规定，就要承担高额罚款。罚款金额为该企业上一年度全球营业额的 2%，或营业额不足 1000 万欧元的，限额为 1000 万欧元。

## 五、结语

数字金融是指运用现代科技手段推进金融领域内产品经营、业务流程、市场模式创新的金融新业态，其实质就是"平台＋科技"的数字经济。在数字金融的发展演化历程中，科技始终扮演着主导力量。随着科技力量的不断发展，先后出现了私募投资、互联网金融、金融科技等形式不同却又有深刻内在联系的多种金融业态。在数字技术的推动之下，金融业发生了前所未有的变化。数字金融领域在发展过程中呈现出诸多风险，尤其在市场准入标准、监管协调机制、监管技术等诸多方面都带来全新的挑战。在这些挑战之下，数字金融迫切需要重构监管格局，完善监管体制机制，建立一个适应数字金融发展的监管长效机制。

就数字金融监管的监管机制体制而言，数字金融市场准入制度的设置迫在眉睫。改变过去对于数字金融服务平台不合理的准入条件，对数字金融制定差异化的市场准入规则，使金融服务平台市场准入规则更加匹配才是数字金融监管的必然趋势。

总之，数字金融的监管不是一蹴而就的，而是一个连续复杂的过程。监管部门原有的技术规则必将受到新金融的冲击和改变，未来的监管模式也将是传统监管模式随着新金融技术发展改变的新监管模式。基于人工智能、大

---

① 朱勇：《移动互联网环境下个人金融信息保护研究》，《金融科技》2019 年第 4 期。

数据、云计算、区块链等数字技术的金融巨变已经到来，正视新金融领域带来的监管挑战，审时度势调整监管规则与技术，才能更好地为金融行业掌舵助航，建立更加科学完善的新金融监管体系。

# 大数据视角下涉众型经济犯罪案件数据互联与协同办理机制研究

衢州市柯城区人民检察院　周红梁　姜子明

衢州市衢江区人民检察院　宁春芳＊

**摘　要**

涉众型经济犯罪是相对复杂的刑事检察案件，具有案情复杂、涉及人员多、办案难度大等特点。在传统刑事办案模式已经难以有效应对的情况下，以大数据技术为基础，构建涉众型经济犯罪案件数据互联与协同办理机制尤为重要。该机制可以分为电子数据的收集与录入、案件线索的排查与侦查、电子数据的关联与印证、犯罪事实的梳理与架构、涉案人员的定罪与处理五个部分。为确保该数据互联机制的顺利运行，还需要构建数据共享、数据比对、数据分析、数据预警四大系统。

**关键词**：涉众型；数据关联；数据比对；犯罪结构

＊　周红梁，衢州市柯城区人民检察院党组书记、检察长；姜子明，衢州市柯城区人民检察院检察官助理；宁春芳，衢江区人民检察院检察官助理。

# 一、衢州检察机关近 6 年来涉众型经济犯罪办案基本情况

## （一）基本办案数据分析 ①

自 2016 年 1 月以来，衢州市检察机关办理了一定数量的涉众型经济犯罪案件。其中主要以非法吸收公众存款、集资诈骗、组织领导传销活动三个罪名最为典型，相关办案数据及数据分析情况见表 1~ 表 3。

表 1　2016 年 1 月以来典型案件基本数据信息

| 罪名 | 办案数量 | 犯罪人数 | 作案平均年龄 | 涉案金额 500 万元以上案件 |
|---|---|---|---|---|
| 非法吸收公众存款 | 109 件 | 199 人 | 40.76 岁 | 81 件 |
| 电信网络诈骗 | 102 件 | 278 人 | 26.22 岁 | 16 件 |
| 组织、领导传销活动 | 33 件 | 67 人 | 46.4 岁 | 2 件 |
| 集资诈骗 | 28 件 | 44 人 | 41 岁 | 8 件 |
| 合计 | 170 件 | 310 人 | 42.72 岁 | 91 件 |

从表 1 中可以发现，近年来衢州市检察机关办理的涉众型经济犯罪具有以下三个方面的特点。第一，从犯罪罪名来看，非法吸收公众存款罪一家独大，具有涉案人员最多、涉及金额最大等特点，远远超过了其他涉众型经济犯罪，是衢州地区危害最为严重的涉众型经济犯罪。第二，从涉案人数来看，首先是组织、领导传销犯罪的单一案件平均作案人数最多，超过了 2 人；其次是非法吸收公众存款罪，接近于 2 人，最后是集资诈骗。第三，从犯罪分子作案平均年龄来看，非法吸收公众存款与集资诈骗较为接近，为 41 岁左右；而组织、领导传销活动案犯罪分子的平均年龄相对较大，达到了 46.4 岁。第四，从涉案金额来看，非法吸收公众存款案平均案件涉案金额最大。其中，涉案金额达 500 万元以上的案件有 81 件，占比 74.31%，其次是集资诈骗案，占比 28.57%。

---

① 以下 3 张表格的数据信息来源于浙江省衢州市人民检察院案件管理办公室。

表2　2016年至2021年不同年份办案数量对比

| | 2016年 | 2017年 | 2018年 | 2019年 | 2020年 | 2021年至今 |
|---|---|---|---|---|---|---|
| 非法吸收公众存款 | 14件17人 | 12件21人 | 17件25人 | 29件69人 | 19件50人 | 13件27人 |
| 电信网络诈骗 | 7件19人 | 11件77人 | 18件57人 | 21件27人 | 18件52人 | 26件44人 |
| 组织领导传销 | 6件13人 | 5件14人 | 7件10人 | 4件7人 | 4件6人 | 7件17人 |
| 集资诈骗 | 2件2人 | 5件7人 | 6件7人 | 4件10人 | 4件8人 | 7件10人 |
| 合计 | 22件32人 | 27件32人 | 30件42人 | 37件86人 | 27件64人 | 27件54人 |

从表2中可以发现，衢州地区涉众型经济犯罪与办案年份具有以下三个特点。第一，从办案总体数据来看，随着年份的推进，涉众型经济犯罪基本上处于办案数量越来越多的局面。尤其是非法吸收公众存款，几乎每年都有一定数量的增长。第二，从组织、领导传销活动犯罪来看，随着近年来衢州地区对于传销犯罪打击力度的不断增强，传销犯罪基本上没有发生较大增长，甚至在部分年份还出现下降趋势。第三，从关键年份来看，涉众型经济犯罪受国家、社会公共性事件影响较大。比如在2020年新冠疫情爆发期间，各类涉众型经济犯罪均有不同程度的下降。

表3　非法吸收公众存款案件具体数据分析

| 作案人数 | 1人 | 2人 | 3人以上 | |
|---|---|---|---|---|
| | 61件 | 25件 | 23件 | |
| 年龄分析 | 18周岁以下 | 18岁至30岁 | 30岁至50岁 | 50岁以上 |
| | 2人 | 29人 | 129人 | 39人 |
| 涉案金额 | 100万元以下 | 100万元至1000万元 | 1000万元至5000万元 | 5000万元以上 |
| | 34件 | 29件 | 33件 | 13件 |
| 处理方式 | 同意撤回 | 不起诉 | 起诉 | 其他 |
| | 12人 | 4人 | 177人 | 6人 |

从表3中可以发现，衢州地区非法吸收公众存款案件具有以下四个特点。第一，在本罪名之中，两人以上共同犯罪比例较高，占总体案件数的44.03%。第二，本罪名作案人员主要集中在年龄为30岁至50岁的中年人，占作案人数的64.82%。第三，本类案件的涉案金额较大，其中100万元以下、100万元至1000万元以及1000万至5000万元三档的案件数基本持平。另外，5000万元以上犯罪金额的案件数也达到了13件。第四，从处理方式来看，本案经过审查的犯罪嫌疑人，绝大多数均进行了起诉处理，占比达88.94%。同时，也有部分人员因为犯罪情节轻微或者其他原因而作下行处理。

## （二）涉众型经济犯罪难点问题

通过对近6年衢州市检察机关办理的涉众型经济犯罪分析来看，涉众型经济犯罪具有涉案金额大、涉及人数多、涉案综合性强以及犯罪结构复杂等难点。

1、涉案金额较大，犯罪赃款核查复杂

涉众型经济犯罪案件相较于其他刑事案件，涉案金额较大。尤其在非法吸收公众存款、集资诈骗、组织、领导传销活动等特定犯罪中，案发后，犯罪团伙与主要成员往往已经非法积累了上千万乃至上亿的赃款。在案件办理过程中，承办人不仅需要梳理涉案赃款的总体数额与情况，同时也要就每一笔款项进行点对点的分析与对应，工作强度与难度可想而知。

2、涉案人数众多，社会矛盾纠纷明显

在涉众型经济犯罪案件中，由于犯罪手段的灵活性与欺骗宣传的广泛性，导致不少犯罪团伙以伪正规公司的名义对外开展相应业务活动，并吸引了成百上千的社会民众。这些基层群众被犯罪团伙的对外包装与宣传所迷惑，同时也因贪图一时便宜，导致其个人财产的大量损失。案发后，不少受害人因拿不到自己损失的财产，纷纷采取信访上访、集聚投诉等方式进行维权，在一定范围内造成了社会矛盾。

3、涉案综合性强，办案协同对接突出

从办案技术性来看，涉众型经济犯罪涉及技术侦查、数据分析、民刑交叉、财物审计等多项专业性工作，对于办案人员的综合性素质要求较高。从工作职能需求来看，涉众型经济犯罪涉及行刑对接、调查侦查、审查起诉、控告申诉、调解和解等多项司法执法职能，对于同一地区各职能部门的配合度与协调度要求较高。从案件复合型来看，涉众型经济犯罪涉及线上与线下、本地与异地、犯罪分子与被害人等多重交织，办案复合型较强。

4、犯罪结构复杂，全面均衡审查难度大

在涉众型经济犯罪案件中，尤其在组织、领导传销活动等特定犯罪案件中，犯罪团伙不仅人数众多，而且具有相应的等级制度，同时还存在很多中下级参与人员。不仅涉及犯罪团伙内部的基本犯罪以及人员评价问题，也涉及部分参与人员罪与非罪等问题，犯罪结构较为复杂。在跨区域涉众型经济犯罪案件中，由于作案人数众多，并且相关参与人员并非完全熟悉，因此对于犯罪团队的认定以及内部之间的分工与参与程度的认定，均具有不小的难度。

## 二、涉众型经济犯罪数据互联与协同办理机制的构建

由于涉众型经济犯罪的性质、特点，传统刑事检察办案模式已经无法适应涉众型经济犯罪的工作需要。在大数据背景下，通过各种数据和线索的相关性分析已成现实，数据已经成为具有基础价值的新型战略资源。互联网作为一把双刃剑，其成为涉众型经济犯罪案件的有力工具已不可避免。[1] 在此背景下，以网络信息技术为基础，构建涉众型经济犯罪数据互联与协同办理机制已是大势所趋。

---

① 莫明华：《大数据背景下涉众型经济犯罪侦查工作机制研究》，《网络空间安全》2020年第7期。

## （一）电子数据的收集与录入

构建涉众型经济犯罪数据互联与协同办理机制，首先需要在全市范围内，以公检法等职能部门为基础，构建统一的网络数据平台中心。通过该数据平台中心，全市任一职能部门的工作人员均可以登录系统查阅系统内现有电子数据信息。同时，也能够在日常工作中，把发现的涉众型经济犯罪相关数据信息及时导入数据系统。通过数据网络平台中心，不仅可以将全市各地的涉案数据信息进行集中统一整合，还可以协助职能部门梳理相关数据信息，推动案件办理质效。与此同时，职能部门还应当积极与税务、工商、银行、保险、电商平台、互联网企业等众多机构组织搭建数据共享交换平台，加强线索信息的及时沟通与交换。[①]

在电子数据的收集与录入过程中，应当注意以下三个方面的问题。首先是数据收集的精准性。各职能部门在本辖区范围内，在日常工作中应注重对于涉众型经济犯罪相关数据信息的收集，并不断提升收集的及时性与精准性。其次是数据收集与录入的全面性。职能部门对于自身收集的相关数据信息，应及时、全面地录入系统。其中，对于本身即为电子数据的信息，可以直接录入；对于本身不是电子数据的信息，可以通过扫描等方式予以转换录入。最后是数据录入保密性。相关职能部门应当在特定工作时间、特定工作区域，将相应的电子数据信息录入相应的电子数据系统，做好相关数据信息的保密工作。

## （二）案件线索的排查与侦查

大数据侦查方法是指在大数据侦查思维的影响下，综合运用大数据、云计算等技术而采取的一切侦查破案、查明犯罪证据的手段与方式。[②]网络数

---

① 任怡、佟志伟：《数字时代下经济犯罪数据化侦查模式的探索》，《警学研究》2021年第2期。

② 董少平、左喻文杰：《大数据侦查的法律规制原则》，《武汉理工大学学报（社会科学版）》2021年第2期。

据平台下，案件线索的排查与侦查即为典型的大数据侦查模式。开展案件线索的排查，主要应针对当事人报警信息、银行账户异常打款信息等开展专项线索排查工作。从当事人报警信息来看，首先需要收集当事人因财产损失而向公安机关报警的相关信息。在审核相关报警信息的过程中，尤其需要对财产损失方式、财产损失金额、财产损失去向等进行重点关注。其次需要就全面收集的当事人报警信息进行关联与分析。对于属于同一财产损失方式的报警信息，应就其当事人基本信息、当事人行为特征、当事人被欺骗方式等进行集中统一分析，寻找共同点。从银行异常打款信息来看，首先应根据打款时间、打款金额以及打款频率等，对于具有异常打款信息的账户进行集中统一筛选。从具体标准来看，同一账户在特定时间段内经常收到不同账户的打款，收到的打款金额相同或者具有明显的规律，同一时间段内频繁收到不同银行账户打款等信息可视为异常打款数据信息。其次，对于排查出的异常的银行账户打款信息，应就银行打款的数据信息进行集中分析与比对。尤其要注重对于被打款银行账户信息、不同账户打款信息的分析与研判，进一步挖掘银行打款数据信息的内在关联与逻辑性。

在对案件线索进行相应排查后，应对有重大经济犯罪可能性的数据信息进行法律体检与侦查。由于涉众型经济犯罪案件繁多、复杂，检察机关引导公安机关侦查取证尤为必要，特别是要确保会计、账目、合同、第三方支付平台数据、银行交易记录等书证、电子证据收集的合法性。[1] 首先，职能部门应根据相应犯罪的基本构成要件进行数据整理与收集。尤其要对作案人员的基本信息、基本行为方式、违法犯罪行为后果等进行重点收集。其次，职能部门应根据特定经济犯罪的立案标准，开展个性化数据信息收集。最后，对照特定经济犯罪刑事案件立案标准，对于符合立案条件的，积极予以立案；对于暂时不符合立案条件的案件线索，可以持续关注并进一步收集相关数据信息。

---

[1] 林伟忠等：《互联网背景下涉众型经济犯罪实证研究》，《法治论坛》2019 年第 3 期。

## （三）电子数据的关联与印证

自然界中的事物具有一定的联系，在数据挖掘过程中借助不同数据之间的联系区别，能够更好地查找数据集合与对象集合之间的因果结构。[①]经过数据的收集与分析后，虽然相应经济犯罪案件已经达到了立案标准，但是仍然需要进一步开展数据关联与细化工作。在电子数据的关联方面，可以以现有立案数据为基础，开展数据延伸关联、契合关联工作。在数据关联方面，应着重针对犯罪手段模式关联、犯罪金额数据关联等开展审查。在犯罪手段模式关联上，根据现有立案数据信息，分析总结当前犯罪手段模式。同时，可以在现有核实的犯罪手段模式基础上，对于和本犯罪手段模式相同与相近的犯罪手段模式数据信息进行关联、收集与分析。比如在一起养老项目集资诈骗案件中，作案人员以修建老年公寓为投资项目，面向60岁以上的老年人开展集资诈骗犯罪活动，承诺相应人员投资后，以"年息20%，3年返还本金"的高额回报为诱饵实施犯罪。此时，职能部门可以"老年公寓、60岁、年息20%、3年返还本金"等关键数据信息进行定向数据筛选，并将具有相同或类似作案手法的相关数据信息进行摸排与关联。在犯罪金额数据关联上，职能部门可以根据现有收款金额规律、收款时间与频率等，对于和本案涉案犯罪金额数据信息具有相同或者类似规律的经济往来数据信息进行筛选与收集。比如在一起虚假投资理财项目中，投资理财产品主要可以分为3999元、6999元、9999元三种投资模式。此时，职能部门可以以上述三种数据信息为基础，开展数据关联与排查。

在依托现有数据平台信息对涉案数据信息进行全面排查与关联后，应就具有一定关联关系的数据信息进行有效印证。只有经过证据规范的有效印证，才能进一步巩固相关数据的客观性与真实性。数据印证可以分为同种类型数据印证与不同种类型数据印证两种模式。在同种数据印证方面，主要以立案

---

① 迎梅：《大数据时代的数据挖掘与应用》，《网络安全技术与应用》2021年第6期。

数据信息为基础，将相应同种数据信息与之进行比对，论证同种数据信息的契合性与单一性。比如在打款银行数据信息方面，应以现有立案数据为标准，就待验证打款信息的打款时间、打款金额、打款对象进行印证。如果其打款时间为犯罪事件期间、打款金额为特定打款数额、打款对象为主要作案人员专项银行账户，则可以认定该验证数据信息为有效数据信息。在不同种类数据信息印证方面，主要以立案数据信息为基础，对于与其他种类数据具有重合性的信息进行验证，从而进一步验证相应数据信息的客观性与契合性。比如在一项定向通话记录中，经过与立案数据中的打款数据信息进行比对发现，通话记录时间与打款时间接近，通话双方的电话分别为打款人与收款人电话，则可以证实该通话记录与打款数据信息的充分印证。

## （四）犯罪事实的梳理与架构

在犯罪事实的梳理方面，应当以客观性证据为基础，以案情时间节点为轴线，制作基础犯罪事实推进表；以涉案人员的讯问／询问笔录为基础，结合在案客观性证据，制作涉案人员行为活动表。在案情时间轴线上，职能部门可以根据现有客观性证据，以关键时间节点为基础，列举涉案人员的主要犯罪活动或被害人的主要被诈骗经历等。在涉案人员轴线上，职能部门首先应列举所有与本案有关的涉案人员，包括犯罪分子、普通参与人员、被害人以及相应证人等。职能部门应根据涉案人员基本信息，对涉案人员开展传唤与讯问／询问工作。对于与本案有关联的涉案人员，根据客观性证据反映的情况，就本案的基本事实、作案手段、经济损失、当事人实际行为等进行重点调查与核实。

在以案情时间与涉案人员为轴线对基本犯罪事实进行梳理后，职能部门应结合主客观证据、本案犯罪性质等，进一步完善与细化犯罪事实与情节，对本案犯罪事实进行全面、细致的架构。首先，职能部门应就案情时间轴线事实与涉案人员活动事实进行比对与碰撞。通过对以客观性证据为主的时间轴线与以主观性证据为主的人员行为活动进行充分碰撞，分析相应主客观性证据的融合性、主观性证据的真实性。同时，也可以对基本犯罪事实进行再检验、再印证，进一步强化基本犯罪事实的客观性与合理性。其次，职能部门应当根据在案犯罪性质，结合相应犯罪结构、犯罪构成要件等，就相应犯罪事实进行进一步的细化与完善。

## （五）涉案人员的定罪与处理

在办理涉众型经济犯罪案件的过程中，罪与非罪、此罪与彼罪、单位犯罪与自然人犯罪交织在一起，不严格进行区分就无法严格依据法律正确打击、合法保护。① 因此，在对基本犯罪事实进行分析与研究后，职能部门应以涉案人员为核心，开展案件的定罪与量刑工作。首先，根据在案犯罪事实的分析与研究，结合法律规范，对案件性质进行充分研究与定性。此时，办案人员可以结合数字信息平台系统，应用数字智能辅助办案功能，协助办案人员开展案件性质的定性与研究。其次，在对案件的基本性质进行确定后，职能部门应以涉案人员为基础，开展涉案人员的定罪处理研究。一方面，职能部门应对犯罪团队的基本框架以及人员分工进行明确，尤其对于共同犯罪中的主犯、从犯等进行严格的区分与界定。另一方面，根据法律规定的相应量刑规范，结合各涉案人员的犯罪行为、犯罪情节等，对相应涉案人员进行全面分析，对其量刑进行充分论证。

需要重点说明的是，在参与人员众多的经济犯罪案件之中，尤其要注重对于罪与非罪、起诉与不起诉的研究与分析。在罪与非罪方面，对于虽然参与相应违法犯罪活动，但是其本身也是受害人或参与程度较轻，尚未达到犯罪程度的，应当将其与犯罪首要分子、积极参与者进行区分，对于其行为要按照其实际参与情况进行全面公正的分析与界定；在起诉与不起诉方面，对于已经犯罪的涉案人员，仍然要按照其参与犯罪的事实与情节进行严密细致

---

① 印仕柏、李春阳：《涉众型经济犯罪之刑事政策及其适用》，《法学评论》2010 年第 5 期。

的分析与研究。对于虽然构成犯罪，但是参与程度较轻，同时又积极退款退赃、认罪认罚的，可以在不违反法律强制性规定的前提下，积极适用不起诉制度。

## 三、涉众型经济犯罪数据互联与协同办理机制的实践路径

### （一）数据共享系统

数据共享系统是指在全国范围内，以构建的数据信息平台为基础，实现相关职能部门的数据互通互联。数据共享系统是实现数据互联与协同办案机制的基础，具有数据分享与数据传输两项基本功能。从数据分享功能来看，在数据信息平台系统内，全国各地的职能部门均可以在系统内查阅相关的电子数据信息，为本辖区内的案件办理提供丰富的数据信息。从数据传输功能来看，每个地区的职能部门在发现本地区的相关数据信息后，均应通过数据信息平台上传相应的数据信息，从而不断更新与扩充数据信息平台，实现数据信息的良性互动。

### （二）数据比对系统

数据比对系统是指以现有数据平台信息为基础，对相关数据信息进行比对，从而筛选出关联证据，协助办案人员开展相应案件办理。数据比对系统是在海量电子数据信息中，以数据审查与筛选的方式，将特定关联性证据进行固定，是对海量数据信息的再审查、再精简。对于协助办案人员办案，提升办案质效具有十分重要的意义。

### （三）数据分析系统

数据分析系统是指根据筛选、比对的数据信息，对已经相对固定的个案数据信息进行集中统一的系统分析，并形成个案数据分析报告，从而为个案办理提供有效的参考资料。数据分析系统的作用在于，将有效关联的数据信息进行规范化、精细化分析，从而帮助办案人员构建扎实的证据模式，形成

严密的证据体系。同时，对于存在缺失与遗漏的个案环节，数据分析系统也可以及时发现，并提供给办案人员进行参考。

## （四）数据预警系统

数据预警系统是指在数据分析系统对现有数据分析的基础上，结合个案办理的实际需要，对现有数据存在的问题进行提示。同时，也可以通过对现有数据的排查，明确还需要进一步调取与核实的数据与事实，从而为办案人员工作的进一步开展进行定向与聚焦。

# 电子证据推定性标准司法适用实证分析

北京物资学院　宋欣宇 *

**摘　要**

数字经济的发展使得诉讼中电子数据被提出的情况日益增多，与此同时最高法提出的关于电子证据真实性判定的标准亦开始受到众多学者的关注。本文通过实证分析、案例分析，验证了笔者对于电子证据真实性判定中推定性标准司法适用情况不理想的猜想。并基于 SWOT 模型推演，从该标准司法适用的内部优势、外部劣势、适用机会与适用威胁四个角度分析该情况产生的四个原因：标准完备性不足、缺乏公信力、案例司法适用低效以及标准间存在适用壁垒。基于此，笔者认为电子证据推定性标准司法适用应实现标准精细化、提高标准公信力、摒弃传统思维、综合适用各标准细则、建立专家指导小组，进而最大程度促进"推定性标准"在电子证据真实性判定的高效应用。

**关键词：** 电子证据；真实性；推定性标准；司法适用

---

★ 宋欣宇，北京物资学院法学院硕士研究生。

## 一、引言

2019年最高法颁布了《最高人民法院关于民事诉讼证据的若干规定（2019修正）》。[①] 其中，最值得关注的部分就是最高法对电子证据真实性的判定标准进行了进一步的明确与细化。该规定第九十三条从推理性的角度对电子证据真实性判定的标准进行了明确，而第九十四条对其进行了进一步补充，从推定性的角度进行了真实性标准的判定。但是，笔者在"北大法宝"法律案例资料库，以电子证据真实性为关键词检索2013年至2021年相关的法律判决文书发现，关于电子证据真实性判定标准的司法适用还是主要集中在第九十三条，即推理性判定标准，第九十四条在实际司法案例中的应用少之又少。

据此，笔者提出猜想：在司法判决中，使用该修正规定中第九十四条相关推定性标准进行电子证据真实性判定的现实司法适用情况并不理想。本文通过实证分析与案例分析，大量调研涉及电子证据真实性判定的现实案例对笔者的猜想进行验证，并从中找出关于电子证据真实性判定的法条中推定性标准司法适用情况不理想的原因，进而完善其适用路径，助力21世纪信息时代下电子证据在司法中的高效适用。

---

① 《最高人民法院关于民事诉讼证据的若干规定（2019年修正）》第九十三条表明："人民法院对于电子数据的真实性，应当结合下列因素综合判断：（1）电子数据的生成、存储、传输所依赖的计算机系统的硬件、软件环境是否完整可靠；（2）电子数据的生成、存储、传输所依赖的计算机系统的硬件、软件环境是否处于正常运行状态，或者不处于正常运行状态时对电子数据的生成、存储、传输是否有影响；（3）电子数据的生成、存储、传输所依赖的计算机系统的硬件、软件环境是否具备有效的防止出错的监测、核查手段；（4）电子数据是否被完整地保存、传输、提取，保存、传输、提取的方法是否可靠；（5）电子数据是否在正常的往来活动中形成和存储；（6）保存、传输、提取电子数据的主体是否适当。"
第九十四条表明："电子数据存在下列情形的，人民法院可以确认其真实性，但有足以反驳的相反证据除外：（1）由当事人提交或者保管的于己不利的电子证据；（2）由记录和保存电子数据的中立第三方平台提供或者确认的；（3）在正常业务活动中形成的；（4）以档案管理方式保管的；（5）以当事人约定的方式保存、传输、提取的。"

## 二、电子证据真实性判定标准

电子证据的真实性判定一直是电子证据规则制定时要考虑的核心问题。根据最高法最新提出的关于电子证据在司法适用中真实性判定的标准，笔者进行如下分析。

### （一）正向推理性标准

就本文所研究的电子证据真实性判定标准结合电子证据的具体内涵来看，国际上众多国家都给予了较高的关注并出台了各自的司法条例。

以加拿大为例，由于直面各国对电子证据释义的混乱模糊界定而造成的电子证据真实性判定难的问题，其将电子证据的内涵狭义归结为三个词，即"数据、电子记录与电子记录系统"。加拿大《统一电子证据法》第一条就明确阐述，数据是指以数字、事实或者其他任何形式保存在电子记录中的信息；而对电子记录则是进一步进行了存储介质的规定，即保存在电脑或者其他同类型媒介装置上的可以被个人或者计算机系统进行浏览的数据，最后通过对电子记录系统的规定对数据存储介质进行了限制。至此，加拿大率先对电子证据的内涵进行了较为明确的定义，从而为其电子证据真实性的判定明确了正向判定的标准。

从我国来看，人民法院根据电子证据的特殊性进行了针对性的正向标准制定，明确提出法官判定电子证据真实性时应充分结合其正向涉及的各个方面的因素进行综合考虑，即电子数据的生成、存储、传输等各阶段中各个关联载体的完整性与可靠性；其所应用的计算机硬件系统的运行状态对电子数据的影响；是否存在有针对性的[①]数据检测系统或其他防止出错的方式手段；当事人以及其他相关主体提取电子数据的方法的可靠性以及其主体自身的适

---

[①] 对"电子证据真实性专条"进行规范解读将其总体上分成三类标准：一是基于推理标准，即对若干因素进行综合判断；二是基于推定标准，即满足若干情形之一的推定属实；三是基于司法认知标准，这里主要针对"公证"，即满足特殊情形的由法官直接确认的事实。参见刘品新：《论电子证据的真实性标准》，《社会科学辑刊》2021年第1期。

当性；是否是在正常往来业务中产生的电子数据。

由此，以上阐述是最高法从正向推理的角度设定的电子证据真实性判定标准。

## （二）反向推定性标准

从电子证据外延来看，即本文研究的核心对象——电子证据的真实性判定标准，尤其是推定性标准。同样以加拿大为例，除了对传统的"最佳证据规则、传闻规则"发起较大冲击，提出"电子证据原件置换原则、交叉询问宣誓原则"之外，其对推定性规则在电子证据真实性的判定上亦做出了创新性的规定。[①] 加拿大《统一电子证据法》中第五条规定就推定性原理的使用进行了规定，即若一方当事人没有相反的证据证明电子证据存在被篡改的可能，便可予以真实性认定。具体包括三条标准：（1）如果证据提供者可以通过材料支持其所提出的电子证据被记录在一个处于正常运行状态的媒介上或者即使媒介运行异常但是其并不会影响该电子证据的真实性，可以就该电子证据的真实性予以采信；（2）电子证据本身所证明的事实与证据提出者或者试图提出者存在利益冲突，且该证据是由这一方当事人进行记录和保存，可以就该电子证据的真实性予以采信；（3）如果该电子证据是由不与诉讼双方存在利害关系的第三方进行记录和存储，则可以推定该电子证据具有较高的真实性。据此，我们可以看到加拿大的推定条款虽然仅有三条标准，但是鉴于其处于当时特定的背景环境，该标准还是较为充分地结合了其自身电子证据真实性判定的问题，为法官提供了一定的便利。

从我国来看，最高法充分考虑了现实情况的复杂性，从反向推定的角度对电子证据真实性的判定进行了针对性的规定。从普罗大众的惯性思维模式出发，理性的人都不会捏造或者篡改对自己不利的证据。因此，从这个思维出发，法院规定了真实性判定可以采纳"于己不利"原则；当事人提出的

---

① 邵杰：《加拿大证据法规特色探析》，《兰台世界》2021年第6期。

证据是经由不涉及利益牵涉的专门从事电子数据存储的第三方平台提供或者确认的，法官可以认定其真实性；该电子数据是当事人或者其他相关主体在常规性正常业务中形成的，结合传统证据的判定原则与证据原则之间的相对适用性，可以判定该电子数据的真实性；通过采用较为规制化的档案管理方式提出的电子数据，法院可予以采纳；从意思自治的角度出发，若双方当事人事先就电子数据的存储、提取等方式达成约定的，法院对该电子证据予以采纳。

由此，最高法通过反向判定结合理性意定的方式对电子证据的真实性进行了补充认定说明，进一步为司法机关判定电子证据真实性提供了更加便捷的工具。

## （三）传统认知性标准

传统认知性标准结合了传统证据的认定原则，即若当事人提出的电子证据是经过公证机关合法公证的，法院会对其予以认定。公证作为传统的证据真实性司法认定方式具有较强的证明力以及公信力。我国 2017 年修正的《公正法》第一章第二条对其进行了阐述，即公证是公证机构根据自然人、法人或者其他组织的申请，依照法定程序对民事法律行为以及具有法律意义的事实、文书等的真实性予以证明的活动。而就电子证据的真实性判定应用来看，其主要集中在电子数据的公证保全，即当事人对其提供的电子数据进行保存公证，赋予其法律效力。但该法条却并没有对电子证据的相关适用进行具体的明确。鉴于现实司法中电子证据真实性判定较难厘清，绝大多数的法官还是会将公证的传统认定细则用于电子证据的真实性判定，从而产生学者提出的认知型标准。

基于此，虽然公证在电子证据的司法适用仍存在一定争议，但该标准一方面是电子证据的真实性判定标准的完善，另一方面也是传统证据与电子证据关联的体现。

## 三、"推定性标准"司法适用实证分析

### （一）国内法律环境分析

近年来在大数据、互联网以及云计算的推动下，我国的电子商务获得了蓬勃发展，大众的生活也开始与互联网密不可分。但是"电子证据"作为新科技时代下智慧司法的重要产物，其在大众的认可度并没有随着互联网科技的发展而提高。在较多司法纠纷中，一旦原被告任一方提出电子证据，法官在对该电子证据的真实性判定标准适用中都会面临较大挑战。因此，面对司法判决中该类问题频出的现状，最高法也在不断地进行相关法条的制定与完善。

2002 年，最高法针对电子证据在行政诉讼中的使用①进行了较为概述性的规定。该规定表明以某种固定的载体显示的电子数据资料，包括电子邮件等需要当事人对其真实性进行确认或者采用公证等有效方式证明其与原件具有同等证明力。针对电子证据，我们较为关注的是其自身的真实性、可靠性，以及与案件事实的关联性。该规定也仅通过一句简单的概述提出了电子证据的使用要求，并没有针对如何进行真实性判定进行细化的阐述。2019 年，关于电子签名的法条修正对数据电文作为证据使用的条件进行了相对精细的明确。首先，《电子签名法（2019 年修正）》第七条明确提出在司法审判中不得因为数据电文自身的特殊形式而受到审判人员的歧视，即从总体上赋予其与传统证据同等的法律地位。其次，该法第八条针对真实性的判定虽然并没有提出严格的标准，但是也进行了考虑因素的总结，即提出法官应对电子数据中数据电文的产生、存储等各个流程的可靠性、内容的完整性以及其他

---

① 2019 年 4 月 23 日发布并实施的《中华人民共和国电子签名法（2019 年修正）》第七条表示："数据电文不得仅因为其是以电子、光学、磁或者类似手段生成、发送、接收或者储存的而被拒绝作为证据使用；第八条表示：审查数据电文作为证据的真实性，应当考虑以下因素：（1）生成、储存或者传递数据电文方法的可靠性；（2）保持内容完整性方法的可靠性；（3）用以鉴别发件人方法的可靠性；（4）其他相关因素。"

相关因素进行综合考虑。从这点看来，我国针对电子证据真实性的判定标准依然十分模糊。这就与我们前面提到的一旦纠纷中出现电子证据，法官就会面临较大挑战呼应，因为其在主客观方面都不存在优势。从客观来看，法律条文并没有赋予其较为有效的工具来解决纷繁冗杂的涉及电子证据的诉讼案件。从主观来看，法官自身有关此类证据真实性判定标准的适用经验十分匮乏，自然就会进一步增加其判定困难。①

2018 年 10 月，重庆市人民法院针对知识产权民事诉讼中电子证据使用的问题进行了相关规定。该规定表示当诉讼当事人提供的电子证据是通过某种技术手段收集或者保存的，当事人应负有举证责任，此时法官会对其真实性予以支持。同样地，否定电子证据真实性的一方也需要采用同样的方式进行抗辩。由此，地方法院也只能根据高级法院的司法规定进行司法实践。但是由于固化的"谁主张谁举证"的主观思想在司法中根深蒂固的客观事实，地方法院也还是不可避免地主要依靠传统证据的举证原则进行电子证据的真实性判定。

因此，较为全面的电子证据真实性判定标准主要集中在 2019 年最高法颁布的《最高人民法院关于民事诉讼证据的若干规定（2019 修正）》。该规定中的第九十三条和第九十四条对电子证据真实性判定标准进行了较为细化的规定，其主要包括上文提到的三部分：推理性标准、推定性标准与认知型标准。

至此，从我国国内电子证据真实性判定所处的法律环境来看，我国的立法部门已经在尽可能地解决法律本身所固有的滞后性，一步步明确电子证据在司法实践中的适用标准，从而为我国建设法治强国和强化智慧司法建设打下了坚实的基础。

---

① 本文着重对"推定性标准"适用性进行论述。关于"推定"，国际上并没有具体的释义，本文主要针对法律推定。

## （二）类案实证分析

笔者通过"北大法宝"法律信息库平台中的法律文书模块，以"电子证据真实性"为关键词，检索得出2013年至2021年相关判决书共269条结果。通过人工筛选删除重复的、相关性较小的以及年份早于2019年的大部分不具典型性的纠纷案例，最终得到168条结果用于样本的实证分析。本次实证调查所选取的样本案件包括民事案件与刑事案件，法院级别主要集中在中级以及各基层人民法院，具体案件包括跨国贸易合同纠纷、著作权侵犯纠纷、买卖合同纠纷、劳动合同纠纷、网络传播权纠纷等各种类型。

分析之前，笔者提出猜想：电子证据真实性判定下，"推定性标准"的适用情况并不理想。接下来，我们进行具体的实证分析。

在笔者选取的涉及判定电子证据真实性的168条结果中，推理性标准的适用情况占据了电子证据真实性判定的绝大部分，即有92条结果适用了该标准。针对本文研究的"推定性标准"，调查发现仅在32条结果中法官在判定电子证据的真实性时，涉及了推定性标准的适用。其余部分，即共44条结果法官更加关注当事人所提出的电子证据是否经过了合法公证，从而进行真实性判定，即以认知型标准进行判定。具体各标准适用情况比例见图1。

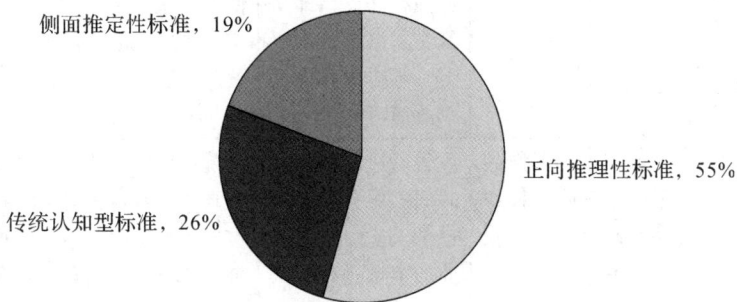

图1　电子证据真实性判定——标准适用情况

（数据来源："北大法宝"法律信息资料库）

笔者将其中代表性地使用了"推定性标准"的现实案例单独提取并进行了分析。从法院的判决文书中我们发现，在其纠纷解决的过程中一旦双方当事人任一方提出了电子证据进行诉辩，另一方大多会针对其电子证据的真实性提出质疑，并要求提出者予以证明。在所选取的适用了推定性标准判定的案例中，法官以及诉讼当事人对"于己不利"原则的使用是最少的。相比来说，基于"正常业务与第三方平台提供确认"原则进行适用的情况较多，尤其以中立第三方专业平台提供的保存数据作为电子证据呈现法院时，法官会认为该证据较为可信并予以采信（具体选取的现实案例——基于推定性标准适用判定情况见表1）。

表1　推定性标准典型案例适用

| 原被告当事人 | 纠纷案由 | 电子证据提出情况 | 法院认定 | 推定性标准适用 |
|---|---|---|---|---|
| 原审被告：湖北万达新航线鄂州天和国际旅行社有限责任公司 原审原告：武汉跨越国际旅行社有限公司 | 旅游合同纠纷 | 上诉人提出对方提供的散客账单仅为电子图片且聊天记录等未提供原件，真实性存疑 | 二审查明，虽未提交账单明细原件，但是该账单由上诉人出具，故法院予以认定 | "于己不利"原则 |
| 二审上诉人：毛建群 二审被上诉人：西北大宗商品交易中心有限公司 | 合同纠纷 | 上诉人提出，被申请人提供的《入市交易协议》仅是单方面打印件，即从其交易系统下载所得，不排除其肆意篡改等可能 | 法院审查认为协议系双方就设立账户等交易事项达成的协议，且具备实质交易内容，故人民法院予以认定 | 以当事人约定的方式保存的 |
| 原告：福州中九华飞文化传播有限公司 被告：海口龙华水晶之恋卡拉OK厅（海垦西岭分店） | 侵害作品放映权纠纷 | 原告通过联合信任时间戳服务中心对被告非法收录歌曲的事实进行了认证，被告辩称该服务中心系商业机构，故该认证证书不能作为有效证据 | 法院根据电子数据的真实性判定正向推理性标准同时结合第三方平台的资质进行审查，最终认定该认证不具有证明力 | 由记录和保存电子数据的中立第三方平台提供或确认的 |

续表

| 原被告当事人 | 纠纷案由 | 电子证据提出情况 | 法院认定 | 推定性标准适用 |
|---|---|---|---|---|
| 原告：北京全景视觉网络科技股份有限公司<br>被告：徐州慧文教育信息咨询服务有限公司 | 侵害作品信息网络传播权 | 原告提供可信时间戳认证证书及对应的电子证据证明被告在微信公众号发布的涉案文章使用了×××-3427同样的图片 | 原告提交的可信时间戳认证证书由北专业机构签发，并可通过www.tsa.cn进行文件验证，故法院对其证据效力予以确认 | 经中立第三方平台确认 |
| 原告：视觉（中国）文化发展股份有限公司<br>被告：中国光大银行股份有限公司昆明分行 | 信息网络传播权纠纷 | 上诉人称其已经对被告的侵权行为进行了第三方平台的证据保全；被告辩称原告提供的"可信时间戳认证证书"明显存在证据效力问题 | 原告提交的其向联合信任时间戳服务中心申请的电子证据保全内容保持完整且被告并无证据证明其经篡改，因此对其效力予以认可 | 经中立第三方保存 |
| 上诉人：徐敏<br>被上诉人：仝志学 | 房屋买卖合同纠纷 | 被上诉人提交其指定期间内双方的手机短信记录，上诉人认为该短信不能证明短信是否成功发送以及涉案中电子邮箱记载内容的真实性 | 被告提供的手机短信记录经核实具备真实性，原告虽否认接到解除合同的短信，但未能提供证据证明，因此法院对该电子证据予以认定 | "于己不利"原则 |

## 四、推定性标准典型案例司法适用分析

从上述笔者选取的案例样本来看，推定性标准在国内的实际司法案例适用情况并不理想，即证实了前面笔者的猜想。因此，本文选取了两个较为典型的推定性标准司法适用的典型案例进行具体分析，从而深度剖析该现状产生的原因。

## （一）湖北万达新航线鄂州天和国际旅行社有限责任公司、武汉跨越国际旅行社有限公司旅游合同纠纷案

1、案由概述

2021 年 2 月，湖北万达新航线鄂州天和国际旅行社有限责任公司（以下简称新航线公司）就与武汉跨越国际旅行社有限公司（以下简称跨越公司）关于旅行团费支付确认产生的旅游合同纠纷不服一审法院判决，遂提出上诉。

2、原告诉讼请求及理由

新航线公司要求撤销一审判决并提出驳回跨越公司在一审期间对其提出的诉求。其上诉理由包括：针对跨越公司提供的散客账单明细原件，新航线公司对一审法院的证据真实性审查提出质疑，其认为包括该账单在内以及跨越公司提供的部分聊天记录截图等作为电子数据仅仅是通过电子图片的形式作为证据呈现，其真实性存在可疑之处。新航线公司提出，该电子证据并没有经过法律公证，不符合相关法律规定的证据认定细则。综上所述，新航线公司对一审判决中法院对于电子证据真实性的判定以及相关法律适用存在质疑，认为其事实认定存在错误，于是提出上诉要求撤回原判。

3、被告答辩意见及理由

针对新航线公司的上诉，作为被上诉人的跨越公司认为：新航线公司对于散客明细账单的真实性存在质疑明显违背了诚信原则，因为该账单是需要经过新航线公司进行确认才可以发生法定效力，即该账单是双方真实的意思表示。因此，跨越公司提出要求新航线公司立即根据原判决支付所欠款项并依据一审判决支付拖欠利息。

4、法院判定

一审法院判定：经事实认定，跨越公司与新航线公司双方确存在债权债务关系，双方应根据约定履行对应的义务。新航线公司作为债务人理应及时支付欠款，同时基于拖欠事实要求其支付利息同样符合法律规定，因此一审法院对跨越公司的诉求表示支持。而关于新航线公司在二审上诉中对明细单

证以及涉案中的聊天记录等电子数据真实性的质疑，二审法院认为虽然跨越公司提供的电子数据并不是原件，不能基于传统的证据认定规则进行真实性确认，但是根据《最高人民法院关于民事诉讼证据的若干规定（2019年修正）》第九十四条关于判定电子证据真实性标准的一系列原则，包括"于己不利、正常业务交往之中、双方事先约定保存"等，鉴于该账单是由新航线公司向跨越公司出具的，同时法院审查发现其诉讼双方的正常交易习惯就是通过上传扫描件，即非原件的方式进行的；且从事实情况来看，新航线公司对证据原件占有存在主动权。综上所述，二审法院并不就新航线公司提出的上诉理由对其诉求予以支持。

5、笔者评析

我们可以看到该案例是为数不多的在电子证据真实性判定中，法官没有局限于传统证据原则——"原件最优"原则或者依赖传统公证程序认定电子证据的真实性，而是通过将电子证据的外部形式与内容实质相结合进行的综合性真实性判定。而该案例的典型性正在于其在电子证据的真实性判定中并没有应用《最高人民法院关于民事诉讼证据的若干规定（2019年修正）》第九十三条从电子证据生成、存储介质以及其他正向标准进行判定，而是主要依据第九十四条的侧面推定性标准，即根据于己不利原则、正常交易习惯中形成的真实性判定原则等对证据提出者予以支持。由此，笔者认为该案例还是较为客观地运用了推定[①]性标准进行电子证据真实性判定。但是结合其他案例，我们也应进一步对其适用过程中的问题进行思考，从而进一步剖析该标准现实适用不理想的原因。

---

① 第三方平台是区别于诉讼当事人之外的、提供取证存证技术的平台，其利用区块链、哈希、可信时间戳技术对电子数据在各平台的产生进行存证，包括政府、社会相关组织机构；2020年5月，中国法院网发布了《中立第三方平台提供的电子证据具有客观真实性》文章，文章就电子证据的真实性从第三方平台的角度进行了相应的规定。参见丁春燕：《区块链电子数据的证据能力分析——以农业保险欺诈刑事诉讼切入》，《法学杂志》2021年第5期。

## （二）视觉（中国）文化发展股份有限公司与中国光大银行股份有限公司昆明分行侵害作品信息网络传播权纠纷案

1、案由概述

2018 年 1 月，原告视觉（中国）文化发展股份有限公司（以下简称视觉公司）就被告中国光大银行股份有限公司昆明分行（以下简称昆明分行）侵害其作品信息网络传播权，即昆明分行在其企业公众号中使用了原告所称的其享有著作权的图片，提起诉讼。

2、原告诉讼请求及理由

原告视觉公司提出以下诉求：要求被告立即停止对其图片的著作权侵权，同时赔偿其经济损失以及维权的合理开支。其诉讼理由是视觉公司作为主营视觉内容交易的企业法人，昆明分行在未经视觉公司授权的情况下在其"光大信用卡昆明卡中心"公众号平台使用了原告享有著作权的照片，严重侵害了其原创图片的信息网络传播权。同时，原告特别提出就被告一系列的侵权行为，其进行了证据保全，即通过第三方平台进行了相关电子数据的保存。

3、被告答辩意见及理由

被告昆明分行诉称视觉公司与图片原创作者签订的授权协议以及创作者的版权声明都未能证明签订人的身份，从而无法确认视觉公司即是作品的著作权人。被告认为原告提出的证据保全，即通过联合信任时间戳服务中心进行数据保存并签订"可信时间戳认证证书"存在明显的证据效力不足问题，据此要求驳回原告的诉求。

4、法院判定

针对被告昆明分行就该电子证据的证明力即数据真实性提出的质疑，法院认定 2016 年 6 月原告向第三方平台，即汉华易美（天津）图像技术有限公司向联合信任时间戳服务中心申请的电子证据保全并签订的《可信时间戳认证证书》内容保持完整，法院对其真实性予以采信。而对于被告的质疑，法院认为其应提出证据证明该电子证据是经过篡改的,才可以进行有力的诉辩。

5、笔者评析

该案例是较为典型的法院针对经第三方平台保存的电子数据真实性原则对原告的电子证据予以认定，同时提出反向证明要求，即对于被告对当事人提供的电子证据提出真实性质疑的可进行反向证明，从而进行电子证据真实性情况的推定。目前，国内还是存在较多符合法律规定的第三方数据保存平台，其通过区块链、可信时间戳、哈希等技术进行电子数据的存储，为商事主体的利益维护提供了信息化时代下的有力证据。最高法也是通过法条制定表现了对其的认可，即基于有效的平台监管与资质审查，第三方平台对于电子数据的真实[①]性证明还是十分有力的。

## 五、推定性标准司法适用问题分析——基于 SWOT 模型推演

基于以上分析，我们可以基本确定"推定性"标准在电子证据真实性判定中的司法适用现状亟须改善。接下来，笔者基于传统的 SWOT 模型进行创新性推演，即从态势分析下的"优势、劣势、机会、威胁"四个角度对推定性标准司法适用情况不理想的原因进行剖析（见图 2）。

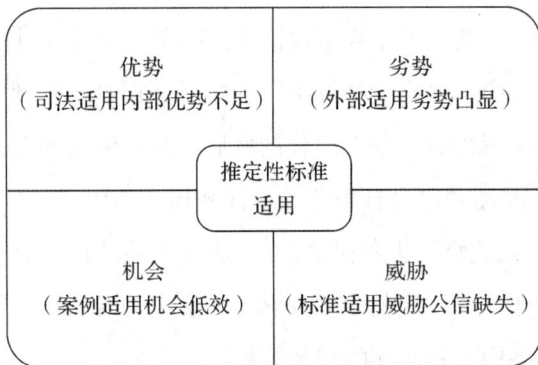

图 2　推定性标准适用问题分析——基于 SWOT 模型分析

---

① 刘品新：《中国电子证据立法研究》，中国人民大学出版社 2005 年版。

## （一）司法适用内部优势不足——完备性问题

2019 年，最高法制定并颁布的《最高人民法院关于民事诉讼证据的若干规定（2019 年修正）》就电子证据的真实性判定提出了五点侧面判定标准，即包括当事人提交或者保管的电子证据是于己不利的；该电子数据是由记录和保存电子数据的中立第三方平台提供或者表示认证的；该电子证据是存在于当事人正常业务活动之中的，通过档案管理方式进行数据保存的；该电子证据是以当事人事先约定的方式进行数据保存或者传输、提取的，都可以经由上述标准进行电子证据真实性的认定。

但是，究其适用情况不理想的原因，我们还是应从其自身来探寻。一旦该法条自身存在现实适用的问题，那么其可现实应用率自然不会高。从国际视角来看，我们可以看到作为世界上第一个为电子证据的取证认定制定专门法规的国家，加拿大早在 1998 年 12 月就通过了名为《统一电子证据法》的法案，并在 1999 年对该法案进行了精细化修正。正如前文所述，该法案就电子证据的内涵以及外延同样进行了突破性的解释，而我们尤其该关注的是加拿大在当时就对推定性规则在电子证据真实性判定中的适用进行了规定。通过对比我们发现，我国关于推定性标准的制定并没有针对性的创新之变。

由此，我们在分析"推定性标准"在电子证据真实性判定中适用情况不理想原因时，应该考虑到：随着时代的发展、问题纠纷的多元，该标准对此类问题解决的局限性必定会日渐凸显。而我国在 2019 年修订的此类推定标准与 1999 年加拿大的修订法案相比，在立法方面并没有产生较大出入。由此，一方面可以归结于法律制定的永恒问题——法律的滞后性，另一方面也是我国在数字经济发展中对相匹配的规制的疏忽。

接下来我们进行具体分析，以"于己不利"原则对电子证据进行真实性的推定为例。一方面，该标准虽然在理论角度上符合理性人假设，但是此类情况在现实生活中其实是极少的，即从经济学角度下的经济理性人假设来看，该推定标准的现实适用性确实有限。另一方面，以"中立第三方平台提供确认的可以认证并推定该电子证据真实"原则为例。我们发现在许多现实案例中诉辩方会对第三方平台的中立性提出质疑，最终法官又产生了电子数据存储的第三方平台中立性认定的问题，即并没有从根本上就电子证据的真实性进行实质性的推定。

总之，在不考虑其他外部因素影响的前提下，该推定性标准自身就存在较高的不完备性，自然会产生较高的应用局限性。

## （二）外部适用劣势凸显——思维模式固化＋孤立适用壁垒

推定性标准对于电子证据真实性的判定客观上还是存在较大的助推作用，但是伴随着司法信息化进程的推进，数字司法遇到的推行阻碍同样会在电子证据真实性判定下"推定性标准"的司法适用中产生，即司法标准适用的思维模式固化以及标准适用孤立化。

从思维模式固化来看，任何新法条的颁布实施、司法适用以及大众接受都需要一个较长的过程，尤其是像"推定性标准"判定电子证据真实性这类对传统规则冲击较大的标准细则。因此，大众的惯性思维是该标准司法适用不理想的重要原因之一。

从标准孤立化适用壁垒来看，本文研究的"推定性标准"的司法适用在与正向推理性标准、传统认知型标准的综合运用方面仍存在较大提高空间，标准的推行适用在我国仍处于尚不成熟的阶段。相比于加拿大、英美联邦等电子证据相关判定取证标准应用呈现较好态势的发达国家，我国的法官在该推定性标准的司法适用方面仍面临巨大的阻碍，其中较为凸显的正是各标准间的孤立适用壁垒。

从前文的类案分析中我们可以看到，在现实司法中审判人员还是较为依赖传统证据认定或者较为正向的电子证据真实性判定标准，对于推理性标准很少进行主动融合适用。无论法官还是大众都已经对传统的证据规则深信不疑，习惯性的思维意识都会偏向传统证据下的证明手段或者采用直面电子证据原件的产生、传输等各阶段的可靠性的方式对电子证据真实性进行判定。因此要改善推定性标准的司法适用现状，应推进转换思维并破除各标准间的适用壁垒。其实，客观上各标准之间并不一定存在适用冲突，主要还是思维转换问题，即如何把创新性意识注入传统思维，这正是司法人员等应该主动解决的问题。

## （三）案例适用机会低效——反向恶性循环

结合现实大环境来看，伴随着我国电子信息技术的全面发展，涉及电子交易以及电子文件使用的民商事纠纷不在少数。因此，在各类纠纷解决的过程中都涉及电子证据的真实性判定，由此利用"推定性标准"判定电子证据真实性确实存在较大的适用空间。

单从电子证据真实性判定来看，鉴于正向判定标准高成本、高要求的缺陷，基于"推定性标准"判定电子证据真实性具有更高的经济适用性，这也从另一视角表明该推定标准并不缺乏现实司法适用机会。因为我们可以看到在《最高人民法院关于民事诉讼证据的若干规定（2019修正）》中，第九十三条集中阐述了关于电子证据真实性认定的正向标准，即综合考虑电子数据生成、存储与传输的计算机硬件的完整可靠性、软环境的运行状态、处理过程的可靠性以及处理主体的适当性等，这必然需要较高的人力物力资源投入。

因此，在今天各行各业都强调经济效率的新时代，司法运行自然也不例外。基于这一原则，推定性标准在电子证据的真实性判定适用上存在充足的空间与机会。但是，结合前文我们可以看到，该标准的现实司法应用仍然较少。一方面归结于上述提到的该标准自身存在的一定缺陷，另一方面归结于下面我们将详细阐述的法官的主观规避问题。但是，从机会适用效率这一角度来看，我们可以发现在适用机会低效利用下已经开始产生严重的反向恶性循环，即尽管有条件、有机会，但法官主动不适用，其也不会积累有关该标准的司法适用经验，使得后面的应用愈加变少，从而产生所谓的"适用机会"低效利用下的恶性循环。

其实，当现实存在较多机会将该标准进行现实案例适用时，我们应该尽可能地去应用并探究。只有经过不断适用，才能更准确、深度地剖析其现存的其他问题，从而将机会低效适用的恶性循环转化成高效适用的良性循环，进一步促进电子证据推定性标准，甚至整个电子证据适用规则的完善。

### （四）标准适用威胁——公信力缺失

随着数字化经济的不断发展，司法信息化在国家建设科技强国与法制强国的战略下逐步加快了建设步伐。于是电子证据的适用作为司法信息化、智慧司法中的重要一环，其核心——"真实性判定"愈加引发大众关注。但是经过前文分析我们发现，最高法基于现实情况制定的认定标准，尤其是推定性这类反向认定标准的司法适用并没有达到机关部门预设的理想效果。其实，从推定性标准自身来看，我们还是可以看到其具有较高的现实应用优势。从经济效率来看，相对于本文所研究的"推定性标准"，推理性标准对人力物力等各方面资源都有较高要求。以人力为例，推理性标准在适用过程中需要较为专业的IT技术人员进行一系列电子数据生成、传输等流程的真实性鉴定，这还不计入对该数据的承载介质的技术勘定。而推定性标准在该方面反而具备较大优势，即适用方便高效且极具经济性，便于各基层法院的司法审判人员使用。当然，万事万物都具有两面性，我们从另一个角度来看，该标准在诉讼当事人之间、诉讼代理律师之间以及各类专业法律服务机构之间存在明显的公信力不足问题，即纠纷中当事人并没有对其实现真正的认可与接受。而这正是由推定标准自身相对于推理型、认知型标准的优势伴生的问题，更是威胁该标准在现实中司法适用的风险。

当然，该问题也并不是我们国家特有的。从国际视角来看，英美等发达国家在极力推动电子商务发展的过程中，其所涉及的相关纠纷也越来越多。

其中，关于电子证据的真实性判定标准适用也成了资本主义国家突破发展屏障需要解决的重要规制问题之一。就电子证据的取证规范以及认定原则来看，英美等发达国家即使颁布了其各自适用的《2002年电子证据规则》和《联邦证据法规》，但是在现实情况中仍存在严重的电子证据原件依赖型的问题，即所谓的"最佳证据规则"。

因此，基于国际视角结合前文分析，我们发现在电子证据的真实性认定方面，绝大部分法官都会基于电子证据的特殊形式对当事人提出的电子证据非原件下的真实性表示质疑，尤其是电子证据未经有关机关公证或者证据提出者没有就其电子数据的生成、存储、提取等进行正向的真实性鉴证时。尽管我国法条已经对此类情况的解决与标准适用进行了表示，例如2015年《电子签名法》第七条明确提出数据电文不得仅因其是以电子、光学等类似手段形成而被拒绝作为证据使用，2019年《最高人民法院关于民事诉讼证据的若干规定（2019年修正）》第九十四条提出一系列侧面的真实性判定考虑因素。但这正是从侧面表现了大众包括司法人员在内对电子证据的适用，尤其是推定性标准适用仍然存在较深的芥蒂和思维惯性下的意识回避。

## 六、电子证据推定性标准司法适用完善路径

### （一）司法部门内部标准制定——实现精细化

虽然法律法规作为上层建筑不可避免地会存在相对于经济基础，即经济社会发展的滞后性，但是立法机关并不能因为其自身的局限性而回避司法体制不完善的问题。电子证据真实性判定下推定性标准适用情况不理想的一个重要原因就在于该标准本身在我国的现实应用存在一定局限。从"于己不利"原则来看，正如我们上文提到的，其存在理论分析与现实应用的冲突；再以

"正常业务[①]活动下的电子证据真实性予以认定"这一原则来看，许多学者在研究时也曾指出关于"正常业务活动"这一定义过于宽泛；从不同业务活动的电子证据的不同记录、存储以及提取方式来看，应进行更加精细的分类，也更便于法官在纠纷解决时进行精准的应用。

正所谓"实践出真知"，鉴于目前国内该推定性标准的现实司法适用案例过少，使得关于该问题产生的原因剖析仍存在较大困难，因此需要立法制定者开展针对推定性标准的现实性改进，促进其现实应用。从该角度来看，最高法等立法部门可以以国外相关的法条或者典型适用案例为参考，例如加拿大的《电子证据法》、逐渐发展完善的英联邦的《电子证据法》、菲律宾的《电子证据规则》。同时，可以充分考虑国际上较为认可的"G8原则"、美国的"电子证据取证三项原则"等，再结合我国的现实情况进行针对性的调整（见图3）。

| 分析+准备数据 | 响应、识别、收集、获取和保全<br>+ 理解 + 报告+关闭数据 |
|---|---|
| • 27035-2 27044<br>• 27041 27050<br>• 27043 30121 | • 27037 27041 30121<br>• 27042 27044<br>• 27043 27040<br>• 27038 27050 |

图 3　适用于电子数据取证活动真实性判断的国际标准

---

① 适用于电子数据取证活动（activities）的国际标准：ISO/IEC 27035：2011《信息技术 安全技术信息安全事件管理》；ISO/IEC 27037：2012《信息技术 安全技术电子证据识别、收集、获取和保存指南》；ISO/IEC 27038：2014《信息技术 安全技术数字化修订规范》；ISO/IEC 27040：2015《信息技术 安全技术存储安全》；ISO/IEC 27041：2015《信息技术 安全技术确保事件调查方法适宜性和充分性指南》；ISO/IEC 27042《信息技术 安全技术 电子证据分析解释指南》；ISO/IEC 27043：2015《信息技术 安全技术事件调查原则和流程》；ISO/IEC 27044《信息技术 安全技术 安全信息和事件管理指南》；ISO/IEC 27050《信息技术 安全技术 电子证据发现》；ISO/IEC 30121：2015《信息技术 电子取证风险框架的管理》）。

## （二）提高标准外部接受性——创新司法适用思维

传统的证据规则，包括原件最优、公证原则等已经在司法人员的脑中根深蒂固。因此，要改善电子证据真实性判定下推定性标准的适用情况，首先要解决的就是司法人员的意识偏见问题，从思想上摒弃循规蹈矩的惯性思维。

伴随着时代日新月异的变化，司法信息化、智慧司法等建设的推进都在反向推动司法人员的改变，而如何在纠纷解决的过程中客观理性地运用推定性标准来对电子证据进行认定也是对法官的重大考验。推定性标准不同于前文提到的电子证据真实性判定的推理性标准，其可以直接正向地对电子数据的来源、储存介质进行审查，需要法官结合具体纠纷情况进行灵活的法条适用。因此，要改善电子证据真实性判定下推定性标准的适用，法官在内部的接受性，即摒弃其传统的对此类推定性标准使用的自觉性的意识回避十分重要。诚然，不仅包括法官，在诉讼纠纷中原被告双方、双方代理律师以及相关的专业性法律服务机构都应摒弃传统的提出证据以及举证的方式，积极应用最高法颁布的推定性标准进行电子证据真实性判定，继而通过三方的共同努力改善该标准现实应用不理想的现状。

## （三）高效利用标准适用机会——建立专家指导组＋综合性适用机制

现实中在互联网、大数据等新型技术的推动下，数字经济获得较大发展进而给予法官较多基于推定性标准进行电子证据真实性判定的机会。但是鉴于国内目前该推定性标准的适用条件尚不成熟，法官对其应用仍处于如履薄冰的状态。因此相关机关可以进行有针对性的法官现实案例指导，建立专门的电子证据真实性判定下推定性标准适用的专家指导组，进行定期的应用案例指导。同时，可以举办定期的短时段案例回顾，尤其是专门针对该标准的适用进行案例讨论。通过专家指导组的协助，帮助法官更加准确地将该标准进行现实应用，逐渐帮助法官建立信心、积累经验，从而充分利用当今数字经济时代下电子证据呈现的机会，高效地促进法官在该方面的能力提升，进而改善该标准应用情况不够理想的现状。

应尽力破除推理性标准与推定性标准之间适用的交互壁垒。每一条法律对现实情况的适用都不是全面的，面对现实生活中错综复杂的纠纷，更不能孤立地看待问题。一方面，通过上述提到的专家小组的建立促进推定性标准的适用；另一方面，也可以利用该机会强化法官综合运用两类标准的意识。不仅可以进一步改善推定性标准的应用现状，还可以优化电子证据真实性判定的解决方案，实现多维度的司法高效。

## （四）减少标准适用威胁——提高司法适用公信力

我国是人民当家作主的社会主义国家，国家的一切方针政策以及法规制定都是为了保护人民群众的利益。同样地，要想让其发挥应有的作用，即让电子证据推定性标准的推行顺利开展，极为重要的一点正是大众的信任，即所谓的"公信力"。由于电子证据本身的特殊形式以及其易伪造、易篡改的特性，大众对其存在一种天生的不信任感，这也包括法官在内。这一点我们从上文的实证案例调研就可以发现，纠纷的一方当事人一旦对另一方提出对电子证据真实性的质疑，提出者都会由于对电子证据真实性标准的忽视而受到证据挑战。因此，我们可以预想一旦大众对电子证据的真实性判断标准，尤其是推定性标准实现真正的接受与信任，鉴于其便利性该标准其实更有利于大众进行现实适用并向法官争取采信支持。

因此，要提高大众对该标准的公信力，可以从宣传角度入手。线上结合当前智慧司法下法院的众多公开网页平台，例如通过司法机关建立的中国裁判文书网、北大法宝、中国审判流程信息公开网等各类司法信息公开平台，建立专门关于"电子证据真实性判定下推定性标准适用"的模块；线下可以定期举办关于"电子证据推定性标准"法条的系列讲座，用浅显易懂的语言对司法解释进行阐述。这样，一方面可以实现司法公开与智慧法院多维度的利用，通过发挥网络平台的影响力提高大众对该标准的公信力，促进电子证据司法运用的效率；另一方面可以增加社会大众的法律意识，积极促进我国法治社会的建设。

## 七、结论与展望

伴随着大数据、互联网的多维度应用，法律规制作为维护社会秩序的重要利器也需要不断进步，其中如何解决电子数据作为证据在纠纷解决中的真实性判定问题成了目前司法机关需要攻克的巨大难题。因此，笔者认为首先应该在没有从根本上解决此类问题的期间内最大效能地发挥已经由最高法提出的推定性标准在电子证据真实性判定方面的作用，通过本文提到的完善路径，大力推进该标准的现实适用。其次通过该推定标准在现实中的不断应用进一步深度剖析其适用过程中存在的问题，从而反向促进该标准自身的进一步完善。至此，无论从应用主体即法官，还是从应用对象即该标准自身，都应该在整个过程中积累经验，促进我国在电子证据法体系上的进一步完善，实现维护互联网平台以及现实社会法律秩序，促进数字经济稳定发展。

# 金融信息出境安全评估问题研究

北方工业大学文法学院　陈兰兰

北京市民政教育管理学院　段依文

翼帆数字科技（苏州）有限公司　蔡　井 *

**摘　要**

《个人金融信息保护技术规范》虽引入金融信息出境安全评估制度，但人民银行开展出境安全评估仍没有法律依据。在符合"业务必需 + 客户授权 + 境外关联机构"三要件规则并符合法律法规和监管部门规定，且不属于禁止跨境传输的例外情形下，《个人金融信息保护技术规范》所罗列的个人金融信息应属于金融信息出境安全评估对象。评估出境金融信息属性时，应评估个人金融信息的敏感程度和数量及脱敏处理情况、识别重要数据。评估重要金融信息出境发生安全事件可能性时，应评估接收方所在国政府调取重要金融信息的法定权力。在金融信息出境流通工具方面，对金融信息出境安全评估监管与区块链、安全多方计算、密码学技术等创新技术结合做了探讨。

**关键词：** 金融信息；跨境传输；安全评估；区块链；隐私保护

* 陈兰兰，北方工业大学文法学院法律系副研究员；段依文，北京市民政教育管理学院科员；蔡井海，翼帆数字科技（苏州）有限公司技术总监，河北省区块链联盟跨链与数据流通专委会副秘书长。

## 一、金融信息出境实践和我国金融信息出境安全评估相关立法

实践中，下列四种情形通常涉及金融信息出境。一是外资银行的分行向总行报告客户金融信息。二是跨国金融集团母国出于审计或税务监管、反洗钱等监管要求以及美国、欧盟、英国等司法、执法部门等调取境外信息。如，2019 年招商银行、浦发银行、交通银行被美国法院强制要求提供交易数据。[①]若某一跨国金融机构的母国金融监管机关要求在我国注册的该跨国金融机构的分支机构向其提供金融信息，该跨国金融机构的分支机构虽应向母国监管机关提供金融信息，但会对东道国中国的金融主权产生损害。三是跨境支付（如银行卡跨境支付），若不提供客户金融信息将无法进行结算。四是双边协议有相关规定，如欧盟与美国之间的隐私盾协议。[②]

金融信息出境安全评估是各国金融信息出境监管的一种方式。

我国金融信息出境监管制度包括国家网信部门主导的适用于各行业的个人信息和重要数据出境安全评估制度、金融监管部门主导的金融信息出境行业监管制度。现行金融信息出境安全评估制度体现在《网络安全法》第三十一条、第三十七条以及《个人金融信息保护技术规范》的原则性规定。2019 年 7 月 30 日，上海市政府通过的《中国（上海）自由贸易试验区临港新片区管理办法》规定，在集成电路、人工智能、生物医药和总部经济等关键领域试点开展数据出境安全评估，但对金融行业和领域数据出境安全评估未作规定。根据商务部 2020 年 8 月 12 日印发的《全面深化服务贸易创新发展试点总体方案》及附表《全面深化服务贸易创新发展试点任务、具体举措及责任分工》，在北京、上海、海南、雄安新区等试点地区探索跨境数据流动分类监管模式，开展数据跨境传输安全管理试点。目前，北京已开展个人信息出境安全评估试点，但试点是否涵盖金融信息出境安全评估并不明确。

---

① 蔡开明：《数据跨境经营合规实践》，2019 年互联网安全与刑事法制高峰论坛，2019 年 12 月 17 日。

② 刘建：《金融数据跨境的法律合规问题及实践》，2017 年大数据合作与合规峰会，2017 年 12 月 17 日。

　　在国家网信部门主导的适用于各行业的数据出境安全评估制度方面,《网络安全法》第三十七条和第四十二条确立了关键信息基础设施运营者"业务需要 + 用户授权同意或匿名化处理 + 出境安全评估"的个人信息和重要数据出境管理规则,第三十一条列举了金融行业的关键信息基础设施。因此,金融行业关键信息基础设施的运营者应遵循"业务需要 + 用户授权同意或匿名化处理 + 出境安全评估"的个人信息和重要数据出境管理规则。

　　问题是《网络安全法》未规定关键信息基础设施的概念和具体范围,对于金融行业关键信息基础设施的运营者类型和具体范围、是否包括第三方支付机构等非金融机构未予明确。国家互联网信息办公室 2017 年 7 月 10 日公布的《关键信息基础设施安全保护条例（征求意见稿）》将金融行业领域单位运行管理的符合条件的网络设施和信息系统纳入关键信息基础设施保护范围。其于 2016 年 12 月 27 日发布的《国家网络空间安全战略》将金融领域的重要信息系统和互联网应用系统认定为关键信息基础设施。但《关键信息基础设施安全保护条例（征求意见稿）》和《国家网络空间安全战略》对应纳入关键信息基础设施保护的运行管理网络设施和信息系统的金融机构的类型和具体范围、是否包括第三方支付机构等非金融机构未予明确。

　　在金融监管部门主导的金融信息出境行业监管方面,人民银行 2011 年 1 月发布的《中国人民银行关于银行业金融机构做好个人金融信息保护工作的通知》原则上禁止银行业金融机构向境外提供其在中华人民共和国境内收集的个人金融信息。例外是法律法规及人民银行相关规定允许的,但未明确规定例外情形。

　　人民银行 2016 年 12 月发布的《中国人民银行金融消费者权益保护实施办法》确立了金融机构（包括银行业金融机构、其他金融机构和非银行支付机构）金融信息出境"业务必需 + 客户授权 + 境外关联机构 + 保密"特别规定。

　　人民银行 2020 年 2 月发布的金融行业标准《个人金融信息保护技术规范》引入金融业机构（包括持牌金融机构和涉及个人金融信息处理的相关机构）

金融信息出境安全评估制度，并延续规定个人金融信息出境"业务必需＋客户授权＋境外关联机构＋保密"四要件规则。纳入关键信息基础设施保护范围的金融机构金融信息出境还应遵循《网络安全法》所确立的关键信息基础设施运营者"业务需要＋用户授权同意或匿名化处理＋出境安全评估"出境管理规则。

我国金融信息出境行业监管与数据出境统一监管之间存在制度不协调的问题。比如，纳入关键信息基础设施保护范围的金融机构对金融信息已作匿名化处理能否跨境提供的问题值得研究。

本文着重研究金融信息出境安全评估主体、评估对象、评估内容、金融信息再次跨境传输安全评估、金融信息本地化、金融信息出境流通工具等问题。

## 二、金融信息出境安全评估主体

《个人金融信息保护技术规范》未明确是由金融业机构进行个人金融信息出境安全自评估，还是由行业监管部门人民银行开展出境安全评估。若明确规定金融信息出境安全评估机构是作为金融行业监管部门的人民银行，但依据《行政许可法》人民银行开展出境安全评估没有法律依据。

国家互联网信息办公室于 2017 年 4 月面向社会公开征求意见的《网络安全法》配套规章《个人信息和重要数据出境安全评估办法（征求意见稿）》规定，出境数据若包含重要数据或者拟出境个人信息符合法定条件，[①] 应由行业主管监管部门进行出境安全评估，其他数据出境由网络运营者进行出境安全自评估。国家互联网信息办公室 2019 年 5 月 28 日向社会公开征求意见的《数据安全管理办法（征求意见稿）》要求，重要数据出境应由网络运营者进行出境安全自评估并报经行业主管监管部门批准。问题是依据《个人信息和重要数据出境安全评估办法（征求意见稿）》和《数据安全管理办法（征求意见稿）》人民银行可以作为金融行业监管部门进行金融信息出境安全评

---

① 《个人信息和重要数据出境安全评估办法（征求意见稿）》第九条。

估或者重要数据出境审批，但依据《行政许可法》其没有实施行政许可的合法依据。

实践中，金融监管部门对金融机构跨境提供个人金融信息的审批，逐渐形成了跨国银行总行因母国审计或税务监管、反洗钱监管要求等向其在中国设立的分行调取金融信息，或者跨国金融集团总公司向其在中国注册的分支机构调取金融信息。通常采取在电话中向监管部门口头请示、监管部门口头答复的惯例做法，其原因是难以预知金融信息出境后泄露、丢失、滥用、篡改或销毁风险及带来的危害。更重要的是，金融监管部门同意金融信息出境属于行政机关的行政审批行为，但依据《行政许可法》其没有法律依据。

## 三、金融信息出境安全评估对象

### （一）出境安全评估的金融信息

根据《个人金融信息保护技术规范》，金融信息是指金融业机构（包括持牌金融机构和涉及个人金融信息处理的相关机构）提供金融产品和服务或者通过其他渠道获取、加工和保存的个人信息。涉及个人金融信息处理的相关机构应包括第三方支付机构。

从个人金融信息的敏感程度角度，《个人金融信息技术保护规范》根据信息未经授权被查看或变更后产生的影响和危害，将个人金融信息分为C3、C2 和 C1 三个类别。信息敏感程度依次从高到低，其中 C3 类信息主要为用户鉴别信息，C2 类信息主要为可识别特定个人金融信息主体身份和金融状况的个人金融信息以及用于金融产品和服务的关键信息，C1 类信息主要为金融业机构内部使用的个人金融信息。个人金融信息类别详见表 1。

## 表1 个人金融信息的类别

| 信息类别 | 信息用途 | 信息内容 | 信息敏感程度 | 未经授权查看或变更对个人金融信息主体的影响 |
|---|---|---|---|---|
| C3 | 主要为用户鉴别信息 | ①银行卡磁道数据（或芯片等效信息）、卡片验证码、卡片有效期、银行卡密码、网络支付交易密码；②账户（支付账号、证券账户、保险账户等）登录密码、交易密码、查询密码；③用于用户鉴别的个人生物识别信息；④与账号结合使用可直接完成用户鉴别的用户鉴别辅助信息 | 高 | 对个人金融信息主体的信息安全与财产安全造成严重危害 |
| C2 | 可识别特定个人金融信息主体身份的个人金融信息 | ①支付账号及其等效信息（如证件类识别标志、证件信息、手机号码）；②账户登录的用户名；③在提供产品和服务过程中收集的个人金融信息主体影像信息；④用户鉴别辅助信息（如动态口令、短信验证码、密码提示问题答案、动态声纹密码）；⑤其他能够识别出特定主体的信息 | 中 | 对个人金融信息主体的信息安全与财产安全造成一定危害 |
| | 可识别特定个人金融信息主体金融状况的个人金融信息 | ①个人财产信息（包括网络支付账号余额）；②借贷信息 | | |
| | 用于金融产品与服务的关键信息 | 交易信息（如交易指令、交易流水、证券委托、保险理赔） | | |
| C1 | 主要为金融业机构内部使用的个人金融信息 | ①账户开立时间、开户机构；②基于账户信息产生的支付标记信息；③ C2 和 C3 类信息中未包含的其他个人金融信息 | 低 | 可能对个人金融信息主体的信息安全与财产安全造成一定影响 |

本文认为，在符合《中国人民银行金融消费者权益保护实施办法》以及《个人金融信息保护技术规范》所规定的个人金融信息出境"业务必需（如跨境支付）＋客户授权＋境外关联机构＋保密"四要件规则，并符合法律法规和监管部门规定的例外情形①下，若不属于法律法规和国家标准明文禁止跨境传输的金融信息以及国家网信部门、公安部门、安全部门等有关部门依法认定不能出境的金融信息，《个人金融信息技术保护规范》规定的金融业机构境内提供金融产品或服务过程中收集和产生的上述个人金融信息应可以出境，属于金融信息出境安全评估对象。

譬如，根据《个人金融信息技术保护规范》，C3 类别金融信息以及 C2 类别信息中的用户鉴别辅助信息不应在境内共享和转让；对于 C3 类别信息和 C2 类别信息中的用户鉴别辅助信息也不应允许进行跨境传输，因此不应属于金融信息出境安全评估对象。其中，C3 类别信息中用于用户鉴别的个人生物识别信息、C2 类别信息中用于辅助用户鉴别的动态声纹密码属于个人生物识别信息。②根据 2020 年《个人信息安全规范》，个人生物识别信息原则上不应在境内共享和转让，因业务需要确需共享和转让应征得个人信息主体明示同意。为保护个人信息主体的生物识别信息，应禁止个人生物识别信息跨境传输。因此，个人生物识别信息不应属于金融信息出境安全评估对象。

## （二）个人金融信息与重要金融信息交叉对出境安全评估的影响

根据《个人金融信息技术保护规范》，个人金融信息是个人信息在金融领域围绕账户信息、鉴别信息、金融交易信息、个人身份信息、财产信息、借贷信息等方面的扩展与细化。

---

① 《个人信息和重要数据出境安全评估办法（征求意见稿）》第十一条和《数据出境安全评估指南（草案）》5.1。

② 根据《个人金融信息技术保护规范》，个人生物识别信息包括但不限于指纹、人脸、虹膜、耳纹、掌纹、静脉、声纹、眼纹、步态、笔迹等生物特征样本数据、特征值与模板。

根据 2020 年《个人信息安全规范》附录 B《个人敏感信息判定》，个人敏感信息示例详见表 2。

表 2  个人敏感信息的示例

| 个人财产信息 | 银行账户、鉴别信息（口令）、存款信息（包括资金数量、支付收款记录等）、房产信息、信贷记录、征信信息、交易和消费记录、流水记录等，以及虚拟货币、虚拟交易、游戏类兑换码等虚拟财产信息 |
| --- | --- |
| 个人健康生理信息 | 个人因生病医治等产生的相关记录，如病症、住院志、医嘱单、检验报告、手术及麻醉记录、护理记录、用药记录、药物食物过敏信息、生育信息、以往病史、诊治情况、家族病史、现病史、传染病史等 |
| 个人生物识别信息 | 个人基因、指纹、声纹、掌纹、耳廓、虹膜、面部识别特征等 |
| 个人身份信息 | 身份证、军官证、护照、驾驶证、工作证、社保卡、居住证等 |
| 其他信息 | 性取向、婚史、宗教信仰、未公开的违法犯罪记录、通信记录和内容、通讯录、好友列表、群组列表、行踪轨迹、网页浏览记录、住宿信息、精准定位信息等 |

通过比较可以发现，《个人信息安全规范》附录 B 列举的个人敏感信息与《个人金融信息技术保护规范》所界定的敏感程度较高的 C2 类别和 C3 类别的个人金融信息，在身份信息（包括身份证信息、个人生物识别信息）、个人财产信息（包括银行账号、鉴别信息、借贷信息等）和交易信息方面存在较高的重合，即敏感程度较高的个人金融信息与个人敏感信息高度重合。

排除不应允许出境的 C3 类别信息（包括鉴别信息，其中包括用于用户鉴别的个人生物识别信息）和 C2 类别信息中的用户鉴别辅助信息（包括用于辅助用户鉴别的动态声纹密码），在《个人金融信息技术保护规范》所罗列的个人金融信息中，身份信息（包括身份证信息）、个人财产信息（包括银行账号、借贷信息等）和交易信息等 C2 类别金融信息可作为金融信息出境安全评估对象。此与个人敏感信息高度重合，可按个人敏感信息进行出境安全评估。

对于重要数据,《个人信息和重要数据出境安全评估办法(征求意见稿)》以及全国信安标委2017年5月27日公布的《数据出境安全评估指南(草案)》和其附录A《重要数据识别指南(征求意见稿)》均关注重要数据与国家安全、经济发展以及社会公共利益的密切相关性。《重要数据识别指南(征求意见稿)》规定的人民银行提出的金融行业重要数据范围包括但不限于:金融机构安全信息;自然人、法人和其他组织金融信息;中央银行、金融监管部门、外汇管理部门工作中产生的不涉及国家秘密的工作秘密,其中自然人、法人和其他组织金融信息示例详见表3。

**表3　自然人、法人和其他组织金融信息的示例**

| 个人财产信息 | 个人收入状况、拥有的不动产状况、拥有的车辆状况、纳税额、公积金缴存金额 |
|---|---|
| 账户信息 | 银行结算账户和支付账户的信息。主要要素为:账号名称、账号、账户类型、账户开立时间、开户机构、绑定账户信息、账户验证信息(含客户身份外部渠道验证信息)、账户映射的敏感介质信息(如银行卡有效期、验证码、磁道信息等)、账户余额、账户交易情况 |
| 个人信用信息 | 信用卡还款情况、贷款偿还情况以及个人在经济活动中形成的,能够反映其信用状况的其他信息 |
| 金融交易信息 | 银行业金融机构、证券业金融机构、保险业金融机构、交易及结算类金融机构、非银行支付机构等各类金融机构办理业务时获取的自然人、法人和其他组织交易信息 |
| 身份信息 | 个人身份信息包括个人姓名、性别、国籍、民族、身份证种类号码及有效期限、职业、联系方式、婚姻状况、家庭状况、住所或工作单位地址及照片等 |
| 衍生信息 | 个人消费习惯、投资意愿等对原始信息进行处理、分析所形成的反映特定个人某些情况的信息 |
| 在与自然人、法人和其他组织建立业务关系过程中获取、保存的其他自然人、法人和组织信息 | — |

《重要数据识别指南(征求意见稿)》列举的上述金融行业重要数据基

本上涵盖了所有与金融交易相关的数据和所有与金融监管相关的数据。目前实践中金融领域存在大量的重要数据。[①]

一方面，从个人信息的角度来看，《个人金融信息技术保护规范》所罗列的可作为金融信息出境安全评估对象的 C2 类别金融信息主要以个人敏感信息为主，并且在身份信息（包括身份证信息）、个人财产信息（包括银行账号、借贷信息等）和交易信息等方面与《个人信息安全规范》附录 B 中列举的个人敏感信息高度重合，可按个人敏感信息进行出境安全评估。另一方面，从重要数据的角度来看，《个人金融信息技术保护规范》所罗列的可作为金融信息出境安全评估对象的 C2 类别金融信息，与《重要数据识别指南（征求意见稿）》列举的金融行业重要数据在银行账号、交易信息、身份信息、个人财产信息等方面存在重合，因此可作为重要数据进行出境监管。

进一步比较可以发现，《个人金融信息技术保护规范》所列举的身份证信息、银行账号和交易信息等个人金融信息既属于个人敏感信息，又属于金融行业重要数据的范畴，即金融领域中的个人敏感信息与重要数据存在交叉。实践中产生的个人信息主体的身份证信息、银行账号和交易信息等个人金融信息，应当按重要数据进行严格的出境监管，还是按个人信息在保护个人信息主体权益的前提下进行跨境数据流动监管，这是存在的一个问题。

本文中的个人金融信息一般是指金融行业的个人信息，以个人敏感信息为主，重要金融信息是指金融行业的重要数据。

## 四、金融信息出境安全评估内容

根据《数据出境安全评估指南（草案）》，个人信息和重要数据出境安全评估目的不同。前者主要为了保护个人信息主体的合法权益，而后者旨在评估重要数据出境对国家安全、经济发展和社会公共利益的影响，应对个人

---

[①] 何延哲：《金融数据跨境的法律合规问题及实践》，2017 年大数据合作与合规峰会，2017 年 12 月 17 日。

金融信息和重要金融信息出境安全评估内容加以区分。

根据《个人信息和重要数据出境安全评估办法（征求意见稿）》及《数据出境安全评估指南（草案）》，金融信息出境安全评估的重点内容是出境金融信息属性、出境发生安全事件可能性。

《个人信息和重要数据出境安全评估办法（征求意见稿）》规定个人信息或重要数据（包括金融信息）出境安全评估，均应评估出境必要性、出境数据属性、数据出境发生安全事件可能性等。经评估，重要金融信息出境会给国家政治、经济、科技、国防等安全带来风险而可能影响国家安全、损害社会公共利益，或者个人金融信息出境可能侵害个人利益，则不得出境。

根据《数据出境安全评估指南（草案）》，网络运营者应从个人信息或重要数据出境计划是否合法正当、风险可控两方面进行数据出境安全自评估。网络运营者在评估出境风险是否可控时，应评估拟出境数据属性以判定个人信息出境个人权益受影响等级或重要数据出境国家安全和社会公共利益受影响等级，并评估出境发生安全事件可能性以判定出境安全事件可能性等级。在二者基础上进行安全风险综合评估，将数据出境活动整体安全风险级别划分为极高、高、中、低四个等级。经评估，出境安全风险为极高或高的金融信息不得出境（见表4）。

表4　安全风险级别判定参考表 [①]

| 影响程度等级 | 安全事件可能性等级 | | |
| --- | --- | --- | --- |
| | 1 | 2 | 3 |
| ≥5 | 高 | 极高 | 极高 |
| 4 | 中 | 高 | 高 |
| 3 | 低 | 中 | 高 |
| 2 | 低 | 中 | 中 |
| 1 | 低 | 低 | 中 |

---

[①]　《数据出境安全评估指南》附录B《个人信息和重要数据出境安全风险评估方法》。

但《数据出境安全评估指南（草案）》实质上是对个人信息或重要数据出境安全评估结果影响出境加以区分管理。若经评估，个人金融信息出境为高风险，网络运营者可采取措施降低个人金融信息出境风险，[①]并重新开展数据出境自评估。若重新评估后，个人金融信息出境风险可接受则可出境，以兼顾数据出境后风险控制与数据依法有序自由出境的需求，否则可能会影响跨境支付等多种经济活动。而重要金融信息一旦被识别为重要数据，经安全评估后出境可能性很低，除非属于控制能力特别强的特殊情况。[②]若经评估，出境安全风险极高或高，将不得出境。

## （一）出境金融信息属性评估

根据《数据出境安全评估指南（草案）》，网络运营者通过评估个人信息属性来判定个人权益影响等级时，首先应识别拟出境个人信息中是否包含敏感信息并判断个人敏感信息的数量，初步判定个人权益影响等级；其次根据个人信息出境数量和范围、技术处理情况等要素对影响等级进行修正（见表5）。可见，个人金融信息出境安全评估时，应关注个人金融信息的敏感程度、个人敏感信息的数量及相应的脱敏处理情况。

---

① 根据《数据出境安全评估指南（草案）》，网络运营者可用于降低个人信息出境安全风险的措施包括但不限于精简出境数据内容，使用技术措施处理数据降低敏感程度，提升数据发送方安全保障能力，限定数据接收方的处理活动，更换数据保护水平更高的接收方，选择政治法律环境保障能力较强地区的数据接收方等。

② 何延哲：《金融数据跨境的法律合规问题及实践》，2017年大数据合作与合规峰会，2017年12月17日。

### 表5　个人权益受影响等级判定 [①]

| 关键要素 | | 影响等级 | 修正要素 | |
|---|---|---|---|---|
| 敏感程度 | | 数量 | 范围 | 技术处理情况 |
| 个人敏感信息为主 | 3 | 一年内涉及出境的个人信息大于个人信息50万人，影响等级可增加1 | 若出境个人信息超出满足出境目的最小元素集，影响等级可增加1 | 使用技术措施对涉及出境的个人信息进行去标识化处理，能有效防止识别出个人的，影响等级可减去1 |
| 包含少量个人敏感信息 | 3 | | | |
| 仅为个人信息，且不包含个人敏感信息 | 3 | | | |

根据《数据出境安全评估指南（草案）》，网络运营者评估拟出境重要数据的属性以判定国家安全和社会公共利益受影响等级时，首先应识别拟出境数据是否属于重要数据并初步判定国家安全和社会公共利益受影响等级；其次根据重要数据出境数量和范围、技术处理等要素对影响等级进行修正（见表6）。可见，重要金融信息出境安全评估的要素包括基于数据源识别的重要数据。

### 表6　国家安全和社会公共利益受影响等级判定表 [②]

| 关键要素 | 影响等级 | 修正要素 | | |
|---|---|---|---|---|
| 重要数据类别 | | 数量 | 范围 | 技术处理情况 |
| 识别出的重要数据 | 4 | 出境重要数据多于1000 GB，影响等级可增加1 | 如果出境重要数据超出满足出境目的的最小元素集，则影响等级可增加1 | 使用技术措施对重要数据进行脱敏处理，能达到合理程度不可逆，影响等级可减去1 |

依据《个人信息和重要数据出境安全评估办法（征求意见稿）》，出境数据属性评估通过评估个人信息或重要数据的类型和敏感程度、出境数量和范围来判断个人信息出境可能给个人合法利益带来的风险，或者重要数据出境可能给国家安全、社会公共利益带来的风险。但未明确区分个人信息或

---

① 《数据出境安全评估指南》附录B《个人信息和重要数据出境安全风险评估方法》。

② 《数据出境安全评估指南》附录B《个人信息和重要数据出境安全风险评估方法》。

重要数据的不同特点以进行不同数据属性的评估，也未要求评估个人信息或重要数据的脱敏处理情况以体现使用技术措施处理数据降低敏感程度的情况。

### （二）金融信息出境发生安全事件可能性评估

依据《个人信息和重要数据出境安全评估办法（征求意见稿）》，在进行个人信息和重要数据出境发生安全事件可能性评估时，均应对个人信息或重要数据接收方的安全保护能力、接收方所在国网络安全环境，以及数据出境及再转移后被泄露、毁损、篡改或滥用风险等进行评估，但未要求评估数据发送方的安全保障能力。发送方可能缺乏出境管理或者涉及数据出境的接口和传输链路不安全，存在个人信息或重要数据还未发送就从发送接口被窃取的风险。应要求评估数据出境发生安全事件可能性时，评估发送方的安全保障能力。

根据《数据出境安全评估指南（草案）》，网络运营者评估个人信息或重要数据出境安全事件可能性等级时，均应评估发送方和接收方安全保障能力等级、接收方所在国家或地区政治法律环境（见表7）。

表7　安全事件可能性等级判定

| 可能性等级 | 判定条件 |
| --- | --- |
| 3 | 发送方技术保障能力、管理保障能力、接收方主体审查、技术保障能力、管理保障能力、政治法律环境任何一项赋值为"低"的 |
| 2 | 发送方技术保障能力、管理保障能力、接收方主体审查、技术保障能力、管理保障能力、政治法律环境赋值有"中"和"高"的 |
| 1 | 发送方技术保障能力、管理保障能力、接收方主体审查、技术保障能力、管理保障能力、政治法律环境所有项赋值均为"高"的 |

在评估重要数据接收方所在国政治法律环境时，重要数据出境安全评估的核心要素应为对重要数据的控制能力。《数据出境安全评估指南（草案）》要求网络运营者应评估接收方所在国执法、司法、国防和国家安全部门是否

拥有调取重要数据的法定权力。

## 五、金融信息再次跨境传输安全评估

个人金融信息出境后，可能发生接收方再次跨境传输个人金融信息后被泄露、毁损、篡改、滥用等出境安全风险。

### （一）金融信息再次跨境传输监管困境

国家互联网信息办公室 2019 年 6 月 13 日公布的《个人信息出境安全评估办法（征求意见稿）》调整了《个人信息和重要数据出境安全评估办法（征求意见稿）》所规定的个人信息出境安全评估内容，将个人信息出境安全评估与标准合同条款两种个人信息出境监管方式加以结合，将对网络运营者与个人信息接收者之间的合同内容（包括个人信息出境情况、个人信息主体权益保护、网络运营者与个人信息接收者应承担的义务和相应责任等），以及合同能否得到有效履行的评估作为个人信息出境安全评估的重点内容之一。

对于个人信息再次跨境传输，依据《个人信息出境安全评估办法（征求意见稿）》，网络运营者与接收者之间的合同应明确约定个人信息接收者不得向第三方传输接收到的个人信息，例外情形是个人信息主体知情、个人敏感信息主体同意。接收者承诺在个人信息主体请求时，停止向第三方传输并要求第三方销毁已接收到的个人信息，且网络运营者对个人信息主体因个人信息再次传输而遭受的权益损害承担先行赔付责任。但该征求意见稿对于个人信息接收者向第三方传输个人信息是否包括再次跨境传输未予明确，因此，在上述例外情形下接收者能否将个人信息再次跨境传输并不明确。除符合《个人信息出境安全评估办法（征求意见稿）》规定的个人信息接收者可向第三方再次传输个人信息的上述例外情形外，《个人信息出境安全评估办法（征求意见稿）》也未明确规定在开展个人信息出境安全评估时，是否评估网络运营者与接收者之间合同中个人信息再次传输条款（若允许个人信息再次跨境传输则为个人信息再次跨境传输条款）。

根据《数据出境安全评估指南（草案）》，网络运营者评估个人信息出境安全事件可能性等级时，应评估发送方安全保障能力，包括对发送方与接收方签订的合同进行评估。如合同是否约定除法律规定外，接收方在未获得网络运营者授权和个人信息主体同意时无权再转移个人信息。但该草案未明确在符合法律规定或接收方获得网络运营者授权和个人信息主体同意再转移个人信息的情形下，是否对个人信息跨境传输进行安全评估。

值得关注的是，《个人信息出境安全评估办法（征求意见稿）》要求网络运营者申报个人信息出境安全评估时，应提供网络运营者与个人信息接收者签订的合同、个人信息出境安全风险及安全保障措施分析报告（其中个人信息出境计划包括个人信息出境后是否向第三方传输等）。根据《数据出境安全评估指南（草案）》，网络运营者评估个人信息或重要数据出境计划是否风险可控时，应避免出境及再转移安全风险。

本文认为，根据《个人信息出境安全评估办法（征求意见稿）》及《数据出境安全评估指南（草案）》，在个人信息出境安全评估时，应考虑个人信息再次传输因素。若允许个人信息再次跨境传输，则应考虑个人信息再次跨境传输因素。但《个人信息出境安全评估办法（征求意见稿）》和《数据出境安全评估指南（草案）》均未对个人信息再次传输的第三方和第三方所在国施加限制性条件。在无法确保第三方具备安全保护能力，第三方所在国政治法律环境有利于保护个人信息主体权益的情况下，即便网络运营者授权、个人信息主体同意并在请求时接收者停止再次跨境传输，个人信息主体可能也并不真正知悉个人金融信息再转移后的安全风险，或者难以及时获知再次跨境传输的第三方或个人金融信息发生安全事件而请求接收者停止向第三方传输。

## （二）域外监管方式对我国金融信息再次跨境传输监管适用的探讨

各国对个人信息出境及再转移监管主要采用数据跨境自由流动国家白名

单制度、政府间协议、同等保护／适当保护措施、个人信息主体同意等四类方式。[①]其中，同等保护／适当保护措施替代方式包括个人信息出境安全评估、约束性公司规则、标准合同条款等。

### 1. 数据跨境自由流动国家白名单制度

欧盟、俄罗斯等实行数据跨境自由流动国家白名单制度。根据欧盟1995年《数据保护指令》确立的充分性保护原则，可从欧盟境内向欧洲委员会认定的对个人数据提供充分保护的第三国及第三国境内特定行业或部门、国际组织转移个人数据。目前有加拿大（商业组织）、瑞士、阿根廷、安道尔、法罗群岛、根西岛、以色列、马恩岛、泽西岛、新西兰、瑞士、乌拉圭、美国等12项生效的充分性认定。欧盟明确的欧洲委员会作出的12项充分性认定在2016年《一般数据保护条例》（GDPR）通过后继续有效。[②]

### 2. 政府间协议

目前，个人信息出境及再转移监管方面政府间协议主要包括亚太经合组织跨境隐私规则体系（CBPRs）等。2000年，美国向欧盟妥协签订了《安全港协议》。2013年，棱镜门事件曝光了《安全港协议》形同虚设。2015年10月6日，欧盟法院作出判决，认为《安全港协议》不能满足充分性保护原则，因此无效。在商业利益驱使下，2016年7月12日欧美通过了新的数据跨境协议《隐私盾框架》。2020年7月16日，欧盟法院作出判决，认为《隐私盾框架》无法提供充分隐私保护，认定《隐私盾框架》无效。

### 3. 约束性公司规则和标准合同条款

约束性公司规则是跨国集团可优先考虑的个人信息跨境传输机制。欧盟GDPR将约束性公司规则（BCR）确定为合法的数据跨境传输机制。跨国集

---

① 何延哲：《金融数据跨境的法律合规问题及实践》，2017年大数据合作与合规峰会，2017年12月17日。

② 许多奇：《个人数据跨境流动规制的国际格局及中国应对》，《法学论坛》2018年第3期，第130-135页；黄道丽、何治乐：《欧美数据跨境流动监管立法的"大数据现象"及中国策略》，《情报杂志》2017年第4期，第48-52页。

团遵循一套完整的，经个人数据监管机构（如爱尔兰数据保护委员会）认可的约束性公司规则，可将个人数据从集团内某一成员合法传输给另一成员，可适用于数据控制者、处理者或兼为控制者、处理者的跨国集团各成员。[①]

中小企业若向没有获得充分性认定的国家进行个人信息传输，通过标准合同条款来确保接收方信息保护能力是一种常见方式。比如，欧盟、澳大利亚政府部门制定并推行数据出境合同范本，[②] 在合同中明确相关主体义务，约束数据接收方行为。欧盟委员会依据1995年《数据保护指令》起草了三款标准合同条款。企业在欧盟委员会分别于2001年6月15日、2004年12月27日通过的适用于"控制者到控制者"的标准合同条款当中选择其一纳入数据跨境传输合同，即可进行"控制者到控制者"的个人数据跨境传输；将欧盟委员会于2010年2月5日更新的适用于"控制者到处理者"的标准合同条款纳入数据跨境传输合同，即可进行"控制者到处理者"的个人数据跨境传输。根据GDPR，在欧盟委员会做出新的决定之前，这三套标准条款继续有效。但目前欧盟还没有批准适用于"处理者到处理者"的标准合同条款。

对于再次跨境传输，欧盟委员会通过的2004年"控制者到控制者"标准合同条款第2（i）条规定数据输入方再次跨境转移数据应通知输出方，并在2001年"控制者到控制者"标准合同条款附录2和附录3规定的再次跨境转移数据条件——数据主体知情、敏感数据主体明示同意的基础上，增加规定再次转移的输入国是获得欧盟保护水平认定的国家、再次转移的接受方是经欧盟监管机关批准的数据转移标准合同条款的签署方等两类再次跨境转移数据的情形。

---

① 王融：《数据跨境流动政策认知与建议——从美欧政策比较及反思视角》，《信息安全与通信保密》第3期，第41-53页。

② 印度2019年12月公布的《个人数据保护法案（草案）》借鉴了欧盟GDPR，引入标准合同条款的数据跨境传输机制，规定可根据数据保护局批准的合同条款向境外传输个人敏感信息，合同条款应规定有效保护数据主体的权利（包括与进一步转让给任何其他人有关的权利）、数据受托人承担因不遵守此类合同的规定而导致损害的责任等。

在各国对个人信息出境及再转移的各类监管方式中，由于数据跨境自由流动国家白名单制度受政治因素影响较大，目前我国不宜采用该类个人金融信息出境及再转移监管方式。

两国之间签订个人信息跨境流动监管方面的政府间协议可能受商业因素影响且政治因素浓重容易发生变化，完全借助政府间协议进行个人金融信息出境及再转移监管，将难以确保有效控制个人金融信息出境及再转移后的安全风险，需要通过相应的技术来解决个人金融信息出境及再转移涉及的隐私保护问题。例如，通过区块链，可以实现金融信息出境数据不可篡改及隐私保护；通过零知识证明、同态加密等密码学技术，可以实现出境数据不离属地的隐私计算等。

《个人信息出境安全评估办法（征求意见稿）》虽规定我国参与或者与其他国家和地区、国际组织缔结的条约对个人信息出境有明确规定的适用其规定，属于政府间协议的个人信息出境及再转移监管方式，但我国尚未参与或者与其他国家缔结个人信息保护、数据流通等方面的双边或多边国际条约。一旦我国参与或者与其他国家缔结相关领域双边或多边国际条约，将依据相关国际条约、国内立法及标准对个人金融信息再次跨境传输加以监管。

针对个人信息接收者与再次跨境传输的第三方均为同一跨国集团成员的情形，可考虑在我国立法或国家标准中引入约束性公司规则或类似制度来规制跨国集团内部再次跨境传输个人金融信息的行为。该类规则或制度可适用于数据控制者、处理者或兼为控制者、处理者的跨国集团各成员，但仅适用于跨国集团内部金融信息再次跨境传输的情形。

个人信息出境须经个人信息主体同意是国际通行规则，但仅仅个人信息主体同意不足以控制个人金融信息再次跨境传输带来的安全风险。

## （三）我国金融信息出境安全评估制度再转移安全评估机制构建建议

本文认为，我国应在个人信息出境安全评估制度中明确应对个人信息再次跨境传输进行安全评估，并对个人信息再次传输的第三方和第三方所在国施加限制性条件，以确保第三方具备安全保护能力、第三方所在国政治法律环境有利于保护个人信息主体权益，减少金融信息出境后再转移发生被泄露、毁损、篡改、滥用等金融信息出境安全风险。

同时，我国不宜在立法中强制性要求个人信息跨境传输合同应约定发送方和接收方的具体义务和责任。对此可借鉴欧盟的做法，要求个人信息跨境传输合同中应包含由国家网信部门批准的标准合同条款，在标准合同条款中规定个人信息再次跨境传输的第三方应当已签订包含标准条款的合同。但若仅采用标准合同条款方式，对个人信息接收方的约束只是合同，将难以有效控制金融信息再次跨境传输安全风险。应将个人金融信息再次跨境传输安全评估与标准合同条款两种监管方式相结合，在个人金融信息再次跨境传输安全评估时，审查个人金融信息跨境传输合同是否包含标准合同条款。

## 六、金融信息本地化要求

金融信息本地化要求与出境安全评估均属于金融信息出境监管方式。

### （一）重要数据和个人信息本地化要求

我国《网络安全法》第三十七条将数据本地化存储要求限于关键信息基础设施运营者在境内运营中收集和产生的个人信息和重要数据。

与关键信息基础设施直接或间接相关的数据主要是重要数据，其中关键信息基础设施产生的信息基本上是重要数据，而基于利用与关键信息基础设施有间接关系的信息可能对关键信息基础设施产生影响，与关键信息基础设施间接相关的信息也可能是重要数据，因此《网络安全法》第三十七条的上述规定主要是关于重要数据的本地化要求。

然而，重要数据不限于关键信息基础设施运营者收集和产生的重要数据。基于海量数据、非公开数据分析的总体态势类信息，覆盖大范围、长时间或涉及某些重要区域、特定人群、特定时期的某些信息集合或全量数据等也应属于重要数据的范畴。若允许此类重要数据出境，境内数据发送方将难以仅依据与境外接收方签订的合同来控制数据出境后的风险。一旦出境后被其他国家政府部门行使法定权力调取，或者发生被泄露、窃取、滥用、篡改或非法汇聚、整合、分析等风险，将可能影响国家安全、经济发展以及公共利益，且无法通过事后救济弥补损害。①

关于其他国家政府部门调取境外数据，美国议会2018年3月28日通过的《澄清合法使用境外数据法》适用"数据控制者标准"扩大了美国执法机关跨境调取数据的权力，即有权强制性命令数据控制者提供其所控制的境外相关数据。②欧盟委员会2018年4月提出的《电子证据跨境调取的议案》建立了欧洲数据保存令规则，根据该规则欧盟成员国执法或司法当局可强制要求欧盟境内网络服务提供商提交与其在欧盟境内提供服务有关的刑事诉讼所需的电子证据。③英国《犯罪（境外提交令）法案》通过确立"境外提交令"机制赋予法院命令企业提交境外数据的权力。④一旦重要数据出境后被其他国家执法、司法等政府部门依据上述法律调取，将可能对我国国家安全和社会公共利益产生不利影响，对此问题应予以高度关注。

本文认为，从维护我国国家安全和社会公共利益角度出发，并借鉴国际经验，我国不应限于要求关键信息基础设施运营者在境内运营中收集和产生的重要数据进行本地化存储，而应根据重要数据属性和对国家安全、社会公共利益的影响程度，对各类重要数据施加程度不同的本地化要求。同时，我国应对重要数据实施严格的出境监管，原则上应在本地化存储，在例外情形

---

① 何延哲：《金融数据跨境的法律合规问题及实践》，2017年大数据合作与合规峰会，2017年12月17日。

② 许多奇：《论跨境数据流动规制企业双向合规的法治保障》，《东方法学》2020年第2期，第185-197页；许可：《数据安全法：定位、立场与制度构造》，《经贸法律评论》2019年第3期，第52-66页。

③ 上海社会科学院、阿里巴巴数据安全研究院：《重磅发布：全球数据跨境流动政策与中国战略研究报告》，https://www.secrss.com/articles/13274，访问日期：2021年9月8日。

④ 许可：《数据安全法：定位、立场与制度构造》，《经贸法律评论》2019年第3期，第52-66页。

下才允许重要数据出境。如在数据出境安全评估中，一旦识别出拟出境数据包含重要数据，除非属于控制能力特别强的特殊情况，原则上不应允许出境，并应采取相应措施对出境后重要数据进行持续风险监控。

与重要数据不同的是，个人信息出境后风险通常情形下主要关系个人信息主体的权益。在符合跨境传输相关法律规定的前提下，应允许个人信息出境，否则可能会影响跨境支付等多种经济活动。基于此，我国对个人信息出境监管应兼顾数据出境后风险控制与数据依法有序自由出境的需求。在确保数据安全的前提下，允许个人信息自由流动，而不应强制性要求本地化存储。但当数据出境涉及的个人信息主体数量达到或超过一定量级或涉及某一特定群体，个人信息出现数据汇集后的衍生价值时，个人信息数量越大或者涉及特定群体的个人信息数量越多，发生个人权益受影响的几率越高，甚至影响国家安全和社会公共利益。在此情形下，个人信息的汇集可能构成重要数据，原则上不应允许出境，而应在本地化存储。

### （二）金融信息本地化特别规定

根据金融信息属性和影响程度等因素，各国普遍对银行、金融等行业或领域信息实施严格的本地化要求。譬如，印度储备银行 2018 年发布了支付信息在印度境内唯一存储的严格本地化存储要求，禁止支付信息出境。2018年 4 月印度储备银行发布通知，要求印度境内所有支付系统提供商将与其运营的支付系统相关的全部支付信息仅在印度境内存储，包括收集、输送、处理的完整端到端交易信息，并且将 2018 年 10 月 15 日确定为各支付系统运营商执行支付信息本地化的截止日期。在印度储备银行要求支付信息本地存储时，在该行发布的《关于发展和监管政策的声明》中指出，随着新支付系统和平台的出现，为确保支付系统信息安全性需要对支付信息采取持续性监控，支付信息的境外存储不能满足相应的监督目的。但这一理由遭到了欧盟和美国政府及企业诸多质疑。比如，支付信息本地化并不能有效提升安全性。

基于执法目的，并不需要支付信息在印度境内唯一存储，数据镜像同样可以满足上述需求。①

我国相关立法和标准对金融信息规定了严格的本地化要求。除了依据《网络安全法》第三十一条和第三十七条规定的纳入关键信息基础设施保护范围的金融机构在境内运营中收集和产生的金融信息应在境内存储以外，《中国人民银行关于银行业金融机构做好个人金融信息保护工作的通知》要求银行业金融机构应当本地化储存、处理和分析在境内收集的个人金融信息，但未明确在境内产生的个人金融信息是否应本地化储存、处理和分析。《中国人民银行金融消费者权益保护实施办法》将境内收集个人金融信息本地化要求扩展至适用于其他金融机构和非银行支付机构。保监会在2011年《保险公司开业验收指引》中要求中资保险公司业务数据、财务数据等重要数据应存放在中国境内。《个人金融信息保护技术规范》要求金融业机构（包括持牌金融机构和涉及个人金融信息处理的相关机构）在境内存储、处理和分析其在境内提供金融产品或服务过程中收集和产生的个人金融信息，其中个人金融信息处理的相关机构应包括第三方支付机构。

值得注意的是，《中国人民银行关于银行业金融机构做好个人金融信息保护工作的通知》《中国人民银行金融消费者权益保护实施办法》以及《个人金融信息保护技术规范》所确立的金融信息本地化制度不限于要求在境内存储境内个人金融信息，还要求对境内个人金融信息进行本地化处理和分析。保监会在2011年《保险公司开业验收指引》中进一步要求中资保险公司应具有独立的数据存储设备，其于2015年10月向社会公开征求意见的《保险机构信息化监管规定（征求意见稿）》第三十一条规定保险机构应在境内设立数据中心（前提是数据来源于国内）。根据《中国人民银行办公厅关于2013年个人金融信息保护专项检查情况的通报》，实践中部分外资银行将数

---

① 胡文华、孔华锋：《印度数据本地化与跨境流动立法实践研究》，《计算机应用与软件》2019年第8期，第306-310页。

据中心设在境外，不符合监管部门相关规定。有实务界人士认为，储存在中国境内的标准应是储存个人信息或重要数据的服务器、云计算平台、计算中心均应在中国境内。

### （三）本地化要求确保金融信息安全的质疑

各国通过立法实施金融信息本地化要求，其中一个重要原因就是防范金融信息在境外被外国政府情报机构强制获取。问题是金融机构将金融信息存储在其设立在境内的数据中心，或者云服务商位于本国境内的云计算平台中能否真正确保金融信息安全。

金融信息存储在境内同样会受到黑客或国外情报人员的攻击，金融信息集中存储在一个区域受攻击后可能损失更大。本地化存储技术和方法是确保金融信息安全的关键因素。存储在企业数据中心或云服务商云计算平台上的金融信息安全，在很大程度上取决于数据中心运营商或云服务商的安全防护能力，如对数据中心或云计算平台的风险评估和安全风险持续监控，对信息系统用户访问数据中心或云计算平台的控制，对非用户攻击信息系统的应急响应等。国家标准化管理委员会 2014 年 9 月发布的国家标准《信息安全技术云计算服务安全指南》（GB/T 31167–2014）要求云服务商具有相应的信息安全技术能力。《保险公司开业验收指引》要求中资保险公司具有独立的数据存储设备并具有相应的安全防护和异地备份措施。但完全依靠本国资源构建数据中心存在一定风险，如数据中心对能源需求较大，一旦出现能源短缺或黑客攻击等安全事件可能导致境内数据中心瘫痪。

## 七、研究结论

本书主要研究结论有如下几个方面。

第一，实践中通常在外资银行分行向总行报告客户金融信息、跨国金融机构的母国监管机构要求、跨境支付、双边协议等情形下涉及金融信息出境。金融信息出境安全评估是金融信息出境监管方式之一。我国金融信息出境监管制度包括国家网信部门主导的适用于各行业的个人信息和重要数据出境安全评估制度、金融监管部门主导的金融信息出境行业监管制度。现行金融信息出境安全评估制度体现在《网络安全法》第三十一条、第三十七条以及2020年《个人金融信息保护技术规范》的原则性规定。

第二，在金融信息出境安全评估主体方面，《个人金融信息保护技术规范》虽引入金融信息出境安全评估制度，但依据《行政许可法》，人民银行作为金融行业监管部门开展出境安全评估没有法律依据。

第三，在金融信息出境安全评估对象方面，提出在符合《中国人民银行金融消费者权益保护实施办法》以及《个人金融信息保护技术规范》所规定的个人金融信息出境"业务必需＋客户授权＋境外关联机构＋保密"四要件规则，并符合法律法规和监管部门规定的例外情形下，若不属于法律法规和国家标准明文禁止跨境传输的金融信息以及国家网信部门、公安部门、安全部门等有关部门依法认定不能出境的金融信息，《个人金融信息技术保护规范》所罗列的金融业机构境内提供金融产品或服务过程中收集和产生的个人金融信息应可以出境，属于金融信息出境安全评估对象。

《个人金融信息技术保护规范》所罗列的可作为金融信息出境安全评估对象的身份证信息、银行账号和交易信息等个人金融信息既属于个人敏感信息，又属于金融行业重要数据的范畴。因此，金融领域中的个人敏感信息与重要数据存在交叉，将会产生身份证信息、银行账号和交易信息等个人金融信息应当按重要数据进行严格的出境监管，还是应按个人信息进行跨境数据流动监管的问题。

第四，在金融信息出境安全评估内容方面，基于出境安全评估目的不同，应对个人金融信息与重要金融信息出境安全评估内容加以区分。在金融信息出境安全评估的重点内容即出境金融信息属性、金融信息出境发生安全事件可能性评估中，评估出境个人金融信息属性时，应关注个人金融信息的敏感程度和数量及相应的脱敏处理情况；评估出境重要金融信息属性时，应识别重要数据；评估重要金融信息出境发生安全事件可能性时，应重点评估接收方所在国政府执法、司法、国防和国家安全部门等是否拥有调取重要金融信息的法定权力。

第五，针对金融信息出境后再次跨境传输的安全风险，建议在我国金融信息出境安全评估制度中明确应对金融信息再次跨境传输进行安全评估，并对金融信息再次传输的第三方和第三方所在国施加限制性条件，以确保第三方具备安全保护能力，第三方所在国政治法律环境有利于保护个人信息主体权益。同时，应将个人金融信息再次跨境传输安全评估与标准合同条款两种监管方式相结合。在进行个人金融信息再次跨境传输安全评估时，审查个人金融信息跨境传输合同是否包含由国家网信部门批准的标准合同条款（在标准合同条款中应规定再次跨境传输的第三方应当已签订包含标准条款的合同）。

第六，在本地化要求方面，对于重要数据原则上应在本地化存储，在例外情形下才允许重要数据出境。建议我国不应限于要求关键信息基础设施运营者在境内运营中收集和产生的重要数据进行本地化存储，而应对各类重要数据施加本地化要求；对个人信息不应强制要求本地化存储，而应在确保数据安全的前提下允许个人信息自由流动。但当个人信息的汇集构成重要数据时，原则上不应允许出境，而应在本地化存储。对于金融信息，应施加严格的本地化要求。

第七，在金融信息出境流通工具方面，金融信息出境安全评估监管可以与最新的创新技术结合，如云计算、大数据、区块链。安全多方计算、密码学技术等新科技的发展，让数据的价值与使用进入了一个全新的维度。相应地，监管机构对数据安全与隐私的重视达到了前所未有的严格与严厉。按照《数据出境安全评估指南（草案）》的要求，出境前网络运营者对某些敏感数据通过脱敏规则进行数据变形处理，实现对敏感隐私数据的可靠保护，并采取其他技术处理措施，对脱敏处理的效果进行验证，达到合理的不可挽回程度。结合举例通过以下几个方面来说明。

1. 金融信息唯一数据标志建立

通过区块链技术为金融信息出境流通时建立唯一的数据标志，在出境过程中使用数据标志替代个人信息或某些重要的数据，使敏感信息不需要保留；并且局限在有限的场景下使用，使得数据出境更加安全。如，用数据标志可以代替银行卡号进行交易验证，避免卡号信息泄露的风险。数据标志可以用在银行卡交易的每个环节，和现有的基于银行卡卡号的交易一样，可以跨行业使用，具有通用性。

2. 金融信息出境数据隐私保护

从加强监管的角度来看，区块链是一项不可忽视的技术手段。金融信息数据通过区块链技术出境时，网络运营者持有数据加密的私钥，通过公钥计算发布金融信息数据评估对象及评估内容。通过控制私钥，网络运营者可以在区块链上独立完成交易。虽然每笔交易的细节都可以在区块链网络上看到，但它无法推断出现实世界中某个特定人的真实身份。

3. 金融信息出境后再次跨境传输可追溯

区块链技术本质上是一个不可篡改的分布式数据库，可以实现对金融信息出境流转的全生命周期记录。一方面，该特性使得区块链技术实现了个人金融信息与重要金融信息出境的可追溯性，便于监管流通过程中的数据，为政府和行业部门控制金融信息出境后再次跨境传输提供了有效手段。另一方面，区块链技术的分布式性质冲击了传统法律监管，个人数据的收集、储存和传输等行为已经超越国家和地域界限，对现行辖区而治的监管体系也存在一定程度的冲击。加强国际合作，在跨境数据治理中不可避免。

4. 金融信息数据不离属地计算

通过区块链结合新的密码学技术实现数据出境"可用不可见、可见不可得"，既满足金融信息数据在本地化方面的要求，又可以实现数据的出境要求。例如，使用零知识证明技术实现出境金融交易信息可以被检查和验证，但不能发现真正的数据。通过安全多方计算技术，实现出境金融数据在区块链加密存储的情况下，联合多个密文数据直接进行计算。不仅实现了异构环境下跨境金融数据的联合分析，而且充分保证了金融信息安全和数据隐私保护。使用基于群签名的密码方案来实现签名认证的同时保护签名者的身份；采用高效的差分隐私方案，实现金融信息出境时进行数据扰动。随着查询的次数越多，数据的噪声值越大，数据的可用性越差，避免差分攻击，隐藏用户敏感信息。

# 金融行业监管规定应如何影响合同效力

北京大成（杭州）律师事务所　龚俊锋 *

**摘　要**

随着金融强监管时代的到来，监管部门针对银行、证券和保险等主要金融业务领域出台了一系列部门规章，对金融业务进行强制性规范。这些规范性文件对金融合同效力认定产生较大影响，越来越多的法院以涉案合同违反金融规章而最终损害社会公共利益为由认定合同无效。与此同时，《民法典》确立了公序良俗的基本原则，以"公序良俗"同义替换"损害社会公共利益"，该原则也是认定合同效力的标准之一；《九民纪要》第三十一条内容 [1] 亦表明了相同立场，该条款将金融安全定性为公序良俗，强调违背社会公序良俗的金融合同无效。本文将类比、评析金融合同效力认定的司法案例，总结法院认定金融合同效力的裁判思路，明晰公序良俗原则在金融商事领域司法应用的境况，为我国金融司法审判的进一步完善提供参考。

**关键词**：金融监管；合同效力；公共利益；公序良俗；规章

---

\* 龚俊锋，北京大成（杭州）律师事务所律师。

① 最高法关于印发《全国法院民商事审判工作会议纪要》的通知（法〔2019〕254号）第三十一条：【违反规章的合同效力】违反规章一般情况下不影响合同效力，但该规章的内容涉及金融安全、市场秩序、国家宏观政策等公序良俗的，应当认定合同无效。人民法院在认定规章是否涉及公序良俗时，要在考察规范对象基础上，兼顾监管强度、交易安全保护以及社会影响等方面进行慎重考量，并在裁判文书中进行充分说理。

# 一、金融合同效力认定的案例分析

## （一）金融合同效力认定路径的变化

一直以来，《合同法》第五十二条、《民法总则》第一百五十三条是认定合同无效的主要依据。《民法典》颁布后，相应内容在《民法典》中体现为第一百四十三条、第一百五十三条，即"违反法律、行政法规的强制性规定的民事法律行为无效。但是，该强制性规定不导致该民事法律行为无效的除外。违背公序良俗的民事法律行为无效"。该条文对规范性文件的效力层级作出限制，即只有违反"法律、行政法规"才会导致合同无效，违反法律、行政法规以外的其他规范性文件的合同，虽然会受到一定程度的规制惩戒，但不至于被认定为无效。然而，近几年在金融强监管政策的影响下，法院对金融合同效力认定的裁判思路出现变化（见表1）。

**表 1 法院关于合同效力认定的部分案例及判决结果汇总**

| 案号 | 案由 | 终审法院 | 涉案合同类型 | 裁判依据 | 判决结果 |
|---|---|---|---|---|---|
| (2017)最高法民终529号 | 股权转让纠纷 | 最高人民法院 | 营业信托纠纷 | 《保险公司股权管理办法》第八条 | 合同无效 |
| (2017)最高法民申2454号 | 股权转让纠纷 | 最高人民法院 | 股权代持协议 | 《首次公开发行股票并上市管理办法》《证券法》《上市公司信息披露管理办法》《合同法》 | 合同无效 |
| (2019)最高法民再99号 | 案外人执行异议之诉 | 最高人民法院 | 股权代持协议 | 《商业银行股权管理暂行办法》第十条和第十二条 | 合同无效 |
| (2020)浙01民终2954号 | 合同纠纷 | 浙江省杭州市中级人民法院 | 《兑付计划书》 | 《合同法》第六十条和第一百零七条 | 合同有效 |

实践表明，仅依据法律、行政法规认定合同效力的做法不利于金融纠纷的解决。反观规章，它是法律、行政法规的细化，其内容更加详细具体，对

实务部门的指导作用更明确。同时，规章更新速度更快、时效性更强，它可以灵活敏锐地随着金融发展状况迭代更新，切中肯綮地指出当前实务中相关矛盾的解决路径。近年来，司法领域开始逐渐探索将金融规章作为认定合同效力评判标准的可行性。尽管该做法突破了现行法律规定对规范效力层级的限制，但这种突破打破了仅从法律行政法规认定合同效力的僵化局面，改变了以往机械化、刻板化的一刀切做法。[①]

## （二）规章对合同效力认定的影响力

2018 年，最高法在福建伟杰投资有限公司等诉福州天策实业有限公司营业信托纠纷[②]案中，对根据金融规章认定合同效力的内在逻辑及必要性进行详细阐释。

该判决认为，规章的制定依据和目的与法律、行政法规一致，均为了实现对保险业的良性监督管理，维护社会经济秩序和社会公共利益，从而最终促进保险事业的健康发展。规章内容是对相关法律、行政法规的细化，其与法律、行政法规是一个有机整体，并未违反上位法，也未与同层级效力的规范文件相冲突。涉案合同违反规章将直接损害社会公共利益，妨害保险行业的健康有序发展。

## （三）公序良俗对合同效力认定的影响力

此后，以规章为合同效力认定依据逐渐常态化，同时其往往与"是否损害社会公序良俗"组合出现。比如在河南寿酒集团有限公司、韩冬案外人执行异议之诉[③]案例中，法院以《商业银行股权管理暂行办法》第十条、第十二条为依据认定涉案合同无效。在法院说理中，法院承认该规定虽然是部门规章，但其对商业银行股权代持行为有明确规制，故参考适用。同时，法

---

① 胡赟頔：《金融监管规章影响商事合同效力的路径辨析》，《海南金融》2020 年第 3 期。
② 最高人民法院（2017）民终 529 号。
③ 最高人民法院（2019）民再 99 号。

院从社会公共利益维护角度详细阐述了该合同生效带来的负面影响。如果法院支持商业银行股权代持行为，代持股将成为规避监督制约的一种途径，导致越来越多的实际出资人以此种方式规避应承担的责任，这种裁判结果会向社会传递不恰当的信号。

### （四）谦抑适用规章进行合同效力认定

尽管已有根据金融规章认定合同无效的先例，但是法院在审判中仍然采取谨慎谦抑的态度，选择性地适用金融规章。如杭州中院在 2020 年审理的中能源电力燃料有限公司、祝锡芳合同纠纷[①]案中，当事人主张《兑付计划书》因违反资管新规而应认定为无效，但法院在说理部分对是否适用资管新规只字未提，仍然以法律、行政法规的强制性规定为裁判依据，认为《兑付计划书》未违反法律、行政法规的强制性规定，双方当事人意思表示真实，故协议合法有效。

## 二、公序良俗影响金融合同效力的法理基础

### （一）公序良俗原则的适用必要性

认定合同无效是对违法合同的顶格惩戒方式，其后果是直接使合同主体的行为"自始至终无效"，彻底颠覆合同主体的行为效力，这是公法对民事行为主体意思自治自由的极大干预。[②]因此，将认定合同无效的规范性文件的效力层级限定在法律、行政法规之内，是避免过度的行政管制导致合同无效，[③]避免公权力的无限扩张最终损害金融主体的交易自由。

但法律的稳定性和金融领域的变动性是矛盾的，相对滞后的法律无法应对金融创新产品的快速发展，以至于其在应对前沿金融矛盾时发生捉襟见

---

① 浙江省杭州市中级人民法院（2020）浙 01 民终 2954 号。

② 陈洪磊：《民法典视野下我国商事习惯的司法适用》，《政治与法律》2021 年第 4 期。

③ 王利明：《论无效合同的判断标准》，《法律适用》2012 年第 7 期。

肘的情况。虽然实务中已经将金融规章作为合同认定的依据之一，《九民纪要》第三十一条也肯定了这一做法的现实合理性，允许涉及金融安全的部门规章影响合同效力。但于今年生效的《民法典》对此并未作出让步，其在第一百五十三条中明确表示，认定合同无效的规范性文件仅限于"法律、行政法规"。故根据"新法优于旧法、上位法优于下位法"原则，仍然应当以《民法典》的相关规定为准。

结合上述内容综合考虑，在司法审判中，不妨避免直接以金融部门规章为依据作出裁判，而是将公序良俗原则作为转介条款，详细阐述违反规章的涉案合同对社会公序良俗的不良影响，最终以违反公序良俗原则为裁判依据认定合同无效，从而避免与《民法典》第一百四十三条、第一百五十三条中关于规范效力层级的明文规定产生直接的正面冲突。

### （二）公序良俗原则的域外应用情况

"公序良俗"原则起源于古罗马，概念包含公共秩序和善良风俗。[①] 该原则作为法律行为的效力边界，规范民事法律行为。《民法典》首次明确规定了公序良俗原则，并且在第八条规定中将"法律"与"公序良俗"并列陈述，且公序良俗被置于法律之后，承认公序良俗与法律地位相同。同时，明确二者在司法审判时的适用顺序：应当优先适用法律规定。公序良俗作为兜底条款，弥补了法律缺漏时的裁判依据适用问题。

在域外，许多国家认定合同无效的标准都包括公序良俗或者公共秩序因素。同为大陆法系的德国，其关于合同无效的表述与我国《民法典》相似，《德国民法典》规定："法律不另有规定的，违反法定禁止的法律行为无效""违反善良风俗的法律行为无效。"[②] 美国作为英美法系的代表，其以合同违背公共政策为由认定合同无效，[③] 并且在公共政策原则的适用中，对合同违反

---

① 罗时贵：《中国民法公序良俗原则的法律性质》，《重庆大学学报·社会科学版》2018年第5期。

② 陈卫佐：《德国民法典》，法律出版社2010年版。

③ Restatement（Second）of Contracts § 178（1981）.

的规范效力层级没有限制。法官只须运用自由裁量权做出制度利益与公共利益的衡量，充分释明合同违反公共政策导致的危害，即可完成合同效力的认定。

## 三、金融合同效力认定的相关建议

### （一）适用公序良俗时应充分说理

正如前文所言，在法律、行政法规出现缺漏时，适用规章评判合同效力有悖于现行《民法典》关于合同效力认定的明文规定。因此，将公序良俗原则作为转介条款认定合同效力是目前的最佳选择。

但原则具有高度抽象性、模糊性，容易被滥用，故法院需具备"穿透式审判思维"，[1] 查明当事人的真实意思表示，注重保障社会公共利益，通过实质主义司法实现实质正义。同时，解释论上的工作仍是判定合同无效的关键部分，法院要承担较重的说理义务，充分阐明论述涉案合同对金融交易主体合法权益、金融生态环境、经济社会稳定的不良影响，增强裁判的说服力。

### （二）落实类案审判制度

以公序良俗原则审理金融案件时，由于没有明确的法律条文的约束，法院拥有较大的自由裁量权，难以保证审判的一致性，故建议落实类案审判制度。

"类似案件类似审判"是指，各级人民法院应当参照最高法颁布的相关指导性案例的裁判要点作出裁判。[2] 以最高判例和司法解释为导向落实类案审判制度，有利于实现法律的动态调整规制。同时，类案审判制度充分表明了法院的裁判思路，使金融交易主体从案件裁判中获得清晰明了的行为指引，避免处于随时承担风险的不安担忧之中。

---

[1] 高乐民：《穿透式监管：中国式金融监管方式创新——以资管产品为切入点》，《华北金融》2018年第12期。

[2] 参见《最高人民法院〈关于案例指导工作的规定〉实施细则》。

## 四、结语

当前金融行业更新迭代的速度加快，各种金融业务不断推陈出新，其具有前所未有的新颖性，也存在着难以预料的弊端，我们无法站在上帝视角提前预知某种金融业务是衰败抑或蓬勃。因此，对存在缺失但仍有巨大发展潜力的金融业务要报以宽容的态度。在金融合同效力认定的问题上，也应当审慎应对，不轻易否定涉案合同效力，始终结合金融部门规章的相关规定，以交易行为是否违背社会公序良俗为底线进行裁判，给予金融创新业务充分的发展空间。

# 数字检察视角下移动检务实践现况及路径优化研究
## ——以浙江省检察机关实践为样本

浙江省人民检察院　陈乃锋

浙江省衢州市柯城区人民检察院　姜子明

浙江省衢州市衢江区人民检察院　宁春芳 *

**摘　要**

当前，随着网络科技、数字经济的不断发展与深化，检察机关办案对信息技术提出了更多新需求，传统办案模式已难以适应新形势下检察业务的发展。今年，浙江在全国率先提出了数字检察建设，编制《浙江数字检察建设"十四五"规划》，移动检务作为新时代数字检察建设的核心内容被列入浙江数字检察建设"十四五"规划。2020 年 2 月，浙江省检察机关在新冠疫情暴发初期全省推广应用移动检务平台，开启移动办案模式的实践与探索。经过检验，移动办案能够发挥移动化、灵活便捷的特点，打破案件办理时间、空间限制，快速提升程序性效率，整体成效凸显，但在四大检察均衡发展、线上线下融合办案和体制机制成熟定型方面有待进一步深化，移动办案工作任重道远。

**关键词：**数字检察；移动办案；均衡发展；优化路径

＊　陈乃锋，浙江省人民检察院案件管理办公室一级主任科员；姜子明，浙江省衢州市柯城区人民检察院检察官助理；宁春芳，浙江省衢州市衢江区人民检察院检察官助理。

## 一、移动检务相较于传统检务之优势

### （一）推动检察办案的现代化、数字化转型

数据是事实或观察的结果，是对客观事物的逻辑归纳，是用于表示客观事物的未经加工的原始素材。当前，以检察数据为基础的数字检察改革正在浙江乃至全国范围内如火如荼地开展。数字检察的核心在于，以信息技术为基础，将数字信息与检察办案进行深度融合，深化新时代检察机关的办案模式变革。而数字办案的重要载体之一即为移动检务，离开了移动检务，数字办案就会成为无源之水、无本之木。为此，实现传统办案模式向移动办案模式转变，是数字检察改革的必然要求，也是推进检察机关数字化办案的题中之义。

### （二）办案工作不再受限于特定时空

从数字化到智能化再到智慧化，网络空间技术不再是单纯的社会治理工具，而是应对信息革命、撬动人类向智慧社会进行总体性迁移、全面性转型、系统性重塑的重要支点。作为网络空间技术的重要分支，移动信息技术对于检察实践的重要性日趋明显。在传统办案模式中，由于时间与空间的束缚，导致办案人员在具体办案过程中、在诉讼与实体办案中屡屡不便，甚至因此影响了办案的进度与成效。而在移动办案模式下，办案人员将不再受限于特定时空的束缚，能够借助移动检务平台，更加灵活、便捷、精准地办理相关案件。在诉讼活动层面，办案人员将不再受限于诉讼当事人不在、案件涉及地域广等困扰，可以借助移动检务平台随时随地开展线上办案。在实体工作方面，办案人员也将不再受限于异地、取证等困扰，可以通过移动检务平台开展异地协作、部门联动等，及时、高效地开展相应工作。

### （三）进一步节约司法资源，提升司法效率

移动办案模式以检察信息技术为支撑，以移动数据互联为办案手段，大

大节省司法资源，也进一步提升了司法效率。从节约司法资源来看，相较于传统办案模式，移动办案模式不仅有效节约了纸张、用笔等传统办案用品资源；同时也极大解放了办案人员的双手双脚，实现办案人员轻松上阵，工作能力和效力大大提升，节约人力成本。从提升司法效率来看，相较于传统办案模式，移动办案模式能够提升个人办案能力。同时，在部门联动、人员协作等方面，也可及时沟通交流，简化沟通模式，提升办案效率。

## 二、浙江省检察机关近一年实践现况及分析

### （一）移动检务应用实践基础数据分析

自 2020 年 2 月以来，浙江省检察机关不断推动移动检务在检察实践中的应用，取得了积极成效。实践一年多来，浙江省检察机关依托浙江检察移动检务平台，上线运营了 59 项移动检务产品，尤其在刑事检察、民事检察等专项业务中应用成果显著，同时也积极探索综合性、基础性移动检务产品，为检察移动办案实践提供了极大的便利，大大提升了浙江检察办案的数字化水平。

从表 1 的数据中可以发现，移动检务产品自上线应用以来，随着时间的推进以及全省各地应用的不断深化，单一个案的使用率呈现不断上升趋势。截至目前已超过 50%。这充分说明，移动检务产品适应新形势检察业务的发展，符合新时代检察办案模式的发展方向，整体作用成效明显。

表 1　2020 年 2 月以来各季度移动检务总体使用现况

| | 2020 年一季度 | 2020 年二季度 | 2020 年三季度 | 2020 年四季度 | 2021 年一季度 | 2021 年二季度 | 2021 年7月至今 |
|---|---|---|---|---|---|---|---|
| 使用总次数 | 1989 | 7667 | 13588 | 43270 | 42063 | 46435 | 32200 |
| 案件数量 | 80271 | 85042 | 121671 | 118988 | 111251 | 95248 | 61829 |
| 个案使用率 | 2.48% | 9.01% | 11.17% | 36.37% | 37.81% | 48.75% | 52.08% |

从表 2 的数据中可以发现，检察人员、律师和案件当事人是移动检务产品应用的三大核心群体，这与检察业务特点基本相符。检察人员与律师通过移动检务产品可以极大简化与便利其工作，注册比例相对较高，主动应用积极。当事人是检察业务重点服务对象，有相当数量群体应用移动检务产品合情合理。

表 2　2020 年以来移动检务平台注册用户数及比例

| | 检察人员 | 浙江律师 | 案件当事人 | 其他 | 合计 |
|---|---|---|---|---|---|
| 注册人数 | 9999 | 13453 | 42161 | 13451 | 82767 |
| 实际人数 | 10610 | 27217 | 近 200000 | | |
| 注册比例 | 94.24% | 49.42% | 近 20% | | |

从表 3 的数据中可以发现，检察官发起的权利义务告知、律师发起的绑定案件获取程序性信息和在线阅卷应用最多，合计达到使用总量的 80%。从使用性质来看，权利义务告知、程序性信息获取等高频程序类事项办理产品应用相对普及，充分说明移动检务产品在程序相对规范的事项办理上更能体现其便捷、高效的优势。从应用群体来看，在线阅卷、法律意见提交等辩护人、律师适用的产品相对更受欢迎，也符合该群体人员素质较高、接受新事物较快、检察业务较频繁的情况。

表 3　不同移动检务产品的使用总次数以及相应占比

| | 权利义务告知 | 绑定案件获取程序性信息 | 在线阅卷 | 法律意见提交 | 在线讯问 | 在线认罪认罚 | 其他 |
|---|---|---|---|---|---|---|---|
| 2020 年度 | 16259 | 21778 | 11688 | 3311 | 1815 | 1271 | 5235 |
| 2021 年至今 | 39121 | 31388 | 25366 | 7802 | 4950 | 2699 | 5650 |
| 平均单月使用次数 | 2769 | 2658 | 1853 | 556 | 338 | 196 | 544 |
| 总次数 | 55380 | 53166 | 37054 | 11113 | 6765 | 3916 | 10885 |
| 占比 | 31.05% | 29.81% | 20.78% | 6.23% | 3.79% | 2.19% | 6.10% |

从表 4 的数据中可以发现，当前移动应用产品主要应用于刑事检察、民事检察以及未成年人检察业务，行政检察与公益诉讼检察还没有涉足。通用型检察业务产品占比 49.15%。从应用群体来看，主要可以分为检察人员和律师，产品数量合计占比近 55%，符合保障重点人员的逻辑。

表 4　2020 年以来浙江移动检务产品数量及种类分析

| 检察业务种类 | 刑事检察 | 民事检察 | 未成年人检察 | 通用 | 合计 |
|---|---|---|---|---|---|
| 产品数量 | 17 | 8 | 5 | 29 | 59 |
| 占比 | 28.81% | 13.56% | 8.47% | 49.15% | 100% |
| 使用群体 | 检察人员 | 律师 | 其他用户 | | 合计 |
| 产品数量 | 23 | 9 | 27 | | 59 |
| 占比 | 38.98% | 15.25% | 45.76% | | 100% |

### （二）浙江省检察机关移动检务应用的实践成效

1. 丰富了检察数字化办案产品，加快检察机关数字化转型

浙江省检察机关始终坚持一线检察官办案需求导向开发移动检务产品。近年来，针对检察办案程序复杂、数字化办案产品相对单一、已呈现难以适应新时代法律监督的态势，浙江省检察机关积极探索破题，支撑检察机关数字化转型。如在办案文书审批和事项审批方面，在高检院支持下，浙江省检察机关开发并于 2022 年 3 月在全国率先上线了文书审批和事项审批移动检务数字化办案产品，有效破解办案时间、地域限制，将案件审批从电脑端延伸至手机端，不管身在何处，都可以实现案件即时查看、审批，大大提高了工作效率。在权利义务告知方面，为确保及时高效完成程序，浙江省检察机关充分利用互联网可追溯全程留痕的特点和在线电子签名等先进技术，推出了移动互联网在线权利义务告知产品，实现告知程序在线化、电子化、数字化。

2. 创新案件办理方法路径，实现检察办案模式全面变革

在新冠疫情期间，如何在疫情常态防控下及时高效地开展案件办理，推进认罪认罚从宽制度是摆在全国检察机关面前的课题。浙江省检察机关创新

性地推出在线认罪认罚和在线讯/询问产品，实现检察官、值班律师、犯罪嫌疑人多方视频连线，同步录音录像全程留痕，完成《认罪认罚具结书》和讯问笔录异地签署，确保疫情下的常态化办案。此类产品对办理犯罪嫌疑人处在非羁押状态、人在异地或涉众型案件，有着非常好的实践效果，极大降低了人员流动成本，提升了办案质效，开创了"浙里办案"新模式。

3. 助力检察服务"一次不用跑"，提升人民群众的获得感

随着全民法治观念、权利意识的不断增强，人民群众诉求表达的程度更高，对提升检察公信力的需求更加迫切，构建开放、动态、透明、便民的司法公开机制成为大势所趋。[①] 为更好地服务人民群众，全面提升人民群众的获得感，2020年4月浙江省检察移动检务平台为律师群体打造了全国首个在线阅卷产品，为律师提供网络在线阅卷服务。案件代理律师完成实名注册后，仅须在手机上动动手指即可提交在线阅卷申请。检察机关受理完成后，律师可通过互联网下载与线下卷宗内容完全一致的电子卷宗。浙江省检察机关为律师提供约见检察官、强制措施变更、法律意见提交等检律对接服务产品，保障律师执业权利。此外，浙江省检察机关还为人民群体部署了网上信访、司法救助、国家赔偿、未成年人检察服务、民事检察监督等产品，并将相关产品延伸到政府政务服务大厅自助终端设备，确保人民群众在家门口也能享受检察优质服务。

## 三、现阶段浙江移动检务发展的不足

1. 思想认识问题有待进一步统一

在实践过程中，浙江在移动办案模式与传统办案模式之间存在一定的冲突与矛盾。检察官普遍存在对传统办案模式的依赖性与对移动办案模式的不信任性问题，主要体现在以下几个方面。第一，对于移动检务产品应用过程中信息数据的安全有顾虑。表象上认为数据被互联网化，认为数据管理风险

---

① 高祥阳等：《运用大数据促进检察工作转型发展》，《人民检察》2018年第4期。

和安全风险不可控。第二，对于移动办案模式的发展具有天然的不信任。长期以来，检察官习惯于传统办案思维与模式，对于传统办案模式依赖性较强；移动办案模式作为新时代的产物，其发展必然会对传统办案模式产生挑战。第三，不能及时、积极适应移动办案模式的发展，具有一定的滞后性。当前一个阶段，传统办案模式与移动办案模式均是检察实践的重要组成部分，只有积极适应移动办案模式的发展需要，才能推动传统办案模式的发展与变革。

2. 与移动办案相适应的体制机制构建尚未实现

办案模式、办案程序、办案效力等均须由法律规范来明确与制约。只有构建起成熟、完善的法律规范体系与工作机制体系，才能确保各项检察实践平稳、有序开展。然而，由于当前移动办案模式刚刚开展实践与探索，对于移动办案模式中的部分办案实践，一方面，传统法律规范并没有明确；另一方面，与移动办案相适应的体制机制也尚未构建，因此不可避免地存在规范空白。

其中，又主要以办案程序与办案机制最为突出。从办案程序来看，移动办案模式下的检察办案程序打破了线下时间与空间的束缚，实现了线上移动办案的新路径。从传统法律规范来看，对于办案程序的规范与限定主要集中于线下办案。因此，传统法律规范对于移动办案程序的规范不全面、不充分。从传统办案机制来看，传统检察办案工作机制建设主要以传统办案手段、传统办案工具、人员线下活动等线下办案为着眼点；而移动办案模式在办案手段、办案工具、人员协作等方面均具有明显的转变，传统办案机制已经难以适应移动办案实践发展的需要。

3、四大检察业务的均衡发展有待进一步平衡

从目前移动检务工具的使用情况来看，不同检察业务类型应用的差异性较大，四大检察应用不均衡问题较为突出。从应用对象上来看，刑事检察应用最广泛，其次是民事检察，而行政检察与公益诉讼检察的应用则相对较少。移动检务的实现不应只是部分检察业务的移动化与数字化，而应是四大检察

业务应用的均衡性与全面性。从应用功能上来看，当前的移动检务工具主要以文书审批、事项审批、在线讯/询问、认罪认罚、权利义务告知等程序性工作为主，而关于检察监督、部门协作与数据共享等实体性、专项性办案需求则相对较少。从应用成效上来看，刑事检察案件办理、检律对接等典型性办案工作成效较为明显。

## 四、移动检务的改进方向与优化路径

1. 进一步提升移动检务应用与传统办案的一体化

"紧扣检察工作现代化目标，以数字化改革为牵引，科学谋划检察工作长远发展"[①] 系浙江省检察机关今后的一项重要改革工作。在数字检察改革推进过程中，特别要注重处理好移动办案与传统办案之间的关系。移动办案与传统办案是检察实践的两种主要模式，但是两者归根结底是一体的，不能进行分割。为此，在移动办案中，一定要着重强化与传统办案模式的一体化，从而实现案件办理的互通性与融合性。一是要进一步强化移动办案与检察实践的对接性与对应性。从整体上看，移动检务办案为案件办理的一部分，其办案的具体内容均为整体检察案件办理工作不可分割的一部分。要进一步明晰移动办案具体方式与内容在整体办案中的定位与对应，实现移动办案与传统办案的对接与融合。二是要进一步实现移动办案与传统办案的互通性。移动办案要进一步强化办案信息的整合与保存，尤其是在办案信息应用方面要实现与传统办案的有效互通。同时，传统办案也应尽可能实现办案数字化。对办案过程数据，要尽可能通过扫描、OCR等数字化技术手段予以在线保存，实现办案信息数字化。

2. 进一步平衡四大检察业务均衡发展

随着检察机关职能调整与改革基本到位，"四大检察""十大业务"的

---

① 贾宇：《浙江省人民检察院工作报告》，《浙江人大》2021年第1期。

布局迫切需要法律监督工作实现质的飞跃。[①] 作为智慧检务的关键一环，移动办案的发展不是单一检察业务的专有权限，应是四大检察、十大业务的共同属性。一是要结合不同检察业务的性质与属性，有目的、专项性地研发移动检务产品。当前，刑事检察、民事检察业务的移动检务工作相对种类多、使用率高，并取得了积极成效。下一步，须强化在行政检察、公益诉讼检察业务移动检务产品的开发与应用。尤其要强化在行政检察中的监督方式、监督数据互联，公益诉讼检察中的部门联动、基层互联等方向上的研究，为相关检察业务的高质量办理提供有效办案服务。二是要依托移动检务产品，实现四大检察监督的融合性。移动检务产品要实现不同检察业务之间的链接，在具体办案实践中强化线索移动、信息提醒、协同办案等融合性功能发展。同时，也要进一步优化检察多元服务能力，提升检察服务基层、服务群众、服务律师等整体水平。

3. 加快构建与移动办案相适应的体制机制建设

以移动办案实践为基础，不断构建与移动办案相适应的检察工作机制，为其深化发展打下良好的制度基础。一是要以四大检察、十大业务工作为导向，进一步建立健全移动办案模式下的各项检察业务工作机制。在四大检察业务中，每一项检察业务工作均具有多项检察工作机制。比如，刑事检察业务具有审查批捕、审查起诉两大办案环节，也有提前介入、自行补充侦查、认罪认罚、量刑建议等多项特色检察工作。检察机关应就现有的各项检察工作机制进行统一梳理与分析，对于与移动检务办案不相适应的部分，应在遵守司法规律的前提下，进行及时的修改与调整；对于原有工作机制没有规范的，则应根据现有移动办案实践需要，进行及时的补充与完善。二是要进一步补充与完善移动办案程序，明晰移动办案结果的效力认定。检察机关应将现有检察程序办案规范与移动办案实践进行统一分析与研究。对于与移动办案程序不相适应的传统办案程序，要在检察办案的整体框架内进行评估与调

---

① 胡东林：《构建五大体系，系统推进智慧检务建设》，《人民检察》2020 年第 6 期。

整；对于传统检察办案程序没有明确规范的移动办案程序，应在遵守法律强制性规范的前提下，根据检察实践实际进行补充与完善。在检察工作机制的重塑过程中，对于移动办案的程序与产生的文书，应明确其具有与传统办案程序与文书的同等法律效力。

# 算法权力之规制：算法影响评估制度的生成及展开

浙江农林大学文法学院　张永亮　林盛浩 *

**摘　要**

算法权力是算法在数据处理过程中借助自我学习而产生的技术优势，以算法决策的方式对社会主体产生影响力和控制力。异化的算法权力在私营平台领域侵犯了公民的平等权、隐私权和自由选择权，在公权力部门造成了公众自由表达、正当程序、信息公开与司法公平的缺失。算法影响评估制度是规制算法权力异化的一种有效路径，对此，应构建内外兼容的协作治理评估体系。根据算法类型的不同设定不同的评估标准，增设信息公开流程以明确被评估主体的强制披露义务，落实算法问责体系，加强算法责任追究。

**关键词**：算法权力失范；算法影响评估制度；协作治理；影响评估标准；算法问责

---

\* 张永亮，浙江农林大学文法学院教授、法学博士，主要研究领域为金融法；林盛浩，浙江农林大学文法学院法律硕士研究生。

伴随着人工智能、大数据分析、云储存等技术的迅猛发展，数据与算法被赋予了新的含义。一方面，数据在数字时代同时拥有了自然属性和社会属性，其既是客观对象的真实记录，又承载了记录主体在数字社会中的"行为轨迹"；另一方面，算法通过全程参与数据的收集、处理和输出，逐渐有了自主性和认知特征，已经不再局限于代码的表现形式，其以算法决策的方式摆脱了纯粹的工具性角色而成为"决策者"。算法不仅在招聘、教育、信贷、股票交易等私营部门中主导着决策结果，而且在公权力领域，诸如智慧司法系统、犯罪算法预测机制、算法推荐中也扮演着至关重要的决策角色。[①] 那么当承载着社会利益的数据不断累积，算法逐渐取代人类成为数据处理的唯一主体时，社会资源分配权力正在悄然让渡于数据与算法。这也成了算法权力在数字时代崛起的契机，因为凡是特定主体拥有的足以支配他人或影响他人资源的能力均可成为权力。[②]

十三届全国人大四次会议表决通过的《国民经济和社会发展第十四个五年规划和 2035 年远景目标纲要》（以下简称《"十四五"规划》）指出："加快数字化发展，建设数字中国；聚焦人工智能关键算法，加快推进基础理论、基础算法的研发突破与迭代应用。"由此可见，数字中国建设是全球化背景下技术竞争的必然选择。算法权力作为数字时代社会发展的重要推动力，是数字中国建设的关键内容，事关数字中国建设的成败。因此，从法学视角规范算法开发与使用，防范算法风险，充分发挥算法的积极功效，研究意义重大。在探寻规制算法权力的过程中，算法影响评估机制愈来愈被各国所重视，美国、加拿大、欧盟等都在近年提出了人工智能的治理框架，而算法影响评估机制的构建成为各国在人工智能领域抢占制定国际标准与规则的高地。我国旨在成为科技强国、创新型国家，尽早构建可信、可靠的人工智能体系显

---

① Leprietal B, Fair, Transparent, and Accountable Algorithmic Decision — Making Processes，Phil&Tech 31,No. 4(2018): 611–612.

② [德] 尤尔根·哈尔贝斯：《作为"意识形态"的技术和科学》，李黎、郭官译，学林出版社 1999 年版。

得尤为重要。因此，构建算法影响评估机制无论对人工智能的国际竞争，还是提升自身科技水平而言都显得尤为迫切。

# 一、算法权力：诞生与风险

## （一）算法权力的诞生

算法权力是算法在数据处理过程中借助自我学习而产生的技术优势，以算法决策的方式对社会主体产生影响力和控制力。在数字时代，数据的社会属性使其成为社会权力的基础，而算法主宰着数据收集、处理和输出的整个生命周期。当一方主体通过占有数据并控制另一方主体获取数据的渠道，其同样可以构成权力的来源。数据与算法结合的动态过程是算法权力产生的必要条件，算法权力通过算法决策最终得以体现。算法权力是一种技术性权力，在市场经济的竞争压力下，企业对于技术创新的需求十分强烈，算法技术的创新也大都缘于各大私营平台企业。当技术优势不断凸显时，公权力部门也加大算法在社会管理、金融监管、司法裁判等领域的运用，以推动各项公共管理事业的优化。算法权力的影响力和控制力也在私营平台与公权力部门中产生了不同的表现形式。

在私营平台中，算法权力不仅构建了全新的数字经济投资、发展模式，而且塑造了无形的资本意识形态。以证券投资为例，智能投顾的出现打破了传统证券投资的投资生态，极大地迎合了投资者迫切希望通过有效的资产管理获取一定收益的需求。[1] 在互联网经济领域，算法推动下的互联网商务已经具备诸多线下市场难以比拟的优越性，其不仅改变了传统的竞争格局，而且营造了一个崭新的市场环境。在数字经济市场环境中，虽然我们还能看到市场竞争的种种特性，但其背后的助推力"无形之手"已经被"数字化的手"

---

[1] 李文莉、杨明捷：《智能投顾的法律风险及监管建议》，《法学》2017年第8期，第15页。

所取代。[①]平台成为数字经济时代最重要的社会生产组织，它通过提取的数据流与算法结合，进一步形成用户画像和用户行为预测，再利用平台新闻推荐算法、用户信用评分机制等多种技术手段来塑造用户习惯与价值观，从而主导消费市场。算法权力在构建新的生产方式的同时，也服务于资本逻辑的意识形态。算法权力与资本力量相结合，形成数字资本，新消费主义正是由数字资本所建构的意识形态。数字资本变实体消费为电子消费，数据算法直接接管消费世界，消费世界都要按照以数据算法为核心的数字资本逻辑重新规划。数据算法成为一种强劲的意识形态力量，巧妙地实现了对消费者的无意识控制。[②]

在公权力部门中，算法权力嵌入了行政与司法部门，与公权力运行相融合。在行政数字化建设方面，从2016年"十三五"规划首次提出数字中国概念，到2019年党的十九届四中全会首次提出"推进数字政府建设"，再到2021年"十四五"规划明确提出"加快数字化发展，建设数字中国"，要求政府全方位转型，将算法与数据同政府治理相结合成为近年来国家倡导的趋势。在建的社会信用评估体系、新冠疫情发生以来的疫情轨迹定位防控系统以及政府部门各类人脸识别系统等，都是算法同行政部门深度融合的具体形态。在司法领域，当算法应用于司法部门时，其开始主宰人的自由权利，并引导司法权力的行使。[③]美国威斯康辛州法院已经使用COMPAS算法对被告埃里克·卢米斯（Eric Loomis）进行了判决。[④]在我国，算法与司法系统结合的例子也不胜枚举，例如两高提出的"智慧法院"与"智慧检务"、北京法院

---

① ［英］阿里尔·扎拉奇、［美］莫里斯·E·斯图克：《算法的陷阱：超级平台、算法垄断与场景欺骗》，余潇译，中信出版社2018年版，第39页。

② 邓伯军：《数字资本主义的意识形态逻辑批判》，《社会科学》2020年第8期，第24页。

③ 张凌寒：《权力之治：人工智能时代的算法规制》，上海人民出版社2021年版，第8页。

④ 2016年，一位名为埃里克·米卢斯的被告被判处6年有期徒刑，原因是COMPAS算法认定他为"高风险"。埃里克·米卢斯随即提出审查COMPAS算法的请求，被威斯康星州的州立法院驳回，提交给美国最高法院后也于2017年6月宣告诉讼失败。参见"红星专访美国机器判案法院：机器说你有罪，你果然有罪"，http://3g.163.com/news/article/CK3OKBQF0514ADND.html.

的"睿法官"智能研判系统、上海法院的"206"刑事案件智能辅助办案系统等等。算法权力与各公权力部门的融合正在进一步加深。

算法权力通过在数字空间的扩张，以技术力量完成对现实社会的历史性重构。数据与算法将成为影响世界社会完成体系构建的力量来源，以数据算法为核心的社会构筑力正在各大领域形成。算法权力以意识形态力量与公私主体的融合，获得了对世界政治、经济、文化秩序前所未有的操控。

## （二）算法权力的异化

在数字时代，算法最大的优势在于其可以迅速整合大量、任何人类个体都无法精确压缩、处理的数据，并且算法可以避免人类在决策时的任意、草率与偏见，它是精确且高效的模拟智能化运行机制。但这种精确和高效的算法决策由于缺乏透明度、可预测性与可解释性，在运行过程中会复制人类的偏见或其他扭曲决策的因素，并造成决策的歧视或不公正。因为几乎所有算法系统都是私人秘密开发的运算程序，甚至是那些应用于公共部门的算法系统——公众对其算法的细节也知之甚少。[1]算法"黑箱效应"的存在使得公众无法了解开发者在设计或实施算法系统时所作的具体决策将如何影响其下游结果，公众无法知晓政策目标是如何被转化为算法系统的运行逻辑，或者说算法系统是如何代表政策权力发出指令的。算法黑箱的不可知性，固化了算法权力的排他性。无论各平台企业所代表的资本权力，还是公权力部门所代表的政治权力，伴随着算法权力的嵌入，将造成公正与平等的缺失。权力垄断的异化现象将引发一系列不可规避的风险。

私营平台与公权力部门对于算法权力的运用进一步催生了算法权力异化。一方面，私营平台作为算法技术发展最大的推动者，也是算法权力最初的控制者。平台利用算法技术优势与架构优势，通过对用户数据的收集来攫

---

[1] Mulligan D K and Bamberger K A, Procurement As Policy: Administrative Process for Machine Learning, BERKELEY TECH.LJ 34, 2019: 773－778.

取高额的利润，算法权力在商业领域内造成了对消费者的掠夺关系。平台对于数据的掌控也影响着公民隐私信息的安全。不仅如此，基于算法与数据而产生的新型数字产业链在无形之中剥夺了公众的自由选择权。受限于现有法律无法对算法权力膨胀、越界行为施加直接的规制，私营平台所掌控的算法权力带来了严重的法律风险。另一方面，在算法社会中，逐渐形成的算法权力在各个方面与公权力都展开了频繁的互动。公权力部门利用算法权力所带来的数据资源与技术的掌控力可实现对个人行为的广泛追踪和控制。随着算法权力融入公权力部门，公主体的权力边界将进一步扩张，造成对公民私权利的侵犯。在行政领域，算法自动化决策消解了行政过程中行政相对人与行政主体之间的信息交换过程。自动化的处理方式剥夺了公众的意志表达，架空了正当程序原则与信息公开原则的适用。在司法领域，诸如社会危险性评估、类案推送、量刑参考、减刑假释案件办理等，都是算法在司法领域深度应用的产物。但研究表明，人类极易受"自动化偏见"的影响，盲从算法决策，智能算法正逐渐成为司法辅助工具，甚至是直接裁判工具。[①]

## 二、算法影响评估制度在规制算法权力中的应用

### （一）算法影响评估制度的生成

算法影响评估机制是指对自动化决策系统的决策流程、数据使用和系统设计等内容进行系统评判，以明确该系统的影响水平和风险等级的一种算法治理实践。算法影响评估机制设立的目的有二：第一，旨在构建一个系统而合理的方法论来审查算法，在算法做出无法纠正的决策前规避风险；第二，创造并提供算法在自我学习过程中所做出的决定及其理由的文件。留档文件既便于全面地对决策进行问责，又可以为日后对算法决策进行干预提供有效信息。

---

① 赵一丁、陈亮：《算法权力异化及法律规制》，《云南社会科学》2021 年第 5 期。

算法影响评估机制源自影响评估机制这一监管方式在算法领域的应用。影响评估机制作最早来自环境保护领域，美国1970年通过的《国家环境政策法案》（NEPA）[1]首创环境影响评估机制（EIS），后来影响评估机制被不断应用于隐私保护、人权保护、数据保护等领域。2016年，欧洲从事人工智能研究的学者联合发表了一份题为《负责性算法的原则和算法社会影响声明》，阐述了算法在运用时的五个高级原则——责任、可解释性、准确性、可审计性和公平性，并针对算法设计阶段、发布前与发布后提出了一套具有探索意义的问题作为评估算法社会影响的方案。[2]这成了算法影响评估机制发迹的开端。2016年，欧盟通过的《通用数据保护条例》（GDPR）中提出了"数据保护影响评估"（DPIA），玛戈特·卡明斯基和吉安克劳迪奥·马尔吉里对此提出将"数据保护影响评估"与GDPR中的"协作治理"制度[3]有效联结，构建个人数据权利与算法治理相结合的影响评估机制。[4]2018年，美国纽约市颁布《算法问责法》，其标志着算法影响评估机制在美国的立法新篇章。2019年，加拿大颁布《自动化决策指令》，其将算法影响评估机制广泛应用于政府公共部门的算法决策过程之中。[5]美国与加拿大的框架式治理模式与欧盟的协作治理模式将给我国算法影响评估机制的构建带来经验。

---

[1] National Environmental Policy Act, 42 U.S.C. §§ 4331-47.

[2] Diakolopous N et al., Principles for Accountable Algorithms and a Social Impact Statement for Algorithms, Fairness, Accountability, and Transparenct in Machine Learning (2018), accessed August 24, 2021, https://www.fatml.org/resources/principles-for-accountable-algorithms.

[3] 协作治理主要作为工具性治理措施存在，其目的在于减少自动化决策中的错误、偏见与歧视，力图通过公私协作的监管模式对自动化决策系统进行评估监管。

[4] Kaminski M et al., Algorithmic Impact Assessments under the GDPR: Producing Multi-layered Explanations, University of Colorado Law School Legal Studies Paper Series, 2019: 19-28.

[5] Algorithmic Impact Assessment (AIA), Government of Canada (July 28, 2020), accessed July 27, 2021, https://www.canada.ca/en/government/system/digital-government/digital-government- innovations/responsible-use-ai/algorithmic-impact-assessment.html.

## （二）算法影响评估制度在防范算法权力风险中的应用

　　欧盟的算法影响评估机制框架，通过 DPIA 的多重作用进行构建。DPIA 在 GDPR 中发挥了协作治理和个人数据保护的功能。首先，DPIA 的协作治理功能。DPIA 在协作治理中发挥着"元监管"的作用，即通过寻求外部监管意见，改变决策系统的决策过程与决策启发方式，达到一种自我监控自我调节的模式。协作治理要求算法决策背景下，算法决策系统要充分考虑算法不公、算法错误、算法偏见与算法歧视等风险。通过向受算法影响的数据主体、监管机构、内部独立数据保护官 ① 以及第三方专家等寻求意见，并在此基础上构建风险应对方案。协作治理的目的在于极力避免算法系统构建时的偏见与偏误，通过多方协作的评估方式校正算法决策系统的合理性。其次，DPIA 的个人数据保护功能。GDPR 中第十三条、第十四条和第十五条规定了数据收集主体对于个人的通知义务以及个人对于被收集数据的访问权，如此规定赋予了受自动决策系统影响的个人获取决策的运行逻辑以及决策的预期结果的权利。GDPR 中第三十五条还规定，DPIA 必须对系统处理的目的进行描述，对数据主体的权利与自由进行风险评估。GDPR 充分满足了个人数据权利保护的要求，通过事先通知、事后了解以及自动决策系统有关主体的主动披露，对个人数据权利进行保护。在算法决策背景下，DPIA 通过将协作治理模式与个人权利相联结，以对个人数据权利的具体描述作为算法决策系统颁布阶段的注意风险点。此种模式的确为各国在算法治理方面提供了很好的监管范本，但其实质上更像一种扩大算法决策系统执行人承诺的手段，由执行人自己在风险评估意见反馈之后提供应对方案，监管部门仅提供一个预估风险的流程，并未提出实质性的监管标准。同时，DPIA 最大的不足在于，并未提

---

① 　在数据保护评估程序要求指南中（DPIA Guidelines），欧盟还将设置一个内部数据官员岗位——数据保护官（独立于算法系统负责人），进行算法系统的评估咨询。See Article 29 DATA PROTECTION WORKING PARTY (adopted on 4 April 2017), http://ec.europa.eu/justice/data-protection/index_en.htm.

供强制向公众披露信息的机制。① 公众披露机制被认为是影响评估作为监管工具的一个最基本要素。公众披露不仅有利于构筑算法信任，而且能有效地形成公众监督预防算法风险。DPIA 要求公司提出如何实现个人数据权利的方案以及如何解决算法不公、算法偏见和歧视的问题。② 其通过多方形成的协作治理评估机制对算法决策风险进行预估，从而省略公众披露与公众参与环节。那么如何确保此种个人权利保护与协作治理的混合系统正朝着公共利益的方向努力？这是 DPIA 需要解决的问题。

美国联邦《算法问责法案》（以下简称《法案》）和加拿大的《自动化决策指令》（以下简称《指令》）均采取框架治理③ 与协作治理相结合的模式对算法决策系统进行评估。④ 纽约市依据《法案》成立了自动化决策工作组，并由其制定自动化决策清单，以问卷调查形式进行算法风险评估。《法案》采取自我评估与政府评估的双轨模式，由联邦委员会制定算法评估标准，并且在面对"高风险自动化决策"时，联邦委员会可在必要时派遣相关人员与专家组进行合作评估。《指令》奉行的是清单式问卷调查型算法影响评估机制，根据《指令》的规定，算法评估标准着重关注经济、社会、生态等方面的影响，评估内容包含了大约60个有关业务流程、数据以及系统设计决策问题，并且评估标准和治理框架需每隔6个月进行更新。⑤《指令》中还规定使用算法决策的政府机构必须在生产之前和项目上线前完成算法影响评估机制的相关工作。

---

① Veale M, Binns R and Ausloos J, When Data Protection by Design and Data Subject Rights Clash, International Data Privacy Law8 , No.2(2018): 105−123.

② Kaminski M et al., Algorithmic Impact Assessments under the GDPR: Producing Multi−layered Explanations, University of Colorado Law School Legal Studies Paper Series, 2019: 19−28.

③ 在确定性的法律规则之外，以可量化的分级标准，构建起约束相关主体认知和行为框架的治理方式。

④ 张欣：《算法影响评估机制的构建机理与中国方案》，《法商研究》2021 年第 2 期，第 108 页。

⑤ Government of Canada, Algorthimic Impact Assessment, accessed on June 3, 2020, https://canada−ca. github.io/aia−eia−js/.

　　无论美国还是加拿大，都围绕着算法公平、算法透明的核心价值建立问责评估体系，以详细的评估标准遵循技术防治、权力救济的思路。其自上而下封闭式的问卷清单，看似合理但却存在很大的缺陷。奥斯·凯文、杰文·哈森与梅雷迪斯·德宾就以此种封闭式的问卷清单对食品短缺问题设计算法决策系统，他们以各种算法监督框架验证自动化决策结果的公平、透明、无偏见。但在设计评估封闭式问题的过程中，评估人员必须事先已经对算法决策结果的好坏优劣具有清晰的认识，才能提出正确的评估问题。[①] 此种自上而下的评估模型虽然能让算法决策系统设计师在早期对决策风险进行评估，但算法自动化决策系统在运行时的自主学习将使得自动化决策过程的输出结果处在一个动态更新的状态之中，事先封闭式的问卷评估模式无法做到在早期对算法决策风险的实质防范。

　　无论欧盟的 DPIA 模式，还是美国、加拿大的问卷模式，不同的算法影响评估机制模型都必然存在可取的优势。但如何减少算法决策所带来的风险可能，如何留档以备问责之需，是构建算法影响评估机制时必须着重考虑的问题。

## 三、算法影响评估机制的法治构建

　　算法权力的自主性特点给算法权力的规制带来了很大的困境，传统静态的监管体系无法有效地规制算法权力所带来的风险，故应建立动态灵活的监管体系对算法权力进行规制。算法影响评级机制与其他制度的高度适配性及其协作治理理念将成为算法权力失范规制的有效路径。

---

① Keyes O, Hutson J and Durbin M, A Mulching Proposal: Analyzing and Improving an Algorithmic System for Turning the Elderly Into High−nutrient Slurry, Extended Abstracts of the 2019 CHI Conference on Human Factors in Computer Systems, 2019: 1−11.

## （一）构建内外兼容的协作治理评估体系

在欧美算法评估体系构建的经验中，私营平台往往缺乏合规意识，政府往往缺乏技术与算法流程知识，协作治理能充分发挥政府、行业专家以及社会公众等多元力量，对算法权力失范进行精准化、立体化、框架化的监管。在我国，《个人信息保护法》第十一条与《数据安全法》第九条都鼓励推动政府、企业、相关行业组织以及社会公众共同参与数字化治理。因此，构建内外兼容的协作治理评估体系尤为重要。协作治理评估体系不仅要求多元主体共同协作进行算法影响评估，还要求各制度机制之间相互协作配合对算法的动态变化进行有效监管。从多元主体协作方面出发，在私营平台中应通过协作治理强化政府正当程序原则对于算法决策系统的合规构建，改变系统设计者的组织生产模式与算法设计流程，提升算法决策系统的公平性、公正性与合法性。借鉴金融科技领域的监管经验，减少监管惯性，整合来自政府、市场、社会的资源智识，取长补短、相互补充，促进多元主体的合作，利用技术智力构建多层次的治理框架。[①] 通过国家互联网信息管理部门牵头，构建集中化、一体化评估机制，利用统一的算法影响评估标准对自动化决策系统进行定期评估，通过公私协作提升算法影响评估机制的公信力。在公权力部门中，通过协作治理，提升行政、司法部门对于算法系统的利用效率，打破公权力部门在技术与算法流程设计方面缺乏经验的窘境。借鉴欧盟 DPIA 数据专员评估咨询机制与美国纽约市自动化决策工作组的多方协作机制，加强公权力部门与平台企业、高校、科研机构以及社会公众的联系。通过多元参与，提升自动化决策系统在公权力部门的合理性、合法性、公平性。通过协作治理模式，充分提高自动化决策系统在公权力部门的透明度，进一步构筑算法信任。在制度协作方面，由于算法影响评估机制不能对整个算法运行周期进行全覆盖，因此需要其他制度进行协作联结。首先，加强数据安全保

---

① 李有星、王琳：《金融科技监管的合作治理路径》，《浙江大学学报》（人文社会科学版）2019 年第 1 期，第 214 页。

护制度与算法影响评估机制的协作联结。数据作为算法系统的输入对象，其客观性、无歧视性与否，将影响算法系统的输出结果，充分利用数据安全保护制度能有效减轻影响评估机制的构建成本，进一步提升影响评估机制的效能。以欧盟 DPIA 为例，数据处理评估制度设计并非一种停止数据处理的工具，而是作为一种改进算法处理的数据活动，并为未来追究法律责任提供问责点的方法。我国已通过的《数据安全保护法》第二十一条，规定各地区、各行业需对目标领域的重要数据进行分类分级保护。分类分级保护制度能有侧重、有效能地对数据安全进行保护，但却缺少了与算法决策公正之间的联结。因此在算法分类分级保护的基础上，针对算法影响评估机制的对象，需要建立数据分类分级登记备案制度，以数据安全类别与级别的不同，制定影响评估方案，实现影响评估机制的场景化应用，并为未来追究法律责任提供数据处理环节的问责点。其次，通过算法问责机，制落实算法影响评估阶段的算法责任。利用算法解释权制度，弥补算法影响评估制度在算法运行阶段的不足。通过影响评估机制与各项制度之间的协作配合，进一步加强算法监管，保证算法公正。

## （二）根据算法类型的不同设定不同的评估标准

算法影响评估标准设立的最大困难源自算法深度学习[①]的无法预测性。尤其是"非监督学习"型算法的广泛应用，进一步提升了算法影响评估机制标准制定的困难度。不同于"非监督学习"型算法可以通过对部分数据进行训练得到训练任务所布置的正确答案，并在此基础上自己建立一个模型来解决未来面临的类似数据的相关任务模式，"监督学习"型算法不会"输入"

---

[①] 深度学习是目前人工智能领域中最常见、最热门的子领域，并且其研究成果广泛应用于算法系统之中。深度学习致力于通过梯度下降的方式拟合数据集中、输入和输出之间的函数关系。其主要分为三类："监督学习"型算法、"非监督学习"型算法以及"强化学习"型算法。"监督学习"型算法，是指从标记的训练数据来推断一个功能的学习任务的算法。"非监督学习"型算法，是指从未标注的数据中挖掘相互之间的隐含关系的算法。"强化学习"算法，是指不要求预先给定任何数据，而是通过接收环境对动作的反馈获得学习信息并更新模型参数的算法。

任何正确答案，而是自由地破译数据中可能表明正确答案的模式。[①] 虽然算法设计者肯定能影响其负责的算法的选择，但"监督学习"型算法的选择通常是完全不可预见的。[②] 算法设计者可以通过预编程冻结算法在面临新信息时改变结论的情形，但这将失去算法的工具价值。对此，在构建算法影响评估标准时，需要使用不同的合理标准对不同算法类型进行评估。[③] 首先，针对"监督学习"型算法，由于训练结果是预设的，算法需要大量训练数据的输入来保证最终的算法结果无限接近于训练结果。在设立影响评估机制时，需要对算法训练数据的合理性、合法性、公正性进行评估，从数据输入环节避免歧视性数据的输入从而影响算法结果。以证券交易为例，算法可以根据用户数据分析用户投资行为的关键触点，使得模型算法偏离度越来越小，形成不断迭代的运营闭环，从而促进证券投资服务更加精准匹配。因此，在设立"监督学习"型算法模型评估标准时，依据不同领域、不同算法使用场景对于算法结果准确率的需求，对算法训练结果的准确率进行评估，确保"监督学习"型算法在投入使用后的有效运行。其次，针对"非监督学习"型算法，在事前影响评估标准的设置上，要充分评估算法设计者在设计算法时各项程序的合理性，通过要求算法设计者提供算法神经网络中各层级的运行逻辑、算法决策树模型以及算法决策的可能性结果，在算法自主运行之前排除人为偏见从而降低算法失范的风险。在"非监督学习"型算法投入运行之后，需要由监管机构进行日常监管，定期对该类型算法进行评估。根据具体领域与场景的不同，检查算法是否存在风险（如，预测是否准确，对个人是否存在负面影响，是否存在敏感数据错误）。当出现算法风险时，算法设计者与运营者需要提供有针对性的解决方案，并进行新一轮评估。

---

[①] Gal A, It's a Feature, Not a Bug: On Learning Algorithms and What They Teach Us, Machine Learning and the Law, 89 WASH. L. REV. 89, 2014: 87.

[②] Millar J and Kerr I, Delegation, Relinquishment and Responsibility: The Prospect of Expert Robots, in ROBOT LAW 102, eds. Ryan Calo, 2016.

[③] Chagal-Feferkornt K, The Reasonable Algorithm, Journal of Law, Technology & Policy 129, 2018: 52.

## （三）增设信息公开流程以明确被评估主体的强制披露义务

在算法自动化决策中，数据输入与决策结果输出这两个环节的信息公开，将极大提升算法透明度，促进公众对算法的信任。在数据输入环节信息公开制度的设计上，我国通过《数据安全保护法》中的数据分级分类制度，以及《个人信息保护法》第十四条中的"知情同意权"，最大限度地对个人数据用途在公私领域进行公开，提升了数据透明度。但在算法决策输出环节上，法律学者一直以算法黑箱为算法不可揭示的理由，而模糊了算法可以被询问与不能实际被询问之间的界限。[①] 人们无法了解算法内部具体的自主学习与决策过程，但可以通过技术细节了解算法决策结果产生的逻辑。以算法偏见为例，算法偏见的产生可以来自算法自主学习的不同阶段，在算法自主化运行前产生的"历史偏见"以及在算法运行后基于应用目的产生的"应用偏见"，都将影响算法决策的产出。因此，黑箱可以刺破，需要的是技术细节。在部署算法影响评估机制时，平台企业与公权力部门应公布程序输入和输出的数据类别信息，公布算法所涉及的逻辑，包括算法输入数据占决策的比重，有助于了解算法运行逻辑的基本专业知识、算法决策的范围以及程序可能的后果。按照欧盟 GDPR 背景引言中的披露要求，"数据控制者应当以'易见、易懂、易读'的方式提供真实、可靠、可能产生的影响类型示例，包括可视化技术等方式呈现"。[②] 平台企业与公权力部门在披露算法决策相关信息时，也应遵循最大程度的透明披露标准，以便于公众理解。稍有区别的是，公权力部门有着比平台企业更重的算法透明责任与要求。平台企业可以通过商业秘密、知识产权保护等借口，不完全公布涉及企业利益的算法内容，但必须以说明报告的形式向公众公布算法决策相关技术细节。

---

① Lehr D and Ohm P, Playing with the Data: What Legal Scholars Should Learn About Machine Learning, U.C. DAVIS L. REV.51, 2017: 653

② General Data Protection Regulation, Official Journal of the European Union, L 119/2, 2016.

## （四）落实算法问责体系加强算法责任追究

算法影响评估机制并非一种独立的机制，其只能成为算法规制体系中的关键部分，算法影响评估机制作用的发挥离不开算法问责在其中的作用。[①]算法问责的具体要求在公权力部门的体现将更为直接。在公权力部门，算法决策系统无论作为辅助决策工具，还是独立决策作出者，公权力部门都无法排除其具体行政行为的定性，需要对自动化决策结果负责。而在平台企业，算法问责机制的构建亟须改变"主体—行为—责任"传统理论下的"责任鸿沟"。[②]从以缺失控制权为理由主张"无过错则无责任"转变为以主观过错归责原则，刺破隐藏在自动化技术面纱之下的算法设计者、部署者的主观意图，具体实施路径须从事前、事中、事后三个算法问责时间节点进行设置。在算法投入运营的事前阶段，首先将算法影响评估机制与算法问责机制相结合，以用户行为干预程度、社会动员程度以及潜在风险可能等为标准，建立不同的算法风险等级评估审计，以此详尽地调查算法设计者与部署者是否存在主观过错，以便归责。其次建立算法备案机制，将平台问责节点进行固定，获取平台设计部署时具有潜在危害和风险的算法系统的相关资讯，以固定问责点为今后的监管提供信息基础。算法备案形式可以通过监管机构发布模板，由私营平台企业填写，将算法部署的目的、风险、评估过程与风险控制方案记录在案。在算法运营的事中阶段，由于人工智能系统面临的监管挑战部分来自留档文件以及文档标准的缺乏，[③]为进一步强化问责体系，化解风险，需要建立算法日志记录制度。通过在算法运行过程中存留周期性日志，建立类似于金融领域的"审计线索"，为监管部门提供监管线索，加强对运行阶

---

①  Kaminski M et al., Algorithmic Impact Assessments under the GDPR: Producing Multi-layered Explanations, University of Colorado Law School Legal Studies Paper Series, 2019: 19-28.

②  张凌寒：《网络平台监管的算法问责制构建》，《东方法学》2021 年第 3 期，第 26 页。

③  Hutchinson B et al., Towards Accountability for Machine Learning Datasets: Practices from Software Engineering and Infrastructure, Proceedings of the 2021 ACM Conference on Fairness, Accountability, and Transparency, 2021: 560-575.

段算法责任的落实。在算法决策完成的事后阶段，以算法解释制度为问责的最后环节。当算法决策结果产生损害时，法律问责必然产生。但由于算法决策的自主性特点，使得问责流程必须为算法设计者、部署者提供解释说明的机会。这不仅有利于问责流程的程序正当，也有利于监管部门对其他相类似算法的合规检查留下数据支撑与技术支持。当平台能够记录并诚实地重放导致特定决策结果的计算时，算法解释制度的作用才能得到真正发挥。[①] 算法解释制度无论从监管成本、监管对象还是监管内容角度，都应成为算法问责制的独立环节。

## 四、结语

在《"十四五"规划》的背景下，算法权力的规制在数字中国建设过程中成为愈来愈重要的议题，是推动数字化建设的重要驱动力。对于算法权力，我们不仅要深刻认识其技术本质，而且要时刻警醒算法权力展现出的异化风险，以发挥算法对于加快数字化发展、建设数字中国的推动作用。对于算法权力的规制，我国应充分汲取域外经验，将欧盟模式、美国加拿大模式中的协作治理与框架治理理念与现有法律法规体系融合，构建以算法影响评估机制为核心的规制框架。须指出，制度的有效性不仅取决于制度本身，还受制度实施环境的综合影响。因此，在未来还需要构建与之相配套的算法问责、数据评估值等衔接制度，从而达到对算法权力的一体化规制。

---

[①] Adler P, Falk C, Friedler S A, et al., Auditing Black-box Models for Indirect Influence. Knowledge and Information Systems 54, 1(2018): 95-122.

# 新型网络诈骗行为的法律定性与综合治理

衢州市人民检察院法律政策研究室　蔡成武　赵　辉

浙江省公安厅　刘左鑫惠 *

**摘　要**

网络世界与现实世界的深度融合，带来了网络诈骗犯罪的高发多发。新的社会环境和技术条件使得网络诈骗产生了新的特点，在作案方式、作案手法、组织形式、受害对象方面与传统的电信网络诈骗有着很大区别。同时，犯罪技术更加隐蔽化和高科技化，关联的上下游犯罪较多，已经形成链式发展，给公众人身财产安全、社会和谐稳定带来了极大的负面冲击。鉴于目前行政机关管控存在瓶颈、司法机关办理案件存在障碍的现实困境，为有效打击防范新型网络诈骗行为，须从总体理念和行政机关、司法机关、行业企业、社会公众四个维度思考并提出相应对策，以期构建"全民防诈"综合治理新格局。

**关键词**：新型网络诈骗；案件特点；现实困境；综合治理

＊　蔡成武，浙江省衢州市人民检察院法律政策研究室检察官助理；赵辉，浙江省衢州市人民检察院法律政策研究室副主任；刘左鑫惠，浙江省公安厅四级主任科员。本文系重庆市新型犯罪研究中心2021年度研究项目"新型网络诈骗行为的法律定性与综合治理"（项目编号21XXFZ10）阶段性研究成果。

如果说网络世界像"潘多拉魔盒"，释放了无数的罪恶，那么支撑这一观点的典型例证就是信息网络技术的快速发展带来了电信网络新型违法犯罪的肆意滋生。犯罪分子借助现代科技手段，跨地区、跨国、跨境犯罪突出，作案手段变化迅速，紧跟社会热点，精心设计骗局；犯罪行为迷惑性和隐蔽性更强，犯罪组织越来越产业化，防诈反骗形势更加严峻复杂。在此背景下，国家持续加大对电信网络诈骗的打击力度，近年来先后组织"长城""云剑""断卡"等专项行动，仅2020年就破获电信网络诈骗案件32.2万件，抓获犯罪嫌疑人36.1万名，累计挽回经济损失1870余亿元，数字之大令人咋舌。

2021年4月，习近平总书记对打击治理电信网络诈骗犯罪工作作出重要指示，强调坚持以人民为中心，全面落实打防管控措施，坚决遏制电信网络诈骗犯罪多发高发态势。这也标志着打击电信网络诈骗犯罪成为社会空前关注的一个热点。但与此同时，电信网络诈骗手法层出不穷，花样也不断翻新，给防治管控相关犯罪带来了新的难题。特别是在互联网深度融入人们生活的社会背景下，新型网络诈骗行为完全颠覆了传统诈骗的概念。因此，本文将目光聚焦于新型网络诈骗行为的突出特点和治理困境，力求为构建"全民反诈"模式下的综合治理新格局提供理论助益。

## 一、乱花渐欲迷人眼——新型网络诈骗行为的突出特点

电信网络诈骗犯罪，是指以非法占有为目的，利用电话、短信、互联网等电信网络技术手段，虚构事实，设置骗局，实施远程、非接触式诈骗，骗取公私财物的犯罪行为。然而伴随着人们的生活向互联网生活模式的转变，新型网络诈骗行为逐渐成为案件高发的领域，也是今后打击防范的重点。本文所指的新型网络诈骗行为，"新"在近年来出现的利用网络平台或技术实施诈骗的新的犯罪模式。

### （一）作案方式由电信诈骗为主向网络诈骗为主转变

电信网络诈骗犯罪的诈骗手法不断发展变化，早期主要是电信诈骗，

即利用改号软件拨打电话虚构事实引诱被害人转款，或者用伪基站发送含有木马链接的短信引诱被害人点击实施诈骗。近年来，诈骗分子使用网络工具进行诈骗的案件逐渐增多。360猎网平台于2020年1月7日发布的《2019年网络诈骗趋势研究报告》数据显示，受害者接触诈骗者或诈骗信息的主要途径的前三位分别是QQ、微信、电话，三者举报量分别占总举报量的10.69%、10.38%、9.76%。由此看出，相对于电话诈骗，诈骗分子使用即时通信工具、社交软件实施的诈骗越来越多。与此相印证，网络诈骗案件在全部诈骗案件数量中的占比也呈逐年上升趋势。以东部某省份为例，2017年1—12月，全省三级检察院共受理公安机关移送审查起诉电信网络诈骗案件2112件。其中，利用网络实施诈骗犯罪1526件，利用电信实施诈骗犯罪586件。这样的趋势变化，给电信网络诈骗犯罪打击治理工作提出了更高、更新的要求。

## （二）作案手法由"广撒渔网"向"愿者上钩"转变

以往的电信网络诈骗常以电话轰炸、短信轰炸、广告轰炸等方式，在尽可能大的范围内向人们传输诈骗信息，以足够大的人群基础实现对潜在诈骗对象的发现。而近年来，更加精准的新型网络诈骗模式逐渐成为犯罪行为的主流，其作案手法由"广种薄收"向"精耕细作"演变，不再"广撒渔网"，只待"愿者上钩"。犯罪分子通过非法途径获得公民个人信息后，精准发送虚假信息，根据受害人的特点和需求有针对性地编造骗局，使受害人更易上当受骗。如有的通过婚恋网络平台获取信息，又通过其他通信软件与受害人"偶遇"，继而实施诈骗；又如有的通过电商平台获取购物所留个人信息，精准分析受害人需求，发送虚假广告或虚假网址诱使受害人上当。

## （三）组织形式由"搭伙合作"向"公司化运行"转变

数据显示，近年来诈骗案件中七成为共同犯罪，犯罪团伙组织日趋严密，组织形式由"搭伙合作"向"公司化运行"转变。过去极少出现的"骗子公司"，现在已经成为常态。犯罪分子为提高"效率"，往往组成分工协作的犯罪团伙。成员之间分工明确，既有策划整个诈骗活动的"指挥组"，也有具体实施对话诈骗的"导演组"，还有专门负责网上转存、资金分解的"转汇组"及组织实施取款提现的"取款组"，各环节密切配合、环环相扣，让受害人防不胜防，一步步落入陷阱，待发现财产受损时已晚。同时，"公司员工"各司其职，仅仅通过网络单线联系，互不见面，进行流水线式诈骗活动，作案模式较为完善。

### （四）受害对象由以老年人为主向中青年人群转移

以往犯罪分子多将老年人作为犯罪目标，利用老年人防范意识弱、资讯闭塞，通过电话、短信等电信手段实施诈骗。随着信息技术的发展，犯罪分子利用 QQ、微信等网络平台制造更为多样、隐蔽的诈骗手段。其首要目标也转变为对互联网有较强依赖性的中青年人群，以学生、白领职员为主，犯罪分子通过网上发布兼职招聘、网络购物、校园贷、游戏币低价兑换等虚假信息骗取钱财。

### （五）犯罪技术更加隐蔽化和高科技化

犯罪分子通过网络、电信技术，突破国界、地域和人员的限制，以非接触的方式，在短时间内实施诈骗。随着信息技术的发展，新出现了各种更具迷惑性、隐蔽性的手段。如有的使用"伪基站"冒充10086客服群发已植入木马程序的手机短信，骗取被害人支付话费；有的通过设置在境外的服务器，架设诈骗网站，用多重代理或者移动上网技术维护诈骗网页；有的购买多张他人开户的银行卡，借助电子银行系统快速转移赃款，层层转账，分散提现，追回赃款难度进一步增大。

### （六）关联的上下游犯罪较多，形成链式发展

新型网络诈骗行为涉及的上下游犯罪包括侵犯公民个人信息犯罪、信用

卡犯罪、破坏计算机秩序、扰乱无线电通信秩序等多个犯罪行为。围绕新型网络诈骗，已经形成一条灰色产业链和犯罪利益链，从公民个人信息的非法获取和提供，到伪基站设备、短信群发器的制造和销售，再到批量购买他人身份证、银行卡以及未实名登记的电话卡，为网络诈骗犯罪"专门供给"犯罪工具。

## 二、"天罗地网"难织密——新型网络诈骗行为的治理困境

打击电信网络诈骗犯罪自电信网络兴起就是行政机关和司法机关工作的重点之一，并且已经取得了丰硕的成果。如自 2020 年 10 月以来，公安部会同人民银行、工业和信息化部、最高检、最高法等部门联合部署开展打击非法开办、贩卖电话卡、银行卡的全国"断卡"行动，已打掉"两卡"违法犯罪团伙 7816 个，抓获涉"两卡"违法犯罪嫌疑人 14.8 万名，给电信网络诈骗犯罪分子造成重创。然而不能否认的是，电信网络诈骗特别是网络诈骗案件数量仍然不断增加。其中有多方面的原因，也展现了治理新型网络诈骗行为的现实困境。

### （一）新型网络诈骗势头难以彻底压制

人口和经济基础为诈骗提供了土壤。我国是一个拥有 14 亿人口，经济发展速度较快，人们的生活品质以及消费水平相对良好的国家。网络越来越成为人们生活中必不可缺的一部分，公民的个人信息由于各式各样的网络活动在悄无声息之间已经被收集、分类及梳理，成为"大数据"中的内容，并且因为国内人均可支配收入水平相对较高，消费水平普遍较好，受诈骗的经济额度较高，使得我国公民个人信息被泄露、被偷窃、被违规出售的现象严峻。

侵犯公民个人信息犯罪为网络诈骗提供便利。在互联网技术的不断发展之下，其应用大范围普及，互联网安全也不断成为人们关注的重点。恶性程序、各种钓鱼网站与欺诈性网站持续高速增加，与此同时，黑客侵略与大批量的个人信息侵泄现象频频出现。与各类网络袭击大范围增多相伴随的，是大规

模的网民个人信息的侵泄以及经济损失的持续增大。统计表明，从 2011 年 1 月至今，已经有超过 11 亿网民的隐私信息被侵泄，其中含有公民的个人基础信息、电子设施信息、各种账户信息、金融账户信息、个人隐私性信息、公共关系信息以及网络活动信息等等。公民个人信息侵泄的主要通道有：人为倒卖、手机遗失以及病毒侵泄、钓鱼网络站点以及欺骗性网站违法获得、网站漏洞等等。将下列一组数据作为实例——2020 年上半年我国仅侦查破立的有关公民个人信息偷窃、转卖案件就高达 1600 多件，案件涉及公民个人信息约 1 亿多条，如此大规模的信息资源已经足以实现很多网络诈骗违规犯罪分子的精准诈骗需要。

这些"有利"条件推动了新型网络诈骗环境的构成，使网络诈骗不同于以往的违规犯罪，在国内体现出源源不断的态势，很难彻底控制。

## （二）犯罪嫌疑人流动性大造成抓捕难度高

近年来，网络诈骗犯罪嫌疑人为规避惩处，在诈骗行为实施中均使用虚假身份信息以及虚假电话。几乎没有使用真实身份与固定电话的情况，即便使用真实的手机号码大部分也是没有登记身份信息的密码卡，简称"黑卡"。并且该类"黑卡"均为开户就使用，使用完话费额度之后就丢掉，给公安机关确认作案人身份与作案场地造成了很大的不便。在相关案件中，很多嫌疑人均是在一个地方开卡，在另一个地方实施诈骗，并在新的地方取款。团队作案的普遍性使得成员流动的状况更为繁复，给公安机关的抓捕工作带来了很大的不便。侦查该类案件通常需要大规模的警队力量参与其中，其办案经费的消耗程度十分之高，加上大批量的警务人员均派至各地出差，使得本单位警务人员有所缺乏的局面更为严峻。因为该类犯罪团队作案特点显著，内在分工十分细致，并且大部分嫌疑人均运用单线联系的方法，使得公安机关几经周折抓获的常常是处于诈骗链中较为底层的取款马仔，真正的主谋诈骗犯常常可以脱离抓捕，长期逍遥法外，导致整个网络诈骗犯罪治理活动的进展困难重重。

## （三）行政机关进行网络诈骗管控存在瓶颈

行政监管部门执法力度薄弱。实践中有这样的现象，很多进行网络诈骗案件的都是惯犯，而其多次作案的原因之一就是诈骗罪量刑偏轻，违法犯罪的代价较小。由此来看，当前法律的惩处力度还是不够的。尽管具有了对应的司法解释，但是整体而言，对该类犯罪的刑罚不重，很多网络诈骗犯罪嫌疑人在抓获之后判短短几年刑就会被放出来。因为在法律刑罚上偏轻，所以很难对犯罪分子产生较大的警示，不利于控制该种犯罪的产生。管治网络诈骗仅凭公安机关的力量是远远不够的，银行以及通信运营商尽管也在持续的探索道路之中，但是仍然有很多壁垒尚未被打破。比如，手机实名制尽管已经提出许多年，政府部门也确切发布了相关文件推动其进行，但是因为各种利益的约束和限制仍然很难彻底落实。除此之外，社区宣传教育工作的推行也尚未得到显著成果。一般和群众接触相对较多的是社区工作者，因为忙于处理各类繁琐的事务性工作以及各类上层部门的"检查导引"，人力本来就相对欠缺的社区机构很难发挥卓有成效的教育推广作用，从而减弱了公共治理网络诈骗犯罪的力量。

不同地区公安机关缺乏分工协作机制。由于网络诈骗犯罪的特点有作案目标广泛性，诈骗跨国、跨省市、跨区域等特征，网络犯罪脱离了现实空间的限制，遍布于各种领域之中。受害者也于全国各处都有分布，公安机关侦查的成本大、难度高，也难以把案件相串联，加之一些区域对该类诈骗案件的重视程度不足，针对涉案金额较低、取证困难的网络诈骗案件更是如此，难以构成一个有力的治理网络诈骗犯罪的合作机制。从公安机关的角度出发，很多网络诈骗犯罪分子逍遥法外就是因为各地公安机关缺乏分工协作机制。如果各个地方相互配合、相互协作，打击方式和力度都会大有改观。

## （四）司法机关办理网络诈骗案件存在障碍

新型网络诈骗犯罪事实难认定。在新型网络诈骗案件中，犯罪嫌疑人之间、嫌疑人与被害人之间通常通过网络联系，不知晓对方的基本情况，因此对虚拟身份与真实身份、人机同一性、嫌疑人与犯罪事实之间的联系等犯罪事实的认定均存在较大难度，无法通过传统相互指认的印证规则建立对应关系，而是主要依赖以电子数据为主形成的证据锁链。但侦查人员取证意识不强，欠缺计算机、互联网相关方面的专业技术知识，导致取证不及时、不全面、不规范的情况多见，从而影响案件事实的认定。在检察机关审查起诉时，公诉人同样不具备专业知识，导致审查的专业性不够，存在部分电子证据材料无法串联，看不懂专业性鉴定意见等问题。

新型网络诈骗罪名定性难厘清。实践中对于部分新型网络犯罪的定性争议较为激烈，不断涌现的全新犯罪手法无前例可循。如常见的利用不同方式取得他人支付宝账号密码，从而取得支付宝余额或"蚂蚁花呗""蚂蚁借呗"中资金的行为，是定性为盗窃还是诈骗的争议较大，而该定性直接影响罪与非罪问题。再如前段时间频繁出现的微信红包赌博案件，不同地区的定性也存在差异，有的认定为赌博罪，有的认定为开设赌场罪。根据2010年《关于办理网络赌博犯罪案件适用法律若干问题的意见》，若认定开设赌场，则抽头3万以上就属于"情节严重"，故定性问题严重影响量刑。对于该类犯罪，还是应当严格按照赌博罪和开设赌场罪的不同特点予以区分，不能一概而论。此外，新型网络犯罪的手段不断更新，且往往是团伙性链条化犯案，上下游犯罪嫌疑人互不认识，只是通过网络媒介进行沟通交流，但却能够做到分工细化，各个环节均构成利益链条，甚至形成产业化。而最新修订的《刑法》新增罪名与传统罪名的适用，厘清各种罪名之间的定性争议，对各种新型犯罪手法的准确定性、打击网络安全犯罪有重要意义。

新型网络诈骗中共同犯罪难确定。网络犯罪中的共同犯罪不同于传统的共犯，如帮助行为非"一对一"固化，而是"一对不特定的多数"。犯罪嫌疑人之间无须相互认识或见面，仅通过互联网和各类社交软件相勾连，特别是很多犯罪嫌疑人依托第三方专业化平台作案，难以认定犯罪的共同故意。

不同犯罪嫌疑人之间分工协作，独立精准地负责犯罪的各个环节，是否全链条打击直接影响了共同犯罪的认定。但司法机关往往只能查获某一环节的嫌疑人，如何定罪则成为难点。如部分网络诈骗犯罪中往往有专门的取款、转移赃款者，该类人不实施诈骗行为，仅帮助诈骗实施者将赃款快速变现或使用其他账户洗钱，致使资金路径查找困难。该类人与诈骗实施者之间素不相识，且往往不存在明确的犯意联络，对于所经手款项的性质主观上仅为概括性认识，能否认定为通谋从而认定诈骗共同犯罪争议较大。如制作、销售钓鱼软件的行为与购买者使用软件诈骗是否构成诈骗罪共同犯罪，如果按照共同犯罪认定，软件的同一性和诈骗数额的计算现实操作中都存在困难。再如某些网络诈骗案件，一个诈骗分子往往有多个下家帮助进行广告推广，对于下家帮助犯的具体诈骗金额同样难以认定。

## 三、任尔东西南北风——构建"全民反诈"综合治理新格局

犯罪是社会的毒瘤，新型网络诈骗行为产生的原因也深深根植于当今中国经济社会发展和互联网科技进步的时代背景，如何治理和预防此类犯罪不是单纯依靠司法机关就能够解决的。一方面，立法机关、司法机关不断出台法律法规和司法解释，司法机关从体制机制角度不断创新应对集中爆发的各类问题。最高检先后于2018年8月、2020年4月发布《检察机关办理电信网络诈骗案件指引》和《第十八批指导性案例》，对准的正是电信网络诈骗等利用网络、针对网络和在网络空间进行的各种犯罪。另一方面，我们必须认识到，"在新型网络诈骗行为的治理工作中，必须融入移动通信、银行金融、网络电信、大中型互联网公司等政府、企业的力量，丰富行政治理体系，规范互联网各个层级和方面的行动方式"，提高整个网络空间的法治观念。

### （一）建立多元主体参与的协同治理机制

如前所述，目前国内在惩治网络诈骗上的力度仍然有待加强。对犯罪分子来说，无论实施诈骗的惩罚成本还是工具成本都不高，且只要诈骗成功，

就能获得非常高的收益，使得犯罪分子甘冒风险，以小博大、知法犯法，带着极强的主动性实施网络诈骗活动。基于此，治理新型网络诈骗也应构建新的机制。治理新型网络诈骗，要想实现有效有序的治理，不能只靠政府、企业、个人中的任何一方。只有在宏观层面促使个人、企业、社会、政府共同协调治理，在微观层面实现政府各职能部门的有效协同，防止多头管理，隔绝治理真空，不给网络诈骗人员"钻空子"的机会，网络诈骗这个社会问题才能得到有效解决。因此在开展相关研究时，需将微观层面的治理机制和宏观层面的协同机制结合起来。

考虑到我国仍然是发展中国家，现代社会的政治秩序是我们亟须解决的问题，之后才是健康多元的市场以及公民社会，因此政府在治理新型网络诈骗这一问题上依然起主导性作用。不过，由于市场经济的快速发展，社会愈发多元化，在治理当下新型网络诈骗问题时，政府亦非万能。想要让治理工作实现最优，就不能只靠政府，应该呼吁、吸引民众个体、企业以及社会都参与进来。

## （二）明确政府治理的职能定位

行业监督部门（金融、通信、信息等）须加强监管。通过梳理新型网络诈骗案件可知，其主要有三个过程：首先获取受害者的个人信息，其次借助通信工具进行诈骗，最后让受害者完成银行转账。鉴于此，政府和相关职能部门要强化监管金融行业、通信行业和信息行业的力度，采取诸如电话实名制、限制个人的银行开户数量、严厉打击信息贩卖行为等多种措施，做好统筹监管。

及时公开最新网络诈骗案信息。对于电信网络诈骗特别是新型网络诈骗案件，政府其他相关部门应做好信息公开工作，确保及时性、权威性。既能让民众的知情权得到保障，又可借助代表性案件对民众进行提醒，使其识别能力得到提升。

金融、通信等部门加大与公安机关的配合程度。现实社会中，公安机关在侦查网络诈骗犯罪时，不可避免地需要调取银行流水、账户信息等资料，越早掌握这些资料，案件侦办难度就越小。因此，政府应宏观调控各部门全力配合公安机关的调查工作，争取做到"随到随查""随查随提供"的效果，减少公安机关在收集证据时所消耗的"等待"时间。

目前，国内针对电信网络诈骗主要由六大部门负责实施治理，分别为：最高检、最高法、公安部、工业和信息化部、银保监会、人民银行。然而，由于各职能部门之间职能优势差异以及职能交叉等问题，在治理过程中，各部门难免会出现一些相互推诿以及相互政策博弈的现象，引发一些无序甚至无效的治理行为。这些治理行为给诈骗分子实施诈骗活动提供了"钻空子"的机会。因此，本文认为在现今社会大环境下，仍须由党委部门牵头，各职能部门协调，使其可以密切协同，一起进行有效且科学的治理。

## （三）司法机关着力破解案件办理难点

加强侦查协作，形成打击合力。网络诈骗案件的证据时效性强，容易灭失，检察机关提前介入具有重要意义。对于案情复杂、社会影响较大的案件，检察机关应当积极介入引导侦查。与侦查一线民警直接沟通，全面、动态了解案件侦查取证情况，及时审查相关证据材料，并向公安机关发送"证据清单"，引导公安机关收集、调取电子数据、被害人陈述、勘验笔录等各类重要证据，为案件的成功办理奠定坚实的证据基础。

加强类案指导，降低证明责任。案例指导对于规范司法办案，促进司法公正，保障法律统一正确实施具有重要作用。司法机关应积极遴选典型性案例，就案件办理过程中的"亮点、盲点、争点、难点、新点、热点"问题进行深入研究，通过案例指导等形式，明确电信网络诈骗定罪量刑标准，消除法律适用的模糊地带和同案不同判现象，以供下级机关在案件办理过程中参照执行。在证据证明和责任认定方面，严格依照执行两高一部《关于办理电信网络诈骗等刑事案件适用法律若干问题的意见》，强化推定的运用，准确把握共同犯罪的"明知"、被告人日拨打人次数、日发送信息条数、被害人人数及诈骗资金数额等方面的认定。

斩断利益链条，建立合作机制。司法机关进一步加大对上下游犯罪行为的惩治力度，打击灰色产业链、压缩网络诈骗犯罪空间。逐步建立司法、通信、金融等多部门跨行业的合作机制，通信、金融部门加强监管措施，严格审核实名制放号、银行卡办理、网银转账等业务，从源头上堵塞漏洞、严密防控。积极承担社会责任，主动配合协助司法机关办案，简化对涉案可疑账号的监控、查询、冻结等手续。

## （四）督促相关企业做好网络诈骗监管

相关企业特别是与金融业、电信业密切关联的企业，应强化行业自律，对国家为打击、遏制网络诈骗而出台的相关法规要积极落到实处。在已知受害者进行银行或者网络转账时，企业须尽到告知义务，保护受害者财产不受损。

通信、银行等企业应和政府职能部门特别是公安部门合作，在技术层面为其侦查、审判此类案件提供支持。相关企业对普通大众应自觉承担告知义务。如针对消费者出现邮包诈骗或电话欠费等情况，将核查的路径和方式提供出来，方便他们及时举报和求证。

## （五）开展"全民反诈"宣传普法活动

社会应借助多样化的方式，提升群众的反诈骗意识和信息安全意识。如举办以防诈骗为主题的知识竞赛，再如开展辐射范围更广的宣传教育活动等。对于人员密集、流动人口大的重点人群和重点区域，举办多频次、大规模、有针对性的防诈骗宣传活动，尽量让舆论宣传覆盖的范围扩大，将"勿要给陌生人转账、汇款"的意识传达给群众，在源头上将诈骗分子实施诈骗的可能性切断。

积极营造诈骗可耻、劳动光荣的社会道德意识。历经40余年的改革开放，国内群众在思想道德意识方面受到了市场化冲击所带来的负面影响。社会要对"不劳而获是十分可耻的行为"这一道德意识加以强化，提倡、鼓励人们做人做事要诚实守信。此外，要强化宣传教育，帮助人们提升防诈骗的能力以及信息保护意识，不给诈骗分子留下"钻空子"的机会。

个体在治理网络诈骗过程中的角色定位。作为普通群众，应主动学习防诈骗知识、保护个人信息的相关知识、了解有关法律法规，借助法律武器对自己的利益进行保护，提升自己在防止网络诈骗和信息保护方面的能力。此外，积极举报身边出现的网络诈骗，对诈骗分子加以规劝，让其主动自首。

邀请专业人士会同社会公众人物一同讲解网络诈骗的最新方式、特点、归纳、分类、总结相关案件，系统全面地讲解犯罪分子进行诈骗的全过程，告诉群众万一遭遇相关情况应该如何应对。

# 数字经济背景下个人信息处理风险及治理路径

杭州电子科技大学法学院　朱　悦 *

**摘　要**

个人信息的处理包括个人信息的收集、存储、使用、加工、传输、提供、公开、删除等。新型数字技术和商业模式的发展，使数字经济背景下的个人信息处理风险具有隐蔽性、影响广泛、不易化解等特点。从实践角度来看，个人信息处理的常见风险包括过度收集、泄露、滥用等风险。在风险治理框架下，应基于个人信息前置保护和处理环节披露等总体思路，构建多主体协调、兼顾法律与技术、促进利益平衡和完善激励机制的风险治理多元路径。

**关键词**：个人信息处理；个人信息权；风险治理；激励机制

---

＊　朱悦，浙江大学法学博士。杭州电子科技大学法学院讲师，浙江汉鼎律师事务所律师。

## 一、引言

随着数字技术的发展和普及，人工智能、大数据、云计算、分布式记账以及电子商务等技术 [①] 被广泛应用于我国经济的各个重要领域。在数字经济发展过程中，流量、客户、商业模式等关键词都离不开数据占有、存储和分析能力等优势。截至 2021 年 6 月，我国网民规模达到 10.11 亿人，互联网普及率达 71.6%，形成了全球最为庞大的数字社会。2020 年，我国数字经济规模已达 39.2 万亿元，占 GDP 的 38.6%。[②] 数字经济使个人信息保护面临新的挑战。如何促进个人信息合理利用并控制个人信息处理风险，成为数字经济背景下的议题。我国《数据安全法》和《个人信息保护法》都对"处理"一词做了广义解释。《数据安全法》第三条第二款规定："数据处理，包括数据的收集、存储、使用、加工、传输、提供、公开等。"《个人信息保护法》第四条第二款规定："个人信息的处理包括个人信息的收集、存储、使用、加工、传输、提供、公开、删除等。"可见，个人信息处理贯穿个人信息生命周期的各个环节，个体和组织都无法为了绝对的信息安全而脱离数字经济时代。在个人信息处理普遍存在的情况下，个人的事前判断能力和可行性下降，从而转为对个人信息风险的担忧。一方面，个人信息被侵害的可能性增加；另一方面，新技术使侵害行为更具有隐秘性。无论从风险本身还是从其影响范围来看，新型技术和商业模式的发展都加剧了个人信息处理风险。

## 二、个人信息处理风险的主要类型

### （一）个人信息收集风险

个人信息处理和利用的前提是个人信息收集。个人信息收集风险主要体

---

① 马玲：《进一步完善金融领域个人信息保护法律制度》，《金融时报》2021 年 11 月 4 日第 1 版。
② 第一财经日报社：《充分认识个人信息保护对数字经济发展的重要性》，《第一财经日报》2021 年 11 月 2 日第 A2 版。

现为违法收集和过度收集。根据我国《个人信息保护法》，过度收集也是违法收集的一种，但由于超范围、违反必要性的收集活动是数字经济时代常见的风险原因，因此往往被单独归类并讨论。在信息逐渐成为重要战略资源的过程中，企业之间的竞争也演变成了信息的竞争。典型的个人信息应用可以分为市场营销和信用评估。

在市场营销方面，互联网公司是较早应用大数据技术的企业。通过收集消费者的上网痕迹来预测消费者需求，再以广告的形式为消费者提供符合其动态和偏好的产品或服务。[①] 例如，腾讯的产品线为其收集大量个人信息创造了条件。其中，门户网站、电子商务、腾讯视频等在为用户提供服务的同时，充分、完整地收集并存储用户在互联网上的行为轨迹和其他偏好。腾讯基于此向用户推荐更多相关的内容和服务。消费者在网上购物或接受服务的过程中，产生包括个人信息在内的大量数据，这是企业进行大数据营销的基础。在信用评估方面，由于多维度信息可以更好地展示用户信用画像，且大多数信贷市场中储存的数据比较单一，于是很多信贷服务提供商获取个人消费习惯、电子邮箱、地理位置等数据，综合评估个人的信用水平。在数字经济时代，个人信息的商业利用形成了数据人格，其中包括数据人格的初级塑造和深度塑造。初级塑造是指个人静态和动态信息的收集和整理；深度塑造是指利用初级信息的分析和预测。

企业掌握的客户资料越详细，越有可能预测潜在的商机。用户个人信息在商业活动中具有信用评估、促进交易达成和精准营销等功能，[②] 从而促使企业提供更多的服务，并使其商业利益最大化。大数据技术增强了企业收集个人信息的动机。互联网时代，企业收集信息的行为具有隐秘性，很多企业未经用户授权擅自采集个人信息。例如，利用恶意软件、无线网络或在别的

---

① 涂子沛：《数文明》，中信出版社 2018 年版，第 36 页。

② Thomas R E and Maurer V G, Database Marketing Practice: Protecting Consumer Privacy, Journal of Public Policy & Marketing, 1997, 16(1): 148.

网站添加代码的方式采集用户信息；或者以将 cookies 植入网页的方式，[1][2] 跟踪用户的浏览记录、IP 地址，甚至用户名和密码。大部分采集行为并不为用户所知，用户也难以监督哪些企业收集了何种信息。可以说，无论用户是否授权，个人信息都在或多或少地被收集。

还有一些企业虽获得用户授权，但也存在过度采集行为。中央网信办、工业和信息化部、公安部、市场监管总局计划于 2019 年 1 月至 12 月对 App 进行专项治理，促进个人信息合规收集。大多数 App 都存在消费者投诉的强制授权、过度收集、超出约定使用目的等利用个人信息的现象，尤其是电子商务、地图导航、快递外卖、交通票务等常用 App。移动互联网应用程序的隐私条款不完整、约定使用目的不合理、强制同意格式条款等问题无处不在。随着平台间普遍的账号共享和业务合作，地理位置、手机通讯录、手机号等关键信息成了普遍被过度收集的对象。[3] 而用户难以证明隐私协议中哪些个人信息是与服务无关的。企业往往列出极为宽泛的个人信息收集范围，包括现有的应用场景以及将来的使用方式，以此获得最大限度的授权。大量 App 收集的个人信息项目，已远远超出合理范围。例如，网易彩票 App 收集个人财产状况、上网痕迹、通信记录、地理位置（还可能包括行程、住宿）等数据；天天 P 图 App 采集用户的实时位置，但在授权协议中未说明位置信息与提供的何种服务相对应。在云存储等技术的支持下，企业可以更长久地保留这些信息，这将延续风险存续的时间。由于目前个人信息保护规范的原则性和行业规范的非强制性，最小化和必要性原则在实践中不断被突破。[4] 个人信息

---

① 大数据最典型的应用是精准营销，即 RTB 模式。RTB 全称为 real-time bidding，即人群实时竞价，它打破了互联网媒体传统的"广告位"交易方式，将大数据技术运用到展示类广告上，帮助广告主直接向网络上的"目标人群"实现智能投放广告。而这一营销模式的实现离不开 cookie 技术。cookie 技术是指网站为了辨别用户身份而储存在用户本地终端的数据，能记录访问者使用网络的痕迹，能在人们访问网页时记录电脑 IP；将大数据技术与搜索技术相结合，实现了对海量信息的甄选、智投分析。

② 吴勇毅：《大数据成就 RTB 精准营销》，《上海信息化》2014 年第 2 期。

③ 余颖：《App 收集信息应有认证标准》，《经济日报》2019 年 1 月 30 日。

④ 王融：《大数据时代：数据保护与流动规则》，人民邮电出版社 2017 年版，第 7 页。

的违规收集是个人信息泄露和滥用的起点。[①]

## （二）个人信息泄露风险

个人信息泄露是指个人信息由于破坏、窃取或未经授权的访问而导致的信息秘密性或完整性受损。[②] 大数据、云计算等技术的发展，使个人信息的泄露更加严重。中国消费者协会曾发布的《App 个人信息泄露情况调查报告》显示，有 85.2% 的受访者遭遇过个人信息泄露，没有遇到过个人信息泄露情况的人数占比为 14.8%。[③] 此时，个人信息泄露的负面影响已经对个人造成了困扰，甚至侵害人格、财产利益。

数字经济时代个人信息泄露风险的增加，源于互联网的高速信息传播能力、众多的参与主体以及靠个人信息支撑的商业模式。由于个人信息流转过程中涉及大量的机构和个人，信息泄露事件也呈现持续性、广泛性、后果难以控制等特点。个人信息在网络中的每个环节都存在被泄露的可能性。[④] 除了通过互联网泄露个人信息，零散的数据泄露也造成了不容忽视的危害。2018 年 6 月，记者调查发现，二手手机和电脑的网上贩卖商以每条 1 毛钱的价格出售原机主的信息。在二手交易市场和维修市场中，许多营销和维修人员表示，他们可以恢复手机中的联系人、照片、微信聊天记录等诸多数据，而这些工作的成本只需几十元。即使手机恢复为出厂设置，也仍然可以复原已删除的数据。[⑤]

据有关调查结果显示，个人信息泄露主要有两种途径：一种途径是未经本人同意采集个人信息，这主要是因为相关企业在采集后未尽到安全保护义务，从而使第三方企业盗取了个人信息，或者采集者通过非法手段强行收集

---

① 王秀秀：《大数据背景下个人数据保护立法理论》，浙江大学出版社 2018 年版，第 43 页。

② 叶名怡：《个人信息的侵权法保护》，《法学研究》2018 年第 4 期。

③ 参见中国消费者协会网：http://www.cca.org.cn/jmxf/detail/28180.html。

④ 个人信息保护课题组：《个人信息保护国际比较研究》，中国金融出版社 2017 年版，第 186-187 页。

⑤ 360 互联网安全中心：《2018 年上半年中国网络安全报告》，搜狐网，https://www.sohu.com/a/245752280_470037，访问日期：2021 年 11 月 7 日。

个人信息；另一种途径是运营商或犯罪分子故意向他人披露、出售或非法提供个人信息。由于大型商业机构掌握大量消费者个人信息，一旦数据泄露，将给个人造成巨大影响。例如，美团个人信息泄露事件、前程无忧近 200 万份个人简历泄露事件、[①] 圆通快递 10 亿快递数据泄露事件和华住开房记录泄露事件。[②] 个人信息泄露的风险可能导致生活安宁状态的破坏，严重情况下可能造成人身侵害和财产损失。个人很难知晓自己的哪些数据已经被泄露，以及泄露的时间和途径。只有收到推销电话、骚扰短信、垃圾邮件、诈骗电话或者发现账号密码被盗，才知道个人信息可能已经被泄露。个人信息泄露导致或促成下游犯罪发生。[③] 个人信息泄露往往为个人信息滥用提供了条件，个人信息泄露使个人遭受后续次生损害的风险陡增。实践中，个人的维权成本很高，这使得我国的网络用户很难在个人信息泄露或面临泄露风险时及时采取补救或防范的措施。[④]

## （三）个人信息滥用风险

个人信息滥用风险大多发生在信息收集阶段之后。在利益驱使下，个人信息滥用现象时有发生。在数字经济背景下，个人信息被滥用的风险显著增加。

首先，大部分个人信息的利用都超出了用户所能理解或预测的范围。个人信息的商业利用不仅仅停留在用户及其对应产品的单一记录上，还通过大量、多维度的数据进行关联和匹配，从而开发出更多营销场景和利用的可能性。数据跨企业、跨行业之间的关联已具有普遍性，数据处理能力的增强以及用户数据量的积累，可以使企业更准确地掌握用户的行为习惯和需求，探索个性化、精确化和智能化的广告推送服务，形成高于传统广告数倍经济效益的新型商业模式。同时，企业可以通过控制个人信息，找到更有效的方式

---

① 参见搜狐网：http://www.sohu.com/a/238564571_828185。
② 银昕：《华住开房记录泄露案"该如何处罚》，《中国经济周刊》2018 年第 45 期。
③ 叶名怡：《个人信息的侵权法保护》，《法学研究》2018 年第 4 期，第 88 页。
④ 张茂月：《大数据时代公民个人信息数据面临的风险及应对》，《情报理论与实践》2015 年第 6 期。

和途径来增加用户粘性，开发新的产品和服务，降低企业运营成本。[①]个人信息应用目的和应用场景的扩张，滋生了个人信息滥用风险。例如，"大数据杀熟"就是通过分析消费者的消费记录、浏览记录等数据判断其消费能力、价格敏感程度等，并以此为基础进行差别定价。这种数据分析和应用已超出企业营销和商务拓展的合理场景，涉嫌价格歧视，侵害了消费者的合法权益。

其次，个人信息处理使得信息之间的相互关联更加容易，信息合理使用与信息滥用的界限十分模糊。虽然预测消费者的需求并向消费者推送广告并不是大数据时代才有的商业模式，且这些用来分析消费者需求的信息往往具有很多个维度，其中有些数据并不属于个人信息，但商业活动中的数据分析和挖掘使数据关联的可能性大大提升，可能使原本不属于个人信息的内容更容易与特定个人相关联，从而具备纳入个人信息保护的可能。信息量越大越有利于精准营销，越容易使消费者在某种程度上变成可追踪的"透明人"。这与传统营销对个人信息的利用程度存在质的差别。在互联网粗放经营的时代，广告以用户和点击量为支撑，电子商务和会员制服务以用户注册信息和支付账户为支撑。此时的数据基本是单一产品与用户之间的行为记录，缺少产品之间、用户之间，以及更复杂的产品逻辑和用户行为逻辑的数据。[②]在数字经济时代，这些分析结果往往能呈现出更多的有用信息，被用于满足更多的商业目的甚至非法目的。例如，在未获得信息主体同意的情况下，将健康数据用于保险营销及确定特定个体保费数额的场景，属于个人敏感信息的滥用。[③]

最后，数据高流动性使个人信息相关的主体众多。同一个人信息可能涉及多个信息控制者或使用者，在个人信息流转的任意阶段都有被滥用的风险。合法的数据交易、数据黑市交易、相关人员泄露或者第三方窃取等方式都可

---

[①]　谢文：《大数据经济》，北京联合出版社 2016 年版，第 40 页。

[②]　谢文：《大数据经济》，北京联合出版社 2016 年版，第 148-149 页。

[③]　国家市场监督管理总局、国家标准化管理委员会：《中国国家标准化管理委员会. 信息安全技术——个人信息安全规范》（GB/T 35273-2017），中国标准出版社 2017 年版。

以导致个人信息的流转。由于模糊的授权和商业利益的驱使，个人信息经过流转后，涉及的主体由两方变为多方，法律关系更加复杂，[①] 个人信息被滥用的可能性提升，而滥用的成本则可能降低。其中的风险来源可能是由于不同企业的个人信息保护能力和意愿不同，也可能是内部人员的违规操作。[②]

除了潜在风险，个人信息滥用已经严重影响个人生活安宁和社会的健康发展。从垃圾短信、广告推销、骚扰电话到徐玉玉案，[③] 个人信息滥用衍生的网络诈骗和人身侵害等事件层出不穷，已成为严重的社会问题。

## 三、个人信息处理风险的治理思路

### （一）赋权与风控相结合

从信息自决权理论引出的信息处理风险的自主判断和个人防控，可以为赋权思路提供支持。关于所赋权利属性的讨论，不外乎人格权、财产权或者兼具人格和财产属性的新型权利。但事实上，人格权、财产权保护路径都无法涵盖个人信息保护的全部诉求。欧盟将"个人数据保护权（the right to protection）"作为个人数据保护法的权利基础，在一定程度上承认了应赋予个人信息一种新型的权利。个人数据保护权是个集合概念，[④] 但类似的新型权利在我国民事权利体系中暂无栖身之地。即便如此，也仍然不能否认将个人信息权利化的合理性。

在数字经济时代，个人对信息的控制能力减弱，个人信息的滥用等乱象需要相应主管部门来监督和管理。因此，要将企业数据处理行为的规制作为个人信息保护的重点。企业行为的合理性很大程度上取决于个人信息风险的

---

① 王秀秀：《大数据背景下个人数据保护立法理论》，浙江大学出版社 2018 年版，第 47 页。

② 温婧：《顺丰 11 名员工出售客户隐私获刑》，《北京青年报》2018 年 5 月 18 日。

③ 2016 年，刚收到大学录取通知书的徐玉玉，因个人信息泄露被骗走全部学费，并因此心脏骤停，伤心离世。

④ 刘泽刚：《欧盟个人数据保护的"后隐私权"变革》，《华东政法大学学报》2018 年第 4 期。

评估，即企业有义务对个人信息处理进行风险防控并接受相关部门的监管。在构建我国个人信息综合保护模式的过程中，必须放弃寻找单一保护路径的思路，而应从多个角度进行综合治理。权利化为相关主体提供了行为预期和事后救济，风险防控能基于个人信息实施动态化、全程化的保护，避免过多地以事后弥补损失的方式来保护自然人的个人信息利益。在赋权与风控相结合的原则之上，个人信息保护规则应兼具静态与动态的特点，并使二者优势互补。

## （二）个人信息的前置保护

长期以来，隐私权与个人信息权在我国仅仅体现在学理上的区分。《民法总则》也只是规定了一些禁止性行为规范。在司法实践中，个人信息保护以侵权法的保护为主，是一种事后救济模式。侵权法注重对既有状态的维护，仍然是一种消极的防御性保护。这与我国刑法先行、规则零散的个人信息立法现状相类似，个人信息保护的实践也只能以侵害行为的限制和惩罚为主。

美国学者欧姆（Paul Ohm）指出了事前规制的重要性。他认为个人信息保护面临着传统数据匿名化失效的风险。在大数据时代，匿名化数据"再识别"（reidentification）的可能性大大提升。一旦个人信息能够相互关联，即便是联邦调查局也无法切断这些关联，且不能没收和消除所有的数据。因此，期待事后救济，其效果与毫无监管并没有太大差异。可见，技术的创新已使事后救济模式不能对个人信息提供有效的保护，法律应在造成实质性损害之前对个人信息进行规制，构建个人信息前置保护原则。欧盟《一般数据保护条例》（GDPR）第三十五条制定的数据保护影响评估表明，在数据控制者缺乏降低风险的措施而可能导致较高风险时，应当在数据处理之前咨询监管机构。同时，向监管机构披露信息。我国也应借鉴个人信息前置保护思路，以个人信息前置保护原则指导个人信息保护实践。促进相应责任主体主动预见风险，为信息提供更高程度的保护。前置原则也有利于维护个人信息与企业的信赖关系，从而使个人提供信息的意愿增加，有助于企业的数据积累和业务创新。

## （三）个人信息处理的披露原则

由于个体参与互联网程度的不断提升，个人信息在大数据应用中变得更加重要。个体的特征和行为信息通过参与互联网商业活动而被记录，从而形成存储在企业中的个人信息。在这些数据中，行为痕迹、上网记录、消费记录等数据随着个体与其他市场参与者的互动而不断更新，处于实时状态。在个体认可参与社会生活并第一次授权其个人信息使用的过程中，在个体和信息处理者之间基于授权形成了相应的法律关系。在此之后，数据的流转大致分为两种路线。其一，数据控制者通过协议等方式与第三方数据控制者进行个人信息共享，其前提是征得相应个体的同意，并且这种授权可以形成不间断的链条。于是，个人信息具有在多个企业之间进行流转的可能性。其二，数据控制者通过对个人信息进行加工并将数据进行不可逆转的匿名化处理，从而使个人信息彻底脱离了人格属性，以指数型、集合型等与个人信息无关的形态呈现，并以这种形态进入下一步骤的流转。此时的数据不再是个人信息，而是以个人信息为起点，通过加工处理而形成的衍生数据。

但在数据流转的整个过程中，数据处理往往是"秘密"进行的。信息主体往往无法知悉后续一系列的处理和传输行为，也谈不上对这一过程的控制。在个人信息保护模式的变革过程中，各国都致力于数据处理透明化的实现。欧盟 GDPR 第十二条规定，有关个人数据的收集、使用和处理对于数据主体必须是透明的，与个人数据处理有关的任何数据都应当容易获得且容易理解，数据主体应当了解有关其个人数据处理的风险、规则、安全措施、权利以及如何行使权利。目前，我国关于数据处理透明化的方式只有"隐私声明"。但这种声明是一种事前行为，后续的一系列活动对数据主体来说并不是透明的。数据处理透明原则应贯穿于个人信息处理的全过程，而不仅仅是采集阶段，从而使信息主体可以随时了解个人信息可能面临的风险，数据控制者是否已采取安全保障措施等内容。此外，数据处理的透明并不只是形式上的透明，而是使公众和监管部门通过合理、可行的方式就能了解数据处理过程的相关信息。在数字经济背景下，数据处理涉及技术控制，这给监管带来了一定困难。[1] 这里所说的透明原则是站在公众和监管机构的角度而言的，数据处理透明的实现和具体的披露程度值得进一步探究。

## 四、个人信息处理风险治理的多元路径

### （一）个人信息处理风险治理路径中的法律与技术

从欧美个人信息保护规则的发展经验可以看出，个人信息处理风险防控的重点是风险的综合治理。我国也应引入风险治理思路，并兼顾法律与技术，形成多元保护路径。

数字经济的发展使数据处理风险由静态风险转为动态风险。就个人信息处理风险治理而言，本身就暗示着多元路径的必要性。在治理的各种定义中，联合国全球治理委员会的表述具有较大的代表性和权威性。该委员会于1995年指出，治理是经营管理相同事务的多种方式的总和。其主体既包括私人主体也包括各类机构。治理使互不相同甚至冲突的利益得以调和，其中的驱动因素既包括正式的规范文件，也包括一些非正式的安排。[2]

基于上述讨论，多元化路径的构建主要应从两个方面入手：一是法律角度，二是技术角度。从法律角度讲，在风险治理模式下，应考虑多种因素，采取多种方式，根据预估的风险来保护个人信息。因此，基于数据分类的差异化授权是可行的路径。这种方式既保护了个人的参与权，也避免企业为了在任何情况下都要获取用户授权而陷入高昂的合规成本。而分类授权又与基于场景的风险评估相关，企业应基于合理的风险评估将个人信息收集和应用的风险分为若干等级，并允许采取不同的授权方式。从技术角度讲，个人信

---

① 高莉：《大数据伦理与权利语境——美国数据保护论争的启示》，《江海学刊》2018年第6期。

② 俞可平：《治理与善治》，社会科学文献出版社2000年版，第270-271页。

息匿名化是常用的技术。不同的匿名化技术有不同的适用情形和标准要求，而个人信息的具体类别及使用目的又是决定采用何种匿名化技术的关键。因此，在某种意义上，确立统一的匿名化标准存在一定的障碍。根据欧盟个人信息匿名化的经验，大致可以从以下三个方面进行判断：执行匿名化程序后是否仍然识别到信息主体？执行程序后的信息能否与其他个人信息进行链接？执行程序后信息是否仍可推断出与特定个人相关？换言之，一个有效的个人信息匿名化解决方案必须具备以下三点功能：其一，可以防止所有各方在信息集中单独识别具体的信息主体；其二，可以防止通过链接单一信息集中的两个记录或两个单独的信息集来识别具体的信息主体；其三，可以防止从信息集中推断信息主体的任何个性化特征。此外，在个人信息已采取匿名化处理以后，仍需要定期进行个人信息处理和使用的风险评估，具体包括以下三个方面的内容：第一，定期评估是否存在新的风险，对各种剩余风险进行再评估；第二，对于已确定的风险，评估已采取的措施是否足够，并且进行相应调整；第三，监控和控制其他风险。针对剩余风险，应特别考虑数据集中非匿名化的部分，以及已经被匿名化的部分两者结合时，是否会发生身份识别，以及属性之间是否存在可能的关联。

## （二）个人信息处理风险治理的多主体协调

个人信息保护目标要兼顾信息主体的权利和信息业者的发展，因此，个人信息保护的法律关系涉及自然人和企业这两类重要的主体。无论立法还是法律适用，都离不开对不同主体利益的衡量。对个人信息保护与合理利用相关的各种利益进行结构与分配，以发挥法律制度的利益平衡作用。但主体之间失衡的原因主要是个人信息利益的复杂性。

个人信息利益的复杂性给个人信息保护及其立法带来了一定的困难。个人信息基于个人授权及企业授权，在不同主体之间流转，个人很难实际控制其个人信息，因此个人信息之上存在不同的利益主体。立法之所以确立一项权利并塑造其权利结构是为了将该权利所包含的利益按照一定的标准固定下来并分配给相关主体，以通过权利立法来实现分配正义。但在互联网环境中，每时每刻都有大量的个人信息产生并被记录，并且在商业化的背景下，个人信息具有高度的流动性。在这种情况下，确定每项信息的权利归属几乎是不可能完成的任务。商业实践中的个人信息保护在众多不确定因素中艰难探索，尚未形成令人满意的统一财产分配方案。

个人信息利益的复杂性以及涉及主体的广泛性，需要这些主体之间建立一种合作、信赖、协调的机制。与多元主体相适应，风险治理也应遵循多元规范。针对不同情况，法律介入的范围和方式应有所差异。[①]一方面，应鼓励信息主体积极维权，并建立多样化的侵权救济渠道。一部分网络用户对企业采集和转让个人信息情况的关注就能促使企业更加谨慎地使用这些信息，并期望与用户之间建立起更紧密的信赖关系。于是，整个社会的消费者福利就会逐渐提升。另一方面，应积极发挥消费者协会和其他行业协会的作用，以实现公益诉讼和规范企业信息处理行为的功能。我国已出现针对违规收集个人信息等情况提起的公益诉讼，但侵权责任主体、处罚与赔偿机制等问题仍不明确，互联网服务纠纷的民事公益诉讼适用方法仍不明确。[②]

## （三）企业的个人信息处理合规激励机制

除了信息主体的积极维权之外，企业应积极满足合规要求，建立合规风险管理制度。[③]企业应建立个人信息保护管理体系。信息处理者应采取适当的技术和组织措施以及信息保护政策，以确保信息处理行为符合规定。具体体现为公司章程、细则，以及监督和促进公司内部成员遵守信息保护和个人信息安全的要求。应借鉴欧盟 GDPR 规定，要求企业从设计着手保护个人信

① 彭小龙：《规范多元的法治协同：基于构成性视角的观察》，《中国法学》2021 年第 5 期。

② 孙南翔：《论作为消费者的数据主体及其数据保护机制》，《政治与法律》2018 年第 7 期。

③ 范为：《由"华为—腾讯事件"谈数据权益梳理与数据治理体系构建》，《信息安全与通信保密》2017 年第 9 期。

息。企业应积极主动地在事前防御个人信息风险，并定期对企业信息风险防控标准进行检查。将信息保护作为默认设置，保证用户能以最方便的途径保护其个人信息。企业合规义务标准的确立也应依靠行业自律的力量。尽管从强制力、执行力和覆盖范围来看具有一定的局限性，但自律规范依然对个人信息的多元利益平衡有着积极意义。一方面，自律防止了自由过度导致的市场秩序混乱；另一方面，自律规范保护了数据产业免受法律滞后性所造成的负面影响。[1] 在个人信息处理合规激励机制下，应避免规则过于固化而阻碍商业活动的创新和发展，尤其是私主体之间的信息使用和交易。此外，在数字经济时代，信息泄露的治理难度增加。企业应建立完善的应急处置机制和数据泄露通知制度。一旦有个人信息泄露发生，必须及时向监管机构和权利人报告，以便采取相应措施。

---

① 李春华、冯中威：《欧盟与美国个人数据保护模式之比较及其启示》，《社科纵横》2017年第8期。

# 区块链应用中的个人信息删除权与更正权问题研究

浙江海之星律师事务所　李有星　张晓路　潘　政 *

**摘　要**

区块链技术的不可篡改性（不可删除）与法律赋予个人信息保护的删除、更改要求之间存在冲突。在区块链技术的应用场景下，存在客观上无法删除、更正或者不适宜删除、更正的情况，亟须提出个人信息保护中删除权、更正权实现的替代性措施。明确数字技术下的删除概念和效果标准，以"逻辑删除"为主导，以达到与个人信息无关联、不能回溯和无法识别的删除效果为标准。对区块链技术应用场景开展事先合理评估，重点考量个人信息"删除""更正"权利的实现方案。合理解释个人信息保护的删除权、更正权的内涵和要求，使区块链技术应用和个人信息删除权、更正权利实现协调。

**关键词：**区块链；个人信息；删除权；更正权；逻辑删除；信息处理

---

★ 李有星，浙江海之星律师事务所律师；张晓路，浙江海之星律师事务所主任、律师；潘政，浙江大学光华法学院博士。国家社科基金重点项目（19AFX020）；基金项目：浙江省社科规划重点项目（21WZQH02Z）。

2019 年 10 月，中共中央政治局就区块链技术发展现状和趋势进行第十八次集体学习，习近平总书记在学习时强调要把区块链作为核心技术自主创新重要突破口，加快推动区块链技术和产业创新发展。[①] 区块链技术已经成为未来信息技术发展的一个重要方向，相关技术应用已延伸至数字金融、物联网、智能制造、供应链管理、数字资产交易、个人信息处理等领域。[②] 比如，基于区块链技术的征信系统就会依法收集、加工、公开自然人信用信息，并对外提供信用报告、信用评估、信用信息咨询等服务。区块链被认为承载着解决个人信息利用的伟大使命，可以在促使信息革新的同时有效解决个人信息保护问题。然而，区块链技术具有独特优势的去中心化、不可篡改性、不可删除特性，给《民法典》《个人信息保护法》等法律规定的个人信息"删除""更正"行为带来了技术上的困难，也引起了个人信息保护"删除权""更正权"实现问题的争议。如疫情期间，有关部门为了有效解决人员管理、登记、病例溯源的问题，通过区块链系统，将行为人的活动信息、健康信息、访客行程等个人信息"上链整合"，形成居民行踪轨迹，应用于健康码、病例溯源和排查等，从而有利于防疫管控。但是，其个人信息一旦"上链"，那么个人的身份信息、身体健康信息及其他个人信息的删除、更改就成为问题，如若涉及个人隐私、敏感信息等，将会形成对当事人合法权利的侵害威胁。2021 年 8 月 20 日通过的《个人信息保护法》第四十六条、第四十七条明确规定了个人信息更正权和删除权，个人有权请求个人信息处理者更正、补充、

---

① 成岚：《习近平在中央政治局第十八次集体学习强调 把区块链作为核心技术自主创新重要突破口 加快推动区块链技术和产业创新发展》，新华网，http://www.xinhuanet.com/politics/leaders/2019-10/25/c_1125153665.htm，访问日期：2019 年 10 月 25 日。
② 《个人信息保护法》第四条规定："个人信息是以电子或者其他方式记录的与已识别或者可识别的自然人有关的各种信息，不包括匿名化处理后的信息；个人信息的处理包括个人信息的收集、存储、使用、加工、传输、提供、公开、删除等。"

删除相关个人信息。[①] 在区块链技术广泛应用的背景下，充分保护个人信息删除权和更正权的有效实现成为亟须解决的法律问题。

## 一、个人信息删除权与区块链技术不可删除之间的矛盾

区块链技术在写入、读取数据的安全性、公开透明性、加密性上具有优势，但是存在区块链的不可撤销、可溯源性与个人信息删除、更正等权利之间的冲突。[②] 在数字技术时代，个人信息在客观上不能删除或者不适宜删除、更正的情况普遍存在。

维克托·迈尔－舍恩伯格认为，由于数字技术与全球网络的发展，使得遗忘成了人们的例外，而记忆成了常态。在大数据时代，所有人都将被数字化后进入数字版的"圆形监狱"，无时无刻不受到监视。[③] 在互联网时代，个人信息一旦在网络中大量传播，要想彻底删除或更正在理论上是难以做到的。由于互联网的特性，即使信息已被移除，该信息的副本仍可以从网页快照等高速缓存或镜像站点中获取。即便用户有权向这些二次站点主张移除信息，但让用户识别、控制、管理这些副本的网络服务提供商却相当困难。对于网页快照等高速缓存而言，或许用户还能通过搜索引擎公司提供的线索，准确定位信息副本的服务提供商。搜索引擎公司为了避免责任追索，一般情形下也愿意合作。[④] 但对于很多镜像站点，用户难以追踪，搜索引擎公司也没有相应权限去追索，也不可能完全追索全部的镜像站点，尤其是当这些站

---

① 《个人信息保护法》第四十七条规定："有下列情形之一的，个人信息处理者应当主动删除个人信息；个人信息处理者未删除的，个人有权请求删除：（1）处理目的已实现、无法实现或者为实现处理目的不再必要；（2）个人信息处理者停止提供产品或者服务，或者保存期限已届满；（3）个人撤回同意；（4）个人信息处理者违反法律、行政法规或者违反约定处理个人信息；（5）法律、行政法规规定的其他情形。法律、行政法规规定的保存期限未届满，或者删除个人信息从技术上难以实现的，个人信息处理者应当停止除存储和采取必要的安全保护措施之外的处理。"

② 张涛、王珊：《区块链保护个人信息存"两面性"》，《通信世界》2018 年第 13 期，第 21 页。

③ [英] 维克托·迈尔－舍恩伯格：《删除：大数据取舍之道》，袁杰译，浙江人民出版社 2013 年版，第 6-18 页。

④ 李媛：《被遗忘权之反思与建构》，《华东政法大学学报》2019 年第 2 期，第 57 页。

点服务器设置在域外时。

此外，区块链技术还有自身的特殊性。上传于非许可链（公有链）或其他具有开放特性的区块链系统中的个人信息，将在客观上无法被删除、更改。以比特币、以太坊为代表的非许可区块链应用（公有链），在数字货币、智能合约等领域发挥了巨大作用。[1] 由于非许可链是典型的去中心化分布式记账系统，是一个交易驱动的状态机（state machine），其特点就是全网络节点共同维持一个账本的状态，含有交易信息的区块必须得到系统中大多数节点的认可才是"合法"有效的。任何对区块信息的篡改都会因为与总账本状态的不同而不被认为是"合法"的，由此维护全网络状态的一致性和不可篡改性。区别于联盟链和私有链等许可链，以公有链为代表的非许可链或者其他具有开放特性的区块链系统，对所有同意区块链协议的网络节点开放，没有任何节点可以直接控制区块链上的信息。由于这些系统的开放性，这些节点可能来自世界各地，互不相识，甚至大部分都是匿名的。因此，想要凭借共识机制来删除、更改区块信息，就更加难以做到。这意味着一旦相关个人信息被包含在区块内并上链，就难以被删除或更改，直到最后一台参与区块链的服务器被销毁为止。实际上，区块链上发布的个人信息，就如同传统纸质媒体上的信息一样——报纸杂志纵有侵犯个人信息的地方，但因为已经完全散发出去，落入千家万户，也就难以从根本上彻底删除或更正。

从计算机技术实现的角度来看，区块链的不可篡改性具有相对性，事实上也没有任何信息是绝对不可修改、不可删除的，典型的例子就是以太坊 The DAO 事件后采取的硬分叉措施。[2] 黑客利用以太坊上 The DAO 项目的代

---

[1] 闵新平等：《许可链多中心动态共识机制》，《计算机学报》2018 年第 5 期，第 1005-1020 页。
[2] 硬分叉（hard fork）就是通过修订协议引入新的特性，使前一版本的协议失效。即运行新版协议的节点认定为有效的区块，会被运行旧版协议的节点认定为无效，从而使已经升级的新节点和没有升级的老节点在各自协议版本下扩展不同的区块链分支。软分叉（soft fork）就是不修改协议，只是在现有的验证规则中加入一些新的特性或条件，使得验证规则更为严格。这样就使得老的节点会接受所有区块，而新的节点会拒绝一些，可以避免硬分叉所造成的永久分裂。参见［美］阿尔文德·纳拉亚南等：《区块链：技术驱动金融》，林华等译，中信出版社 2016 年版，第 94-95 页。

码漏洞，窃取了大量以太币。事件发生后，以太坊开发团队就是通过硬分叉的方法强行回滚了部分账户的状态，使得黑客利用漏洞转出交易的区块失效，找回丢失的以太币。但是，在以太坊这样的非许可链（公有链）上采取任何修改、删除区块信息的做法，也必须符合非许可链去中心化的基本共识规则。以太坊开发团队试图凭借硬分叉的方法回滚交易信息，必须得到系统中51%以上算力节点的认可。事实上，当时有85%的以太坊算力响应并支持了开发团队硬分叉的呼吁。即便通过软分叉的方式修改区块链验证条件，阻止相关信息被后续区块调取，也必须得到区块链网络大部分节点算力的支持。申言之，去中心化的特征意味着在区块链系统中删除、更正信息，必须以去中心化的方式实现，而非某个开发者、节点可以决定的。因此，在非许可链（公有链）上删除、更正信息，是有限制条件的。如果没有超过51%的算力支持，删除、更正的措施就无法实现，而这一条件的成就将随着区块链网络节点数量的增加而愈发困难。此外，这种分叉的措施也存在着客观上无法彻底删除相关个人信息的情况。除非所有节点都同意分叉并在新链上挖矿，否则只要有一部分节点不同意分叉，并且继续在另一条分叉链上继续挖矿，相关个人信息也还会在该分叉上继续存在（比如以太坊 ETH 和以太经典 ETC 的分裂[①]），客观上根本无法删除和更正。

　　类似删除和更正成本极大，不适宜采用的情况在许可链中更为常见。所谓不适宜删除或更正，是指相关个人信息在客观技术上可以实现删除或更正，但是因为技术或网络服务的特殊性，直接简单删除或更正、补充相关信息社会成本过大以致超出保护权利的合理限度。事实上，区块链技术的发展已经提出了几种在区块链应用中删除和更正个人信息（或者达到类似程度）的技术方案。比如，上文提到的交易记录回滚、分叉就是最常用的删除方法，更

---

[①]　以太坊开发团队通过硬分叉的方式避免黑客盗取大量以太币，但这种人为强行回滚的做法也遭到了许多以太坊用户的反对，认为此次人为主导的硬分叉是对以太坊去中心化理念的彻底背离，不同意硬分叉而选择在原有链上继续贡献自己的算力，这就使得以太坊分裂为了 ETH 和 ETC，黑客盗取以太币的交易信息在 ETC 上继续被认为合法有效。

正则可以用新区块信息来取代旧信息。虽然技术方案可以满足自然人删除和更正个人信息的请求，但也面临巨大的社会成本问题。以最常见的联盟链为例，在联盟链中应用回滚的方式删除或者更正个人信息，首先需要解决有权记账节点如何达成共识的问题。虽然联盟链可能会有发起人、牵头人，甚至有大型的全节点、服务器集群，但却没有一个联盟成员可以直接支配区块链上的数据信息，可以不经过全联盟的共识机制肆意删除、修改相关信息，否则就失去了联盟应用区块链技术解决信任问题的意义。因此，联盟链上删除或修改个人信息首先需要解决共识问题，任何独断的、中心化的控制都会与区块链技术本身的价值相背离，动摇区块链技术应用的基石。其次，如何处理相关交易和时间戳，是删除、更正特定个人信息的最大成本所在。在区块链中，每一个区块都会包含许多信息。个人信息连同其他交易信息被打包装入一个区块，并进行某种形式的哈希算法得到一个哈希值。这一哈希值又会被包含在后一个区块的块头中，从而形成前后相连、相互印证的"默克尔树"（Merkle trees）数据结构，[①]任何对区块内信息的修改、删除都必然会影响其他区块。此外，每一个新区块的产生都会被打上时间戳，区块链就是这样一条由时间上有序排列、前后关联的区块组成的链条。任何删除、更正区块信息的行为，必然要改动前一个区块的哈希值、当前区块的目标哈希值、默克尔根、时间戳、随机数与交易信息，[②]否则就会造成整个区块链系统的混乱和崩溃。上述技术特征意味着在联盟链中删除、更正个人信息存在巨大的外部性，会损害其他使用区块链技术的客户的合法权益。区块链技术应用规

---

① 默克尔树（Merkle trees）是一种用哈哈希指针建立的二叉树数据结构。在默克尔树数据结构中，所有数据区块都被两两分组，指向这些数据区块的哈希指针被储存在上一层的父节点（parent node）中。而这些父节点再次被两两分组，并且指向父节点的哈希指针被存储在上一层父节点中，一直持续这个过程，直到最后我们到达树的根节点。任何篡改默克尔树中的数据区块的行为，会导致上一层的哈希指针不匹配，最终传递到树的顶端，致使任何企图篡改数据的行为都会被检测到。参见［美］阿尔文德·纳拉亚南等：《区块链：技术驱动金融》，林华等译，中信出版社2016年版，第16—17页。

② 袁勇、王飞跃：《区块链技术发展现状与展望》，《自动化学报》2016年第4期，第481—494页。

模越大，涉及面越广，所要删除和更正的信息区块时间越久远，产生的外部性就越大、社会成本越高。

## 二、区块链技术与个人信息删除权、更正权冲突的原因

区块链技术与个人信息保护之间的冲突即是科技发展与法律制度需要互动的最新体现。具体而言，区块链技术应用与个人信息保护删除权、更正权存在冲突，既有中心化立法思路矛盾、删除和更正概念模糊等法律方面的原因，也有对区块链技术的不适当应用等技术方面的原因。

### （一）区块链技术去中心化与中心化的个人信息删除立法思路矛盾

关于个人信息保护的法律规定，各国、各地区的立法思路大体具有一致性，都是源于单一的、中心化的信息数据控制人的前提假设。就个人信息和承载个人信息的数据载体而言，至少有一个自然人或法人是个人信息或数据的控制者、处理者，由此信息权益主体可以直接向该控制者或处理者请求实施删除、更正。[①] 比如，欧盟《一般数据保护条例》（GDPR）分别从主体权利要求、数据控制者义务承担两个方面对数据控制者的义务进行详细规定，从而落实数据保护的责任。"数据控制者""数据处理者"是欧盟 GDPR 相关规定的核心抓手，是保护数据主体权利的主要义务主体。数据控制者是数据保护中主要的义务承担者，被处理的个人数据信息和隐私保护问题相关责任最终应由数据控制者承担。[②] 我国《网络安全法》将保护个人信息权益的义务施加给"网络运营者"，认定收集、使用个人信息的网络运营者为信息控制者；《民法典》第一千零三十七条以"信息处理者"为义务主体，《个人信息保护法》则是"个人信息处理者"，三部法律的基本思路都是相同的，即由对个人信息处理目的和处理方式有决定权的法律主体承担保护个人信息权益的主要义务和法律责任。

---

① 何渊：《数据法学》，北京大学出版社 2020 年版，第 90 页。

② 李有星、朱悦、金幼芳：《数据资源权益保护法立法研究》，浙江大学出版社 2018 年版，第 38 页。

无论欧盟的 GDPR 还是我国的相关个人信息保护立法，都只囊括了中心化的数据处理结构，而未能考虑区块链分布式的多中心取代单一决定者的去中心化技术特征。欧盟 GDPR 将"数据控制者"定义为单独或者联合他人决定个人信息处理目的和处理方式的自然人、法人、行政机关或其他组织。我国《个人信息保护法》则将"个人信息处理者"定义为"在个人信息处理活动中自主决定处理目的、处理方式的组织、个人"。[①] 两者大同小异，均强调对信息处理目的和方式手段的决定性作用。但是这种个人信息处理中的决定性作用，在区块链技术系统中却难以成立。由于立法上没有尊重区块链技术应用中缺乏中心化的主导控制者和处理者的实际，而按照传统立法思维设定个人信息删除、更正的要求，最终出现了区块链技术应用与法定删除权、更正权之间的冲突矛盾。

### （二）删除法律概念和删除标准的不明确

删除权是指个人信息数据被不当获取或使用时的救济制度的体现，最早出现在欧盟 2012 年出台的 GDPR 中。目前，对"删除权"的定义没有形成通说，立法上没有形成法定术语。[②] 国内学者用"删除权""消除权""被遗忘权"等表达。有关个人信息保护领域中删除权的规定，体现在《民法典》第一千零三十七条："自然人可以依法向信息处理者查阅或者复制其个人信息；发现信息有错误的，有权提出异议并请求及时采取更正等必要措施。自然人发现信息处理者违反法律、行政法规的规定或者双方的约定处理其个人信息的，有权请求信息处理者及时删除。"《网络安全法》第四十三条也规定了个人可以要求网络经营者删除信息的权利。[③]《个人信息保护法》第四十七条更

---

① 参见《个人信息保护法》第七十三条。

② 李有星、朱悦、金幼芳：《数据资源权益保护法立法研究》，浙江大学出版社 2018 年版，第 81 页。

③ 《网络安全法》第四十三条规定："个人发现网络运营者违反法律、行政法规的规定或者双方的约定收集、使用其个人信息的，有权要求网络运营者删除其个人信息；发现网络运营者收集、存储的其个人信息有错误的，有权要求网络运营者予以更正。网络运营者应当采取措施予以删除或者更正。"

为明确地规定了删除权行使的条件。然而，对于最为关键的"删除"法律概念，《网络安全法》《民法典》《个人信息保护法》均没有作出明确定义。我国《数据安全法》中没有出现数据删除、更正的字样。

对于"删除"的法律概念，可以从删除对象和删除方式两个层面来理解。就删除对象而言，即"删除什么"的问题，存在两种截然不同的声音。一种认为删除权指向的对象是数据，[①] 即要求删除承载个人信息的数据载体的物理删除；[②] 另一种认为删除仅仅是要求删除个人信息的逻辑删除，[③] 并不一定指向对数据的物理删除。就删除方式而言，即"如何删除"的问题，同样存在两种观点。一种观点认为，删除权指向数据，这种"删除"基本等同于"擦除"（erasure）。在实现方式上大体有四种：物理毁灭、格式化、覆盖、加密擦除。删除的结果指向结束数据的生命周期。欧盟 GDPR 规定的删除权就是指向"个人数据"（data）以及与之相关的任何链接、副本或复印件，删除的具体表述是"erasure"而非"delete"。另一种观点认为，删除权指向个人信息，因此并不需要彻底擦除数据。凡能使数据不再反映个人信息、断开数据与个人间的关联的技术手段都属于"删除"。我国《信息安全技术——个人信息安全规范》认为"删除"是指"在实现日常业务功能所涉及的系统中去除个人信息的行为，使其保持不可被检索、访问的状态"，并未要求彻底擦除数据。删除标准的不明确导致许多争议产生。

## （三）更正法律概念和实现路径的不明确

个人信息保护法律中的个人信息更正权在性质上属于保护个人信息圆满状态的一种手段。更正权的行使必然与个人信息权益挂钩。《民法典》第

---

① 按照《数据安全法》的定义，数据是指任何以电子或者其他方式对信息的记录。信息删除不等同于数据删除。

② 物理删除是指文件存储所用到的磁存储区域被真正的擦除或清零，这样删除的文件是不可以恢复的。

③ 逻辑删除是指文件没有被真正的删除，只不过是文件名的第一个字节被改成操作系统无法识别的字符。通常这种删除操作是可逆的，就是说用适当的工具或软件可以把删除的文件恢复出来。

一千零三十七条规定，自然人发现信息有错误的，有权提出异议并请求及时采取更正等必要措施。换言之，更正以个人信息存在错误为前提。所谓个人信息错误，是指记载的个人信息与实际情况不一致的情形，即记载的个人信息未能准确反映自然人真实的情况，包括自然人的姓名、出生日期、身份证件号码、生物识别信息、住址、电话号码、电子邮箱、健康信息、行踪信息等。

"更正"常常与"删除"并列，多以"删除或更正"的用语来表述，但无疑"更正"容易被人忽视，而且"更正"似乎是个不需要过多解释的概念，以至于我国《信息安全技术公共及商用服务信息系统个人信息保护指南》《信息安全技术——个人信息安全规范》都只单独定义了"删除"而没有规定"更正"的任何具体含义。然而在现实生活中，个人信息需要"更正"的情况远较"删除"普遍，《网络安全法》《民法典》《个人信息保护法》只规定了个人享有的"更正权"，却没有给出更正的法律定义和实现途径。欧盟 GDPR 第十六条规定了"更正权"（right to rectification），但也只是以举例的方式规定数据主体有权要求控制者通过"包括如提供补充声明的方式"对其个人信息予以补充，而没有对"更正"做出更详细的定义。美国《加州消费者隐私法案》（CCPA）则干脆没有赋予消费者个人信息的"更正权"。[1] 实际上，"更正"技术的实现方式比"删除"更为多样和复杂，相关法律概念的歧义也更大。"更正"按照一般的语义解释，就是指更改原有信息，但其技术实现路径则有三种：一是用新的信息覆盖原有信息，二是删除原有信息并且发布一条新的信息，三是不删除原有信息而直接发布一条新信息（并指明替代原有信息）。由于法律没有对"更正"的内涵和外延作出界定，没有规定各种更正技术路径的效力标准，使现实中产生了不少涉及个人信息更改的纠纷。

---

[1] Yallen J, Untangling the Privacy Law Web: Why the California Consumer Privacy Act Furthers the Need for Federal Preemptive Legislation, Loyola of Los Angeles Law Review, 2020, No.3 (2020): 787–826.

### （四）个人敏感信息领域区块链技术的不适当应用

区块链与当前个人信息保护立法发生冲突的主要原因之一，是现有各国个人信息保护立法均是为由中心化的特定实体控制的数据治理结构而设计的，而区块链技术应用则在不同程度上使用了分布式的数据治理模式。我国、欧盟以及美国的立法最初并没有预见区块链技术应用会变得如此广泛，也没有充分了解不同区块链的应用在数据治理方面的差异。[1] 然而，在承认现有个人信息保护立法与区块链应用之间存在矛盾关系，立法滞后于技术的同时，也必须承认在当前对区块链技术的追捧中，不断扩大的区块链技术应用已经有部分偏离了该技术的核心功能。在涉及个人隐私、敏感信息的领域，未经评估使用区块链技术超出保护个人信息的合理限度，导致个人信息"删除权""更正权"行使的困难。

在个人信息密集的领域，采用区块链技术应用尤其是采用公链技术，如果缺乏相应的信息真实和准确性技术保障，将会是十分危险的区块链技术应用场景。这种应用场景注定难以保障当事人个人信息删除、更改权利的实现，从而也会给自身带来巨大的法律风险。特别是可能涉及个人敏感信息、隐私信息的领域，不能滥用区块链技术。《个人信息保护法》第二十八条规定，敏感个人信息是一旦泄露或者非法使用，容易导致自然人的人格尊严受到侵害或者人身、财产安全受到危害的个人信息，包括生物识别、宗教信仰、特定身份、医疗健康、金融账户、行踪轨迹等信息，以及不满十四周岁未成年人的个人信息。因此，基于区块链技术不可删除的特性，其不分场合场景的无差别适用也是造成区块链技术与删除权、更改权矛盾的原因。

---

[1]　Jimenez-Gomez B S, Risks of Blockchain for Data Protection: A European Approach, Santa Clara High Technology Law Journal, No. 3(2020): 338.

## 三、区块链技术与个人信息删除与更正规定的协调

区块链技术与个人信息删除、更正的协调需要在保护个人信息的共同价值目标基础上，合理解释法律规则和利用技术手段。通过对现有个人信息保护删除权、更正权的立法目的解释，"追本溯源"地解释相关法律，回应区块链技术与个人信息保护法律的共同价值基础，使得个人信息保护删除权、更正权可以在法律目的应有的解释范围内合理适用。①

### （一）删除权、更正权的立法目的在于保护个人信息权益

在《民法典》《个人信息保护法》等法律中，规定"删除权""更正权"的立法目的为有效保护个人的信息权利，其实质是保护人格权。个人信息保护的是个人信息处理中的主体权利不被侵犯，包括人之尊严、自由、平等价值，而不是对个人数据的控制、存储或决定权。个人不享有数据控制、存储或决定权，自然没有针对数据的删除权，故"删除"应指向"个人信息"而非承载信息之数据。个人信息和数据、内容与载体形式相生相伴，难以完全割裂开来。正因如此，才导致了学界对于删除权"删除内容""删除方式"的纠结，也导致人们对"删除权""更正权"在区块链技术应用中的实现可能性的质疑。立法上，删除权行使的前提是"自然人发现信息处理者违反法律、行政法规的规定或者双方的约定处理其个人信息"，更正权行使的前提是发现相关个人信息存在错误。因此，当事人主张删除权、更正权是为了保护其个人信息内容上的利益，不是数据的物上利益、财产利益。删除权与更正权行使的利益，主要指向当事人的个人信息内容，因为相关信息在内容上存在遗漏、错误需要更正，或者内容有损于当事人的人格尊严。正是个人信息内容与主体的勾连性，要求任何人在处理个人信息时尊重个人人格尊严和自由，防范个人信息处理对个人主体权益造成威胁和侵犯。②

---

① ［德］卡尔·拉伦茨：《法学方法论》，黄家镇译，商务印书馆2020年版，第492页。
② 高富平：《个人信息使用的合法性基础——数据上利益分析视角》，《比较法研究》2019年第2期，第72-85页。

在删除权和更正权的应用场景中，当事人的删除和更正诉求指向的是个人信息内容不被他人支配（非法、未经授权或者撤回授权），以减少个人信息被知晓和流通的范围。当事人事实上并不关心数据的完整或者存在形式。就救济措施而言，当事人为了保护个人信息而对数据本身提出一定的请求时，应以实现"保护个人信息"为最终目的，而不拘泥或者关心对数据的具体处理方式，只要数据作为载体形式不再反映个人信息即可。数据权益人依然可以对那些在内容上不再具备个人信息可识别性的数据享有受法律保护的数据权益。

## （二）对删除权的恰当解释和差异化实现

删除权的法益基础在于个人信息权益而非数据权益，删除权并非简单地将相关数据进行物理上的消除。针对不同情况、不同主体，在坚持保护个人信息人格权益的前提下，删除权可以有差异化的要求和实现。比如根据美国《数据掮客问责与透明法案》（DBATA）的规定，删除权就只要求对含有个人信息的数据做模糊化处理，而不要求在物理上彻底删除其原始信息。[1]在欧盟"被遗忘权"[2]第一案"西班牙谷歌案"中，法院支持了原告的删除请求，在判决中要求作为互联网搜索引擎运营商的谷歌公司从根据姓名检索产生的搜索结果中删除指向网页的链接。[3]但该案判决中的删除权只适用于与个人信息有关的链接，而不是删除信息本身。[4]法院并非要求谷歌直接将信息或数据本身从互联网上移除，只是要求谷歌采取相应措施使他人无法利用原告姓名搜索相关个人信息。实际上，原告的这些个人信息仍然留存在

---

[1]　Gregory V W and Castets-Renard C, Proposal for an International Taxonomy on the Various Forms of the Right to Be Forgotten: A Study on the Convergence of Norms, Colorado Technology Law Journal, No. 2(2016): 338.

[2]　冯银东：《欧盟被遗忘权分析及本土化构建》，《湖南警察学院学报》2019年第6期，第66-71页。

[3]　李媛：《被遗忘权之反思与建构》，《华东政法大学学报》2019年第2期，第57-67页。

[4]　Alessi S, Eternal Sunshine: The Right to Be Forgotten in the European Union After the 2016 General Data Protection Regulation, Emory International Law Review, No. 145 (2017): 169.

他方托管的服务器上，公众依然可以利用其他关键词检索相关内容。欧盟法院第 C-131／12 号"谷歌西班牙公司和谷歌公司诉西班牙资料保护局和西班牙公民马里奥·哥斯德哈·冈萨雷斯"案判决实施指南也认为"没有信息是从源头删除的"，权利只会影响基于个人姓名获得的搜索结果，不要求删除搜索引擎索引的链接。也就是说，原始信息仍然可以使用其他搜索术语获取，或通过直接访问发布者的原始资料。① 此外，根据 2012 年公布的《欧洲网络信息安全机构安全部门的"被遗忘权"的报告书》，"被遗忘权"或者"删除权"的基本定义是：（1）某些信息即使借助技术也不能复原的删除；（2）除非未经授权的第三方非法解密，允许拥有加密的个人数据；（3）只要不显示在已经公布的索引或搜索服务的搜索结果中，认可保存个人数据的选择。② "西班牙谷歌案"的判决结果和《欧洲网络信息安全机构安全部门的"被遗忘权"的报告书》的内容都表明，"删除"实际上是施加于义务人的"一切合理措施"，而非单一的物理上删除。③

我国在涉及删除权问题上可着重考虑以下几个方面。第一，明确删除定义。我国个人信息保护立法和司法解释中有必要明确"删除权"的真实内涵，回应删除权保护个人信息的立法目的和法益基础，将"删除"定义为"消除数据与个人信息主体身份的关联性的一切合理措施，以达到不可复原或不可识别主体身份的效果"。如匿名化、不可访问等措施同样可以达到与"删除"同等的法律效果。第二，建立一套以无法回溯、关联或识别等实质效果为基准的"删除"认定标准。删除权范围限定在删除数据与个人主体身份的关联性上，消除数据与数据主体的关联或识别风险。采取匿名化、密钥删除、设

① 徐明利：《欧盟法院第 C-131／12 号"谷歌西班牙公司和谷歌公司诉西班牙资料保护局和西班牙公民马里奥·哥斯德哈·冈萨雷斯"案判决实施指南》，《互联网法律通讯》2015 年第 2 期，第 8 页。

② Post R C, Data Privacy and Dignitary Privacy: Google Spain, the Right to Be Forgotten, and the Construction of the Public Sphere. Duke Law Journal, No. 5 (2018): 986.

③ 宇贺克也：《被遗忘权"的日本司法判例与探析——以搜索服务运营商删除义务为焦点》，《贵州大学学报（社会科学版）》2019 年第 5 期，第 49-57 页。

置访问权限等能够切断数据与个人信息之间的联系方式，非经权利人同意或法律规定不能回溯或关联主体，就可以认定为已经实现了"删除"。比如，在区块链中最为常用的密钥删除，就可以完全阻断其他有权节点对个人信息和数据的访问。非经权利人和区块链系统的同意，其他组织或个人没有办法获取相关个人信息，从而实现阻断数据与个人信息主体身份的关联性和可识别性。在数据中采用去标识化、匿名化处理也可使数据与特定个人信息脱钩而不具有可识别性，达到"删除"的实际效果。第三，根据不同情况采取其他等同于"删除"效果的替代措施。根据个人信息处理者对于不同类型个人信息的删除要求，在采取删除措施时可以有不同的具体做法以实现"删除"的同等效果。我国《民法典》第一千一百九十五条第二款就要求网络服务提供者"根据构成侵权的初步证据和服务类型采取必要措施"，明确了提供不同类型服务的网络服务提供者完全可以根据自身业务能力和性质、法律执行的难易程度采取不同的措施，以达到删除权所要求的权利保护程度。我国《个人信息保护法》第四十七条也规定"法律、行政法规规定的保存期限未届满，或者删除个人信息从技术上难以实现的，个人信息处理者应当停止除存储和采取必要的安全保护措施之外的处理"。此类规定事实上允许了个人信息处理者在个人信息客观上无法删除时，可以采取其他等效替代措施。删除权必须与个人信息处理者的角色定位、业务模式和技术水平相匹配。删除作为权利实现的手段，在不同主体技术和业务能力范围内，可以表现为多种不同的具体措施。[1]

---

[1]　对于不同类型主体提出的差异化的删除要求，已经体现在我国的一些案例中。比如在"杭州刀豆网络科技有限公司与长沙百赞网络科技有限公司、深圳市腾讯计算机系统有限公司侵害作品信息网络传播权纠纷案"中，杭州互联网法院即认为微信小程序服务提供者仅仅提供页面接入技术，并不直接控制和存储相关的信息数据，也没有权限和技术对开发者提供的具体服务内容采取处理措施，法院因此认为"腾讯公司对小程序开发者提供的是架构与接入的基础性网络服务，性质与自动接入、自动传输服务类似，其对微信小程序中的内容无法定位删除，故不应承担小程序部分内容侵权时整体下架小程序的责任"。参见杭州互联网法院（2018）浙0192民初7184号民事判决书。

### （三）明确更正权的内涵及实现路径

所谓更正权，是指报纸、网络等媒体刊载的报道内容失实或有关信息控制者记载、公开的信息有误，侵害他人人格权益的，受害人有权请求该媒体或信息控制者及时更正。[①] 我国《个人信息保护法》第四十六条规定，个人发现其个人信息不准确或者不完整的，有权请求个人信息处理者更正、补充。此处所规定的"错误"就包括不准确和不完整，"更正权"也应包括更正、补充两类措施。

在区块链技术应用中的有关更正权的实现与删除权的实现类似。更正权作为个人信息的保护方式也应遵循一定的价值准则，否则会空洞无物或缺乏变通，难以保护当事人的合法权益。更正的目的是保护自然人个人信息的准确性，指向的是人格权的完满状态。无论对于"更正"概念的理解如何，采取怎样的更正措施，都必须以切实维护人格权益为核心，而不以原有错误信息是否删除，是否有新信息出现等外在具体形式作为更正权效果标准。因此，结合更正的具体技术手段，可以沿着以下思路准确界定更正权的实现效果。申言之，以下方法可以认定为更正权的实现（见图 1）。第一，对于个人信息记载存在遗漏、不完整的情况，只需要发布新的信息以补充原有信息即可。第二，对于个人信息记载存在错误、不准确的情况，需要分"形式""实质"两类处理。对于个人信息"形式"上的错误，主要指个人信息记载存在轻微的笔误、格式错误等，属于明显轻微的瑕疵。对于这类"形式"上的瑕疵只需要进行内部纠正即可，遵循程序简单、适用方便的原则，将有关情况通知当事人，采用发布更正通知的形式。个人信息"实质"上的错误，对当事人的权利义务关系产生了实质影响。对于此类错误，一方面，可以通过发布新信息起到"广而告之"的作用达到更正的目的；另一方面，由于错误个人信息毕竟仍然没有消除，侵权状态仍在持续，亟须消除已经存在的错误信息。

---

[①] 王利明：《论人格权请求权与侵权损害赔偿请求权的分离》，《中国法学》2019 年第 1 期，第 224-243 页。

正如一些德国学者所指出的，更正请求权系非财产性请求权，但与不作为请求权指向未来的不法行为不同，更正请求权指向的是在过去已经出现且还在持续的妨害。[①] 事实上，在我国支付领域，交易信息有错误需要纠正的情况较为普遍，这就涉及更正权的问题。比如，信用卡可以信用收回，不只是在做一笔负值的交易（发布新区块），把原来那笔冲掉，同时也必须更改或抹掉原来那笔交易的记录，否则那些信息可能还会被误用。因此，对于实质错误的更正，首先要实现对错误个人信息的"删除"，以消除对人格权益的"持续的妨害"（也避免错误信息被误用），然后才可以发布新的、正确的个人信息，或者发布通知消除已经造成的不良影响等。

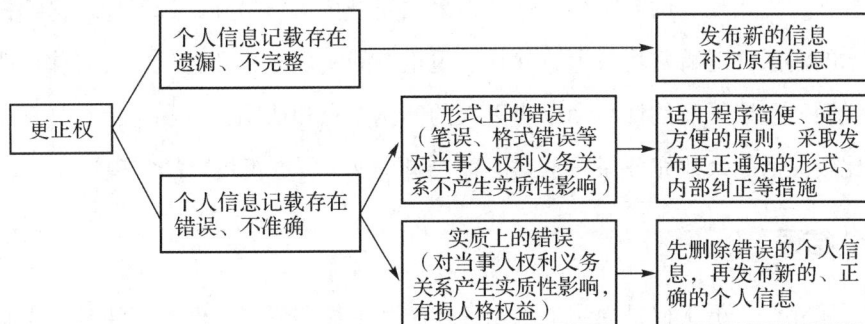

图 1　更正权的实现途径

## （四）审慎选择区块链应用场景并明确权利实现方式

基于区块链技术不可篡改性特征，有许多绝佳的应用场景，如用于食品安全追踪系统。利用区块链技术将相关食品原料采集、加工、运输等信息予以整合并提供给生产者、销售者和消费者；又或者将区块链与公司治理、物联网等相结合，形成一个可信任的信息系统。在这些场景中，区块链技术都可以大有作为。但是将区块链技术应用于个人信息保护领域，或者牵涉个人

---

① 王利明：《论人格权请求权与侵权损害赔偿请求权的分离》，《中国法学》2019 年第 1 期，第 224-243 页。

信息的处理过程，则无疑需要更为谨慎的态度。正是基于这种谨慎的考虑，欧盟区块链观察站和论坛（BoF）发布的《区块链与GDPR》报告中提出了使用区块链技术处理个人信息的四项原则性建议：（1）评估区块链的实际需求；（2）避免在区块链上存储个人数据，充分利用数据混淆、加密和聚合技术对数据进行匿名化处理；（3）在链外收集个人数据，如果无法避免使用区块链，则在私有的、经过许可的区块链网络上收集个人数据；（4）对用户尽可能清晰、透明。[①] 四项原则的核心要义是希望在区块链技术应用之前，先行评估该技术应用会对个人信息保护产生的影响，尽量不要使用无法保护个人信息的技术应用。在应用区块链技术前，合理评估对个人信息保护的"删除权""更正权"的方案，审慎选择采用先进技术。另外，选择应用区块链技术的场景，对特殊场景下删除权、更正权的实现方式和替代方案等作出明确说明，以取得契约性活动中当事人的事先同意和认同，有利于信息处理者有比较灵活的余地充分保护个人信息"删除权""更正权"的实现。

## 四、结语

删除权、更正权是立法上常用的传统基本权利形态，但因区块链技术具有独特的不可删除、更改数据和信息的特性而出现"权利实现"的问题。科学定义"删除""更正"的概念和评判"删除""更正"的实质性效果至关重要。个人信息保护中的"删除"不需要彻底的"物理删除"而可以是"逻辑删除"，即达到不能关联、无法回溯或识别等实质效果。更正权的实现重在确保个人信息的真实、准确和完整性，区分存在错误的性质而采用具有实质性效果的措施。区块链技术应用中凸显的"删除""更正"的困难，实质上反映了法律上规定的传统权利需要紧随科学技术的发展，赋予其更丰富、明确的内涵。从历史唯物主义的角度讲，在一定的社会中，法律与科学技术

---

① Daoui S, Fleinert-Jensen T, Lemperiere M, GDPR, Blockchain and the French Data Protection Authority: Many Answers but Some Remaining Questions, Stanford Journal of Blockchain Law & Policy , No. 2 (2019): 246.

的协调发展是生产关系一定要适合生产力、上层建筑一定要适合经济基础这一客观规律的必然要求。[①] 在《个人信息保护法》的发展过程中，信息处理和存储技术、网络传播技术的成熟催生了个人信息保护法律。区块链、大数据、云计算和人工智能技术的进步又不断打破个人信息保护法所维持的利益平衡，促使法律规则不断变革。[②]

---

① 郭锋：《论我国法律与科学技术的协调发展》，《现代法学》1985 年第 1 期，第 4 页。
② 罗莉：《作为社会规范的技术与法律的协调——中国反技术规避规则检讨》，《中国社会科学》2006 年第 1 期，第 15 页。